Kottke · Schwarzgeld – was tun?

Schwarzgeld – was tun?

Entstehung, Unterbringung, Aufdeckung, Legalisierung von unversteuerten Geldern

Von
Diplom-Kaufmann Klaus Kottke

5., überarbeitete und ergänzte Auflage

Rudolf Haufe Verlag · Freiburg i. Br.

Die Deutsche Bibliothek – CIP-Einheitsaufnahme

Kottke, Klaus:
Schwarzgeld – was tun? : Entstehung, Unterbringung, Aufdeckung, Legalisierung von unversteuerten Geldern / von Klaus Kottke. – 5., überarb. und erg. Aufl. – Freiburg im Freiburg : Haufe, 1992
ISBN 3-448-02618-2

ISBN 3-448-02618-2 Bestell-Nr. 30.27

1. Auflage 1989 (ISBN 3-448-01986-0)
2., unveränderte Auflage 1989 (ISBN 3-448-02108-3)
3., unveränderte Auflage 1990 (ISBN 3-448-02151-2)
4., unveränderte Auflage 1991 (ISBN 3-448-02554-2)
5., überarbeitete und ergänzte Auflage 1992

Umschlagsentwurf: Strehlau & Hofe, Freiburg i. Br.
Satz: CSF · ComputerSatz GmbH, Freiburg i. Br.
Druck: Rudolf Haufe Verlag, Freiburg i. Br.

Vorwort zur fünften Auflage

Die Bildung von Schwarzgeld durch Steuerhinterziehung ist konjunkturunabhängig. Im Wirtschaftsaufschwung soll das schöne Geld nicht zum Finanzamt getragen werden; in der Depression braucht der Steuerzahler jede Mark für sich selbst. Steuerhinterziehung gibt es daher immer, Schwarzgeld wird stets Konjunktur haben. Die Aktualität dieses Buchs ist also auch in seinem vierten Jahr nach Erscheinen ungebrochen.

Hinzu kommt, daß in einer Zeit der allgemeinen Staatsverdrossenheit, der Schlampigkeit in der Verwendung von Steuergeldern und dem Drunter und Drüber in der Steuererhebung (Millionen von Einkommensteuerbescheiden ergehen punktuell nur vorläufig) mehr Steuersünder als sonst eine moralische Rechtfertigung für ihr Tun zu finden meinen. Strafrechtlich ist dies aber doch wohl anders zu sehen.

Nach vielen unveränderten Nachdrucken wird diesmal eine stark überarbeitete und ergänzte Auflage vorgelegt. Da das Zinsamnestiegesetz mit dem Jahr 1990 ausgelaufen war, werden seine in den Vorauflagen gelegten Spuren ersatzlos getilgt. In den Anhang des Buches wurde etwas ganz anders Geartetes aufgenommen: der Text der Anweisungen für das Straf- und Bußgeldverfahren (Steuer) in der neuen Fassung 1991, die noch vielen mit Steuersachen Befaßten unbekannt ist. Eingearbeitet wurde der Entwurf des Gesetzes über das Aufspüren von Gewinnen aus schweren Straftaten (Gewinnaufspürungsgesetz), aber auch das 1993 in Kraft tretende Zinsabschlaggesetz. Letzteres wird voraussichtlich nicht viel daran ändern, daß sich immer noch sehr viel gewerblich gebildetes Schwarzgeld im privaten Kapitalvermögen bei Banken versteckt hält und die Zinsen daraus ebenfalls nicht deklariert werden, andererseits aber auch Schwarzgeld im privaten Kapitalvermögen bei Banken erst originär gebildet wird.

Neu sind ferner die Kapitel „Schwarzgeld durch Vorsteuerabzug bei Ankauf geschmuggelter Goldbarren“, „Der Rote Bogen – von der Betriebsprüfung zum Steuerstrafverfahren“, „Spontanauskünfte der Finanzverwaltung (Kontrollmitteilungen über die Grenze)“ und „Beweislast für Schwarzgeldgeschäfte“. Aber auch in schon vorhandene Kapitel wurden neue Abschnitte aufgenommen, wie in das Kapitel „OR-Geschäfte“ der Abschnitt „Zur Pommes-frites-Connection“, in das Kapitel „Kontrollmitteilungen“ der Abschnitt „Umgedrehte Kontrollmitteilungen“ und in das Kapitel „Unterbringung von Schwarzgeld auf Konten im Ausland, vornehmlich Nummernkonten“ die Abschnitte „Andorra“ und „Die Kanalinseln Jersey, Guernsey, Sark und Alderney sowie die Insel Man“. Ausgebaut wurden die Ausführungen über die Beschlagnahme und die Durchsuchung bei der Steuerfahndung.

Kurz vor Druckbeginn sorgte das Bekanntwerden eines Referentenentwurfs zu einem Änderungsgesetz zur Abgabenordnung für Aufregung, nach dem das Steuergeheimnis in Fällen der Geldwäsche aufgehoben werden soll. Ein neu eingefügtes Kapitel 23a geht auf diesen Anschlag auf das in Deutschland gesetzlich abgesicherte Steuergeheimnis kurz ein. Abzuwarten bleibt natürlich, was von diesem Referentenentwurf übrig bleiben wird.

Unverändert geblieben ist bei allem der Standpunkt des Verfassers, wie er schon im Vorwort zur ersten Auflage artikuliert worden war: Mit dem Buch wird kein Verhaltenskodex für Steuerhinterzieher mit Schwarzgeldambitionen geliefert. Vielmehr soll derjenige, der in eine der vielfältigen Varianten der unzulässigen Steuerverkürzung verstrickt ist, mit dem Wissen vertraut gemacht werden, das seine Gegenspieler – vor allem Revisoren, Außenprüfer, Steuerfahnder, Wirtschaftsstrafsachen-Staatsanwälte – haben, damit er zu der Überzeugung gelangt, daß sie ihm früher oder später vielleicht doch auf der Spur sein werden.

München, im September 1992 *Der Verfasser*

Inhaltsübersicht

Seite

Kapitel 14: Aufdeckung und Ermittlung ominöser Steuerfälle durch die Steuerfahndung ... 183

Kapitel 15: Kontrollmitteilungen ... 214

Abkürzungsverzeichnis

a.A.	anderer Ansicht
a.a.O.	am angegebenen Ort
AEAO	Anwendungserlaß zur Abgabenordnung
Anm.	Anmerkung
AO	Abgabenordnung
Art.	Artikel
AStBV (St)	Anweisungen für das Straf- und Bußgeldverfahren (Steuer)
Aufl.	Auflage
BayObLG	Bayerisches Oberstes Landesgericht
BB	Betriebs-Berater (Zeitschrift)
BBK	Buchhaltungs-Briefe für Buchführung, Bilanz und Kostenrechnung (Zeitschrift)
BdF	Bundesminister der Finanzen
BfF	Bundesamt für Finanzen
BGB	Bürgerliches Gesetzbuch
Beschl.	Beschluß
BFH	Bundesfinanzhof
BFHE	Amtliche Sammlung der Entscheidungen des Bundesfinanzhofs
BGBl	Bundesgesetzblatt
BGH	Bundesgerichtshof
BGHSt	Entscheidungen des Bundesgerichtshofs in Strafsachen
BGHZ	Entscheidungen des Bundesgerichtshofs in Zivilsachen
BMF	Bundesfinanzministerium (Bundesfinanzminister)
Bp	Betriebsprüfung
BpO	Betriebsprüfungsordnung
BStBl	Bundessteuerblatt (Zeitschrift)
CpD	Konto pro Diverse
BVerfG	Bundesverfassungsgericht
DB	Der Betrieb (Zeitschrift)
DStR	Deutsches Steuerrecht (Zeitschrift)
DStZ	Deutsche Steuerzeitung (Zeitschrift)
EFG	Entscheidungen der Finanzgerichte (Zeitschrift)
ErbStG	Erbschaftsteuergesetz
ErbStDV	Erbschaftsteuer-Durchführungsverordnung
EStG	Einkommensteuergesetz

EStDV	Einkommensteuer-Durchführungsverordnung
FA	Finanzamt
FAZ	Frankfurter Allgemeine Zeitung
FG	Finanzgericht
FGO	Finanzgerichtsordnung
FinBeh	Finanzbehörde
FinMin	Finanzministerium
FinSen	Finanzsenator
GewAufspG	Gewinnaufspürungsgesetz
GG	Grundgesetz für die Bundesrepublik Deutschland
GrStG	Grundsteuergesetz
GuV	Gewinn und Verlust
HBP	Handbuch der steuerlichen Betriebsprüfung
HFR	Höchstrichterliche Finanzrechtsprechung (Zeitschrift)
i.d.F.	in der Fassung
Komm.	Kommentar
KStG	Körperschaftsteuergesetz
KStDV	Körperschaftsteuer-Durchführungsverordnung
KWG	Gesetz über das Kreditwesen
Kza	Kennzahl
LG	Landgericht
LSt	Lohnsteuer
LStR	Lohnsteuer-Richtlinien
MDR	Monatsschrift für deutsches Recht (Zeitschrift)
m.E.	meines Erachtens
NJW	Neue Juristische Wochenschrift (Zeitschrift)
NWB	Neue Wirtschafts-Briefe (Zeitschrift)
OFD	Oberfinanzdirektion
OLG	Oberlandesgericht
OR	Ohne Rechnung
OWiG	Gesetz über Ordnungswidrigkeiten
Pkw	Personenkraftwagen
RdNr.	Randnummer
rechtskr.	rechtskräftig
RFH	Reichsfinanzhof
RG	Reichsgericht
RGSt	Entscheidungen des Reichsgerichts in Strafsachen
RStBl	Reichssteuerblatt
StBp	Die steuerliche Betriebsprüfung (Zeitschrift)
StbJB	Steuerberater-Jahrbuch
Steufa	Steuerfahndung
StGB	Strafgesetzbuch

StPO	Strafprozeßordnung
StrbEG	Gesetz über die strafbefreiende Erklärung von Einkünften aus Kapitalvermögen und von Kapitalvermögen
StWK	Steuer- und Wirtschafts-Kurzpost (Zeitschrift)
Tz.	Textziffer
UR	Umsatzsteuer-Rundschau (Zeitschrift)
Urt.	Urteil
UStG	Umsatzsteuergesetz
UStR	Umsatzsteuer-Richtlinien
WiStG	Wirtschaftsstrafgesetz
wistra	Zeitschrift für Wirtschaft, Steuer und Strafrecht
ZPO	Zivilprozeßordnung

Teil I: Einführung

Kapitel 1: Schwarzgeld – was ist das überhaupt?

Zwei Bereiche

Schwarzgeld ist vor allem in zwei unterschiedlichen Bereichen zu orten. Da ist zunächst das allgemeine kriminelle Betätigungsfeld und hier besonders die mafiöse Szene, in der es wuchert. Entsprechend der national und international steigenden Tendenz zur Begehung von Steuerhinterziehungen ist Schwarzgeld ferner zunehmend auf der Flucht vor der Besteuerung anzutreffen. In steuerlicher Beziehung hat es schon immer ein Eigenleben entwickelt.

Schwarzgeld ist schwer zu fassen. In Mimikry-Manier paßt es sich geschickt seiner Umgebung an und wechselt häufig seine Farbe. In Grauzonen wird es ebenfalls grau, bei der Wäsche weiß. Das gilt für das Schwarzgeld sowohl im allgemeinen kriminellen Bereich als auch auf dem Gebiet der Steuerillegalität.

Zu fassen ist Schwarzgeld aber auch in begrifflicher Hinsicht schwer. Was ist Schwarzgeld überhaupt?

1 Schwarzgeld im allgemeinen kriminellen Bereich

Schwarzgeld und seine Wäsche

Erlöse und insbesondere Gewinne in beträchtlicher Größenordnung mit Schwarzgeldcharakter erzielen Straftäter im Bereich der Organisierten Kriminalität durch die von ihnen begangenen Straftaten. Dieses Schwarzgeld stellt die Triebfeder des Organisierten Verbrechens dar. Dessen Bekämpfung muß daher unter anderem darauf abzielen, die Weiterverwendung dieser Straftatenerlöse und insbesondere Straftatgewinne – für unter Umständen sogar rechtmäßige Zwecke – zu unterbinden. Damit sind wir bereits bei dem interessanten Thema der Geldwäsche angelangt. Die kriminellen Hersteller und Händler sind gezwungen, ihre illegal erzielten Einnahmen zu waschen, d. h. unter Verschleierung deren wahrer Herkunft wieder in den legalen Wirtschafts- und Finanzkreislauf einzuführen. Hierbei bedienen sie sich zum Teil der Dienstleistungen regulärer Wirtschaftsunternehmen wie

z. B. des Kreditgewerbes. Ohne daß die regulären Geschäftsleute in der Mehrzahl der Fälle die wirkliche Herkunft der von ihnen verwalteten Gelder kennen, wirtschaften sie mit den ihnen anvertrauten Mitteln, nehmen Überweisungen vor, investieren und tragen damit ungewollt zur Verfestigung der illegalen Strukturen bei. Bisher war in Deutschland im Gegensatz zu einigen anderen Staaten, die schneller in dieser Sache gehandelt haben, die Situation durch zwei Umstände gekennzeichnet, welche die Weißwäsche begünstigten: Zum einen war die Wiedereinführung von Geldmitteln in den legalen Finanzkreislauf straflos möglich und konnte ohne großen Aufwand bewerkstelligt werden. Zum anderen war der Nachweis von Geldwäschetransaktionen im Strafverfahren als Voraussetzung für den Verfall von Straftatgewinnen aufgrund fehlender Spuren außerordentlich schwierig. Das soll nun auch in der Bundesrepublik Deutschland ein Ende finden.

1.1 Das neue Gewinnaufspürungsgesetz

Ein „Gesetz über das Aufspüren von Gewinnen aus schweren Straftaten – Gewinnaufspürungsgesetz – GewAufspG", das voraussichtlich im zweiten Halbjahr 1992 verabschiedet wird[1], soll das Aufspüren von Gewinnen aus schweren Straftaten erleichtern, die Geldwäsche erschweren und das Erkennen von Strukturen Organisierter Kriminalität ermöglichen. Eine Vorlaufzeit für das Gesetz erschien weder geboten noch angemessen. Sein Inkrafttreten ist daher auf den Tag nach seiner Verkündung festgelegt worden.

Straftatbestände der organisierten Kriminalität

Das Gewinnaufspürungsgesetz steht in einem engen funktionalen Zusammenhang mit dem Gesetz zur Bekämpfung des illegalen Rauschgifthandels und anderer Erscheinungsformen der Organisierten Kriminalität vom 15. 7. 1992[2]. Dieses Gesetz sieht unter anderem die Schaffung folgender Tatbestände vor:

- Straftatbestand der „Geldwäsche";
- „Vermögensstrafe" – Die Normierung einer Vermögensstrafe soll es den Gerichten künftig ermöglichen, in schweren Fällen der Betäubungsmittelkriminalität neben einer Freiheitsstrafe auf Zahlung eines Geldbetrags zu erkennen, dessen Höhe zwar schuldangemessen sein muß, im übrigen aber nur durch den Wert des Vermögens des Täters begrenzt ist;

1 BGBl 1992 I.
2 BGBl 1992 I S. 1302.

- „Erweiterter Verfall" – Mit der Schaffung des Rechtsinstituts des Erweiterten Verfalls soll der Zugriff auf die Tatgewinne und -erlöse aus Betäubungsmittelstraftaten erleichtert werden. Dadurch soll es ermöglicht werden, Vermögensgegenstände von Rauschgifttätern schon dann für verfallen zu erklären, wenn nicht festgestellt werden kann, auf welche Weise sie sie erlangt haben, die Umstände jedoch die Annahme rechtfertigen, daß sie für rechtswidrige Taten oder aus ihnen erlangt worden sind.

Um die Geldwäsche effektiv bekämpfen zu können, wird es für wichtig gehalten, daß die durch das Gewinnaufspürungsgesetz zur Verfügung gestellten Instrumente gleichzeitig mit dem Wirksamwerden des Geldwäschestraftatbestands sowie der Vermögensstrafe und des Erweiterten Verfalls zur Verfügung stehen. Das Gewinnaufspürungsgesetz stellt in weiten Teilen die Umsetzung der Vorgaben der Richtlinie 91/803/EWG des Rates vom 10. 6. 1991 zur Verhinderung der Nutzung des Finanzsystems zum Zweck der Geldwäsche[3] dar.

Im einzelnen gilt nach dem Gewinnaufspürungsgesetz das Folgende.[4]

1.2 Begriffsbestimmungen

Vorlage des amtlichen Ausweises

Eingeführt wird eine allgemeine Identifizierungspflicht für „Institute", d. s. Kreditinstitute und Finanzinstitute unter Einschluß der Deutschen Bundespost. Unter „Identifizieren" versteht das Gesetz das Feststellen des Namens aufgrund eines amtlichen Ausweises sowie des Geburtsdatums und der Anschrift und das Feststellen von Art, Nummer und ausstellender Behörde des amtlichen Ausweises. In den Fällen, in denen nach diesem Gesetz Identifizierungspflichten bestehen, hat sich der Identifizierungspflichtige den amtlichen Ausweis vorlegen zu lassen und ihm den Namen des zu Identifizierenden zu entnehmen. Die weiteren Angaben (Geburtsdatum und Anschrift) sollen soweit möglich, müssen aber nicht dem amtlichen Ausweis entnommen werden, weil nicht jeder Ausweis diese Angaben enthält. Der zur Vornahme der Identifizierung Verpflichtete genügt insoweit der ihm

---

3 ABlEG Nr. L 166 S. 77 – EWG-Geldwäsche-Richtlinie.

4 Vgl. Bundesrats-Drucksache 220/92 vom 8. 4. 1992 zum Entwurf der Bundesregierung zum Gewinnaufspürungsgesetz.

Alte Meister im Tresor

Schmutziges Geld wird auf Umwegen blütenrein

Geldwäsche ist die Umwandlung illegaler oder krimineller Gelder in Sachwerte oder Bares. Weil vor allem der Drogenhandel ein Cash-Geschäft ist, müssen in einem ersten Schritt die kleinen Scheine unauffällig in größere Beträge getauscht oder zu Buchgeld gemacht werden. Zumeist verschleiern Strohmänner die Herkunft des Geldes durch Umtausch in andere Währungen, den Kauf von Wertpapieren, Edelmetallen oder Sachwerte wie Antiquitäten, Schmuck oder wertvolle Gemälde. In den Banktresoren der Schweiz lagern Dutzende, vielleicht sogar Hunderte alter Meister, die Drogenmafiosi gegen Bares im Kunsthandel erworben haben.

Gern legen sich Geldwäscher kleine Unternehmen wie Autowaschanlagen, Pizzerien und Restaurants zu, wo kleines Geld gut unterzubringen ist. Unauffällig können auch in Spielkasinos kleingestückelte Beträge über den Rückumtausch von Chips gewaschen werden.

In Ländern mit Devisenkontrollen wie die USA reisen häufig Geldkuriere mit Bargeldkoffern ein. Sie deklarieren beim Zoll beispielsweise die Bar-Einfuhr von zwei Millionen, haben aber nur eine Million im Koffer. Falls der Zöllner – wider Erwarten – zählt, hat der Bote einen Scheck in Höhe von einer Million Dollar zusätzlich in der Tasche, sozusagen als Reserve. Meist akzeptieren die Beamten Angaben der Reisenden. Dann kann der Kurier mit zwei Millionen Dollar legal wieder ausreisen – eine Million wird dadurch sauber.

Um nicht durch ihr immenses Vermögen aufzufallen, müssen Geldwäscher eine Scheinlegitimität aufbauen. Unauffällige Finanzgesellschaften kaufen sich in alle Bereiche der Wirtschaft ein. Oft gründen Geldwäscher Firmen, als deren Besitzer sie Personen mit Wohnsitz im Ausland angeben, und lassen sich von dort ein Direktorengehalt oder Dividenden überweisen. Beliebt ist auch der Trick mit Krediten. Zunächst wird das Geld auf ein Nummernkonto eingezahlt und anschließend zu einer anderen Bank überwiesen. Bei einem dritten Geldhaus wird unter Vorlage des Depot-Auszugs ein gleich hoher Kredit beantragt, der dann mit schmutzigem Geld getilgt werden soll.

Schon nach wenigen Stationen der Geldwäsche ist es schwierig, schmutziges Geld aus dem Kreislauf des sauberen herauszufiltern. Zudem hat der elektronische Zahlungsverkehr zwischen den internationalen Banken ein so großes Ausmaß angenommen, daß Geldwäscher ihre Beute oft per Computer transferieren. Allein in den USA sollen auf diese Weise nach Schätzungen der Bankenkontrolleure jährlich rund 100 Milliarden Dollar gewaschen werden.

Der Spiegel 9/1992 S. 134

obliegenden Pflicht, wenn er diese Angaben durch bloße Nachfrage ermittelt.

1.3 Identifizierungspflichten für Kreditinstitute

Schwellenbeträge

Identifiziert werden muß vom Institut in den Fällen, in denen eine dauerhafte Geschäftsbeziehung mit dem Kunden, für den es eine Finanztransaktion ausführt, nicht besteht. Die Fälle, in denen eine solche dauerhafte Geschäftsbeziehung zwischen Instituten und Kunden besteht (beispielsweise in Form eines Kontos, Depots oder Schließfachs), unterliegen bereits einer Identifizierungspflicht nach § 154 Abs. 2 AO.[5] Der praktische Anwendungsbereich des § 2 Abs. 1 GewAufspG wird auf die Geschäfte beschränkt sein, in denen das Institut mit dem Kunden Bargeschäfte tätigt, z. B. Tafelgeschäfte, Verkauf von Edelmetallen, Bareinzahlungen auf Auslandskonten, die sonst keiner Identifizierungspflicht unterliegen, Sortengeschäft, Verkauf von Beteiligungen, Verkauf von Reiseschecks, Wechseleinlösung. Die Identifizierungspflicht knüpft an einen Schwellenbetrag von 15 000 ECU, d. s. von 30 000 DM oder mehr an. Er gilt auch, wenn das Institut mehrere Finanztransaktionen durchführt, die zusammen einen Betrag im Wert von 30 000 DM oder mehr ausmachen, sofern zwischen ihnen eine Verbindung offenkundig ist. Regelmäßig wird eine Verbindung zwischen Finanztransaktionen zu bejahen sein, wenn sich eine signifikante Anzahl von Transaktionen innerhalb eines begrenzten Zeitraums durch ihre Gleichartigkeit im Hinblick auf den Geschäftsabschluß, den Geschäftsgegenstand oder die Geschäftsabwicklung auszeichnet. Die Verbindung muß sich den mit den Finanztransaktionen befaßten Bankangestellten aufdrängen. Die Identifizierungspflicht besteht nicht, wenn als Kunde eines Instituts ebenfalls ein Institut auftritt.

Für den Fall, daß die Institute Bargeld im Wert von 50 000 DM oder mehr annehmen, wird eine weitere Identifikationspflicht aufgestellt. Nach bisherigem Recht gab es zwar keine Identifikationspflicht bei Bargeldzahlungen. § 154 Abs. 2 AO regelt lediglich im Interesse einer ordnungsmäßigen Besteuerung die Sorgfaltspflichten, die bei der Eröffnung eines Kontos, bei der Verwahrung oder Pfandannahme von Wertsachen oder bei der Eröffnung eines Schließfachs zu beachten sind. Danach besteht die Pflicht, sich zuvor Gewißheit über die Person und Anschrift des

---

5 Siehe Kapitel 7.

Verfügungsberechtigten zu verschaffen und die entsprechenden Angaben in geeigneter Form festzuhalten. Eine Identifikation dessen, der auf ein Konto einzahlt, findet hingegen nach § 154 Abs. 2 AO nicht statt. Sie wird auch nach der EWG-Geldwäsche-Richtlinie nicht gefordert, jedoch für kriminalpolitisch wünschenswert gehalten. Mit der Festlegung des Schwellenbetrags auf 50 000 DM wird erreicht, daß die Vielzahl der normalen Bargeldgeschäfte des täglichen Lebens aus dem Anwendungsbereich der Vorschrift ausgeschieden werden. Die Identifikationspflicht knüpft grundsätzlich an dem einzelnen, für sich betrachteten Annahmevorgang an. Die Vorschrift erfaßt nicht nur Banknoten und Münzen der Deutschen Bundesbank, sondern auch Fremdwährungen. Wird Bargeld bei einem Institut deponiert, indem ein Behälter („Geldbombe") in den Nachttresor eingeworfen wird, so besteht keine Identifizierungspflicht. Zum Ausgleich muß das Institut, das einen Nachttresor unterhält, dessen Benutzer vertraglich verpflichten, auf diesem Weg nur Geld für eigene Rechnung einzuzahlen.

Gewerbetreibende/ Vermögensverwalter/ Spielbanken

§ 3 GewAufspG statuiert für Gewerbetreibende, soweit sie nicht bereits anderweit zur Identifizierung verpflichtet sind, sowie für Personen, die entgeltlich fremdes Vermögen verwalten, und Spielbanken eine vergleichbare Identifizierungspflicht. Unter dem Begriff „Gewerbetreibender" sind alle Personen zu verstehen, die ein Gewerbe im Sinne der Gewerbeordnung betreiben. Der Begriff „Person, die entgeltlich fremdes Vermögen verwaltet", deckt jede Form der entgeltlichen Treuhänderschaft ab. Er umfaßt sowohl die Verwaltung von Kapital als auch die Immobilienverwaltung. Damit fallen auch Rechtsanwälte, Patentanwälte, Notare, Wirtschaftsprüfer, vereidigte Buchprüfer, Steuerberater und Steuerbevollmächtigte in die Gruppe derer, die bei der Annahme von Barzahlungen Pflichten zur Identifizierung beachten müssen, wenn sie für ihre Klienten Anderkonten führen. Die von den Angehörigen dieser Berufe geführten Anderkonten sind für die Abwicklung von Geldwäschetransaktionen besonders geeignet, weil die genannten Berufe bezüglich ihrer Tätigkeit einer beruflichen Verschwiegenheitspflicht unterliegen, die sich auch auf die Anderkontenführung erstreckt. Die Vorschrift schließt außerdem Spielbanken ein.

Strafverteidiger

Soweit Rechtsanwälte und Rechtslehrer an deutschen Hochschulen als Strafverteidiger tätig sind, gelten für sie die eben erwähnten Bestimmungen nicht, weil sie andernfalls das Recht auf Verteidigung in unzulässiger Weise einschränken würden. Die Vorschrift nimmt außerdem gewerbliche Geldbeförderungsunternehmen aus. Soweit sie verplombte oder versiegelte Geldbehälter übernehmen, befördern und beim Empfänger abliefern, wäre ihnen sonst die Erfüllung der genannten Pflichten unmöglich.

1.4 Identifizierung beim Abschluß von Lebensversicherungsverträgen

Auch hier: Schwellenbeträge

Sie ist in § 4 GewAufspG geregelt. Die Pflicht zur Identifizierung für Lebensversicherungsunternehmen knüpft grundsätzlich an den Abschluß eines Lebensversicherungsvertrags an. So hat das Unternehmen zuvor den Vertragspartner zu identifizieren, wenn die Höhe der im Laufe des Jahres zu zahlenden periodischen Prämien 2000 DM übersteigt, wenn die Zahlung einer einmaligen Prämie mehr als 5000 DM beträgt oder wenn mehr als 5000 DM auf ein Beitragsdepot gezahlt werden. Die Identifizierung entfällt, wenn Versicherungsverträge zur betrieblichen Altersversorgung aufgrund eines Arbeitsvertrags oder der beruflichen Tätigkeit des Versicherten abgeschlossen worden sind, sofern weder bei einer vorzeitigen Beendigung ein Rückkaufwert fällig wird noch diese Versicherungen als Sicherheit für ein Darlehen dienen können. Solche Versicherungsverträge kommen als Geldwäsche-Instrumente kaum in Betracht.

1.5 Anpassung von Schwellenbeträgen

Vorgesehen ist ein Anpassungsmechanismus für alle vorher genannten Schwellenbeträge, um zu verhindern, daß bei Änderungen des ECU-Leitkurses der DM die betreffenden DM-Schwellenbeträge ihre Bezugswerte unter- oder überschreiten. In Form von Rechtsverordnungen sollen solche Vorgänge berücksichtigt werden.

1.6 Identifizierung in Verdachtsfällen

Bloße Vermutungen genügen nicht

Unabhängig von den genannten Schwellenbeträgen muß eine Identifizierung durchgeführt werden, wenn Tatsachen festgestellt werden, die darauf schließen lassen, daß die vereinbarte Finanztransaktion einer Geldwäsche dient oder im Fall ihrer Durchführung dienen würde. Der Verdacht muß auf einem konkreten Anhaltspunkt beruhen; bloße Vermutungen ohne jeden realen Hintergrund oder einen konkreten Bezug zur Wirklichkeit reichen dagegen nicht aus. Umfaßt sind alle Auffälligkeiten bei der

Abwicklung von Finanztransaktionen bzw. alle Abweichungen vom gewöhnlichen Geschäftsgebaren der Wirtschaftsbeteiligten, sofern in ihnen ein Bezug zu Geldwäscheaktivitäten erkennbar wird. Dies wird etwa bei einer Häufung der vom Bundeskriminalamt und der Zollverwaltung erarbeiteten und der Wirtschaft zur Verfügung gestellten „Anhaltspunkte für Geldwäsche" der Fall sein. Der gewonnene Verdacht muß sich auf eine Geldwäsche nach § 261 StGB richten.

1.7 Absehen von Identifizierung

Von einer Identifizierung kann abgesehen werden, wenn der zu Identifizierende bei dem zur Identifizierung Verpflichteten persönlich bekannt ist und wenn er bei früherer Gelegenheit identifiziert worden ist oder wenn der zu Identifizierende für ein gewerbliches Geldbeförderungsunternehmen auftritt.

1.8 Feststellung des wirtschaftlich Berechtigten

Unterbindung von Strohmanngeschäften

Die zur Identifizierung Verpflichteten müssen auch Namen und Anschrift desjenigen feststellen, für dessen Rechnung gehandelt wird (§ 8 GewAufspG). Die Vorschrift soll Strohmanngeschäften entgegenwirken und denjenigen sichtbar machen, in dessen wirtschaftlichen oder rechtlichen Interessen die Barzahlung erfolgt. Sie beinhaltet für den zur Identifizierung Verpflichteten die Pflicht, festzustellen, ob der zu Identifizierende überhaupt für sich oder einen anderen handelt. Die Frage danach reicht aus. Die Erkundigungspflicht gilt nicht im Verhältnis zu Rechtsanwälten und Patentanwälten, Notaren, Wirtschaftsprüfern, Wirtschaftsprüfungsgesellschaften, vereidigten Buchprüfern, Buchprüfungsgesellschaften, Steuerberatern, Steuerberatungsgesellschaften und Steuerbevollmächtigten im Zusammenhang mit der Führung eines von ihnen eingerichteten Anderkontos oder bei Eröffnung eines Kontos, eines Depots oder eines Schließfachs für einen Dritten. Diese Privilegierung trägt dem Umstand Rechnung, daß der genannte Personenkreis aufgrund berufs-, standes- und strafrechtlicher Bestimmungen dazu verpflichtet ist, über die ihm im Rahmen seiner Tätigkeit bekannt gewordenen Geheimnisse Stillschweigen zu bewahren (vgl. z. B. § 203 Abs. 1 Nr. 3 StGB, § 18 BNotO, § 57 Abs. 1 StBerG).

1.9 Aufzeichnungs- und Aufbewahrungspflicht

Zur Aufzeichnung und Aufbewahrung ist derjenige verpflichtet, der nach allem vorhergehenden die Pflicht zur Identifizierung und Feststellung hat. Es gilt eine Aufbewahrungspflicht von sechs Jahren. Die Aufbewahrung kann entweder im Original und in herkömmlicher Weise auf Papier oder in jeder anderen Form erfolgen, solange die gespeicherten Daten mit den festgestellten Angaben übereinstimmen.

Die entstandenen Aufzeichnungen dürfen nur zur Verfolgung der Geldwäsche nach § 261 StGB und der in § 261 Abs. 1 Nr. 1 bis 3 StGB genannten Straftaten für Zwecke eines Strafverfahrens herangezogen und verwendet werden. Ermöglicht ist aber auch die Verwendung von Erkenntnissen aus Aufzeichnungen, die den Verdacht einer Steuerstraftat begründen, für Zwecke der Nachbesteuerung, indem die Mitteilungspflicht des § 116 AO für anwendbar erklärt wird.

1.10 Sonstiges

Im Gewinnaufspürungsgesetz sind weiterhin geregelt die Sorgfaltspflichten bei der Eröffnung von Konten oder Depots für Dritte, die Anzeige von Verdachtsfällen durch Institute, die Freistellung von der Verantwortlichkeit, die Anzeige von Verdachtsfällen durch die zuständige Behörde, interne Sicherungsmaßnahmen bestimmter Art, Rechte und Pflichten der Zweigstellen und Unternehmen im Ausland. Das Gesetz enthält auch Bußgeldvorschriften bei Verstoß gegen die von ihm aufgestellten Pflichten, was als Ordnungswidrigkeit eingestuft wird.

Befugniserweiterung für Zollfahndung

Geändert werden das Gesetz über die Einrichtung eines Bundeskriminalpolizeiamts – Bundeskriminalamts, aber auch das Finanzverwaltungsgesetz. Denn Geldwaschvorgänge stehen häufig im Zusammenhang mit zollrechtlich relevanten Vorgängen. So hat die Zollfahndung beispielsweise Ansatzpunkte für Geldwäsche in bedeutendem Umfang im Hinblick auf grenzüberschreitende Lieferungen wertloser Waren. Den Zollfahndungsämtern wird daher unabhängig von ihrer Zuständigkeit nach § 208 Abs. 1 AO die Verfolgungskompetenz auf dem Gebiet international organisierter Geldwäsche einschließlich der zugrundeliegenden Vortat eingeräumt, soweit sie in Verbindung mit dem Wirtschaftsverkehr mit Wirtschaftsgebieten im Ausland stehen. Die Zollfahndungsämter und ihre Beamten erhalten dieselben Rechte und Pflichten wie die Behörden und Beamten des Polizeidienstes nach den Vorschriften der Strafprozeßordnung. Ihre Beamten werden durch diese Regelung auch insoweit Hilfsbeamte der Staatsanwaltschaft.

Eingriff ins Postgeheimnis

Schließlich kann in bestimmten Fällen des Geldwäscheverdachts in das Postgeheimnis nach Artikel 10 GG eingegriffen werden.

So weit der Inhalt des Gewinnaufspürungsgesetzes und seiner es begleitenden gesetzlichen Artikel. Ob es damit gelingt, dem Schwarzgeld im allgemeinen kriminellen Bereich das Wasser abzugraben, muß abgewartet werden. Trotz der neuen Gesetzgebung wird immer noch viel Schwarzgeld durch weitere Formen der Spülmaschinerie weiß gewaschen werden, manches sogar noch weißer als anderes.

2 Schwarzgeld im Bereich der Steuerillegalität

Unversteuerte Gelder

Die eigentliche Verbreitung des Schwarzgeldes hat sich jedoch auf einem Gebiet vollzogen, das es in der Wirtschaft in den letzten Jahrzehnten selbst zu einer vorher nie geahnten Bedeutung gebracht hat, nämlich auf dem Gebiet der Steuerillegalität. Wenn in der Bundesrepublik Deutschland von Schwarzgeld die Rede ist, stellt sich sofort die Assoziation zu unversteuerten Geldern ein. In diesem Sinne soll der Begriff des Schwarzgeldes im weiteren Verlauf verwendet werden. Von einer Anlehnung der Begriffsbestimmung des steuerlichen Schwarzgeldes an die Verfallsvorschrift des § 73 StGB, wie sie sich bei Verbrechen und Vergehen bestimmter Art anbietet, muß allerdings abgesehen werden, weil bei Straftaten, die zum Nachteil des Fiskus Steuern verkürzen, § 73 StGB ohnehin insoweit nicht anwendbar ist, als ein Anspruch auf Nachzahlung der verkürzten Steuer besteht.[6] Das mit den hinterzogenen Beträgen Beschaffte ist ferner kein Surrogat, das etwa als solches verfiele. Einen besonderen Vorteilsausgleich bewirken die zu zahlenden Hinterziehungszinsen gemäß § 235 AO.[7]

Definition

Es kommt noch folgendes hinzu. Schwarzgeld im steuerlichen Sinne ist ja nicht nur der Vermögensvorteil der wegen rechtswidriger Tat nicht festgesetzten Steuer. Vielmehr entspricht es logi-

6 § 73 Abs. 1 Satz 2 StGB; BGHSt 28, 369; LG Aachen, NJW 1978 S. 385.
7 Kühn/Kutter/Hofmann, Komm. zur AO, zu § 375, Anm. 3.

scher Überlegung und wird auch durch eine Analyse einschlägiger Fälle erhärtet, unter „Schwarzgeld" den Betrag zu verstehen, der der zutreffenden Besteuerung hätte zugrunde gelegt werden müssen, also der zu versteuernde Betrag oder zumindest ein Teil dieses Betrages. Bei der Einkommensteuer und den Ertragsteuern schließt dieser Betrag die – nicht festgesetzte – Steuer ein. Auf eine kurze Formel gebracht: Schwarzgeld ist das Geld, *mit* dem Steuern vorsätzlich verkürzt werden. Oder für die Einkommensteuer als wichtigste Steuerart: Schwarzgeld ist das Einkommen, das einschließlich der verkürzten Steuer der rechtmäßigen Besteuerung entzogen worden ist.

Beispiel

Gewerbetreibender G hätte 1990 ein Einkommen in Höhe von 3 Mio DM versteuern müssen. Er läßt 1 Mio DM manipulativ unversteuert und hinterzieht bei einem Satz von 53 v. H. (hier zur Vereinfachung ohne Berücksichtigung des lt. Grundtabelle/Splittingtabelle zu kürzenden Betrags von 22 842/45 684 DM) somit 530 000 DM Einkommensteuer. Bei G entsteht Schwarzgeld von 1 Mio DM, nicht nur in Höhe von 530 000 DM. In dieser 1 Mio DM stecken außerdem noch die auf 1 Mio DM entfallende Gewerbe- und Umsatzsteuer.

Entnahme aus Betriebsvermögen

Dem Schwarzgeld ist seine Bildung durch vorsätzliche Steuerverkürzung, also durch Steuerhinterziehung (vgl. § 370 AO), immanent. Denn Schwarzgeldbildung ist immer zweckgerichtet, final. Dies schließt eine Absicht und damit einen Vorsatz ein. Durch leichtfertige Steuerverkürzung (vgl. § 378 AO) gebildete Schwarzgelder sind begrifflich und auch praktisch kaum denkbar. Das wird auch einsichtig, wenn man – richtig – erkannt hat, daß bei den Einkunftsarten des Einkommensteuergesetzes, bei denen der Gewinn ermittelt zu werden pflegt (§ 2 Abs. 1 Nrn. 1 bis 3, Abs. 2 Nr. 1 EStG), Schwarzgeldbildung fast immer eine Entnahme aus dem Betriebsvermögen voraussetzt, eine Entnahme aber sich in einer eindeutigen Entnahmehandlung äußert, d. h. in einer Willenserklärung oder zumindest in einem schlüssigen Verhalten des Unternehmers,[8] und dies alles vom Vorsatz getragen ist.

Zu den Anforderungen an die Eindeutigkeit einer Entnahmehandlung wird in einer weiteren Entscheidung des BFH[9] ausgeführt, daß für die Entnahmehandlung ein Verhalten vorausgesetzt wird, das nach außen den Willen des Steuerzahlers erkennen läßt, ein Wirtschaftsgut nicht (mehr) zur Erzielung von Betriebseinnahmen, sondern fortan nur noch zur Erzielung von Privateinnahmen oder einkommensteuerrechtlich neutralen Zwecken einzusetzen. Es bedürfe nicht stets einer buchmäßigen Darstellung der Entnahme; vielmehr könne auch ein anderes schlüssiges Verhalten genügen, durch das die Verbindung des Wirtschaftsguts zum Betrieb gelöst wird. Ein solches schlüssiges Verhalten dürfte m. E. auch in einer Herauslösung von Geldern aus dem Betriebsvermögen zu „schwarzen Zwecken" gegeben sein.

Voraussetzung: Steuerhinterziehung

Wenn Schwarzgeld nach der hier vertretenen Auffassung eine Steuerhinterziehung voraussetzt, so braucht der Zeitpunkt des Beginns der Bildung des Schwarzgelds nicht notwendigerweise dem Zeitpunkt der Steuerhinterziehung zu folgen. Er kann vorher datieren. Dies ergibt sich daraus, daß die Steuerhinterziehung erst in dem Moment vollendet ist, in dem der Steueranspruch verkürzt worden ist, die Schwarzgeldbildung aber schon im Moment der die Steuerhinterziehung vorbereitenden Nichtbuchung oder Falschbuchung eingeleitet sein kann, also zu einer Zeit, in der noch nicht einmal ein Versuch der Steuerhinterziehung vorliegt, sondern nur eine straflose Vorbereitungshandlung zur Steuerhinterziehung, die allerdings als selbständige Steuergefährdung nach § 379 Abs. 1 AO als Ordnungswidrigkeit mit Geldbuße geahndet werden kann.[10]

Alle Steuerarten

Die vorstehend gegebene Definition, nach der Schwarzgeld dasjenige Geld ist, *mit* dem Steuern vorsätzlich verkürzt, also hinterzogen werden, gilt prinzipiell für alle Steuerarten, nicht nur für die Einkommensteuer. Bei der Vermögensteuer z. B. ist Schwarzgeld das steuerpflichtige Vermögen, mit dem die Vermögensteuer vorsätzlich verkürzt, d. h. hinterzogen wird; bei der Umsatzsteuer z. B. sind es diejenigen Umsätze oder Vorsteuerabzüge,

8 BFH-Urt. vom 31. 1. 1985 IV R 130/82 (BStBl 1985 II S. 395); Ritzrow, StBp 1988 S. 241 ff.
9 BFH-Urt. vom 9. 8. 1989 X R 20/86 (BStBl 1990 II S. 128).
10 Siehe hierzu Kapitel 27.

mit denen die Umsatzsteuer vorsätzlich verkürzt, d. h. hinterzogen wird.

Auch Schwarzgeld im steuerlichen Sinne wird solange wie nur möglich zu verdunkeln versucht. Der „Halter“ des Schwarzgeldes ist bestrebt, die Spuren, die zu seiner Entdeckung führen können, zu verwischen.

Schwarzer Warenbestand

Schwarzgeld im steuerlichen Sinne braucht nicht notwendigerweise in „Geld“ zu bestehen. So kann auch ein schwarzer Warenbestand in beträchtlicher Höhe gebildet werden. Vehikel hierfür ist meist ein zu niedriger Ansatz von Rohmaterial, Halbfabrikaten, Fertigfabrikaten oder Handelswaren in den Inventurlisten und die Übernahme dieses Ansatzes in die Bilanz. Dadurch kommt es in dem betreffenden Jahr zu einer Vermögens- und Gewinnminderung. Da hierbei wegen der Zweischneidigkeit der Bilanz im folgenden Jahr regelmäßig ein entsprechend höherer Gewinn entstehen wird, sind viele Gewerbetreibende dazu übergegangen, auch in den Folgejahren zu niedrig zu inventarisieren und bei einem späteren Verkauf der betreffenden Gegenstände des Vorratsvermögens die dann eintretende Gewinnrealisierung zu vertuschen, indem der Verkauf als OR-Geschäft[11] vorgenommen wird.

Beispiel

Gewerbetreibender A inventarisiert und bilanziert für 1988 Handelsware im Wert von 150 000 DM nur mit 100 000 DM. Er wiederholt dieses Vorgehen für 1989, 1990 und 1991. Dadurch entsteht bei A ein schwarzer Warenbestand von 4 × 50 000 DM = 200 000 DM. 1992 verkauft ihn A im Wege von OR-Geschäften und erlöst dabei einen Betrag von 260 000 DM, den er unversteuert läßt und bar in die Schweiz auf ein Nummernkonto transferiert. Die aus dem schwarzen Warenbestand hervorgegangene Summe von 260 000 DM ist klassisches Schwarzgeld.

11 Ohne-Rechnung-Geschäfte; siehe hierzu Kapitel 5.

Teil II: Entstehung von Schwarzgeld

Alle Steuerarten sind betroffen

Wie schon am Ende des vorangegangenen Kapitels erwähnt, kann Schwarzgeld bei allen Steuerarten entstehen. In erster Linie ist es natürlich bei der wichtigsten Steuerart, der Einkommensteuer, beheimatet. Die Ausführungen über Schwarzgeldbildung bei der Einkommensteuer beherrschen daher auch dieses Buch. Dennoch muß auch ein Abstecher zur Umsatzsteuer gemacht werden. In Kapitel 6 wird den verschnörkelten Wegen zum umsatzsteuerlichen Vorsteuerabzug bei Ankauf geschmuggelter Goldbarren nachgegangen.

Kapitel 2: Durch die Maschen aller sieben Einkunftsarten kann Schwarzgeld schlüpfen

Hauptsächlich: Einkommensteuer

Die Bildung von Schwarzgeld ist nicht nur bei Gewerbebetrieben, sondern auch in den Bereichen der Land- und Forstwirtschaft und der selbständigen Arbeit, insbesondere der freiberuflichen Tätigkeit, möglich und verbreitet. Es handelt sich hier um die der Einkommensteuer unterliegenden Einkunftsarten 1 bis 3 in § 2 Abs. 1 EStG. Bei ihnen schlagen sich die Einkünfte als „Gewinn" nieder (§ 2 Abs. 2 Nr. 1 EStG). Diese Einkünftebezieher sind Unternehmer.

1 Schwarzgeld aus den betrieblichen Einkünften

Freiberufliche Unternehmer

Hier sei zunächst mit den Freiberuflern begonnen, und zwar mit den in steuerlicher Hinsicht vergoldeten Existenzen mancher Zahnärzte. Ganz unauffällig in Form einer Fußnote heißt es in dem Aufsatz in einer Fachzeitschrift aus dem Jahr 1991[1]: „Interessant in diesem Zusammenhang: Im Zuge einer Überprüfung

1 Bilsdorfer, BB 1991 S. 1455, Fußnote 6.

von Zahnärzten als Folge der Zahngoldaffäre betrug die – hoffentlich nicht repräsentative – Verkürzungsquote 94 v. H.!“

2 Manipulationen mit Zahngold

Daß auch freiberufliche Unternehmer nicht gefeit sind gegen die Begehung von Steuerhinterziehungen und damit gegen die Versuchung, Schwarzgeld zu schöpfen, zeigen die bei Zahnärzten und Dentallabors vorgekommenen Manipulationen mit Zahngold.

Beispiel

Zahnarzt Z gibt das in seiner Praxis abgefallene Gold- und Silberamalganmaterial an die Scheideanstalt Sch weiter. Sch zahlt den Gegenwert per Postanweisung oder mit Verrechnungsscheck an Z. Z läßt die Gegenwerte teilweise auf Privatkonto gutschreiben, teilweise beim Kauf von Feingold verrechnen. Alle diese Vorgänge laufen am Finanzamt vorbei. Bei Z entsteht auf diese Weise im Laufe der Jahre ein Schwarzgeld in Höhe von etwa 100 000 DM.

Manipulationen mit Zahngold

Bei korrekter Abwicklung hätte Z im vorstehenden Beispiel die Zahnarztliquidationen um den Materialwert der alten Füllungen, Kronen und Brücken mindern müssen. Die Überlassung dieses Materials von den Patienten an den Zahnarzt stellt ein zusätzliches steuerbares Honorar dar. Der BFH sieht die Sache in seinem Urteil vom 17. 4. 1986 IV R 115/84[2] folgendermaßen:

Aus der Sicht des Bundesfinanzhof

„Aus diesen Überlegungen ergibt sich, daß der Kläger bereits bei der Behandlung seiner Patienten ein als Betriebseinnahme zu berücksichtigendes zusätzliches Entgelt erlangt hat, als diese ihm die zuvor entfernten alten Goldbrücken und -füllungen überließen (ebenso Schmidt/Seeger, Einkommensteuergesetz, 4. Aufl., § 18 Anm. 27). Diese Gegenstände verkörperten, wie erfahrungsgemäß auch den Patienten bekannt war, einen gewissen, wenn im Einzelfall auch geringen Wert. Ob die Patienten diese Gegenstände dem Kläger, zivilrechtlich gesehen, schenkweise oder, was näher liegt, als zusätzliches Entgelt für die Behandlung überlassen haben, kann dahinstehen. In jedem Fall handelte es sich um betrieblich veranlaßte Zugänge mit Geldeswert, die als

2 BStBl 1986 II S. 607.

Betriebseinnahmen zu berücksichtigen waren. Da der Kläger diese Abfälle zur Lieferung an eine Scheideanstalt sammelte, waren sie bei ihm zur Veräußerung bestimmt und nicht Privatvermögen; daß der Kläger sonst Gewinne durch seine Dienstleistungen, nicht aber durch die Veräußerung von Gegenständen erzielen wollte, steht dem nicht entgegen. Die Goldabfälle standen wegen ihrer Herkunft in engem Zusammenhang mit der freiberuflichen Tätigkeit des Klägers und gehörten deshalb zum Betriebsvermögen seiner Praxis. Zur gewinnmäßigen Darstellung hätte der Kläger demnach in Höhe des Goldwertes eine Betriebseinnahme und gleichzeitig eine Betriebsausgabe buchen können. Wenn er beides unterließ, ergab sich daraus keine fehlerhafte Erfolgsdarstellung . . . Durch die Lieferung der zum Betriebsvermögen gehörenden Edelmetallabfälle im Tausch gegen Feingold hat der Kläger wiederum eine Betriebseinnahme i. S. von § 4 Abs. 3 EStG realisiert, da ihm dadurch ein geldwerter Gegenstand zugegangen ist und dieser Zugang im Hinblick auf die Aufgabe von Betriebsgegenständen betrieblich veranlaßt ist. Ob die erlangte Gegenleistung in den betrieblichen oder in den privaten Bereich des Klägers gelangt ist, hat dafür keine Bedeutung."

Scheideanstalt

Zum zweiten Akt der Angelegenheit, nämlich zur Abgabe des Altgolds an die Scheideanstalt und dem Bezug von Feingoldband von der Anstalt, führt der BFH a. a. O. aus: „Der Kläger kann hierfür keine Betriebsausgaben ansetzen und damit auch nicht die Betriebseinnahme aus der Altgoldlieferung ausgleichen, weil das Feingold nicht für betriebliche, sondern für private Zwecke erworben wurde. Anschaffungsvorgänge führen nur dann zu Betriebsausgaben, wenn sie betrieblich veranlaßt sind (vgl. BFH-Urteil vom 23. 5. 1985 IV R 198/83, BFHE 144, 53, BStBl II 1985, 517). Dies wäre vorliegend der Fall, wenn das Feingold in der Weise zum Einsatz im Betrieb bestimmt gewesen wäre, daß der Kläger es selbst zur Herstellung von Zahnfüllungen und Zahnersatz verwenden oder es einem Zahnlabor für derartige Zwecke im Interesse seiner Praxis überlassen wollte. Dies kam jedoch nicht in Betracht. Wie auch der Kläger einräumt, kommt in der Zahnprothetik nicht Feingold, sondern sog. Zahngold zum Einsatz, das durch eine Legierung von Gold mit Seltenmetallen gewonnen wird und teurer ist als eine entsprechende Goldmenge. Für einen unmittelbaren Einsatz in der Praxis wäre demnach nur Zahngold in Frage gekommen. Ob ausnahmsweise für bestimmte Verwendungen auch Feingold in Betracht kommt, kann dahinstehen, weil der Kläger für eine derartige Verwendung nichts vorgetragen hat. Nach den unwidersprochenen Feststellungen des FG unterhält der Kläger kein eigenes Labor mehr und hat in den Streitjahren auch den mit ihm verbundenen Zahnlabors kein Material beigestellt, wofür ohnehin nur Zahngold, nicht aber Feingold in Frage gekommen wäre... Ob der Kläger von anderen Erwägungen ausgegangen ist und wie sich dies ggf. auf eine steuerstrafrechtliche Würdigung des Sachverhalts auswirkt, hatte der Senat nicht zu entscheiden."

Goldvorrat eines Zahnarztes

Auch mit dem Goldvorrat eines Zahnarztes hat sich das höchste deutsche Steuergericht beschäftigt. Nach einer weiteren Entscheidung[3] führt die Anschaffung von Zahngold durch einen den Gewinn in Form der Überschußrechnung (§ 4 Abs. 3 EStG) ermittelnden Zahnarzt als betrieblicher Vorgang bei Entrichtung des Kaufpreises zu Betriebsausgaben. Dies gilt auch bei sog. Vorratsbeschaffungen, weil es Sache des Steuerzahlers ist, über Zeitpunkt und Umfang der Materialbeschaffung zu entscheiden. Obwohl der Wert des Zahngoldvorrates u. a. von der Entwicklung des Goldpreises abhängt und die Bevorratung daher ein spekulatives Element enthält, hat es der BFH ausdrücklich abgelehnt, Vorratsbeschaffungen von Zahngold nur bis zu einer bestimmten Höchstgrenze als betrieblich veranlaßt anzusehen. Eine Ausnahme gilt allerdings, wenn der Zahnarzt den angeschafften Goldvorrat während eines überschaubaren Zeitraums nicht verbrauchen kann oder tatsächlich nicht verbraucht hat oder eine Veräußerung anläßlich der in naher Zukunft anstehenden Beendigung der freiberuflichen Tätigkeit absehbar ist. In diesem Fall ist davon auszugehen, daß die Beschaffung eines Teils des Goldvorrats allein spekulativen, nicht betrieblichen Zwecken dient. Im entschiedenen Urteilsfall hat der BFH die Anlegung eines Goldvorrats für einen Zeitraum von sechs bis sieben Jahren als noch betrieblich veranlaßt angesehen.

Umsatzsteuer

Ein Seitenblick auf die Umsatzsteuer! Erwirbt ein Zahnarzt für die Anfertigung von Zahnersatz die hierfür vorgesehene Goldlegierung (sog. Zahngold) im Umfang eines durchschnittlichen Bedarfs dreier Jahre, so liegt nach Auffassung des Finanzgerichts Nürnberg[4] ein Leistungsbezug für sein Unternehmen vor. Der Vorsteuerabzug wird nicht dadurch in Frage gestellt, daß der

3 BFH-Urt. vom 12. 7. 1990 IV R 137-138/89 (BStBl 1991 II S. 13).
4 FG Nürnberg, rechtskr. Urt. vom 26. 9. 1989 II 149/86 (EFG 1990 S. 131, UR 1990 S. 254).

Goldvorrat möglicherweise ertragsteuerlich als gewillkürtes Betriebsvermögen beurteilt wird und bei Gewinnermittlung nach § 4 Abs. 3 EStG nachteilige Folgen auftreten können. Der Zahnarzt kann also die ihm anläßlich des Ankaufs von Zahngold in Rechnung gestellte Umsatzsteuer auch dann als Vorsteuer abziehen, wenn bereits ein Bestand an Zahngold vorhanden war, der den Praxisbedarf für drei Jahre abdeckte. Die ertragsteuerliche Behandlung des Goldes als Privatvermögen (siehe weiter vorstehend) ist für die umsatzsteuerrechtliche Einordnung des Leistungsbezugs für das Unternehmen nicht maßgebend.

Dentallabors

In diesem Zusammenhang sei auch auf die Bildung von Schwarzgeld bei Zahnärzten im Wege verdeckter Preisnachlässe durch Dentallabors eingegangen. Dewein[5] berichtet, daß die Ermittlungsbehörden u. a. folgende Manipulationen festgestellt hätten:

- Das von den Labors verwendete Zahngold wurde in den Rechnungen mengenmäßig überhöht angesetzt. Die Differenz zur tatsächlich verarbeiteten Menge erhielt der Zahnarzt in Natur.
- Es wurde ein besonders kostengünstiges Material verarbeitet, aber um einiges höher berechnet. Der Differenzbetrag floß dem Zahnarzt auf einem privaten Konto zu.
- Vom Labor wurde für jeden Patienten zunächst eine Abrechnung über die Gesamtkosten und sodann für einige der geleisteten Arbeiten noch einmal eine gesonderte Aufstellung in Form einer Rechnung erstellt, was beim Zahnarzt eine doppelte Verbuchung als Betriebsausgaben ermöglichte.
- Bei der Auslieferung von Auftragsarbeiten erhielt der Zahnarzt noch Goldplättchen ohne Berechnung.

Auch ausländische, beispielsweise in der Schweiz domizilierende Dentallabors haben solche Vorteile gewährt und sollen bei Umsatz- und Gewinnbeteiligungen sogar zugesichert haben, daß die Gelder auf einem Nummernkonto angelegt werden. Die Offerten der Schweizer Dentallabors enthalten zuweilen auch kostenlose Überlassungen von Chalets im Tessin.

5 Betriebsprüfung, Rudolf Haufe Verlag, Freiburg, Gruppe 6.8 S. 31.

Bei dieser Gelegenheit sei noch auf eine Entscheidung des Landgerichts Koblenz[6] hingewiesen, nach der die Patientenkartei eines Zahnarztes, welchem die Hinterziehung von Steuern vorgeworfen wird, als Beweismittel beschlagnahmt werden kann. Der Schutz des Interesses des Patienten habe hintanzustehen, wenn der Arzt selbst einer Straftat beschuldigt und zur Aufklärung der Tat der Einblick in die Patientenkartei nötig ist. Die Aufzeichnungen eines Zahnarztes betreffen regelmäßig einen weniger persönlich empfindlichen Bereich als jene von Ärzten anderer Fachbereiche, meinen die Koblenzer Richter.

Patientenkartei des Arztes (Zahnarztes)

3 Schwarzgeld aus den Überschußeinkünften

Schwarzgeld kann auch bei den Einkunftsarten 4 bis 7 in § 2 Abs. 1 EStG (Einkünfte aus nichtselbständiger Arbeit, aus Kapitalvermögen, aus Vermietung und Verpachtung und sonstige Einkünfte im Sinne des § 22 EStG) gebildet werden. Bei diesen Einkunftsarten ist der Überschuß der Einnahmen über die Werbungskosten maßgebend.

3.1 Schwarzgeld bei Einkünften aus Kapitalvermögen, insbesondere verschwiegene Bankzinsen

Diese Einkunftsquelle ist ein Dorado für Steuerhinterzieher! Zum einen läßt sie sich leicht vor den Finanzbehörden verbergen, und wegen des sog. Bankgeheimnisses kommt es nur selten zu Aufdeckungen verschwiegener Einkünfte und verheimlichten Kapitalvermögens. Allerdings kommt es auch wieder öfter vor, daß ein Außenprüfer sich die Sparbücher, und zwar möglichst von allen Familienmitgliedern, ansehen möchte. Weitverbreitet ist auch die Ansicht, Bankzinsen stammen doch schon aus versteuerten Geldern und seien daher nicht „noch einmal" steuerbar. Dabei wird übersehen, daß lediglich das Kapitalvermögen gegebenenfalls schon versteuertes Geld darstellt, dagegen die Zinsen daraus originäre Einkünfte im Sinne des Einkommensteuergesetzes sind.

Dorado für Hinterzieher

Außerdem ist es oft so, daß ein Unternehmer, hauptsächlich ein Gewerbetreibender, anläßlich seiner unternehmerischen Tätigkeit gebildetes Schwarzgeld auf einem exklusiven Sparkonto bei

6 LG Koblenz, Beschl. vom 31. 1. 1983 – 8 Qs 3/83 (NJW 1983 S. 2100).

einer seiner Banken versteckt. Hier ist das Schwarzgeld aus dem Betriebsvermögen, das es an sich darstellt, in Privatvermögen transformiert worden. Da auch Privatvermögen grundsätzlich der Vermögensteuer unterliegt, wird dann regelmäßig dieses Kapitalvermögen dem Finanzamt gegenüber verschwiegen.

Kapitalvermögen und Einkünfte daraus

Ebenso werden die Sparzinsen, die in diesem Fall Einkünfte aus Kapitalvermögen sind (§ 20 Abs. 1 Nr. 7 EStG), in der Einkommensteuererklärung nicht deklariert.

Schwarzgeld kann aber auch originär innerhalb der Einkunftsart „Einkünfte aus Kapitalvermögen" geschöpft werden, indem versteuerte oder nichtsteuerbare Einkünfte als Spargelder verzinslich angelegt, die Anlagen aber nicht der Vermögensteuer und die Zinsen hieraus nicht der Einkommensteuer unterworfen werden.

Beispiel

Arbeitnehmer A hat im Laufe von 10 Jahren aus seinem versteuerten Arbeitslohn einen Betrag von 100 000 DM und den aus einer – nicht der Einkommensteuer unterliegenden – Erbschaft stammenden Betrag von 150 000 DM, zusammen also 250 000 DM auf sein Sparkonto eingezahlt. Als Zinsen sind in den 10 Jahren rund 70 000 DM angefallen. A gibt weder das Kapital von 250 000 DM in seinen Vermögensteuererklärungen noch die Zinsen in seinen Einkommensteuererklärungen an. Mit dem Betrag von 70 000 DM spekuliert A an der Börse. Dieser Betrag ist echtes Schwarzgeld. Aber auch aus dem ursprünglich weißen Kapital von 250 000 DM ist Schwarzgeld geworden, weil es der (Vermögen-)Steuer entzogen worden ist.[7]

3.1.1 Rechtslage bis zum Verdikt des Bundesverfassungsgerichts

Verheimlichen von Bankzinsen

Das Verheimlichen von Sparkonten und Wertpapierdepots sowie der Zinsen daraus gegenüber dem Finanzamt ist in den letzten Jahrzehnten in der Bundesrepublik Deutschland regelrecht Mode geworden. Der sogenannte Bankenerlaß[8] – mit Wirkung vom

7 Vgl. zur Definition des Schwarzgeldes am Ende des Kapitels 1.
8 BMF-Schreiben vom 31. 8. 1979 (BStBl 1979 I S. 590).

3. 8. 1988 an in § 30a AO aufgegangen[9] – hat dazu beigetragen, das allgemeine Unrechtsbewußtsein auf diesem Gebiet zu verdrängen. Außerdem läßt sich gerade diese Einkunftsart, wie schon erwähnt, relativ leicht vor den Finanzbehörden verheimlichen. Die Zahlen sprechen eine deutliche Sprache:

Etwa 40 v. H. der steuerlich relevanten Zinserträge wurden nach Schätzung des FG Freiburg dem Fiskus vorenthalten. Der bekannte Steuerrechtler Professor Dr. Klaus Tipke schätzt die Quote sogar auf über 70 v. H.[10]

„Wurde nur ein Teil der Kapitaleinkünfte erklärt" – heißt es bei Dewein[11] –, „so kann dies auf einem Versehen beruhen; allerdings sollten das nicht nur die Dividendengutschriften sein, bei denen die anrechenbare Körperschaftsteuer und die Kapitalertragsteuer zusammen 52 v. H. ausmachen! Bei vielen Festgeldanlagen werden die Zinsen laufend dem Kapital zugeschlagen und erst nach Ablauf der Anlagefrist mit dem Guthaben ausbezahlt. Hier besteht oftmals der Irrtum, daß die Versteuerung erst bei Auszahlung vorzunehmen ist; insoweit wird vorsätzliches Handeln kaum nachgewiesen werden können. Anders ist es, wenn die Festgeldanlage überhaupt verschwiegen wurde. Hier wird der Prüfer oft fündig, wenn er der Finanzierung von Investitionen nachgeht, insbesondere bei Häuserbauten."

Amnestiegesetz

Einen Schlußstrich unter das zum Teil kriminelle Verhalten vieler privater Kapitalvermögensbesitzer versuchte das sog. Amnestiegesetz vom 25. 7. 1988[12] zu ziehen, indem es diejenigen, die Kapitaleinkünfte und Kapitalvermögen für die Jahre 1986 und 1987 richtig und vollständig angaben oder verschwiegene Beträge aus diesen Jahren bis zum 31. 12. 1990 nacherklärten, für frühere falsche Angaben straffrei stellte und sogar von der Steuernachzahlung für die früheren Jahre freistellte. Dieses Gesetz schaffte neues Unrecht, weil es Steuersünder privilegierte, ehrlichen Steuerzahlern aber die Erstattung der von ihnen auf Kapitalvermögen und Zinsen gezahlten Steuern verweigerte.

Erfolg des Amnestiegesetzes?

Bis zum 31. 12. 1990 seien insgesamt über 750 000 strafbefreiende Nacherklärungen abgegeben worden – feierte Bundesfi-

9 Siehe hierzu ausführlich Kapitel 11.
10 Der Spiegel, Nr. 44/1988 S. 69.
11 Betriebsprüfung, a. a. O., Gruppe 3.6 S. 43.
12 Art. 17 des Steuerreformgesetzes 1990 (BGBl 1988 I S. 1093, 1128).

nanzminister Dr. Theo Waigel den Erfolg des Gesetzes über die strafbefreiende Erklärung von Einkünften aus Kapitalvermögen und von Kapitalvermögen (Amnestiegesetz). Laut BMF-Finanznachrichten vom 4. 4. 1991 wären ein Kapitalvermögen von über 21 Milliarden DM sowie Einkünfte aus Kapitalvermögen von 2,4 Milliarden DM nacherklärt worden. In diesen Zahlen seien nur die Fälle enthalten, in denen ursprünglich unrichtige oder unvollständige Steuererklärungen nachträglich berichtigt oder vervollständigt worden sind. Damit hätte sich das Amnestiegesetz bewährt und sein Ziel erreicht, den Übergang in die Steuerehrlichkeit zu erleichtern. Leider hat die Bundesregierung bzw. das Bundesfinanzministerium nicht die Beträge geschätzt und bekanntgegeben, die als Kapitalvermögen und Zinsen daraus weiterhin der Besteuerung entzogen bleiben, weil die Eigentümer dieser Beträge nicht vom Amnestiegesetz Gebrauch gemacht haben.

Bahnbrechende Entscheidung des Bundesverfassungsgerichts

Wie eine Bombe schlug denn auch das Urteil des Bundesverfassungsgerichts vom 27. 6. 1991 – 2 BvR 1493/89[13] – ein, nach dem die in der Verwaltungspraxis festzustellende Ungleichbehandlung in der Besteuerung der Kapitalerträge aus verfassungsrechtlichen Gründen nicht hingenommen werden kann, insbesondere weil der Gesetzgeber bzw. die Verwaltung durch eine Beschränkung der Kontrollmöglichkeiten für diesen ungleichmäßigen Gesetzesvollzug verantwortlich sind. Dieser unbefriedigende Zustand müsse gleichwohl für eine Übergangszeit noch hingenommen werden. Dem Gesetzgeber müsse eine Frist eingeräumt werden, über die nötigen Maßnahmen zu befinden. Diese Frist endet am 1. 1. 1993. Sollte der Gesetzgeber bis dahin untätig bleiben, müßten die Vorschriften des EStG über die Besteuerung der Kapitalerträge als verfassungswidrig und damit nichtig angesehen werden. Das Bundesverfassungsgericht ging nach Auskünften von Sachverständigen davon aus, daß etwa die Hälfte der steuerpflichtigen Kapitalerträge steuerlich nicht erfaßt würde. Der Gleichheitssatz des Artikel 3 Grundgesetz verlange jedoch, daß die Steuerlasten auch in der tatsächlichen Handhabung gleichmäßig auf die Steuerbürger verteilt werden. Die Gleichheit lediglich der „normativen Steuerpflicht“ reiche nicht aus. Der Gesetzgeber sei deshalb verpflichtet, Kontrollmöglichkeiten zu

13 BStBl 1991 II S. 654.

schaffen, um die tatsächliche Gleichmäßigkeit der Besteuerung zu gewährleisten.

Amnestiegesetz verfassungsmäßig?

In einem weiteren Urteil vom gleichen Tag (27. 6. 1991) hat das Bundesverfassungsgericht auch zur Frage der Verfassungsmäßigkeit des Steueramnestiegesetzes Stellung genommen.[14] Einer der steuerehrlichen Bürger hatte gegen seinen Steuerbescheid für 1984 Einspruch eingelegt mit der Begründung, er werde durch das Strafbefreiungsgesetz in verfassungswidriger Weise gegenüber den Steuerunehrlichen benachteiligt. Das FG Münster hatte sich dieser Auffassung angeschlossen und die Frage dem Bundesverfassungsgericht vorgelegt. Leider hat das Bundesverfassungsgericht die Vorlage für unzulässig erklärt. Für die Besteuerung des Klägers komme es nicht darauf an, ob das Amnestiegesetz verfassungswidrig sei oder nicht. Wenn es rechtsgültig sei, bleibe der Kläger von der Begünstigung ausgeschlossen. Wenn es dagegen für nichtig erklärt werden müsse, sei es ausgeschlossen, daß der Gesetzgeber die Vergünstigung auf die steuerehrlichen Bürger ausdehne. Der Sinn des Gesetzes habe darin gelegen, im Interesse einer möglichst vollständigen und gleichmäßigen Besteuerung der Kapitaleinkünfte den bisher Steuerunehrlichen den Weg in die Legalität zu erleichtern. Es wäre sinnwidrig und würde dem Gleichheitssatz des Artikel 3 Grundgesetz widersprechen, einen solchen besonderen Befreiungstatbestand auf ordnungsgemäß veranlagte Steuerzahler auszudehnen. Das Gericht hat damit zwar nicht formell über die Verfassungsmäßigkeit des Amnestiegesetzes entschieden, aber doch mit hinreichender Deutlichkeit erkennen lassen, daß es die geltend gemachten verfassungsrechtlichen Bedenken nicht teilt.

3.1.2 Ab 1. 1. 1993 Zinsabschlaggesetz

Konsequenzen des Gesetzgebers aus der Karlsruher Entscheidung

Mit Urteil vom 27. 6. 1991 hat das Bundesverfassungsgericht den Gesetzgeber verpflichtet, bis zum 1. 1. 1993 Vorkehrungen zu treffen, wonach Zinseinkünfte künftig nicht nur rechtlich, sondern auch tatsächlich gleich belastet werden. Dabei sei der Gesetzgeber von Verfassungs wegen nicht gehindert, die Besteuerung der Kapitaleinkünfte auf die gesamtwirtschaftlichen Anforderungen an das Kapitalvermögen und die Kapitalerträge auszurichten und entsprechend zu differenzieren. Verfassungsrechtlich sei es auch unbedenklich, die Geldwertabhängigkeit und damit

14 2 BvL 3/89 (BStBl 1991 II S. 652).

die gesteigerte Inflationsanfälligkeit der Einkunftsart „Kapitalvermögen“ bei der Besteuerung zu berücksichtigen. Schließlich könne die Kapitalbildung als Quelle der Altersversorgung oder als sonstige existenzsichernde Versorgungsgrundlage gesondert gewürdigt werden.

Kopplung mit Altersversorgung

Mit dem Gesetz zur Neuregelung der Zinsbesteuerung (Zinsabschlaggesetz)[15] sollen die gesetzgeberischen Konsequenzen aus dem Urteil des Bundesverfassungsgerichts gezogen werden. Nach der Meinung der Bundesregierung stellt ein anrechenbarer Steuerabzug mit Vorauszahlungscharakter – im folgenden: Zinsabschlag – in Verbindung mit kräftig angehobenen Sparer-Freibeträgen den Weg zur Erfüllung des Auftrags des Bundesverfassungsgerichts mit den geringsten Nachteilen dar. Dieses Verfahren schont den Kapitalmarkt, befreit kleinere und mittlere Zinseinkommen von der Einkommensteuer, ist mit angemessenem Verwaltungsaufwand durchführbar, vermeidet eine Rückwirkung auf die Zeit vor 1993 und erfaßt auch Tafelgeschäfte. Es ist ferner am ehesten für eine Harmonisierung der steuerlichen Erfassung von Zinszahlungen in der Europäischen Gemeinschaft geeignet.

Im einzelnen mit Wirkung ab 1. 1. 1993 das Folgende:

3.1.2.1 Sparer-Freibeträge

Starke Erhöhungen

Anhebung des Sparer-Freibetrags bei der Einkommensteuer auf 6000/12 000 DM (Alleinstehende/Verheiratete). Dadurch werden gut 80 v. H. der jetzt noch Steuerpflichtigen künftig von der Besteuerung der Einkünfte aus Kapitalvermögen freigestellt.

3.1.2.2 Zinsabschlag

30 v. H.

– Grundsätzlich Einbehaltung eines 30prozentigen Zinsabschlags von Zinsen auf Kapitalforderungen, wenn der Anleger ein Steuerinländer ist. Hierbei handelt es sich um einen auf die Einkommensteuer oder Körperschaftsteuer des Veranlagungszeitraums anrechenbaren Steuerabzug mit Vorauszahlungscharakter. Abzugspflicht besteht nicht für Privatpersonen, wie z. B. bei Zinszahlungen aufgrund von Privatdarlehen oder Zahlungen von Schuldzinsen an Banken.

15 Das Zinsabschlaggesetz war bei Redaktionsschluß noch nicht verkündet.

- Bei Tafelgeschäften erhöht sich der Abschlag auf 35 v. H. (siehe hierzu ausführlich Kapitel 7 Abschn. 5). 35 v. H.

- Berücksichtigung des Sparer-Freibetrags und des Werbungskosten-Pauschbetrags für Einkünfte aus Kapitalvermögen bereits beim Steuerabzug. Hierzu kann der Sparer der abzugspflichtigen Stelle einen „Freistellungsauftrag" erteilen. Der Freistellungsauftrag kann auf mehrere Konten aufgeteilt werden. Er steht den Finanzämtern zu Prüfzwecken zur Verfügung (siehe weiter nachstehend). Freistellungsauftrag

- Der Zinsabschlag ist nicht durch den Schuldner des Kapitalertrags, sondern durch die auszahlende Stelle (z. B. Kreditinstitut, Bausparkasse) einzubehalten. Mit dieser Regelung wird eine Spaltung des Kapitalmarkts als Folge einer unterschiedlichen Steuerbehandlung von Schuldnern mit inländischem und ausländischem Wohnsitz vermieden.

- Zinszahlungen an Steuerausländer (Personen mit Wohnsitz, gewöhnlichem Aufenthalt, Sitz oder Geschäftsleitung im Ausland) werden vom Steuerabzug ausgenommen, weil sie nach den Doppelbesteuerungsabkommen regelmäßig mit ihren Zinserträgen auch materiell steuerfrei sind. Zugleich schont diese Ausnahmeregelung den Kapitalmarkt und sichert den für die Volkswirtschaft wichtigen Zustrom ausländischen Kapitals.

- Ferner sind vom Steuerabzug ausgenommen: Girokonten (Sichteinlagen) mit einer Verzinsung von nicht mehr als 1 v. H., Bausparzinsen (wenn der Sparer eine Arbeitnehmer-Sparzulage oder eine Wohnungsbauprämie erhält oder die Verzinsung nicht mehr als ein Prozent beträgt), Stückzinsen und Erträge aus Interbankgeschäften.

- Stückzinsen werden ab 1. 1. 1994 (!) dem Zinsabschlag unterworfen, wobei das Entgelt für den Erwerb der Zinsscheine abzuziehen ist (Nettolösung).

- Das sogenannte Bankgeheimnis bleibt voll in bisherigem Umfang (§ 30a AO) erhalten. Das Vertrauensverhältnis zwischen Kunden und Bank wird durch den Zinsabschlag angeblich nicht berührt. Ein verwaltungs- und personalaufwendiges Kontrollverfahren, das den Kapitalmarkt erheblich belasten würde, wird vermieden. Wahrung des sog. Bankgeheimnisses

3.1.2.3 Vorsorgeaufwendungen, Besteuerung von Alterseinkünften

Die steuerliche Berücksichtigung von Vorsorgeaufwendungen und die Besteuerung von Alterseinkünften wird ab 1993 wie folgt verbessert:

- Anhebung des Sonderausgaben-Vorwegabzugs von 4000/8000 DM (Alleinstehende/Verheiratete) auf 6000/12 000 DM; Berücksichtigung der steuerfreien Arbeitgeberbeiträge zur Sozialversicherung statt wie bisher mit bis zu zwölf Prozent künftig mit bis zu sechzehn Prozent;

- Anhebung des Grundhöchstbetrags für Vorsorgeaufwendungen von Arbeitnehmern und Selbständigen von 2340/4680 DM (Alleinstehende/Verheiratete) auf 2610/5220 DM mit entsprechender Verbesserung beim hälftigen Höchstbetrag;

- Anhebung des Versorgungs-Freibetrags von 4800 DM auf 6000 DM.

Mit welcher Inkonsequenz in Bonn Gesetze gemacht werden, geht auch daraus hervor, daß ab 1993 zwar der Sparer-Freibetrag auf 6000/12 000 DM erhöht wird, nicht aber wie ursprünglich vorgesehen der Freibetrag für Kapitalvermögen von 10 000/20 000 DM auf das Zehnfache, also 100 000/200 000 DM.

3.1.2.4 Der Freistellungsauftrag – ein wichtiges Papier für die Bank!

Eine Abstandnahme vom Abzug der Kapitalertragsteuer wurde nach früherem Recht nur bei Erträgen aus einer Beteiligung an einem Handelsgewerbe als stiller Gesellschafter oder aus partiarischen Darlehen sowie bei Lebensversicherungserträgen (§ 43 Abs. 1 Nr. 3 und 4 EStG) zugelassen. Voraussetzung ist, daß der Gläubiger nicht zur Einkommensteuer veranlagt wird (sog. NV (= Nichtveranlagungs)-Fall).

Ab 1. 1. 1993 wird die Möglichkeit der Abstandnahme vom Steuerabzug auf den Zinsabschlag ausgedehnt. Zugleich wird die Abstandnahme vom Steuerabzug über die NV-Fälle hinaus auch zugelassen, soweit alle Kapitalerträge, für die die Abstandnahme vom Steuerabzug bzw. die Erstattung der Kapitalertragsteuer (§ 44b EStG) betrieben wird, den Sparer-Freibetrag zuzüglich des Werbungskosten-Pauschbetrages (= 6100 DM bzw. 12 200 DM) nicht übersteigen.

Der die Kapitalerträge auszahlenden Stelle muß in NV-Fällen die NV-Bescheinigung des zuständigen Finanzamts (so schon nach früherem Recht) und in Freibetragsfällen der Freistellungsauftrag des Gläubigers der Kapitalerträge vorgelegt werden. Der Freistellungsauftrag muß nach amtlich vorgeschriebenem Vordruck erteilt werden.

Mit dem Freistellungsauftrag wird auf möglichst einfache und unbürokratische Weise erreicht, daß Kapitalerträge, die unterhalb des Sparer-Freibetrages liegen und infolgedessen einkommensteuerfrei sind, vom Abzug der Kapitalertragsteuer verschont bleiben. Denn die Kapitalertragsteuer ist lediglich eine Vorauszahlung auf die Einkommensteuer. Der Freistellungsauftrag kann deshalb nicht erteilt werden, wenn die Kapitalerträge nach § 20 Abs. 3 EStG Betriebseinnahmen oder Einnahmen aus Vermietung und Verpachtung sind. Denn für die betreffenden Einkunftsarten gilt der Sparer-Freibetrag nicht. Aus demselben Grunde kann der Freistellungsauftrag auch nicht für Kapitalerträge verwendet werden, die in Wirklichkeit Einnahmen aus nichtselbständiger Arbeit sind wie beispielsweise die Vorzugszinsen, die Bankangestellte für Guthaben bei ihrem Arbeitgeber erhalten.

In dem Freistellungsauftrag muß neben Namen und Anschrift des Gläubigers der Kapitalerträge auch dessen Geburtsdatum angegeben werden, damit bei Namensgleichheit ein zusätzliches Unterscheidungsmerkmal vorhanden ist.

Das Freistellungsvolumen kann nach Bedarf und Belieben auf mehrere auszahlende Stellen verteilt werden. Jeder Auftrag gilt solange, bis er widerrufen oder geändert wird. Da das Freistellungsvolumen nicht überschritten werden darf, muß bei Änderung eines Auftrags darauf geachtet werden, daß möglicherweise auch die anderen Aufträge entsprechend angepaßt werden müssen. Eheleute, die einen gemeinsamen Freistellungsauftrag erteilt haben, müssen diesen ändern, wenn die Voraussetzungen für die Zusammenveranlagung und damit für die Inanspruchnahme eines gemeinsamen Sparer-Freibetrages nicht mehr gegeben sind.

Der Freistellungsauftrag kann nicht nur Grundlage für die Abstandnahme vom Abzug der Kapitalertragsteuer nach § 44a EStG, sondern auch für die Erstattung der Kapitalertragsteuer und für die Vergütung der Körperschaftsteuer bei Dividenden und ähnlichen Erträgen nach § 44b EStG sein. Wird er für diesen Zweck verwendet, müssen die betreffenden Erträge (Bruttoeinnahmen) in das Freistellungsvolumen einbezogen werden.

3.1.2.5 Zusammenarbeit zwischen Bundesamt für Finanzen und Banken

Mitteilungsverfahren in breiter Front

§ 45d EStG soll die mehr als einmalige Inanspruchnahme des Sparer-Freibetrags aufgrund von Freistellungsaufträgen verhindern. Zu diesem Zweck darf das Bundesamt für Finanzen verlangen, daß ihm die Abzugsverpflichteten, vor allem die Kreditinstitute, die in § 45d Abs. 1 EStG genannten Daten mitteilen. Dabei können modernste Übermittlungsmöglichkeiten, die sich im Verhältnis zwischen den Kreditinstituten und dem Bundesamt für Finanzen bewährt haben[16], genutzt werden. Das Bundesamt für Finanzen wird aufgrund der bei ihm eingegangenen Mitteilungen die voraussichtlich nicht sehr zahlreichen Fälle, in denen der Sparer-Freibetrag aufgrund von Freistellungsaufträgen mehr als einmal beantragt worden ist, herausfiltern und den zuständigen Finanzämtern zuleiten. Diese werden ggf. weitere Ermittlungen anstellen.
Eine Abfrage in den Steuererklärungen nach erteilten Freistellungsaufträgen kann anstelle der Mitteilungen nach § 45d Abs. 1 EStG den Kontrollzweck nicht erfüllen; zur Überprüfung einer zutreffenden Gewährung des Sparer-Freibetrags haben die Finanzämter aber Zugriff auf die dem Bundesamt für Finanzen vorliegenden Mitteilungen. Ihre Verwendung für andere Zwecke ist ausdrücklich ausgeschlossen.

Eine ausreichende Kontrolle können anstelle der Mitteilungen nach § 45d Abs. 1 EStG auch Kontrollmitteilungen, die anläßlich einer Kapitalertragsteuerprüfung (vgl. § 50b EStG) erstellt werden (§ 194 Abs. 3 AO), nicht gewährleisten. Bei einer solchen Prüfung könnte nur eine verhältnismäßig kleine Zahl von Kontrollmitteilungen erstellt werden. Da der Prüfer nur die dem jeweiligen Abzugsverpflichteten erteilten Freistellungsaufträge kennt, besteht für ihn auch keine Möglichkeit, aufgrund von

16 Siehe Sammelantrags-Datenträger-Verordnung vom 6. 4. 1989, BGBl I S. 820.

Verdachtsmomenten bestimmte Freistellungsaufträge herauszugreifen. Bei dieser Sachlage ist die Aussicht, daß in Mißbrauchsfällen mindestens zwei Kontrollmitteilungen zusammenkommen, aus denen sich die mehr als einmalige Inanspruchnahme des Sparer-Freibetrags ergibt, so gering, daß sie zu vernachlässigen ist. Um eine ausreichende Kontrolle im Wege der Ausschreibung von Kontrollmitteilungen anläßlich einer Kapitalertragsteuerprüfung (vgl. § 50b EStG) zu gewährleisten, müßte die Zahl der Kontrollmitteilungen in etwa der Zahl der nach Absatz 1 vorgesehenen Mitteilungen entsprechen.

Im Ergebnis stellt somit das Mitteilungsverfahren nach § 45d Abs. 1 EStG die notwendige Kontrolle lediglich einfacher und unbürokratischer sicher, als dies bei Ausschreibung von Kontrollmitteilungen anläßlich einer Kapitalertragsteuerprüfung der Fall wäre. An die Stelle der umständlichen und für die Betroffenen belastenden Ausschreibung und Übersendung von Kontrollmitteilungen an das Bundesamt für Finanzen durch Prüfer der Finanzverwaltung tritt die Übersendung etwa derselben Zahl von Mitteilungen unter Einsatz modernster Technik. Aber ist diese offizielle Meinung nicht etwas naiv? Bei schätzungsweise 30 Mio Freistellungsaufträgen sind weder das Bundesamt für Finanzen noch die Finanzämter in der Lage, die ihnen übertragene Kontrollfunktion auszuüben, weil weder die personellen noch die sachlichen Voraussetzungen gegeben seien, hat die Steuergewerkschaft entgegnet.

3.1.2.6 Vermeidung des Zinsabschlags durch Wertpapiere (auch in DM) in ausländischen Depots

Aufgrund einer noch angebrachten Änderung des Zinsabschlaggesetzes sind die Zinsen aus Wertpapieren in Depots im Ausland vom Abzug ausgenommen, ob die Depots nun von Ausländern oder ob sie von Inländern gehalten werden und ob die Wertpapiere auf DM lauten oder auf eine ausländische Währung. Die Bundesbürger brauchen also wegen des Zinsabschlaggesetzes nicht auf Franc, ECU oder eine andere Fremdwährung umzusteigen. Tafelpapiere eines Steuerinländers können ab 1993 ganz legal bei einer ausländischen Bank deponiert und die aus den Kupons fließenden Zinsen ohne Abschlag vereinnahmt werden. Daß sie später dem deutschen Fiskus erklärt und noch später versteuert werden müssen, steht auf einem ganz anderen Blatt. Wer allerdings nicht deklariert, bildet kriminell Schwarzgeld.

Umsteigen in Fremdwährungen nicht nötig

Durch Verlagerung in ausländische Depots wird zinsloser Kredit an das FA vermieden!

Ratschlag:

Für das Vorgehen empfiehlt sich die folgende Strategie:

Die große Masse der deutschen Sparer wird die ab 1993 eingeführten Sparer-Freibeträge von 6000/12 000 DM plus Werbungskosten-Pauschbeträge von 100/200 DM gleich 6100/12 200 DM, ggf. für Kinder, Enkelkinder usw. verdoppelt oder verdreifacht, ausnutzen können und die Sparanlagen nicht in die Schweiz oder sonst ins Ausland bringen. Aber die Mehrheit des deutschen Sparkapitals wird von einer Minderheit von Sparern aufgebracht. Sie wird voraussichtlich Deutschland ade sagen und allein in der Schweiz, wie aus Zürich zu hören ist, etwa 100 000 neue Konten errichten. Der Zinsabschlag von 30 v. H. läßt sich, wie gesagt, bei Depotverlagerung ins Ausland ganz legal vermeiden. Bei Millionen-Konten spielt der zinslose Kredit ans deutsche Finanzamt bis zur Verrechnung des Zinsabschlags mit der endgültigen Einkommensteuer eben eine erhebliche Rolle. In größerem Umfang werden auch in deutschen Inlandssafes und unter dem Bett gehortete effektive Stücke ins Ausland gebracht werden, um dem für Tafelpapiere höheren Zinsabschlag von 35 v. H. zu entgehen.

3.2 Schwarzgeld bei Einkünften aus Vermietung und Verpachtung

Einkünfte aus Vermietung und Verpachtung

Die Einkunftsquelle „Vermietung und Verpachtung" (vgl. §§ 2 Abs. 1 Nr. 6, 21 EStG) eignet sich nicht sehr zur Bildung von Schwarzgeld. Immobilien, auch des Privatvermögens, liegen zu einsichtig auf dem Präsentierteller, als daß das Finanzamt sie übersehen könnte. Daher ist es auch schwierig, Miet- oder Pachteinnahmen ganz oder teilweise zu verbergen oder andererseits Werbungskosten zu fingieren, um von dieser Seite aus die Einkommensteuer zu hinterziehen.

Ratschlag:

Man täusche in der Steuererklärung nicht 50 000 DM Werbungskosten für die Erneuerung des Dachstuhls in einem Mietgebäude vor, wenn schon von weitem der vergammelte

Zustand des Daches ins Auge springt! Schwarzgeld läßt sich mit solchen Sperenzchen nicht bilden!

Steuerliche Wohneigentumsförderung ab 1987

Darauf hinzuweisen ist in diesem Zusammenhang, daß vom 1. 1. 1987 an die Besteuerung der selbstbewohnten Wohnung weggefallen ist. Damit ist auch der Abzug aller auf diese Wohnung entfallenden Aufwendungen als Werbungskosten und damit eine Möglichkeit von Manipulation von daher ausgeschieden. Allerdings wird die nach dem 31. 12. 1986 vom Steuerzahler hergestellte oder angeschaffte selbstbewohnte Wohnung über eine sogenannte Grundförderung durch Abzug wie Sonderausgaben (§ 10e EStG) und eine Zusatzförderung für Kinder durch Abzug vom Steuerbetrag (§ 34f EStG) subventioniert. Schwarzgeld in nennenswerter Höhe wird sich durch Manipulationen mit diesen Subventionen schwerlich bilden lassen.

Verbilligte Wohnungsüberlassung an Angehörige

Das neue Einfallstor für Schwarzgeldbildungen bietet ab 1. 1. 1987 aber die Vorschrift des § 21 Abs. 2 Satz 2 EStG. Beträgt danach die Miete mindestens 50 v. H. der ortsüblichen Marktmiete, so ist die Wohnungsüberlassung eine vollentgeltliche mit der Rechtsfolge, daß dem Vermieter der volle Werbungskostenabzug zusteht. Diese Rechtsfolge tritt auch ein, wenn die Miete knapp oberhalb der 50 v. H.-Grenze vereinbart worden ist. Allerdings kann im Einzelfall der Vermieter Gefahr laufen, daß das Finanzamt die Einkunftserzielungsabsicht verneint (Liebhaberei!), wenn z. B. die verbilligte Wohnungsüberlassung an Angehörige auf privaten Gründen beruhte und die Miete bewußt knapp über der 50 v. H.-Grenze vereinbart worden ist. Außerdem winkt die Anwendung des Steuerumgehungsparagraphen (§ 42 AO), z. B. wenn die Eltern die Wohnung an Kinder zu einer gering über der 50 v. H.-Grenze liegenden Miete vermieten und die Kinder wiederum die Wohnung zur ortsüblichen Marktmiete weitervermieten, wenn Kostgeld in Miete umfunktioniert wird oder wenn die Miete aus dem Barunterhalt des Kindes bestritten wird.[17] Liegt die Miete unterhalb der 50 v. H.-Grenze, so kann der Vermieter seine Aufwendungen nur in dem Verhältnis als Werbungskosten abziehen, in dem die vereinbarte Miete zur ortsüblichen Marktmiete steht. Da der Nutzende ab 1. 1. 1987 keinen Nut-

17 Drenseck in Schmidt, Komm. zum EStG, 10. Aufl., 1991, zu § 21, Anm. 12 b.

zungswert mehr zu versteuern hat, entfällt bei ihm jeglicher Werbungskostenabzug.

Volkssport Steuerhinterziehung

In der Vorschrift des § 21 Abs. 2 Satz 2 EStG ist sogar schon eine Aufforderung zur Steuerhinterziehung gesehen worden. Jedem Grundstückseigentümer, der das Steuersparmodell der gegenseitig verbilligten Vermietungen nicht realisieren könne, dränge sich der Gedanke auf, in dem Vertrag mit seinem Mieter einen niedrigeren Betrag zu nennen, als unter der Hand gezahlt wird. Der Volkssport Steuerhinterziehung würde sein Augenmerk dem Bereich der Vermietung und Verpachtung zuwenden und vermutlich noch weitere Varianten als die hier genannten entwickeln. So wäre ein Fall von Steuerhinterziehung und damit Schwarzgeldbildung zweifellos gegeben, wenn Eltern nicht tatsächlich auf einen Teil der ortstüblichen Marktmiete verzichten, sondern sich in Steuerverkürzungsabsicht von den Kindern den fehlenden Teil der Miete jeweils unter dem Tisch in bar zahlen lassen. Nicht zu beanstanden soll es aber sein, wenn die Kinder ohne rechtliche Verpflichtung und ohne Koppelung an die Vermietung den Eltern gelegentlich den Urlaub bezahlen oder ihnen zum Geburtstag oder zu Weihnachten wertvollere Geschenke überreichen.[18]

3.3 Schwarzgeld bei Einkünften aus nichtselbständiger Arbeit

Einkünfte aus nichtselbständiger Arbeit

Bei den Einkünften aus nichtselbständiger Arbeit (§§ 2 Abs. 1 Nr. 4, 19 EStG) erschwert das Quellenabzugsverfahren die Lohnsteuerhinterziehung. Dennoch sind auch hier Hinterziehungen, sogar mit dem Ziel der Schwarzgeldschöpfung, immer wieder anzutreffen. Der Arbeitnehmer einerseits und der Arbeitgeber andererseits können als Lohnsteuerhinterzieher fungieren, gegebenenfalls auch beide kooperativ. Hübschmann/Hepp/Spitaler[19] haben hierzu folgende Fälle zusammengestellt:

- Der Arbeitnehmer hinterzieht Lohnsteuer, indem er
  - auf der Lohnsteuerkarte seinen Personen- oder Familienstand unrichtig eintragen läßt (§ 39 Abs. 3 EStG), eine von ausländischen Arbeitern bevorzugte Methode, beispielsweise sich als verheiratet oder seine Ehe als bekindert aus-

18 Paus, DStZ 1987 S. 88 ff.; Kottke, Steuerersparung, Steuerumgehung, Steuerhinterziehung, 9. Aufl., 1991, S. 337 f.

19 Komm. zur AO und FGO, zu § 370 AO, Anm. 70 f.

gibt, über sein Geburtsdatum oder das seiner Familienangehörigen, über die Anzahl seiner Kinder, ihr Ausbildungsverhältnis oder ihren Gesundheitszustand, über das Zusammenleben mit dem Ehegatten falsche Angaben macht, um in eine günstigere Steuerklasse zu gelangen,

- die Eintragung von Freibeträgen auf der Lohnsteuerkarte durch erdichtete Angaben über Werbungskosten, Sonderausgaben, außergewöhnliche Belastungen (§ 39a EStG) erwirkt, Dichtung und Wahrheit

- es pflichtwidrig unterläßt, zu seinen Ungunsten eintretende Veränderungen in Umständen der erwähnten Art dem Finanzamt alsbald anzuzeigen, beispielsweise den Wegfall von Aufwendungen für doppelte Haushaltsführung, von Unterhaltszahlungen, den Abgang der Haushaltshilfe (§ 39a Abs. 5 EStG), die wesentliche Einschränkung der Benutzung seines Pkw zu Fahrten zwischen Wohnung und Arbeitsstätte,

- einen bewußt unrichtigen Antrag auf Lohnsteuer-Jahresausgleich stellt (§§ 42, 42a EStG).

- Der Arbeitgeber hinterzieht Lohnsteuer, indem

  - er es vorsätzlich unterläßt, die Lohnsteuer rechtzeitig, vollständig oder überhaupt anzumelden und die vom ausbezahlten Lohn einbehaltene oder pflichtwidrig nicht einbehaltene Lohnsteuer fristgerecht und vollständig an das Finanzamt abzuführen, so daß es von der Lohnsteuerschuld dem Bestand oder doch der Höhe nach keine Kenntnis erhält,

  - ein Arbeitnehmer seine Stellung als Vertreter des Arbeitgebers (Geschäftsführer einer GmbH) dazu mißbraucht, durch bewußt falsche Angaben in den Lohnsteueranmeldungen und durch dementsprechend zu niedrige Lohnsteuerzahlungen die von ihm selbst geschuldete Lohnsteuer zu verkürzen,

  - der Arbeitgeber die einbehaltene Geldsumme zwar an das Finanzamt zahlt, dabei aber bestimmt, daß sie auf eine andere Steuerschuld zu verrechnen sei, weil hierbei die Lohnsteuerschuld ungetilgt bleibt (§ 225 Abs. 1 AO). Dagegen ist die nicht rechtzeitige Abführung der angemeldeten Lohnsteuer lediglich eine Ordnungswidrigkeit.

Lohnsteuerpauschalierung

Oft wird Lohnsteuer durch den Arbeitgeber auch dadurch hinterzogen, daß die Grenzen für die Pauschalierung der Lohnsteuer in Höhe von 15 v. H. bzw. 25 v. H. (§ 40a EStG) bewußt nicht beachtet oder Aushilfsarbeitsverhältnisse fingiert werden, in dem der an einen Arbeitnehmer zu zahlende Arbeitslohn auf mehrere tatsächlich nicht tätig gewordene Personen, z. B. aus dem Kreis der Angehörigen, so aufgeteilt wird, daß formell die Grenzen für die Pauschalierung eingehalten werden.

Ratschlag:

Wer fremden Aushilfskräften, beispielsweise in der Urlaubszeit, weniger vergütet als aushelfenden nahen Angehörigen, bei denen man beispielsweise mit der Vergütung bis an die Arbeitslohngrenze von 520 DM gemäß § 40a Abs. 2 EStG geht, bekommt mit Sicherheit bei der nächsten Lohnsteuerprüfung Krach mit dem Finanzamt. Hierzu „Finanzbrief", Ludwigshafen, Nr. 23/1989: „Man kann in einem Saisonbetrieb nicht an die Kinder oder an die Oma jeden Monat den vollen Betrag zahlen, wenn Aushilfen nur jeweils vier Monate in der Hochsaison und noch zwei Monate in der Nebensaison beschäftigt werden. Es macht sich auch schlecht, wenn der 79jährige Opa als Aushilfe in der Werkstatt oder in der Fabrik beschäftigt wird. Das passiert in vielen Familienunternehmen. Solche Arbeitsverhältnisse kauft einem auch der gutmütigste Lohnsteuerprüfer nicht ab, es sei denn, der Prüfer kann sich davon überzeugen, daß der Senior im Betrieb voll tätig und sein blauer Anzug am Prüfungstag nicht brandneu ist. Wenn die Familienfirma in der Urlaubszeit einmal auf die Dauerhilfen aus der Verwandtschaft nur die Hälfte des üblichen Lohns oder Gehalts verbuchen würde, wäre das glaubwürdiger, als wenn immer die höchstzulässigen Beträge eingesetzt werden."

Schwarzarbeit

Hinter den Bezeichnungen „Schwarzarbeit" und „Schattenwirtschaft" schließlich verbergen sich volkswirtschaftlich besonders schädliche Hinterziehungen von Lohnsteuer und Sozialabgaben, meist gemeinschaftlich von Arbeitgeber und Arbeitnehmer begangen. Professionalisiert und organisiert kann vom Arbeitnehmer mit Schwarzarbeit sogar Schwarzgeld in beträchtlicher Höhe gebildet werden.

Nach Schätzungen der Deutschen Steuergewerkschaft werden 12 v. H. des Bruttosozialprodukts am Staat vorbei erwirtschaftet. § 93a AO sieht zwar vor, daß andere Behörden den Finanzbehörden Anhaltspunkte für Schwarzarbeit mitteilen dürfen; die notwendige Rechtsverordnung zu § 93a AO steht aber noch aus. Tipke/Kruse[20] bemerken, daß die Tätigkeit von Putzfrauen wohl nur in den seltensten Fällen erfaßt wird.

Hochgerechneter Bruttolohn

Ob die bei einer Schwarzlohnvereinbarung nachzuerhebenden Lohnsteuern und Beiträge zur Gesamtsozialversicherung vom Auszahlungsbetrag oder von einem hochgerechneten fiktiven Bruttolohn zu berechnen sind, stellt eine interessante Frage dar. Nach der Auffassung von Rauch[21] fordert die Systemgerechtigkeit, die Abzüge auf der Grundlage eines hochgerechneten Bruttolohns zu ermitteln. Wer als Arbeitgeber eine Schwarzlohnvereinbarung treffe, könne der systemgerechten Inanspruchnahme für Lohnsteuern und Sozialversicherungsbeiträge nicht wirksam entgegensetzen, er hätte unter legalen Voraussetzungen einen geringeren Behaltensbetrag zugesagt oder auch überhaupt keine Beschäftigungsvereinbarung getroffen.

Keine Nettolohnvereinbarung

Wirken Arbeitgeber und Arbeitnehmer einvernehmlich zur Hinterziehung der Lohnsteuer und der Gesamtbeiträge zur Sozialversicherung zusammen, so kann darin keine Nettolohnvereinbarung erblickt werden. Wird der Arbeitgeber auf Zahlung der hinterzogenen Gesamtsozialversicherungsbeiträge in Anspruch genommen, so liegt darin in Höhe der Arbeitnehmer-Anteile eine Lohnzuwendung des Arbeitgebers an seine Arbeitnehmer, die ihrerseits dem Lohnsteuerabzug unterliegt.[22] Nach Auffassung des BFH entstehen Steuern, die auf nachgeforderte Beiträge und darauf wiederum entfallende Steuern zu erheben sind, erst mit der Inanspruchnahme des Arbeitsgebers nach Aufdeckung der Hinterziehung. Vor dem Zeitpunkt der Inanspruchnahme des Arbeitgebers könne von einem Zufluß eines geldwerten Vorteils an den Arbeitnehmer nicht ausgegangen werden.

20 Komm. zur AO, zu § 85, Tz. 7.
21 DStZ 1990 S. 375 ff.
22 BFH-Urt. vom 21. 2. 1992 VI R 41/88 (BStBl 1992 II S. 443).

3.4 Schwarzgeld bei Spekulationsgeschäften

Sonstige Einkünfte

Die „Sonstigen Einkünfte" im Sinne der §§ 2 Abs. 1 Nr. 7, 22 EStG sind nur bedingt tauglich zur Schwarzgeldbildung. So lassen sich bei Spekulationsgeschäften (§§ 22 Nr. 2, 23 EStG) die Veräußerungen von Grundstücken (innerhalb einer Frist von zwei Jahren) kaum dem Finanzamt gegenüber verheimlichen. Bei Veräußerungsgeschäften über Wertpapiere (innerhalb einer Frist von sechs Monaten) kann dies eher gelingen. Als Spekulationsgeschäft im Sinne der §§ 22 Nr. 2, 23 EStG werden aber nur solche angesehen, die über Wirtschaftsgüter des Privatvermögens getätigt werden, sich also im außerbetrieblichen Bereich abspielen. Bei intensiver Betreibung von Spekulationsgeschäften zwecks Bildung von Schwarzgeld wird aber leicht die Grenze zur gewerblichen Betätigung überschritten, und es sind dann die Gesichtspunkte über Schwarzgeldentstehung in Gewerbebetrieben in den nachstehenden Kapiteln maßgebend.

3.5 Schwarzgeld bei Rentnern

Leibrenten

Im Bereich der Leibrenten (§§ 2 Abs. 1 Nr. 7, 22 Nr. 1 EStG) ist Schwarzgeldbildung kaum vorstellbar. Es ist aber zutreffend darauf hingewiesen worden[23], daß Rentner in großem Umfang an der Hinterziehung von Steuern auf Zinsen beteiligt sind, also im Bereich der Einkunftsart „Kapitalvermögen" operieren.[24]

4 Schwarzgelddomäne gewerblicher Sektor

Kaschierung von Buchführungsfehlern

Da das meiste Geld jedoch im gewerblichen Sektor verdient wird und daher auch die Möglichkeit der Schwarzgeldbildung in diesem Sektor besonders vielversprechend erscheint, ist die eigentliche Domäne der Entstehung von Schwarzgeld in den Einkünften aus Gewerbebetrieb (§ 2 Abs. 1 Nr. 2 EStG) zu finden. Hinzu kommt, daß die meisten Gewerbebetriebe zur Buchführung, zumindest zu Aufzeichnungen, verpflichtet sind und Schwarzgeldbildungen sich mit Hilfe von bewußten Buchungsfehlern relativ leicht bewerkstelligen lassen. Je mehr Buchungen eine Buchführung aufweist, desto geringer ist das Risiko der Entdeckung eines Buchungsfehlers. Unseriöse Buchführungsfachleute machen sich diese Erkenntnisse oft zunutze, indem sie schon bei einem einzi-

---

23 Tipke/Lang, Steuerrecht, 13. Aufl., 1991, S. 766.
24 Hierzu siehe weiter vorstehend.

gen Geschäftsvorfall ohne Notwendigkeit eine Vielzahl von Konten ansprechen, um auf diese Weise einen bewußten Buchführungsfehler kaschieren zu können.

Beispiel

In einem Industrieunternehmen wurde das Betriebsgebäude generalüberholt. Es entstand aktivierungspflichtiger Herstellungsaufwand in Höhe von 140 000 DM, was zutreffend zu folgender Buchung hätte führen müssen:

	Soll	Haben
	DM	DM
Betriebsgebäude	140 000	
an Bank		140 000

Unternehmensinhaber U sieht eine günstige Gelegenheit, Schwarzgeld in Höhe von 140 000 DM zu bilden und läßt wie folgt buchen:

	Soll	Haben
	DM	DM
Konto Gebäudeerneuerung	30 000	
Zwischenkonto Gebäude	50 000	
Abrechnungskonto	25 000	
Auffangkonto	35 000	
an Bank		140 000

Die Salden dieser Konten mit Sollbuchungen werden unrichtig über das GuV-Konto abgeschlossen, so daß der zu versteuernde Gewinn des Unternehmens um 140 000 DM zu niedrig ausgewiesen wird.

Ratschlag:

Buchungen auf Konten mit ausgefallenen oder nicht eindeutigen Bezeichnungen geben bei Revisionen Anlaß zu besonders strenger Prüfung, weil auf ihnen häufig der Grundstein zu Steuerhinterziehungen mit Schwarzgeldbildungen gelegt wird! Vermeiden Sie als ehrlicher Steuerzahler daher solche Bezeichnungen!

Kapitel 3: Die Entstehung von Schwarzgeld in Gewerbebetrieben durch die Hintertüren der Buchführung

1 Das System der Doppik

Gewinnermittlung in Gewerbebetrieben

Da die Einkünfte aus Gewerbebetrieb im Sinne des § 2 Abs. 1 Nr. 2 EStG steuerlich mit dem Gewinn identisch sind (§ 2 Abs. 2 Nr. 1 EStG), der steuerliche Gewinn des Gewerbebetriebes aber Ausgangspunkt für Manipulationen zur Schwarzgeldbildung ist, und zwar im Sinne einer zu niedrigen Darstellung des Gewinns, beginnt jede Schwarzgeldbildung in einem Gewerbebetrieb mit der Ermittlung eines zu geringen Gewinns. Für Gewerbetreibende, die nach den Vorschriften des Handelsrechts (vgl. § 140 AO) oder der Abgabenordnung (§ 141 AO) Bücher zu führen und Abschlüsse zu machen haben oder dies freiwillig tun, ist eine steuerliche Gewinnermittlung durch Betriebsvermögensvergleich nach § 5 Abs. 1 EStG vorgeschrieben. Gewinn ist danach der Unterschiedsbetrag zwischen dem Betriebsvermögen am Schluß des Wirtschaftsjahrs und dem Betriebsvermögen am Schluß des vorangegangenen Wirtschaftsjahrs, vermehrt um den Wert der Entnahmen und vermindert um den Wert der Einlagen (§ 5 Abs. 1 in Verb. mit § 4 Abs. 1 Satz 1 EStG). Da die Erträge Vermögensmehrungen sind, die Aufwendungen Vermögensminderungen, muß der Vergleich von Erträgen und Aufwendungen zu dem gleichen Ergebnis führen wie der bilanzielle Betriebsvermögensvergleich. Darauf beruht die doppelte Buchführung – sogenannte Doppik. In ihr wird der Jahreserfolg (Gewinn, Verlust) zum einen in der Bilanz, zum anderen in der Gewinn- und Verlust-Rechnung – sie könnte auch Rechnung der Erträge und Aufwendungen heißen – ermittelt.[25]

Absichtliche Fehler in der doppelten Buchführung

Die zu geringe Gewinnermittlung zum Zwecke der Schwarzgeldbildung geht also bei buchführenden Gewerbebetrieben einher mit absichtlichen Fehlern in der doppelten Buchführung. Gibt es eine Systematik der bewußten Buchführungsfehler, so hat man damit auch eine Systematik für die Darstellung der Schwarzgeldbildungsfälle gefunden. Eine solche an der Doppik orientierte systematische Darstellung von absichtlichen Buchführungsfeh-

25 Tipke/Lang, Steuerrecht, 13. Aufl., 1991, S. 237.

lern haben in der Tat schon vor längerer Zeit Gnam/Sirch[26] entwickelt, und sie soll in diesem Kapitel für eine Systematisierung von Schwarzgeldbildungsfällen zunutze zu machen versucht werden.

2 Die unterschiedlichen Interessenlagen bei absichtlichen Buchführungsfehlern

Zunächst einmal unterscheiden Gnam/Sirch Buchführungsfehler mit der Absicht, Vermögen und Ergebnis des Unternehmens niedriger als in Wirklichkeit auszuweisen (Interessenlage I), und Buchführungsfehler mit der Absicht, Vermögen und Ergebnis des Unternehmens höher als in Wirklichkeit auszuweisen (Interessenlage II).

Beispiele für die Interessenlage I:

Niedrigerer Ausweis von Vermögen und Ergebnis

Hauptmotiv in der Interessenlage I ist die Minderung der steuerlichen Belastung, moderner ausgedrückt: die Steuerminimierung. Weitere Motive aus der Interessenlage I heraus: Bei der Liquidation soll der Anteil eines Gesellschafters am Liquidationserlös oder bei Ausscheiden eines Gesellschafters seine Abfindung geschmälert werden. – Ein gewinnbeteiligter stiller Gesellschafter, ein Kommanditist oder ein geschäftsunerfahrener Gesellschafter sollen bei der Gewinnverteilung hintergangen werden. – Das Unternehmen gehört zum Nachlaß, und die Miterben sollen dadurch benachteiligt werden, daß das Vermögen des Unternehmens als Teil des Nachlasses zu niedrig ausgewiesen wird. – Der Unternehmer als Erblasser ist bestrebt, einen bestimmten Erben, beispielsweise den als Nachfolger designierten Sohn, dadurch zu begünstigen, daß er das Geschäftsvermögen, das auf den Erbteil des betreffenden Erben angerechnet werden soll, niedriger darstellt. – Ein drängender Gläubiger soll von der angeblich schlechten Vermögens- und Ertragslage überzeugt werden, um eine weitere Stundung, einen Vergleich oder gar einen Verzicht zu erreichen. – Ein Konkurs ist beabsichtigt, und eine schlechte Bilanz sowie Verlust werden vorgetäuscht, in Wirklichkeit aber Vermögenswerte beiseite geschafft. – Der Börsenkurs oder – bei nicht börsenfähigen Anteilsrechten – der Ankaufspreis werden durch einen ungünstigen Vermögensstatus nach unten beeinflußt, um

26 Gnam/Sirch, Buchführungs-Schliche, 2. Aufl., Stuttgart 1955.

damit einen günstigen Ankauf von fremden Gesellschaftsanteilen vorzubereiten.

Aus der Interessenlage II zu handeln lohnt sich für den Unternehmer nur dann, wenn und soweit die hierbei herausspringenden Vorteile den Nachteil einer höheren Steuerbelastung kompensieren oder übersteigen.

Beispiele für die Interessenlage II:

Höherer Ausweis von Vermögen und Ergebnis

Motive sind meist gesellschaftsrechtlicher Art: Der Unternehmer beteiligt einen Gesellschafter an einer OHG, KG oder GmbH und setzt das Geschäftsvermögen möglichst hoch an, um gegenüber der Bar- oder Sacheinlage des neuen Teilhabers günstiger abschneiden und sich, wenn die Gewinnverteilung etwa auf der Basis der Kapitalanteile erfolgen soll, einen Vorteil bei der Gewinnverteilung künftiger Geschäftsjahre sichern zu können. – Der Verkäufer eines Unternehmens bereitet schon lange vor dem Verkauf durch systematische Buchungstricks eine höhere buchmäßige Darstellung seines Geschäftsvermögens und dessen Ertragskraft vor. – Die Aktionäre oder der Aufsichtsrat und die mitwirkenden Vorstände von Aktiengesellschaften beabsichtigen eine Kapitalerhöhung und wollen für die Unterbringung der zu emittierenden jungen Aktien ein günstiges Kursniveau erreichen oder im Portefeuille befindliche eigene Aktien zur Verbesserung der Liquidität bei günstigen Kursen abstoßen. – Einer Bank oder einem anderen Kreditgeber gegenüber soll zwecks Kreditgewährung eine günstige Vermögens- und Ertragslage vorgetäuscht werden, wobei anstelle der ungünstigeren Handels- und Steuerbilanz nur ein aktueller provisorischer Vermögensstatus vorgelegt wird. – Verschuldete oder unverschuldete Verluste, Illiquidität oder drohende Zahlungsunfähigkeit sollen verdeckt werden, um einen beunruhigten Teilhaber oder Kreditgeber oder einen mißtrauischen Lieferanten zu beschwichtigen. – Einem Auftraggeber gegenüber soll eine bestimmte Leistungsfähigkeit (Betriebs- oder Umsatzgröße) vorgeschützt werden, um einen Auftrag zu erhalten.

Dem Thema dieses Werkes entsprechend soll im folgenden nur die Interessenlage I berücksichtigt und die Interessenlage II ausgeklammert werden.

3 Schematisierung der gewinnmindernden Buchführungsfehler zur Bildung von Schwarzgeld nach Gnam/Sirch

Für eine zu niedrige Darstellung von Vermögen und Erfolg, die ja – wie schon erwähnt – im System der Doppik funktionell zusammenhängen (Bilanz und GuV-Rechnung), entwickelten Gnam/Sirch folgendes Schema:

Schema der Buchführungsfehler zur Minderung des Gewinns

1.	**Verminderung des Schlußvermögens in der Bilanz**
1.1	durch Falschbuchungen
1.1.1	im Laufe des Wirtschaftsjahrs
1.1.2	am Ende des Wirtschaftsjahrs im Zuge von Abschlußbuchungen
1.1.2.1	Erfolgskonten werden nicht über GuV-Konto, sondern über Bestandskonten abgeschlossen
1.1.2.2	Gemischte Bestandskonten werden mit Bestand und Gewinn (Verlust) über Schlußbilanzkonto abgeschlossen
1.1.2.3	Gemischte Bestandskonten werden mit Bestand und Ergebnis über ein Erfolgskonto abgeschlossen
1.1.2.4	Reine Bestandskonten werden über ein Erfolgskonto abgeschlossen
1.2	durch Unterstellungen (Fingieren) falscher Tatsachen
1.2.1	im Laufe des Wirtschaftsjahrs
1.2.2	am Ende des Wirtschaftsjahrs im Zuge von Abschlußbuchungen
1.3	durch Falschbuchungen, kombiniert mit Unterstellungen
2.	**Erhöhung des Anfangsvermögens in der Bilanz**
2.1	durch Falschbuchungen
2.2	durch Unterstellungen (Fingieren) falscher Tatsachen
2.3.	durch Falschbuchungen, kombiniert mit Unterstellungen
3.	**Nichtverbuchung von Geschäftsvorfällen**

Für jede Position dieses Schemas führen Gnam/Sirch Beispiele an, von denen hier jeweils eines mit an gegenwärtige Verhältnisse angepaßten Zahlen wiedergegeben werden soll. Das bei den Manipulationen entstandene Schwarzgeld wird jeweils beziffert. Die Umsatzsteuer bleibt regelmäßig aus dem Spiel.

Zu 1.1.1

Beispiel

Eine Firma hat von dem Privatmann Schulz ein Darlehen von 150 000 DM zur Abwicklung eines besonders günstigen Warengeschäfts aufgenommen. Nach Abwicklung des Geschäfts zahlt sie das Darlehen zurück.

Richtige Buchung:	Soll	Haben
Konto Schulz	150 000	
an Kasse		150 000
Falsche Buchung:		
a) Waren	150 000	
an Abwicklungskonto		150 000
b) Abwicklungskonto	150 000	
an Kasse		150 000

Falschbuchung durch Bilanzverlängerung

Durch diese Falschbuchung, die über das Abwicklungskonto (weil die Rückzahlung mit dem abgewickelten Sonder-Warenposten zusammenhängt) vorgenommen wird, gleichen sich zunächst der Ausgang auf dem Kassenkonto und der Eingang auf dem Warenkonto summenmäßig aus. Bilanzmäßig hat scheinbar nur eine „Umschichtung“ des Umlaufvermögens stattgefunden. Tatsächlich aber hat sich die Summe auf der Eingangsseite des Warenkontos (hier gemischtes Bestands- und Erfolgskonto) um 150 000 DM erhöht, was beim Abschluß den etwaigen Warenrohgewinn um diesen Betrag verringert. Gleichzeitig aber bleibt der Passivposten auf dem Konto des Darlehensgebers Schulz stehen, so daß später in der Jahresbilanz eine das Vermögen und den Gewinn vermindernde Darlehensschuld erscheint, die in Wirklichkeit längst getilgt ist.

Schwarzgeld: 150 000 DM.

Würde man im vorstehenden Beispiel die Umsatzsteuer einbeziehen, so könnte man den Darlehensbetrag auf 171 000 DM abwandeln und dann aufteilen auf 150 000 DM Wareneingang und 21 000 DM (14 v. H.) Vorsteuer.

Einbeziehung der Umsatzsteuer

Gemischte Warenkonten wie im vorstehenden Beispiel sind heute nicht mehr üblich, aber noch anzutreffen. Ihre Verwendung verstößt nicht gegen die Grundsätze ordnungsmäßiger Buchführung.

Gemischte Warenkonten

Zu 1.1.2.1

Beispiel

Ein Einzelhandelsunternehmen erhielt regelmäßig gegen Ende des Jahres einen Bonus (Umsatzvergütung) für die von ihm getätigten Umsätze gewisser Markenartikel. Diese Umsatzvergütungen wurden bei Eingang zunächst auf dem Konto „Rabatt und Skonti" gutgebracht. Bei den Abschlußbuchungen wurde jedoch der Gesamtbetrag in Höhe von 70 214 DM vorweg auf das Konto „Zweifelhafte Forderungen" umgebucht.

Richtig, daher gewinnwirksam

Richtige Buchung:	Soll	Haben
1. Bei Eingang der Umsatzvergütung		
Bank	70 214	
an Konto Rabatte und Skonti		70 214
2. Abschlußbuchung:		
Konto Rabatte und Skonti (Gesamtsaldo)		
an Gewinn und Verlust		

Die Umsatzvergütung würde – wenn man einen Habensaldo auf dem Konto Rabatte und Skonti unterstellt – auf die Habenseite des Gewinn- und Verlustkontos übertragen.

Falsch, daher gewinneutral

Falsche Buchung:	Soll	Haben
1. Bei Eingang der Umsatzvergütung wie oben		
2. Vor Abschluß des Kontos Rabatte und Skonti		
Konto Rabatte und Skonti	70 214	
an Konto Zweifelhafte Forderungen		70 214

Zunächst wird dadurch das Ergebnis auf dem Erfolgskonto „Rabatte und Skonti" und damit der Gesamtgewinn um 70 214 DM geschmälert. Gleichzeitig werden von dem aktiven Bestandskonto „Zweifelhafte Forderungen" 70 214 DM abgebucht. Diese Falschbuchung verhindert vor allem, daß die Abbuchung von 70 214 DM zweifelhafter Forderungen auf dem Delkrederekonto oder auf dem Gewinn- und Verlustkonto erscheint, wo sie sehr leicht auffallen könnte.

Schwarzgeld: 70 214 DM.

Zu 1.1.2.2

Beispiel

Eine kleine Bank beteiligt sich im Rahmen eines Konsortiums an der Emission von Industrieaktien. Die Transaktionen wurden über ein Konsortialkonto gebucht, das als gemischtes Bestandskonto geführt wurde. Dieses Konto wies zu Beginn des Jahres einen Bestand von 832 000 DM auf, der ausschließlich aus dem im Vorjahr über das Konsortium übernommenen Anteil an einer Emission der X-Aktien bestand. Die Aktien wurden von den Mitgliedern des Konsortiums zur allmählichen Unterbringung im Freiverkehr (Verkauf auf dem offenen Markt außerhalb der offiziellen Börse oder an die Bankkundschaft) übernommen, weil die X-Aktien zum offiziellen Börsenhandel noch nicht zugelassen waren. Der Anteil der Bank betrug 800 Stück Aktien à 1000 DM zum Übernahmekurs von 104 %. Im Jahre der Übernahme konnten noch keine Aktien untergebracht werden. Im laufenden Geschäftsjahr aber wurden folgende spesen- und provisionsfreie Verkäufe getätigt:

100 000 DM X-Aktien à 107 ½ netto
250 000 DM X-Aktien à 107 netto
80 000 DM X-Aktien à 108 netto
200 000 DM X-Aktien à 107 ¼ netto

Das Konsortialkonto der Bank wies demnach folgende Umsätze auf:

Soll	Konsortialkonto	Haben
832 000		107 500
		267 500
		86 400
		214 500

Die Bestandsaufnahme ergab:

	Nennwert	Anschaffungswert
Anfangsbestand:	800 000 DM à 104 %	= 832 000 DM
Verkäufe:	630 000 DM à 104 %	= 655 200 DM
Schlußbestand:	170 000 DM à 104 %	= 176 800 DM

Das Konsortialkonto hätte richtig folgendermaßen abgeschlossen werden müssen:

Soll		Konsortialkonto	Haben
Anfangsbestand	832 000	Verkäufe	107 500
Gewinn	20 700	Verkäufe	267 500
		Verkäufe	86 400
		Verkäufe	214 500
		Schlußbestand	176 800
	852 700		852 700

Richtige Abschlußbuchungen:	Soll	Haben
1. Schlußbilanz	176 800	
an Konsortialkonto		176 800
2. Konsortialkonto	20 700	
an Gewinn- und Verlustkonto		20 700

Statt dessen wurde beim Abschluß zwar der Schlußbestand richtig eingesetzt, der Gewinn aber auf das Sammelkonto „Eigene Wertpapiere“ übertragen.

Falsche Abschlußbuchungen:	Soll	Haben
1. Schlußbilanz (wie vorstehend)	176 800	
an Konsortialkonto		176 800
2. Konsortialkonto	20 700	
an Konto Eigene Wertpapiere		20 700

Falschbuchung durch Aktivtausch

Diese Falschbuchung wurde zunächst gar nicht verdeckt, weil die Buchung „Konsortialkonto an Konto Eigene Wertpapiere“ nichts Auffälliges an sich hat, sondern die Übernahme von Teilen der eigenen Wertpapiere aus dem allgemeinen Portefeuille in den Konsortialbestand bedeuten kann. Auf dem großen Sammelabschlußbogen konnte die Falschbuchung schon gar nicht erkannt werden.

Erst als man bei den weiteren Prüfungen die einzelnen Umsätze der Hauptbuchkonten an Hand des Wertpapierkontos (Inventurliste) kontrollierte, stellte man fest, daß durch diese Falschbuchung beim Abschluß der Konsortialgewinn von 20 700 DM verdeckt und der Bestand der eigenen Wertpapiere um 20 700 DM vermindert worden war. Das Auffinden des Fehlers war dadurch erschwert, daß das Konto „Eigene Wertpapiere“ – wie bei den meisten Banken üblich – als reines Bestandskonto geführt wurde. Im übrigen hätte hier z. B. die Gefahr bestanden, daß Mitarbeiter der Bilanzabteilung und des Effektendepots zusammengearbeitet und für 20 700 DM X-Aktien beiseite geschafft hätten.

Schwarzgeld: 20 700 DM.

Zu 1.1.2.3

Eine Tuchhandlung führte das Waren-Unterkonto „Importstoffe“ als gemischtes Bestandskonto. Das Konto wies am Ende des Jahres folgende Umsätze auf: — Beispiel

Soll	Unterkonto Importstoffe Haben
16 219	8 753

Die Bestandsaufnahme ergab einen Bestand von 12 781 DM.

Richtige Buchung:	Soll	Haben
1. Sammelkonto Waren (od. Schlußbilanz)	12 781	
an Unterkonto Importstoffe		12 781
2. Unterkonto Importstoffe	5 315	
an Warenerlöskonto (oder Gewinn- und Verlustkonto)		5 315

Richtig: Gewinn 5315,–

Falsche Buchung:	Soll	Haben
Warenerlöskonto (oder Gewinn- und Verlustkonto)	7 466	
an Unterkonto Importstoffe		7 466

Falsch: Verlust 7466,–

Hier wird – ohne den Bestand an Importstoffen auf der Habenseite einzusetzen – einfach der Saldo des Kontos auf Warenerlös (oder Gewinn- und Verlustkonto) übertragen. Statt eines Warengewinns von 5315 DM aus Importstoffen entsteht ein Verlust von 7466 DM. Das Schlußvermögen ist ferner um 12 781 DM (Bestand an Importstoffen) vermindert.

Schwarzgeld: 12 781 DM.

Zu 1.1.2.4

Ein Unternehmen unterhält ein Konto Grundstücke einschließlich Bauten, das per 1. Januar mit 168 000 DM Bestand eröffnet wurde. Im Laufe des Geschäftsjahrs wurde eine werterhöhende Reparatur an einem Gebäude im Betrag von 38 000 DM vorgenommen. Die Einnahmen aus dem Grundbesitz betrugen am Jahresende 57 600 DM und wurden auf dem Grundstücksertragskonto verbucht. — Beispiel

Richtige Buchung:	Soll	Haben
1. Konto Grundstücke	168 000	
an Eröffnungsbilanz		168 000
2. Konto Grundstücke		
(werterhöhende Reparatur)	38 000	
an Kasse		38 000
3. Kasse/Bank	57 600	
an Konto Grundstücks-erträge		57 600
4. Konto Abschreibungen auf Anlagen	4 120	
Schlußbilanz	201 880	
an Konto Grundstücke		206 000

Statt Herstellung Aufwand

Falsche Buchung:	Soll	Haben
1. bis 3. wie oben		
4. Konto Grundstückserträge	38 000	
an Konto Grundstücke		38 000
5. Schlußbilanz	164 640	
Konto Abschreibungen auf Anlagen	3 360	
an Konto Grundstücke		168 000

Der Bestandszugang von 38 000 DM in Form einer werterhöhenden Reparatur (Herstellungsaufwand) ist über das Erfolgskonto Grundstückserträge gewinnmindernd abgebucht, das Schlußvermögen in der Position Grundstücke um den Betrag der werterhöhenden Reparatur vermindert.

Schwarzgeld: 38 000 DM.

Fingierte Geschäftsvorfälle

Die vorstehenden Beispiele haben gemeinsam, daß tatsächliche Geschäftsvorfälle unrichtig gebucht wurden. Dagegen werden in den nachstehenden Beispielen fingierte Geschäftsvorfälle damit übereinstimmend gebucht. Meist liegen hier gefälschte Belege zugrunde.

Zu 1.2.1

Beispiel

Ein Kunde leistet eine Barzahlung von 150 000 DM.

Richtige Buchung:	Soll	Haben
Kasse	150 000	
an Kunde		150 000

Noch an demselben Tag wird der Betrag storniert durch die fingierte Buchung:

Kunde	150 000	
an Kasse		150 000

und die 150 000 DM werden der Kasse entnommen. Am Schluß des Jahres werden die 150 000 DM auf ein Zwischenkonto „Abgrenzungen" und von diesem auf das Konto „Dubiose" übertragen, von dem sie dann abgeschrieben werden. Damit werden das Schlußvermögen und der Gewinn um 150 000 DM geschmälert.

Schwarzgeld: 150 000 DM.

Ratschläge zum Unterbinden von Belegmanipulationen:

1. Belege penibel ordnen!
2. Vermerk von Buchungen auf dem Beleg und Entwertung des Belegs!
3. Numerierung der Belege und Aufbewahrung getrennt nach Sachbereichen und Personen!
4. Unter-Verschluß-Haltung von Belegen früherer Jahre!
5. Kontrolle der Belegregistratur!
6. Kosten-Zeitvergleich, Kostenstellen-Vergleich, Kostenstellen-Zeitvergleich!

Zu 1.2.2

Beispiel

In einem Unternehmen, dessen Geschäftsjahr am 30. September endet, wurden beim Abschluß wegen der am Ende des Kalenderjahrs üblichen Zahlung eines Gesamtumsatzrabatts an die Abnehmer ein passiver Rechnungsabgrenzungsposten von 46 000 DM gebucht.

Richtige Buchung:	Soll	Haben
Konto Rabatte	46 000	
an passive Rechnungsabgrenzung		46 000

Am Ende des Kalenderjahrs wurden die Beträge für Gesamtumsatzrabatte an die einzelnen Abnehmer überwiesen. Unter den einzelnen Überweisungen im Gesamtbetrag von 46 000 DM befand sich eine Überweisung auf das private Konto des Geschäftsführers bei einer auswärtigen Bank am Ort eines Kunden in Höhe von 20 165 DM. Es handelt sich also um eine fingierte Umsatzrabatt-Vergütung, die in der Buchung

Manipulation über Privatkonten

	Soll	Haben
Posten der Rechnungsabgrenzung	46 000	
an Bank		46 000

enthalten war.

Der Geschäftsführer hatte die 20 165 DM über sein privates Bankkonto vereinnahmt. Die „Unterstellung" war hier jedoch bereits bei der Verbuchung des passiven Rechnungsabgrenzungspostens geschehen, weil man einen höheren Betrag fingierte, als sich voraussichtlich bei der Berechnung des Gesamtumsatzrabatts am Ende des Kalenderjahrs hätte ergeben können. Schlußvermögen und Gewinn waren um 20 165 DM verringert.

Schwarzgeld: 20 165 DM.

Zu 1.3

Beispiel

Ein Kunde bezahlt durch Banküberweisung eine Rechnung über 17 000 DM. Der Eingang wird dem Kreditorenkonto gutgebracht. Dabei werden auf dem Kreditorenkonto nicht 17 000 DM, sondern 47 000 DM gebucht. Um für den fingierten Unterschiedsbetrag die bilanzmäßige Summengleichheit herzustellen, wird die nächste Rechnung über Wareneingang auf der Sollseite des Warenkontos statt mit 46 130 DM mit 76 130 DM verbucht, also um 30 000 DM erhöht.

Richtige Buchung:	Soll	Haben
Bank	17 000	
an Debitoren		17 000

Falsche und fingierte Buchungen:		
1. Bank	17 000	
an Kreditoren		47 000
2. Waren	76 130	
an Kasse		46 130
	93 130	93 130

Fiktion

Im Ergebnis ist eine bilanzmäßige Verminderung des Schlußvermögens um 30 000 DM durch Falschbuchung und fingierte Erhöhung der Kreditoren eingetreten. Ferner ergibt sich durch die fingierte Erhöhung der Sollseite des Warenkontos auch eine Verminderung des Rohgewinns um 30 000 DM. Schließlich weist auch das Debitorenkonto einen falschen Bestand aus, weil die Zahlung von 17 000 DM nicht ausgebucht ist.

Schwarzgeld: 77 000 DM.

Zu 2.1

Beispiel

Beteiligungen werden mit Gewinn auf Kredit verkauft. Der Gewinn beträgt 30 000 DM.

Richtige Buchungen:	Soll	Haben
Forderungen	230 000	
an Beteiligungen		200 000
an Gewinn- und Verlustkonto		30 000

Falsche Buchungen:	Soll	Haben
a) Forderungen	230 000	
an Beteiligungen		230 000
b) Beteiligungen	30 000	
an Privat		30 000
c) Privat	30 000	
an Kapital		30 000

Umgehung des Ertragskontos

Der Erhöhung des Endvermögens um 30 000 DM (Unterschied zwischen 230 000 DM Forderungen und 200 000 DM verkauften Beteiligungen) steht eine gleiche Erhöhung des Anfangsvermögens gegenüber. Der Unterschied zwischen Anfangs- und Endvermögen hat sich nicht verändert; so wird die Gewinnerhöhung vermieden.

Schwarzgeld: 30 000 DM.

Zu 2.2

Beispiel

Ein Unternehmer leistet eine Einlage von 40 000 DM.

Richtige Buchung:	Soll	Haben
Kasse	40 000	
an Privatkonto		40 000

Die Einlage wird mit 60 000 DM verbucht und der Kassenbestand durch fingierte Kosten ausgeglichen. Diese Buchungen werden in der Regel zuerst über ein Privatkonto geleitet, das dann über Kapitalkonto abgeschlossen wird. Zum Zweck der einfacheren Darstellung wird hier gleich über Kapitalkonto gebucht.

Fingierter Wareneinkauf

Fingierte Buchungen:	Soll	Haben
a) Kasse	60 000	
an Kapital		60 000
b) Gewinn- und Verlustkonto	20 000	
an Waren		20 000
c) Waren	20 000	
an Kasse		20 000

Bilanzmäßig wurde der Unterschied zwischen Anfangs- und Endvermögen und damit der Gewinn um 20 000 DM gemindert.

Die Verminderung des Gewinnes in der Gewinn- und Verlustrechnung geschieht durch die Abbuchung von scheinbar gestohlenen Waren im Betrag von 20 000 DM, wird aber durch den unterstellten Wareneinkauf auf die Verminderung des Geldpostens Kasse verlagert.

Schwarzgeld: 20 000 DM.

Zu 2.3

Beispiel

Eine Schuld an einen ausländischen Geschäftspartner, die mit 140 000 DM zu Buche steht, kann infolge einer Abwertung der ausländischen Währung mit 120 000 DM abgelöst werden.

Richtige Buchung:	Soll	Haben
Kreditor	140 000	
an Kasse		120 000
an außerordentlichen Ertrag		20 000

Um den Gewinn von 20 000 DM zu verschleiern, wird eine Einlage von 20 000 DM vorgetäuscht.

Vortäuschung von Einlagen

Falsche und fingierte Buchung:	Soll	Haben
Kreditor	140 000	
an Kasse		140 000
Kasse	20 000	
an Einlage		20 000
Einlage	20 000	
an Kapital		20 000

Schwarzgeld: 20 000 DM.

Zu 3

Nichtverbuchung von Geschäftsvorfällen

Eine Behandlung des zu niedrigen Ausweises von Vermögen und Gewinn durch Nichtverbuchung von Geschäftsvorfällen umgehen Gnam/Sirch[27] elegant mit dem Argument, daß etwas, was in der Buchführung nicht aufgezeichnet ist, aus ihr auch nicht ohne weiteres als Fehler erkannt werden kann. Die beiden Autoren

27 A.a.O., S. 142.

begnügen sich mit dem Hinweis, daß die Finanzverwaltung der Nichtverbuchung von Geschäftsvorfällen mit dem Instrument der Kontrollmitteilung beizukommen versucht, was indessen versagt, wenn beide Partner eines Geschäfts den Vorfall nicht verbucht haben, wie oft bei OR-(Ohne-Rechnung-) oder OB-(Ohne-Beleg-) Geschäften.[28]

Kapitel 4: Systematisierung der Schwarzgeldentstehung im gewerblichen Bereich anhand der Kriterien Einnahmen, Ausgaben, Aktiva, Passiva

In einen größeren Rahmen stellt Paufler[29] seine Systematik der Steuerhinterziehungsmethoden. Auch sie ist geeignet, daraus eine Systematisierung der Entstehung von Schwarzgeld abzuleiten, was in diesem Kapitel geschehen soll. Dabei empfiehlt sich eine Gliederung in Grundsätzliches und in Details.

1 Grundlagen der Gewinnverkürzungsmethoden nach Paufler

Hinterziehungsvorfeld: juristische Fälschungsmethoden

Den buchungstechnischen Systemfehlern innerhalb der Doppik bei Gewinnermittlung hat Paufler[30] die Methoden innerhalb des Hinterziehungsvorfeldes vorgeschaltet. Die Vorbereitungshandlungen zur Steuerhinterziehung bezeichnet Paufler als juristische Fälschungsmethoden, weil gezielt ein Rechtsgeschäft oder eine steuerrechtlich entscheidende Handlung in Abstimmung mit den Steuervorschriften eigens zur Steuerhinterziehung mit juristischer Methode gestaltet wird. Als solche juristische Fälschungsmethoden zählt Paufler auf: a) Scheingeschäfte wie Scheinarbeitsvertrag, Scheinkaufvertrag, Scheindienstleistungsvertrag, Scheinkreditvertrag, Scheinlizenzvertrag, Scheinleasingvertrag und b) Scheinhandlungen.[31]

---

28 Auf OR- und OB-Geschäfte wird im Kapitel 5 ausführlicher eingegangen.
29 Paufler, Alexander, Die Steuerhinterziehung, Stuttgart 1983.
30 Siehe Fußnote 29.
31 Vgl. das Kapitel „Scheingeschäfte" in Kottke, Steuerersparung, Steuerumgehung, Steuerhinterziehung, 9. Aufl., 1991, Freiburg.

Mögliche Scheinkaufverträge

Rechnungen weisen niedrigere als die tatsächlichen Verkaufspreise aus, um die Bezahlung mit Schwarzgeld zu ermöglichen. In diesem Fall liegt eine Teilfakturierung vor. Aber auch der umgekehrte Fall einer Überfakturierung ist denkbar, um den überschüssigen Rechnungsbetrag vom Lieferanten auf ein anonymes Bankkonto überweisen zu lassen und Betriebsausgaben zu überhöhen. – Grundstückseinkäufe werden öfter über einen niedrigeren als den tatsächlichen Kaufpreis beurkundet. Ziel des Käufers ist damit erstens die Hinterziehung der Grunderwerbsteuer und zweitens die Unterbringung von Schwarzgeld. Der Verkäufer hinterzieht Einkommensteuer, falls dem Geschäft ein Betriebsgrundstück mit Veräußerungsgewinn zugrunde liegt und schafft umgekehrt zum Käufer Schwarzgeld.

Buchhalterische Fälschungsmethoden

Den juristischen Fälschungsmethoden stellt Paufler[32] buchhalterische Fälschungsmethoden im Bereich der Vorkontierung gegenüber. Hierzu gehört auch die Verkürzung der Einnahmen durch das OR-Geschäft[33] (OR = ohne Rechnung). Es wird auf der Vermögensseite durch Nichtinventarisierung flankiert.[34]

Fälschungskonten

Besondere Bedeutung zur Tarnung von unzulässigen Gewinnminderungen zwecks Schwarzgeldschöpfung kommt der Falschkontierung durch Fälschungskonten in der eigenen Buchhaltung zu. Solche Konten, von denen schon im Kapitel 3 die Rede war, nennen sich beispielsweise „Konto pro Diverse", „Transitoria", „Auszahlungskonto", „Interimskonto", „Verrechnungskonto", „Konsortialkonto", „Sekretariatskonto", „Operationskonto". Es gibt aber auch fremde Fälschungskonten, derer sich der Steuerhinterzieher bedient, so anonyme Konten bei Bankinstituten und Postscheckämtern sowie das interne Verrechnungskonto der Bank, das berühmte „Konto pro Diverse" (CpD). Paufler[35] mißt diesen Schwarzgeldkonten eine den Schwarzdepots und -schließfächern vergleichbare Funktion bei. Sie dienen oft der Rückschleusung von Schwarzgeldern und Schwarzbeständen.

32 A.a.O., S. 54.
33 Zum OR-Geschäft siehe Kapitel 5.
34 A.a.O., S. 59.
35 A.a.O., S. 60.

Kettenbuchungen

In diesem Zusammenhang sind auch die unglückseligen Kettenbuchungen zu stellen, ebenfalls unter Falschkontierung zu subsumieren. Sie bezwecken, einen regelmäßig gewinnerhöhenden Geschäftsvorfall so lange und so oft von Konto zu Konto weiterzugeben, bis er zur Unkenntlichkeit entstellt seine Laufbahn auf einem gewinnmindernden oder gewinneutralen Konto beendet.

Systemfehler der Doppik

Während es sich bis hier nach der Definition von Paufler[36] um Fälschungsmethoden im Vorfeld der Steuerhinterziehung handelte, geht er im Anschluß daran die Systemfehler der Doppik an, die von ihm als willkürliche Buchungen auf Erfolgs- und Bestandskonten durch mißbräuchliche Verdrehung von Belastung und Gutschrift bezeichnet werden.

Schwarzentnahmen durch Bilanzverkürzung

Aus diesem Teilkomplex sei hier lediglich die Schwarzentnahme durch Bilanzverkürzung angeführt. Ihr vorgeschaltet – so Paufler[37] – ist meist die fingierte Zahlungsverpflichtung, die – gut getarnt – in folgenden Varianten auftritt:

- Die Eingangsrechnungen sind in voller Höhe fingiert.
- Die Eingangsrechnungen sind überhöht, damit nach Zahlung die Überpreise vom Lieferanten auf das Schwarzkonto des Kunden rücküberwiesen werden.
- Langfristiges Fremdkapital, wie beispielsweise Darlehen, ist fingiert.

Buchungssätze bei fingierten Zahlungsverpflichtungen:

Soll	Haben
per Wareneingang	an Kreditoren
oder	
per Bank	an Darlehen
dann	
per Kreditoren/Darlehen	an Liquiditätskonto

Der letztere Buchungssatz steht für eine vorgetäuschte Bezahlung der Verbindlichkeiten und der Gutschrift des entnommenen Betrags auf eigenem Schwarzkonto.

36 A.a.O., S. 48.
37 A.a.O., S. 68.

Die Systemfehler der Doppik bei Paufler decken sich inhaltlich im wesentlichen mit dem System der Buchführungsfehler bei Gnam/Sirch, die im Kapital 3 vorgestellt worden sind.

2 Details

Nach diesen mehr einführenden Gedanken geht Paufler in einem mit „Steuerhinterziehungs-Mix" überschriebenen Abschnitt ins Detail, wobei er nach den Kriterien Einnahmen, Ausgaben, Aktiva und Passiva gliedert.

2.1 Schwarzgeldbildung durch Manipulationen bei den Einnahmen

Persönliche Nichterfassung

Hier ist zunächst die persönliche Nichterfassung ein wichtiges Mittel. Das Gewerbe wird nicht angemeldet oder vorzeitig abgemeldet, oder es wird seitens des potentiellen Steuerzahlers persönliche Steuerfreiheit vorgetäuscht. Paufler[38] führt folgende patente Beispiele für Nichtanmeldung an.

Beispiele

- Durch zahlreiche Firmenneugründungen und Umgründungen (Einzelunternehmen der Lebensmittelbranche) wurde der Sitz der Geschäftsleitung jeweils in einen anderen Finanzamtsbezirk gelegt. Den Finanzämtern teilte der Steuerpflichtige jeweils mit, daß die neugegründeten Gesellschaften ihre Geschäftstätigkeit noch nicht aufgenommen hätten. Auf die Führung von Büchern wurde verzichtet, so daß eine Umsatzverprobung etwa anhand der Wareneingänge unmöglich war.
- Im Großhandel eingekaufte Teesorten wurden vom Steuerpflichtigen und zwei Helfern abgefüllt und per Nachnahme verschickt. Die Abfüllung erfolgte in einem 50 km vom Wohnort des Steuerpflichtigen entfernten, nicht angemeldeten Lagerraum. Auf einem Postscheckkonto wurden die Nachnahmebeträge gutgeschrieben. Zur Wahrung der Anonymität löste der Steuerpflichtige das Konto regelmäßig auf und eröffnete ein neues Konto bei einem anderen Postamt. Der „Reingewinn" belief sich bei 1 Mio DM Umsatz auf 65 v. H.

38 A.a.O., S. 80.

- Schon ein Jahr vor der Gewerbeanmeldung betrieb der Steuerpflichtige einen Gebrauchtwagenhandel. Die verkürzten Einnahmen wurden dem Konto des Vaters gutgeschrieben.
- Ein Großbetrieb der Wellpappenherstellung (Rechtsform: OHG) mit einem Umsatz von 8 bis 12 Mio DM tätigte Schwarzgeschäfte ausschließlich über eine Zweigniederlassung. Zur Absicherung bediente man sich eines Mittelmannes, über dessen Adresse die Schwarzgeschäfte abgewickelt wurden und dessen Umsätze nicht angemeldet waren. Die Aufträge leitete der Mittelsmann fernmündlich an den Geschäftsführer der Zweigniederlassung. Der Mittelsmann stellte ordnungsgemäß die Rechnungen aus und ließ die Kundenzahlung auf sein Bank- oder Postscheckkonto überweisen. Man wählte den unbaren Zahlungsverkehr, da bekannt war, daß die Betriebsprüfung Kontrollmitteilungen nur bei Bar- und Barscheckgeschäften versendet. Die Kunden wußten von allem nichts. Nach Abzug seiner Provision und der Transportkosten überbrachte der Mittelsmann dem Geschäftsführer die Kundenzahlungen in bar.

Sachliche Nichterfassung

Neben der persönlichen Nichterfassung widmet Paufler der sachlichen Nichterfassung einen breiten Raum. Hierbei handelt es sich einmal um die Geschäftsvorfälle ohne Rechnung, die sogenannten OR-Geschäfte, und die Geschäftsvorfälle, die zwar von einer Rechnung begleitet, aber in der Buchführung nicht erfaßt werden. Da der Schwarzgeldbildung im Wege von OR-Geschäften ein gesondertes Kapitel gewidmet ist[39], sollen nachstehend lediglich die Möglichkeiten der sachlichen Nichterfassung von Geschäftsvorfällen mit Rechnung anhand eines von Paufler[40] gebildeten Schemas dargestellt werden.

39 Siehe Kapitel 5.
40 A.a.O., S. 103.

Schematische Darstellung der Nichterfassung von Geschäftsvorfällen mit Rechnung

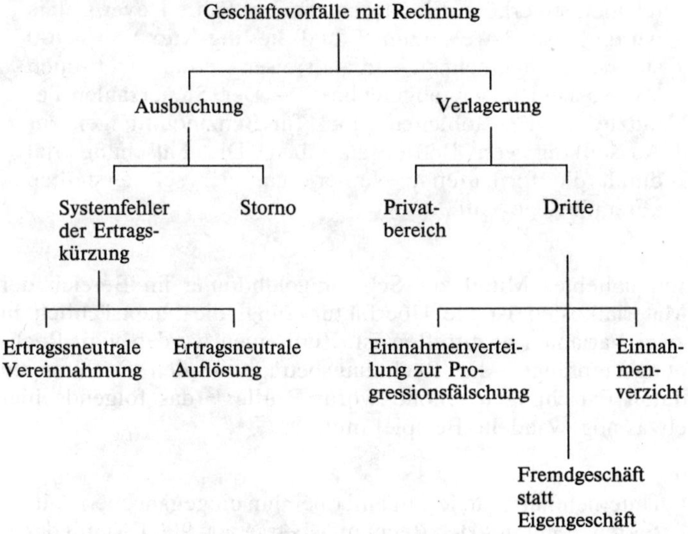

2.2 Schwarzgeldbildung durch Manipulationen bei den Ausgaben

Betriebsausgabenfiktionen

Betriebsausgabenfiktionen hat Paufler[41] an den Anfang dieses Abschnitts in seinem Buch gestellt. Er kommt zu sprechen auf – jeweils fiktive oder fingierte – Personalkosten, Dienstleistungskosten, Materialkosten und Abschreibungen. Dabei kann die für den Abzug unerläßliche Aufwandsursache fehlen, oder die Abzugsbeschränkungen des § 4 Abs. 5 EStG werden mißachtet. Fehlende Aufwandsursachen kommen häufig im Bereich von Reise, Bewirtung und Repräsentation vor.

Beispiele

Die Hochzeit der Tochter des Betriebsinhabers wurde vom Hotel als Vertretertagung belegt und vom Steuerzahler entsprechend gebucht. – Der Steuerzahler ließ sich von einem Reisebüro Rechnungen ausstellen über nie angetretene Reisen. Nach Überweisung an das Reisebüro schrieb es dem

41 A.a.O., S. 105 ff.

Steuerzahler die Beträge auf Schwarzkonten gut oder zahlte sie in bar aus. – Flugkosten wurden durch falsche Kursumrechnungen erhöht. Eine Rechnung der Fähre Dover/Calais wurde beispielsweise zum Pfund-Sterling-Kurs von 1:100 statt 1:10 umgerechnet. – Inlandsreisen werden nicht selten als Auslandsreisen abgerechnet. – Der Steuerzahler benutzte einen gestohlenen Block für Benzinquittungen zur Ausstellung von Betriebsausgaben. Die Fälschung fiel durch die fortlaufende Numerierung der selbsterstellten „Fremdbelege" auf.

Überfakturierung

Ein beliebtes Mittel zur Schwarzgeldbildung im Bereich der Materialkosten ist die Überfakturierung, die hauptsächlich in zwei Varianten anzutreffen ist. Zum einen werden vom Rechnungsempfänger die Rechnungsbeträge in den Rechnungen durch Fälschungen erhöht, wofür Paufler[42] das folgende hier etwas abgewandelte Beispiel mitteilt.

Beispiel

Unternehmer U ändert in einer bei ihm eingegangenen quittierten Rechnung den Rechnungsbetrag von 900 DM mit der Schreibmaschine in 8900 DM durch Voransetzen der Zahl 8. In Höhe von 8000 DM bildet U Schwarzgeld.

Ratschlag:

Betriebsprüfer und Revisoren richten ihr Augenmerk auch auf das Auftauchen unterschiedlicher Schreibmaschinentypen. Kriminaltechnische Untersuchungen zur Aufdeckung derartiger Fälschungen führt das Zollkriminalinstitut in Köln durch.

Überfakturierung im Auftrag des Rechnungsempfängers

Ferner kann der Rechnungsaussteller die Überfakturierung im Auftrag des Rechnungsempfängers durchführen. Paufler[43] weist mit Beispielen darauf hin, daß daraus Gewinnverlagerungen in die Privatsphäre des Unternehmers oder im Rahmen von Unter-

42 Paufler, Alexander, Die Steuerhinterziehung, Stuttgart 1983, S. 117.
43 Paufler, Alexander, Die Steuerhinterziehung, Stuttgart 1983, S. 117/118.

nehmensverbindungen in ein anderes Unternehmen, z. B. Konzernunternehmen, resultieren können, sofern nicht Korrekturen durch Entnahmebuchungen, verdeckte Gewinnausschüttungen oder „dealing at arms's length" (vgl. § 1 Außensteuergesetz) angebracht werden.

Beispiele

- Der Steuerpflichtige, Inhaber eines Konzerns der Bekleidungsbranche, wickelte fast den gesamten Wareneinkauf einschl. Fakturierung über Briefkastenfirmen in der Schweiz und Liechtenstein ab. Repräsentant der Liechtensteiner Firma war ein Rechtsanwalt, dessen Büro als Domizil von mindestens zwölf weiteren Briefkastenfirmen fungierte. Über diese Firmen erfolgten innerhalb dreieinhalb Jahren Lieferungen im Rechnungswert von 41 Mio DM; die Überfakturierung betrug dabei 6,2 Mio DM.
- Bei Direkteinkäufen in den USA vereinbarte der Steuerpflichtige Überfakturierungen von rund 0,5 Mio DM. Die überhöhten Rechnungsbeträge ließ er einem persönlichen Konto in den USA gutschreiben.
- Auch fremde inländische Lieferanten veranlaßte der Steuerpflichtige zu Überfakturierungen zwischen 5 und 33 v. H. des Normalpreises. Der gezahlte Mehrbetrag wurde dem Steuerpflichtigen in bar oder per Scheck auf ein Sonderkonto als sog. „Provision" gutgeschrieben, nachdem die Lieferanten die von ihnen auf den überfakturierten Betrag zu entrichtende Umsatzsteuer abgezogen hatten.

Manipulierte Verluste

Neben den Manipulationen mit Betriebsausgaben können Steuerhinterziehungen mit manipulierten Verlusten bewerkstelligt werden. Verluste werden fingiert, verlagert oder sogar gekauft. Bei der letzterwähnten Spielart verkaufen vielfach ausländische Treuhandgesellschaften nichtausgleichs- oder nichtabzugsfähige Verluste Dritter an andere Steuerpflichtige. Der Käufer erhält auf seinen Namen lautende – gefälschte – Originalunterlagen, welche die Verlustentstehung nachweisen sollen. Dabei kann es sich um beispielsweise verlustreiche Warentermin-, Devisen- oder

Wertpapiergeschäfte handeln. Mit Beispielen untermauert Paufler[44] dieses raffinierte Modell.

Beispiele

- Eine schweizerische Treuhandgesellschaft bot in der Bundesrepublik Deutschland in Zuschriften Verluste zum Kauf an. Die Verlustmitteilung ließ sie sich mit 15 v. H. der „verkauften Verlustbeträge“ bezahlen. Der Verlust sollte beim deutschen Steuerpflichtigen aufgrund § 2 Auslandsinvestitionsgesetz[45] den Verlustausgleich oder Verlustabzug ermöglichen. Der „Verlustverkauf“ lief in folgenden Schritten ab:
  - Anmeldung eines Gewerbebetriebes im Ausland und gleichzeitige Gründung eines Einzelunternehmens;
  - das Einzelunternehmen wurde von der Treuhandgesellschaft in den verlustbringenden Vertrag, z. B. Warentermingeschäft, anstelle des faktischen Vertragspartners eingetragen;
  - der im Grunde bei einem anderen, z. B. schweizerischen Steuerpflichtigen, angefallene Verlust wird durch das Einzelunternehmen realisiert und vom Gesamtbetrag der Einkünfte abgezogen.
- Ebenfalls zur Ermöglichung des Verlustausgleichs oder -abzugs verkaufte eine österreichische Unternehmensberatungsgesellschaft Patentrechte auf dem Bausektor. Bei Vertragsabschluß zahlte der Patentkäufer 15 v. H. des fingierten Patentverlustes an eine Patentverwaltungsgesellschaft. Über diesen vorgetäuschten Verlust erhielt der Käufer eine Quittung und wertlose Patentunterlagen zum Bestandsnachweis gegenüber der Finanzbehörde.

---

44 A.a.O., vgl. Fußnote 42, S. 132.

45 Das Auslandsinvestitionsgesetz wurde mit Wirkung ab 1990 durch Gesetz vom 25. 7. 1988 (BGBl 1988 I S. 1093, 1122) aufgehoben. Der bisherige § 2 AuslInvG wurde in das EStG (§ 2a Absätze 3 und 4) übernommen.

2.3 Schwarzgeldbildung durch Manipulationen bei den Aktiva

Gliederung

Die sich hier bietenden Möglichkeiten der Schwarzgeldbildung bzw. Schwarzgeldrückschleusung gliedert Paufler[46] in Nichtaktivierung, Teilaktivierung, Überaktivierung und Reaktivierung. Aufschlußreich sind dann die Untergliederungen dieser Sachverhalte, wobei die schlagwortartig benannten Untersachverhalte jeweils den Ansatz zum Steuerhinterziehungstatbestand erkennen lassen. So kann sich die Nichtaktivierung verwirklichen in lagerortsbedingter Nichtinventarisierung, periodenfalscher Inventarisierung, Nichtinventarisierung bei Maßdifferenzen, Nichtinventarisierung minderwertigen Materials und Nichtinventarisierung bei Unterschlagung. Unter Teilaktivierung ist in diesem Zusammenhang Unterpreisansatz und Unterbewertung zu verstehen. Eine Überaktivierung kann als Voraussetzung zur Ausgabenfiktion[47] oder als Folge verdeckter Preisnachlässe gewählt sein. Und schließlich dient die bilanzielle Reaktivierung der Rückschleusung von Schwarzvermögen in das Unternehmen.[48]

2.4 Schwarzgeldbildung durch Manipulationen bei den Passiva

Manipulierte Passiva

Fehlende Aktiva sind schwerer zu entdecken als fingierte oder übertriebene Passiva. Angeheizt durch die lebhafte Diskussion über die Beschneidung bestimmter Rückstellungsarten im Zuge der Steuerreform 1990 widmen die Betriebsprüfer auch gerade letzteren besondere Aufmerksamkeit. Dennoch kommen manipulierte Passiva häufig vor. Dies wohl auch – bemerkt Paufler[49] –, weil der Übergang von einem rein bewertungsrechtlichen Irrtum zu einer vorsätzlichen Bewertungsfälschung selten klar liegt.

Passiva, insbesondere Eigenkapital, Rücklagen, Rückstellungen, Wertberichtigungen, Verbindlichkeiten, können zu Steuerhinterziehungszwecken fingiert oder überhöht werden. Auch Nichtpassivierungen gehören zum Instrumentarium der Steuerhinterzieher und sind dann meist Folgen von Schwarzgeschäften: Der

---

46 A.a.O., vgl. Fußnote 42, S. 134 ff.
47 Siehe vorstehenden Abschnitt 2.2.
48 Siehe nachstehendes Kapitel 9.
49 A.a.O., vgl. Fußnote 42, S. 148 ff.

Kunde bringt auf diese Weise Schwarzgelder für die Bezahlung des Lieferanten unter, während der Lieferant Schwarzgelder schafft. Schließlich werden Repassivierungen dazu eingesetzt, vorher gebildete Schwarzgelder in den Unternehmenskreislauf durch fingierte Einlagen oder fingierte Kredite wieder einzuschleusen.

Kapitel 5: OR-Geschäfte – Den Otto-Richter-Geschäften auf der Spur

Ohne-Rechnung-Geschäfte sind wohl im gewerblichen Bereich das gängigste Mittel, um Einkommen- oder Körperschaftsteuer zu hinterziehen[50] und mit den der Besteuerung entzogenen Erlösen Schwarzgeld zu bilden. Wäre dieses Mittel bei den Steuerhinterziehern nicht so beliebt, hätte sich nicht für diese Art von Geschäften die fast populär gewordene Abkürzung „OR-Geschäfte" eingebürgert. Spaßhaft spricht man auch von „Otto-Richter-Geschäften"[51] oder von Geschäften zum BAT-Tarif: BAT = Bar auf Tatze.

1 Die klassische Form der OR-Geschäfte

Weder Beleg noch Buchung

Bei OR-Geschäften wird die Nichtausstellung eines Belegs, der in einer Rechnung, aber auch einer Quittung oder einem anderen Dokument bestehen kann, regelmäßig begleitet von der Nichtverbuchung des Erlöses aus dem Geschäft. Das jedem Buchhaltungslehrling eingehämmerte Kardinalprinzip „Keine Buchung ohne Beleg" wird hier ins Kriminelle umgedreht: weder Beleg noch Buchung. Auf diese Weise läuft dann eine solche geschäftliche Transaktion auch am Finanzamt vorbei. Im Sinne der Systematik von Gnam/Sirch[52] gehört das OR-Geschäft zu den Nicht-

50 Vgl. auch Seckel, Carola, Die Steuerhinterziehung (§ 370 AO), 2. Aufl., Lübeck 1979.

51 Vgl. Zirpins, W., und Terstegen, O., Wirtschaftskriminalität – Erscheinungsformen und ihre Bekämpfung, Lübeck 1963, S. 209.

52 Siehe Kapitel 3 am Ende.

verbuchungen von Geschäftsvorfällen, im Sinne von Paufler[53] zu den Manipulationen bei den Einnahmen.

Merke:

Umsatzsteuerlich sind OR-Geschäfte für den Empfänger einer Lieferung oder sonstiger Leistungen, sofern er Unternehmer ist, ungünstig, weil er dabei die Möglichkeit zum Vorsteuerabzug verliert. Denn die Rechnungen bzw. Gutschriften mit gesondert ausgewiesener Umsatzsteuer sind für den Unternehmer Voraussetzung für den Vorsteuerabzug (§§ 14 und 15 UStG). Die nachstehenden Ausführungen beschränken sich demgegenüber auf die Einkommensteuer.

Verlust des Vorsteuerabzugs

OR-Geschäfte sind relativ konjunkturlagenunempfindlich. In der Hochkonjunktur soll mit ihnen die Einkommensteuer-Tarifprogression gemildert werden, in der Rezession von dem schmalen Umsatz und Gewinn nicht zuviel an das Finanzamt abgezweigt werden.

Steuerhinterziehung als Zweck

OR-Geschäfte sind wie jede Art von Steuerhinterziehung kriminell; von Kavaliersdelikten kann keine Rede sein. Die sie betreibenden Geschäftsleute können sich auch nicht in Sicherheit wiegen; ihre Machenschaften kommen häufig früher oder später auf. Sind die Unternehmen, die sich mit OR-Geschäften abgeben, groß, so gibt es regelmäßig zuviele Mitwisser, von denen eines Tages mindestens einer „auspackt". Handelt es sich dagegen um kleine Betriebe, so sind es oft geschiedene Ehefrauen, enttäuschte Geliebte, rachsüchtige Söhne, böse Nachbarn, neidische Konkurrenten – jeweils anonym oder offen –, geschwätzige Stammtischrunden, die für Offenlegung sorgen. Den OR-Geschäften von Unternehmen aller Größenklassen ist im übrigen gemeinsam, daß sie zweiseitig sind, und dies verbreitert die Angriffsflächen, die sich Wirtschaftsstrafsachen-Staatsanwälten, Betriebsprüfern und Steuerfahndern bieten.

53 Siehe Kapitel 4 Abschn. 2.1.

Beispiele für oft vorkommende Arten von OR-Geschäften

OR-Geschäfte

1. Vermietung von Ferien-Wohnungen ohne Rechnung.
2. Auto-Vermietung an Privatleute ohne Rechnung. Dabei wird nicht nur Einkommensteuer verkürzt, sondern auch Umsatzsteuer, weil solche Vermietungen eine umsatzsteuerbare Leistung darstellen.
3. Lieferungen und sonstige Leistungen von Handwerkern an Privatleute ohne Rechnung. Da Schwarzarbeitsverträge nichtig sind, stehen dem Auftraggeber möglicherweise nicht einmal Gewährleistungsansprüche oder Schadenersatzansprüche im Falle der Schlechtleistung zu. Steuerliche Auswirkungen wie vorstehend unter 2.
4. Warenverkauf eines Gewerbetreibenden ohne Rechnung im Rahmen des jeweiligen Schwundsatzes, den die Richtsätze der Finanzverwaltung den Betrieben einiger Branchen bzw. Gewerbeklassen zugestehen.
5. Verkauf eines zum Privatvermögen gehörenden Hauses innerhalb der zweijährigen Spekulationsfrist und Wiederanlage des Erlöses im Ausland, z. B. auf Postgirokonto im Ausland.
6. Verkauf eines Hauses mit schwarzem Aufgeld zwecks Grunderwerbsteuerverkürzung. Dabei hinterzieht der Käufer nicht nur die Steuer, sondern kann auch Schwarzgeld unterbringen. Der Verkäufer hinterzieht, sofern das Haus zum Betriebsvermögen gehört, Einkommensteuer aus dem etwaigen Veräußerungsgewinn und bildet Schwarzgeld. Häufig gibt er den erzielten Steuervorteil nicht einmal an den Käufer auch nur teilweise weiter. Ein Fall des partiellen OR-Geschäfts, das nachstehend im Abschnitt 2 behandelt wird!

Nebenzwecke

Die Begehung einer Steuerhinterziehung braucht nicht der einzige oder hauptsächlichste Zweck von OR-Geschäften zu sein. Primär kann auch die Verdeckung anderer krimineller Tatbestände bezweckt werden, wie beispielsweise der illegale Export von Waffenausrüstungen. Da aber auch gesetzlich verbotene oder sittenwidrige Geschäfte der Besteuerung unterliegen (§ 40 AO), wird bei solchen Geschäften sekundär die Steuerhinterziehung oft gern mitgenommen.

Alle auf entgeltlichen Leistungsaustausch gerichteten Geschäfte können auf OR-Basis durchgeführt werden: Verzinsliche Darlehenshingaben, Vermietungen, Verpachtungen, Provisionsgeschäfte, Grundstücksverkäufe usw. Die hauptsächlichste Domäne sind jedoch Warenumsätze. Von ihnen ist nachstehend in erster Linie die Rede.

Aufdeckungsmöglichkeiten

Voraussetzung für eine aus der Sicht des Delinquenten wenig störanfällige Abwicklung des OR-Geschäfts ist, daß der Geschäftspartner – sei er nun Verkäufer oder Käufer der Waren – mitmacht. Und zwar in dem Sinne, daß der Partner ebenfalls das Geschäft nicht in Belegen dokumentiert und nicht bucht. So entfällt dann bei Betriebsprüfungen ein Ansatzpunkt zum Ausschreiben von Kontrollmitteilungen; auch Verprobungen durch den Außenprüfer, wonach der Warenausgang beim Lieferanten in einem plausiblen Verhältnis zu seinem Wareneingang stehen muß, gehen ins Leere, wenn schon der Vorlieferant o. R. und ungebucht geliefert hat. Die Beschaffungs- und Absatzgewichte werden von den Manipulateuren also mit einer in den kriminellen Bereich abdriftenden Geschicklichkeit ausbalanciert. Schon im Vorfeld der Steuerhinterziehung liegen bei einer solchen Sachverhaltskonstellation Verstöße gegen die Pflicht zur Aufzeichnung des Wareneingangs (§ 143 AO) und zur Aufzeichnung des Warenausgangs (§ 144 AO) vor, die als Steuergefährdung nach § 379 AO Ordnungswidrigkeiten darstellen und mit Geldbuße geahndet werden können[54].

Empfängerbenennung gemäß § 160 AO

Daß auch der Geschäftspartner, wenn er Abnehmer ist, auf die Rechnung des Lieferanten verzichtet und seine Zahlung nicht bucht, ist keine Selbstverständlichkeit. Begibt er sich doch damit der Möglichkeit, seine Zahlungen den steuerlichen Gewinn mindernd absetzen zu können. Er könnte zwar auf den Gedanken kommen, die Zahlungen abzusetzen, ohne ihren Empfänger in der Buchführung oder sonstwie anzugeben. Doch diesem Gedanken steht § 160 AO entgegen. Danach sind Schulden und andere Lasten, Betriebsausgaben, Werbungskosten und andere Ausgaben steuerlich regelmäßig nicht zu berücksichtigen, wenn der Steuerpflichtige dem Verlangen der Finanzbehörde nicht nach-

54 Siehe hierzu auch BMF-Schreiben vom 13. 7. 1992 – IV A 7 – S 0314 – 1/92 (DB 1992 S. 1757) zur Bekämpfung des Schwarzeinkaufs.

kommt, die Gläubiger oder die Empfänger genau zu benennen. Diese Vorschrift ist oft genug Ursache dafür, daß ein Geschäftspartner, der „etwas von der Steuer absetzen" möchte, aus der Konvention mit dem anderen Geschäftspartner, das Geschäft ebenfalls o. R. abzuwickeln, ausbricht. In einer solchen Situation oder, wenn das OR-Geschäft von vornherein nur einseitig getätigt wurde, liegt die spätere Aufdeckung per Kontrollmitteilung (siehe hierzu Kapitel 15) nahe.

Organisation der OR-Geschäfte

Manche Unternehmen begnügen sich mit gelegentlichen OR-Geschäften. Ein fetter Happen wird wahrgenommen, oft in Form eines Hilfs- oder Nebengeschäfts, so beispielsweise der Verkauf des bisher dem Betrieb dienenden älteren Pkw. Auch branchenfremde Okkasionen verleiten gern zum Tätigwerden ohne Rechnung. Es gibt auch Unternehmen mit raffiniert durchorganisierten Aufnahmebedingungen für laufende Abwicklungen von OR-Geschäften. So berichtet Paufler von einem Fall, in dem schon beim Auftragseingang die schwarz abzuwickelnden Aufträge ausgesondert und nach ihrer Kennzeichnung in die Fertigung weitergeleitet werden. Gekennzeichnet wird mittels Farbplaketten auf der Ware oder bestimmten Farben der Teilebegleitkarten. In einem anderen Fall wurden die „schwarzen" Auftragszettel mit drei Kreuzen markiert und ein nichtnumerierter grüner Lieferschein für jeden OR-Auftrag ausgestellt. Dagegen wurden den regulären Geschäften mit Rechnung durchnumerierte weiße Lieferscheine zugeordnet. Die grünen Lieferscheine vernichtete der Betrieb nach Auslieferung.

Geheimbuchführung

Die OR-Geschäfte nehmen in vielen Unternehmen einen solchen Umfang an, daß dem Inhaber die Übersicht verloren zu gehen droht. Er wird dann vielfach der – aus seiner Sicht – mißlichen Lage Herr durch Einführung einer Geheimbuchführung. Eine solche Geheimbuchführung, mit der z. B. als vertraulich gehaltene Vorgänge vor dem Betriebspersonal abgeschirmt werden können, ist auch steuerlich zulässig, sofern ihr Inhalt sowohl hinsichtlich der laufenden Aufzeichnungen als auch der Abschlußzahlen mit den Ansätzen der regulären Buchführung übereinstimmt und ihre Vorlage gegenüber der steuerlichen Außenprüfung nicht verweigert wird.[55] Aber gerade das alles ist ja bezüglich der OR-Geschäfte nicht der Fall, und so liegt keine zulässige Geheimbuchführung, sondern eine Schwarzbuchführung vor, die mangels ordentlicher Verknüpfung mit der regulä-

55 Eisele, Wolfgang, Technik des betrieblichen Rechnungswesens, 3. Aufl., München 1988, S. 318.

ren Buchführung illegitim ist. Die Perfektion in der geheimen Dokumentation der OR-Geschäfte und der ihnen zugrundeliegenden Aufträge sowie der dahinterstehenden Auftraggeber geht manchmal so weit, daß auch in schwer zugänglichen Räumlichkeiten verborgene Karteien geführt werden. Andere OR-Geschäftemacher nehmen vorlieb mit Eintragungen in ihren Notizbüchern oder Kalendern. Die meisten von ihnen vermeiden jedoch Aufzeichnungen jeder Art über OR-Geschäfte, weil sie wissen, daß die Steuerfahnder oft sofort nach ihrem – unangemeldeten – Erscheinen Geschäftsräume, Wohnung, Pkw, Brief-, Hand- und Aktentaschen, Koffer usw. durchsuchen und als Beweismittel bedeutsame Sachen beschlagnahmen, wozu es allerdings einer amtsrichterlichen Durchsuchungs- und Beschlagnahmeanordnung bedarf, die wiederum nicht erforderlich ist, wenn Verdunkelungsgefahr („Gefahr im Verzug") besteht (§§ 98 und 105 StPO).

Die Schwarze Buchhaltung der Nachtbar

Wie es dem Besitzer einer Nachtbar erging, der Weine und andere Spirituosen ohne Rechnung eingekauft und ohne richtige Aufzeichnungen über die Theke verkauft hatte, schildert das Urteil des FG des Saarlandes 1 K 167/90. Auf eine Anzeige hin – möglicherweise seitens einer der Bardamen des Barbesitzers – durchsuchte die Steuerfahndung die Geschäftsräume des Barbesitzers und fand dabei Aufzeichnungen, die eine regelrechte „Schwarze Buchhaltung" darstellten. Aufgrund dieser Unterlagen wurden für mehrere Jahre die Bruttoumsätze hochgerechnet. Doch der Barbesitzer gab nicht auf. Er klagte gegen das Finanzamt und trug vor, daß die von der Steuerfahndung vorgefundenen Notizen keine Schwarze Buchhaltung darstellen, sondern nur dazu gedient hätten, um einem Kaufinteressenten für die Bar florierende Umsätze vorzustellen. Aus den Entscheidungsgründen: „Die Einnahmeaufzeichnungen des Klägers sind offenkundig unzutreffend. Sie stellen eindeutig unter Beweis, daß der Kläger zwar im Rahmen einer Nebenbuchführung sämtliche Einnahmen erfaßt, sie aber nicht in die richtige Buchführung übernommen hat. Der Einwand, die festgehaltenen Zahlen hätten dazu gedient, einen potentiellen Pächter von dem wirtschaftlichen Erfolg des Betriebes zu überzeugen, sieht das Gericht als reine Schutzbehauptung vor dem Hintergrund der steuerlichen Konsequenzen der Steuerfahndungsprüfung an. Denn die Aufzeichnungen sind rein äußerlich so beschaffen, daß es naheliegt, sie als Wiedergabe des tatsächlichen Geschehens und eben nicht als gestelltes Zahlenwerk zu begreifen. So sind die auf den gelben

Notizblättern verzeichneten Zahlen des Zeitraums vom 12. bis 26. August im nachhinein durchgekreuzt worden. Dies deckt sich mit dem Durchstreichen der entsprechenden Zahlen auf der Gesamtdarstellung der Kasseneinnahmen im selben Zeitraum. Im übrigen decken sich die dort verzeichneten Einnahmen, bezogen auf die Verkaufspreise, mit den Angaben der vernommenen Bardamen."

Schwarzgeldkreislauf

OR-Geschäfte pflegen in barer Münze oder per Scheck oder Wechsel abgewickelt zu werden. Im erstgenannten Fall wird vom Käufer seinerseits gern Schwarzgeld, das aus anderen Steuerhinterziehungsgeschäften stammt, verwendet. Bar- oder Verrechnungsschecks hingegen werden entweder vom Verkäufer zwecks Begleichung seiner eigenen Verbindlichkeiten an seinen Lieferanten oder an einen anderen Geschäftsfreund weitergegeben, oder sie werden sofort bei der Bank eingelöst. Dabei kann – so Paufler[56] –, um einerseits die Scheckeinlösung aus der regulären Buchführung herauszuhalten, andererseits das häufig von Betriebsprüfern im Bankenbereich geprüfte Conto pro Diverse (CpD) von Manipulationen freizuhalten, bei der Bank ein „Scheckverrechnungskonto" zwischengeschaltet werden. Eine dritte Möglichkeit wird in der Vereinnahmung von Schecks aus inzwischen ausgelaufenen OR-Geschäften auf einem schlichten Privatkonto gesehen; das hier akkumulierte Kapitalvermögen, das dann regelmäßig seinerseits nicht zur Vermögensteuer, und die Zinsen hieraus, die nicht zur Einkommensteuer deklariert wurden, sind gemeint, wenn es immer wieder heißt[57], daß die strafbefreiende Erklärung nach dem inzwischen ausgelaufenen Amnestiegesetz vom 25. 7. 1988[58] nur für Einkünfte aus Kapitalvermögen und für Kapitalvermögen gilt, aus dem die Einkünfte geflossen sind, nicht dagegen für Einkünfte aus anderen Einkunftsarten sowie nicht für andere Vermögen, also auch nicht für das Schwarzgeld, das dem privaten Kapitalvermögen zugrunde liegt.

Amnestiegesetz

Cash-and-Carry

Eine gewisse Vertriebsform des Handels bildet einen idealen Nährboden für OR-Geschäfte, weil bei ihr Barzahlungen ohne den Buchungssatz „Kasse an Debitoren" üblich ist und die Ware vom Wiederverkäufer gleich mitgenommen wird, so daß auch

56 A.a.O., S. 86.
57 So z. B. im BMF-Schreiben vom 9. 12. 1988 (BStBl 1988 I S. 524), Tz. 2.2.
58 Art. 17 des Steuerreformgesetzes 1990 (BGBl 1988 I S. 1093, 1128).

keine Transportaufzeichnungen vorliegen, aus denen die Anschriften der Wiederverkäufer ersichtlich sind. Es sind dies die Cash-and-Carry-Betriebe. Viele Kunden – regelmäßig Wiederverkäufer – bringen ihr Schwarzgeld bei diesen Betrieben unter und stapeln Schwarzbestände hoch.

2 Die Form der partiellen Fakturierung

Teilfakturierung

Manchem Geschäftsmann stellt sich die bloße partielle Fakturierung als mildere Form des OR-Geschäfts dar. Es geht dann nur ein Teil der Ware mit Rechnung und Verbuchung heraus, der übrige unberechnet und unverbucht. Vereinnahmt wird vom Lieferanten der ungeschmälerte Betrag für die verkaufte Ware. Operiert wird entweder mit zwei verschiedenen Preisen, einem offiziellen und einem tatsächlich höheren, oder der Verkäufer fakturiert eine geringere Anzahl von Waren als tatsächlich geliefert und bezahlt. Natürlich können beide Methoden auch kumuliert durchgeführt werden. Die Zahlungsabwicklung schilderten Zirpins/Terstegen in ihrem Buch „Wirtschaftskriminalität" (Seite 211) schon 1963 so: „In der Regel überweisen Kunden den vollen Rechnungsbetrag auf ein anonymes Sonderkonto des Lieferanten bei seiner Bank. Nach Gutschrift auf dem Schwarzkonto wird der fakturierte Anteil lt. Ausgangsrechnung dem Debitorenkonto gutgeschrieben, während der nichtfakturierte Teil privat vereinnahmt bleibt." An dieser Technik hat sich bis heute prinzipiell nichts geändert.

Schon in den 60er Jahren

Auch der auf Seite 86 (im Kasten) erwähnte Fall des Verkaufs eines Hauses mit schwarzem Aufgeld zwecks Grunderwerbsteuerverkürzung gehört zur Form der partiellen Fakturierung.

3 Verdeckte Schwarzkonditionen

Naturalrabatte oder Preisnachlässe

Von dem Modell der partiellen Fakturierung unterscheidet sich eine ebenfalls gebräuchliche Spielart der OR-Geschäfte, das sind die verdeckten Schwarzkonditionen. Hier sind der Phantasie der Geschäftemacher in der Vielfalt der Varianten keine Grenzen gesetzt. Es werden Mengen- und andere Naturalrabatte aller Art gewährt sowie Skonti, Boni, Provisionen und andere Preisnachlässe in jeder Höhe eingeräumt – dem Finanzamt gegenüber verdeckt, versteht sich. Denn mit den Vorteilen aus Schwarzkonditionen sollen auf Warenempfängerseite Schwarzumsätze durchgeführt oder verdeckte Geldbeträge in Form von Preisnachlässen ungebucht vereinnahmt werden.

Der Lieferant stellt dagegen, anders als bei der partiellen Fakturierung, den Bruttobetrag in Rechnung, er verzichtet meist nicht auf die steuerlich gewinnmindernde Aufwandbuchung der Preisnachlässe.

Deckmantel der Provision

Dem Warenempfänger versucht der Lieferant die Rechnungsstellung zum vollen Bruttopreis mit dem verkaufsfördernden Argument schmackhaft zu machen, daß dabei der Abschreibungsbetrag voll erhalten bleibt.[59] Dagegen geht der Nachlaß regelmäßig unter dem Deckmantel einer „Provision" an den Inhaber des Abnehmerunternehmens. Wird er hier als Betriebsausgabe verbucht und wird als Zahlungsmittel dafür ein Verrechnungsscheck gewählt, so läßt sich per Kontrollmitteilung im Zuge einer Betriebsprüfung seine Spur von der scheckeinlösenden Bank des Lieferanten bis zum Empfänger des Schecks verfolgen, der sich dann der peinlichen Frage des Finanzamts ausgesetzt sieht, ob die „Provision" von ihm auch versteuert worden ist. Diese Frage wird dem jeweiligen Empfänger des Schecks auch dann gestellt, wenn der Inhaber des Abnehmerunternehmens den Verrechnungsscheck nicht auf seinem eigenen Konto eingelöst hatte, sondern über das Privatkonto der Ehefrau, des Vaters, des Schwiegervaters, eines Kindes oder eines Freundes gelenkt hatte. An die Stelle des Inhabers kann bei Personengesellschaften natürlich der Gesellschafter treten. Auch der Geschäftsführer oder nur der für den Einkauf zuständige Mitarbeiter oder nur ein Reisender der Firma werden oft mit der „Provision" per Scheck bedacht.

Betriebsprüfung

> Ratschlag:
>
> Einschlägige Unternehmer und ihre Familien sollten sich darauf einstellen, daß Betriebsprüfer bei konkretem Anlaß, auf nichtversteuerte „Provisionen" zu stoßen, intensiv die privaten Konten von Unternehmensinhabern, Gesellschaftern, Geschäftsführern, leitenden Angestellten und jeweils deren Familienangehörigen unter die Lupe nehmen. Dort verfolgen sie jeden Beleg einzeln, gehen dem Zah-

59 Finanzbrief, Ludwigshafen, Nr. 3/1988.

> lungsweg in beiden Richtungen nach und lassen dem Scheckeinlöser genaue Beachtung zuteil werden. „Häufig werden sogar Erlöse aus Übersee oder aus arabischen Staaten nicht draußen eingelöst, sondern auf ein hiesiges Konto gelenkt. So finden sich manchmal auf dem Konto der verwitweten Tante erhebliche Scheckeinlösungen aus arabischen Staaten.“[60]

Indiskretionen des Geschäftspartners

Vielen Unternehmen, die sich im vom Finanzamt nicht gestörten Genuß verdeckter Schwarzkonditionen wähnen, gehen die Augen und der Geldbeutel auf, wenn sie eines Tages der Verkürzung von Einkommensteuer aus dem Erhalt dieser Konditionen überführt werden. Sie hatten sich darauf verlassen, daß der Lieferant die Gewährung der Schwarzkonditionen nicht verbucht und auch sonst mit Diskretion behandelt. Langjährige Geschäftsverbindungen sind auf diese Weise abrupt beendet worden. Manchmal sitzt der Abnehmer aber am längeren Hebel. Seiner Überredungskunst oder seinem Druck auf den Lieferanten gelingt es, letzteren zum Verzicht auf eine gewinnmindernde Aufwandbuchung der Schwarzkonditionen zu bewegen.

4 Nachruf

Die Methoden der partiellen Fakturierung und der verdeckten Schwarzkonditionen erlauben zwar nur einen bescheideneren Aufbau von Schwarzgeldbeständen. Sie stehen aber, zu Steuerhinterziehungszwecken bzw. zur Beihilfe zu diesen Zwecken eingesetzt, in ihrem kriminellen Gehalt den klassischen OR-Geschäften in nichts nach. Wer von einem Geschäftspartner oder Geschäftsfreund zu OR-Geschäften zu verleiten versucht wird, sollte solchen Versuchen ein klares Nein entgegensetzen, wer schon verstrickt darin ist, strafbefreiende Selbstanzeige nach § 371 AO beim Finanzamt erstatten.

5 Zur „Pommes-frites-Connection“

Allen voran: Freßbranche

Die Bochumer Steuerfahndung und Schwerpunktstaatsanwaltschaft für Wirtschaftsstrafsachen hatte eine Zeitlang viel mit der sogenannten „Pommes-frites-Connection“ im Ruhrgebiet zu tun.

60 Siehe Fußnote 59.

„Steuerprüfung kommt in Hessen nur alle zwanzig Jahre vorbei“

Wie „Der Spiegel“[61] berichtet, soll die zuständige Staatsanwaltschaft die Dimensionen der Steuerhinterziehung in der Freßbranche für so horrend gehalten haben, daß man damit fast die deutsche Einheit finanzieren kann. So will ein seinerzeit verhafteter Imbißbudenbetreiber in zehn Jahren 600 000 DM gutgemacht haben. Ein anderer Würstchenverkäufer gab zu, pro Woche einen Schwarzumsatz von rund 10 000 DM getätigt zu haben, macht gut eine halbe Mio DM im Jahr. Nach einer Faustregel der Bochumer Staatsanwälte entspricht eine Mark, die in der Imbiß- und Kneipenbranche für Schwarzeinkäufe eingesetzt wird, einer Mark hinterzogener Steuern. „Wer da mit 40 kein reicher Mann ist, gilt bei den Insidern als dumm oder faul.“ Mancher Steuerhinterzieher rutschte aus. Einer der überführten Gastronomen hatte zwar Abend für Abend den Papierstreifen seiner Registrierkasse entfernt und einen neuen „Beleg des Tagesumsatzes“ eingetippt, er hatte aber vergessen, die Originale zu vernichten. Ein anderer hatte – so „Der Spiegel“ – tagtäglich die Schwarzumsätze, etwa 60 v. H. vom Gesamtumsatz, mit schwarzem Kugelschreiber auf dem Computerausdruck vermerkt. Da brauchten die Staatsanwälte nicht lange nachzurechnen. Oft wurden die Fahnder auf der Suche nach Beweisen fündig, wenn sie bei Frischdienst-Großhändlern am Tor lauerten und die zurückkehrenden Auslieferungsfahrer abfingen. Sie hatten Tourenlisten dabei, in denen alle Verkäufe des Tages ausgewiesen wurden, auch die schwarzen. Die Großhändler wendeten eine breite Palette von Kunstgriffen an, um unehrlichen Kunden bei der Steuerhinterziehung behilflich zu sein. Sie setzten erfundene Namen und Anschriften auf die Lieferscheine, splitteten hohe Rechnungen in Belege über unauffällige kleine Beträge oder machten Sammelbuchungen von Verkäufen, um Spuren zu verwischen. Oder: In den Computern der Großhändler wurden Kundennamen gelöscht. Fiel das auf, wurde häufig behauptet, das System sei abgestürzt. Der Bericht in „Der Spiegel“ schließt mit den Worten: „Umsatzgeschädigte deutsche Lieferanten weichen unterdessen nach Süden aus. Die wissen wohl, daß die Steuerprüfung in Nordrhein-Westfalen alle sieben oder acht, in Hessen aber nur alle zwanzig Jahre vorbeikommt.“

61 Nr. 43/1990 S. 143–146.

Kapitel 6: Schwarzgeld durch Vorsteuerabzug bei Ankauf geschmuggelter Goldbarren

Schwarzgeld wird oft auch durch Umsatzsteuer-Transaktionen mit geschmuggelten Goldbarren gebildet. Hierzu gleich ein Beispiel!

Beispiel

Bank B hatte für die L-GmbH ein Girokonto eröffnet, für das der alleinvertretungsberechtigte Geschäftsführer L sowie S zeichnungs- und verfügungsberechtigt waren. Der Bank war bei der Eröffnung des Kontos ein beglaubigter Auszug aus dem Handelsregister vorgelegt worden. Einige Zeit nach Kontoeröffnung erschien S in Begleitung des M bei der Bank und bot ihr 10 kg Barrengold zum Kauf von der L-GmbH an. S unterzeichnete einen entsprechenden Einlieferungsschein der Bank. Die L-GmbH erteilt der Bank eine Rechnung über die Lieferung des Goldes, in der die USt mit 14 v. H. gesondert ausgewiesen war. Die Bank schrieb den Kaufpreis dem Konto der L-GmbH gut. In gleicher Weise wurde ein zweites Goldgeschäft abgewickelt. Die an die Bank veräußerten Goldbarren waren von M in den Niederlanden erworben worden und nach Deutschland ohne Zahlung von Einfuhrumsatzsteuer verbracht worden. Die L-GmbH hat die in den Rechnungen ausgewiesene USt nicht an das Finanzamt abgeführt. Das Finanzamt verweigerte den von der Bank geltend gemachten Vorsteuerabzug aus den Goldgeschäften, weil die L-GmbH eine Scheinfirma sei.

Kein Scheingeschäft

Das Finanzgericht[62] gab der Bank B Recht. Die L-GmbH sei weder eine Scheinfirma noch sind die von ihr ausgestellten Rechnungen Scheinrechnungen. Die Gründung der L-GmbH war ernstlich gewollt. Sie hat durch Eintragung in das Handelsregister ihre Existenz als Rechtssubjekt erlangt. Die entgeltliche Überlassung der Goldbarren an die B ist darüber hinaus nicht als Scheingeschäft anzusehen, weil die an diesem Geschäft Beteiligten die entgeltliche Übertragung der Goldbarren ernsthaft gewollt haben (§ 117 Satz 1 BGB, § 41 Abs. 2 AO).

Unternehmereigenschaft

Die L-GmbH sei auch Unternehmer i. S. von § 2 Abs. 2 UStG. Sie sei mindestens in 32 Fällen gegenüber verschiedenen Kredit-

62 Niedersächsisches FG, Urt. vom 4. 7. 1989 V 281/88 (EFG 1989 S. 655).

instituten als Veräußerin von Gold aufgetreten. Die L-GmbH hat ihre Tätigkeit auch selbständig ausgeübt.

Wer ist Leistungsempfänger?

Die fraglichen Goldgeschäfte seien vom Rechnungsaussteller, der L-GmbH, getätigt worden. Die Frage, wem eine Leistung als Unternehmer zuzurechnen ist, richte sich danach, wer dem Leistungsempfänger gegenüber als Schuldner der Leistung auftritt. Gegenüber der B hat die L-GmbH, vertreten durch den Geschäftsführer L im Zusammenhang mit dem Kontoeröffnungsantrag, zu erkennen gegeben, daß für die L-GmbH auch S handlungsbevollmächtigt sein sollte. Darüber hinaus stehe fest, daß S der B für die L-GmbH die Goldbarren angeboten hat. Dies belegen die Unterschriften des S auf den Einlieferungsscheinen der B. Die B durfte und mußte daher davon ausgehen, daß ihr die Goldbarren von der L-GmbH zum Kauf angeboten wurden. Die Tatsache, daß M sowohl bei der Kontoeröffnung als auch bei den beiden Goldgeschäften zugegen war und die Verhandlungen geführt hat, führe zu keinem anderen Ergebnis. Es sei nicht ersichtlich, daß M die Goldbarren etwa im eigenen Namen an B habe veräußern wollen. Da B von der L-GmbH Lieferungen erbracht worden sind und hierüber ordnungsgemäß abgerechnet wurde, stehe ihr der Vorsteuerabzug zu.[63]

63 Zu den umsatzsteuerrechtlichen Problemen beim Goldschmuggel siehe auch Forgach, UR 1989 S. 45 und Wilke, UR 1991 S. 309.

Teil III: Verwendung von Schwarzgeld

Übersicht über die Varianten der Unterbringung von Schwarzgeld

Schwarzgeld – in erster Linie und hier im Mittelpunkt des Interesses stehend dasjenige Einkommen, bezüglich dessen die Einkommensteuer hinterzogen worden ist – kann vielen Verwendungsalternativen zugeführt werden. Oft fließt es in den Konsum, einen luxuriösen. Gold, Brillanten, Diamanten, Bilder alter und neuer Meister, hochseetüchtige Jachten sind hier Paradebeispiele. Nicht selten werden mit dem Schwarzgeld festverzinsliche Wertpapiere per Tafelgeschäft erworben, zu Hause im Safe oder bei der Bank in einem anonymen Schließfach aufbewahrt und zu den Zinsterminen zur Empfangnahme der Zinsen gegen die Kupons vorgelegt. Besonders häufig ist die Anlage solcher Gelder in Wertpapieren und auf Bankkonten in Ländern, die wie die Schweiz, Luxemburg, Liechtenstein oder Österreich mit ihrem gesetzlich abgesicherten Bankgeheimnis zur Spurenverwischung beitragen. Die ohnehin gelegentlich der Einführung der inzwischen wieder aufgehobenen Quellensteuer statistisch nachweisbare Kapitalflucht ins Ausland bekam von daher einen weiteren Schub. Für die ab 1993 wirksam werdende Zinsabschlagsteuer in Höhe von 30 v. H. wird dagegen offiziell der Standpunkt vertreten, die mit dem Zinsabschlag verbundene Wahrung des Bankgeheimnisses und der Verzicht auf Kontrollmitteilungen seien Lösungen, die negative Auswirkungen auf die Kapitalmärkte vermeiden.[1]

Vermögensteuer auf die Kapitalvermögen und Einkommensteuer auf die Erträge aus dem Kapitalvermögen zugunsten des (deutschen) Fiskus werden bei der Kapitalflucht ins Ausland regelmäßig ebenfalls hinterzogen.

Schwarzgeldeigner sind ferner oft darauf aus, aus Schwarz Weiß zu machen, also Geldwäsche zu betreiben. Beispielsweise wird eine Spielbank gern als Waschsalon benutzt.

Externe und Interne Unterbringungsarten

Allen diesen externen Unterbringungsarten steht eine interne Möglichkeit der Schwarzgeldverwendung gegenüber: Das

1 BMF-Finanznachrichten Nr. 22 vom 28. 2. 1992.

Schwarzgeld wird dem betrieblichen Kreislauf, dem es vorher entzogen worden war, wieder zugeführt – ein problematischer Vorgang, zutreffend auch mit Schwarzgeld-Recycling bezeichnet.

Nachdem der frühere sogenannte Bankenerlaß[2] im Zuge der Steuerreform 1990 in den Rang einer gesetzlichen Vorschrift angehoben und als neuer § 30a mit der Überschrift „Schutz von Bankkunden" in die AO übernommen worden ist, fragt es sich, ob und inwieweit auch Bankkunden mit Schwarzgeld auf dem Bankkonto Schutz genießen. Auch auf diese Frage wird in diesem Teil des Buches eingegangen werden.

Mit Tafelgeschäften, Spielbank-Waschsalons und Schwarzgeld-Recycling befassen sich die nachstehenden Kapitel 7, 8 und 9, mit der Anlage in Immobilien das Kapitel 10 und mit der Frage der Anonymität von Bankkunden mit Schwarzgeld im Inland und im Ausland die Kapitel 11 und 12.

Kapitel 7: Tafelgeschäfte

Regelmäßig verkehren die Bankkunden mit „ihrer" Bank über ein für sie dort eingerichtetes Konto oder Wertpapierdepot. Gelegentlich wird aber auch ein anderer Weg eingeschlagen: Ein Bankbesucher läßt sich am Schalter die gewünschten Wertpapiere gegen Barzahlung aushändigen; Kundenkonto und -depot werden nicht installiert und bleiben, falls etwa doch vorhanden, ohne Bewegung. Entsprechend kann mit der späteren Zinsauszahlung oder – seltener – Dividendenzahlung aus Aktien verfahren werden. Alle diese Geschäfte werden als Tafelgeschäfte oder Schaltergeschäfte bezeichnet. In Österreich spricht man auch von „per Kasse" oder „Kassageschäft". Die englische Bezeichnung „over the counter" ist am treffendsten.

Motive für Tafelgeschäfte

Es liegt auf der Hand, daß solcherart Geschäfte oft zur Hortung von Schwarzgeld mißbraucht werden. Demgegenüber darf nicht übersehen werden, daß beim Tafelgeschäft auch andere als steuerliche Motive im Vordergrund stehen: etwa die Abneigung,

2 BMF-Schreiben vom 31. 8. 1979 (BStBl 1979 I S. 590).

Bankangestellten Einblick in die Vermögenslage zu geben, oder Besitzerstolz, weil man sich mit effektiven Stücken in den Händen besser als Wertpapierinhaber identifizieren zu können glaubt. Mancher Schuldner meint auch, sich seinen Gläubigern mit Wertpapieren im heimischen Tresor besser entziehen zu können. Die Furcht vor Risiken währungspolitischer Art oder vor einem „Bankenkrach" ist ein weiteres einschlägiges Motiv. Effektive Stücke werden manchmal auch ins Ausland gebracht, um dort aufbewahrt oder verwertet zu werden.[3]

Öffentliche Interessen

Da sich Tafelgeschäfte auf seiten des Bankkunden meist anonym abspielen, kann ihre Legalität nicht so effizient kontrolliert werden wie die kontomäßigen Bankgeschäfte. Soweit öffentliche Interessen hierbei verletzt werden können, werden die Tafelgeschäfte daher – besonders in Krisenzeiten – einschränkenden Bestimmungen unterworfen. Aber auch in normalen Zeiten versuchen einige Staaten, aus steuerlichen Gründen der Anonymität der Tafelgeschäfte beizukommen. Andererseits wird das Tafelgeschäft auch bei der Auflage von steuerfreien, insbesondere eine Steueramnestie versprechenden Anleihen von dem Emissionär, der in diesem Fall der Staat ist, provoziert und im eigenen Interesse benutzt; so bei der sog. Hilferding-Anleihe des Jahres 1929, vor allem auch bei der Emission der französischen Sparscheine während des 2. Weltkrieges und in jüngerer Zeit bei den Babybonds der Bundesrepublik Deutschland, die im Jahre 1951 aufgelegt worden waren.[4] Die Amnestie wird gewährt für hinterzogene Steuerbeträge, wenn in gleicher Höhe bestimmte Anleihepapiere erworben werden.

1 Rechtliche Einordnung

Ähnlichkeit mit Handkauf

Eine spezielle gesetzliche Regelung fehlt. Tafelgeschäfte sind vielmehr wie Zug um Zug abgewickelte Handelsgeschäfte anderer Geschäftszweige zu beurteilen.[5] Es handelt sich also um ein Geschäft, bei dem am Schalter der Bank eine Leistung und Gegenleistung sofort und effektiv erfolgt. Ohne Einschaltung eines Wertpapier-Depots werden effektive Wertpapierstücke gegen Barzahlung ausgehändigt oder zurückgenommen. Die rechtliche

---

3 Vgl. auch Kottke, NWB Fach 21 S. 903 ff. (Nr. 38/1987).

4 Achterberg/Lanz, Enzyklopädisches Lexikon für das Geld-, Bank- und Börsenwesen, 3. Aufl., Frankfurt 1967/68.

5 Bank-Lexikon, 9. Aufl., Wiesbaden 1983.

Situation ähnelt m. E. dem sogenannten Handkauf.[6] Auch die Zinszahlungen aus dem betreffenden Wertpapier werden Zug um Zug gegen die Kupons bzw. Zinsscheine in bar eingelöst. Am Ende der Laufzeit des Wertpapiers wird der auf der Urkunde aufgedruckte Betrag zurückgezahlt, sofern das Papier laufzeitbezogen ist. Auch die Rückgabe des Papiers, oft nach Auslösung, erfolgt Zug um Zug.

Inhaberpapiere

Im Tafelgeschäft können nur sogenannte Inhaberpapiere gehandelt werden (vgl. § 793 ff. BGB). Die Papiere begründen kein besonderes Forderungsrecht zugunsten eines bestimmten Gläubigers, sondern Rechte, die – losgelöst von einem besonderen Vertragsverhältnis – mit der Innehabung der Urkunde verknüpft sind.[7]

2 Zu Tafelgeschäften favorisierte Kreditinstitute und Wertpapiere

Welche Banken?

Tafelgeschäfte werden an den Schaltern der Großbanken ebenso wie an denen kleinerer Banken und auch bei Sparkassen und Kreditgenossenschaften getätigt, besonders in Großstädten, wo sie Niederlassungen haben. Einige Hypothekenbanken sind auf sie geradezu spezialisiert.

Festverzinsliche Wertpapiere

Beliebt für Tafelgeschäfte sind Pfandbriefe und Kommunalobligationen. Nachdem die deutsche Kuponsteuer durch das Steuerbereinigungsgesetz 1985 abgeschafft worden ist, werden die Zinsen von DM-Inlandsanleihen sowie von Pfandbriefen und Kommunalobligationen auch außerhalb der Bundesrepublik Deutschland ohne Abzug „brutto für netto" ausgezahlt. Auch Zero-Bonds werden über den Schalter gehandelt; das Schneiden der Zinsscheine entfällt bei ihnen bekanntlich.

Aktien

Tafelgeschäfte über Aktien sind seit der Körperschaftsteuerreform 1977 selten geworden. Wer etwa aus steuerlichen Gründen seinen Aktienbesitz verheimlicht, begibt sich der Möglichkeit, die Körperschaftsteuergutschrift, die er von der Aktiengesellschaft oder der Bank erhält ($^9/_{16}$ seiner Bardividende), beim Finanzamt geltend machen zu können. Außerdem verliert er die Anrechnung der an der Quelle einbehaltenen 25 v. H. Kapital-

6 Vgl. Palandt, BGB, Einführung vor § 433, Anm. 3 d.
7 RFH-Gutachten vom 28. 9. 1928, RFHE 24 S. 203.

ertragsteuer von der Bardividende bei seiner Einkommensteuerveranlagung.

Eine Einschränkung der für Tafelgeschäfte geeigneten Papiere ergibt sich daraus, daß immer weniger Stücke effektiv emittiert werden. Neu ausgegebene Bundesanleihen können z. B. nur noch per Buchung erworben werden. Dementsprechend ist der Verbleib dieses Kapitals lückenlos kontrollierbar. Im Gegensatz zu einer Bundesanleihe kann der Pfandbrief effektiv gehandhabt werden und erfreut sich deshalb bei Tafelgeschäften besonderer Beliebtheit. Würde es keine effektiven Stücke mehr bei Pfandbriefen und Kommunalobligationen in Deutschland geben, so müßte sicher mit einem Absatzrückgang gerechnet werden, was zwangsläufig zu einer Verteuerung des Hypothekenkredits führen würde.[8]

Volkswirtschaftliche Hintergründe

Viele Banken handeln auch eigens zum Zwecke von Tafelgeschäften begebene eigene Obligationen, z. B. mit Stückelung zu 5000 DM. Allerdings können lediglich die bei der Bank vorrätigen Originalpapiere als reine Bargeschäfte abgewickelt werden. Sobald ein bestimmtes Papier beschafft werden soll, muß der Name des Kunden schon aus praktischen Gründen in den Unterlagen der Bank festgehalten werden und die Anonymität des Vorgangs geht verloren.[9]

Eigene Obligationen mancher Banken

Dennoch ist der Anteil der Tafelgeschäfte am gesamten Wertpapierkundengeschäft über Aktien, festverzinsliche Wertpapiere und Investmentanteile mit der Nichtbankenkundschaft nur geringfügig, worauf die Spitzenverbände der deutschen Kreditwirtschaft in einem Schreiben an das Bundesfinanzministerium hingewiesen haben.[10] Bei einzelnen Institutionen läge der Anteil der Tafelgeschäfte weit unter einem Promille der Wertpapierkäufe und -verkäufe mit Nichtbanken. Im übrigen sei sich die Kreditwirtschaft bewußt, daß Tafelgeschäfte der erforderlichen Rationalisierung des Wertpapierverkehrs und der Wertpapierverwahrung abträglich seien.

Im „Promille-Bereich“

8 FAZ Nr. 113 vom 16. 5. 1987, S. 14.
9 Finanzbrief, Ludwigshafen, Nr. 20/1987.
10 Vgl. Börsenzeitung vom 8. 11. 1979, S. 1.

3 Tafelgeschäfte können steuerbare gewerbliche Tätigkeit sein

Tafelgeschäfte im Betriebs- oder Privatvermögen

Steuerlich betrachtet werden Tafelgeschäfte regelmäßig im Privatvermögen des Bankkunden getätigt, bei der Bank selbstverständlich in deren Betriebsvermögen. Ausnahmsweise kann es aber auch anders sein. Ein Händler hatte in einem Jahr über mehrere Monate hinweg durch Tafelgeschäfte von inländischen Banken größere Posten festverzinslicher Wertpapiere erworben und sie sogleich an bereits vorher als Abnehmer interessierte bekannte ausländische Banken weiterveräußert. Das Finanzamt sah darin eine gewerbliche Tätigkeit und bekam vom FG München[11] Recht. Der An- und Verkauf von Wertpapieren sei eine bankentypische und damit kaufmännische Betätigung. In einem solchen Fall reiche es für die Annahme einer Beteiligung am allgemeinen wirtschaftlichen Verkehr aus, wenn die Leistungen an einen eng begrenzten Kundenkreis erbracht würden. Diese Wertung würde im Streitfall noch durch die Zahl der Einzelgeschäfte über Monate hinweg und die Einschaltung von berufsmäßigen Hilfspersonen in die Geschäftsanbahnung und -abwicklung gestützt. Eine private Vermögensverwaltung liege nicht vor, weil der Händler gar keinen Vermögensstock angelegt habe, den er durch Umschichtungen zu erhalten gesucht habe. Zweck seiner Geschäfte sei allein gewesen, durch den An- und Verkauf der Wertpapiere unter Ausnutzung bzw. Verletzung devisenrechtlicher Bestimmungen Gewinne zu erzielen.[12]

4 Tafelgeschäftrelevante Vorschriften in der Abgabenordnung

4.1 Kontenwahrheit

Keine falschen Namen

Niemand darf auf einen falschen oder erdichteten Namen für sich oder einen Dritten ein Konto errichten oder Buchungen vornehmen lassen, Wertsachen (Geld, Wertpapiere, Kostbarkeiten) in Verwahrung geben oder verpfänden oder sich ein Schließfach geben lassen (§ 154 Abs. 1 AO). Nach dem Anwendungserlaß zur

11 Urt. vom 4. 4. 1990 (EFG 1990 S. 583).

12 Ein Revisionsverfahren in dieser Sache läuft beim BFH unter dem Aktenzeichen X R 95/90. In demselben Urteil wurde es auch dem Händler abgelehnt, eine Rückstellung in Höhe der zu erwartenden Geldbuße wegen Verstoßes gegen das Außenwirtschaftsgesetz zu bilden.

AO[13] richtet sich das Verbot, falsche oder erdichtete Namen zu verwenden, an denjenigen, der als Kunde bei einem anderen ein Konto errichten lassen will oder Buchungen vornehmen läßt. Wegen des Verbots, im eigenen Geschäftsbetrieb falsche oder erdichtete Namen für Konten zu gebrauchen, vgl. § 146 Abs. 1 AO. Zulässig ist es nach dem AEAO, Konten auf den Namen Dritter zu errichten; hierbei ist jedoch die Existenz des Dritten nachzuweisen. Der ausdrücklichen Zustimmung des Dritten bedarf es nicht.

Beispiel[14]

Kunde K möchte bei Bank B 100 000 DM Schwarzgeld anlegen. K will nicht als Kontoinhaber erscheinen, weil er die Zinsen nicht versteuern möchte. Daher soll ein Festgeldkonto auf den Namen seiner Tante T errichtet werden. Die Existenz der T ist B bekannt. K betont gegenüber B, daß T nie etwas von der Kontoerrichtung auf ihren Namen erfahren darf. Daher soll B alle Kontoauszüge nur an K versenden. Um zu verhindern, daß im Todesfall des K das Kontoguthaben der T zufällt, soll zwischen B und K ein Vertrag zugunsten Dritter abgeschlossen werden, nach welchem das Kontoguthaben im Falle des Todes von K seinen Kindern zufällt. Somit steht fest, daß zu keinem Zeitpunkt die Kontoinhaberin, nämlich T, Gläubigerin des Kontoguthabens werden soll. Der Banker weiß also, daß K Schwarzgeld auf ein zu errichtendes Konto einzahlen will, daß für dieses Konto der Name einer existenten Person mißbraucht werden soll und daß K die Zinsen aus diesem Guthaben nicht versteuern will. Daher muß der Banker die Kontoeröffnung ablehnen. Andernfalls begeht er Beihilfe zur Steuerhinterziehung (§§ 370 Abs. 1 Nr. 1 AO, 27 Abs. 1 StGB).

4.2 Legitimationsprüfungspflicht der Banken

Eine Legitimationsprüfungspflicht der Kreditinstitute bestimmt § 154 Abs. 2 AO wie folgt: Wer ein Konto führt, Wertsachen verwahrt oder als Pfand nimmt oder ein Schließfach überläßt, hat sich zuvor Gewißheit über die Person und Anschrift des Verfü-

13 AEAO vom 24. 9. 1987 – IV A 5 – S 0062 – 38/87 (BStBl 1987 I S. 664, 694).
14 Müller-Brühl, Die Legitimationsprüfung und andere Steuerthemen für Banken, 7. Aufl., 1990, S. 71.

gungsberechtigten zu verschaffen und die entsprechenden Angaben in geeigneter Form, bei Konten auf dem Konto, festzuhalten. Er hat sicherzustellen, daß er jederzeit Auskunft darüber geben kann, über welche Konten oder Schließfächer eine Person verfügungsberechtigt ist.

Einzelheiten im Anwendungserlaß zur Abgabenordnung

Hierzu hat die Neufassung des Anwendungserlasses zur Abgabenordnung (AEAO) vom 8. 10. 1991[15] detaillierte Einzelheiten gebracht, die im folgenden wiedergegeben werden.

4.2.1 Gewißheit über Person und Anschrift des Verfügungsberechtigten

Nach Nr. 4 AEAO 1991 hat sich das Kreditinstitut vor Erledigung von Aufträgen, die über ein Konto abgewickelt werden sollen, bzw. vor Überlassung eines Schließfachs Gewißheit über die Person und Anschrift des (der) Verfügungsberechtigten zu verschaffen. Gewißheit über die Person besteht im allgemeinen nur, wenn der vollständige Name, das Geburtsdatum und der Wohnsitz bekannt sind. Eine vorübergehende Anschrift (Hoteladresse) reicht nicht aus. Bei einer juristischen Person (Körperschaft des öffentlichen Rechts, AG, GmbH usw.) reicht die Bezugnahme auf eine amtliche Veröffentlichung oder ein amtliches Register unter Angabe der Register-Nr. aus. Wird ein Konto auf den Namen eines verfügungsberechtigten Dritten errichtet, müssen die Angaben über Person und Anschrift sowohl des Kontoinhabers als auch desjenigen, der das Konto errichtet, festgehalten werden. Steht der Verfügungsberechtigte noch nicht fest (z. B. der unbekannte Erbe), reicht es aus, wenn das Kreditinstitut sich zunächst Gewißheit über die Person und Anschrift des das Konto Errichtenden (z. B. des Nachlaßpflegers) verschafft; die Legitimation des Kontoinhabers ist sobald wie möglich nachzuholen.

4.2.2 Angaben auf Kontostammblatt

Nach Nr. 5 AEAO 1991 sind die vorstehend erläuterten Angaben auf dem Kontostammblatt zu machen. Es ist unzulässig, Name und Anschrift des Verfügungsberechtigten lediglich in einer vertraulichen Liste zu führen und das eigentliche Konto nur mit einer Nummer zu kennzeichnen. Die Führung sog. Nummernkonten

15 BMF-Schreiben vom 8. 10. 1991 – IV A 5 – S 0062 – 15/91 (BStBl 1991 I S. 932).

bleibt verboten. Bei Auflösung des ersten Kontos müssen die Identifikationsmerkmale auf das zweite bzw. weitere Konto bzw. auf die betreffenden Kontounterlagen übertragen werden.

4.2.3 Alphabetisch geführtes Namensverzeichnis der Verfügungsberechtigten

Nach Nr. 6 AEAO 1991 ist das Kreditinstitut gemäß § 154 Abs. 2 Satz 2 AO verpflichtet, ein besonderes alphabetisch geführtes Namensverzeichnis der Verfügungsberechtigten zu führen, um jederzeit über die Konten und Schließfächer eines Verfügungsberechtigten Auskunft geben zu können. Eines derartigen Verzeichnisses bedarf es nicht, wenn die Erfüllung der Verpflichtung auf andere Weise sichergestellt werden kann. Die Verpflichtung besteht noch sechs Jahre nach Beendigung der Geschäftsbeziehung, bei Bevollmächtigten sechs Jahre nach Erlöschen der Vollmacht.

4.2.4 Wer sind die Verfügungsberechtigten?

Nach Nr. 7 AEAO 1991 sind Verfügungsberechtigte im Sinne der vorstehenden Nummern sowohl der Gläubiger der Forderung und seine gesetzlichen Vertreter als auch jede Person, die zur Verfügung über das Konto bevollmächtigt ist (Kontovollmacht). Dies gilt entsprechend für die Verwahrung von Wertsachen sowie für die Überlassung von Schließfächern. Personen, die aufgrund Gesetzes oder Rechtsgeschäfts zur Verfügung berechtigt sind, ohne daß diese Berechtigung dem Kreditinstitut usw. mitgeteilt worden ist, gelten insoweit nicht als Verfügungsberechtigte.

Fälle des Verzichts auf Legitimationsprüfung

Nach dem Grundsatz der Verhältnismäßigkeit ist nicht zu beanstanden, wenn in folgenden Fällen auf die Legitimationsprüfung (Nummern 4.2.1 bis 4.2.2) und die Herstellung der Auskunftsbereitschaft (Nummer 4.2.3) verzichtet wird:

a) bei Eltern als gesetzlichen Vertretern ihrer minderjährigen Kinder, wenn die Voraussetzungen für die gesetzliche Vertretung bei Kontoeröffnung durch amtliche Urkunden nachgewiesen werden,

b) bei Vormundschaften und Pflegschaften einschließlich Amtsvormundschaften und Amtspflegschaften,

c) bei Parteien kraft Amtes (Konkursverwalter, Zwangsverwalter, Nachlaßverwalter, Testamentsvollstrecker und ähnliche Personen),

d) bei Pfandnehmern (insbesondere in bezug auf Mietkautionskonten, bei denen die Einlage auf einem Konto des Mieters erfolgt und an den Vermieter verpfändet wird),

e) bei Vollmachten auf den Todesfall (auch nach diesem Ereignis),

f) bei Vollmachten zur einmaligen Verfügung über ein Konto,

g) bei Verfügungsbefugnissen im Lastschriftverfahren (Abbuchungsauftragsverfahren und Einzugsermächtigungsverfahren),

h) bei Vertretung juristischer Personen des öffentlichen Rechts (einschließlich Eigenbetriebe),

i) bei Vertretung von Kreditinstituten und Versicherungsunternehmen,

j) bei den als Vertretern eingetragenen Personen, die in öffentlichen Registern (Handelsregister, Vereinsregister) eingetragene Firmen oder Personen vertreten,

k) bei Vertretung von Unternehmen, sofern schon mindestens fünf Personen, die in öffentliche Register eingetragen sind bzw. bei denen eine Legitimationsprüfung stattgefunden hat, Verfügungsbefugnis haben,

l) bei vor dem 1. 1. 1992 begründeten, noch bestehenden oder bereits erloschenen Befugnissen.

Altfälle begünstigt!

Soweit die offizielle Auffassung der Finanzverwaltung. Damit hat sich die von den Kreditinstituten vertretene enge Auslegung des Begriffs des Verfügungsberechtigten, wonach darunter nur der Gläubiger der durch das Konto ausgewiesenen Forderung zu verstehen ist, nicht durchgesetzt. Nach der von der Finanzverwaltung festgeschriebenen Auffassung ist Verfügungsberechtigter nicht nur der Inhaber der Forderung, sondern auch derjenige, der kraft Gesetzes oder Rechtsgeschäfts zur Verfügung über das Konto berechtigt ist. Aber wenigstens sieht die Finanzverwaltung von einer nachträglichen Legitimationsprüfung der Altfälle ab, die bis zum Ende des Jahres 1991 auf etwa 205 Mio Fälle angelaufen sein sollen.[16] Die Legitimationsprüfung braucht bei vor dem

16 Carl/Klos, DStZ 1991 S. 24, 27.

1. 1. 1992 begründeten, noch bestehenden oder bereits erloschenen Befugnissen nicht durchgeführt zu werden.

4.2.5 Zusätzliche Pflichten der Kreditinstitute bei Auskunftsverlangen und im Steuerstraf- und -bußgeldverfahren

Der AEAO 1991 weist ausdrücklich darauf hin, daß die Befugnis der Finanzämter unberührt bleibt, im Besteuerungsverfahren schriftliche oder mündliche Auskünfte von Auskunftspersonen (§§ 93, 94 AO) einzuholen und die Vorlage von Unterlagen (§ 97 AO) zu verlangen.

Ferner dürfen die Finanzämter in einem Strafverfahren wegen einer Steuerstraftat oder in einem Bußgeldverfahren wegen einer Steuerordnungswidrigkeit Zeugen vernehmen oder Unterlagen beschlagnahmen lassen (§§ 208, 385, 399 Abs. 2, 410 AO).

4.2.6 Rechtsfolgen bei Verstößen gegen die Legitimationsprüfungspflicht

Haftung und Ahndung

Ist gegen § 154 Abs. 1 AO (falsche oder erdichtete Namen!) verstoßen worden, so dürfen Guthaben, Wertsachen und der Inhalt eines Schließfachs nur mit Zustimmung des für die Einkommen- und Körperschaftsteuer des Verfügungsberechtigten zuständigen Finanzamts herausgegeben werden (§ 154 Abs. 3 AO). Außerdem haftet der Zuwiderhandelnde dann nach Maßgabe des § 72 AO. Waren über ein Konto usw. mehrere Personen verfügungsberechtigt, bedarf es unter Umständen der Zustimmung aller beteiligten Finanzämter zur Herausgabe. Wegen der Ahndung einer Verletzung des § 154 Abs. 1 AO als Ordnungswidrigkeit Hinweis auf § 379 Abs. 2 Nr. 2 AO. Es liegt eine Steuergefährdung vor, die als Ordnungswidrigkeit mit einer Geldbuße belangt werden kann.

Die Verletzung der Verpflichtungen nach § 154 Abs. 2 AO (Legitimationsprüfungspflicht) führt allein noch nicht unmittelbar zu einer Haftung oder Ahndung wegen Ordnungswidrigkeit. Es kann sich jedoch nach Nr. 10 AEAO 1991 um eine Steuergefährdung im Sinne des § 379 Abs. 1 Nr. 2 AO handeln, soweit nicht sogar der Tatbestand der Steuerhinterziehung erfüllt ist. Wird festgestellt, daß die nach § 154 Abs. 2 AO bestehenden Verpflichtungen nicht erfüllt sind, soll die für Straf- und Bußgeldsachen zuständige Stelle unterrichtet werden. Die Möglichkeit der Erzwingung der Verpflichtungen bleibt unberührt.

4.3 Das sogenannte „CpD"-Konto

Conto pro Diverse – Abgrenzung gegenüber anderen Konten der Bank

Bei Tafelgeschäften erhebt sich für die Banken die Frage, auf welchen Konten diese Geschäfte gebucht werden. In Betracht kommt hauptsächlich das CpD („Conto pro Diverse"). Es ist ein Sammelkonto, das dazu dient, bestimmte Geschäftsvorfälle für andere Personen – und nicht für das Kreditinstitut – buchungsmäßig unterzubringen. Als internes Verrechnungskonto der Bank nimmt es nicht am Kontokorrentverkehr teil. Zahlungsvorgänge für solche Geschäftspartner, mit denen selten Geschäfte abgewickelt werden, laufen ausnahmsweise über CpD. Außerdem nimmt es die sonst nicht unterzubringenden Buchungen auf, z. B. bei ungenauer Angabe des Empfängers.[17] Die einzelnen Vorgänge können trotz Vorhandenseins ansprechbarer Kundenkonten dabei so abgewickelt werden, daß sich aus den Kontoauszügen keine Hinweise auf den jeweiligen Geschäftsvorfall ergeben.[18]

„Entsprechende Konten"

Nach Nr. 3 der AEAO 1987 (zu § 154 AO) ist die Abwicklung von Geschäftsvorfällen über CpD-Konten unzulässig, „wenn der Name des Beteiligten bekannt ist oder unschwer ermittelt werden kann und für ihn bereits ein entsprechendes Konto geführt wird". Unter einem „entsprechenden Konto" ist ein Konto zu verstehen, das seiner Funktion nach geeignet ist, der Abwicklung des vorliegenden Geschäftsvorfalls zu dienen.[19] Für Zahlungsverkehrsvorgänge wie Bareinzahlungen, Barabhebungen, Überweisungen, Scheckeinreichungen sind Girokonten „entsprechende Konten". Bei Wertpapiergeschäften sind nur Depots für die Verbuchung von Wertpapieren „entsprechende Konten".

Oder-Konto, Und-Konto

Spar- und Termingeldkonten sind „keine entsprechenden Konten" für laufende Geschäftsvorfälle. Ein Oder-Konto ist ein „entsprechendes Konto" für Geschäftsvorgänge des einzelnen Mitkontoinhabers, weil jeder Kontoinhaber einzeln über das Oder-Konto verfügen kann. Ein Und-Konto ist dagegen kein „entsprechendes Konto", weil der einzelne Mitkontoinhaber nicht einzeln über das Und-Konto verfügen kann.[20] Wenn ein Kunde einen

---

17 Paufler, A., Die Steuerhinterziehung, Stuttgart 1983, S. 61: „Seit Jahrzehnten wird dieses Konto auch zur Steuerhinterziehung eingesetzt."

18 Wegen weiterer Einzelheiten vgl. Schebesta, Wertpapiermitteilungen 1985, S. 1329, 1334.

19 Bankrecht und Bankpraxis 2/42.

20 Schebesta, Wertpapiermitteilungen 1985 S. 1329, 1334.

Geldbetrag für eine Überweisung an einen Dritten bar einzahlt, so kann die Verbuchung über das betriebsinterne Konto der Bank laufen. Hier werden weder das Kundenkonto noch das CpD angesprochen, sondern nur betriebsinterne Konten.[21]

Hauptkonten/ Unterkonten

Das aufgelöste Kundenkonto ist kein „entsprechendes Konto", noch eingehende Beträge können daher über CpD verbucht werden.[22] Neben Hauptkonten und -depots können auch etwaige Unterkonten wie Namens-, Zwischen- und Ausgleichskonten „entsprechende Konten" sein.[23] Die Führung eines „entsprechenden Kontos" setzt im übrigen voraus, daß die zuständige Geschäftsstelle der Bank eine unmittelbar zugriffsbereite Kundenkartei führt, weil nur dann die Bank zur Nachforschung verpflichtet ist. Der zuständigen Geschäftsstelle kann nicht zugemutet werden, Nachforschungen bei anderen Geschäftsstellen oder der Hauptstelle anzustellen, ob eventuell bei ihnen ein „entsprechendes Konto" existiert.[24]

Tafelgeschäfte

Da beim Zug-um-Zug-Erwerb von Inhaberpapieren ein bankkundenbezogenes Konto („entsprechendes Konto") nicht errichtet oder geführt wird und daher auch kein Verfügungsberechtigter über ein solches Konto existiert, sind die Banken nicht zur Legitimationsprüfung bei Tafelgeschäften verpflichtet, selbst wenn sie ausnahmsweise über CpD verbucht werden sollen. Dementsprechend hat auch für die Bundesregierung der Parlamentarische Staatssekretär Haehser bestätigt[25], daß Geschäfte dieser Art nicht unter § 154 AO fallen. Die Vorschrift komme nur zum Zuge, wenn Geschäftsvorfälle über Konten abgewickelt werden. Die Finanzämter verfügten im übrigen durch die abgabenrechtlichen Vorschriften über ausreichende Ermittlungsmöglichkeiten. Gesetzliche Sonderregelungen für die Abwicklung von Tafelgeschäften halte die Bundesregierung daher, auch im Hinblick auf den damit verbundenen Verwaltungsaufwand, nicht für zweckmäßig.

Der Gang zur Filiale

Kennt der Wertpapierberater einer Bank oder Sparkasse den Kunden, so darf er bei der Einlösung der Zinskupons den Gegenwert

21 Müller-Brühl, Die Legitimationsprüfung und andere Steuerthemen für Banken, 7. Aufl., 1990 S. 163.
22 Müller-Brühl, a.a.O., S. 181.
23 Bankrecht und Bankpraxis 2/42.
24 Schebesta, a.a.O.
25 AG Nr. 9/1979 R 224.

an sich nur auf einem Konto gutschreiben. Die Banken oder Sparkassen behelfen sich aber oft derart, daß sie den Kunden zu einer Filiale gehen lassen, bei der er nicht bekannt ist. Als Unbekannter kann er dann seine Originalpapiere gegen Bargeld kaufen und später die Kupons einlösen. Auch wenn ein der Bank bekannter Bankkunde mit Konto dort in Begleitung einer der Bank nicht bekannten Person ohne Konto dort vorbeikommt und letztere ein Tafelgeschäft abschließen möchte, verbietet dies die Abgabenordnung nicht.

Beschaffung der gewünschten Wertpapiere

Hat die Bank die von einem Tafelgeschäftspartner gewünschten Wertpapiere nicht an Hand und hinterlegt der Kunde den Gegenwert zur Sicherheit für die Beschaffung der Stücke bei der Bank, so ist dies auf Girokonto zu verbuchen, sofern ein solches für den Kunden besteht. Hat der Kunde kein Girokonto oder anderes Konto, darf über CpD gebucht werden, selbst wenn er ein Depot bei der Bank unterhält. Bei sich anschließender Aushändigung der Stücke an den Kunden muß über Depot, falls für ihn vorhanden, gebucht werden, andernfalls über CpD.

Tafelgeschäfte unzulässig?

Schon Herrler[26] hatte Tafelgeschäfte unter Berufung auf Sinn und Zweck von § 154 AO für unzulässig gehalten. Neuerdings ergibt sich auch nach Auffassung von Carl/Klos[27] aus dem Normzweck und der systematischen Auslegung des § 154 AO, daß die geschilderten Geschäftsvorfälle zwischen Banken und Kunden in jedem Fall auf einem kundenbezogenen, also einem Konto, dessen Verfügungsberechtigter identifizierbar ist, verbucht werden müssen, auch wenn es sich aus der Sicht beider Parteien zumindest im Augenblick des Geschäftsabschlusses um einen einmaligen Vorgang handelt. Demzufolge seien die klassischen Tafelgeschäfte steuerlich – gemessen an § 154 AO – unzulässig.

Auf einem Teilbereich sind Tafelgeschäfte in Deutschland (nicht im Ausland!) nunmehr auch durch den Gesetzgeber für wirkungslos gemacht worden, nämlich im Zusammenhang mit dem ab 1. 1. 1993 eingeführten Zinsabschlag für solche Geschäfte von 35 v. H.[28]

---

26 Mitwirkung der Banken bei der Besteuerung von Bankkunden, Köln 1984, S. 129.

27 Tafelgeschäfte – steuerlich unzulässige „Geldwäsche" der Kreditinstitute?, DStZ 1991 S. 24 ff.

28 Siehe hierzu den nachstehenden Abschnitt 5.

5 Tafelgeschäfte und Zinsabschlaggesetz sowie Gewinnaufspürungsgesetz

Ob Inländer oder Ausländer, wer ab 1. 1. 1993 am Bankschalter Kupons einreicht, muß sich erst einmal mit dem Abzug in Höhe von 35 v. H. der Zinseinnahmen zufrieden geben.[29] Denn das inländische Kreditinstitut löst die fälligen Zinsscheine am Schalter ein, sog. Tafelgeschäfte, und weiß infolgedessen, daß es Kapitalerträge auszahlt oder gutschreibt. Da das Kreditinstitut jedoch mangels Depotunterlagen nicht beurteilen kann, ob die Voraussetzungen für eine Freistellung vom Zinsabschlag vorliegen, hat es in diesen Fällen stets den Zinsabschlag einzuhalten.

Bei den Tafelgeschäften kann im übrigen weder durch die Vorlage einer NV-Bescheinigung (Nichtveranlagungsbescheinigung) noch durch die Erteilung eines Freistellungsauftrags ein Steuerabzug vermieden werden. Hier bleibt dem inländischen Steuerzahler nichts anderes übrig, als eine Anrechnung bei seiner Einkommensteuer- oder Körperschaftsteuerveranlagung zu beantragen. Ein ausländischer Steuerzahler kann unter bestimmten Voraussetzungen die Erstattung der beim Tafelgeschäft einbehaltenen Steuer beantragen.

Fazit: Bei allen Tafelgeschäften in Deutschland (!), die durch Barzahlung abgewickelt werden, hat die auszahlende Stelle ab 1. 1. 1993 ohne Rücksicht auf eine Freistellung stets einen Zinsabschlag von den Kapitalerträgen einzubehalten.

In der amtlichen Begründung zum Gesetzentwurf der Bundesregierung zum Zinsabschlaggesetz[30] heißt es: „Steuerausländer sind mit Zinserträgen grundsätzlich nicht beschränkt steuerpflichtig und deshalb in der Regel vom Zinsabschlag nicht betroffen. Für Tafelgeschäfte soll dies nicht gelten; hier soll der Zinsabschlag ohne Ansehen der Person des Einlösers der fälligen Zinsscheine abgezogen werden.“ Banken im Ausland sind nicht zum Zinsabschlag verpflichtet, ob nun der Kunde die Wertpapiere (in DM oder anderer Währung) selbst in Deutschland verwahrt oder bei der ausländischen Bank in sein Depot gibt und lediglich die Kupons bei der Bank einlöst (Gebühren!). Die Deponierung bei einer ausländischen Bank bietet noch den Vorteil, daß der Kunde nicht unter das Gewinnaufspürungsgesetz (siehe Kapitel 1

29 Siehe Kapitel 2 Abschn. 3.1.2.
30 Bundesrats-Drucksache 246/92 vom 8. 4. 1992.

Abschn. 1) fällt, das für Finanztransaktionen ab 30 000 DM eine Identifizierungspflicht des Bankkunden vorschreibt und die Daten sechs Jahre aufbewahren läßt. Das Tafelgeschäft wird damit praktisch kaputt gemacht.
Auch eine Stiftung nach Liechtensteiner Recht ist mit den Depotzinserträgen in Deutschland nicht steuerpflichtig. Die Zinsen könnten daher ohne Steuerabschlag vereinnahmt werden. Finanzbrief Ludwigshafen[31]: „Viele Deutsche im Ausland denken nicht daran, den Papierkrieg mit den deutschen Finanzbehörden wegen der Erstattung der einbehaltenen Zinsen zu führen. ... Allein aus solchen Gründen lohnt sich eine Stiftung. ... Außerdem wird damit eine Datenspeicherung beim Deutschen Bundesamt für Finanzen vermieden."

6 Tafelgeschäft und Steuerstrafrecht

Straflose Vorbereitungshandlung zur Steuerhinterziehung

Ein Tafelgeschäft, mittels dessen der Bankkunde Wertpapiere erwirbt, deren Zinsen er später nicht in seine Einkommensteuererklärung aufzunehmen gedenkt, begeht nur eine straflose Vorbereitungshandlung. Es liegt also nicht einmal der Versuch einer Steuerhinterziehung vor. Dasselbe gilt für das Inkasso der Zinsen durch den Bankkunden. In den (schon strafbaren) Versuch einer Steuerhinterziehung (§ 370 Abs. 2 AO) mündet die Handlung erst ein, wenn die mit Wissen und Wollen des Steuerpflichtigen unrichtige oder unvollständige Steuererklärung an das Finanzamt auf den Weg gebracht wird. Bei der Einkommensteuer ist die Steuerhinterziehung vollendet, wenn nach den aufgrund des Verhaltens des Steuerpflichtigen geschaffenen Besteuerungsgrundlagen ein geringerer Steuerbetrag festgesetzt worden ist[32], wobei es nicht darauf ankommt, ob der Steuerbescheid rechtskräftig ist oder nicht. Will der Steuerpflichtige den Steueranspruch durch Unterlassen einer Steuererklärung verkürzen, so ist für den Eintritt der Verkürzung der Zeitpunkt maßgebend, zu dem nach dem normalen finanzamtlichen Geschäftsgang die gesamte Einkommensteuerveranlagung des betreffenden Finanzamtsbezirks beendet worden wäre.

Anstiftung oder Beihilfe zur Steuerhinterziehung durch Bankmitarbeiter

Wenn es aufgrund der Tafelgeschäfte später mindestens zu einem Versuch der Steuerhinterziehung durch den Täter kommt, so macht sich der Bankangestellte, der die Tafelgeschäfte der Wert-

31 Nrn. 13 vom 1. 4. 1992 und 17 vom 29. 4. 1992.
32 BGH-Urt. vom 3. 6. 1954 – 3 StR 302/53 (BStBl 1955 I S. 359).

papierveräußerung und die Zinszahlungen bearbeitet hat, nicht wegen Anstiftung (§ 26 StGB) oder Beihilfe (§ 27 StGB) strafbar, wenn er sich lediglich darauf beschränkt hat, die Tafelgeschäfte abzuwickeln und dabei alle einschlägigen Formvorschriften[33] zu beachten. Selbst wenn der Bankangestellte vermutet oder gar weiß, daß der Kunde Steuern hinterziehen will, macht er sich nicht strafbar, wenn er die vorerwähnten Beschränkungen einhält. Die Grenze zur Strafbarkeit wird erst dann überschritten, wenn der Bankangestellte dem Kunden Ratschläge gibt, mit welchen Maßnahmen er das Finanzamt und seine Außenprüfer am besten über die Höhe der Steuerschuld täuschen könne. Die bloße Auskunft über Prüfungstechniken der Finanzbehörden hält sich dagegen noch innerhalb der Grenzen des Erlaubten.[34] Die vorstehenden Grundsätze sollen sogar dann gelten[35], wenn der Bankangestellte vermutet oder weiß, daß es sich bei dem Kaufpreis für die Wertpapiere im Tafelgeschäft um Schwarzgeld handelt, d.h. um nicht deklarierte und daher unversteuert gebliebene Gewinne des Bankkunden aus an sich steuerpflichtigen Geschäften. Hier käme auf seiten des Bankangestellten auch der Straftatbestand der Begünstigung (§ 257 StGB) in Frage. Die bloße Abwicklung der Tafel- und anderer Bankgeschäfte durch den Angestellten sei aber sozialadäquat und im Rahmen des erlaubten Risikos. Strafbarkeit sei nur durch Mißachtung der in § 154 AO enthaltenen Vorschriften oder durch Raterteilung, wie man die schwarzen Gelder geheimhalten könne, gegeben.

Kapitel 8:
Die Spielbank als Waschsalon für Schwarzgeld

Die Glücksspielbranche hat Hochkonjunktur. Auch in den deutschen Spielcasinos rollt die Kugel unermüdlich. Dostojewski läßt grüßen! Auch er hatte seinerzeit in deutschen Spielcasinos viel Geld gelassen; sein Roman „Der Spieler“ zeugt davon. Aber nicht nur Passion treibt die Spielernaturen an die Roulettetische.

33 Vgl. Einführungserlaß zur AO 1977, zu § 154.
34 Philipowski, Steuerstrafrechtliche Probleme bei Bankgeschäften, aus Kohlmann, Strafverfolgung und Strafverteidigung im Steuerstrafrecht, Köln 1983.
35 Philipowski, a.a.O. (Fußnote 34).

Ein großes Kontingent stellen auch jene Leute dar, die dort ihren Besuch aus steuerlichen Gründen abstatten.

Keine Einkommensteuer auf Spielgewinne

Spielgewinne, die am Roulettetisch in Baden-Baden, im Spielkasino Bad Aachen oder in den anderen über 31 Spielbanken in der Bundesrepublik Deutschland einschließlich den neuen Ländern oder ganz einfach auf Lottoschein zu Hause gemacht werden, unterliegen nicht der Einkommensteuer. Sie gehören zu keiner der sieben Einkunftsarten, die das Einkommensteuergesetz in § 2 aufzählt. Vorausgesetzt wird nur, daß der Spieleinsatz aus der privaten Tasche gezahlt wurde. Macht dagegen ein Lotterieeinnehmer oder Buchmacher Lotterie- und Rennwettgewinne aus seinen Lagerlosen, so unterliegen sie der Einkommensteuer.[36]

Strenge Anforderungen an Nachweis

Wer Schwarzgeld weißwaschen will, macht sich gern diese Rechtslage zunutze und versucht, sein Schwarzgeld dem Finanzamt als Spielbankgewinn vorzugaukeln. Dies mißlingt regelmäßig. An den Nachweis eines nicht der Einkommensteuer unterliegenden Spielgewinns einschließlich Spielbankgewinns werden von der Finanzverwaltung, gestützt von der Rechtsprechung, strenge Anforderungen gestellt.

Beispiel

Durch Betriebsprüfung wurde festgestellt, daß Kaufmann K in den Jahren 01 und 03 bis 05 Wertpapiere mit Anschaffungskosten von insgesamt 153 805 DM erworben hatte. Die versteuerten Einkünfte des K reichten unstreitig für den Wertpapiererwerb nicht aus. K behauptete, die Anschaffungskosten aus Spielgewinnen von rund 200 000 DM bestritten zu haben. Das Finanzamt (FA) glaubte K nicht und setzte in den Berichtigungsveranlagungen die Kosten der Wertpapieranschaffungen den festgestellten (unstreitigen) Mehrumsätzen und Mehrgewinnen nach der Betriebsprüfung hinzu.

Die Entscheidung des FG

Mit dem in vorstehendem Beispiel wiedergegebenen Sachverhalt mußte sich das von K angerufene Finanzgericht (FG) beschäftigen. Es sah aufgrund einer Beweisaufnahme die Spielgewinne als nachgewiesen an. Es stützte sich im wesentlichen auf die Angaben einer Zeugin, die nach ihrer Aussage von 1954 bis Anfang

36 BFH-Urt. vom 16. 9. 1970 I R 133/68 (BStBl 1970 II S. 865).

1958 im Auftrag des Stpfl. gespielt hatte und die für ihn gewonnene Gesamtsumme auf ungefähr 200 000 DM schätzte. Das FG hielt es nach den detaillierten Angaben der Zeugin für erwiesen, daß sie mit dem von ihr angewendeten System für den Stpfl. tatsächlich so erfolgreich habe spielen können. Es hätten sich aus den amtlichen Permanenzlisten des Spielkasinos gewisse Favoritzahlen ergeben, die häufiger als andere mit Gewinnen herausgekommen seien. Die Favoritzahlen seien auf die Beschaffenheit des Spielkessels in Verbindung mit der Art der Wurfgeste des Croupiers zurückzuführen.

Die Entscheidung des BFH

Der Bundesfinanzhof, bei dem die Sache schließlich landete, hob das Urteil des FG auf und wies die Sache an das FG zurück.[37] Es genüge – so der BFH – zur Aufklärung des ungeklärten Vermögenszuwachses nicht, daß das FG lediglich einen Teil der Vermögensbewegungen, nämlich nur die angeblichen Spielgewinne und die Wertpapierkäufe, zum Gegenstand seiner Prüfung machte, während es die übrigen offenbar nicht unerheblichen Vermögensdispositionen des Stpfl. außer acht ließ. Es ist auch nicht ausgeschlossen, daß der Stpfl., sollte er die behaupteten Spielgewinne tatsächlich erzielt haben, diese für andere Zwecke als für den Erwerb der Wertpapiere wieder verausgabte. Hierfür spreche namentlich der große zeitliche Abstand zwischen dem letzten angeblichen Spielgewinn Ende 1957/Anfang 1958 und dem teilweise sogar erst 1959 erfolgten Wertpapiererwerb (43 164 DM).

Vermögenszuwachsrechnung

Unter diesen Umständen – so der BFH weiter – war das einzige Mittel zur vollständigen Aufklärung des Sachverhalts eine Vermögenszuwachsrechnung, die das FG nunmehr nachzuholen haben wird. Erst sie gebe den für die Würdigung des Vorbringens des Stpfl. erforderlichen Aufschluß über die Vermögensentwicklung sowie die privaten Einnahmen und Ausgaben.[38] Die Vermögenszuwachsrechnung würde zeigen, ob der Stpfl. seinen privaten Verbrauch, seine Einlagen in den Betrieb und die Anschaffung von Vermögensgegenständen (hierunter auch der unstreitige Wertpapiererwerb) aus seinen nachgewiesenen Einkünften bestreiten konnte. Falle diese Überprüfung zu seinen Ungunsten aus, rechtfertige dies nach ständiger Rechtsprechung den Schluß, der Vermögenszuwachs stamme aus verschwiegenen steuerpflichtigen Einkünften. Bei der Vermögenszuwachsrechnung

37 BFH-Urt. vom 3. 8. 1966 IV R 75/66, IV R 152/66 (BStBl 1966 III S. 650).
38 Vgl. zur Vermögenszuwachsrechnung Kapitel 20.

würde im vorliegenden Fall wegen des großen Zeitraums zwischen den letzten Spielgewinnen und den letzten Wertpapiererwerben auf die in den einzelnen Jahren für Privatzwecke zur Verfügung stehenden Barmittel besonders zu achten sein. Hierüber geben die Steuerakten oft Aufschluß (Vermögenserklärungen, Stundungsgesuche in den Einkommensteuerakten).

Nachweis mit „Permanenzen“

Da die Notwendigkeit weiterer Sachaufklärung – so der BFH – zur Aufhebung des angefochtenen Urteils führe, brauche der BFH nicht mehr die Frage zu entscheiden, ob der vom Stpfl. mit Hilfe einer Zeugenaussage über die Spielgewinne geführte Nachweis strengen Anforderungen standhält. Auch insoweit erhöben sich gegen die angefochtenen Urteile Bedenken. Ein Nachweis von Spielgewinnen lasse sich nicht dadurch führen, daß die Aufzeichnungen über Spielverlauf mit den Permanenzen (Veröffentlichungen des Spielkasinos über die Gewinnzahlen) übereinstimmen. Es werde sich kaum mit Sicherheit feststellen lassen, ob die Aufzeichnungen über den Spielverlauf vor oder kurz nach Herausgabe der Permanenzen angefertigt wurden. Ferner erscheine es dem Senat zweifelhaft, ob das Spielsystem die behaupteten Gewinne glaubhaft macht.

Bestätigung der Spielbank

Soweit dieser interessante Fall aus 1966, dessen Grundsätze aber noch heute richtungsweisend sind. Die „strengen Nachweisanforderungen“ der Finanzverwaltung und der Steuergerichte werden keinesfalls erbracht, wenn die Spielbankverwaltungen, in deren Kartei jeder ständige Besucher mit Besuchsdatum erfaßt ist, dem Finanzamt den Besuch bestätigen. Zu weiteren Angaben, insbesondere was die Höhe von Gewinnen anlangt, sind die Kasinos andererseits regelmäßig nicht in der Lage.

Trick

Wer Schwarzgeld in Spielbanken weißwaschen möchte, bedient sich auch folgender Tricks[39]: Die schwarzen Tausendmarkscheine werden an der Spielbankkasse in Jetons umgetauscht und die Jetons entweder nach einigen unbedeutenden Pro-forma-Spielchen am selben Abend oder nach unauffälliger Hortung von Jetons an einem späteren Abend an der Kasse gegen Erhalt eines Schecks zurückgetauscht, der dann dem eigenen Bankkonto gutgeschrieben wird. Selbstverständlich kennen auch die Finanzbehörden diese Arten von Waschmanieren und nehmen sie als Beweis nicht für voll.

39 Vgl. Capital, Nr. 5/1982 S. 133.

Ebenso strenge Anforderungen an den Nachweis stellen Finanzverwaltung und Steuergerichte, wenn ein Steuerzahler einmal vorhanden gewesenes weißes Geld, das er beispielsweise in die Schweiz verbracht haben kann, als auf der Spielbank verloren angibt.

Am Rande bemerkt

Ob Spielgewinne auch dann steuerfrei sind, wenn sie von Berufs- bzw. Falschspielern erzielt werden, ist im übrigen äußerst zweifelhaft.

Kapitel 9: Schwarzgeld-Recycling

1 Entnahme und Einlage von Schwarzgeld

Entnahme aus Betriebsvermögen

Die Bildung von Schwarzgeld hat meist einen gravierenden betriebswirtschaftlichen Nachteil zur Folge. Schwarzgeld ist nämlich denknotwendig immer mit einer Entnahme aus dem Betrieb bzw. Unternehmen verbunden[40] und das entnommene Schwarzgeld fehlt jedem auf Optimierung bedachten Unternehmen erfahrungsgemäß eines Tages. Will der Unternehmer dann investieren und muß er die Investitionen kostengünstig finanzieren, so wird er bald merken, daß es seinerzeit ein Fehler war, das jetzt benötigte Geld früher einmal am Finanzamt vorbei aus dem Unternehmen herausgezogen zu haben. Im Zuge fortgesetzter Steuerhinterziehung kann der Entzug von Schwarzgeld aus dem Unternehmen ein solches Ausmaß erreichen, daß das Unternehmen in eine Liquiditätskrise gerät. Kann das Schwarzgeld aber, soweit nicht dem Konsum zugeführt, ebenso unbemerkt seitens des Finanzamts wie die frühere Entnahme wieder in den betrieblichen Kreislauf eingeschleust werden, um dann der Finanzierung der notwendigen Investitionen zu dienen?

Rückschleusung

Eine solche Rückschleusung, von Paufler mit der treffenden Bezeichnung „Schwarzgeld-Recycling“ belegt,[41] ist möglich und im Schwange. Sie ist allerdings, wenn die frühere Schwarzgeldbildung weiterhin im Dunkeln bleiben soll, begleitet von neuem Fehlverhalten des Unternehmers und vieler Beteiligten.

40 Vgl. Kapitel 1 Abschn. 2.
41 Paufler, Alexander, Die Steuerhinterziehung, Stuttgart 1983, S. 72.

2 Offene oder verdeckte Einlagen von Schwarzgeld

Einlage in Betriebsvermögen

Ebenso wie jede Schwarzgeldbildung zwingend mit einer Entnahme aus dem Unternehmen verbunden ist, kann eine Rückschleusung von Schwarzgeld in das Unternehmen nur im Wege der Einlage durchgeführt werden. Eingelegt werden kann offen oder verdeckt. Im erstgenannten Fall legt meist ein Einzelunternehmer das Schwarzgeld wie auch sonst bei der Zuführung neuen eigenen Kapitals in das Unternehmen ein. Buchungssatz also: „Kasse bzw. Bank bzw. Postscheck an Kapital". Dabei wird das Finanzamt bald auf den Plan treten mit der für den Unternehmer peinlichen Frage, woher die eingelegten Mittel stammen. Um dem zu entgehen, werden häufig als Kapitalgeber Strohmänner oder Unterbeteiligte eingeschaltet oder das Einzelunternehmen wird ganz offen in eine OHG oder KG umgewandelt, wobei dann häufig Angehörige des bisherigen Einzelunternehmers beteiligt werden.

Fingiertes Kreditgeschäft

Soll der Vorgang der Einlage von Schwarzgeld verdeckt, also vor dem Finanzamt abgeschirmt werden, so bietet sich hierfür in erster Linie das fingierte Kreditgeschäft an; dem Unternehmen wird hierbei scheinbar Fremdkapital zugeführt („Kasse bzw. Bank bzw. Postscheck an Darlehen"). Auch hier fungieren oft Angehörige des Unternehmers als angebliche Darlehensgeber. Auch Banken haben sich schon hergegeben dazu, dem Schwarzgeldeigentümer aus seinem anonym bei der Bank gehaltenen Schwarzgeldkonto einen „Personalkredit" zu gewähren, wobei dann als zusätzlicher Steuerhinterziehungsakt der nicht gerechtfertigte Abzug der Darlehenszinsen als „Betriebsausgaben" durch den Schwarzgeld-Unternehmer tritt. Verräterisch bei dieser Version ist, daß das Unternehmen einen hohen Verschuldungsgrad aufweist und dennoch einen Personalkredit von der Bank erhält.

Auslandsdarlehen

Vorgetäuscht zu Zwecken des Schwarzgeld-Recycling werden auch immer wieder Darlehen von einem im Ausland domizilierenden Geschäftspartner, obwohl diese Manipulationen viel von ihrem früheren originellen Charme eingebüßt haben, weil die Finanzämter bei Auslandsbeziehungen besonders mißtrauisch werden und der inländische Steuerbürger gemäß § 90 Abs. 2 AO bezüglich der Aufklärung der steuerlichen Auswirkungen von

Auslandsbeziehungen einer erhöhten Mitwirkungspflicht unterliegt.[42]

Einschaltung einer Lebensversicherung

Paufler[43] berichtet von folgendem Fall des Schwarzgeld-Recycling: Der Schwarzgeldeigentümer schließt über die gewünschte Finanzierungssumme eine Lebensversicherung in Höhe von 100 000 DM ab. Gleichzeitig wird ein sog. „Prämiendepotkonto" bei der Lebensversicherung oder ein Guthabenkonto bei einer Bank errichtet. Der Betrag auf dem Schwarzkonto wird je nach Bonität des Darlehennehmers unter der Versicherungssumme von 100 000 DM liegen. Die Schwarzgeldkonten dienen erstens der Kreditsicherung und zweitens der laufenden Beitragszahlung an die Lebensversicherung. Neben dem Schwarzkonto tritt der Schwarzgeldeigentümer die Lebensversicherung an den Kreditgeber (Versicherung oder Bank) ab. Durch die Beitragszahlungen aus dem Schwarzkonto an die Versicherung wird eine ordnungsgemäße Darlehenstilgung nachzuweisen versucht. Die Banken oder Versicherungen decken sich steuerstrafrechtlich durch Mitteilung an den Kunden ab, daß die Bankguthaben vermögensteuerpflichtig sind und die Guthabenzinsen daraus der Einkommensteuer unterliegen.

Verdeckte Einlagen

Auch die Verwendung von Schwarzgeld unmittelbar zur Zahlung für betriebliche Zwecke setzt eine vorherige Einlage der Mittel in den Betrieb bzw. das Unternehmen voraus, wenn auch nur für eine logische Sekunde. Brauchen die Aufwendungen nicht aktiviert zu werden, ist ihre Verheimlichung leider möglich, wenn sie sowohl vom Zahlenden als auch vom Zahlungsempfänger nicht gebucht werden und damit kein Ansatzpunkt für Kontrollmitteilungen der Außenprüfer besteht.

Wandert Schwarzgeld auf die Aktivseite des betrieblichen Kasse-, Bank- oder Postscheckkontos und wird die Tilgung der Forderung an einen Kunden durch Gutschrift in gleicher Höhe auf dem Debitorenkonto vorgetäuscht, so stellt dies ebenfalls eine verdeckte Einlage dar, die allerdings spätestens dann sichtbar wird, wenn der Kunde zahlt, es sei denn, die Differenz wird hinter weiteren Phantasiebuchungen erneut versteckt.

---

42 Vgl. Kapitel 23 Abschn. 2.8.
43 A.a.O., S. 75.

3 Schwarze Ware

Wiedereinlage schwarzer Ware

Es muß nicht immer nur Geld sein, das aus dem Unternehmen schwarz herausgeholt und nun wieder eingelegt werden soll. Auch durch Schwarzgeschäfte aufgebrachte und nicht inventarisierte Warenbestände sind Gegenstand solcher Manipulationen. Der Unternehmer kann sich beispielsweise zur Wiedereinlage gezwungen sehen, wenn er unter seinen potentiellen Abnehmern niemanden findet, der die schwarze Ware ebenfalls im Wege eines Schwarzgeschäfts übernehmen will. In derartigen Situationen wird die schwarze Ware mit den Buchungssätzen „Waren an Kreditoren" oder „Waren an Kapital" in den betrieblichen Kreislauf zu lancieren und so wieder weißzuwaschen versucht.

4 Vertuschung durch Kettenbuchungen

Kettenbuchungen

Steuerverkürzer meinen oft, die Finanzämter austricksen zu können, wenn sie das Schwarzgeld-Recycling nicht unter Zuhilfenahme der simplen Buchungssätze „Kasse an Kapital", „Kasse an Darlehen" oder „Kasse an Debitoren" sich abspielen lassen, sondern ebenso wie schon bei der ursprünglichen Gewinnverkürzung die Situation mit vielen Kettenbuchungen über unklar bezeichnete Konten zu vernebeln versuchen. Hier tauchen Namen auf wie „Transitoria", „Auszahlungskonto", „Interimskonto", „Verrechnungskonto", „Konsortialkonto", „Operationskonto" und „Konto pro Diverse" (diesmal mit K geschrieben, um nicht mit dem berühmten CpD bei den Banken verwechselt zu werden). Aber gerade solche Namensgebungen lassen Außenprüfer und Steuerfahnder hellhörig werden; sie schauen dann besonders genau hin. Auf diese Weise ist schon mancher Schuß nach hinten losgegangen.

Kapitel 10: Das in Immobilien gelenkte Schwarzgeld

Nachforschung durch Finanzamt

Baut oder kauft ein Steuerzahler ein Haus – sei es ein privates Vermietungsobjekt, sei es ein Geschäftsgebäude –, so läßt sich das bekanntlich kaum verhehlen, auf keinen Fall dann, wenn das Haus im Inland gelegen ist. So sicher wie das Amen in der Kirche kommt das Finanzamt dann bald und möchte einiges über den

Ursprung der Finanzierungsmittel für den Hausbau oder Hauskauf wissen.

Finanzbrief Ludwigshafen Nr. 41/1988 hat sogar das Textmuster eines Briefes des Finanzamts für solche Fälle mitgeteilt. Es wird nachstehend wiedergegeben.

> „Betrifft: Ihr Bausparvertrag
>
> Sehr geehrter Herr Baumann,
>
> auf den oben angeführten Vertrag haben Sie laut Bestätigung durch die Bausparkasse im Kalenderjahr 1987 Einzahlungen in Höhe von 75 330 DM geleistet. Dazu bitte ich folgende Fragen zu beantworten:
>
> 1. Mit welchen Mitteln haben Sie diese(n) Beträge/Betrag finanziert (z. B. aus Sparguthaben, Schenkung, Kreditaufnahme usw.)? Bitte genaue Beträge angeben.
> 2. Falls es sich bei den Einzahlungen um Beträge handelt, die sie von Angehörigen erhalten haben, teilen Sie bitte mit, ob es sich hierbei a) um eine Schenkung handelt oder b) um darlehensweise hingegebene Beträge.
> 3. Wenn Punkt 2 zutrifft: a) Beabsichtigen Sie, die Bausparsumme für ein eigenes Bauvorhaben zu verwenden, oder soll diese Bausparsumme dem Geldgeber für dessen Bauvorhaben zur Verfügung gestellt werden? b) Wurden Ihnen die Geldbeträge nur gegen eine bestimmte Auflage überlassen (z. B. spätere unentgeltliche Abtretung des Bausparvertrags an den Geldgeber)?“

Rückfrage des Finanzamts bei der Bank

Viele Steuerzahler fühlen sich angesichts solcher Finanzamtsbriefe einer Inquisition ausgesetzt und reagieren mit verletztem Stolz. „Was meinen die denn, woher ich das Geld hätte! Es stammt aus meinem Sparguthaben bei der Bank, das schließlich mehr als 100 000 DM beträgt! Es wurde mit ehrlich verdientem Geld Jahr für Jahr aufgestockt.“ Das, was Steuerzahler so sagen, trifft auch meist zu. Die Banken könnten es bestätigen und müssen dies auf Verlangen des Finanzamts sogar tun. In solchen Fällen zeigt sich, daß der Schutz von Bankkunden gegenüber dem Finanzamt, jetzt sogar in § 30a AO gesetzlich niedergelegt,[44] nichts taugt. Hat der Bankkunde nämlich seinerzeit vergessen, seine Bankzinsen der Einkommensteuer und das Bankguthaben der Vermögensteuer zu unterwerfen, und hat er auch von den Segnungen des mit dem 31. 12. 1990 ausgelaufenen Amnestiegesetzes keinen Gebrauch gemacht, so wird er jetzt wohl mit dem Steuerstrafverfahren rechnen müssen. Auf sogenannte seinerzeitige Vergeßlichkeit bezüglich der Erklärung der Bankzinsen und des Bankguthabens wird er sich heute kaum noch berufen können.

Damit nicht genug! Stammt das Bankguthaben, aus dem der Bau oder Kauf des Hauses finanziell gespeist worden ist, gar nicht aus „ehrlich verdientem Geld", sondern aus Schwarzgeld, so wird der Bauherr oder Hauskäufer auch wegen des Schwarzgeldes zur Rechenschaft gezogen und gegebenenfalls in ein Steuerstrafverfahren verwickelt werden.

Auch der Grundstücksverkäufer ist vor dem Finanzamt nicht sicher!

Andererseits ist vor dem Finanzamt auch nicht sicher, wer ein Grundstück veräußert hat. Oft genug will es wissen, wie der Verkaufserlös – es handelt sich ja meist um einen schönen Batzen Geld – verwendet worden ist. Unter Berufung auf die mit „Untersuchungsgrundsatz" und „Mitwirkungspflicht der Beteiligten" überschriebenen §§ 88 und 90 AO verlangen manche Finanzämter eine Erklärung hierüber. Das Motiv für diese amtliche Neugierde ist auch hier wiederum die Möglichkeit, daß der plötzlich liquide gewordene Steuerzahler den Veräußerungserlös ertragbringend angelegt hat, aber weder den Anlagebetrag zur Vermögensteuer noch die Erträge aus dem Anlagebetrag zur Einkommensteuer erklärt hat. Mag auch im Augenblick noch nicht viel dabei herauskommen, Aktenvermerke sichern zukünftige Kontrollen des Finanzamts ab. „Finanzbrief" Ludwigshafen[45] erzählt von einem Fall, in dem der Steuerzahler dem Finanzamt auf eine entsprechende Anfrage wie folgt geantwortet haben soll: „Der Verkaufserlös in Höhe von 130 000 DM (bzw. was davon übrig geblieben ist) wurde bisher noch nicht angelegt. Von dem Geld beabsichtige ich vor allem einmal private Anschaffungen (Kleidung, Möbel, Auto, Ferienreise usw.) zu machen. Vom Rest vielleicht entsprechende Anlagen. Hat das Finanzamt vielleicht einen guten Vorschlag?" Das könnte auch der brave Soldat Schwejk formuliert haben!

---

44 Siehe Kapitel 11.
45 Nr. 11 vom 20. 3. 1990.

Aber woher weiß das Finanzamt überhaupt, daß ein Grundstück den Eigentümer gewechselt hat? Die Antwort hierauf ist im Grunderwerbsteuergesetz zu finden.

Anzeige an Finanzamt nach Grunderwerbsteuergesetz

Zunächst einmal haben nach § 18 GrEStG Gerichte, Behörden und Notare dem zuständigen Finanzamt Anzeige nach amtlich vorgeschriebenem Vordruck zu erstatten über

1. Rechtsvorgänge, die sie beurkundet oder über die sie eine Urkunde entworfen und darauf eine Unterschrift beglaubigt haben, wenn die Rechtsvorgänge ein Grundstück in der Bundesrepublik Deutschland betreffen;
2. Anträge auf Berichtigung des Grundbuchs, die sie beurkundet oder über die sie eine Urkunde entworfen haben und darauf eine Unterschrift beglaubigt haben, wenn der Antrag darauf gestützt wird, daß der Grundstückseigentümer gewechselt hat;
3. Zuschlagsbeschlüsse im Zwangsversteigerungsverfahren, Enteignungsbeschlüsse und andere Entscheidungen, durch die ein Wechsel im Grundstückseigentum bewirkt wird;
4. nachträgliche Änderungen oder Berichtigungen eines der unter Nr. 1 bis 3 aufgeführten Vorgänge.

Der Anzeige ist eine Abschrift der Urkunde über den Rechtsvorgang, den Antrag, den Beschluß oder die Entscheidung beizufügen. Die Anzeigen sind innerhalb von zwei Wochen nach der Beurkundung oder der Unterschriftsbeglaubigung oder der Bekanntgabe der Entscheidung zu erstatten.

Auch die Beteiligten selbst trifft nach § 19 GrEStG eine Anzeigepflicht. Danach müssen die Veräußerer, der Erwerber und die sonstigen Personen, die an einem unter das Grunderwerbsteuergesetz fallenden Erwerbvorgang beteiligt sind, in ihrer Eigenschaft als Steuerschuldner Anzeige erstatten über

1. Rechtsvorgänge, die es ohne Begründung eines Anspruchs auf Übereignung einem anderen rechtlich oder wirtschaftlich ermöglichen, ein Grundstück auf eigene Rechnung zu verwerten;
2. formungültige Verträge über die Übereignung eines Grundstücks, die die Beteiligten unter sich gelten lassen und wirtschaftlich erfüllen;

3. den Erwerb von Gebäuden auf fremdem Boden;
4. schuldrechtliche Geschäfte, die auf die Vereinigung aller Anteile einer Gesellschaft gerichtet sind, wenn zum Vermögen der Gesellschaft ein Grundstück gehört;
5. die Vereinigung aller Anteile einer Gesellschaft, zu deren Vermögen ein Grundstück gehört;
6. Rechtsgeschäfte, die den Anspruch auf Übertragung aller Anteile einer Gesellschaft begründen, wenn zum Vermögen der Gesellschaft ein Grundstück gehört;
7. die Übertragung aller Anteile einer Gesellschaft auf einen anderen, wenn zum Vermögen der Gesellschaft ein Grundstück gehört.

Auch hier haben die Anzeigepflichtigen innerhalb von zwei Wochen, nachdem sie von dem anzeigepflichtigen Vorgang Kenntnis erhalten haben, den Vorgang anzuzeigen. Die Anzeigen sind an das für die Besteuerung zuständige Finanzamt zu richten.

Schließlich darf nach § 22 GrEStG der Erwerber eines Grundstücks in das Grundbuch erst dann eingetragen werden, wenn eine Unbedenklichkeitsbescheinigung des Finanzamts vorgelegt wird. Diese Bescheinigung wird erteilt, wenn die Grunderwerbsteuer entrichtet, sichergestellt oder gestundet worden ist, oder wenn Steuerfreiheit gegeben ist. Die Steuerforderung darf also in keinem Fall gefährdet sein.

Grundstücksgeschäfte im Ausland

Selbstverständlich sind von allen diesen Anzeigepflichten Grundstückswechsel außerhalb der Bundesrepublik Deutschland verschont.

Renovierungen am Haus

Links liegen läßt ein Steuerzahler die vorerwähnten Anzeigepflichten auch, wenn es sich bei ihm nur darum handelt, sein Hausgrundstück zu renovieren oder daran kostenintensiven Herstellungsaufwand zu treiben. Aber auch solche Hausbesitzer sollen sich nicht in Sicherheit vor dem Finanzamt wiegen! Kontrollmitteilungen, die bei den die Renovierungsarbeiten ausführenden Handwerksbetrieben vom Betriebsprüfer früher mal ausgeschrieben worden sind, weisen den Weg zum Eigentümer des renovierten Hauses und indizieren das Interesse des Finanzamts daran, ob die Aufwendungen für die Renovierung aus versteuertem Einkommen oder Vermögen geflossen sind. Läßt eine Vermögenszuwachsrechnung des Prüfers den Schluß zu, daß unter

Berücksichtigung der anderen zwingenden Privatausgaben des Steuerzahlers die versteuerten Einkünfte oder das Vermögen nicht zu so hohem Renovierungsaufwand ausreichen konnten, so wird regelmäßig daraus weitergeschlossen, daß versteckte Guthaben herhalten mußten, um das Haus renovieren zu können.

Ratschlag:

Ein beträchtliches Risiko geht also ein, wer
a) Schwarzgeld bildet und
b) dieses Schwarzgeld dann auch noch in Immobilien, noch dazu im Inland, steckt.

Kapitel 11: Bankgeheimnis in der Bundesrepublik Deutschland zugunsten von Schwarzgeld?

Der durch die Steuerreform eingefügte neue § 30a („Schutz von Bankkunden") nötigt zur Beantwortung der Frage „Bankgeheimnis zugunsten von Schwarzgeld?". Zuvor soll aber kurz auf das Bankgeheimnis im Zivilprozeß und im allgemeinen Strafprozeß eingegangen werden.

1 Das Bankgeheimnis im Zivil- und Strafprozeß

Zeugnisverweigerungsrechte und ihre Grenzen

Im Gesetz über das Kreditwesen (KWG), wo sie eigentlich hingehört, sucht man vergebens nach einer Regelung des Bankgeheimnisses in der Bundesrepublik Deutschland. Das Geschäftsverhältnis zwischen Kunden und Bank ist ein gegenseitiges Vertrauensverhältnis. So steht es gleich im ersten Satz der Allgemeinen Geschäftsbedingungen der Banken und Sparkassen. Hieraus wird seit jeher geschlossen, daß die Bank[46] sowie alle Mitarbeiter (innen) der Bank auch zur Wahrung des Bankgeheimnisses über alle ihnen aus der Geschäftsverbindung erlangten Kenntnisse über die Verhältnisse der Bankkunden vom ersten Tag an verpflichtet sind. Hierbei handelt es sich um eine wesentliche Ver-

46 Und andere Kreditinstitute, wie im folgenden auch.

tragspflicht der Bank gegenüber ihrem Kunden.[47] Die Zivilprozeßordnung gewährt ferner den Inhabern und gesetzlichen Vertretern von Banken sowie dem übrigen Bankpersonal im Zivilprozeß ein Zeugnisverweigerungsrecht (§ 383 Abs. 1 Nr. 6 ZPO). Dagegen führt der Katalog der beruflichen Zeugnisverweigerungsrechte im Strafverfahren (§ 53 StPO) die Inhaber, gesetzlichen Vertreter und sonstige Mitarbeiter von Kreditinstituten nicht auf. Sie müssen schon im Stadium des Ermittlungsverfahrens aussagen. Dies gilt auch für das Bußgeldverfahren wegen Ordnungswidrigkeit (§ 46 Abs. 1 OWiG). Daher versagt eine Berufung auf das Bankgeheimnis, wenn gegen einen Bankkunden wegen einer mit Schwarzgeldbildung zusammenhängenden Straftat oder Ordnungswirdigkeit, z. B. nach Kartellrecht, ermittelt wird.

2 Bankgeheimnis gegenüber Finanzbehörden?

Übernahme des Bankenerlasses in die Abgabenordnung

Schon gar nicht ist das Bankgeheimnis im Verhältnis zu einer Finanzbehörde geschützt. Um es pointiert auszudrücken: Es gibt kein steuerrechtliches Bankgeheimnis. Zwar erweckte der sogenannte Bankenerlaß[48] bei vielen den Eindruck, als ob hierdurch ein Bankgeheimnis statuiert worden sei, auf das man vertrauen könne. Dieser Eindruck täuschte schon deswegen, weil der Bankenerlaß nur eine Verwaltungsanordnung darstellte, eine goodwill-Erklärung der Finanzverwaltung, weiter nichts. Aber auch nach Übernahme des Inhalts des Bankenerlasses in das Gesetz (neuer § 30a AO) unter der vielversprechenden Überschrift „Schutz von Bankkunden" können sich die Bankkunden nicht etwa in Sicherheit wiegen, daß das Finanzamt nichts über die Konten oder Depots erfährt. Denn § 30a AO operiert hauptsächlich mit Soll-Bestimmungen, also nicht mit Verboten oder Geboten, so daß den Bankkunden bei Nichteinhalten der Bestimmungen kein Verwertungsverbot zur Seite steht.[49] Bankkunden mit Schwarzgeld müssen Nachforschungen der Steuerfahndung sowie der Bußgeld- und Strafsachenstellen der Finanzverwaltung

47 Vgl. auch Sichtermann, Bankgeheimnis und Bankauskunft, 3. Aufl., 1984.

48 BMF-Schreiben vom 31. 8. 1979 (BStBl 1979 I S. 590).

49 A. A., also für Verwertungsverbot, Neckels, DStZ 1989 S. 8 (20). Wenn Neckels allerdings aus dem „soll nicht" in § 30a AO ein „darf nicht" machen will, so kann man ihm hierin nicht folgen. Eine solche Auslegung widerspricht nicht nur dem richtigen Sprachverständnis, sondern kann sich auch nicht auf gefestigte Rechtsprechung stützen.

gewärtig sein, deren Privilegierung im Schutz-von-Bankkunden-Paragraphen festgeschrieben ist.

Unsicheres Bankgeheimnis

Selbst ein des Antifiskalismus' unverdächtiger Mitarbeiter des Bundesfinanzministeriums wie Ministerialrat Dr. Helmut Krabbe schreibt in „Der Betrieb" 1988 S. 1672: „Der neue § 30a läßt sich nur schwer in die Systematik der AO einordnen. Seine Stellung unmittelbar nach der Vorschrift über das Steuergeheimnis läßt zudem ein Bankgeheimnis vermuten, das in Wirklichkeit in Form eines Auskunftsverweigerungsrechts wie schon bisher nicht besteht."

Es ist daher wohl etwas zu hoch gegriffen, wenn anläßlich der Propagierung der Zinsabschlagsteuer von 30 v. H. ab 1. 1. 1993 aus dem Bundesfinanzministerium verbreitet wird[50], mit Wahrung des Bankgeheimnisses und dem Verzicht auf Kontrollmitteilungen sei von Anfang an eine Lösung gewählt worden, die negative Auswirkungen auf die Kapitalmärkte vermeidet; für den Aufschwung in den neuen Bundesländern sei dies eine wichtige Voraussetzung. Ich meine: Die Kapitalflucht ins Ausland hat wohl schon viel früher begonnen!

Im einzelnen ist zu § 30a AO zu bemerken:

2.1 Rücksichtnahme auf Vertrauensverhältnis zwischen Bank und Kunde

Nur Placebo

Gemäß § 30a Abs. 1 AO haben die Finanzbehörden bei der Ermittlung des Sachverhalts (§ 88 AO: Untersuchungsgrundsatz) auf das Vertrauensverhältnis zwischen den Kreditinstituten und deren Kunden besonders Rücksicht zu nehmen. Diese Bestimmung enthält zwar eine beachtliche programmatische Aussage, läßt indessen kaum einen Fall als denkbar erscheinen, in dem aus ihr ein konkreter Anspruch abgeleitet werden kann, zumal die Verweisung auf den Untersuchungsgrundsatz des § 88 AO so etwas wie eine Rücknahme der sonstigen Aussage in § 30a Abs. 1 AO bedeutet. § 30a Abs. 1 AO ist wohl als Placebo zu verstehen, das vom Gesetzgeber dargereicht wird, um die von der Einführung der – inzwischen wieder aufgehobenen – seinerzeitigen Quellensteuer auf Bankzinsen aufgeschreckte Bankenkundschaft zu beruhigen zu versuchen.

---

50 BMF-Finanznachrichten Nr. 22 vom 28. 2. 1992.

2.2 Keine Mitteilung über Konten zwecks allgemeiner Überwachung?

Aber Auskunftsersuchen

Weiterhin dürfen die Finanzbehörden von den Kreditinstituten zum Zwecke der allgemeinen Überwachung die einmalige oder periodische Mitteilung von Konten bestimmter Art oder bestimmter Höhe nicht verlangen (§ 30a Abs. 2 AO). Eine praktisch wichtige Einschränkung erfährt diese Bestimmung durch § 30a Abs. 5 AO, der wiederum für Auskunftsersuchen an Kreditinstitute auf § 93 AO verweist, eine Bestimmung, die mit der bezeichnenden Überschrift „Auskunftspflicht der Beteiligten und anderer Personen“ versehen ist. Gestützt auf § 93 AO, hält daher auch der Bundesfinanzhof in einer vielbeachteten Entscheidung[51] die Steuerfahndungsbehörde für „grundsätzlich“ befugt, an ein Kreditinstitut sogar ein Sammelersuchen (!) um Auskunft über seine Provisionszahlungen an alle in einer bestimmten Zeit für das Kreditinstitut tätig gewordenen Kreditvermittler zu richten.

Um die Ecke gedacht

„Nicht gegen die Zulässigkeit des Auskunftsersuchens spricht“ – führt der BFH weiter aus –, „daß der Ersuchte ein Kreditinstitut ist. Dieser Umstand wäre möglicherweise dann von Bedeutung, wenn das Auskunftsersuchen das Verhältnis zwischen dem Kreditinstitut und seinen Kunden berühren würde. Das ist hier aber nicht der Fall. Das Auskunftsersuchen betrifft allein das Verhältnis der Klägerin zu den für sie tätig gewordenen Kreditvermittlern. Es ist daher nicht anders zu werten als Ersuchen des FA an einen Unternehmer, steuerlich möglicherweise erhebliche Tatsachen mitzuteilen, die seine Mitarbeiter betreffen. Die vom FG für seine andere Auffassung in Betracht gezogenen Fälle (Offenbarungspflicht der Kreditinstitute hinsichtlich Zinseinnahmen privater Sparer oder Einnahmen anderer Berufsgruppen) stehen hier also nicht zur Entscheidung.“

Im Hinblick auf diese Rechtsprechung unseres höchsten deutschen Steuergerichts erscheint das Verbot des finanzbehördlichen Verlangens nach Mitteilung von Konten bestimmter Art oder bestimmter Höhe im § 30a Abs. 2 AO stark relativiert. Weiteres zur Auskunftspflicht im nachstehenden Abschn. 2.5.

51 BFH-Urt. vom 24. 3. 1987 VII R 30/86 (BStBl 1987 II S. 484).

2.3 Keine Ausschreibung von Kontrollmitteilungen anläßlich von Betriebsprüfungen der Banken?

Sollvorschrift

Absatz 3 in § 30a AO verbietet, die Guthabenkonten oder Depots, bei deren Errichtung eine Legitimationsprüfung nach § 154 Abs. 2 AO vorgenommen worden ist, anläßlich der Außenprüfung bei einem Kreditinstitut zwecks Nachprüfung der ordnungsmäßigen Versteuerung festzustellen oder abzuschreiben (Satz 1). Die Ausschreibung von Kontrollmitteilungen soll insoweit unterbleiben (Satz 2). Aus dieser Vorschrift ist argumentum e contrario zu folgern, daß die Guthabenkonten und Depots, bei deren Errichtung eine Legitimationsprüfung nicht stattgefunden hat, so beispielsweise CpD-Konten[52], überprüft werden können.

Für nicht zulässig gehalten wird allerdings eine planmäßige oder systematsiche Ausschreibung von Kontrollmitteilungen über CpD-Konten, weil eine solche Eingriffsmaßnahme der Finanzverwaltung hinreichend veranlaßt sein muß, also nur bei Vorliegen konkreter Anhaltspunkte gerechtfertigt ist.[53]

Bezüglich der Guthabenkonten und Depots „sollen" Kontrollmitteilungen unterbleiben. Eine strikte Verbotsvorschrift stellt Satz 2 in § 30a Abs. 3 AO also nicht dar, sondern nur eine Ermessensvorschrift. Ist die Finanzbehörde allerdings ermächtigt, nach ihrem Ermessen zu handeln, so hat sie gemäß § 5 AO ihr Ermessen entsprechend dem Zweck der Ermächtigung auszuüben und die gesetzlichen Grenzen des Ermessens einzuhalten. Daraus wird weiter gefolgert, daß Zufallserkenntnisse über den Verdacht von Steuerverkürzungen durch Bankkunden wie schon in der Ära des Bankenerlasses durch Ausschreibung von Kontrollmitteilungen verwertet werden dürfen.[54] Aber wer wird einer Finanzbehörde schon nachweisen können, daß sie eine gezielte Erkenntnissuche betrieben hat und nicht nur auf eine Zufallserkenntnis gestoßen ist?

52 Conto pro Diverse: siehe hierzu vorstehendes Kapitel 7, Abschn. 4.

53 So Müller-Brühl, Die Legitimationsprüfung und andere Steuerthemen für Banken, 7. Aufl., 1990, S. 261.

54 So Krabbe, DB 1988 S. 1673.

Beispiel: Zufallsfund

Bei der Außenprüfung einer Bank widmet der Prüfer einer größeren Zahl von Einzugsermächtigungen und Daueraufträgen seine besondere Aufmerksamkeit. Er sieht sie daraufhin durch und grenzt insoweit ab, ob Hausratversicherungsprämien in auffallend größerer Höhe zur Überweisung anstehen. Über einige wenige Fälle hieraus fertigt der Prüfer Kontrollmitteilungen an zwecks Überprüfung, ob und inwieweit die Wertansätze in den Versicherungspolicen höher sind als in den Vermögensteuererklärungen des Versicherungsnehmers. Die sich daraus ergebenden Differenzen führen zu Vermögensteuernachzahlungen. Auf Vorhaltung weist der Prüfer, gedeckt durch das Finanzamt, darauf hin, daß es sich um jeweils einen Zufallsfund handelt.

2.4 Nummern von Konten und Depots in Steuererklärungen

In Vordrucken für Steuererklärungen soll gemäß § 30a Abs. 4 AO die Angabe der Nummern von Konten und Depots, die der Steuerpflichtige bei Kreditinstituten unterhält, nicht verlangt werden, soweit nicht steuermindernde Ausgaben oder Vergünstigungen geltend gemacht werden oder die Abwicklung des Zahlungsverkehrs mit dem Finanzamt dies bedingt. Auch diese Vorschrift stellt als bloße Sollvorschrift ein stumpfes Schwert im Kampf für die Einhaltung des steuerlichen Bankgeheimnisses dar. Im übrigen haben Beweismittel, als die solche Angaben in Steuererklärungsformularen fungieren könnten, in Steuererklärungen ohnehin nichts zu suchen.[55]

Ratschlag:

Bei der Angabe der vom Finanzamt auf der Steuererklärung verlangten Kontonummer sollte man grundsätzlich ein Konto nennen, dessen mögliche Pfändung keine oder nur unwesentliche nachteilige Folgen mit sich bringt. Die Vollstreckungsstelle des Finanzamts greift nämlich grundsätzlich auf gespeicherte Konten zurück, um ausgebliebene Zahlungen einzutreiben. Im Falle einer Pfändung könnte ein

55 So sinngemäß auch Tipke/Kruse, Komm. zur AO, zu § 102 Rdnr. 6.

(wichtiges) Konto gesperrt werden, bis die Ansprüche des Finanzamts in vollem Umfang befriedigt worden sind.

2.5 Auskunftspflicht der Kreditinstitute und Bankkunden

Der Absatz 5 in § 30a AO ist ein Musterbeispiel für die Verschlüsselungskunst des Steuergesetzgebers, wenn es gegen den Steuerzahler geht. Hier sein Wortlaut:

„Für Auskunftsersuchen an Kreditinstitute gilt § 93. Ist die Person des Steuerpflichtigen bekannt und gegen ihn kein Verfahren wegen einer Steuerstraftat oder einer Steuerordnungswidrigkeit eingeleitet, soll auch im Verfahren nach § 208 Abs. 1 Satz 1 ein Kreditinstitut erst um Auskunft und Vorlage von Urkunden gebeten werden, wenn ein Auskunftsersuchen an den Steuerpflichtigen nicht zum Ziele führt oder keinen Erfolg verspricht."

Das Bankgeheimnis – ein offenes Geheimnis

Mit Absatz 5 wird von Gesetzes wegen alles wieder in Frage gestellt, was § 30a AO in seinen Vorabsätzen, wenn auch höchst unvollkommen, als Schutz von Bankkunden zu gewähren scheint. Denn nach § 93 AO, auf den §30a Abs. 5 AO verweist, „haben die Beteiligten und andere Personen der Finanzbehörde die zur Feststellung eines für die Besteuerung erheblichen Sachverhaltes erforderlichen Auskünfte zu erteilen." Kreditinstitute sind nicht in den Katalog des § 102 AO aufgenommen worden, der Auskunftsverweigerungsrechte zum Schutz bestimmter Berufsgeheimnisse, so beispielsweise der Rechtsanwälte, Steuerberater, Ärzte, Redakteure, statuiert. „Von einem wirklichen „Bankgeheimnis" – so Krabbe –[56] kann daher im Gegensatz zu den nach § 102 AO besonders geschützten Berufsgeheimnissen nicht die Rede sein."

Die Vorschrift des § 93 AO ist für die Steuerzahler und die Banken aber auch deswegen so gefährlich, weil sie nicht nur eine einzelne Auskunft zuläßt, sondern es der Finanzverwaltung freistellt, ein ganzes Bündel von Auskünften, einen „Katalog von Auskünften"[57] zu verlangen, wenn die Sachaufklärung dies angezeigt erscheinen läßt. Inmitten von 100 oder 1000 oder noch mehr Auskünften ist schließlich jede dieser Auskünfte eine Einzelaus-

---

56 DB 1988 S. 1673.

57 Tipke/Kruse, Komm. zur AO, zu § 93, Tz. 1.

kunft. Die Voraussetzungen zur flächendeckenden Aktion sind somit gesetzlich geschaffen.

Reihenfolge der Auskunftseinholung

Die Vorschrift des § 93 AO enthält in Abs. 1 Satz 3 aber auch eine die Auskunftspflicht im Besteuerungsverfahren relativierende Regelung, die allerdings nur als Sollbestimmung ausgestaltet ist. Danach sollen andere Personen (z. B. Banken) als die Beteiligten (so z. B. der kontoinhabende Steuerzahler) erst dann zur Auskunft angehalten werden, wenn die Sachverhaltsaufklärung durch die Beteiligten nicht zum Ziele führt oder keinen Erfolg verspricht. Aber wer hindert denn ein Finanzamt daran, in jedem x-beliebigen Einzelfall anzunehmen, daß die Sachverhaltsaufklärung durch die Konteninhaber keinen Erfolg verspricht und sich sofort auskunftsheischend an die Bank zu wenden?

Subsidiarität der Auskunfts- und Vorlagepflicht der Banken

Die gleiche Rechtslage ordnet § 30a Abs. 5 Satz 2 AO für die Steuerfahndung an, wenn gegen den Steuerpflichtigen kein Steuerstraf- oder Steuerordnungswidrigkeitsverfahren eingeleitet ist: Das Kreditinstitut „soll" erst dann um Auskunft und Vorlage von Urkunden gebeten werden, wenn ein Auskunftsersuchen an den Steuerpflichtigen nicht zum Ziele führt oder keinen Erfolg verspricht. Wer die Praxis der Steuerfahndung kennt, wird sich ausmalen können, daß die Fahnder mit solchen Sollvorschriften, die also keine Verbots- oder Gebotsnormen sind, nicht gerade zimperlich umgehen werden. Im übrigen ist die Steuerfahndung dann von der Vorbefragungspflicht befreit, wenn sie im Steuerstraf- oder Bußgeldverfahren operiert, und dies ist ja doch die Regel. Der Steuergesetzgeber des § 30a Abs. 5 AO hat dies offenbar alles nicht so richtig bedacht, als er den Bankenerlaß in den Rang einer gesetzlichen Vorschrift erhoben hat; er hat diese Regelung ja auch in höchster Eile buchstäblich erst in letzter Minute in die AO hineingeschustert.

Vorfeldermittlungen der Steuerfahndung

Die Steuerfahndungsbehörde darf außerdem nach Nr. 3 in § 208 Abs. 1 AO zur „Aufdeckung und Ermittlung unbekannter Steuerfälle" tätig werden. Sie bedarf dazu zwar eines hinreichenden Anlasses, darf also nicht ins Blaue hinein ermitteln. An den „hinreichenden" Anlaß stellt der BFH aber keine hohen Anforderungen. Nach seinem schon erwähnten Urteil vom 24. März 1987 VII R 30/86[58] liegt ein solcher nicht nur dann vor, wenn konkrete Anhaltspunkte gegeben sind, sondern schon dann, wenn „allge-

58 BStBl 1987 II S. 484.

meine Erfahrungen" ein Tätigwerden der Steuerfahndung angezeigt erscheinen lassen.

Befragung von Dritten

Im Rahmen dieser sachlichen Zuständigkeit – sogenannter Vorfeldermittlungen – darf sich die Steuerfahndungsbehörde – so der BFH – der Befugnis des § 93 Abs. 1 Satz 1 AO bedienen, andere Personen als die Beteiligten (also auch Banken) um Auskünfte zu ersuchen, die zur Feststellung eines für die Besteuerung erheblichen Sachverhalts erforderlich sind. Nach § 208 Abs. 1 Satz 3 AO sei die Steuerfahndung von der Einschränkung des § 93 Abs. 1 Satz 3 AO, zuerst die Beteiligten zu befragen, freigestellt. „Daraus ergibt sich, daß nach dem Willen des Gesetzgebers die Steuerfahndung auch bei anderen Ermittlungsmöglichkeiten grundsätzlich nicht gehindert ist, zuerst über ein Auskunftsersuchen an einen Dritten zu versuchen, die erforderlichen Angaben zu erhalten. Allerdings kann die Steuerfahndung eine Auskunft nur verlangen, wenn sie zur Sachverhaltsaufklärung geeignet und notwendig, die Pflichterfüllung für den Betroffenen möglich und seine Inanspruchnahme erforderlich, verhältnismäßig und zumutbar ist. Ein Auskunftsverlangen der Steuerfahndung wäre im Regelfall als nicht notwendig bzw. als unverhältnismäßig und unzumutbar zu werten, wenn die Steuerfahndung von einem Dritten Auskünfte fordern würde, die sie auf andere Weise einfacher und ohne größere Belastung Dritter erlangen könnte."

In einem weiteren Fall, in dem zwar nicht die Steuerfahndung mit im Spiel war, sondern das Finanzamt das Kreditinstitut auskunftspflichtig machte, hatte das Kreditinstitut seinen Kunden Bescheinigungen über bezahlte Leistungen wie Damnumbeträge und Zinsen ausgestellt mit dem Hinweis, daß die Bankauszüge als Belege für die Einkommensteuererklärungen verwendet werden könnten. Die Bescheinigungen waren steuerrechtlich unrichtig und hätten zum unberechtigten Abzug von Werbungskosten bei den Mieteinkünften geführt. Nachdem das Finanzamt dies in 15 von 31 Fällen festgestellt hatte, verlangte es von der Bank eine Auflistung aller betroffenen Fälle. Es handelte sich um immerhin 41 000 Bescheinigungen. Prozessiert wurde bis zum Bundesfinanzhof herauf, der seinem Urteil vom 24. 10. 1989 VII R 1/87[59] folgenden Rechtssatz voranstellte: Ein Kreditinstitut hat der Finanzbehörde auf Ersuchen – auch für eine Vielzahl von Fällen – Auskunft über die Identität von Kunden zu geben, denen es

59 BStBl 1990 II S. 198.

Bescheinigungen über gezahlte Leistungen zur Vorlage bei den Finanzbehörden ausgestellt hatte, die in hohem Grade mißverständlich sind und daher die richtige Besteuerung gefährden.

41 000 Einzelfälle kein Sammelauskunftsersuchen

Dies sei kein Sammelauskunftsersuchen derart wie in dem zuvor behandelten Urteil vom 24. 3. 1987, bemerkt der BFH. Dort betraf das Ersuchen eine nach bestimmten Kriterien umschriebene Gruppe von potentiellen Steuerpflichtigen (Kreditvermittler). Hier dagegen beziehe sich das Ersuchen auf eine Reihe von Einzelfällen, jeweils bestimmt durch die Ausstellung einer bestimmten Bescheinigung. Aber immerhin: es handelte sich um 41 000 Einzelfälle! Die Entscheidung hatte in Bankkreisen für einige Unruhen gesorgt, weil die Ausstellung mißverständlicher Atteste für steuerliche Zwecke immer wieder vorkommt – will der Leitende Regierungsdirektor Hermann Dewein, Vorsteher des Finanzamts Offenburg, erkannt haben. Und nach seiner Prognose wird man sich auf allerhand gefaßt machen können: „Die Finanzbehörden werden wohl das Instrument des (Sammel-)Auskunftsersuchens künftig stärker einsetzen können, ohne dabei mit dem Bankgeheimnis in Konflikt zu geraten."

Auskunftsersuchen des Finanzamts bei hohen Entnahmen

Dafür, daß Auskunftsersuchen der Finanzbehörden an Banken jedoch nicht allzu üppig ins Kraut schießen, sorgt eine weitere Entscheidung des Bundesfinanzhofs.[60] Hier stand die Zulässigkeit eines Auskunftsersuchens an eine Sparkasse bei hohen Entnahmen zur Überprüfung privater Kontenbewegungen auf dem Prüfstand. Im zu beurteilenden Fall lägen zwar Anhaltspunkte für steuererhebliche Umstände vor, die ein Auskunftsersuchen rechtfertigen. Sie bestünden in den hohen ungebundenen Entnahmen in den Jahren 01 bis 04, führt der BFH aus. Dabei versteht er unter „ungebundenen" Entnahmen solche, die nicht zur Bezahlung der Einkommensteuer verwendet werden. Ungebundene Entnahmen in Höhe von 58 000 DM im Jahr 01, 68 300 DM im Jahr 02, 62 000 DM im Jahr 03 und 47 600 DM im Jahr 04 lassen bei Ehegatten mit einem Kind nach Auffassung des BFH durchaus die Möglichkeit der Vermögensbildung offen. Dem stehe die vom Finanzgericht als Vorinstanz vertretene Meinung nicht entgegen, daß bei aufwendigem Lebensstil monatlich zwischen 3900 DM und 5700 DM verbraucht worden sein könnten. Das Finanzgericht haben einen so hohen Verbrauch nicht festgestellt, sondern erwähne ihn nur als Möglichkeit, wodurch die das Auskunftser-

---

60 BFH-Urt. vom 23. 10. 1990 VIII R 1/86 (BStBl 1991 II S. 277).

suchen rechtfertigende Möglichkeit der Vermögensbildung nicht ausgeschlossen wird.

Einhaltung des Verhältnismäßigkeitsgrundsatzes

Allerdings unterliege, so der BFH weiter, das Auskunftsrecht des Finanzamts allgemeinen rechtsstaatlichen Grenzen. Die verlangte Auskunft müsse zur Sachverhaltsaufklärung geeignet und notwendig, die Pflichterfüllung für den Betroffenen möglich und die Inanspruchnahme erforderlich, verhältnismäßig und zumutbar sein. Im Streitfall erfülle das Auskunftsersuchen nicht die Voraussetzung der Verhältnismäßigkeit (Zweck-Mittel-Verhältnis). Aus der von den Klägern vorgelegten Bescheinigung der Sparkasse sei erkennbar, daß die Kläger auf den beiden bei der Sparkasse geführten Konten in den Streitjahren kein Vermögen angesammelt hatten. Das ergebe sich aus den mitgeteilten Jahresendbeständen und den geringen Soll- und Habenzinsen dieser Konten. Das Verlangen des Finanzamts auf Vorlage sämtlicher Kontenauszüge könne mithin nur zur Prüfung der Frage dienen, ob aus Kontenbewegungen Erkenntnisse über andere Vermögensbildungen der Kläger möglich sind.

Unter Berücksichtigung der Tatsache, daß sich das Finanzamt zu dieser Prüfung allein deshalb veranlaßt sah, weil die Kläger hohe Beträge entnommen hatten, dürfte es nicht die Vorlage sämtlicher Kontenauszüge für den gesamten Zeitraum von vier Jahren verlangen. Bei Beachtung des Grundsatzes der Verhältnismäßigkeit hätte es sich mit der Vorlage sämtlicher Kontenauszüge zunächst für einen weitaus kürzeren Zeitraum (höchstens ein Jahr) begnügen müssen. Erst wenn bei der Prüfung dieser Auszüge Umstände zutage treten, die auf nicht erklärte Vermögensbildung hindeuten, könnte das Verlangen auf Vorlage von Kontenauszügen auch für weitere Jahre zulässig sein.

Hohe ungebundene Entnahmen

Im Streitfall hatte der BFH bei Verheirateten mit einem Kind entsprechend hohe ungebundene Entnahmen für die Jahre 1972 bis 1975 bei Beträgen zwischen 50 000 DM und 70 000 DM angenommen. Das dürfte im Jahr 1991 Beträgen von etwa 180 000 bis 200 000 DM nach Steuer entsprechen, wenn man die inzwischen eingetretenen Lohn-, Gehalts- und sonstigen Einkommenssteigerungen berücksichtigt.[61]

61 So Söffing, NWB Fach 2 S. 5633 f.

> **Ratschlag:**
>
> Die Entscheidung des BFH vom 23. 10. 1990 dürfte zur Lektion für jene Finanzämter geraten, die mit Auskunftsersuchen an Kreditinstitute allzu forsch vorgehen zu müssen glauben. Die Kreditinstitute und deren Kunden sollten sich daher unter gleichen oder ähnlichen Umständen wie in dieser Entscheidung gegen ein Auskunftsersuchen zur Wehr setzen. Vor allem finanzbehördliche Auskunftsverlangen im Rahmen von Rasterfahndungen mit der Spekulation, daß in dem großflächigen, aber engmaschig gestrickten Netz schon der eine oder andere Fisch hängen bleiben wird, sind unzulässig.

Vorlage von privaten Kontoauszügen an Finanzamt?

Eine generelle Vorlagepflicht für die privaten Kontoauszüge des Steuerzahlers verneint auch ein interessantes Finanzgerichtsurteil.[62] Danach hat der Steuerzahler grundsätzlich nur solche Belege dem Prüfer vorzulegen, die er im Besitz hat. Die Vorlagepflicht kann sich nur auf Konten und Belege erstrecken, bezüglich derer eine Aufbewahrungspflicht besteht. Ein Prüfer, der bei seinen Prüfungen stets die Vorlage der Privatkonten verlangt, handelt nach Auffassung des FG Rheinland-Pfalz rechtswidrig. Als damit in Einklang stehend sieht das FG das BFH-Urteil vom 1. 7. 1987 I R 284–286/83[63] an, wonach ein Steuerzahler für seine privaten Sparkonten weder eine Buchführung einrichten noch einen Nämlichkeitsnachweis führen müsse. Der Steuerzahler sei zwar zur Auskunftserteilung und Mitwirkung verpflichtet (§§ 90, 93, 200 AO), ihn treffe jedoch nicht die Verpflichtung, einen in sich geschlossenen Nachweis über die Herkunft seines Privatvermögens zu führen. Aus diesen Ausführungen des BFH zieht das FG den Schluß, daß der Steuerzahler auch keine privaten Kontoauszüge dem Finanzamt vorlegen muß.[64]

Besonderheit: Einnahmenüberschußrechnung

Bei Gewinnermittlung durch Einnahmenüberschußrechnung kann sich das Gewicht allerdings etwas verschieben! So ist in letzter Zeit entschieden worden, daß ein Arzt mit Gewinnermittlung nach § 4 Abs. 3 EStG dem Außenprüfer auf Verlangen

---

62 FG Rheinland-Pfalz, Urt. vom 25. 4. 1988 (EFG 1988 S. 502).

63 BFH/NV 1988 S. 12.

64 Ob die Entscheidng des FG Rheinland-Pfalz rechtskräftig geworden ist, ist nicht bekannt.

regelmäßig die vollständigen Auszüge seines Girokontos, über das neben den betrieblichen auch private Vorfälle abgewickelt wurden, vorzulegen und bei Vernichtung Ersatzbelege zu verschaffen hat.[65] Ein Auskunftsersuchen nach § 93 AO setzt aber immer voraus, daß konkrete Umstände oder allgemeine Erfahrungen im Einzelfall eine Heranziehung des Auskunftspflichtigen geboten erscheinen lassen. Die Tatsache, daß Gesetze im allgemeinen und Steuergesetze im besonderen nicht immer beachtet werden, ist jedoch keine allgemeine Erfahrung, die eine generelle fragebogenmäßige Abfragung aller denkbaren Steuertatbestände rechtfertigt. In einem solchen Fall ist das Finanzamt daher auch nicht berechtigt, die Abgabe von Steuererklärungen zu verlangen.[66] Es reicht zur Rechtfertigung der finanzamtlichen Neugier also nicht aus, daß eine allgemeine Steuererklärungspflicht besteht. Das Finanzamt muß in diesen Fällen erst einmal die Erklärung abwarten und kann erst dann Überprüfungen vornehmen.

Im Steuerstrafverfahren kein Bankgeheimmnis

Ist gegen einen Steuerzahler jedoch ein Verfahren wegen einer Steuerstraftat oder einer Steuerordnungswidrigkeit eingeleitet, so ist er jedes Bankgeheimnisschutzes verlustig gegangen. Die Ermittlungsbehörden dürfen dann ungehindert die Banken, mit denen der Steuerzahler kooperiert, beispielsweise in der Unterbringung von Schwarzgeld nach Steuerhinterziehung, um Auskunft und Urkundenvorlage angehen. Die Banken ihrerseits müssen unter diesen Voraussetzungen Auskunft erteilen und Urkunden vorlegen; sie haben dann kein Auskunftsverweigerungs- und kein Zeugnisverweigerungsrecht.

Rasterfahndung

Ein Wort noch zum Thema „Rasterfahndung“: Es ist immer wieder klarzustellen, daß so etwas für steuerrechtliche Ermittlungen nicht in Frage kommt. In der Tat war das Mittel der Rasterfahndung wohl auch eher dafür geeignet, die im Untergrund lebenden Terroristen aufzuspüren. Das Bundeskriminalamt filterte Computerdateien mit sog. elektronischen Schleppnetzen, deren Maschen immer enger wurden. Ein Beispiel dafür war die Festnahme des Terroristen Rolf Heißler in Frankfurt. Man hatte zunächst alle Stromabnehmer ermittelt, die ihre Rechnungen bar bezahlten: etwa 16 000. Unter diesen wurden jene herausgesucht, die beim Einwohnermeldeamt nicht ordnungsgemäß registriert

---

65 FG Hamburg, nicht rechtskr. Urt. vom 22. 3. 1991 (EFG 1991 S. 636).
66 BFH-Urt. vom 11. 10. 1989 I R 101/87 (BStBl 1990 II S. 280).

waren. Dadurch verringerte sich die Zahl der Verdächtigen auf 2000. Ein zugelassenes Kraftfahrzeug besaßen wiederum nur 100 von ihnen. Über weitere Merkmale wie Fahrzeugtyp und besondere persönliche Kennzeichen konnte der Kreis der Verdächtigen schließlich auf zwei Personen eingegrenzt werden. Eine davon war Heißler. Es ist dagegen schlecht vorstellbar, daß Personen, die ihren steuerlichen Pflichten nicht oder nicht ordnungsmäßig nachkommen, in den Untergrund abtauchen und dort mittels Rasterfahndung gefunden werden können.

2.6 Anzeigepflicht der Banken beim Todesfall eines Kunden besteht weiter!

Im Erbfall

Nach § 33 Abs. 1 ErbStG hat ein Kreditinstitut beim Tod eines ihrer Kunden innerhalb eines Monats dem zuständigen Erbschaftsteuer-Finanzamt insbesondere seine Guthabenkonten und Wertpapierdepots, soweit deren Wert insgesamt 2000 DM übersteigt,[67] anzuzeigen.[68] Der Schutz des Bankkunden vor Kontrollmitteilungen endet also spätestens bei seinem Tod. Da § 30a AO diese Anzeigepflicht der Kreditinstitute im Todesfall weder aufgehoben noch modifiziert hat, bleibt sie nach dem Grundsatz, daß die einschränkende speziellere Norm die allgemeine Norm ausschließt,[69] weiterhin gültig.

Vor dem Tode Guthaben auf Erben übertragen

Gut informierte Steuerzahler pflegen allerdings das Kontrollmitteilungssystem der Finanzverwaltung in Erbfällen dadurch zu umgehen, daß sie rechtzeitig vor ihrem Ableben die Guthaben auf die Erben übertragen, so daß damit die Anzeigepflicht der Kreditinstitute unterlaufen wird. Die Erben haben dann von ihren Vorfahren sozusagen nicht nur Bankkonten geerbt, sondern auch den Hang zur Steuerunehrlichkeit.[70]

---

67 Einf.-Erl. zum ErbStG vom 20. 12. 1974/10. 3. 1976 (BStBl 1975 I S. 42, 1976 I S. 145).

68 Siehe hierzu ausführlicher Kapitel 15, Abschn. 6.

69 Larenz, Methodenlehre der Rechtswissenschaft, Berlin 1983, S. 147.

70 Vgl. dazu Bilsdorfer, Die Informationsquellen und -wege der Finanzverwaltung, 2. Aufl., 1989, S. 55 ff., BB 1991 S. 1455.

2.7 Bankgeheimnis weiter eingeschränkt durch Prüfungsrecht der Finanzbehörden hinsichtlich der Abstandnahme vom Quellensteuerabzug

Bisher waren die Finanzbehörden berechtigt, die Verhältnisse zu prüfen, die bei den zwecks Erhebung der Kapitalertragsteuer Beteiligten von Bedeutung sind oder der Aufklärung bedürfen. Dabei beschränkte sich dieses Prüfungsrecht auf die Anrechnung oder Erstattung von Kapitalertragsteuer. Vom Veranlagungszeitraum 1989 an wurde durch das Haushaltsbegleitgesetz 1989[71] das Prüfungsrecht auch auf die Abstandnahme vom Kapitalertragsteuerabzug seitens der Kreditinstitute ausgedehnt (§ 50b EStG). Eine Kollision mit dem in § 30a AO niedergelegten Schutz von Bankkunden sei – so die Bundesregierung und der Finanzausschuß des Deutschen Bundestags – nicht zu erwarten.

Besteht die Gefahr, daß vor 1993 verschwiegenes Kapitalvermögen jetzt aufgedeckt wird?

Die Vorschrift des § 50b EStG spielt auch eine Rolle bei der am 1. 1. 1993 eingeführten Zinsabschlagsteuer. Steuerzahler, die nämlich den neuen erhöhten Freibetrag von 6100 DM/12 200 DM (Ledige/Verheiratete) pro Jahr in Anspruch nehmen wollen, müssen dem Kreditinstitut bzw., wenn es mehrere sind, den Kreditinstituten sog. Freistellungsaufträge in Höhe dieses Freibetrages erteilen. Die Finanzämter werden dann aufgrund des § 50b EStG die Berechtigung des Freistellungsauftrags prüfen. Zwar soll, wie immer wieder versichert wird, die Prüfung auf die Berechtigung des Freistellungsauftrags beschränkt sein; die Kundenkonten oder die Höhe der Einkünfte sollen nicht Gegenstand der Prüfung sein. Bei der Befassung mit den Freistellungsaufträgen könnte der finanzbehördliche Prüfer jedoch auch der Herkunft der freigestellten Beträge auf den Grund gehen. Dabei könnte aufgedeckt werden, daß es sich um Kapitalvermögen handelt, das in den Jahren vor 1993 verschwiegen worden ist. Steuersünder, die keine plausible Erklärung abgeben können, würden dann ertappt werden und müßten mit Nachzahlung und Strafe rechnen. Zur Vermeidung solcher Turbulenzen sieht das Zinsabschlaggesetz vor, daß die Geldinstitute bei Kunden mit dem aufgerufenen Anfangsbuchstaben dem Bundesamt für Finanzen (BfF) nur die mitgeteilten Freistellungsgrenzen melden, nicht aber die tatsächlich gutgeschriebenen Zinserträge und auch keine Kontostände oder Depotwerte. Das BfF seinerseits darf die per Magnetband gemeldeten Freistellungsgrenzen nur daraufhin überprüfen, ob

71 Vom 20. 12. 1988 (BGBl 1988 I S. 2262).

ein Kunde das ihm zustehende Freistellungs-Volumen überschritten hat. Die Finanzverwaltung darf also die Meldungen der Geldinstitute nicht für andere Zwecke der Steuerkontrolle auswerten, auch nicht für Kalenderjahre vor 1993 (§ 45d EStG).

Kapitel 12: Unterbringung von Schwarzgeld auf Konten im Ausland, vornehmlich Nummernkonten

Keine Nummernkonten in der Bundesrepublik Deutschland

Da das Bankgeheimnis in der Bundesrepublik Deutschland – sofern man überhaupt von einem solchen reden kann – zu undicht ist,[72] wandern Gelder, und darunter natürlich auch Schwarzgeld, in beträchtlicher Höhe in das Ausland ab. Wer wollte die Augen davor verschließen? Die Gelder kommen dort überwiegend auf Bankkonten zur Ruhe. Oft ist das ausländische Bankkonto nur Zwischenstation, bevor die Gelder in dem betreffenden Land anderweitig angelegt werden, beispielsweise in Grundbesitz, was aber in Schwarzgeldfällen eine Verheimlichung erschwert. Bevorzugt wird das Dauerparken auf Bankkonten in Ländern, die Anonymität aufgrund ihres gesetzlichen Bankgeheimnisses gewährleisten, zusätzlich sogar noch Nummernkonten ermöglichen. In Deutschland sind solche Nummernkonten nach § 154 AO verboten.[73] Der AO-Anwendungserlaß (AEAO) vom 24. 9. 1987[74] führt hierzu in Nr. 5 zu § 154 AO aus: „Es ist unzulässig, Name und Anschrift des Verfügungsberechtigten lediglich in einer vertraulichen Liste zu führen und das eigentliche Konto nur mit einer Nummer zu kennzeichnen. Die Führung sog. Nummernkonten bleibt verboten.“

Welche anderen Länder sind interessant?

Aus deutscher Sicht und auch wegen der relativ geringen Entfernung beliebt zur Errichtung von ausländischen Bankkonten sind die Länder Schweiz, Liechtenstein, Luxemburg und Österreich, auf welche im folgenden näher eingegangen wird. Aber auch in einigen gängigen Ländern werden die Verhältnisse kurz dargestellt.

---

72 Siehe Kapitel 16.

73 Siehe Kapitel 6 Abschn. 4.

74 BStBl 1987 I S. 664, 694; vgl. Kapitel 7 Abschn. 4.2.2.

Weithin unbekannt ist übrigens, daß nach einer nicht dem Steuerrecht zuzuordnenden Bestimmung (§ 59 Außenwirtschafts-Verordnung) der Geldtransfer ins Ausland oder ins Inland der zuständigen Landeszentralbank gemeldet werden muß. Diese Meldung findet keine Anwendung auf

Geldtransfer ins Ausland ab 2000 DM meldepflichtig

1. Zahlungen, die den Betrag von 2000 DM oder den Gegenwert in ausländischer Währung nicht übersteigen,
2. Ausfuhrerlöse,
3. Zahlungen, welche die Gewährung, Aufnahme oder Rückzahlung von Krediten mit einer ursprünglich vereinbarten Laufzeit und der Kündigungsfrist von nicht mehr als 12 Monaten zum Gegenstand haben,
4. Zahlungen natürlicher Personen für den Bezug von Waren zum persönlichen Gebrauch und für die Inanspruchnahme von Dienstleistungen zu persönlichen Zwecken.

Wie die deutsche Bundesbank mit Brief vom 15. 1. 1991 mitteilte, dienen diese Meldungen ausschließlich statistischen Zwecken. Sie werden für die Aufstellung der Zahlungsbilanz der Bundesrepublik Deutschland benötigt. Die Angaben unterliegen nach den Bestimmungen des Gesetzes über die Statistik für Bundeszwecke und des Bundesdatenschutzgesetzes der statistischen Geheimhaltung. Die Angaben des Meldepflichtigen dürfen damit nicht zu Auskünften und Anzeigen an die Finanzbehörden benutzt werden. Diese gesetzlichen Auflagen würden von der Bundesbank strikt eingehalten. Hinzu kommt, daß die Meldungen von Privatpersonen unmittelbar nach ihrer statistischen Erfassung vernichtet würden.

Auch dem deutschen Zoll muß Bargeld, das in Höhe von mehr als 2000 DM über die Grenze mitgenommen wird, gemeldet werden.

Meldung an deutschen Zoll

Aus der Bundesrepublik Deutschland darf zwar Geld in unbegrenzter Höhe ins Ausland mitgenommen werden; es muß aber ab 2000 DM gemeldet werden. Wer aber z. B. mit 100 000 DM die Grenze passiert und dies dem Zoll korrekt angegeben hat, muß nach Rückkehr aus dem Ausland einer Rückfrage des Finanzamts gewärtig sein, woher dieses Geld stammt. Denn der Zoll informiert bei Beträgen in dieser Größenordnung das Finanzamt regelmäßig per Kontrollmitteilung. Eine für Schwarzgeld-Touristen unangenehme Situation!

Informationsaustausch Zoll–Steuerverwaltung

Der an sich zulässige Informationsaustausch zwischen Zoll und Steuerverwaltung weitet sich allerdings in der Praxis oft aus in unzulässige Ermittlungsmethoden steuerstrafverfahrensrechtlicher Art, wie das folgende Beispiel zeigt.

Beispiel

A wird aus der Schweiz kommend bei der Einreise in die Bundesrepublik Deutschland von dem kontrollierenden deutschen Zollbeamten Z befragt, ob er irgendwelche Waren anzumelden habe. A verneint die Frage wahrheitsgemäß, die Überprüfung bestätigt seine Angaben. Z läßt sich von A die Brieftasche vorlegen. In ihr befinden sich Kontoauszüge auf den Namen des A, die auf schweizerische und deutsche Banken Bezug nehmen und aus denen sich relativ hohe Guthaben ergeben. Z liest die Bankauszüge und benachrichtigte daraufhin die örtlich zuständige Steuerfahndung. Gleichzeitig bittet Z den A, das Erscheinen der Steuerfahndungsbeamten abzuwarten. A kommt der Bitte nach. Die Beamten der Steuerfahndung stellen die Kontoauszüge sicher und veranlassen die Auswertung durch die für den Wohnsitz des A zuständige Finanzbehörde; sie stellt aufgrund dessen eine Steuerhinterziehung in erheblichem Umfang fest.

Birmanns[75] kommt nach einer Analyse dieses Sachverhalts zu dem Ergebnis, daß die Beschlagnahme der Kontoauszüge fehlerhaft und rechtswidrig war. Die aufgrund dessen aufgefundenen weiteren Beweismittel können allerdings im Strafprozeß verwendet werden. Dieses Ergebnis sei unbefriedigend. Es dürfte sich empfehlen, daß das Bundesfinanzministerium die Sicherstellung von Kontoauszügen durch Zollbeamte eindeutig untersagt. Die Fehler im Ermittlungsverfahren sollten bei der Strafzumessung mildernd berücksichtigt werden.

75 NWB F. 13 S. 769 f.

Einen Überblick über die Quellensteuersätze in den wichtigsten Ländern Europas finden Sie nachstehend.

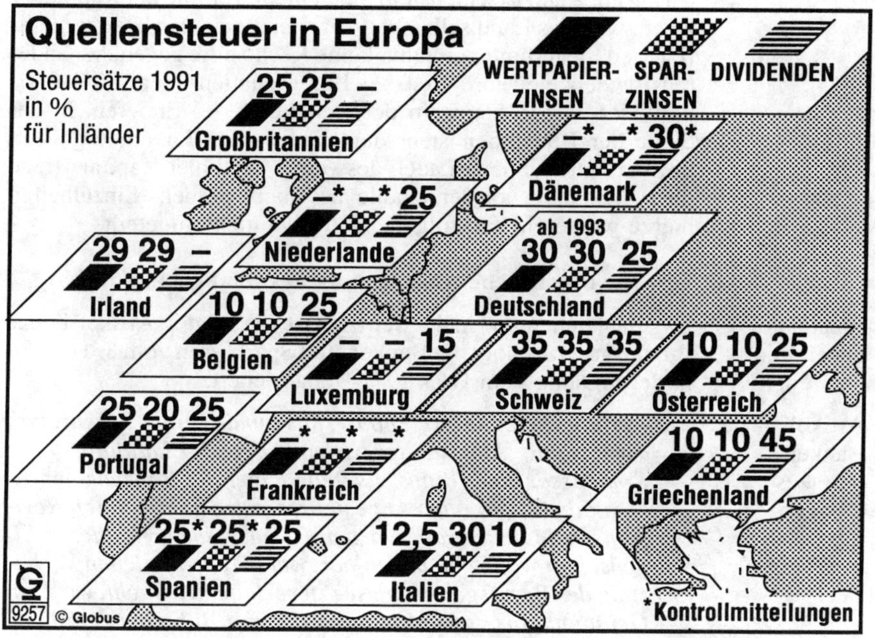

1 Schweiz

Der Bankenplatz Schweiz ist nicht mehr das, was er einmal war. Seit (ab 1. 7. 1991) Rechtsanwälte, Notare und Treuhänder nicht mehr per B-Formular bestätigen dürfen, daß ihnen der hinter ihnen stehende „wirtschaftliche Berechtigte" bekannt ist und letzterer dadurch mittelbar bei der Bank anonym bleiben konnte, und auch für Altfälle die Anonymität bis zum 30. 9. 1992 verloren geht, hat das Bankgeheimnis in der Schweiz nicht mehr den gleichen Rang wie früher anderswo das Beichtgeheimnis. Es ist durchlöchert wie der Schweizer Käse. Hinzu kommen zur Bekämpfung der Geldwäsche neue Meldepflichten gegenüber den Banken bei verdächtigen Geldtransaktionen. An Attraktivität hat das österreichische Bankgeheimnis dem der Schweiz den Rang abgelaufen. In diesem Land wird nicht nur eine gewisse Anony-

Abschaffung des B-Formulars

mität der Geldanlage gewährleistet; auch gegenüber der Verrechnungssteuer in der Schweiz von 35 v. H. mutet die Verrechnungssteuer von 10 v. H. bei anonymen Kapitalanlagen in Österreich gering an. Auch Liechtenstein bietet mehr Vorteile bei Kapitalanlagen, weil das Land selbst bei Abgabebetrug, also bei der qualifizierten Steuerhinterziehung, keine Rechtshilfe gegenüber anderen Ländern gewährt. Erst bei Bargeschäften über 100 000 sfr muß sich in Liechtenstein der Bankkunde legitimieren. In der Skala der Beliebtheit steht der Bankenplatz Luxemburg noch obenan, unter anderem auch deswegen, weil hier Kapitalerträge überhaupt nicht an der Quelle besteuert werden. Einzelheiten hierzu werden in den folgenden Abschnitten mitgeteilt.

1.1 Strafrechtliche Absicherung des Bankgeheimnisses

Bankgeheimnis

Das Bankgeheimnis in der Schweiz ist wie folgt in Artikel 47 des Bundesgesetzes über die Banken und Sparkassen vom 8. 11. 1934 in der Fassung vom 11. 3. 1971[76] abgesichert:

Artikel 47 des Bankengesetzes

„1. *Wer ein Geheimnis offenbart, das ihm in seiner Eigenschaft als Organ, Angestellter, Beauftragter, Liquidator oder Kommissär einer Bank, als Beobachter der Bankenkommission, als Organ oder Angestellter einer anerkannten Revisionsstelle anvertraut worden ist oder das er in dieser Eigenschaft wahrgenommen hat, wer zu einer solchen Verletzung des Berufsgeheimnisses zu verleiten versucht, wird mit Gefängnis bis zu 6 Monaten oder mit Buße bis zu 50 000 Franken bestraft.*

2. *Handelt der Täter fahrlässig, so ist die Strafe Buße bis zu 30 000 Franken.*

3. *Die Verletzung des Berufsgeheimnisses ist auch nach Beendigung des amtlichen oder dienstlichen Verhältnisses oder der Berufsausübung strafbar.*

4. *Vorbehalten bleiben die eidgenössischen und kantonalen Bestimmungen über die Zeugnispflicht und über die Auskunftspflicht gegenüber einer Behörde.*“

Aufgrund dieser Geheimhaltungspflicht geben die Banken in der Schweiz auf Anfrage auch keine Auskunft, weder negativer noch positiver Art. Sie dürfen sich noch nicht einmal zum Bestehen

76 Schweizerisches Bundesblatt 71, I, 549.

oder Nichtbestehen einer Kontoverbindung äußern. Das Schweizer Bundesgesetz über die Banken und Sparkassen findet nach seinem Artikel 2 auch auf Niederlassungen und Agenturen ausländischer Banken in der Schweiz Anwendung.[77]

Strafbar und von Amts wegen zu verfolgen ist also jede Offenbarung einer anvertrauten Tatsache, es sei denn, der Kunde hat die Bank von der Geheimhaltungspflicht entbunden (Artikel 321 Nr. 2 Schweizer Strafgesetzbuch). Aber auch bei Einverständnis des Kunden prüfen Schweizer Banken bei Anfragen aus dem Ausland, ob die Tatbestandsmerkmale des „wirtschaftlichen Nachrichtendienstes" (Auskundschaftung von Fabrikations- und Geschäftsgeheimnissen) im Interesse des Auslandes gemäß Artikel 273 StGB erfüllt sind.[78]

Eventuell abweichendes kantonales Recht

Aufgrund der Bestimmung der Nummer 4 in Artikel 47 des Schweizerischen Bankengesetzes (siehe oben) bleiben jedoch die eidgenössischen und kantonalen Bestimmungen über die Zeugnispflicht und über die Auskunftspflicht gegenüber einer Behörde unberührt. Sichtermann[79] weist zutreffend darauf hin, daß das kantonale Recht hier insofern von besonderer Bedeutung ist, als die Bundeszivil- und Strafprozeßordnung nur in den seltenen Fällen angewendet wird, welche in die ausschließliche Zuständigkeit des Bundes fallen.

1.2 Zivilrechtliche Absicherung des Bankgeheimnisses

Zeugnisverweigerungsrechte

Nach Artikel 42 Abs. 2 des Schweizer Bundesgesetzes über den Zivilprozeß vom 4. 12. 1947 haben die Banken kein Zeugnisverweigerungsrecht. Der Richter kann dem Zeugen aber auf Antrag die Zeugnisverweigerung gestatten, wenn sein Interesse an Geheimhaltung das Interesse des Beweisführers an der Aussage überwiegt. Nach den kantonalen Zivilprozeßordnungen besteht für Basel-Stadt kein Zeugnisverweigerungsrecht, dagegen für Genf. Im Kanton Zürich steht es im Ermessen des Richters, dem Zeugen die Auskunftspflicht zu erlassen. Gleiches gilt für die Pflicht zur Vorlage von Urkunden. Das Zeugnisverweigerungsrecht beinhaltet zugleich die Zeugnisverweigerungspflicht. Die

77 Aubert/Kernen/Schönle, Das Schweizer Bankgeheimnis, 2. Aufl., 1982, S. 61, 63 f.

78 Carl/Klos, DStR 1991 S. 1285, 1286.

79 Sichtermann, Bankgeheimnis und Bankauskunft, 3. Aufl., Frankfurt 1984 S. 481.

Strafprozeßordnungen des Bundes[80] und der Kantone versagen regelmäßig den Banken ein Zeugnisverweigerungsrecht; sie müssen vor Gericht und Staatsanwalt aussagen, nicht vor der Polizei.[81]

Nach Schweizer Obligationsrecht haben ein Erbe sowie der Testamentsvollstrecker ein Auskunftsrecht gegenüber der Bank, ebenso der Verwalter der ehelichen Güter über das Vermögen des Ehepartners, wenn der eheliche Güterstand dazu berechtigt. Ferner kann nach Schweizerischem Konkursrecht die Bank im Konkurs des Schuldners auskunftsverpflichtet sein. Und nach Artikel 91 Schuldbeitreibungsgesetz ist der Bankschuldner verpflichtet, bei Pfändungen in der Zwangsvollstreckung seine Vermögensgegenstände dem Beitreibungsamt zu offenbaren.[82]

1.3 Strikte Identitätsprüfung

1.3.1 Allgemeines

Standesregeln zur Sorgfaltspflicht der Banken

Keineswegs enthebt das Schweizer Bankgeheimnis die Bank von ihrer Verpflichtung, bei Aufnahme einer Geschäftsbeziehung den Vertragspartner zu identifizieren. Nach Artikel 2 der zwischen der schweizerischen Bankiervereinigung und den unterzeichnenden Banken abgeschlossenen Vereinbarung über die Standesregeln zur Sorgfaltspflicht der Banken (VSB) bestehen für die Schweizer Banken u. a. folgende Verpflichtungen:

- Neben der Feststellung der Identität des Vertragspartner (Legitimationsprüfung) haben sich die Schweizer Banken zu vergewissern, wer an den gutzuschreibenden oder anzulegenden Geldern berechtigt ist.
- Bei Bargeschäften am Schalter, deren Transaktion 100 000 sfr übersteigt, ist eine Legitimationsprüfung erforderlich. Als Beispiel solcher Geschäfte sind angeführt: „Geldwechsel, Kauf und Verkauf von Edelmetall, Barzeichnung von Kassa- und Anleihenobligationen, Einlösen von Schecks.“
- Bei Vermietung von Schrankfächern haben die Banken neben der Legitimationsprüfung des Mieters auch eine Beurteilung seiner Vertrauenswürdigkeit vorzunehmen. Dies entspricht im

80 Artikel 77 des Bundesgesetzes vom 15. 7. 1934 über die Strafrechtsfolge.
81 Sichtermann, a.a.O., S. 482.
82 Aubert/Kernen/Schönle, a.a.O., und Sichtermann, a.a.O.

übrigen einer Empfehlung des Europarates über Maßnahmen gegen den Transfer und die Aufbewahrung krimineller Gelder vom 27. 6. 1980.

Hat der Vertragspartner Wohnsitz oder Sitz in der Schweiz, brauchen die Banken die Identität nicht zu prüfen, wenn der Kunde

- ein Gehaltskonto,
- ein Sparheft oder Sparkonto, ein Einlageheft oder Einlagekonto, ein Depositenheft oder Depositenkonto, ein Anlageheft oder Anlagekonto, das auf den Namen lautet und auf das bei der Eröffnung eine Einlage von weniger als 50 000 sfr gemacht wird,
- für die Gründung oder Kapitalerhöhung einer Aktiengesellschaft zur Liberierung des Aktienkapitals bei einer kantonalen Depositenstelle ein Aktieneinzahlungskonto

zu eröffnen wünscht.[83]

1.3.2 Das Aus für das Superbankgeheimnis mit Formular B

Keine Tarnung der Identität des Mandanten mehr!

Das Formular B war in der freiwilligen Sorgfaltspflichtvereinbarung der Schweizer Banken das große Schlupfloch, um besonders diskretionsbedürftige Kunden weiter die Anonymität zu garantieren. Mußte ein normaler Bankkunde bei einer Geldanlage nämlich mit dem Formular A über sich Auskunft geben, so konnten Anwälte, Treuhänder oder Vermögensverwalter mit dem Geld ihrer Mandanten zur Bank marschieren und das Formular B ausfüllen, mit dem sie die Identität ihres Mandanten geheimhalten konnten. Als im Sommer 1990 die Strafnormen gegen die Geldwäscherei in der Schweiz wirksam wurden, paßte das Formular B nicht mehr in die Bankgeschäftslandschaft. Ab 1. 7. 1991 darf das Formular B nicht mehr verwendet und bis 30. 9. 1992 müssen bisher hinter diesem Formular versteckte Namen bekanntgemacht werden.

Treuhand- und Trustkonten

Unter dieses Aus fällt auch die sogenannte doppelte Anonymität von Treuhand- und Trustkonten. Bei diesen Konten brauchte die Bank ebenfalls nur die Namen der Anwälte zu kennen. Ab

83 Müller-Brühl, Die Legitimationsprüfung und andere Steuerthemen für Banken, 7. Aufl., 1990, S. 337.

1. 7. 1991 bzw. 1. 10. 1992 müssen nun auch im Falle der mit Treuhandkonten kombinierten Trusts die wirtschaftlich Berechtigten den Banken bekannt sein.[84]

1.3.3 Der zweifelhafte Wert eines Nummernkontos

Nummernkonto

Wem das vorstehend geschilderte, dürftig gewordene Schweizer Bankgeheimnis nicht genügt, richtet gern bei einer Schweizer Bank ein Nummernkonto oder Nummerndepot ein. Zusätzlich erreicht er damit aber lediglich, daß sein Name in Verbindung mit dem Konto oder Depot nur einem beschränkten Personenkreis in der Bank bekannt wird, so regelmäßig nur vom Prokuristen oder Direktor an aufwärts. Die für ihn bestimmten Kontoauszüge und Kontobelege weisen anstelle seines Namens nur die Nummer aus. Die dem größten Teil der Bankmitarbeiter nicht zugänglichen Nummernlisten lagern in Panzerschränken der Bank. Mit dem persönlichen Bankberater kann außerdem ein Code-Wort ausgemacht werden, mit dem sich der Kontoinhaber am Telefon oder bei persönlichen Besuchen ausweist.[85] Keinesfalls enthebt das Schweizer Nummernkonto die Bank von ihrer Verpflichtung, bei Aufnahme einer Geschäftsbeziehung den Vertragspartner zu identifizieren. Ohne Identitätsprüfung des Vertragspartners oder der Feststellung des sogenannten wirtschaftlich Berechtigten geht also auch in der Schweiz trotz seines gesetzlichen Bankgeheimnisses nichts.

Nummernkonto lohnt nur selten

Zweckmäßigerweise sollten Sie die Errichtung eines Nummernkontos in der Schweiz nicht der Bank gegenüber damit begründen, daß Sie Schwarzgeld vor dem deutschen Fiskus verbergen wollen. Vielmehr weist Knapp[86] darauf hin, daß man bei der Errichtung eines Nummernkontos in der Schweiz besser angesehen ist, wenn man diese Maßnahme damit begründet, daß man im öffentlichen Leben steht, z. B. als ein Spitzensportler, prominenter Künstler, Politiker oder Industriemagnat so bekannt sei, daß auch sonst zuverlässige Mitarbeiter der Bank unwillkürlich im Freundeskreis die Tatsache der Unterhaltung eines Kontos bei der betreffenden Bank ausplaudern könnten. Ferner macht Knapp darauf aufmerksam, daß man sich als Inhaber eines Nummern-

84 Brestel, FAZ vom 18. 4. 1991 S. 17 und in Blick durch die Wirtschaft Nr. 70 vom 11. 4. 1991.

85 Knapp, Ein Konto im Ausland, Rudolf Haufe Verlag, 3. Aufl., Freiburg 1990, S. 140 ff.

86 Siehe Fußnote 85.

kontos überhaupt erst den Schweizer Behörden gegenüber verdächtig machen kann. Meines Erachtens sollte derjenige, der in der Schweiz oder in einem anderen Land ein Bankkonto errichten möchte, dies nicht, sofern überhaupt zugelassen, in Form eines Nummernkontos tun, es sei denn, er hat wirklich gute Gründe dafür, vor dem Personal der betreffenden Bank verborgen zu bleiben. Hinzu kommt, daß die Eröffnung und die Unterhaltung eines Nummernkontos bei fast allen Kreditinstituten höhere Bankgebühren mit sich bringt als ein einfaches Namenskonto, oft auch noch von einer Mindesteinlage abhängig gemacht wird.

Lagerung von Bankmitteilungen bei der Bank in der Schweiz?

Viele außerhalb der Schweiz wohnende Kunden Schweizer Banken meinen, besonders clever zu handeln, wenn sie ihre Bank in der Schweiz beauftragen, Bankmitteilungen nicht an den Heimatort zu senden, sondern bei der Bank bis zum nächsten Besuch des Bankkunden zu lagern. Nachteile dieser Taktik sind darin zu sehen, daß solche banklagernde Post zusätzliche Kosten an sfr verursacht, ferner daß der ausländische Kunde leicht den rechtzeitigen Verkauf von Bezugsrechten auf Aktien verpassen kann, daß Fehlbuchungen verspätet entdeckt werden und daß dem ausländischen Kunden mancher Franken an Rendite entgeht, wenn er nicht weiß, wieviel er auf dem Konto bei der Schweizer Bank hat. Auch gegen die Einschaltung eines Bevollmächtigten als Empfänger der Bankmitteilungen in der Schweiz meldet Knapp[87] Bedenken an, weil eine solche Einschaltung den Auftraggeber regelmäßig teuer zu stehen kommt.

1.4 Ein Postgirokonto in der Schweiz?

Vorsicht!

Man kann auch ein Postgirokonto in der Schweiz einrichten und Gelder aller Schattierungen entweder vom Postgirokonto in Deutschland dorthin überweisen, was übrigens nicht sonderlich teuer ist, sondern auch ohne ein Postgirokonto in Deutschland per Zahlkarte Geld auf das Postgirokonto in der Schweiz überweisen. Selbstverständlich sind solche Überweisungen auch auf das Postgirokonto der Bank in der Schweiz möglich und manchmal empfehlenswert. Aber Vorsicht! Wie in Deutschland exisitiert auch in der Schweiz ein Verzeichnis der Postscheckteilnehmer bzw. Postgiroteilnehmer in mehreren Bänden. Es ist jedermann und auch der deutschen Finanzverwaltung zugänglich und kann von ihr dahin instrumentalisiert werden, daß dem Betriebsprüfer

87 Siehe Fußnote 85, S. 142 ff.

jedenfalls die Tatsache der Inhaberschaft des Postgirokontos eines geprüften Steuerzahlers bekannt wird und er dann nur noch um Vorlage der Kontounterlagen zu bitten braucht.[88]

1.5 Das Steuerstrafrecht in der Schweiz

Keine Rechts- und Amtshilfe bei „einfacher“ Steuerhinterziehung

Wenn das Bankgeheimnis in der Schweiz im Laufe der Zeit auch noch so löcherig geworden ist, eins muß man ihm dennoch zugute halten: Ob auf Namenskonto oder auf Nummernkonto, das Schweizer Bankgeheimnis deckt Schwarzgeld auch dann ab, wenn es aus einer Steuerhinterziehung herrührt. Dabei versteht die Schweiz unter „Steuerhinterziehung“ – anders als der deutsche Steuergesetzgeber in § 370 AO – nur eine primitive, also ganz einfache Steuerhinterziehung. Als klassischer Fall hierfür wird das bloße Verschweigen von der Besteuerung unterliegenden Einkünften genannt. Der einfache schweizerische Steuerhinterzieher braucht bei Entdeckung nur Nachsteuer zu zahlen, wird aber außerdem mit einer Strafsteuer in regelmäßig gleicher Höhe belegt. Dies alles geschieht im Rahmen des Veranlagungsverfahrens, ohne daß die Banken Auskunftspflichten gegenüber der schweizerischen Steuerverwaltung treffen. Nur der Steuerzahler selbst ist zur Mitwirkung verpflichtet.

Anders bei Abgabebetrug

Demgegenüber steht in der Schweiz der sog. „Abgabebetrug“. Nach Artikel 14 des Schweizerischen Verwaltungsstrafrechtsgesetzes begeht Abgabebetrug, wer zum Zweck der Steuerhinterziehung die Steuerbehörden durch den Gebrauch gefälschter oder verfälschter Urkunden oder von Urkunden, die rechtlich erhebliche Tatsachen unrichtig oder unvollständig beurkunden, täuscht.[89] Hierzu hat das Schweizerische Bundesgericht in Lausanne in dem Rechtshilfefall wegen Abgabebetrugs durch Urkundenfälschung, arglistige Täuschung und „ein ganzes Lügengebäude“ der Friedrich-Ebert-Stiftung zugunsten der SPD[90] folgendes ausgeführt: „Der Kassationshof des Bundesgerichts hat als Steuerbetrug entsprechend der steuerrechtlichen Lehre ein Verhalten des Steuerpflichtigen bezeichnet, der die Steuerbehörden aufgrund von falschen, gefälschten oder inhaltlich unwahren Urkunden über die für die Quantifizierung des Steueranspruchs erheblichen Tatsachen täuscht, um auf diese Weise eine unrich-

„Ein ganzes Lügengebäude“

88 Finanzbrief Ludwigshafen Nr. 26 vom 25. 6. 1991.
89 So z. B. § 192 Zürcher StG.
90 Urteil vom 4. 4. 1989, BG, Amtl. Slg. Bd. 115/Ib, S. 68 ff., DStZ 1990 S. 540 ff.

tige, für ihn zu günstige Einschätzung zu erreichen. Dieser Entscheid, der sich nicht auf ein Rechtshilfeverfahren bezog, ist in Übereinstimmung mit der herrschenden Lehre dahingehend zu ergänzen, daß der Steuerbetrug nicht notwendigerweise die Verwendung falscher oder gefälschter Urkunden voraussetzt, sondern daß auch andere Fälle arglistiger Täuschung der Steuerbehörden denkbar sind, z. B. durch ein für diese Behörden nicht durchschaubares Zusammenwirken des Steuerpflichtigen mit Dritten ... Jedenfalls aber sind besondere Machenschaften, Kniffe oder ein ganzes Lügengebäude Voraussetzung dafür, daß arglistige Täuschung anzunehmen ist. Unter bestimmten Umständen kann allerdings auch bloßes Schweigen arglistig sein, dann nämlich, wenn der Täuschende den Getäuschten von einer möglichen Überprüfung abhält oder voraussieht, daß dieser mit Rücksicht auf ein besonderes Vertrauensverhältnis von einer Überprüfung absehen wird."

Anders als bei der einfachen Steuerhinterziehung müssen bei der Ermittlung von Abgabebetrugsfällen die Banken in der Schweiz Auskünfte erteilen und Urkunden vorlegen sowie strafprozessuale Maßnahmen wie Durchsuchung und Beschlagnahme dulden.

Beispiele für Abgabebetrug im Sinne der schweizerischen Gesetzgebung

Was von Schweizer Banken als Abgabebetrug angesehen und daher nicht mehr vom Bankgeheimnis in der Schweiz geschützt wird und einer Auskunftspflicht der zuständigen Schweizer Behörde im Rahmen des Rechtshilfegesuchs zugänglich ist, geht beispielhaft aus Abschnitt C Artikel 7 der schon vorstehend erwähnten Vereinbarung über die Standesregeln zur Sorgfaltspflicht der Banken (VSB) wie folgt hervor:

C Verbot der aktiven Beihilfe zu Steuerhinterziehung und ähnlichen Handlungen

Art. 7 Steuerhinterziehung und ähnliche Handlungen

Die Banken leisten Täuschungsmanövern ihrer Kunden gegenüber Behörden des In- und Auslandes, insbesondere Steuerbehörden, weder durch unvollständige noch auf andere Weise irreführende Bescheinigungen Vorschub.

50 Verboten ist die Abgabe unvollständiger oder in anderer Weise irreführender Bescheinigungen an den Kunden selbst oder auf dessen Wunsch direkt an Behörden des In- oder Auslandes.

Unter Behörden sind namentlich Steuerbehörden, Zollämter, Währungs- und Bankenaufsichtsbehörden zu verstehen.

51 Unter das Verbot fallen besondere, vom Kunden zu Händen von Behörden angeforderte Bescheinigungen.

Routinemäßig erstellte Belege, wie Konto- und Depotauszüge, Gutschrift- und Belastungsanzeigen, Abrechnungen über Devisengeschäfte, Coupon- und Börsenabrechnungen, dürfen von der Bank nicht zu Täuschungszwecken abgeändert werden.

52 Bescheinigungen sind unvollständig, wenn zur Täuschung von Behörden relevante Sachverhalte unterdrückt werden, indem z. B. die Bank auf Wunsch des Kunden in einer besonderen Bestätigung oder in einem Konto- oder Depotauszug einzelne Positionen wegläßt.

In Konto- und Depotauszügen braucht nicht erwähnt zu werden, daß für den gleichen Kunden noch andere Konten oder Depots geführt werden.

53 Bescheinigungen sind irreführend, wenn Sachverhalte mit der Absicht, die Behörden zu täuschen, wahrheitswidrig dargestellt werden, z. B. durch

a) falsche Datierungen, falsche Beträge, fiktive Kurse oder die Angabe falscher Gutschriftsempfänger bzw. Belasteter;

b) Bescheinigung fiktiver Forderungen oder Schulden (gleichgültig, ob die Bescheinigung den Büchern der Bank entspricht oder nicht).

1.6 Amts- und Rechtshilfe der Schweiz gegenüber anderen Staaten

Im Rahmen der Amtshilfe, also von Fiskus zu Fiskus, darf die Schweiz der deutschen Finanzverwaltung keine bankinternen Informationen bekanntmachen, welche die Banken in der Schweiz dem eigenen Fiskus vorenthalten dürfen. Dies ist in Artikel 27 des deutsch-schweizerischen Doppelbesteuerungsabkommens festgelegt.

Amtshilfe der Schweiz

Weitergehend ist aber die *Rechtshilfe* der Schweiz gegenüber anderen Staaten. Zwar wird nach dem Schweizer Bundesgesetz über internationale Rechtshilfe in Strafsachen vom 20. 3. 1981[91] dem Ersuchen einer ausländischen Behörde seitens der Schweiz nicht nachgekommen, wenn der Gegenstand des Verfahrens, das gegen den ausländischen Kunden der Schweizer Bank vorbereitet wird oder in Gang ist, eine Tat darstellt, die auf eine bloße Verkürzung fiskalischer Abgaben gerichtet erscheint, also nur einfache Steuerhinterziehung im Sinne der Schweizer Gesetzgebung ist. Handelt es sich dagegen um einen Abgabebetrug im Sinne von Artikel 14 des Schweizerischen Verwaltungsstrafrechtsgesetzes (zum Unterschied siehe Abschn. 1.5), so darf die zuständige Schweizer Behörde dem Rechtshilfeersuchen (hier des deutschen Fiskus) entsprechen.

Rechtshilfe der Schweiz bei Abgabebetrug

In verfahrensrechtlicher Hinsicht ist zu bemerken, daß bei Abgabebetrug von Schweizer Seite nur die sogenannte „kleine“ Rechtshilfe gewährt wird. Dazu zählen Zustellung von Schriftstücken, Beweiserhebung, Herausgabe von Akten und Schriftstücken, Durchsuchung von Personen und Räumen, Beschlagnahmen und Gegenüberstellung sowie die Auslieferung eines Verfolgten von einem Staat durch das Gebiet eines anderen an den ersuchenden Staat (sog. Durchlieferung). Das Schweizer Bankgeheimnis versagt gegenüber diesen Maßnahmen; Bänker haben nach der schweizerischen Strafprozeßordnung kein Zeugnisverweigerungsrecht. Im übrigen leistet die Schweiz keine internationale Steuervollstreckung, auch nicht in Bankkonten und Bankdepots.[92]

Nur „kleine“ Rechtshilfe

91 Rechtshilfegesetz (IRSG).
92 Carl/Klos, a.a.O., S. 1289.

Ingeba-Urteil des Schweizerischen Bundesgerichts

Das Schweizerische Bundesgericht[93] führt zu allem noch aus: „Die schweizerische Behörde hat sich beim Entscheid über ein Rechtshilfebegehren nicht dazu auszusprechen, ob die darin angeführten Tatsachen zutreffen oder nicht. Sie ist vielmehr an die Darstellung des Sachverhalts im Begehren des ersuchenden Staates gebunden, soweit diese nicht offensichtliche Fehler, Lücken oder Widersprüche enthält. Was speziell die Rechtshilfe im Zusammenhang mit dem Tatbestand des Abgabebetrugs betrifft, so verlangt das Bundesgericht von der ersuchenden Behörde nicht einen strikten Beweis dieses Tatbestandes, doch muß sie hinreichende Verdachtsmomente für dessen Vorliegen darlegen, damit ihrem Gesuch entsprochen werden kann. Damit soll verhindert werden, daß die ersuchende Behörde sich unter dem Deckmantel eines von ihr ohne Vorhandensein von Verdachtsmomenten lediglich behaupteten Abgabebetrugs Beweise verschafft, die zur Ahndung anderer Fiskaldelikte dienen sollen, für welche die Schweiz keine Rechtshilfe gewährt. Hinzu kommt, daß eine bloße Beweisausforschung verboten ist.“

Das insoweit auszugsweise wiedergegebene „Ingeba-Urteil“ des Schweizerischen Bundesgerichts darf nach Ansicht von Felix[94] jedoch nicht den Blick dafür verstellen, daß die Schweiz bei Steuerverfehlungen, die sie nicht als Steuerbetrug ansieht, nicht bereit ist, jede Kriminalisierung von Unregelmäßigkeiten im Bereich des Steuer- und Abgabewesens vom Ausland zu übernehmen und dem Bankgeheimnis die Wirkung zu versagen und es leichtfertig preiszugeben.[95]

1.7 Illegale Steuerfahndung in Zusammenhang mit dem Schweizer Bankgeheimnis

Illegale Steuerfahndung

Deutsche Steuerfahnder, die ohne Erlaubnis der zuständigen Schweizer Behörde auf Schweizer Territorium Ermittlungen vornehmen, insbesondere um etwas über von Bewohnern der Bundesrepublik Deutschland in der Schweiz unterhaltenen Bankkonten zu erfahren, handeln illegal! Werden Ihnen im Zuge eines Ermittlungs- oder Steuerstraf- oder Ordnungswidrigkeitenverfahrens in Deutschland Fotografien als Beweismittel vorgelegt, auf denen Sie beim Betreten oder Verlassen von Schweizer Bank-

93 Siehe Fußnote 90.
94 DStZ 1990 S. 544.
95 So auch Trinkler, Steuer-Revue 1985 S. 194, 201.

gebäuden zu sehen sind, so machen Sie, sofern es der Wahrheit entspricht, dagegen geltend, daß Ihr Kontakt mit der Bank lediglich dem Wechseln von deutschem Geld in Schweizer Franken im Rahmen Ihrer Reise gedient hat. Sie können dem Fotografiertwerden im Zusammenhang mit dem Besuch einer Schweizer Bank auch vorbeugen, indem Sie mit Ihrem Ansprechpartner bei der Schweizer Bank vereinbaren, daß von Ihnen nicht der Haupteingang zur Bank, sondern ein weiter abseits liegender Eingang benutzt wird, den die meist in üppigen Gebäuden untergebrachten Banken auch regelmäßig aufweisen werden.

Werden bei Ihrer Rückkehr in die Bundesrepublik Deutschland im Zuge der üblichen Zollkontrolle in Ihrem Gepäck Kontoauszüge oder andere Bankurkunden gefunden, die keinen Namen aufweisen und deren Existenz ein Nummernkonto in der Schweiz zu belegen imstande ist, so sagen Sie aus, sofern es der Wahrheit entspricht, daß Sie die Schriftstücke für einen Freund gefälligkeitshalber aus der Schweiz mitgebracht haben. In einem solchen Fall sollten sie darauf aufmerksam machen, daß es international anerkannten Rechtsregeln entspricht, den Namen des Freundes nicht preisgeben zu müssen.[96] Im übrigen können Zollkontrollen an der Grenze nur Zufallsfunde zutage bringen. Ein gezieltes Suchen nach Kontoauszügen oder anderen Geschäftsunterlagen ist den deutschen Zollmitarbeitern verwehrt.

1.8 Verhältnismäßig hohe Verrechnungssteuer von 35 v. H.

Quellensteuer in der Schweiz

Das Bankgeheimnis in der Schweiz kostet allerdings seinen Preis. Einer Verrechnungssteuer von 35 v. H. unterliegen dort die Dividenden und Zinsen aus inländischen Beteiligungsrechten, Schuldverschreibungen inländischer Schuldner und Guthaben bei inländischen Banken. Eine Anrechnung auf die Einkommensteuer der Schweizer Steuerbürger findet statt; deren individueller ESt-Satz ist regelmäßig niedriger als 35 v. H. Nicht von der Verrechnungssteuer erfaßt werden Erträge aus festverzinslichen Wertpapieren und Dividenden aus Aktien, wenn die Emittenten und Gesellschaften im Ausland (also z. B. in der Bundesrepublik Deutschland) domizilieren.

Ausländern wird die Verrechnungssteuer genauso abgezogen wie Schweizer Bürgern. Deutsche können sie allerdings aufgrund des

96 So auch Knapp, a.a.O., S. 406 ff.

Doppelbesteuerungsabkommens ihrem heimatlichen Finanzamt in Rechnung stellen. Für Ausländer, die in der Schweiz Frankenzinsen nicht dem heimischen Finanzamt deklarieren, ist die Quellensteuer verloren. Praktisch sieht es aber so aus, daß die Schweizer Banken das Geld ihrer Aulandskundschaft so anlegen, daß erst gar keine Verrechnungssteuer anfällt. Ob die Ausländer dann in ihrer Heimat die Zinserträge versteuern oder nicht, ist den Schweizer Banken egal.

2 Liechtenstein

Bessere Bankgeheimnis-Qualität

An Bankgeheimnis-Qualität hat Liechtenstein der Schweiz, mit der es den sfr als Währung und das alemannische Idiom gemeinsam, aber auch einen Zollvertrag abgeschlossen hat, inzwischen den Rang abgelaufen. Das kleine Land mit seinen nur etwa 29 000 Einwohnern, von Fürst Hans Adam Römisch Zwo regiert, ist längst zum Anlegerparadies avanciert. Führt einen der Weg ins Engadin oder ins Arlberggebiet, so lohnt sich ein Abstecher nach Vaduz, der Hauptstadt des Fürstentums.

Abschirmung durch Berufsgeheimnisträger

Zwar muß man sich auch in Liechtenstein bei Anbahnung einer Bankverbindung – es gibt in Liechtenstein nur fünf Banken – am Schalter identifizieren wie in der Schweiz. Aber anders als in der Schweiz, wo auch die Kreditinstitute bei der Annahme von Geldern jeweils die „wirtschaftlich Berechtigten“ kennen und registrieren müssen, die hinter den Bankkunden stecken, auch dann, wenn es sich um anonyme Trusts und Holdings handelt, werden in Liechtenstein die sogenannten Berufsgeheimnisträger der Rechtsanwälte, Treuhänder und Buchprüfer wie Kreditinstitute behandelt. Das heißt, daß es genügt, wenn die Berufsgeheimnisträger die wirtschaftlich Berechtigten von juristischen Personen kennen, die in Liechtenstein registriert sind oder bei liechtensteinischen Banken Konten und Depots unterhalten. Die Namen der Eigentümer der Trusts, Anstalten und Holdings brauchen den Banken dann nicht bekanntgegeben zu werden. Der Bankkunde genießt unter diesen Umständen also weiterhin höchste Anonymität. Lediglich bei wirtschaftskriminellen Vergehen muß der Anwalt oder Treuhänder den Namen des wirtschaftlich Berechtigten offenlegen.

In Vorbereitung sind allerdings gesetzliche Bestimmungen, mit denen der Geldwäsche und dem Mißbrauch von Insiderwissen auf den Pelz gerückt werden soll. Auch ein neues Bankengesetz mit weiterem Ausbau der Bankenaufsicht ist vorgesehen, um die bankähnlichen Institutionen besser in den Griff zu bekommen.

Nummernkonten

Nummernkonten können bei den Banken in Liechtenstein errichtet und unterhalten werden. Einen besonderen Gag bietet die Verwaltungs- und Privatbank (VP-Bank) in Vaduz ihren auf Diskretion bedachten Kunden. Name und Anschrift der Kunden werden nämlich nicht in der Datenverarbeitungsanlage gespeichert, sondern sind nur zwei Angestellten bekannt, wenn eine zusätzliche Jahresgebühr von 500 sfr (Liechtenstein und Schweiz bilden eine Währungseinheit) gezahlt werden.

Bankgeheimnis in Liechtenstein

Wie wirksam das liechtensteinische Bankgeheimnis in der Rechtsordnung verwurzelt ist, geht aus den nachstehend wiedergegebenen Bestimmungen hervor. Nach Artikel 47 1b und 2 des liechtensteinischen Gesetzes über Banken und Sparkassen vom 21. 12. 1960 wird mit Geldstrafe bis zu 20 000 sfr oder mit Freiheitsstrafe bis zu sechs Monaten, ggf. auch kumulativ, bestraft, wer vorsätzlich als Organ, Beamter, Angestellter einer Bank, als Revisor oder Revisionsgehilfe, als Mitglied der Bankenkommission, Beamter oder Angestellter ihres Sekretariats, die Schweigepflicht oder das Berufsgeheimnis verletzt oder wer hierzu verleitet oder zu verleiten sucht. Handelt der Täter fahrlässig, so wird er wegen Übertretung mit einer Geldstrafe bis zu 10 000 sfr bestraft. Wer ein Fabrikations- oder Geschäftsgeheimnis auskundschaftet, um es einer fremden amtlichen Stelle oder einer ausländischen Organisation oder privaten Unternehmung oder ihren Agenten zugänglich zu machen, wer ein Fabrikations- oder Geschäftsgeheimnis einer fremden amtlichen Stelle oder einer ausländischen Organisation oder privaten Unternehmung oder ihren Agenten zugänglich macht, wer einen Angehörigen oder Einwohner des Landes wegen seiner geschäftlichen Tätigkeit einer fremden amtlichen Stelle oder einer ausländischen Organisation oder privaten Unternehmung oder ihren Agenten anzeigt, wird nach Artikel 4 des Staatsschutzgesetzes vom 14. 3. 1949 wegen Vergehens mit strengem Arrest bis zu drei Jahren, in schweren Fällen wegen Verbrechens mit Kerker bis zu 20 Jahren bestraft. Mit der Freiheitsstrafe kann eine Geldstrafe bis zu 20 000 sfr verbunden werden.

Banken in Liechtenstein

Zu den jahrzehntelang in Liechtenstein allein domizilierenden drei Banken – Liechtensteinische Landesbank (LLB), Bank in Liechtenstein AG (BiL), Verwaltungs- und Privatbank (VP-Bank) – ist jetzt die „Neue Bank AG, Liechtensteiner Privatbank" als vierte getreten. Aber schon eine fünfte Bank – „Centrum Investment Bank AG" – hat die Konzession erlangt. Auch Auslandsbanken wird man über kurz oder lang in Liechtenstein Niederlassungen nicht verwehren können. Umgekehrt arbeiten die liechtensteinischen Banken ja auch bereits im Ausland, so in Frankfurt, Luxemburg, London und in der Schweiz. Wird sich bei einer solchen Entwicklung das Privileg der liechtensteinischen Banken halten lassen, ausländische Bankenkundschaft nur durch liechtensteinische oder Schweizer Staatsbürger bedienen zu lassen? „Fremde" werden also im Bankgeschäft an ausländische Kunden in Liechtenstein nicht herangelassen; auch von daher soll der Grundsatz der Diskretion hochgehalten werden.

Keine Verrechnungssteuern

Im Gegensatz zur Schweiz mit ihrer 35%igen Verrechnungssteuer werden in Liechtenstein Zinsen aus Bankguthaben oder auf Festgelder bei liechtensteinischen Banken ohne Abzug einer Verrechnungs- oder sonstigen Quellensteuer ausgezahlt. Auf diese Weise kann man dann doch auf sfr lautende Zinsen brutto für netto vereinnahmen. In Deutschland wohnende oder sich aufhaltende Personen müssen solche Zinserträge dem deutschen Fiskus erklären. Dividenden von Aktiengesellschaften in Liechtenstein werden um eine Quellensteuer von 4 v. H. gekürzt; sie ist auf die deutsche Einkommensteuer anrechenbar. Auch Zinsen aus Obligationen liechtensteinischer Schuldner müssen um 4 v. H. Couponsteuer gekürzt werden, die nicht auf die deutsche Einkommensteuerschuld angerechnet werden kann. Diese 4 v. H. sind ohnehin eine Quantité négligeable.

Sitzgesellschaften, Holdinggesellschaften, Anstalten, Trusts

Den nur vier Banken in der Steueroase Liechtenstein stehen etwa 60 000 „Sitzgesellschaften" gegenüber, die von etwa 100 Treuhändern verwaltet werden.[97] Mit Gründungskosten von 3000 sfr ab und jährlichen Verwaltungskosten einschließlich liechtensteinischer Steuern in etwa derselben Größenordnung lassen sich über im Fürstentum domizilierende Briefkastenfirmen oder „Sitzgesellschaften" Millionenbeträge anlegen.[98] Gleiches gilt im wesentlichen für die Holdinggesellschaften in Liechtenstein. Eine bei Ausländern besonders beliebte Gesellschaftsform sind ferner Stiftungen. Sind sie nicht kaufmännisch tätig, entfällt eine Eintragung im liechtensteinischen Öffentlichkeitsregister; Hin-

97 Süddeutsche Zeitung Nr. 240 vom 17. 10. 1991, Beilage „Mehr Geld durch Geld".

98 Knapp, Ein Konto im Ausland, Rudolf Haufe Verlag, 3. Aufl., Freiburg 1990, S. 553.

terlegung genügt dann und schützt vor Indiskretion, es sei denn, es wird ein berechtigtes Interesse für eine Auskunft nachgewiesen. Nach liechtensteinischem Recht ist auch die Gründung und Unterhaltung einer „Anstalt" und eines „Trusts" möglich, die aber im Öffentlichkeitsregister eingetragen werden müssen. Schließlich seien noch die in Liechtenstein residierenden „Treuhänder" und „Rechtsagenten" zu erwähnen.

Rechtshilfe in Strafsachen

Rechtshilfe in Strafsachen wird von Liechtenstein aus an andere Länder nur gewährt, wenn es um kriminelle Delikte, auch Steuerdelikte, in Strafverfahren durch ordentliche Gerichte im Ausland (also z. B. in der Bundesrepublik Deutschland), nicht aber durch Steuerbehörden, geht. An einem neuen Rechtshilfegesetz wird allerdings gearbeitet, das die Grundsätze des europäischen Übereinkommens über die Rechtshilfe in Strafsachen näher ausführen und das innerstaatliche Verfahren in Liechtenstein regeln soll.

Doppelbesteuerungsabkommen nur mit Österreich

Wie abgeschirmt das Fürstentum ist, erhellt sich auch aus dem Umstand, daß es lediglich mit Österreich ein Doppelbesteuerungsabkommen abgeschlossen hat, sonst aber mit keinem anderen Land, auch nicht mit der Bundesrepublik Deutschland. Einen Informationsaustausch sieht aber auch das DBA Liechtenstein/Österreich nicht vor. Das nur 157 km^2 kleine Land wird sich 1992 entscheiden müssen, ob es den mit der EG ausgehandelten Vertrag zur Bildung des Europäischen Wirtschaftsabkommens (EWR) ratifizieren will, wenn es ab 1993 am grenzenlosen Binnenmarkt teilnehmen möchte.

3 Luxemburg

3.1 Wirtschaftliche und steuerliche Vorteile Luxemburgs

Eurobankenplatz

Mitten in Europa gelegen, schätzt sich der kleinste Staat in der EG, das Großherzogtum Luxemburg mit seinen 365 000 Einwohnern, als drittwichtigsten Platz auf dem Eurofinanzmarkt nach London und Paris ein. Luxemburg ist tatsächlich Eurobankenplatz von höchster Qualität. Nach Berechnungen des Bankenverbandes stellen hier 16 000 Bankangestellte zwar nur 9 v. H. der erwerbstätigen Bevölkerung dar, erwirtschaften aber 15 v. H. des Bruttosozialproduktes.

Die Besteuerungsenthaltsamkeit des Bankenplatzes Luxemburg ist geradezu ideal. Eine Quellen- bzw. Kapitalertragsteuer wird in Luxemburg nicht erhoben mit Ausnahme einer solchen von 15

v. H. auf Dividenden von luxemburgischen Aktiengesellschaften. Das Land hat sich bisher gegen Pläne der EG gesträubt, in allen EG-Ländern eine einheitliche Quellensteuer in Höhe von 15 v. H. einzuführen. Für nicht in Luxemburg wohnende Personen fallen dort keine Abgaben auf Zinserträge, Dividenden oder Kursgewinne an. Schon dieser Umstand hebt Luxemburg von der Schweiz mit ihrer enorm hohen Verrechnungssteuer von 35 v. H. ab. Ferner kennt man in Luxemburg für von Ausländern unterhaltene Vermögenswerte außer Immobilien keine Erbschaft- oder Schenkungsteuer. Auch gibt es keine Börsenumsatzsteuer, wie sie ja nun auch endlich in Deutschland verschwunden ist.

Günstiger Erwerb von Gold

Einen weiteren Pluspunkt kann Luxemburg für sich buchen: Man kann dort gekauftes Gold jeder Form mehrwertsteuerfrei erwerben; die luxemburgischen Banken sind daher auf diese Geschäftssparte spezialisiert. Wenn man das Gold nach Deutschland einführt, wird Einfuhrumsatzsteuer fällig. Knapp[99] empfiehlt daher die folgende Vorgehensweise:

Ratschlag:

Wenn Sie Gold mehrwertsteuerfrei zum Anfassen erwerben wollen, müssen Sie sich einen Safe in Luxemburg mieten. Bequemer und bei mittleren Mengen billiger ist die Lagerung im Depot Ihrer Luxemburger Bank.

Bei dieser für Ausländer günstigen steuerlichen Situation in Luxemburg taucht wieder der berühmte dunkle Punkt auf: die nicht der Besteuerung in Luxemburg unterliegenden Zins- und Dividendenerträge müssen in Deutschland zur Einkommensteuer deklariert werden, ebenso die in Luxemburg gehaltenen Vermögenswerte zur deutschen Vermögen-, Erbschaft- und Schenkungsteuer. Wer dies vermeidet, setzt sich den altbekannten Gefahren im Verhältnis zum deutschen Fiskus aus. Dies leitet andererseits über zu der Frage, wie dicht das Bankengeheimnis in Luxemburg von Gesetzes wegen ist und gehandhabt wird.

Töchter deutscher Banken in Luxemburg

Wer mit einer Bank in Luxemburg kollaborieren möchte, braucht nicht etwa dorthin zu fahren, sei es, daß er in Luxemburg ein

99 Knapp, Ein Konto im Ausland, Rudolf Haufe Verlag, 3. Aufl., Freiburg 1990, S. 531.

Nummernkonto einrichten möchte oder an einer Investmentanlage dort interessiert ist oder ein anderes Bankgeschäft eingehen will. Solche Transaktionen werden heutzutage am Schalter der heimischen Bankfiliale in Deutschland abgeschlossen; die Reise nach Luxemburg kann sich der Kunde in den meisten Fällen sparen. Es wimmelt heutzutage in Luxemburg regelrecht von Töchtern deutscher Banken.

3.2 Anonymität und Diskretion im Verkehr mit luxemburgischen Banken

Wenig Formalismus

Ein Konto in Luxemburg kann regelmäßig mit weniger Formalismus eröffnet werden als in der Schweiz. Auszufüllen und zu unterschreiben ist allerdings auch hier ein Kontoeröffnungsformular der Bank. Ferner sind eine Unterschriftsprobenkarte, gegebenenfalls ein Vollmachtsformular und eine Einverständniserklärung zu den Allgemeinen Geschäftsbedingungen der Bank zu unterzeichnen. Man kann – insbesondere von Deutschland aus – alles auf dem Postweg erledigen. „Ein Konto in Luxemburg zu eröffnen, das kostet nur eine Briefmarke. Ein Konto in der Schweiz bedarf einer Reise nach Zürich, Basel oder einem anderen schweizerischen Bankenplatz, denn hier muß sich der Kontoaspirant in der Regel höchstpersönlich vorstellen, wie es die schweizerischen Vorschriften besagen“, heißt es in einem Artikel von Brestel.[100] Bei Kontoeröffnung in Luxemburg auf dem Postweg muß aber eine Fotokopie der Seite des Passes oder Personalausweises beigefügt werden, die die Unterschrift und das Foto des Inhabers zeigen. Die spätere Nachholung einer persönlichen Vorstellung bei der Bank empfiehlt sich in jedem Fall.

Nummernkonten

Auch bei Luxemburger Banken sind Nummernkonten („Code-Konten“) möglich. Hierfür wird ein Aufgeld verlangt. Auch bei Errichtung eines Nummernkontos entfällt nicht die Legitimations- bzw. Identifikationsprüfung des Kunden.

3.3 Strafrechtsschutz des Bankgeheimnisses

Striktes gesetzliches Bankgeheimnis

Luxemburg gewährt ein striktes gesetzliches Bankgeheimnis. Nach Artikel 16 des dort geltenden Bankengesetzes vom 23. 4. 1981 dürfen Mitglieder des Verwaltungsrats, der leitenden und überwachenden Organe sowie leitende und andere Ange-

100 Blick durch die Wirtschaft (FAZ) Nr. 173 vom 6. 9. 1990.

stellte von Kreditinstituten keine Geheimnisse preisgeben, die ihnen in dieser Eigenschaft anvertraut worden sind. Zuwiderhandlungen werden nach Artikel 458 des luxemburgischen Strafgesetzbuchs mit Freiheitsstrafe zwischen acht Tagen und sechs Monaten sowie einer Geldstrafe geahndet. Im Strafprozeß hat der Bankier in Luxemburg allerdings kein Zeugnisverweigerungsrecht. Bei Aussagen als Zeuge vor einem luxemburgischen Gericht ist in Zivilprozessen oder Handelssachen lediglich die strafrechtliche Bedrohung der Verletzung der Pflicht zur Wahrung des Bankgeheimnisses aufgehoben; unberührt bleibt aber die Berechtigung des Bankiers oder Bankangestellten, unter Berufung auf das Bankgeheimnis als sein Berufsgeheimnis eine Zeugenaussage zu verweigern. Welche Tatsachen vertraulich oder geheim sind oder ob eine Aussage darüber vor Gericht erfolgt oder nicht, ist nach einer Entscheidung des Obersten Gerichtshofes vom 6. 6. 1961 allein dem Gewissen und Ermessen desjenigen überlassen, um dessen Berufsgeheimnis es sich handelt, d. h. dem Bankier oder Bankangestellten selbst.

Freistellungen

Freigestellt sind durch Artikel 16 des Bankengesetzes aber Informationen an Mehrheitsgesellschafter (Mutterhäuser) luxemburgischer Banken über Großkredite von mehr als 5 v. H. der Eigenmittel und Reserven des Instituts sowie über Verbindlichkeiten in Höhe von mehr als 100 Mio FL (oder Gegenwert) gegenüber anderen Kreditinstituten, nicht dagegen über Verbindlichkeiten aus Einlagen und Depots von Privatkunden, die somit nach dem Bankengesetz ohne Ausnahme den strafrechtlichen Schutz des Bankgeheimnisses nach § 458 des Strafgesetzbuchs genießen.

Gesetzliche Verpflichtungen zur Mitteilung von Tatsachen, die dem Bankgeheimnis unterliegen, die die strafrechtliche Sanktionierung einer Durchbrechung des Bankgeheimnisses gemäß Artikel 458 des Strafgesetzbuchs aufheben, bestehen in Zwangsvollstreckungsverfahren für Banken als Drittschuldner bei Pfändungen und in Insolvenzverfahren gegenüber dem Konkursgericht sowie dem Konkurs- und Vergleichsverwalter.

Auskunftspflichten der Banken

Gegenüber den luxemburgischen Steuerbehörden bestehen gesetzliche Auskunftspflichten der Banken nur im Bereich bestimmter luxemburgischer Steuerarten (z. B. Hypothekengebühren, Erbschaftsteuer, Mehrwertsteuer), nicht dagegen im Bereich der direkten Steuern (z. B. Einkommensteuer, Vermögensteuer, Gewerbesteuer); auch für die Erbschaftsteuer bestehen Auskunftspflichten natürlich nur über der luxemburgischen Erbschaftsteuerpflicht unterliegende Gegenstände, also nur über den Nachlaß eines in Luxemburg unbeschränkt steuerpflichtig (d. h. in Luxemburg wohnhaft) gewesenen Verstorbenen. Devisenausländer unterliegen nicht der luxemburgischen Erbschaftsteuer, wohl aber ggf. der deutschen.

In einer Broschüre „Das Bankgeheimnis im Luxemburger Recht" weist die Norddeutsche Landesbank Luxembourg S. A. darauf hin, daß das Bankgeheimnis nach dem Luxemburger Recht auch gegenüber dem Ehegatten des Kunden besteht, wenn er nicht Mitinhaber des betreffenden Kontos ist. Gesetzlichen Vertretern und Gesamtrechtsnachfolgern im Todesfall des Kunden wird dagegen gegen entsprechende Legitimierung jede Auskunft erteilt.

3.4 Amts- und Rechtshilfe gegenüber ausländischen Behörden in Steuersachen

Beschränkter Auskunftsaustausch

Im Hinblick auf Amtshilfeersuchen ausländischer Behörden in Steuersachen ist die Richtlinie des Rates der EG vom 19. 12. 1977 über die gegenseitige Amtshilfe zwischen den zuständigen Behörden der Mitgliedstaaten im Bereich der direkten Steuern durch Luxemburger Gesetz vom 15. 3. 1979 und eine Großherzogliche Verordnung gleichen Datums in luxemburgisches Recht umgesetzt worden. Danach ist der Auskunftsaustausch beschränkt durch die Voraussetzungen der Gegenseitigkeit, der Erschöpfung der eigenen üblichen Informationsquellen der ersuchenden Behörde, des Ausschlusses der Verpflichtung der Behörden des ersuchten Staates zur Anstellung besonderer Ermittlungen oder wenn der Durchführung oder der Beschaffung oder Verwertung der Informationen durch die zuständige Behörde des auskunftgebenden Staates für ihre eigenen steuerlichen Zwecke gesetzliche Vorschriften oder ihre Verwaltungspraxis entgegenstehen. Das bedeutet, daß ausländische Steuerbehörden von der luxemburgischen Steuerbehörde nur solche Informationen verlangen können, die dieser nach der gewöhnlichen luxemburgischen Steuerrechtslage und -Verwaltungspraxis zur Verfügung stehen, was im Hinblick auf luxemburgischer Besteuerung nicht unterliegende Ausländer regelmäßig nicht der Fall sein dürfte. Außerdem kann die Auskunftsübermittlung verweigert werden, wenn sie zur Preisgabe eines Geschäfts-, Industrie- oder Berufsgeheimnisses führen würde; das Bankgeheimnis ist aber durch das Bankengesetz als Berufsgeheimnis der Bankiers und Bankangestellten gesetzlich anerkannt. Nichts anderes ist auch in dem bilateral abgeschlossenen Doppelbesteuerungsabkommen zwischen Luxemburg und anderen Ländern bestimmt; das Abkommen mit Frankreich verbietet sogar ausdrücklich eine Weitergabe von Informationen, die das Bankgeheimnis verletzen würden.

Rechtshilfe in Strafsachen

Rechtshilfeersuchen ausländischer Gerichte in Strafsachen wird nur unter den engen Voraussetzungen des Europäischen Übereinkommens über die Rechtshilfe in Strafsachen vom 20. 4. 1959, in Luxemburg ratifiziert durch Gesetz vom 21. 7. 1976, sowie im Rahmen eines weitgehend identischen Beneluxabkommens stattgegeben; nach dem Übereinkommen kann die Rechtshilfe außer bei Beeinträchtigung der Souveränität, Sicherheit, öffentlichen Ordnung oder anderer wesentlicher Interessen Luxemburgs auch verweigert werden, wenn sich das Ersuchen auf fiskalische Delikte (Steuer- und Zollstraftaten) bezieht. Rechtshilfeersuchen zu Zwecken der Durchsuchung oder Pfändungen werden im Großherzogtum Luxemburg nur erledigt, soweit sie sich auf Handlungen beziehen, die aufgrund des Europäischen Auslieferungsabkommens vom 23. 12. 1957, in Luxemburg in Kraft seit 21. 7. 1976, eine Auslieferung bewirken können. Dafür ist Voraussetzung, daß die Tat mit Freiheitsstrafe von mindestens einem Jahr oder höherer Strafe geahndet wird, in beiden Staaten gleichermaßen strafbar sein muß und nicht aufgrund von Abgaben, Steuern, Zöllen und Devisen verfolgt wird. Wenn der Ausschluß der Rechtshilfe zu Zwecken der Durchsuchung oder Pfändung in Steuersachen nicht schon mit dieser letzteren ausdrücklichen Bestimmung klargestellt wäre, würde sie sich im übrigen daraus ergeben, daß einfache Steuerhinterziehung, wenn sie nicht unter Begehung anderer Straftatbestände wie z. B. Urkundenfälschung usw. erfolgt, in Luxemburg nicht strafbar ist und es damit an der Voraussetzung der Strafbarkeit in beiden Staaten fehlen würde.

3.5 Bekämpfung der Geldwäsche in Luxemburg

Geldwäsche aus Rauschgifthandel strafbar

Unabhängig von EG-weiten Bestrebungen, gesetzliche Maßnahmen gegen die internationale Geldwäsche durchzuführen, wurde in Luxemburg mit Gesetz vom 7. 7. 1989 das Delikt der Geldwäsche unter Strafe gestellt, allerdings beschränkt auf Geldwäsche aus dem Rauschgifthandel. Auch bei Fahrlässigkeit droht die Gesetzgebung Gefängnis bis zu fünf Jahren sowie Enteignung der Gelder an. In diesem Zuge sollen Identitätsprüfungen bei Kontoeröffnung vorgenommen werden.

3.6 Holdinggesellschaften in Luxemburg

Diskretion und Steuervorteile

Bei der Entwicklung von Luxemburg als Finanzplatz hat die Holdinggesellschaft luxemburgischen Rechts, die durch Gesetz vom 31. 7. 1929 mit dem Zweck der Vermeidung der Doppelbesteuerung bestimmter Kapitalerträge geschaffen worden ist, eine bedeutende Rolle gespielt. Diese Rechtsform ist besonders für das Halten und die Verwaltung von Beteiligungen, Patenten oder eines Wertpapierbestandes geeignet. Die luxemburgische Holdinggesellschaft hat somit keinerlei eigene kommerzielle oder gewerbliche Tätigkeit auszuüben. Neben einer Einlagegebühr von 1 v. H. bei ihrer Errichtung und einer Abonnementsgebühr von 0,20 v. H. auf das Gesellschaftskapital unterliegt die Holdinggesellschaft keinerlei Steuern. Gewinne aus Erträgen oder Wertzunahmen werden bei ihr somit nicht besteuert. Außerdem wird keine Steuer auf die Zahlung von Dividenden, soweit sie 10 v. H. des Kapitals nicht übersteigen, erhoben. Nicht in Luxemburg ansässige Personen (!) zahlen keine Steuern auf den Ertrag, auf Wertzunahmen oder Erbschaften im Zusammenhang mit Holdinggesellschaften. Dank der Hilfe der Bank kann die Errichtung und die Verwaltung unter bester Diskretion erfolgen. Eine Holdinggesellschaft kann innerhalb weniger Tage errichtet werden. Holdinggesellschaften werden gewöhnlich in der Form einer Aktiengesellschaft mit einem Mindestkapital von LUF 1 250 000 oder Gegenwert in anderer Währung errichtet. Die Aktien können Inhaber- oder Namenspapiere sein. Vom Gesetz wird keine Außenprüfung verlangt. Die Gesellschaft muß eine Buchhaltung einrichten und ihre Bilanz bei der Geschäftsstelle des Handelsgerichts einreichen.

3.7 Kapitalflucht nach Luxemburg?

Auch im Zeichen der deutschen Zinsabschlagsteuer 1993 scheint es wieder eine Kapitalflucht zu geben. 1991 sollen steuerunwillige Anleger für 40 Milliarden DM Wertpapiere in Luxemburg gekauft haben, fast doppelt so viel wie im Rekordjahr 1988.[101] Zwar seien anders als damals Zinseinkünfte künftig bis 12 000 DM steuerfrei, doch die Steuerflüchtlinge disponierten größere Summen. Netto, also nach Abzug der Verkäufe, soll der Kapitalabfluß nach Luxemburg gegenüber 1990 mächtig angestiegen sein: von 0,8 auf 12,3 Milliarden DM.

101 „Der Spiegel", Nr. 18/1992, S. 142.

4 Österreich

4.1 Etwas gelockerte Anonymität für ausländische Anleger

Österreichische Sparkultur

Das Bankgeheimnis ist in Österreich geradezu perfekt. Anonymität im Verkehr mit Bankkunden wird von der Präsidentin der österreichischen Nationalbank Maria Schaumayer als „Teil der österreichischen Sparkultur" gelobt. Allerdings werden auch kritische Stimmen gegen diese Superanonymität laut. Ende Januar 1992 hätten in Österreich auf rund 15 Mio Sparkonten umgerechnet 182 Milliarden DM gelegen – wurde behauptet. Etwa 90 v. H. davon wären nach Schätzungen des Finanzministeriums anonym angelegt. Von diesen Geldern, die der Einkommen- und Vermögensteuer unterzogen werden müßten, wird nur die 10%ige Kapitalertragsteuer (Quellensteuer) von den Banken abgezogen. Sie bringe dem Finanzminister jährlich nur umgerechnet etwa 1,5 Milliarden DM ein. Daraus ließe sich ableiten, daß pro Jahr an Zinsen mehr als 5 Milliarden DM am Fiskus vorbeigeschwindelt werden. Frau Schaumayer hält dem entgegen, daß auf 90 v. H. der Sparkonten nur Beträge von weniger als 100 000 Österreichische Schilling (ÖS) lägen; sie wären ohnehin steuerfrei. Wiener Bankdirektoren erzählen sich jedoch, einzelne Kunden besäßen bis zu 500 Sparbücher, auf die sie ihr Geld (Schwarzgeld) verteilt hätten.

Legitimationslose Eröffnung von Spareinlagen

In Österreich ist die absolut anonyme, d. h. legitimationslose Eröffnung und Verwaltung von Spareinlagen aufgrund gesetzlicher Bestimmungen möglich und üblich. In diesem Sinne sind Spareinlagen Geldanlagen bei Kreditunternehmen, die von ihnen nur gegen Ausfolgung von Sparurkunden entgegengenommen werden dürfen. Diese Sparurkunden können auf „Überbringer" oder auf eine bestimmte Bezeichnung, insbesondere auf einen beliebigen Namen oder auf Nummern, lauten. Auszahlungen aus Spareinlagen dürfen nur gegen Vorlage dieser Sparurkunden geleistet werden. In keiner Phase der Geschäftsbeziehung muß sich der Kunde legitimieren; er wird auch nicht nach seinem Namen gefragt, die Sparkasse vermerkt sich nicht in den Unterlagen, wer Kunde ist. Auch bei Verlust der Sparurkunde kann das Amortisationsverfahren anonym durchgeführt werden.

Losungsworte wie „Theo Waigel"

Im Gegensatz zum Schweizer Bankgeheimnis – führt die Tiroler Sparkasse Innsbruck-Hall in einer Veröffentlichung aus – ist der wahre Eigentümer einer Spareinlage nicht einmal einem kleinen Kreis von Bankbediensteten bekannt. Wenn in Österreich eine

Behörde bei Vorliegen der sonstigen Voraussetzungen bei einem Geldinstitut anfragt, ob zum Beispiel die Firma X bei diesem Institut eine Spareinlage unterhält, wird dieses Geldinstitut antworten müssen, daß es keine Auskunft erteilen kann, weil die Spareinlagenkonten nicht legitimiert geführt werden. Eine Auskunftserteilung würde bei Vorliegen der sonstigen Voraussetzungen nur dann erfolgen, wenn die Kontonummer des Sparbuchs und der Kontowortlaut bekannt sind. Da zur Verfügung über das Geld, das mit der Sparurkunde verbrieft wird, lediglich die Sparurkunde selbst notwendig ist, kann sich der Kunde zusätzlich durch ein Losungswort absichern. Beliebte Losungsworte sind übrigens „Dagobert Duck", „Gerhard Stoltenberg" oder „Theo Waigel". Legitimiert werden nur Bauspareinlagen, Mündelgelder und zum Teil auch Prämienspareinlagen geführt. Nach § 12 Depotgesetz können ferner mit dem sog. Wertpapierbuch (Wertpapierkassakonto) in- und ausländische Wertpapiere anonym unterhalten werden. Zum Schutz gegen unbefugte Verfügung wird auch hier ein Losungswort vereinbart. Gegen dessen Nennung und Vorlage des Wertpapierbuchs kann über die „Veranlagung" verfügt werden. Bereits bei Eröffnung des Wertpapierbuchs besteht die Möglichkeit, weitere Anfragen, wie z. B. die Wiederveranlagung von Erträgnissen und Tilgungserlösen bis auf Widerruf, zu erteilen. Die Abwicklung ist im Prinzip genauso einfach wie bei einem Sparbuch. Wenn Ausländer in Österreich ein Konto eröffnen, muß auf Wunsch der österreichischen Nationalbank die Ausländereigenschaft nachgewiesen werden. Dies bedeutet aber keine Beeinträchtigung der Anonymität, meint die Tiroler Sparkasse Innsbruck-Hall; deutsche Staatsbürger seien im Zollausschlußgebiet keine Ausländer.

Laut „Blick durch die Wirtschaft"[102] hat das Finanzministerium Österreich Zeitschriftenberichte dementiert, wonach zum 1. 1. 1993 in Österreich Konten und Sparbücher nur mit Ausweis und Meldezettel eröffnet werden können. Es gebe keine wie immer gearteten Vorarbeiten zur Abschaffung der Anonymität von Sparbüchern in Österreich, erklärte Sprecher Dietmar Ecker gegenüber einer Nachrichtenagentur.

Ausländereigenschaft muß nachgewiesen werden

Trotz dieses Dementis bleibt aber festzuhalten, daß ab 4. 11. 1991 in Österreich für Ausländer, die anonyme Konten bei dortigen

102 Nr. 57 vom 20. 3. 1992.

Banken und Sparkassen einrichten und unterhalten wollen, eine Einschränkung von oben verfügt worden ist. Nach der Neuregelung muß sich der Kontoinhaber fortan ausweisen, d. h. bei der Eröffnung von Konten und Depots für Ausländer hat die Bank Namen und Wohnsitz des Kunden sowie das Dokument festzuhalten, mit dem er sich ausgewiesen hat. Anonyme Wertpapierdepots für Devisenausländer dürfen nur noch von dazu ausdrücklich ermächtigten Banken und nur bis zu einer maximalen Höhe von 10 Mio Schilling (rd. 1,4 Mio DM) geführt werden. Ob die Österreicher es mit dieser Neuregelung allerdings so genau nehmen, steht auf einem anderen Blatt. Im übrigen wird in Österreich betont, daß die Konten weiterhin vor Nachforschungen der Finanzbehörden geschützt seien. Wenn also von einem Kreditinstitut in Österreich aufgrund des Reisepasses des Kunden die wichtigsten Daten festgehalten werden, so geschieht dies nur zur Feststellung der Devisenausländerschaft. Nach außen hin ist durch das gesetzliche Bankgeheimnis in Österreich die Anonymität der Guthaben des Kunden gewährleistet.

4.2 Quellensteuer in Österreich

Höhe der Kapitalertragsteuern

In Österreich unterliegen die Erträge aus Bankguthaben und festverzinslichen Wertpapieren einer Kapitalertragsteuer von 10 v. H. und Dividenden aus Aktien und Partizipationsscheinen einer solchen von 25 v. H.; sie wird auf die Einkommensteuer angerechnet. Ausgenommen von diesem Quellensteuerabzug sind Spareinlagen zum Eckzinssatz (zur Zeit 3,75 v. H.) sowie Sicht- und Termineinlagen, bei denen die Verzinsung 1 v. H. nicht übersteigt. Kein Steuerabzug findet ferner statt, wenn der ausländische Anleger nachweist, daß die Zinserträge als Betriebseinnahmen eines in- oder ausländischen Betriebs zu erfassen sind. Auch Devisenausländer, hauptsächlich deutsche Kapitalanleger, unterliegen nicht der österreichischen Quellensteuer, wenn sie bereit sind, sich zu legitimieren und den Wohnsitz anzugeben. Die preisgegebenen Angaben erfährt nur das Management des jeweiligen Kreditinstituts. Doch braucht der Devisenausländer sich nicht zu legitimieren; für die dann bewahrte vollkommene Anonymität muß er dann aber seinen Preis zahlen, nämlich 10 v. H. Kapitalertragsteuer. Die in Österreich einbehaltene Kapitalertragsteuer ist auch auf die deutsche Einkommensteuer anrechenbar.

Effektenjuxtengeschäfte

Auch bei den sog. Effektenjuxtengeschäften kann der Anleger völlig anonym bleiben. Er muß lediglich nachweisen, daß er

Devisenausländer ist. Bei diesen Geschäften kauft das Kreditinstitut auf Weisung des Kunden Wertpapiere und händigt ihm einen mit einer Nummer versehenen „Juxtenbon“ (Depotschein) aus.

Österreichische Banken können Ausländern auch frei konvertierbare Schilling- und Fremdwährungskredite gewähren. Eine kleine Einschränkung besteht bei Krediten an Ausländer zur Verwendung in Österreich.[103]

Österreichische Staatsbürger sind steuerlich im übrigen insofern schlechter dran, als für sie nach § 23 Abs. 2 Nr. 2 Kreditwesengesetz (KWG) mit dem Tode das Bankgeheimnis ebenso endet wie im deutschen Recht nach § 33 ErbStG und die Kreditinstitute dem Erbschaftsteuer-Finanzamt die Höhe der Bankkonten und Depots des gestorbenen Kunden anzeigen müssen.

Nummernkonten

Es versteht sich von selbst, daß unter diesen Umständen die Nachfrage der Devisenausländer nach Nummernkonten in Österreich geringer ist als in der Schweiz, Liechtenstein und Luxemburg. Knapp[104] macht darauf aufmerksam, daß dennoch die Creditanstalt (CA) Nummernkonten anbietet, wobei auch hier die Identität des Kontoinhabers nur ganz wenigen leitenden Mitarbeitern des Kreditinstituts bekannt ist.

4.3 Gesetzliche Absicherung des Bankgeheimnisses

Kreditwesengesetz

Nach § 23 Abs. 1 des österreichischen Kreditwesengesetzes (KWG) in der Fassung der Novelle 1986 dürfen die Banken, ihre Gesellschafter, Organmitglieder sowie sonst für die Banken tätige Personen Geheimnisse, die ihnen ausschließlich aufgrund der Geschäftsverbindungen mit dem Kunden anvertraut oder zugänglich gemacht worden sind, nicht offenbaren oder verwerten. Werden Organen von Behörden sowie der Österreichischen Nationalbank bei ihrer dienstlichen Tätigkeit Tatsachen bekannt, die dem Bankgeheimnis unterliegen, so haben sie das Amtsgeheimnis zu wahren. Die Geheimhaltungsverpflichtung gilt zeitlich unbegrenzt.

Allerdings besteht nach § 23 Abs. 2 KWG die Verpflichtung zur Wahrung des Bankgeheimnisses nicht

103 FAZ Nr. 175 vom 1. 8. 1989.

104 Knapp, Ein Konto im Ausland, Rudolf Haufe Verlag, 3. Aufl., Freiburg 1990, S. 571.

1. im Zusammenhang mit eingeleiteten gerichtlichen Strafverfahren gegenüber den Strafgerichten und mit eingeleiteten Strafverfahren wegen vorsätzlicher Finanzvergehen, ausgenommen Finanzordnungswidrigkeiten, gegenüber den Finanzbehörden;
2. im Falle einer Verlassenschaftsabhandlung gegenüber dem Abhandlungsgericht und dem Notar als Gerichtskommissär;
3. wenn der Kunde der Offenbarung des Geheimnisses ausdrücklich und schriftlich zustimmt;
4. soweit die Offenbarung zur Klärung von Rechtsangelegenheiten aus dem Verhältnis zwischen Bank und Kunden erforderlich ist.

Und nach § 34 Abs. 1 KWG ist derjenige, der Tatsachen des Bankgeheimnisses offenbart oder verwertet, um sich oder einem anderen einen Vermögensvorteil zuzuwenden oder einem anderen einen Nachteil zuzufügen, vom Gericht mit Freiheitsstrafe bis zu einem Jahr oder mit Geldstrafe bis zu 360 Tagessätzen zu bestrafen.

Auch verfassungsrechtlich ist das Bankgeheimnis in Österreich abgestützt. Eine Änderung des Bankgeheimnisses kann vom Parlament (Nationalrat) nur in Anwesenheit von mindestens der Hälfte der Mitglieder mit einer Zwei-Drittel-Mehrheit der abgegebenen Stimmen beschlossen werden (§ 35a KWG).

4.4 Amts- und Rechtshilfe gegenüber anderen Ländern

Doppelbesteuerungsabkommen mit Auskunftsaustausch

Das nach dem Doppelbesteuerungsabkommen zwischen Österreich und der Bundesrepublik Deutschland vom 4. 10. 1954[105] mögliche Amtshilfeverfahren zwischen beiden Ländern in Steuersachen funktioniert recht gut. Danach ist sogar ein unmittelbarer Auskunftsaustausch zwischen den Finanzämtern ohne Einschaltung der obersten Finanzbehörden zulässig. Ferner dürfen im Rahmen des Rechtshilfeabkommens zwischen der Bundesrepublik Deutschland und der Republik Österreich von 1955 Auskünfte an Finanzämter in der Bundesrepublik Deutschland seitens eines österreichischen Gerichts oder Finanzamtes nur gegeben werden, wenn ein Strafverfahren bereits eingeleitet worden ist, aber nicht schon im Ermittlungsstadium, und bei bloßen Ord-

105 BGBl 1955 II S. 349, 391.

nungswidrigkeiten schon gar nicht. Außerdem dürfen Auskünfte nur erteilt werden, wenn sie auch nach österreichischem Recht zulässig sind. Im Zuge einer Novellierung des Finanzstrafrechts in Österreich sollen künftig österreichische Steuerfahnder bei der Durchsuchung einer Bank nur solche Aufzeichnungen beschlagnahmen dürfen, die direkt im Zusammenhang mit den Ermittlungen gegen den Beschuldigten stehen. Die Durchsuchung muß vom Spruchsenat angeordnet sein und sich auf einen bestimmten Beschuldigten beziehen.[106]

4.5 Ein Blick in das Kleinwalsertal

Österreichische Bankengesetzgebung gilt

Eigentlich nur vom Allgäu und insbesondere von Oberstdorf her bequem zu erreichen, gehört das Kleinwalsertal politisch zwar zu Österreich, wirtschaftlich aber zu Deutschland. Auch hier gilt die österreichische Bankengesetzgebung, und sie macht das Kleinwalsertal zu einem Magneten für die Touristen, insbesondere aus Deutschland. Man hat dieses landschaftlich schöne Tal auch schon zum Hort bundesdeutschen Schwarzgeldes gekoren. Etwa 2,5 Milliarden Mark sollen dort auf anonymen Konten lagern.[107] Im übrigen ist die EG-Metropole Brüssel weit, und Wien und die Landeshauptstadt Bregenz sind es auch. Wegen ihrer Abgeschiedenheit hinter den Bergen hatten die Walser nie viel von ihrem Mutterland. Zwar gehört auch das badische Büsingen bei Schaffhausen seit 1964 zollrechtlich zur Schweiz, das Fürstentum Monaco zu Frankreich. Als ungewöhnlich bezeichnet es Feth[108] trotzdem, wenn man auf österreichischem Boden allein in DM zahlt. Obwohl auf Briefmarken das Porto in Schilling aufgedruckt ist, will das örtliche Postamt DM dafür haben. Für Ruhe und Ordnung sorgt die Gendarmerie, von Falschparkern verlangt sie aber deutsche Währung. Die Jagd auf Schmuggler freilich machen bewaffnete deutsche Zöllner. Die Walser zahlen ihre Steuern in Mark an das Finanzamt im vorarlbergischen Bregenz. Das abgeschiedene Naturrefugium hat sich 1973 sogar ein Spielkasino zugelegt. Aber die dörflichen Banken im Kleinwalsertal sind es, die vor allem die deutschen Touristen anziehen.

---

106 Knapp, Ein Konto im Ausland, Rudolf Haufe Verlag, 3. Aufl., Freiburg 1990, S. 599.

107 Das Glück, ein Walser zu sein, Beilage zur FAZ Nr. 154 vom 6. 7. 1991.

108 A.a.O. (Fußnote 107).

4.6 Kampf gegen die Geldwäsche

Im Zuge der Angleichung der österreichischen Rechtslage an die internationalen Vereinbarungen im Kampf gegen die Geldwäsche wird voraussichtlich vom 1. 1. 1993 an auch die Anonymität der Spar- und Wertpapierkonten in Österreich in Mitleidenschaft gezogen. Ein neuer strafrechtlicher Tatbestand der Geldwäscherei soll ins österreichische Strafgesetzbuch eingeführt werden. Daneben ist vorgesehen, die im Allgemeinen Teil des Strafrechts normierten Verfallbestimmungen für Bereicherung aus strafrechtlichen Handlungen zu verschärfen. Das Bankgeheimnis soll aber in vollem Umfang aufrechterhalten bleiben, sagte Sektionsleiter Roland Miklau vom österreichischen Justizministerium.[109]

5 Andorra

Steuern und Geldanlagen in Andorra beschreibt ein Beitrag in der FAZ vom 23. 4. 1992 von Wolfram Weimer unter der Überschrift „Steuern gibt es nur im Tal“. Nachstehend ist dieser Beitrag wiedergegeben.

Für die 226 Kilometer von der Olympia-Stadt Barcelona in die Berge, nach Andorra, braucht man lange, am Wochenende sechs Stunden. Ein kaum mobiler Lindwurm staut sich über holprige Serpentinen und durch tropfende Tunnel hinauf. Straßenschilder sind unwichtig, die stinkende Karawane geduldiger Verbraucher aus dem Großraum Barcelona weist sich selbst den Weg ins Konsumparadies. Als „Hongkong Europas“ rühmen sogar die Katalanen den Zwergstaat. Sofort hinter der Grenze herrscht schrillste Marktwirtschaft. Das enge Tal im Bachgrund des Gran Valira ist vollgestopft mit Supermärkten, greller Werbung, dröhnenden Vergnügungszentren und engen Parkhäusern. Rechts und links, ruhig und majestätisch, die dunklen Felswände der Pyrenäen-Gipfel. Dazwischen der plärrende Jahrmarkt: Menschengewusel, Verkehrschaos, Benzingestank, Geschäfte, Geschäfte, Geschäfte. Las Vegas oder Tijuana zwischen Frankreich und Spanien.

Andorraner leben vor allem von Steuerfreiheit. Das macht die Wirtschaft billig und so sieht die wohl längste Einkaufsstraße Europas in La Vella, der Hauptstadt Andorras, auch aus: Lederjacken und Parfümflaschen, Videogeräte und Juwelen, Kameras

109 FAZ vom 19. 11. 1991.

und Uhren – alles, was anderswo der Steuern wegen teurer ist, wird feilgeboten. An den Straßenecken stehen „Juweliere“ mit Goldketten – Meterware. Das fiskusfeindliche Bergländchen – gerade so groß wie das Bundesland Bremen – bilanziert in Peseten, die Diplomatie wird über Paris in Französisch dirigiert und die Menschen sprechen alle Sprachen, die ihnen Devisen einbringen. Für Umsatz, Einkommen, Kapitalerträge und Nachlaßvermögen interessiert sich kein Fiskus. Obendrein unterliegt der Zahlungs- und Kapitalverkehr keinerlei Kontrollen oder Beschränkungen. Auch das Bankwesen Andorras unterliegt keinen gesetzlichen Regelungen, keinen Restriktionen – und keiner Einlagensicherung. Das Bankgeheimnis ist „das sicherste Europas“ (Eigenwerbung). Kofferweise kommen deshalb die Geldscheine zu andorranischen Banken. Diese „Schweiz in den Pyrenäen“ (Eigenwerbung) hat nach eigenen Angaben mehr als 100 Milliarden DM Auslandseinlagen in ihren Banken angesammelt. Mindestens einmal pro Woche fährt eine scharf bewachte Kolonne von Geldtransportern quer durch Frankreich in die Schweiz, um die Geldscheinberge sicher unterzubringen. Auf dem Rückweg werden tonnenweise Goldbarren, Münzen und Schmuck mitgebracht und anschließend steuerfrei in Andorra verkauft.

Zwölf Millionen Besucher kommen alljährlich. Der Zwergstaat im Hochgebirge ist auch offen für chronische Steuerflüchtlinge: Mehr als 80 Prozent der rund 60 000 Bewohner Andorras sind Ausländer. Und viele von ihnen müssen nicht einmal mehr im Stau stehen. In Barcelona werden jetzt, rechtzeitig zu Olympia, regelmäßige Hubschrauber-Flüge nach Andorra angeboten – steuerpflichtig allerdings.

6 Die Kanalinseln Jersey, Guernsey, Sark und Alderney sowie die Insel Man

Anonyme Vermögenstrusts

Werden die vor der englischen Küste liegenden Kanalinseln sowie die Insel Man zum Offshore-Finanzzentrum Europas, wenn die EG-Länder ihre Maßnahmen gegen Steuerflucht noch stärker als bisher untereinander abstimmen? Die Inseln haben gewisse Chancen, es zu werden.[110] Auf der Insel Man wie auch auf Jersey und Guernsey beträgt die Einkommensteuer nach einem großzü-

110 Dieter Claassen, Beilage „Mehr Geld durch Geld“ zur Süddeutschen Zeitung, Nr. 240 vom 17. 10. 1991.

gigen Freibetrag maximal 20 v. H. Zu diesem Satz werden auch die dort ansässigen und tätigen Firmen besteuert. Offshore-Firmen, deren Geschäfte die Inselbevölkerung nicht berühren, sind regelmäßig völlig steuerfrei, ebenso Kapitalzuwächse, Vermögen, Erbanlässe und Zinsen auf Ausländereinlagen. Für den deutschen Anleger kommen dort vor allem die relativ billigen und anonymen Vermögenstrusts in Betracht. Sie werden in der Bundesrepublik Deutschland anerkannt. Dabei überträgt der Treugeber dem ausländischen Treuhänder sein Vermögen und bleibt unbesteuert. Der Begünstigte, oft mit dem Gründer identisch, wird erst dann steuerpflichtig, wenn er Zahlungen aus dem Trust erhält.

Die genannten Inseln erfreuen sich wirtschaftlich und finanziell eines guten Ansehens. Sie teilen nicht den schlechten Ruf als Waschanlagen für Rauschgiftgelder einiger Inseln in der Karibik.

Captives auf Guernsey

Auf der Insel Man haben sich rund 60 Banken niedergelassen, auf Jersey eine ähnliche Anzahl. Das benachbarte Guernsey ist zum führenden Standort für firmen- bzw. brancheneigene Versicherungsunternehmen, sog. Captives, aufgeschwungen. Fast 190 Firmen sollen dort derzeit ein Prämienaufkommen von jährlich 400 bis 500 Mio Pfund verwalten. Auf der Insel Man wird geplant, die Einkommensteuer für die Verwaltung von Fonds drastisch von bislang 20 auf 5 v. H. zu senken.

Viele deutsche Banken haben auf den Inseln noch nicht ihre Flagge gehißt. Indirekt sind auch die Deutsche Bank über ihre Tochtergesellschaft Morgan Grenfell und das Münchner Privatbankhaus Merck, Finck & Co. über die Muttergesellschaft Barclays dort vertreten.

Teil IV: Aufdeckung von Schwarzgeld

Gewinnverheimlichungen und als ihre Folge Steuerverkürzungen und damit zusammenhängende Schwarzgeldsachverhalte werden vorwiegend im Rahmen von Außenprüfungen bzw. Betriebsprüfungen[1] sowie anläßlich von Steuerfahndungsaktionen festgestellt. Mit einem Kapitel zum Übergang von der Außenprüfung zum Steuerstrafverfahren und einem weiteren Kapitel über die Aufdeckung und Ermittlung ominöser Steuerfälle durch die Steuerfahndung beginnt daher dieser Teil des Buches.

Roter Bogen/ Steuerfahndung

Ist die Buchführung des Steuerzahlers formell ordnungsmäßig, so spricht die Vermutung dafür, daß auch ihr Ergebnis sachlich richtig ist (§ 158 AO). Diese Vermutung wird von den Betriebsprüfern häufig widerlegt. Hierzu bedienen sie sich bestimmter Methoden bzw. Techniken. Sie haben eine Doppelfunktion. Mit ihrer Hilfe können nicht nur zu geringe Gewinnausweise und als Folge Steuerverkürzungen und als weitere Folge Schwarzgeldbestände aufgedeckt werden. Vielmehr dienen sie auch als Grundlage für die Schätzungen der Besteuerungsgrundlagen (vgl. § 162 AO). Entsprechend der Themenstellung dieses Buches steht hier die Funktion der Methoden zur Aufdeckung von Schwarzgeld im Vordergrund. Hundertprozentigen Erfolg verspricht freilich keine der Methoden. Selbst im kombinatorischen Zusammenwirken mehrerer von ihnen kann oft das Ziel nicht erreicht werden. In vielen Fällen hat die Anwendung der Methoden bzw. Techniken jedoch zu einem positiven Ergebnis geführt. Daher sollen sie nachstehend dargestellt werden. Es handelt sich einmal um das Instrument der Kontrollmitteilung, zum anderen um die sogenannten Verprobungsmethoden. Aus ihrem Kreis werden hier behandelt der innere und der äußere Betriebsvergleich, die Umsatzverprobung (Nachkalkulation), die Kassenfehlbetragsrechnung, die Geldverkehrsrechnung und die Mengenverprobung. Bei der Umsatzbesteuerung nach vereinnahmten Entgelten (Gegensatz: vereinbarte Entgelte) im Sinne des § 20 UStG können

Kontrollmitteilungen und Verprobungsmethoden

1 Im folgenden werden die Bezeichnungen „Außenprüfung" und „Betriebsprüfung" synonym gebraucht.

bei Vorliegen einer doppelten Buchführung die versteuerten Entgelte mit Hilfe der sogenannten Debitorenprobe überprüft und richtiggestellt werden. Da diese Verprobungsmethode, die nur die in der Buchführung dargestellten Geschäftsvorfälle erfassen kann, keinen Schluß auf eventuelle Einnahmenverkürzungen zuläßt, soll sie hier außer Betracht bleiben.

Betriebsgröße

Eine Anwendungsbegrenzung finden die genannten Verprobungsmethoden in der Größe der Betriebe bzw. Unternehmen. Lediglich kleinere und mittelgroße Betriebe bzw. Unternehmen sind den Verprobungen zugänglich, weil sich bei ihnen die Verhältnisse einigermaßen übersehen lassen. Hier geht es auch meist um Einnahmenverkürzungen, denen mit Hilfe der Verprobungsmethoden auf die Spur gekommen wird. Dasselbe gilt für den Anwendungsbereich der Kontrollmitteilung. Demgegenüber haben Gewinn- und Steuerverkürzungen bei größeren Betrieben bzw. Unternehmen mehr in fehlender oder zu niedriger Aktivierung sowie unzulässiger oder zu hoher Passivierung ihre Ursache.[2] Der Streit mit dem Finanzamt über Ansatz und Bewertung von Aktiv- und Passivposten nimmt bei den letztgenannten Betrieben bzw. Unternehmen einen größeren Platz ein.

Stichprobenverfahren

Vielfach wird auch das sogenannte Stichprobenverfahren zu den Verprobungsmethoden gerechnet.[3] Es ist m. E. aber keine echte Verprobungsmethode, sondern ein Verfahren der Statistik, das auf dem Weg über die Zulässigkeit bei der Vorratsinventur (§ 241 Abs. 1 HGB) Eingang in die Außenprüfung bzw. Betriebsprüfung gefunden hat. Es folgt der statistischen Erkenntnis, daß aus einem Teil oder einer Teilgruppe durch Hochrechnung mittels eines Multiplikators auf die Gesamtmenge oder den Gesamtwert einer größeren Einheit geschlossen werden kann. Da Schätzungen steuerrechtlich geboten sind, soweit die Finanzbehörde die Besteuerungsgrundlagen nicht ermitteln oder berechnen kann (§ 162 Abs. 1 AO), und dies sicher auch dann gelten muß, soweit die Besteuerungsgrundlagen nicht in angemessener Zeit ermittelt oder berechnet werden können, rechtfertigt dies die Anwendung des mathematisch-statistischen Verfahrens auch bei Außenprü-

2 Zur Schwarzgeldbildung durch Manipulationen bei den Aktiva und bei den Passiva siehe auch Kapitel 4.

3 So Blumers/Frick/Müller, Betriebsprüfungshandbuch, München 1988, Abschnitt D, Rz. 5 bis 11.

fungen bzw. Betriebsprüfungen, auch wenn dabei nur ein hohes Wahrscheinlichkeitsergebnis erzielt wird.

Mitunter wird bei Prüfungen der mathematisch-statistischen Auswahl die sogenannte Zufallsmethode oder die sogenannte bewußte Auswahlmethode vorangestellt.[4]

Werden von der Finanzbehörde Schwarzgeldgeschäfte behauptet, so muß diese Behauptung auch bewiesen werden. Die Beweislastregeln im Besteuerungsverfahren, aber auch im Steuerstrafverfahren sind in einem besonderen Kapitel aufgezeigt.

Kapitel 13: Der Rote Bogen – Von der Betriebsprüfung zum Steuerstrafverfahren

Wenn der Betriebsprüfer Schwarzgeldverdacht hegt

Nicht selten stößt bei steuerlichen Betriebsprüfungen der Prüfer auf Umstände, die den Verdacht oder auch nur die Möglichkeit von Schwarzgeld beim geprüften Steuerzahler nahelegen. So können steuerpflichtige Einnahmen nicht oder nicht vollständig erfaßt sein, was häufig durch bei Geschäftspartnern ausgeschriebene Kontrollmitteilungen festgestellt wird. Ferner können die Privatentnahmen so niedrig sein, daß der Prüfer zu der Annahme neigt, Betriebseinnahmen seien am Finanzamt vorbei für die private Lebensführung verwendet worden. Auch eingelegte Beträge ohne Ursprungsnachweis stammen manchmal aus dubiosen Quellen. Schließlich deuten wiederholt unzutreffende Betriebsausgabenbuchungen auf Manipulationen hin, die auf Schwarzgeld und damit auf Straf- oder Ordnungswidrigkeiten schließen lassen.

1 Der Verdacht einer Steuerstraftat oder Steuerordnungswidrigkeit

Mitteilung der Einleitung des Strafverfahrens

Ergibt sich während einer Betriebsprüfung (offiziell und umfassender „Außenprüfung“) der Verdacht einer Steuerstraftat, so ist nach § 9 Betriebsprüfungordnung vom 17. 12. 1987 (BpO) die für die Bearbeitung dieser Straftat zuständige Stelle vom Prüfer un-

4 Vgl. hierzu Blumers/Frick/Müller, a.a.O.

verzüglich zu unterrichten. Richtet sich der Verdacht gegen den Steuerzahler, dürfen hinsichtlich des Sachverhalts, auf den sich der Verdacht bezieht, die Ermittlungen bei ihm erst fortgesetzt werden, wenn ihm die Einleitung des Strafverfahrens mitgeteilt worden ist. Er hat eine neue Rolle als Beschuldigter und ist, soweit die Feststellungen auch für Zwecke des Strafverfahrens verwendet werden können, darüber zu belehren, daß seine Mitwirkung im Besteuerungsverfahren nicht mehr erzwungen werden kann; hier wie dort hat er nun ein Aussageverweigerungsrecht.

Steuerordnungswidrigkeiten

Beim Verdacht einer Steuerordnungswidrigkeit, also hauptsächlich bei leichtfertiger (grob fahrlässiger) Steuerverkürzung, gilt das alles sinngemäß (§ 10 BpO). Hier wird nicht bestraft, sondern nur ein Bußgeld verhängt.

2 Abstinenz der Außenprüfer gegenüber Strafverfahrenseinleitungen

Betriebsprüfer mehr Steuerexperten als Steuerpolizisten

Die Einleitung eines Strafverfahrens während der Prüfung haben die Betriebsprüfer meist nicht so gern. Aus folgenden Gründen verstehen sie sich mehr als Steuerexperten denn als Steuerpolizisten[5]:

- Die Prüfung könnte nicht mehr zügig abgewickelt werden, weil der Steuerzahler nicht zur Mitwirkung verpflichtet wäre, sofern er sich dadurch selbst belasten müßte.
- Je nach Größenordnung der vermuteten Verfehlungen müßte die Steuerfahndung eingeschaltet werden. Unter Umständen hätte der Prüfer den Fall ganz an sie abzugeben, so daß er dafür keine Punkte bei seiner Jahresstatistik anschreiben darf. Der Druck, unter dem manche Prüfungsbeamte stehen, um die Vorgaben hinsichtlich der Anzahl jährlich zu bewältigender Betriebe zu erfüllen, ist nicht gering zu schätzen. Man spricht hier auch von „Statistischem Leistungsdruck".[6]
- Das sogenannte Prüfungsklima würde sich auf einen Schlag nachhaltig verschlechtern.

---

5 Vgl. Dewein, Betriebsprüfungs-Handbuch, Rudolf Haufe Verlag, Freiburg, Gruppe 3.6, S. 6.

6 Blumers/Frick/Müller, Betriebsprüfungs-Handbuch, München, Abschn. K, Rz. 53.

„Strabu"/ „Bustra"

Entgegen kommt der Abstinenz der Betriebsprüfer gegenüber Strafverfahrenseinleitungen die Vorschrift des § 201 Abs. 2 AO. Besteht danach die Möglichkeit, daß aufgrund der Prüfungsfeststellungen ein Straf- oder Bußgeldverfahren durchgeführt werden muß, soll der Steuerzahler darauf hingewiesen werden, daß die straf- oder bußgeldrechtliche Würdigung einem besonderen Verfahren vorbehalten bleibt. Die von den Betriebsprüfern lieber gesehene bloße Möglichkeit, daß ein Straf- oder Bußgeldverfahren durchgeführt werden muß, besteht dann, wenn für eine Straftat oder Ordnungswidrigkeit Anhaltspunkte sprechen, die zwar noch nicht zureichend sind, um einen Verdacht zu begründen, jedoch eine Untersuchung durch die Straf- und Bußgeldsachenstelle des zuständigen Finanzamts (Insiderjargon: „Strabu" oder „Bustra") geboten erscheinen lassen. Dagegen muß ein Strafverfahren eingeleitet und durchgeführt werden, wenn der Verdacht einer Steuerstraftat vorliegt (Legalitätsprinzip). So, wenn zureichende tatsächliche Anhaltspunkte für eine Straftat gegeben sind (§ 152 Abs. 2 StPO). Dabei müssen die Anhaltspunkte sowohl hinsichtlich der objektiven Tatbestandsmerkmale als auch hinsichtlich der Schuldfrage bestehen.

3 Der ominöse Bericht an die „Strabu" oder „Bustra"

Was steht im Roten Bogen?

Ob nun im Zusammenhang mit der Betriebsprüfung ein Straf- oder Bußgeldverfahren eingeleitet worden ist oder ob der Steuerzahler in der Schlußbesprechung gemäß § 201 Abs. 2 AO darauf hingewiesen worden ist, daß die straf- oder bußgeldrechtliche Würdigung einem besonderen Verfahren vorbehalten bleibt – der Prüfer muß neben dem eigentlichen Betriebsprüfungsbericht ein Papier ausfüllen, das wegen seiner roten Farbe „Roter Bogen" genannt wird und an die Straf- und Bußgeldsachenstelle des Finanzamts (im folgenden: „Strabu") zu schicken ist.

Was steht nun in diesem ominösen Papier alles drin? Finanzamtsvorsteher Hermann Dewein listet die in den Roten Bogen eingehenden Feststellungen wie folgt auf:

- Angaben zum objektiven Tatbestand, wobei der Prüfer alle steuererhöhenden Sachverhalte stichwortartig aufzuschreiben hat, wie Nachaktivierungen, Streichung von Passivposten, Erhöhung der Privatentnahmen usw.

- Eine Stellungnahme zum subjektiven Tatbestand: Hier hält der Prüfer alles fest, was Schlüsse auf ein Verschulden zuläßt. Inwieweit sind der Steuerzahler selbst oder seine Mitarbeiter tätig gewesen? In welcher Weise hat er die Hilfspersonen ausgesucht und überwacht? Über welche Steuerrechtskenntnisse verfügt er? Auf welche Rechtsansichten hat er sich verlassen? Zu erwähnen ist im Roten Bogen auch, ob und wie die erforderlichen Auskünfte erteilt oder Sachverhalte verschleiert wurden und welche wirtschaftlichen und persönlichen Verhältnisse, z. B. Krankheiten, für das Verschulden des Steuerzahlers eine Rolle gespielt haben.
- Schließlich gehört alles, was als Beweismittel in einem eventuell durchzuführenden Strafverfahren dienen könnte, in den Roten Bogen, z. B. Zeugenaussagen, Schriftstücke usw.

4 Grundsätze für die Zuleitung der Prüfungsberichte an die Straf- und Bußgeldsachenstellen der Finanzämter

Opportunitätsprinzip

Ob bei Vorliegen entsprechender Anhaltspunkte für eine bloße Steuerordnungswidrigkeit ein Bußgeldverfahren durchgeführt werden muß, ist nach § 47 Abs. 1 Ordnungswidrigkeitengesetz (OWiG) nach pflichtgemäßem Ermessen zu entscheiden (Opportunitätsprinzip). Die Zuleitung eines Prüfungsberichts an die Straf- und Bußgeldsachenstelle kann nach den aus den Jahren 1979 und 1985 stammenden „Grundsätzen für die Zuleitung der Prüfungsberichte an die Straf- und Bußgeldsachenstellen der Finanzämter" unterbleiben, wenn der verkürzte Betrag (z. B. bei der leichtfertigen Steuerverkürzung) oder der gefährdete Abzugsbetrag (z. B. bei der Lohnsteuer) insgesamt weniger als 3000 DM (steuerliches Mehrergebnis) beträgt, sofern nicht besondere Umstände hinsichtlich des vorwerfbaren Verhaltens für die Durchführung eines Bußgeldverfahrens sprechen. Das gleiche gilt in den Fällen, in denen der insgesamt gefährdete Abzugsbetrag unter 5000 DM liegt und der Zeitraum zwischen gesetzlicher Fälligkeit und Zahlung drei Monate nicht übersteigt. Bei einer nur „vagen Vermutung" – so die sogenannten „Grundsätze" – schuldhaften bzw. vorwerfbaren Verhaltens ist die Zuleitung des Prüfungsberichts an die Strabu regelmäßig nicht erforderlich, auch dann nicht, wenn steuerliche Mehrergebnisse festgestellt werden. Wird ein Bericht der Strabu nicht zugeleitet, so sind die Gründe nach den „Grundsätzen" in einer innerdienstlichen Anlage zum Betriebsprüfungsbericht kurz darzustellen. Diese Anlage wird mit „Grüner Bogen“ bezeichnet. Die häufig festzustellende Wendung, der Mehrgewinn beruhe ausschließlich auf der abweichenden Beurteilung der Bewertungs- und Rechtsfragen, gibt in dieser Form regelmäßig keine ausreichende Begründung ab. Soll von der Zuleitung eines Prüfungsberichts an die Strabu abgesehen werden, obwohl Feststellungen getroffen wurden, die schon früher zu einer Beanstandung geführt haben, wird diese Entscheidung – so schließlich die „Grundsätze“ – einer ausführlichen Begründung bedürfen.

5 Steuerzahler bekommt den Roten Bogen nicht zu sehen

Roter Bogen zunächst behördenintern

Der Steuerzahler bekommt zwar den Betriebsprüfungsbericht, aber weder den Roten noch den Grünen Bogen zu sehen, auch nicht in Abschrift oder Kopie. Beim Grünen Bogen wird er das noch leicht verschmerzen können, beim Roten Bogen dagegen nicht. Es handelt sich um einen behördeninternen Vorgang, sagt ihm der Prüfer. Und auch die Strabu, die während des Laufens der Ermittlungen durchaus Akteneinsicht gewähren dürfte (§ 147 Abs. 2 StPO), läßt fast immer das Visier heruntergeklappt. Dennoch – so Finanzamtsvorsteher Hermann Dewein – ist ein entsprechender Antrag des Strafverteidigers „nicht gänzlich aussichtslos“, wenn er dabei die Absicht zum Ausdruck bringt, zusammen mit dem Mandanten als dem Beschuldigten bei der Sachverhaltsaufklärung weiter mitzuwirken, wozu ja sonst für den Beschuldigten keine Verpflichtung besteht.

Nach Bekanntgabe der Einleitung eines Straf- oder Bußgeldverfahrens darf aber wenigstens der Verteidiger die Akten und damit den Roten Bogen einsehen (§ 147 Abs. 1 StPO) und sollte davon jedenfalls Gebrauch machen.

6 Vorsorgliche Selbstanzeige

Möglichkeit der Verhinderung eines Bußgeldbescheids

Häufig wird am Ende einer jeder Betriebsprüfung folgenden Schlußbesprechung von den Finanzbeamten darauf hingewiesen, daß die Prüfungsergebnisse noch einer strafrechtlichen Würdigung seitens der zuständigen Strabu bedürfen. Dewein empfiehlt dem Steuerzahler, just in diesem Moment „vorsorglich“ Selbstanzeige zu Protokoll zu geben. Er kann damit einen möglichen Bußgeldbescheid wegen leichtfertiger Steuerverkürzung verhindern. Denn anders als bei der (vorsätzlichen) Steuerhinterziehung, die unter anderem eine Sperrwirkung für die strafbefreiende Selbstanzeige bereits mit Erscheinen des Finanzbeamten auslöst (§ 370 Abs. 2 AO), kann der leichtfertige Täter sich noch wirksam anzeigen, bevor ihm oder seinem Vertreter (meist Steuerberater) die Einleitung eines Straf- oder Bußgeldverfahrens bekanntgegeben worden ist (§ 378 Abs. 3 AO). Der Hinweis am Ende einer Schlußbesprechung stellt noch keine Bekanntgabe der Einleitung eines Straf- oder Bußgeldverfahrens dar.

7 Rote Bögen nur Papiertiger?

Entgegen immer wieder zu hörenden kontroversen Stimmen hält Weyand[7] den Roten Bogen für zulässig. Er sei zwar im Besteuerungsverfahren so etwas wie ein geheimer Aktenvermerk, unterliege aber jedenfalls im Steuerstrafverfahren der Akteneinsicht durch den Verteidiger. Weyand schätzt die Bedeutung des Roten Bogens dennoch als gering ein. Im Steuerstrafverfahren habe er keine weitreichende Funktion, weil er infolge des Grundsatzes der Unmittelbarkeit der Beweiserhebung nur erste Anhaltspunkte für die weiteren Ermittlungen bieten könne, aber keinerlei Beweiswirkung habe. Im weiteren Verfahren, insbesondere auch vor Gericht, muß zunächst der Prüfer als Zeuge über seine Wahrnehmungen und Prüfungsergebnisse aussagen. Er darf sich zwar hierbei zur Unterstützung seiner Handakte bedienen, kann aber nicht auf schriftliche Äußerungen verweisen. Weyand versäumt nicht zu erwähnen, daß der Rote Bogen im reinen Besteuerungsverfahren auch statistischen Zwecken dient. Der Steuerzahler sollte also keine Angst vor diesem Papiertiger haben!

7 StBp 1989 S. 31.

Kapitel 14: Aufdeckung und Ermittlung ominöser Steuerfälle durch die Steuerfahndung

Die Fahnder kommen meist bei Morgengrauen

An einem trüben Wintertag, wie jedem anderen, läutet es morgens um 6.05 Uhr an der Haustür des mittelständischen Unternehmers U Sturm: Steuerfahndung. Drei Beamte der Finanzverwaltung, mit Durchsuchungs- und Beschlagnahmebefehl des zuständigen Amtsgerichts versehen, begehren sofortigen Einlaß. Während U die Treppe seines Einfamilienhauses hinabsteigt, um zu öffnen, schießen ihm allerhand Gedanken durch den Kopf: Was liegt der Aktion zugrunde? Hat sie mit der Schwarzgeldbildung zu tun, die U vor einigen Jahren durchgezogen hat? Wird U während oder gar vor der Durchsuchung mit seinem 7 km entfernt liegenden Betrieb telefonieren dürfen (wo, wie U noch erfährt, gleichzeitig durchsucht wird)? Selbstanzeige erstatten? Den Steuerberater oder Rechtsanwalt sofort hinzuzuziehen versuchen – jetzt morgens um 6 Uhr? Gegen die Durchsuchung protestieren oder gar Widerstand leisten? Welchen Rechtsschutz hat U überhaupt? Diesen und vielen weiteren Fragen, die mit den Aktionen der so geschmähten, vor allem aber gefürchteten Steuerfahndung zusammenhängen, soll im folgenden nachgegangen werden, denn Schwarzgeld und Steuerfahndung ergänzen sich wie Max und Moritz.

Kriminalpolizei in Steuersachen

Dem Schwarzgeld auf der Spur ist Tag und Nacht die Steuerfahndung.[8] Sie dient als spezieller Prüfungsdienst der Finanzverwaltung der Verfolgung der – offenbar wachsenden – Steuerkriminalität. Gern wird sie deshalb auch Kriminalpolizei in Steuersachen, Steuerkriminalpolizei oder Steuerpolizei genannt. Polemisierend berichtet die Tagespresse in diesem Zusammenhang gelegentlich auch über „Rollkommandos" und „Flächenfahndungen".

1 Szenario einer Steuerfahndung

Die Zeitschrift „Der Spiegel"[9] beschreibt das Szenario einer Steuerfahndung im Rahmen einer „Pommes-frites-Connection" recht anschaulich wie folgt: Der Gelsenkirchener Gastronom

8 Gängige Abkürzung: Steufa. Vgl. auch Kottke, Steuerfahndung, StWK, Gruppe 2, S. 2277ff.

9 Nr. 43/1990, S. 143/146.

ahnte, was los war, als er morgens ein paar Herren vor seiner Haustür sah. Er entschloß sich, nicht aufzumachen, und entfachte stattdessen in der Gästetoilette seiner Wohnung ein Feuerchen. Im Klo verbrannten Blankorechnungen und Buchhaltungsseiten, Beweise für schwarze Einkäufe von Hähnchen, Würstchen und Pommes frites beim Großhändler. Nachdem der Bochumer Staatsanwalt Hans-Joachim Koch, der Leiter der geplanten Durchsuchungsaktion, die Haustür hatte öffnen lassen, sah er, wie im Garten hinterm Haus die halbe Familie Geldkassetten vergrub. Der Gelsenkirchener Gastronom gehört zu jenen Tausenden von Gastwirten, Imbißbudenbetreibern und Lebensmittelgroßhändlern, die „nur einen Bruchteil des tatsächlichen Umsatzes versteuern" (Koch). Viele von ihnen bekommen gegenwärtig Besuch von Steuerfahndern und Staatsanwälten. Soweit „Der Spiegel".

Auslösungsfaktoren für Steufa

Während die Kriminalpolizei oft bei Straftaten[10] tätig wird, finden sich für die Steufa noch viele andere auslösende Momente. Als Auslösungsfaktoren kommen z. B. hier in Betracht[11]:

- Das vom Steuerzahler deklarierte zu versteuernde niedrige Einkommen steht in grobem Mißverhältnis zu seinem hohen privaten Aufwand.
- Kontrollmitteilungen anderer Finanzämter, z. B. zwecks Erfassung der Einkünfte aus dem Verkauf von Altgold bei Zahnärzten und Dentallabors.
- Anzeigen, oft auch anonym, von entlassenen Angestellten („Der frühere Arbeitgeber hat Steuern hinterzogen!"), von ausgeschiedenen lästigen Gesellschaftern, von zerstrittenen Eheleuten, von enttäuschten verlassenen Geliebten, von böswilligen Nachbarn, die sich häufig auch als unhaltbare Denunziationen entpuppen.
- Presseberichte über gestohlene Wertsachen.
- Mitteilungen von Gerichten und Behörden, von Bund, Ländern und kommunalen Trägern der öffentlichen Verwaltung

10 Vgl. § 158 StPO.

11 Vgl. insbesondere Streck, Der Eingriff der Steuerfahndung, 3. Aufl., Köln 1981.

über Tatsachen, die den Verdacht einer Steuerstraftat begründen, an das Finanzamt.[12]

- Eigenaufgriffe der Steufa aufgrund von Querverbindungen mit anderen Fahndungsfällen.
- Nicht glaubwürdige Selbstanzeigen.

Memminger Abtreibungsprozeß

Auch im monströsen Memminger Abtreibungsprozeß war der Stein durch eine anonyme Denunziation an das Finanzamt ins Rollen gekommen. Steuerfahnder beschlagnahmten daraufhin, wie „Der Spiegel" berichtet,[13] im Herbst 1986 in der Praxis des Memminger Gynäkologen Dr. Horst Theissen, 49, 1348 Karteikarten; der Arzt kam sechs Wochen in Untersuchungshaft und wurde wegen Steuerhinterziehung zu 15 Monaten Freiheitsstrafe auf Bewährung verurteilt, weil er Abtreibungen gegen Barzahlung vorgenommen und die Einkünfte nicht versteuert hatte. Akten und Karteikarten reichten die Steuerfahnder wie selbstverständlich an die Staatsanwaltschaft weiter. Und sie wurde dann aktiv wegen der Abtreibungen.

Regelmäßig ohne Ankündigung in Rudeln

Meist kommen die Steuerfahnder in Rudeln und ohne Ankündigung; nur selten kündigen sie ihr Erscheinen telefonisch oder schriftlich an. In einzelnen Fällen ist es aber auch vorgekommen, daß Steuerfahndungen mit schriftlichen Auskunftsersuchen beginnen. Unter diesen Umständen kann dann eventuell auch noch eine strafbefreiende Selbstanzeige wirksam abgegeben werden,[14] während sie mit dem Erscheinen eines Amtsträgers zur Prüfung oder Ermittlung ausgeschlossen ist.

Oft verlangt die Steufa auch persönlich oder schriftlich von einem Steuerzahler Auskünfte über bestimmte Geschäftsbeziehungen zu einem anderen Geschäftspartner, gegen den sie vorgehen will. So ist sie z. B. auch nicht durch § 30a AO gehindert, sich in einer Steuerstraf- oder Steuerordnungswidrigkeitensache an das Kreditinstitut des Verdächtigen zu wenden, wenn ein Auskunftsersuchen an den Steuerpflichtigen nicht zum Ziele führt oder keinen Erfolg verspricht.

---

12 Vgl. § 116 Abs. 1 AO. Ausgenommen sind Fälle, in denen eine gesetzliche Verpflichtung zur Wahrung des Brief-, Post- und Fernmeldegeheimnisses besteht (§ 116 Abs. 2 in Verb. mit § 105 Abs. 2 AO).

13 „Der Spiegel" Nr. 36/1988 S. 54.

14 § 371 Abs. 2 Nr. 1 Buchst. a AO.

Meist steht am Anfang einer Steufa die gleichzeitige Durchsuchung von Arbeitsplatz, Betrieb und Wohnung; selbst das Schlafzimmer und Küchenschränke werden miteinbezogen. Wochenend- und Ferienhäuser sind vor der Steufa ebenfalls nicht sicher.

Am Ende eines Steufa-Verfahrens, das bis zu drei Jahre und länger dauern kann, stehen regelmäßig wie bei Betriebsprüfungen Schlußbesprechung und Fahndungsbericht.[15] Dies ist aber gesetzlich nicht vorgesehen.

Übergriffe der Steufa

Zum Szenario gehört leider auch hin und wieder, worüber Kritiker der Steufa klagen,[16] daß

- Steuerfahndungsbeamte ihre strafprozessualen Möglichkeiten und Grenzen nicht hinreichend beachteten,
- sie die Betroffenen nicht ausreichend über ihre Rechte und Pflichten belehrten,
- für sie der Zweck zuweilen die Mittel (raffinierte Ermittlertricks) heilige,
- die Fahnungsbeamten oft zu voreingenommen seien, nicht selten hemdsärmelig und rüde oder sonst ungebührlich aufträten und dabei die psychische Belastung des Betroffenen unangemessen ausnützten,
- sie zu Übermaßhandlungen insbesondere bei Durchsuchungen neigten,
- sie nicht selten den Grundsatz „in dubio pro reo" übersähen und statt dessen dazu neigten, das Verfahren durch Tauschhandel, Kuhhandel oder durch weit überhöhte Schätzungen (Horrorzahlen) abzuschließen,
- sie im Falle eines Geständnisses eine mäßige Strafe in Aussicht stellten, obwohl sie selbst die Strafe gar nicht festsetzen.

15 Der Fahndungsschlußbericht ist in Nr. 44 AStBV(St) geregelt.
16 Z. B. Tipke/Kruse, Komm. zu AO und FGO, zu § 208 AO, Tz. 9.

2 Hauptaufgaben der Steufa

Drei Hauptaufgaben

Gemäß § 208 Abs. 1 Satz 1 Nr. 1 bis 3 AO obliegen der Steufa folgende drei Hauptaufgaben:

- Erforschung von Steuerstraftaten und Steuerordnungswidrigkeiten,
- Ermittlung der Besteuerungsgrundlagen im Zusammenhang mit Steuerstraf- und Ordnungswidrigkeiten-Delikten,
- Aufdeckung und Ermittlung unbekannter Steuerfälle.

Alle drei Aufgaben der Steufa sind darauf begrenzt, den Sachverhalt vollständig zu ermitteln, um den Abschluß des Steuerstrafverfahrens und des Besteuerungsverfahrens vorzubereiten. Die Steufa würde diesen Rahmen aber überschreiten, wenn sie über den Abschluß des Ermittlungsverfahrens selbständig entscheiden würde.

2.1 Erforschung von Steuerstraftaten und Steuerordnungswidrigkeiten

Anfangsverdacht genügt

Das ist die primäre Funktion der Steufa. Unter den Steuerstraftaten rangiert die Steuerhinterziehung (§ 370 AO) an erster Stelle. Für das Steuerstrafverfahren gilt die Strafprozeßordnung – StPO (§ 385 Abs. 1 AO). Voraussetzung für die Einleitung eines Steuerstrafverfahrens ist, daß zureichende tatsächliche Anhaltspunkte, d. h. der Verdacht für eine Straftat, gegeben sind (§§ 152 Abs. 2, 160 Abs. 1, 163 Abs. 1 StPO). Bloße Vermutung ist weniger als Anfangsverdacht und genügt nicht. Wie beim dringenden Verdacht braucht für den Anfangsverdacht aber eine Verurteilung noch nicht wahrscheinlich zu sein oder gar naheliegen.[17]

Amtshaftung

Gleich wie ein Steufa-Verfahren im Einzelfall ausgeht, bringt es für den Steuerbürger regelmäßig eine schwere Rufschädigung mit sich. Daher darf eine Steufa nicht vorschnell angesetzt werden; der Finanzverwaltung ihrerseits drohen sonst Schadensersatzansprüche aus Amtshaftung.[18]

---

17 Tipke/Kruse, a.a.O., zu § 208 AO, Tz. 3.

18 BGHZ 20, 178; Kleinknecht, Komm. zur StPO, 36. Aufl., zu § 152, Tz. 4.

Legalitätsprinzip

Ist der Verdacht einer Steuerstraftat andererseits nicht von der Hand zu weisen, ist die Steufa auch verpflichtet, die Verfolgung aufzunehmen (sog. Legalitätsprinzip; vgl. § 152 Abs. 2 StPO).

Einschränkungen bei steuerlicher Kleinkriminalität

Aufgrund des Massendelikts der Steuerhinterziehung und den daraus resultierenden hohen Ermittlungsrückständen bei einzelnen Steufa-Stellen erleidet das Legalitätsprinzip aber heute Einschränkungen. Es werden vielmehr aus den genannten Gründen bei vielen Steufa-Stellen wie auch sonst in der Betriebsprüfung Schwerpunkte gebildet; ganze Prüfungsfelder werden vernachlässigt. Die ursprünglich für die Staatsanwaltschaft geschaffene Vorschrift über die Einstellung des Strafverfahrens wegen Geringfügigkeit (§ 398 AO) wird auch von der Steufa in Anspruch genommen und gibt ihr die Möglichkeit, die steuerliche Kleinkriminalität im Ermittlungsstadium liegen zu lassen.

Steuerordnungswidrigkeiten/Opportunitätsprinzip

Neben den Steuerstraftaten verfolgt die Steufa auch Steuerordnungswidrigkeiten, d. h. Zuwiderhandlungen, die nach den Steuergesetzen mit Geldbußen geahndet werden können (§ 377 Abs. 1 AO). Zu ihnen gehört als wichtigstes Delikt die leichtfertige Steuerverkürzung (§ 378 AO). Auch zur Einleitung eines Steuerordnungswidrigkeitenverfahrens genügen nicht nur reine Vermutungen, sondern es muß ein Verdacht vorliegen, der auf zureichende tatsächliche Anhaltspunkte gestützt ist. Es ist hier aber nicht das Legalitätsprinzip wie bei Steuerstraftaten maßgebend, sondern das Opportunitätsprinzip. D. h., die Behörde entscheidet nach ihrem Ermessen, ob sie bei Verdacht die Verfolgung aufnimmt oder nicht (§§ 47, 53 OWiG).

Organisatorische Stellung

In der Erfüllung ihrer wichtigsten Aufgabe, Steuerstraftaten und Steuerordnungswidrigkeiten zu erforschen, sind die Steufa-Stellen neben ihrer Einbindung in die Organisation der Finanzbehörden Strafverfolgungsstellen und insoweit den Weisungen der Staatsanwaltschaft und der Bußgeld- und Strafsachenstellen der Finanzämter unterworfen. Die Steuerfahndungsstellen und ihre Beamten haben im Steuerstrafverfahren dieselben Rechte und Pflichten wie die Behörden und Beamten des Polizeidienstes nach der Strafprozeßordnung (§ 404 Satz 1 AO).

2.2 Im Zusammenhang mit Steuerstraf- und Ordnungswidrigkeiten-Delikten Ermittlung der Besteuerungsgrundlagen

Doppelfunktion der Steufa

Die Ermittlung von Besteuerungsgrundlagen gemäß § 208 Abs. 1 Satz 1 Nr. 2 AO ist mit der Erforschung von Steuerdelikten, insbesondere der Steuerhinterziehung und der leichtfertigen Steuerverkürzung, eng verzahnt, weil sie nur dann festgestellt werden können, wenn vorher der wirkliche Anspruch nach Art und Höhe ermittelt wurde. Die zuständige Steufa-Stelle überläßt also, wie es zunächst logischer anmutet, bei der Verfolgung von Steuerdelikten nicht die Feststellung der Besteuerungsgrundlagen der Veranlagungs- oder Außenprüfungsstelle, sondern wird auch in dieser Hinsicht sofort selbst tätig. Der BFH[19] hat in jüngster Zeit bestätigt, daß die Steufa im Zusammenhang mit Steuerstraftaten und -ordnungswidrigkeiten sowohl im Steuerstrafverfahren als auch im Besteuerungsverfahren tätig werden kann. Maßgebend sei, in welcher Funktion und in welchem Verfahren die Finanzbehörden nach außen objektiv und eindeutig erkennbar tätig geworden sind oder tätig werden wollen.

Lauf der Festsetzungsfrist

Beginnt die Steufa vor Ablauf der Festsetzungsfrist beim Steuerzahler mit Ermittlungen der Besteuerungsgrundlagen, so läuft die Festsetzungsfrist insoweit nicht ab, bevor die aufgrund der Ermittlungen zu erlassenden Steuerbescheide unanfechtbar geworden sind (§ 171 Abs. 5 AO). Die Festsetzungsfrist beträgt für Zölle ein Jahr, für sonstige Abgaben vier Jahre, aber zehn Jahre, soweit eine Steuer hinterzogen, und fünf Jahre, soweit sie leichtfertig verkürzt worden ist (§ 169 Abs. 2 AO); in den letztgenannten Deliktsfällen endet sie nicht, bevor die Verfolgung des Delikts verjährt ist (§ 171 Abs. 7 AO).

Beispiel

Wegen des Verdachts der Steuerhinterziehung ermittelt die Steufa für die Jahre 01 bis 10. Die Wohn- und Geschäftsräume des Beschuldigten B und einiger Dritter werden im Jahr 11 durchsucht. Im Jahr 12 stellt sich heraus, daß der für die Annahme einer fortgesetzten Steuerhinterziehung erforderliche Gesamtvorsatz nicht nachgewiesen werden kann. Die Steuerhinterziehungen für die Jahre 01 bis 05 sind deshalb verjährt (§§ 78 Abs. 1 und Abs. 2 Nr. 4, 78a StGB in

19 BFH-Urt. vom 29. 10. 1986 I B 26/86 (BStBl 1987 II S. 440).

Verb. mit § 370 Abs. 1 AO). Hat B die Steuern der Veranlagungszeiträume 01 bis 05 bzw. Voranmeldungszeiträume Januar 01 bis Dezember 05 jedoch unabhängig vom Vorliegen eines Gesamtvorsatzes jeweils vorsätzlich gekürzt, wäre damit die Festsetzungsfrist für diese Zeiträume noch nicht abgelaufen (§§ 169 Abs. 2 Fall 1, 170 Abs. 2 Nr. 1, 171 Abs. 5 Sätze 1 und 2 AO).[20]

2.3 Aufdeckung und Ermittlung unbekannter Steuerfälle

Vorfeldermittlungsfunktion der Steufa

Gerade diese dritte Hauptaufgabe der Steufa, die sogenannte Vorfeldermittlung (§ 208 Abs. 1 Satz 1 Nr. 3 AO), hat für die Jagd nach Schwarzgeld immense Bedeutung. Ebenso wie es im Strafprozeß ein Verfahren gegen Unbekannt gibt, eröffnet auch das Steuerstrafverfahrensrecht die Möglichkeit, unbekannten Steuerfällen nachzuspüren. Hierzu braucht noch nicht einmal der Verdacht eines Steuerdelikts vorzuliegen; es genügt vielmehr die aus allgemeiner Erfahrung gewonnene abstrakte Vermutung der Steuerbehörde, daß eine objektive Steuerverkürzung gegeben sein kann. Gibt es allerdings auch dafür keine Anhaltspunkte oder ist diese Möglichkeit sogar ausgeschlossen, so ist jede von der Steufa gleichwohl – etwa ins Blaue hinein – getroffene Maßnahme unzulässiges Übermaß.[21] Unbekannte Steuerfälle im Sinne des Gesetzes sind solche, in denen es entweder um noch unbekannte Steuerzahler oder noch unbekannte steuerliche Sachverhalte oder um beides geht. Dem sind im Schrifttum[22] noch Fälle hinzugefügt worden, in denen aufgrund von Anhaltspunkten vermutet wird, daß bekannte oder unbekannte Steuerzahler unbekannte Wertsachen oder sonstige unbekannte Gegenstände besitzen, z. B. nicht deklarierte festverzinsliche Wertpapiere im Banksafe eines entfernter liegenden Kreditinstituts.

---

20 Blumers/Frick/Müller, Betriebsprüfungs-Handbuch, München 1991, Abschn. J, Tz. 26.

21 Tipke/Kruse, a.a.O., zu § 208 AO, Tz. 5.

22 Tipke/Kruse, wie Fußnote 21.

Weitere Beispiele für Vermutungen unbekannter Steuerfälle: [23]

- Nebenberufliche Tätigkeiten von Provisionsvertretern bei Versicherungsgesellschaften, Versandhäusern, Bausparkassen oder von Autoren in Verlagen.
- Arbeitnehmerverleih in der Baubranche, insbesondere auf Großbaustellen.
- Nebenberufliche Tätigkeiten beamteter oder angestellter Architekten und Ingenieure zur Erstellung von Bauplänen.
- Kfz-Händler, Telefonverkäufer, Prostituierte, Anbieter von Luxusobjekten, die unter Chiffre-Anzeigen in Tageszeitungen werben. Zur Feststellung der Auftraggeber von Chiffre-Anzeigen sind Auskunftsersuchen an die Presse im Besteuerungs- sowie im Straf- und Bußgeldverfahren zulässig. [24] So muß, wenn in einer im Inland erscheinenden Chiffre-Anzeige ausländisches Grundvermögen von beträchtlichem Wert zum Kauf angeboten wird, die Zeitung den Inserenten offenbaren; ihr Auskunftsverweigerungsrecht nach § 102 AO erstreckt sich nur auf den redaktionellen Teil, und auch das Grundrecht der Pressefreiheit steht der Auskunftspflicht nicht entgegen. [25] Die Finanzbehörde kommt aber nicht weiter, wenn der Auftraggeber das Inserat nicht direkt beim deutschen Verlag, sondern über eine ausländische Werbeagentur in einem Nicht-EG-Land aufgibt und wenigstens die ausländische Agentur Diskretion wahrt.
- Einnahmen, die Zahnärzte aus Goldgeschäften mit Scheideanstalten erzielen.

Kontrollmitteilungen

Regelmäßig werden die Fahnder in den drei erstgenannten Beispielsfällen mit Hilfe von Kontrollmitteilungen aus den Berei-

23 Klos, Die Steuerfahndung, SteuerStud. 1985 S. 325.
24 Vgl. BFH-Urt. vom 26. 8. 1980 (BStBl 1980 II S. 699).
25 BFH-Urt. vom 29. 10. 1986 VII R 82/85 (BStBl 1988 II S. 359).

chen der Geschäftspartner (Versicherungsgesellschaften, Banken, Verlage) fündig.[26]

Beispiel

In den von US-Steuerbehörden nach Art. XVI DBA-USA den deutschen Finanzbehörden übersendeten Kontrollmitteilungen wird die deutsche Bank B als Zahlungsempfänger benannt. B macht im Rahmen der nächsten Außenprüfung geltend, die in den Kontrollmitteilungen aufgeführten Zahlungen nicht selbst, sondern nur im Auftrag eines Kunden vereinnahmt zu haben. Einem auf § 93 Abs. 1 Nr. 3 AO gestützten Ersuchen, über Namen und Anschriften der tatsächlichen Zahlungsempfänger (Bankkunden) Auskunft zu erteilen, kommt B unter Hinweis auf § 30a AO (sog. Bankgeheimnis) nicht nach. Diese Sachverhaltskonstellation legt die konkrete Annahme nahe, daß das treuhänderische Auftreten der B einen gewissen Anreiz für die Kunden gibt, die Kapitalerträge nicht zu versteuern.[27]

Sammelauskunftsersuchen grundsätzlich zulässig

Die neuere Rechtsprechung des Bundesfinanzhofs legt die der Steufa-Behörde nach § 208 Abs. 1 Satz 1 Nr. 3 AO zugewiesene Aufgabe der Aufdeckung und Ermittlung unbekannter Steuerfälle und die Befugnisse der Steufa hierbei leider sehr extensiv aus. In seinem Urteil vom 24. März 1987 VII R 30/86[28] ging es darum, daß die Steuerfahndung ein Kreditinstitut, das u. a. Kreditgeschäfte durch gewerbliche Kreditvermittler tätigte, aufgefordert hatte, Namen und Anschrift aller Provisionsempfänger mit Wohnsitz in Z sowie Höhe der Zahlungen/Gutschriften im Kalenderjahr 1979 (Vermittlungsprovision, Gebühren, Packing, Courtage usw.) anzugeben. In der Verfügung hieß es weiter, die Provisionen seien nach Provisionsarten getrennt anzugeben und es könnten Vermittler entfallen, die jährlich unter 1000 DM erhalten hätten. Zur Begründung wies die Behörde darauf hin, es sei bekanntgeworden, daß Steuerpflichtige für Vermittlungsleistungen von Kreditinstituten Provisionen erhalten und sie dem Finanzamt gegenüber nicht erklärt hätten. Das Kreditinstitut lehnte die Erteilung der Auskunft mit dem Hinweis ab, in dieser allgemeinen Form sei das Auskunftsersuchen nicht zulässig. Das Fi-

26 Vgl. Kapitel 15.
27 Blumers/Frick/Müller, a.a.O., Abschn. J, Tz. 11.
28 BStBl 1987 II S. 484.

nanzgericht (FG) hob das Auskunftsersuchen auf und ließ die Revision zu.

Die Auslegung des Bundesfinanzhofs

Dagegen führte der BFH aus: Die Steufa-Behörde dürfe nach § 208 Abs. 1 Satz 1 Nr. 3 AO zur Aufdeckung und Ermittlung unbekannter Steuerfälle tätig werden. Sie bedürfe dazu eines hinreichenden Anlasses. Er liege vor, wenn aufgrund konkreter Anhaltspunkte oder aufgrund allgemeiner Erfahrung eine Anordnung bestimmter Art angezeigt ist. Im Rahmen dieser sachlichen Zuständigkeit dürfe sich die Steuerfahndungsbehörde nach § 208 Abs. 1 Satz 2 AO der Befugnis des § 93 Abs. 1 Satz 1 AO bedienen, andere Personen als die Beteiligten um Auskünfte zu ersuchen, die zur Feststellung eines für die Besteuerung erheblichen Sachverhalts erforderlich sind. Für die Einholung einer solchen Auskunft durch die Steuerfahndungsbehörde bestünden keine höheren Anforderungen als für das Tätigwerden nach § 208 Abs. 1 Satz 1 Nr. 3 AO. Es genüge, daß die Möglichkeit einer objektiven Steuerverkürzung besteht... Nach § 93 Abs. 1 Satz 1 AO hätten auch dritte Personen der Finanzbehörde die zur Feststellung eines für die Besteuerung erheblichen Sachverhalts erforderlichen Auskünfte zu erteilen. Dem Wortlaut dieser Vorschrift sei nicht zu entnehmen, diese Auskunftspflicht bestehe nur, wenn sich das Ersuchen auf einen Einzelfall bezieht. Die Vorschrift sei vielmehr dahin auszulegen, daß die Finanzbehörde befugt ist, einen Dritten um Auskunft zu ersuchen, wenn sie im Rahmen ihrer Prognoseentscheidung im Wege vorweggenommener Beweiswürdigung nach pflichtgemäßem Ermessen zum Ergebnis gelangt, daß die Auskunft zu steuererheblichen Tatsachen zu führen vermag. Diese Voraussetzungen könnten auch bei einem Sammelauskunftsersuchen erfüllt sein... Der Senat folge nicht der Auffassung des FG, ein solches Sammelauskunftsersuchen sei eine unzulässige Ermittlung ins Blaue hinein. Nach dem Urteil des Senats in BFHE 148, 108[29] träfe das nur zu, wenn es an einem hinreichenden Anlaß für das Tätigwerden der Steuerfahndung und an der Möglichkeit einer objektiven Steuerverkürzung fehlte. Dies sei aber nicht der Fall, wenn der Ausgangspunkt des FA zutreffen sollte, daß nach allgemeinen Erfahrungen verhältnismäßig viele Kreditvermittler Steuern in bezug auf ihre Provisionseinkünfte verkürzen.

Extensive Auslegung

29 Urt. vom 29. 10. 1986 VII R 82/85.

Yacht-
maklerfall

Ähnlich argumentiert das Finanzgericht Hamburg im sogenannten Yachtmaklerfall.[30] Danach ist die Steufa aufgrund der Erfahrung, daß kostspielige Segel- und Motoryachten oftmals steuerlich nicht erfaßt werden, berechtigt, gem. § 208 Abs. 1 Satz 1 Nr. 3 AO Ermittlungsmaßnahmen gegen die Eigentümer solcher Yachten zu ergreifen. Sie könne zu diesem Zweck die in den Verkauf der Yachten eingeschalteten Makler zur Angabe von Namen und Anschriften der Yachteigner auffordern (§ 93 Abs. 1 Satz 1 AO).

„Im Streitfall" – so das FG Hamburg – „ist die Möglichkeit, daß die Yachteigner, auf die sich das Auskunftsersuchen bezieht, Steuern objektiv verkürzt haben, nicht von der Hand zu weisen. Diese Möglichkeit ergibt sich aus den von dem Beklagten[31] seit Jahren gemachten Erfahrungen. Nach der Darstellung des Beklagten, deren Richtigkeit von der Klägerin nicht bestritten worden ist, wertet der Beklagte seit Jahren in gleicher Weise wie im Streitfall die Zeitschrift ‚Yacht' aus. Dabei hat sich ergeben, daß allein in der Zeit vom 1. Januar 1985 bis 15. November 1986 bei 31 von 76 Rückmeldungen der Finanzämter, an die entsprechende Kontrollmitteilungen gesandt wurden, feststellt wurde, daß die Yachten steuerlich – namentlich vermögensteuerlich – bisher nicht erfaßt waren, wenngleich die Schiffe – bis auf wenige Ausnahmen – aus versteuerten Mitteln finanzierbar waren. Ein ähnliches Ergebnis hatte die Auswertung der ‚Yacht'-Hefte Nr. 1 bis 26/1984. Die angefochtene Maßnahme des Beklagten beruht mithin nicht, wie die Klägerin offenbar meint, auf der allgemeinen Unterstellung, die Besitzer kostspieliger Yachten seien von vornherein als potentielle Steuerhinterzieher zu betrachten."

Soviel zum Yachtmaklerfall!

Zurechnung
zum Besteuerungs-
verfahren

Die Vorfeldermittlung nach § 208 Abs. 1 Satz 1 Nr. 3 AO ist dem Besteuerungsverfahren zuzurechnen, nicht dem Steuerstraf- oder Steuerordnungswidrigkeitenverfahren.[32] Diese Zuordnung hat praktische Bedeutung. Ist nämlich die Person des Steuerpflichtigen bekannt, der steuerliche erhebliche Sachverhalt dagegen nicht, so sind auch bei der Vorfeldermittlung die formellen Vor-

30 FG Hamburg, rechtskr. Urt. vom 4. 12. 1986 (EFG 1987 S. 275).
31 Finanzamt.
32 Henneberg, BB 1986 S. 921 ff.

schriften der Außenprüfung zu beachten, wie z. B. die Prüfungsanordnung und deren Bekanntgabe an den Steuerpflichtigen. Andernfalls ist die Prüfung rechtswidrig und sind ihre Ergebnisse nicht verwertbar. Ohne Prüfungsauftrag und ohne dessen Bekanntgabe unterbricht das Erscheinen des Steuerfahnders weder die Festsetzungsverjährung noch löst es die Sperrwirkung für die Erstattung einer Selbstanzeige[33] aus. In den seltenen Fällen, in denen zwar ein steuerpflichtiger Sachverhalt zu vermuten ist z. B. aufgrund von Chiffre-Anzeigen, aber der Steuerpflichtige unbekannt ist, können selbstredend die regulären Mittel des Besteuerungsverfahrens nicht eingesetzt werden.

2.4 An die Steufa übertragene Aufgaben

Unabhängig von den vorstehend umrissenen Aufgaben sind die mit der Steuerfahndung betrauten Dienststellen der Landesfinanzbehörden und die Zollfahndungsämter auch zuständig

1. für steuerliche Ermittlungen einschließlich der Außenprüfung auf Ersuchen der zuständigen Finanzbehörde,
2. für die ihnen sonst im Rahmen der Zuständigkeit der Finanzbehörden übertragenen Aufgaben (§ 208 Abs. 2 AO). Aufgabenwahrnehmung in diesen Fällen dürften nur selten vorkommen, weil die Steufa-Stellen schon mit ihren eigentlichen Aufgaben überlastet sind. In Betracht kommt wohl eigentlich nur, einen dinglichen Arrest nach § 324 AO zu vollziehen.[34]

3 Durchführung der Steufa

Pflichten der Steufa

Die Steufa hat im Steuerstraf- und Steuerordnungswidrigkeitenverfahren dieselben Rechte und Pflichten wie die Behörden und Beamten des Polizeidienstes nach den Vorschriften der Strafprozeßordnung (§§ 404 Satz 1, 410 Abs. 1 Nr. 9 AO). Die Pflichten der Steufa bestehen in der (Nrn. 2 bis 7 AStBV-St)

- Gewährung rechtlichen Gehörs, es sei denn, der Zweck einer Anordnung würde bei vorheriger Anhörung gefährdet, so namentlich bei Beschlagnahmen und Durchsuchungen;

33 Siehe Kapitel 30.
34 Blumers/Frick/Müller, a.a.O., Abschn. J, Tz. 29.

- Einhaltung des Grundsatzes der Verhältnismäßigkeit bzw. des Verbotes des Übermaßes;
- Verpflichtung zu fairem Verfahren, insbesondere auch Unschuldsvermutung bis zur rechtskräftigen Verurteilung;
- Verpflichtung zur Wahrheitsfindung, so auch Umstände zugunsten des Beschuldigten von Amts wegen zu ermitteln. Ferner hat sich jeder Fahnder an den Grundsatz „Im Zweifel für den Angeklagten" (in dubio pro reo) zu halten;
- Pflicht zur Beschleunigung des Verfahrens.

Befugnisse der Steufa

Andererseits dürfen die Steuerfahnder[35] zur Verhütung der Verdunkelung (Gefahr im Verzuge) alle unaufschiebbaren Anordnungen treffen (§§ 404 Satz 2, 399 Abs. 2 Satz 2 AO), wie

- Geschäftsräume, Wohnung, Pkw, Brief-, Hand- und Aktentaschen, Koffer usw. durchsuchen;
- einziehbare oder als Beweismittel bedeutsame Sachen beschlagnahmen, falls sie nicht freiwillig herausgegeben werden;
- „Papiere", insbesondere Geschäftspapiere, Bankunterlagen, Kontoauszüge, Notizbücher, Kalender usw. durchsehen, was sonst nicht einmal den als Hilfsbeamten der Staatsanwaltschaft tätigen Polizisten erlaubt ist (§ 110 StPO);
- bei dringendem Tatverdacht, bei Flucht- oder Verdunkelungsgefahr den Beschuldigten vorläufig festnehmen.

Da für die Fahnder nicht immer die für die selbständige Anordnung der vorstehenden Maßnahmen notwendige Gefahr im Verzug vorliegt, handeln sie regelmäßig aufgrund einer richterlichen Durchsuchungs-, Beschlagnahme- und Festnahmeanordnung.

3.1 Die Beschlagnahme im einzelnen

Welche Gegenstände kommen als Beweismittel in Betracht?

Gegenstände, die als Beweismittel für die Untersuchung von Bedeutung sein können, sind in Verwahrung zu nehmen oder in anderer Weise sicherzustellen – bestimmt § 94 Abs. 1 StPO. Das gilt auch für das Steuerstrafverfahren (§ 385 Abs. 1 AO). Gegenstände als Beweismittel sind allein Urkunden und andere bewegliche oder unbewegliche Sachen. Zur Beschlagnahme muß aber

35 Ebenso die Zollfahndungsämter.

ein Anfangsverdacht vorhanden sein; er darf nicht erst mit der Beschlagnahme gewonnen werden. Akten, Buchführungsunterlagen oder andere ähnliche Sachgesamtheiten sind im Steuerstrafverfahren ein einheitliches Beweismittel, weil einzelne Teile, wie beispielsweise vorgespiegelte Verträge, Rechnungen mit unzutreffenden Angaben, keinen endgültigen Schluß darauf zulassen, wie sie vom Täter letztlich verwendet wurden. Wenn Unterlagen auf Bild- oder andere Datenträger gespeichert wurden, so sind Gegenstände i. S. des § 94 Abs. 1 StPO die Datenträger selbst, die technischen Hilfsmittel, mit deren Hilfe sie lesbar gemacht werden, sowie die Unterlagen über die Verfahrensdokumentation.[36] Im Steuerstrafverfahren kommen hauptsächlich in Betracht:[37] Anzeigen, Angebote, Kalender- oder Terminzettel, Aufträge, Verträge, Rechnungen, Überweisungsträger, Schecks, Quittungen, Kontoauszüge, mithin gesamte Buchführungen einschließlich der Jahresabschlüsse, Steuererklärungen, Entwürfe hierzu, Verfügungen von Todes wegen.

Befinden sich die Gegenstände im Gewahrsam einer Person und werden sie nicht freiwillig herausgeben, so bedarf es der Beschlagnahme (§ 94 Abs. 2 StPO).

Übermaß unzulässig

Auch die Beschlagnahme und ihre Einzelmaßnahmen müssen dem Verhältnismäßigkeitsgrundsatz gerecht werden. Mit anderen Worten: Es darf nicht über das Ziel hinausgeschossen werden; jedes Übermaß ist verboten. Beispielsweise darf ein Tagebuch oder dürfen ähnliche private Aufzeichnungen nur beschlagnahmt und deren Inhalte nur verwertet werden, wenn sie das Vorbereiten und Durchführen einer Steuerhinterziehung zum Inhalt haben.[38] Die Beschlagnahme von Urkunden oder anderen Schriftstücken, die für den Gewahrsamsinhaber zur Fortführung seiner gewerblichen oder beruflichen Tätigkeit erforderlich sind, berechtigt ihn zu dem Verlangen, ihm wenigstens Fotokopien dieser Schriftstücke zu überlassen. Der Verhältnismäßigkeitsgrundsatz verbietet auch regelmäßig eine Beschlagnahme von Bargeld als Beweismittel, ganz abgesehen davon, daß dem Bargeld nicht ange-

---

36 Schäfer in Löwe/Rosenberg, zu § 94 StPO, Rdnr. 18.

37 Blumers/Frick/Müller, a.a.O., Abschn. J, Tz. 67.

38 BVerfG-Beschl. vom 14. 9. 1989, 2 BvR 1062/87, BVerfGE 80, 367, NJW 1990 S. 563.

sehen werden kann, ob es zur Steuerhinterziehung diente oder nicht.[39]

Beschlagnahmeverbote

Der Beschlagnahme unterliegen nicht (§ 97 StPO)

1. schriftliche Mitteilungen zwischen dem Beschuldigten und den Personen, die nach § 52 oder § 53 Abs. 1 Nrn. 1 bis 3a StPO das Zeugnis verweigern dürfen;
2. Aufzeichnungen, welche die in § 53 Abs. 1 Nrn. 1 bis 3a StPO Genannten über die ihnen vom Beschuldigten anvertrauten Mitteilungen oder über andere Umstände gemacht haben, auf die sich das Zeugnisverweigerungsrecht erstreckt;
3. andere Gegenstände einschließlich der ärztlichen Untersuchungsbefunde, auf die sich das Zeugnisverweigerungsrecht der in § 53 Abs. 1 Nrn. 1 bis 3a StPO Genannten erstreckt.

Zeugnisverweigerungsrechte

Beschlagnahmeverbot und Zeugnisverweigerungsrecht decken sich also in bestimmtem Umfang. Daher seien nachstehend diejenigen Zeugnisverweigerungsrechte wiedergegeben, auf die das Beschlagnahmeverbot in § 97 StPO Bezug nimmt.

Zur Verweigerung des Zeugnisses sind aus persönlichen Gründen berechtigt (§ 52 StPO)

1. der Verlobte des Beschuldigten;
2. der Ehegatte des Beschuldigten, auch wenn die Ehe nicht mehr besteht;
3. wer mit dem Beschuldigten in gerader Linie verwandt oder verschwägert, in der Seitenlinie bis zum dritten Grad verwandt oder bis zum zweiten Grad verschwägert ist oder war.

Aus beruflichen Gründen sind zur Verweigerung des Zeugnisses ferner berechtigt (§ 53 Abs. 1 Nrn. 1 bis 3a StPO)

1. Geistliche über das, was ihnen in ihrer Eigenschaft als Seelsorger anvertraut worden oder bekanntgeworden ist;
2. Verteidiger des Beschuldigten über das, was ihnen in dieser Eigenschaft anvertraut worden oder bekanntgeworden ist;
3. Rechtsanwälte, Patentanwälte, Notare, Wirtschaftsprüfer, vereidigte Buchprüfer, Steuerberater und Steuerbevollmäch-

39 Vgl. Blumers/Frick/Müller, a.a.O., Abschn. J, Tz. 71.

tigte, Ärzte, Zahnärzte, Apotheker und Hebammen über das, was ihnen in dieser Eigenschaft anvertraut worden oder bekanntgeworden ist;

3a. Mitglieder oder Beauftragte einer anerkannten Beratungsstelle nach § 218b Abs. 2 Nr. 1 StGB (Abbruch der Schwangerschaft ohne Beratung der Schwangeren) über das, was ihnen in dieser Eigenschaft anvertraut worden oder bekanntgeworden ist.

Berufshelfer

Den in § 53 Abs. 1 Nrn. 1 bis 3a StPO Genannten stehen ihre Gehilfen und die Personen gleich, die zur Vorbereitung auf den Beruf an der berufsmäßigen Tätigkeit teilnehmen – sog. Berufshelfer (§ 53a Abs. 1 StPO).

Ein Gegenstand, insbesondere schriftliche Mitteilungen und Aufzeichnungen, gehört jedoch nicht zum Gewahrsam des Zeugnisverweigerungsberechtigten, wenn er sich im Gewahrsam eines selbständigen Gewerbetreibenden befindet und letzterer keinem der nach § 53 StPO berechtigten Berufe angehört. Beschlagnahmt werden können also Beweismittel im Gewahrsam einer Privatärztlichen Verrechnungsstelle, einer öffentlich-rechtlichen Krankenkasse oder einer Datenbank, z. B. der DATEV eG.[40] Ein Zeugnisverweigerungsrecht aus beruflichen Gründen steht nach § 53 Abs. 1 Nr. 5 StPO auch Personen zu, die bei der Vorbereitung, Herstellung oder Verbreitung von periodischen Druckwerken oder Rundfunksendungen berufsmäßig mitwirken oder mitgewirkt haben, über die Person des Verfassers, Einsenders oder Gewährsmanns von Beiträgen und Unterlagen sowie über die ihnen im Hinblick auf ihre Tätigkeit gemachten Mitteilungen, soweit es sich um Beiträge, Unterlagen und Mitteilungen für den redaktionellen Teil handelt. Soweit das Zeugnisverweigerungsrecht dieser Personen reicht, ist die Beschlagnahme von Schriftstücken, Ton-, Bild- und Datenträgern, Abbildungen und anderen Darstellungen, die sich im Gewahrsam dieser Personen oder der Redaktion, des Verlags, der Druckerei oder der Rundfunkanstalt befinden, unzulässig (§ 97 Abs. 5 Satz 1 StPO). Der Anzeigenteil einer Zeitung oder Zeitschrift ist grundsätzlich nicht durch das Beschlagnahmeverbot geschützt.

Die Beschränkungen der der Beschlagnahme nicht unterliegenden Gegenstände von Zeugnisverweigerungsberechtigten gelten

40 Blumers/Frick/Müller, a.a.O., Abschn. J., Tz. 74.

nicht, wenn die zur Verweigerung des Zeugnisses Berechtigten einer Teilnahme oder einer Begünstigung, Strafvereitelung oder Hehlerei verdächtig sind oder wenn es sich um Gegenstände handelt, die durch eine Straftat hervorgebracht oder zur Begehung einer Straftat gebraucht oder bestimmt sind oder die aus einer Straftat herrühren (§ 97 Abs. 2 Satz 3 StPO). Besteht also beispielsweise der Verdacht, daß ein Arzt einen Teil seiner Gewinne bewußt verschwiegen und damit eine Steuerhinterziehung begangen hat, kann seine gesamte Patientenkartei beschlagnahmt werden.[41]

Rechts- und steuerberatende Berufe – beschlagnahmefreie Gegenstände

Bei rechts- und steuerberatenden Berufen sind nicht beschlagnahmefähig die Akten des Berufsgeheimnisträgers mit dem zwischen ihm und dem Beschuldigten geführten Schriftwechsel, seinen Aufzeichnungen über Mitteilungen des Beschuldigten (auch auf Ton-, Bild- oder Datenträger) sowie sonstige Gegenstände, auf die sich das Zeugnisverweigerungsrecht des Berufsgeheimnisträgers erstreckt (§ 97 Abs. 1 Nrn. 1 bis 3 StPO – sog. beschlagnahmefreie Gegenstände). Damit unterliegen insbesondere die Handakten dem Beschlagnahmeverbot.[42]

Buchführungsunterlagen

Sind Gegenstände lediglich zum Zweck der Aufbewahrung übergeben worden, sind sie nach Auffassung der Finanzverwaltung beschlagnahmefähig. Buchführungsunterlagen, Belege und Aufzeichnungen des Beschuldigten sind beschlagnahmefähig. Diese Unterlagen sind nach Auffassung der Finanzverwaltung nur Grundlage der eigentlichen durch das Aussageverweigerungsrecht geschützten steuerlichen Beratung und nicht Ausdruck der geschützten spezifischen Beratungs- und Vertrauenssphäre.[43]

Arbeitsergebnis

Auch das Arbeitsergebnis des Steuerberaters in Form von Buchführung und Bilanzen unterliegt der Beschlagnahme. Die Beschlagnahmefähigkeit gilt für Bilanzen jedenfalls dann, wenn

41 Blumers/Frick/Müller, a.a.O., Abschn. J, Tz. 75.

42 LG München I, Beschl. vom 22. 4. 1988 – 19 Qs 3/88 (NJW 1989 S. 536) unter Aufgabe von LG München I, Beschl. vom 14. 11. 1983 (NJW 1984 S. 119).

43 Vgl. Göggerle, BB 1986, S. 41 ff., mit Hinweisen auf die einschlägige Rechtsprechung.

diese vom Beschuldigten gebilligt und damit der spezifischen Vertrauenssphäre Beschuldigter/Berater entzogen sind.[44]

Geschäftsunterlagen im Gewahrsam des Steuerberaters

Vertreten wird im Schrifttum die Ansicht[45], daß aufgrund des Gesetzestextes (vgl. § 97 Abs. 1 Nrn. 2 oder 3, Abs. 2 Nr. 1 StPO) Geschäftsunterlagen im Gewahrsam eines Steuerberaters grundsätzlich beschlagnahmefrei sind. Entscheidend sei, ob sich das Zeugnisverweigerungsrecht des Steuerberaters auf die Geschäftsunterlagen erstreckt. Das sei bereits der Fall, wenn der Steuerberater in seiner beruflichen Eigenschaft die Geschäftsunterlagen erhalten oder die von ihm in diesen Unterlagen aufgezeichneten Umstände erfahren hat. In seiner beruflichen Eigenschaft sei der Steuerberater betroffen, soweit er geschäftsmäßig Hilfe in Steuersachen leistet, geleistet hat oder noch leisten soll. An diesem Ergebnis ändere auch die Vorschrift des § 104 Abs. 2 AO nichts. Danach kann nicht verweigert werden die Vorlage von Urkunden und Wertsachen, die für den Beteiligten aufbewahrt werden, soweit der Beteiligte bei eigenem Gewahrsam zur Vorlage verpflichtet wäre; für den Beteiligten aufbewahrt werden auch die für ihn geführten Geschäftsbücher und sonstigen Aufzeichnungen. Nach Meinung von Blumers/Frick/Müller kann der Grundgedanke des § 104 Abs. 2 AO nicht auf § 97 Abs. 1 StPO übertragen werden. § 104 Abs. 2 AO soll nämlich verhindern, daß Beteiligte ihre Pflicht zur Mitwirkung bei der Ermittlung des steuerrechtlich erheblichen Sachverhalts unterlaufen, indem sie ihre Geschäftsunterlagen beispielsweise einem Steuerberater überlassen. Dagegen kenne das Strafverfahrensrecht eine Pflicht des Beschuldigten, den Sachverhalt offenzulegen, insbesondere die Beweismittel anzugeben oder vorzulegen, nicht.

Instrumentae sceleris

Dieser Auffassung stimmt auch Dewein[46] zu, indem er darauf hinweist, daß der steuerberatende Beruf davor sicher sein muß, daß alle ihm „anvertrauten" Unterlagen durchgesehen und nach ihrem Aussagegehalt evtl. sortiert werden. Buchführungsunterlagen dienen dazu, die Steuererklärung vorzubereiten, und hätten deshalb keine andere Qualität als andere Schriftstücke, die in

44 LG Saarbrücken, Beschl. vom 6. 4. 1984, 5 Qs 49/83; LG Hildesheim, Beschl. vom 21. 4. 1988 (wistra 1988 S. 327); LG Stuttgart, Beschl. vom 14. 9. 1987 (wistra 1988 S. 40); Nr. 58 der Anweisungen für das Straf- und Bußgeldverfahren i.d.F. von 1991 (siehe Anhang S. 423).

45 Blumers/Frick/Müller, a.a.O., Abschn. J, Tz. 80.

46 Betriebsprüfung, Gruppe 2 S. 578 ff., Rudolf Haufe Verlag, Freiburg, Loseblatt-Zeitschrift, 1984 ff.

diesem Zusammenhang anfallen und abgeheftet werden. Ausgenommen vom Beschlagnahmeverbot seien nur Deliktwerkzeuge („instrumentae sceleris"), in erster Linie gefälschte Belege. Das Beschlagnahmeverbot greift also nicht ein, wenn es sich um Gegenstände handelt, die durch eine Straftat hervorgebracht oder zur Begehung einer Straftat gebraucht oder bestimmt sind oder die aus einer Straftat herrühren.[47] So erstreckt sich das Beschlagnahmeverbot beispielsweise nicht auf Rechnungen eines Unternehmens über Scheinlieferungen zwecks Täuschung über Betriebsausgaben in der Buchhaltung, wenn sie zur strafbaren Hintergehung der Finanzbehörde bestimmt gewesen sind.

Patientenkartei

Die Patientenkartei des Arztes unterliegt dem Beschlagnahmeverbot, es sei denn, daß der Arzt selbst einer Straftat, etwa einer Steuerhinterziehung, beschuldigt oder er der Teilnahme (Täterschaft, Mittäterschaft, Anstiftung, Beihilfe) an einer Straftat des beschuldigten Patienten verdächtigt wird und die Interessenabwägung dies zuläßt. So hat das Landgericht Koblenz[48] in einem Fall, in dem ein Zahnarzt Einnahmen der von ihm als Geschäftsführer vertretenen GmbH aus der Verwertung von Altgold, das bei der Behandlung von Patienten anfiel, als Honorar nicht vollständig verbucht und erklärt und in erheblichem Umfang Schecks von Patienten über Konten seiner Ehefrau eingezogen haben soll, die Patientenkartei des Zahnarztes als Beweismittel für beschlagnahmefähig erklärt. Der Schutz des Interesses des Patienten habe hintanzustehen, wenn der Arzt selbst einer Straftat beschuldigt und zur Aufklärung der Tat der Einblick in die Patientenkartei nötig ist. § 97 Abs. 2 Satz 3 StPO regele dies ausdrücklich für den Fall, daß der Arzt einer Teilnahme an einer Straftat oder einer Begünstigung, Strafvereitelung oder Hehlerei verdächtigt ist. Nach sinn- und zweckgerechter Auslegung des Gesetzes müsse dasselbe gelten, wenn allein eine Straftat des Arztes aufzuklären ist. Nach dem Grundsatz der Verhältnismäßigkeit ist aber das Vertrauen eines Patienten zu seinem Arzt so lange zu schützen, als andere Möglichkeiten zur Beschaffung von Beweismitteln nicht ausgeschöpft sind.[49] Soweit eine Sachverhaltsaufklärung durch andere Beweismittel als die Patientenkartei, z. B. durch Nachforschung bei Apotheken, möglich erscheint,

47 BGH-Urt. vom 28. 11. 1990 (NJW 1991 S. 1764).
48 LG Koblenz, Beschl. vom 31. 1. 1983 – 8 Qs 3/83 (NJW 1983 S. 2100).
49 Dewein, Betriebsprüfung, Rudolf Haufe Verlag, Freiburg, Gruppe 2 S. 378.

ist das Interesse des Patienten an der Geheimhaltung seiner persönlichen Verhältnisse höher einzuschätzen.[50]

Verzicht auf Zeugnisverweigerungsrecht

Der Zeugnisverweigerungsberechtigte oder der Beschuldigte kann auf das Beschlagnahmeverbot verzichten, d. h. die Gegenstände freiwillig herausgeben (vgl. Umkehrschluß aus § 94 Abs. 2 StPO). Greift das Zeugnisverweigerungsrecht und damit das Beschlagnahmeverbot aus beruflichen Gründen ein, so bedarf es keiner Belehrung hierüber. Eine Belehrung ist aber bei Angehörigen des Beschuldigten erforderlich.

Beschlagnahmen dürfen nur durch den Richter, bei Gefahr im Verzug auch durch die Staatsanwaltschaft und ihre Hilfsbeamten angeordnet werden. Für das Finanzamt gilt dasselbe (§ 399 Abs. 1 StPO). Die Beschlagnahme in den Räumen einer Redaktion, eines Verlages, einer Druckerei oder einer Rundfunkanstalt darf nur durch den Richter angeordnet werden (§ 98 Abs. 1 StPO). Hierzu bedarf es eines Antrags des Finanzamts oder der Staatsanwaltschaft.

Der Beamte, der einen Gegenstand ohne richterliche Anordnung beschlagnahmt hat, soll binnen drei Tagen die richterliche Bestätigung beantragen, wenn bei der Beschlagnahme weder der davon Betroffene noch ein erwachsener Angehöriger anwesend war oder wenn der Betroffene und im Fall seiner Abwesenheit ein erwachsener Angehöriger des Betroffenen gegen die Beschlagnahme ausdrücklich Widerspruch erhoben hat. Der Betroffene kann jederzeit die richterliche Entscheidung beantragen. Solange die öffentliche Klage noch nicht erhoben ist, entscheidet das Amtsgericht, in dessen Bezirk die Beschlagnahme stattgefunden hat.

Beschlagnahme von Postsachen

Zulässig ist die Beschlagnahme der an den Beschuldigten gerichteten Briefe und Sendungen auf der Post sowie der an ihn gerichteten Telegramme auf den Telegrafenanstalten. Ebenso ist zulässig an den bezeichneten Orten die Beschlagnahme solcher Briefe, Sendungen, Telegramme, bei denen Tatsachen vorliegen, aus welchen zu schließen ist, daß sie von dem Beschuldigten herrühren oder für ihn bestimmt sind und daß ihr Inhalt für die Untersuchung Bedeutung hat (§ 99 StPO).

50 H. L. in DB 1988 S. 2028.

Gefahr im Verzug

Gefahr im Verzug bedeutet, daß Anhaltspunkte dafür sprechen, daß die Beschlagnahme vereitelt werden könnte, wenn sie nicht sofort, sondern erst dann vorgenommen wird, nachdem eine richterliche Anordnung ergangen ist.

Verzeichnis der beschlagnahmten Gegenstände

Die in Verwahrung oder in Beschlag genommenen Gegenstände müssen genau verzeichnet und zur Verhütung von Verwechslungen durch amtliche Siegel oder in sonst geeigneter Weise kenntlich gemacht werden (§ 109 StPO). Nach herrschender Meinung sind Ordner mit ihrer Aufschrift, einzelne Schriftstücke mit ihrer Überschrift, insbesondere mit ihrem Datum, zu bezeichnen.

Beendigung der Beschlagnahme

Die Beschlagnahme endet auf Antrag oder von Amts wegen, wenn festgestellt wird, daß sie nicht zulässig war oder ihr Grund inzwischen weggefallen ist, im übrigen aber mit dem rechtskräftigen Abschluß des Strafverfahrens. Für die Entscheidung ist dann das Finanzamt zuständig, wenn es das Ermittlungsverfahren selbständig durchgeführt hat (§§ 386 Abs. 2, 399 Abs. 1 AO).

Beschlagnahmte Sachen sollen der Person, der sie durch die Straftat entzogen worden sind, herausgegeben werden, wenn die Person bekannt ist, Ansprüche Dritter nicht entgegenstehen und die Sachen für Zwecke des Strafverfahrens nicht mehr benötigt werden (§ 111 k StPO).

Auch im Bußgeldverfahren wegen Steuerordnungswidrigkeiten können Beschlagnahmen durchgeführt werden; hier ist das Finanzamt zuständig (§ 46 Abs. 1 OWiG).

3.2 Die Durchsuchung im einzelnen

Durchsuchung beim Verdächtigen

Bevor beim Verdacht einer Steuerhinterziehung Urkunden und andere als Beweismittel dienende Schriftstücke sowie an deren Stelle getretene elektronische oder andere Datenträger von der Steuerfahndung beschlagnahmt werden können, müssen sie erst einmal aufgefunden werden. Daher wird den Beschlagnahmeaktionen regelmäßig eine Durchsuchung der Wohn- und Geschäftsräume durch die Steufa vorangehen. Hierzu heißt es in § 102 StPO unter der Überschrift „Durchsuchung beim Verdächtigen“: Bei dem, welcher als Täter oder Teilnehmer einer Straftat oder der Begünstigung, Strafvereitelung oder Hehlerei verdächtig ist, kann eine Durchsuchung der Wohnung und anderer Räume sowie seiner Person und der ihm gehörenden Sachen sowohl zum Zweck seiner Ergreifung als auch dann vorgenommen werden, wenn zu vermuten ist, daß die Durchsuchung zur Auffindung von

Beweismitteln führen werde. Bei anderen Personen darf durchsucht werden, wenn konkrete Anhaltspunkte tatsächlicher Art vorliegen, die auf die Anwesenheit der gesuchten Person oder das Vorhandensein bestimmter Beweismittel schließen lassen (§ 103 Abs. 1 StPO).

Durchsuchung zur Nachtzeit

Zur Nachtzeit dürfen die Wohnung, die Geschäftsräume und „das befriedete Besitztum“ (ein Grundstück, das in erkennbarer Weise beispielsweise mit Mauern, Zäunen, Hecken gegen das beliebige Betreten von Personen gesichert ist) nur bei Verfolgung auf frischer Tat oder bei Gefahr im Verzug oder dann durchsucht werden, wenn es sich um die Wiederergreifung eines entwichenen Gefangenen handelt (§ 104 Abs. 1 StPO). Diese Beschränkung gilt nicht für Räume, die zur Nachtzeit jedermann zugänglich oder die der Polizei als Herbergen oder Versammlungsorte bestrafter Personen, als Niederlagen von Sachen, die mittels Straftaten erlangt sind, oder als Schlupfwinkel des Glücksspiels, des unerlaubten Betäubungsmittel- und Waffenhandels oder der Prostitution bekannt sind (§ 104 Abs. 2 StPO). Die Nachtzeit umfaßt in dem Zeitraum vom 1. April bis 30. September die Stunden von 9 Uhr abends bis 4 Uhr morgens und in dem Zeitraum vom 1. Oktober bis 31. März die Stunden von 9 Uhr abends bis 6 Uhr morgens (§ 104 Abs. 3 StPO).[51]

Gegenstände, die im Gewahrsam einer Person sind, wie beispielsweise Brieftaschen, Koffer oder Kraftfahrzeuge, aber auch verschlossene Briefumschläge oder Pakete, dürfen durchsucht werden, wobei es auf die Besitz- oder Eigentumsrechte der Sachen nicht ankommt. Bei der Durchsuchung von Personen ist zu beachten, daß nur die am Körper getragene Kleidung und „die natürlichen Körperöffnungen“ durchsucht werden dürfen; somit darf ein Schriftstück, das jemand in seinem Mund versteckt hat, weggenommen werden. Zur Untersuchung einer Frau vgl. § 81d StPO.

---

51 Für „Vollstreckungsmaßnahmen des Vollziehungsbeamten des Finanzamts zur Nachtzeit oder an Sonn- und Feiertagen“ (App, DStZ 1992 S. 273) gelten dieselben Zeiten (§ 188 Abs. 1 Satz 2 ZPO). Hierzu App: Ein Relikt aus der Zeit vor Erfindung des elektrischen Lichts, als die Menschen buchstäblich mit den Hühnern schlafen gingen und aufstanden. Daß diese Vorschrift unter den heutigen Lebensverhältnissen reformbedürftig ist, hat der Gesetzgeber anscheinend noch nicht entdeckt. Wer am 1. April um 4 Uhr morgens vom Vollziehungsbeamten geweckt wird – das Gesetz läßt dies zu –, wird vermutlich an einen Aprilscherz glauben.

Vielzahl möglicher Fundorte

Bei der vielfältigen Größe und Form von Beweismitteln in Strafverfahren wegen des Verdachts der Steuerhinterziehung ist eine Vielzahl möglicher Fundorte denkbar: von der Festplatte eines Personalcomputers über die Brieftasche bis zur Nachttischschublade im Schlafzimmer, vom Kohlenkeller oder Lagerraum für Heizöl bis zum Dachboden.[52]

Der Durchsuchungsbeschluß sollte vom Amtsrichter regelmäßig mit dem Beschlagnahmebeschluß verbunden sein, wenn die sicherzustellenden Beweismittel im einzelnen bezeichnet werden können.

Recht auf Anwesenheit?

Der Inhaber der zu durchsuchenden Räume oder Gegenstände darf der Durchsuchung beiwohnen. Ist er abwesend, so ist, wenn möglich, sein Vertreter oder ein erwachsener Angehöriger, Hausgenosse oder Nachbar zuzuziehen (§ 106 Abs. 1 StPO). Der Beschuldigte selbst, soweit er nicht Inhaber der zu durchsuchenden Räume und Gegenstände ist, und der Verteidiger haben dagegen kein Recht auf Anwesenheit bei der Durchsuchung (§§ 105, 106 StPO). Widerstand gegen die Durchsuchung ist unzulässig und strafbar. Der Steuerzahler braucht andererseits den Steuerfahndern bei der Durchsuchung nicht zu helfen. Dem von der Durchsuchung Betroffenen ist nach deren Beendigung auf Verlangen eine schriftliche Mitteilung zu machen, die den Grund der Durchsuchung sowie die Straftat bezeichnen muß. Auch ist ihm auf Verlangen ein Verzeichnis der in Verwahrung oder in Beschlag genommenen Gegenstände, falls aber nichts Verdächtiges gefunden wird, eine Bescheinigung hierüber zu geben (§ 107 StPO).

Zufallsfunde

Werden bei Gelegenheit einer Durchsuchung Gegenstände gefunden, die zwar in keiner Beziehung zu der Untersuchung stehen, aber auf die Verübung einer anderen Straftat hindeuten, so sind sie einstweilen in Beschlag zu nehmen (sog. Zufallsfunde). Der Staatsanwaltschaft ist hiervon Kenntnis zu geben (§ 108 StPO). Wichtig ist für Steuerfahndungen noch die Vorschrift des § 110 Abs. 1 StPO, wonach die Durchsicht der Papiere des von der Durchsuchung Betroffenen der Staatsanwaltschaft zusteht.

Auch im Bußgeldverfahren wegen Steuerordnungswidrigkeiten können Durchsuchungen durchgeführt werden; hier ist das Finanzamt zuständig (§ 46 Abs. 1 OWiG).

52 Blumers/Frick/Müller, a.a.O., Abschn. J, Tz. 122.

3.3 Befugnisgrenzen der Steufa

Keine verbotenen Vernehmungsmethoden

Keinesfalls dürfen die Steuerfahnder verbotene Vernehmungsmethoden (vgl. den Katalog in § 136a StPO) anwenden. Insbesondere ist es unzulässig, die Freiheit der Willensentschließung und der Willensbetätigung eines Steuerzahlers oder einer auskunftspflichtigen Person oder eines Zeugen durch Drohung, Ermüdung, Täuschung usw. zu beeinträchtigen. So darf z. B. dem Steuerzahler nicht vorgetäuscht werden, daß eine andere Person die Steuerstraftat bereits gestanden oder der Steufa-Stelle mitgeteilt habe. Auch die Drohung mit einer unzulässigen Maßnahme und das Versprechen eines gesetzlich nicht vorgesehenen Vorteils sind der Steufa verboten.

Die Steufa darf ihre Ermittlungshandlungen nur auf dem Gebiet der Bundesrepublik Deutschland durchführen, also nicht auf ausländischem Staatsgebiet vornehmen.

3.4 Befugnisse und Befugnisgrenzen der Steufa im Besteuerungsverfahren

Wie Finanzämter im Besteuerungsverfahren

Ermitteln die Fahnder die Besteuerungsgrundlagen oder unbekannte Steuerfälle (§ 208 Abs. 1 Satz 1 Nrn. 2 und 3 AO), nehmen sie also nicht strafprozessuale Tätigkeiten wahr, so haben sie die gleichen Befugnisse wie die Finanzämter im Besteuerungsverfahren (§ 208 Abs. 1 Satz 2 AO). Sie sind jedoch im Interesse der Verfahrensbeschleunigung berechtigt,

- andere Personen als die Beteiligten, also Dritte, sofort um Auskunft anzuhalten, also sich nicht an die Beweismittelreihenfolge des § 93 Abs. 1 Satz 3 AO zu halten,
- Auskunftsersuchen ohne Einschränkung mündlich zu stellen,
- die Vorlage von Urkunden ohne vorherige Befragung des Vorlagepflichtigen zu verlangen, also nicht eine Bindung an § 97 Abs. 3 AO einzuhalten,
- die Einsicht dieser Urkunden beim Vorlagepflichtigen unabhängig von dessen Einverständnis zu erwirken.

In diesen vier Punkten ist die Steufa also ziemlich günstig gestellt. Im Besteuerungsverfahren darf sie jedoch nicht ihre Anordnungen mit Zwangsmitteln erzwingen, weil ihr nicht die Vollstreckungsbefugnisse der Finanzämter zukommen (§§ 328 ff. AO).

4 Verhaltensempfehlungen für den Steuerzahler gegenüber der Steuerfahndung

Beim erstmaligen Erscheinen der Steuerfahnder in Wohnung oder Betrieb des Steuerzahlers sollte er seine Rechte durch folgende Verhaltensmaßregeln wahrnehmen:[53]

- Name, Dienststellung, Dienstbehörde und Dienstausweisnummer aller anwesenden Fahnder notieren und durch Dienstausweis belegen lassen.
- Die Fahnder nach dem Zweck der Aktion fragen, sofern sie nicht von sich aus sofort diesen Zweck kundtun; sie sind, sofern es sich um eine Beschuldigung handelt, hierzu verpflichtet (§ 163a Abs. 4 Satz 1 StPO).
- Telefonisch bei dem die Fahndungsaktion anordnenden Behördenleiter nachfragen, ob die entsandten Fahnder anordnungsgemäß erschienen sind.

Sofortige Hinzuziehung des Steuerberaters oder (und) Rechtsanwalts

- Telefonisch den Steuerberater oder (und) den Rechtsanwalt – ggf. als Strafverteidiger – um persönliches Erscheinen bitten. Zwar hat ein beschuldigter Steuerzahler keinen Rechtsanspruch auf Anwesenheit eines Verteidigers während der Vernehmung durch die Fahnder.[54] Gestattet der vernehmende Fahnder jedoch, wie regelmäßig, die Anwesenheit, so hat der Verteidiger ein Hinweis- und Fragerecht. Da der beschuldigte Steuerzahler nicht zur Aussage vor den Fahndern verpflichtet ist (§ 163a Abs. 4 Satz 2 in Verb. mit § 136 Abs. 1 Sätze 2 und 3 StPO), kann er seine Aussage oder das Unterschreiben des Vernehmungsprotokolls von der Anwesenheit seines Verteidigers abhängig machen.[55] Das Schweigen des Steuerzahlers darf nicht als Schuldindiz gewertet werden. Dies alles gilt für Zeugenvernehmungen entsprechend (Nr. 33 Abs. 3 AStBV–St).
- Einen etwaigen richterlichen Durchsuchungs- und (oder) Beschlagnahmebeschluß vorlegen lassen und fotokopieren.
- Einer Durchsuchung und (oder) Beschlagnahme ohne richterlichen Beschluß, also wenn angeblich Gefahr im Verzug ist,

---

53 Vgl. Schrift des Bundesverbandes der Deutschen Volksbanken und Raiffeisenbanken e. V. (1980).

54 Kleinknecht/Meyer, Komm. zur StPO, 40. Aufl., zu § 163, Tz. 16.

55 Tipke/Kruse, a.a.O., zu § 208 AO, Tz. 11.

widersprechen und sofortige richterliche Entscheidung beantragen (§ 98 Abs. 2 Satz 2 StPO).

5 Rechtsschutz gegen Maßnahmen der Steuerfahndung

Für den Rechtsschutz gegen Maßnahmen der Steuerfahndung ist zwischen Steuerstraf- und Ordnungswidrigkeitenverfahren einerseits und Besteuerungsverfahren andererseits zu unterscheiden. Es kommt für diese Unterscheidung darauf an, welcher Aufgabe sich die Steuerfahndungstelle objektiv und eindeutig erkennbar unterzogen hat. War sie steuerrechtlich oder strafrechtlich tätig?[56] Regelmäßig werden die Ermittlungsmaßnahmen im Rahmen eines Strafverfahrens getätigt.[57]

5.1 Rechtsbehelfe im Steuerstraf- und Steuerordnungswidrigkeitenverfahren

Hauptsächlich: Beschwerde

Ermittlungshandlungen der Steufa-Stellen und ihrer Beamten[58] unterliegen als Prozeßhandlungen, die der Einleitung, Durchführung und Beendigung eines Steuerstrafverfahrens dienen, der Rechtskontrolle grundsätzlich nach der Strafprozeßordnung (§ 385 Abs. 1 AO, § 23 Abs. 3 EGGVG). Gegen Beschlüsse des Richters im Vorverfahren ist die Beschwerde nach § 304 StPO gegeben. Auch Zeugen und andere Personen können sich dieses Rechtsbehelfs bedienen. Die Beschwerde, die an keine Frist gebunden ist, muß beim zuständigen Amtsgericht eingelegt werden (§ 306 Abs. 1 und 3 StPO). Hilft das Gericht der Beschwerde nicht ab, muß es sie sofort, spätestens vor Ablauf von drei Tagen, dem Landgericht vorlegen (§ 306 Abs. 2 und 3 StPO). Wenn die Beschwerde für begründet erachtet wird, entscheidet das Landgericht entsprechend (§ 309 Abs. 2 StPO). Bei Beschlagnahme seitens der Staatsanwaltschaft, ihrer Hilfsbeamten oder des Finanzamts wegen der Gefahr in Verzug kann der Betroffene jederzeit die richterliche Entscheidung beantragen (§ 98 Abs. 2 Satz 2 StPO). Gegen bereits erledigte Anordnungen wie beispielsweise Beschlagnahme- oder Durchsuchungsanordnungen ist der An-

56 BFH-Beschl. vom 29. 10. 1986 I B 28/86 (BStBl 1987 II S. 440).
57 BFH-Urt. vom 11. 7. 1986 III R 25/85 (BFH/NV 1987 S. 99) und BFH-Beschl. vom 4. 9. 1989 IV B 54/89 (BFH/NV 1990 S. 151).
58 Ebenso von Zollfahndungsämtern und ihren Beamten.

trag nur bei besonderem Rechtsschutzbedürfnis wie beispielsweise der Notwendigkeit einer Rehabilitation oder einer Wiederholungsgefahr zulässig.[59] Der Beschuldigte wird sich regelmäßig auf die Rehabilitationsmöglichkeiten des Ermittlungs- und Strafverfahrens (Einstellung, Nichteröffnung des Hauptverfahrens, Freispruch) verweisen lassen müssen.

Rechtsweg zum Strafsenat des OLG

Ist in der Strafprozeßordnung gegen Ermittlungshandlungen im Steuerstrafverfahren kein Rechtsbehelf vorgesehen, entscheidet über die Rechtmäßigkeit von Anordnungen, Verfügungen oder sonstigen Maßnahmen der Steufa und ihrer Beamten auf Antrag im ordentlichen Rechtsweg ein Strafsenat des zuständigen Oberlandesgerichts (§§ 23 Abs. 1 Nr. 1, 25 Abs. 1 EGGVG). Hier ist dann also weder der Finanzrechtsweg noch der allgemeine Verwaltungsrechtsweg gegeben, so z. B. wenn ein Bankinstitut aufgrund eines von der Steufa-Stelle eines Finanzamts beantragten richterlichen Beschlusses zur Vermeidung der möglichen Durchsuchungen und Beschlagnahme (§§ 103, 94, 95 StPO) ersucht wird, Auskunft über Konten zu geben und nach Erteilung dieser Auskunft Entschädigungsansprüche nach dem Gesetz über die Entschädigung von Zeugen und Sachverständigen geltend macht.[60] Ferner ist der ordentliche Rechtsweg zum OLG zu beschreiten z. B. mit einer Klage gegen ein Auskunftsersuchen (Übersendung vollständiger Kontoauszüge über alle Konten, die in einem bestimmten Zeitraum für den Beschuldigten geführt wurden oder über die er verfügungsberechtigt ist oder war), das die Steufa nach Einleitung eines Steuerstrafverfahrens und unter Hinweis darauf an einen Dritten richtet.[61]

Nachwirkende diskriminierende Folgen der Steufa

Wurde eine Strafverfolgungsmaßnahme der Steufa oder ihrer Beamten schon vollzogen, z. B. die Durchsuchung, die Durchsicht der Papiere, die Beschlagnahme mit der Rückgabe der Sache abgeschlossen, der vorläufig Festgenommene freigelassen, so ist die Beschwerde, weil prozessual überholt, unzulässig.[62] Im übrigen hemmt die Beschwerde regelmäßig nicht den Vollzug von strafprozessualen Maßnahmen (§ 307 Abs. 1 StPO). Es kann dann aber immer noch der zuständige Ermittlungsrichter (§ 162 StPO) oder das Oberlandesgericht (§§ 23, 28 EGGVG)

59 Blumers/Frick/Müller, a.a.O., Abschn. J, Tz. 159.
60 BFH-Urt. vom 23. 12. 1980 (BStBl 1981 II S. 349).
61 BFH-Urt. vom 20. 4. 1983 (BStBl 1983 II S. 482).
62 BGH-Beschl. vom 26. 6. 1990 5 AR (VS) 8/90 (NJW 1990 S. 2758).

angerufen werden, wenn ein besonderes Interesse des Betroffenen an der Feststellung der Rechtswidrigkeit der gegen ihn ergriffenen Maßnahme, und deshalb ein Bedürfnis für ihre nachträgliche richterliche Überprüfung besteht, z. B. bei nachwirkenden diskriminierenden Folgen einer Steufa.[63]

Gegen die Art und Weise des Vorgehens der Steufa oder ihrer Beamten ist, solange die Maßnahme andauert, der Ermittlungsrichter für die Überprüfung zuständig, nach ihrem Abschluß das Oberlandesgericht.[64]

Hat das Gericht in einem Beschluß zum Nachteil eines Beteiligten Tatsachen oder Beweisergebnisse verwertet, zu denen er noch nicht gehört worden ist, und steht ihm gegen den Beschluß keine Beschwerde und kein anderer Rechtsbehelf zu, so hat das Gericht, sofern der Nachteil noch besteht, von Amts wegen oder auf Antrag die Anhörung nachzuholen oder auf einen Antrag zu entscheiden (§ 33a StPO). Ferner: Hat das Beschwerdegericht einer Beschwerde ohne Anhörung des Gegners des Beschwerdeführers stattgegeben und kann seine Entscheidung nicht angefochten werden, so hat das Beschwerdegericht diesen, sofern der ihm dadurch entstehende Nachteil noch besteht, von Amts wegen oder auf Antrag nachträglich zu hören und auf einen Antrag zu entscheiden (§ 311a StPO).

5.2 Rechtsbehelfe im Besteuerungsverfahren

Beschwerde/ Klage zum FG

Wird die Steufa zur Ermittlung der Besteuerungsgrundlagen tätig (vgl. § 208 Abs. 1 Nr. 2 AO), so ist gegen belastende Verwaltungsakte im Rahmen dieser Tätigkeit als Rechtsbehelf die Beschwerde gegeben (§ 349 Abs. 1 AO). Über die Beschwerde entscheidet die OFD. Gegen deren Beschwerdeentscheidung ist Klage zum Finanzgericht möglich (§ 40 FGO).

Lehnen FA und OFD nach Einstellung eines Steuerstrafverfahrens die Einsichtnahme in eine vom FA geführte Akte ab, in der im wesentlichen die Ermittlungsergebnisse einer Steufa-Prüfung enthalten sind, so ist für die hiergegen gerichtete Klage der Finanzrechtsweg gegeben.[65]

---

63 Hübner in Hübschmann/Hepp/Spitaler, Komm. zur AO/FGO, zu § 404 AO, Anm. 92.

64 Hübner, a.a.O., zu § 404 AO, Anm. 93.

65 BFH-Urt. vom 2. 12. 1976 (BStBl 1977 II S. 318, 320).

Schluß-
besprechung

Wird die Steufa in einem Rechtsbehelfsverfahren tätig, ist über das Prüfungsergebnis eine Schlußbesprechung abzuhalten. Unterbleibt sie grundlos, liegt ein im Steuerfestsetzungsverfahren zu beachtender Verfahrensfehler vor, der unter den sonstigen Voraussetzungen zur Zurückverweisung[66] führen kann.

5.3 Dienstaufsichtsbeschwerde

Gegen alle Maßnahmen und Anordnungen der Steufa sowohl im Steuerstraf- und Ordnungswidrigkeiten- als auch im Besteuerungsverfahren ist der formlose Rechtsbehelf der Dienstaufsichtsbeschwerde möglich. Sie ist an die Staatsanwaltschaft zu richten, wenn die Steufa in deren Auftrag tätig ist, sonst an die OFD.

6 Verwertungsverbote

Unzulässige
Verneh-
mungsmetho-
den

Oft kommen im Rahmen einer Steufa Aussagen des Steuerzahlers mittels verbotener Vernehmungsmethoden zustande, z. B. durch Täuschung. Solche Aussagen dürfen nicht verwertet werden (§ 136a Abs. 3, § 69 Abs. 3, § 72 StPO). Liegt ein Verstoß gegen das Verbot unzulässiger Vernehmungsmethoden vor, so muß die Vernehmung neu durchgeführt werden (Nr. 134 AStBV–St).

Belehrung
über Zeugnis-
verweige-
rungsrechte

Sind Angehörige des Beschuldigten vor ihrer Vernehmung als Zeugen oder Sachverständige nicht über ihr Zeugnisverweigerungsrecht belehrt worden, so kann die Aussage nicht verwertet werden. Gleiches gilt, wenn der Angehörige nach der Belehrung von seinem Aussageverweigerungsrecht zunächst keinen Gebrauch macht, diesen Verzicht aber noch im Laufe der Vernehmung widerruft.

Sagt ein Berufsgeheimnisträger, beispielsweise Steuerberater, oder seine Hilfsperson, beispielsweise der Gehilfe des Steuerberaters, zunächst aus, so ist eine Verwertung der Aussage unzulässig, wenn er oder die Hilfsperson sich noch im Laufe der Vernehmung auf das Zeugnisverweigerungsrecht beruft.

---

66 § 100 Abs. 2 Satz 2 FGO; vgl. auch FG Hamburg, rechtskr. Urt. vom 21. 11. 1980 (EFG 1981 S. 325).

Die Verwertung von Beweismitteln, die entgegen einem Beschlagnahmeverbot beschlagnahmt wurden (vgl. auch § 136a Abs. 1 StPO), ist unzulässig.

Ist die Belehrung des Beschuldigten über sein Recht, nicht zur Sache auszusagen, unterblieben, erkennt der vernehmende Steuerfahnder jedoch nachträglich, daß der Beschuldigte eine Aussagepflicht annimmt, so muß er ihn noch belehren. Unterläßt er dies, liegt eine Täuschung vor mit der Folge, daß die Aussage nicht verwertet werden darf (Nr. 134 Abs. 5 AStBV–St).

Verstöße gegen Ordnungsvorschriften

Verstöße lediglich gegen Ordnungs- und Formvorschriften bei der Anordnung und Ausführung einer strafprozessualen Maßnahme machen dagegen die Beweismittel, die sich aufgrund der Maßnahme ergeben, nicht unverwertbar. Dies gilt z. B. bei irrtümlicher Annahme von Gefahr im Verzug, wenn die Steuerfahnder ohne richterliche Anordnung Beschlagnahmen und (oder) Durchsuchungen vornehmen.

Sicherstellung von Notizkalendern

Werden bei Gelegenheit einer Durchsuchung Gegenstände gefunden, die zwar in keiner Beziehung zu der Untersuchung stehen, aber auf die Verübung einer anderen Straftat hindeuten, so sind sie einstweilen in Beschlag zu nehmen (§ 108 Satz 1 StPO; siehe auch vorstehenden Abschnitt 3.1 und 3.2). Solche Zufallsfunde führen nur dann zu einem steuerlichen Verwertungsverbot, wenn ein ordentliches Gericht die Rechtswidrigkeit der vorläufigen Beschlagnahme festgestellt hat.[67] Im vorliegenden Fall hatte das für Steuerfahndungs- sowie Straf- und Bußgeldsachen zuständige Finanzamt ein Strafverfahren wegen Verdachts der Steuerhinterziehung gegen die Mitgesellschafter und Mitgeschäftsführer einer KG eingeleitet und beim Amtsgericht einen gegen die KG gerichteten Durchsuchungsbeschluß erwirkt. Bei der Durchsuchung wurden auch Notizkalender gefunden und gemäß § 108 StPO sichergestellt, die Angaben über ein Konto des anderen Mitgesellschafters und Mitgeschäftsführers in der Schweiz sowie über Festgeld- und Sparkonten bei verschiedenen Banken enthielten. Die Auswertung dieses Zufallsfundes ergab, daß der andere Mitgesellschafter und Mitgeschäftsführer seine Einkünfte aus Kapitalvermögen unrichtig erklärt hatte. Nach der ständigen Rechtsprechung des BFH – so das FG – enthält die AO kein allgemeines Verwertungsverbot für rechtswidrig festge-

67 FG Rheinland-Pfalz, Urt. vom 23. 10. 1989, nicht rechtskr. (EFG 1990 S. 91).

stellte Tatsachen. Werden steuerlich erhebliche Tatsachen wie im Streitfall zumindest teilweise bei Außenermittlungen bekannt, darf das rechtswidrig erlangte Ergebnis nur dann nicht verwertet werden, wenn der Stpfl. in dem dafür vorgesehenen Verfahren die Rechtswidrigkeit der betreffenden Prüfungsmaßnahme gerichtlich hat feststellen lassen.[68] Werden rechtswidrige Tatsachenfeststellungen im Rahmen steuerstrafrechtlicher Ermittlungen getroffen, setzt das Verwertungsverbot die Feststellung der Rechtswidrigkeit durch ein ordentliches Gericht voraus.[69] Daran fehlte es im Streitfall. Abgesehen davon war die Sicherstellung der Notizkalender gemäß § 108 StPO nicht rechtswidrig.

Kapitel 15: Kontrollmitteilungen

Unterscheidung von Auskünften

Als besonders wirksames Instrument in der Hand der Finanzverwaltung bei der Aufspürung von Schwarzgeld hat sich die Kontrollmitteilung erwiesen. Betriebe aller Größenklassen und aller Wirtschaftszweige haben sie zu fürchten. Kontrollmitteilungen setzen kein Ersuchen einer anderen Stelle voraus, sie ergehen spontan; daher sind sie von Auskünften zu unterscheiden. Keine Kontrollmitteilung ist der Prüfungsbericht (vgl. § 202 AO), weil er der Unterrichtung des Finanzamts über die steuerlichen Angelegenheiten des Geprüften selbst dient.

Rechtsgrundlage

Eine spezielle Rechtsgrundlage für Kontrollmitteilungen im Rahmen der Außenprüfung enthält § 194 Abs. 3 AO. Werden danach anläßlich einer Außenprüfung Verhältnisse dritter Personen festgestellt, so ist die Auswertung der Feststellungen insoweit zulässig, als ihre Kenntnis für die Besteuerung dieser Personen von Bedeutung ist oder die Feststellungen eine unerlaubte Hilfeleistung in Steuersachen betreffen. Ferner schafft § 93a AO eine bisher nicht ausgefüllte Ermächtigung zur Regelung von Kontrollmitteilungen bestimmter Behörden und anderer Stellen an die Finanzbehörden. Eine eindeutige Rechtsgrundlage für die Ausschreibung und Verwertung von Kontrollmitteilungen von

68 Tipke/Kruse, Komm. zur AO, 13. Aufl., zu § 88, Tz. 7.

69 BFH-Urteile vom 11. 7. 1979 I B 10/79 (BStBl 1979 II S. 704) und vom 27. 7. 1983 I R 210/79 (BStBl 1984 II S. 285).

Innendienststelle zu Innendienststelle der Finanzverwaltung, die nicht „anläßlich einer Außenprüfung" (§ 194 Abs. 3 AO) erfolgen, fehlt und kann nur durch Analogie aus den genannten speziellen Vorschriften gewonnen werden.[70]

Innerhalb der Finanzverwaltung

Andererseits ist das Tatbestandsmerkmal der „Besteuerung" in § 194 Abs. 3 AO so weit gefaßt, daß darunter Kontrollmitteilungen bezüglich aller Steuerarten fallen, ferner auch Feststellungen über Stundung, Erlaß und Vollstreckung und schließlich auch über Steuervergütungen und Investitionszulagen. Dagegen sind Kontrollmitteilungen für den außersteuerlichen Bereich anderer Personen nicht durch § 194 Abs. 3 AO gedeckt mit der einzigen Ausnahme der Feststellung einer unerlaubten Hilfeleistung in Steuersachen. § 194 Abs. 3 AO entfaltet ferner Wirkung nur auf inländische Steuern (vgl. § 1 Abs. 1 AO).

1 Auch andere Steuerarten des gleichen Steuerpflichtigen sind einer Kontrollmitteilung zugänglich

Trotz des Wortlauts des § 194 Abs. 3 in Verb. mit Abs. 1 AO werden Kontrollmitteilungen nicht nur bezüglich „anderer Personen" als zulässig angesehen, sondern dem Sinn und Zweck der Vorschrift entsprechend auch hinsichtlich anderer als der geprüften Steuerarten desselben Steuerpflichtigen.[71]

Andere Steuerarten

Beispiele

Bei der Prüfung der Einkommensteuer des Steuerpflichtigen A werden Feststellungen getroffen und per Kontrollmitteilung ausgewertet, welche die Schenkungsteuer des A betreffen. – Bei der Prüfung der lohnsteuerpflichtigen Sachbezüge des Steuerpflichtigen B wird eine Kontrollmitteilung an die zuständige Umsatzsteuerstelle des Finanzamts gerichtet.

Zu dem letztgenannten Sachverhalt wird in einer Verwaltungsanweisung der Finanzverwaltung[72] ausgeführt:

---

70 Schick in Hübschmann/Hepp/Spitaler, Komm. zur AO, zu § 194, Anm. 366.

71 Frotscher in Schröder/Muuß, Handbuch der steuerlichen Betriebsprüfung, Kza 4800 S. 3 ff.

72 OFD Hannover, Vfg. vom 16. 8. 1991 – S 2386 – 135 – StH 211/S 2386 – 260 – StO 211 (Wpg 1991 S. 720).

Lohnsteuer-Außenprüfung/Umsatzsteuerprüfung

Damit die umsatzsteuerliche Erfassung bestimmter Lieferungen und sonstiger Leistungen an Arbeitnehmer als umsatzsteuerbare Leistungen überprüft werden kann, ist es erforderlich, daß die hierzu bei Lohnsteuer-Außenprüfungen getroffenen Feststellungen den Veranlagungsverwaltungsstellen mitgeteilt werden. Für diese Mitteilungen ist der Vordruck LSt (S) 41 – KM für Umsatzsteuerzwecke zu verwenden. Eine Kontrollmitteilung ist unabhängig von dem steuerlichen Ergebnis der Lohnsteuer-Außenprüfung zu fertigen, wenn im Prüfungszeitraum bestimmte a) Lieferungen an Arbeitnehmer, b) Sachleistungen an Arbeitnehmer oder c) Zahlungen an Arbeitnehmer festgestellt worden sind. Die Mitteilung der zu Nr. 1 bis 5 des Vordrucks genannten Zuwendungen dient der Überprüfung der steuerbaren Umsätze, der zu Nr. 6 des Vordrucks genannten Zuwendungen der Überprüfung des Vorsteuerabzugs des Arbeitgebers. Der Freibetrag nach § 8 Abs. 3 Satz 2 EStG (Personalrabatt-Freibetrag bzw. Belegschaftsrabatt-Freibetrag) ist bei der Umsatzbesteuerung der Sachzuwendungen an Arbeitnehmer nicht entsprechend anwendbar. Eine Kontrollmitteilung für Umsatzsteuerzwecke ist daher auch dann zu fertigen, wenn die Sachzuwendungen 2400 DM nicht überschritten haben. Mehrsteuern, die sich aus der Auswertung dieser Kontrollmitteilungen ergeben, sind keine Mehrergebnisse aus der Lohnsteuer-Außenprüfung. So weit die Verwaltungsanweisung.

2 Mitprüfung der Verhältnisse von Gesellschaftern einer Personengesellschaft oder von Arbeitnehmern des Steuerpflichtigen

Personengesellschafter/Arbeitnehmer

Soweit die Verhältnisse von Gesellschaftern einer Personengesellschaft oder von Arbeitnehmern des Steuerpflichtigen oder der anderen in § 194 Abs. 1 Satz 4 AO genannten Personen, für deren Rechnung der Steuerpflichtige zur Entrichtung von Steuern verpflichtet ist, mitgeprüft werden, handelt es sich bei den dabei getroffenen Feststellungen nicht um Kontrollmitteilungen i. S. des § 194 Abs. 3 AO, wie diese Vorschrift ausdrücklich klarstellt. Andererseits können auch bei der diese Personen mit umfassenden Prüfung Kontrollmitteilungen ausgefertigt werden, die sich auf Dritte beziehen. Gleiches gilt für die steuerlichen Verhältnisse der in § 194 Abs. 2 AO genannten Gesellschafter und Mitglieder sowie Mitglieder der Überwachungsorgane, z. B. Aufsichtsräte.

3 Verhältnis der Kontrollmitteilung zum Steuergeheimnis

Steuergeheimnis wird nicht durch Kontrollmitteilungen verletzt

Das durch § 30 AO geschützte Steuergeheimnis wird nicht durch Kontrollmitteilungen verletzt, weil die Kontrollmitteilung dazu bestimmt ist, von einem Amtsträger der Finanzverwaltung einem anderen Amtsträger der Finanzverwaltung oder nach § 30 Abs. 3 AO gleichgestellten Amtsträger zur Kenntnis gebracht zu werden, nicht aber dazu, dem Geschäftspartner des geprüften Steuerpflichtigen bekanntgemacht zu werden. Mit der Kontrollmitteilung wird also weder unbefugt offenbart noch verwertet. Andererseits darf die Behörde, an welche die Kontrollmitteilung weitergegeben wird, die Tatsache, daß bei dem anderen Steuerpflichtigen etwas festgestellt wurde, nur in den Schranken des Steuergeheimnisses verwerten.[73]

Außerdem läßt § 30 Abs. 4 Nr. 1 AO eine Offenbarung zur Durchführung eines steuerlichen Verfahrens oder eines Steuerstraf- oder Bußgeldverfahrens zu. Es genügt, daß das Offenbaren für die Einleitung oder den Fortgang dieses Verfahrens nützlich sein könnte. Die Zulässigkeit ist nicht auf die Mitteilung von Tatsachen zwischen Finanzbehörden beschränkt, beispielsweise Mitteilungen zwischen Zoll- und Steuerbehörden, zwischen Finanzämtern und übergeordneten Finanzbehörden. Zulässig ist auch die Mitteilung an andere Behörden, soweit sie unmittelbar der Durchführung eines der oben genannten Verfahren dient, beispielsweise Mitteilungen an die Wirtschaftsbehörden im Bescheinigungsverfahren nach § 6b EStG.[74] Schließlich kann eine Offenbarung auf § 30 Abs. 4 Nr. 2 AO gestützt werden, wenn die Befugnis zum Offenbaren in einem Gesetz ausdrücklich enthalten ist. Viele[75] sehen in § 194 Abs. 3 AO eine solche gesetzliche Vorschrift.

---

73 Schick, a.a.O., zu § 194, Anm. 380.

74 Anwendungserlaß zur AO – AEAO – vom 24. 9. 1987 (BStBl 1987 I S. 664), zu § 30 Nr. 7.

75 So auch Frotscher, in Schwarz, Komm. zur AO, Rudolf Haufe Verlag, Freiburg, zu § 194, Anm. 33 ff., a.a.O.

4 Kontrollmitteilungen nur bei gelegentlichen Wahrnehmungen

Auf Zufallsfunde beschränkt

Kontrollmitteilungen dürfen nur „anläßlich" einer Außenprüfung ausgestellt und ausgewertet werden. Kontrollmitteilungen müssen also auf gelegentliche Wahrnehmungen beschränkt bleiben. Es muß sich um Zufallsfunde handeln. Eine systematische Anfertigung von Auszügen aus den Büchern des Steuerpflichtigen über sämtliche Lieferungen an bestimmte Abnehmer, wenn dies lediglich zum Zweck der Nachprüfung der steuerlichen Verhältnisse Dritter geschieht, wäre also unzulässig, und zwar m. E. selbst dann, wenn es durch die Prüfungsanordnung gedeckt wäre. Insbesondere bei der Prüfung von Banken ist dies zu beachten; die Bankprüfung darf nicht deshalb angeordnet und durchgeführt werden, um Feststellungen über die Bankkunden treffen zu können. Das ergibt sich jetzt aus § 30a Abs. 3 AO.[76]

Kapitalverkehrsteuer-Prüfungen

Auch für die Kapitalverkehrsteuer-Prüfungen ordnet § 45 Abs. 3 KVStDV an, daß die Prüfung nicht auf die Ermittlung der Einkommens- und Vermögensverhältnisse der Bankkunden abgestellt werden darf, und läßt nur die Mitteilung „gelegentlicher" Wahrnehmungen, die für die Steuerpflicht der zu prüfenden Stelle oder anderer Personen von Bedeutung sein können, an das zuständige Finanzamt zu.

Keine Ausdehnung der Prüfung

Unzulässig wäre auch eine Ausdehnung der Prüfung eines mittleren Betriebes durch den Prüfer über den dreijährigen Prüfungszeitraum hinaus mit dem Ziel, Kontrollmitteilungen aus früheren Besteuerungszeiträumen zu schöpfen, obwohl sich andere, nach § 4 Abs. 3 BpO zureichende Gründe hierfür nicht ergeben haben.[77]

Andererseits kein numerus clausus für Kontrollmitteilungen

Andererseits läßt sich aus der Begrenzung auf gelegentliche Wahrnehmungen nicht ein numerus clausus für Kontrollmitteilungen herleiten. Daher wurde z. B. das Festhalten des gesamten Geschäftsverkehrs mit einem Geschäftspartner für einen bestimmten begrenzten Zeitraum in einer Kontrollmitteilung für vertretbar gehalten.[78] Umgekehrt sind z. B. im Land Baden-

---

76 Siehe nachstehenden Abschnitt 6 und Kapitel 11.

77 So auch Frotscher, in Schwarz, Komm. zur AO, Rudolf Haufe Verlag, Freiburg, a.a.O., S. 5.

78 Schröder/Delhey, Komm. zur BpO-St, zu § 16, Anm. 2.

Württemberg die Prüfer angewiesen, in jedem Prüfungsfall mindestens drei Kontrollmitteilungen herauszuschreiben.[79]

Stichprobenprinzip

Wenn auch das Ausschreiben von Kontrollmitteilungen nur „anläßlich" einer Außenprüfung zulässig ist, brauchen für die Kontrollmitteilung keine Anhaltspunkte für eine Steuerpflicht oder für den Verdacht einer Steuerverkürzung des von der Mitteilung Betroffenen gegeben zu sein. Auch stichprobenweise dürfen Kontrollmitteilungen ausgeschrieben werden.[80] Weder der Wortlaut der für Kontrollmitteilungen maßgebenden Spezialnorm des § 194 Abs. 3 AO noch der Zweck dieser Norm schließen nach dem Zufallsprinzip erstelltes Kontrollmaterial aus. Man würde den Begriff der Kontrolle seines Sinnes berauben, wenn man in ihn nicht auch Stichproben einbeziehen, sondern nur mit der Verprobung bei begründetem Anlaß gleichsetzen würde.

Anlässe für Kontrollmitteilungen

Meist wird aber für den Prüfer Anlaß zum Ausschreiben einer Kontrollmitteilung bestehen, wenn sich ihm wegen unüblicher Abwicklung eines Geschäftsvorfalls der Verdacht aufdrängt, daß dieser Geschäftsvorfall beim Geschäftspartner steuerlich nicht ordnungsmäßig behandelt worden ist.

Beispiele

Zahlungen branchenunüblicher Provisionen; Schmiergeldzahlungen, z. B. von Bauunternehmern und Heizöllieferanten an Hausmeister; Beratungshonorare; Rückvergütungen; Vergütungen für Gelegenheitsgeschäfte; Bonizahlungen vom Hersteller an den Einzelhändler, wenn der Hersteller Geschäftsbeziehungen sonst nur zum Großhändler unterhält;[81] Leistungen an nur nebenberuflich tätige Steuerpflichtige; Hilfsgeschäfte; unentgeltliche oder verbilligte Lieferung von Wirtschaftsgütern des gehobenen Lebensstils wie Kühlschrank, Fernsehgerät, Fotoapparat, Videogerät usw.;[82] Barzahlungen in größerer Höhe; Verbuchungen auf nicht der Sache nach typischen Konten; Überweisungen von Geldbeträgen an Unternehmer auf deren Privatkonten oder auf nicht in der Rechnung des Zahlungsempfängers oder im

79 Dewein, a.a.O., Gruppe 5. 13 S. 1.

80 So auch Tipke/Kruse, Komm. zur AO/FGO, § 194 AO, Tz. 8; Frotscher, a.a.O., S. 12; a.A. Selmer, Steuerrecht und Bankgeheimnisse, S. 27, 52; Pauly, BB 1986, S. 1133; Hamacher, DStZ 1987 S. 226; Schick, a.a.O., § 194, Anm. 389.

81 Frotscher, in Schwarz, Komm. zur AO, a.a.O., S. 14.

82 Frotscher, in Schwarz, Komm. zur AO, a.a.O., S. 13.

Schriftverkehr mit ihnen angegebenen Konten eines Geldinstituts; gegenseitige Darlehensgewährungen; OR-Geschäfte; Auslandsbeziehungen in Steueroasenländer.

Palette von Honorierungsarten

Oft belohnen Hersteller und Großhändler in bestimmten Branchen ihre Geschäftspartner für besonders gute Umsatzzahlen. Diese „Belohnung" kann einerseits in einer von vornherein vereinbarten Umsatzvergütung (Boni) bestehen; vielfach aber werden besonders herausragende Umsatzzahlen mit weitergehenden Vorteilen honoriert. Die Palette dieser Honorierungsarten reicht von der wertvollen Armbanduhr über Videorecorder, Aktien bis hin zur exklusiven Auslandsreise. Doch eins haben alle gemeinsam: Es handelt sich um steuerpflichtige Betriebseinnahmen. Diese Art der Zuwendungen sind auch der Finanzverwaltung bekannt. Da es sich um außergewöhnliche Leistungen handelt, sind sie ein beliebter Anlaß beim Betriebsprüfer für die Ausschreibung von Kontrollmitteilungen. Dies um so mehr, als die Hersteller bzw. Großhändler regelmäßig Großbetriebe sind und somit der ständigen Betriebsprüfung unterliegen. Sind die Einnahmen vom Empfänger nicht erklärt, werden sie nicht nur nachversteuert, sondern es droht die Einleitung eines Straf- bzw. Bußgeldverfahrens sowie die Festsetzung von Hinterziehungszinsen.

5 Auskunftsverweigerungsrechte bestimmter Art auch im Falle von Kontrollmitteilungen

Auskunftsverweigerungsrecht bestimmter Berufe

Soweit der Steuerpflichtige ein Auskunftsverweigerungsrecht zum Schutz bestimmter Berufsgeheimnisse nach § 102 AO hat und hierauf nicht ausdrücklich verzichtet, gesteht auch die Finanzverwaltung zu, daß die Fertigung von Kontrollmitteilungen zu unterbleiben hat.[83] Das in § 102 AO normierte Auskunftsverweigerungsrecht gilt für Geistliche, Bundestags- und Landtagsabgeordnete, Verteidiger, Rechtsanwälte, Patentanwälte, Notare, Steuerberater, Wirtschaftsprüfer, Steuerbevollmächtigte, vereidigte Buchprüfer, Ärzte, Zahnärzte, Apotheker und Hebammen und die Gehilfen aller dieser Personen, und zwar jeweils über das, was ihnen in dieser Eigenschaft anvertraut worden oder bekannt-

83 AEAO vom 24. 9. 1987, zu § 194 AO; gleichlautend § 8 Abs. 1 Satz 2 BpO.

geworden ist. Weiterhin für Personen, die bei der Vorbereitung, Herstellung oder Verbreitung von periodischen Druckwerken oder Rundfunksendungen berufsmäßig mitwirken, über bestimmte Umstände. Da sich das zuletzt genannte Auskunftsverweigerungsrecht (übrigens auch Zeugnisverweigerungsrecht) der Presse- und Rundfunkmitarbeiter nur auf den redaktionellen Bereich beschränkt, darf der Verleger einer Tageszeitung dem Finanzamt die Auskunft nicht verweigern, wenn es um Nennung des Inserenten einer Chiffre-Anzeige ersucht.[84] Gleiches gilt m. E. für Kontrollmitteilungen.

Rechtsanwälte/Steuerberater/Ärzte

Bei Rechtsanwälten und Steuerberatern dürfen Kontrollmitteilungen über Verhältnisse ihrer Mandanten dann nicht ausgeschrieben werden, wenn es sich hierbei um Feststellungen handelt, die ihnen in Ausübung ihres Berufs von den Mandanten anvertraut worden sind; dagegen würden die Auskunftsverweigerungsrechte versagen und das Ausschreiben von Kontrollmitteilungen wäre zulässig, soweit sie sich auf Tatsachen und Vorgänge der Mandanten beziehen, die den Berufsangehörigen außerhalb ihrer steuerrechtlichen Beratung oder Vertretung bekanntgeworden sind. Gleiches gilt auch für Ärzte, bei denen aber alles, was ihnen in ihrer Eigenschaft als Arzt bekanntgeworden ist, als ihnen anvertraut i. S. des § 102 AO zu gelten hat.[85] Über das Auskunftsverweigerungsrecht nach § 102 AO braucht das Finanzamt bzw. der Prüfer nicht zu belehren.

Hinterlegte Testamente

Gerichte sind im Katalog der Berufsgeheimnisträger gemäß § 102 AO nicht aufgeführt; sie haben also auch kein Auskunftsverweigerungsrecht. Das bedeutet: Das Finanzamt kann die Herausgabe eines hinterlegten Testaments vom Amtsgericht verlangen. Deshalb kann in einem Steuerfahndungsfall ein Testament von der Finanzverwaltung beim Amtsgericht beschlagnahmt und ausgewertet werden. Bietet das Testament eine offene Flanke in bezug auf ein diskretes Bankkonto, so hat dies regelmäßig unangenehme Folgen für den Erben. „Diskrete Dinge müssen daher vorher (diskret) geregelt werden. Dafür bietet sich ein Trust im neutralen Ausland geradezu an.“[86]

84 BFH-Urteile vom 25. 10. 1973 (BStBl 1974 II S. 172) und vom 29. 10. 1986 (BStBl 1988 II S. 359) betr. Chiffre-Anzeigen, in denen ausländische Immobilien von beträchtlichem Wert zum Verkauf angeboten wurden.

85 BFH-Urt. vom 11. 2. 1957 (BStBl 1958 III S. 86) betr. Patientenkarteien.

86 Finanzbrief, Ludwigshafen, Nr. 48/1991.

Auskunftsverweigerungsrecht der Familienangehörigen

Was das Auskunftsverweigerungsrecht der Familienangehörigen nach § 101 AO anlangt, hindert es nach Auffassung der Finanzverwaltung die Fertigung von Kontrollmitteilungen nicht (§ 8 Abs. 2 BpO). Wie aus der Regierungsbegründung für eine Reform der RAO[87] hervorgeht, soll auch das Auskunftsverweigerungsrecht bei Gefahr der Verfolgung wegen einer Straftat oder einer Ordnungswidrigkeit (§ 103 AO) bei Kontrollmitteilungen ausgeschlossen sein. Diese Auffassung ist m. E. nicht haltbar. Denn es wäre sinnwidrig, wenn der Steuerpflichtige zwar auf ein Auskunftsersuchen nach § 93 AO die Auskunft gemäß §§ 101 und 103 AO verweigern könnte, nicht aber verhindern dürfte, daß bei einer Außenprüfung die entsprechenden Feststellungen zur Besteuerung des durch die Auskunftsverweigerungsrechte geschützten Dritten verwendet werden.[88]

Über die Auskunftsverweigerungsrechte und damit auch Kontrollmitteilungsverbote nach §§ 101 und 103 AO muß der Außenprüfer die Angehörigen belehren, was aktenkundig zu machen ist (§§ 101 Abs. 1 Satz 2 und 3, 103 Satz 2 und 3 AO).

Wie genau das höchste deutsche Steuergericht[89] es mit der Belehrung über das Auskunftsverweigerungsrecht eines Angehörigen nimmt, geht auch daraus hervor, daß es das Finanzamt nicht für befugt hält, bei der Artfortschreibung des Einheitswerts eines Grundstücks diejenigen Kenntnisse zu verwerten, die das Finanzamt sich durch Auskunft eines Angehörigen des Grundstückseigentümers ohne Belehrung nach § 101 Abs. 1 Satz 2 AO verschafft hat, indem Beamte des FA das betreffende Haus mit Einwilligung der Mutter des Klägers in dessen Abwesenheit betreten und von der Mutter auf Anfrage Auskunft über die für die Artfeststellung des Grundstücks wesentlichen Einzelheiten erhalten haben. Das FA darf diese Kenntnisse nicht verwerten.

Ist ein bestimmter Sachverhalt sowohl für die eigene Besteuerung eines Beteiligten (z. B. eines Arbeitgebers) als auch für die Besteuerung eines Dritten (z. B. seines Arbeitnehmers) von Bedeutung, so hat der Beteiligte bei einer Außenprüfung kein Auskunftsverweigerungsrecht nach §§ 101 und 103 AO, und für die ausgeschriebene Kontrollmitteilung besteht kein Verwertungs-

---

87 BT-Drucks. VI/1982 S. 162.

88 Frotscher, a.a.O., S. 10; im Ergebnis auch Tipke/Kruse, a.a.O., zu § 194 AO, Tz 8.

89 BFH-Urt. vom 31. 10. 1990 II R 180/87 (BStBl 1991 II S. 204).

verbot.[90] Im Urteilsfall handelte es sich um die Überlassung des Hauses an den Bruder als Arbeitnehmer zur unentgeltlichen Nutzung, was auch für die Besteuerung des Arbeitgebers erheblich war, weil dessen Umsatzsteuer dadurch erhöht wurde.

Verzicht auf Auskunftsverweigerungsrecht

Verzichtet der Steuerpflichtige ausdrücklich auf ein ihm zustehendes Auskunftsverweigerungsrecht, so dürfen Kontrollmitteilungen ausgefertigt werden. So kann ein Angehöriger auf sein Auskunftsverweigerungsrecht wirksam verzichten. Dagegen steht bei den Berufsgeheimnisträgern oft eine Verschwiegenheitspflicht wie beispielsweise bei Steuerberatern nach § 57 Abs. 1 StBerG dem Verzicht auf das Auskunftsverweigerungsrecht entgegen. Zu beachten ist ferner der Straftatbestand des § 203 StGB betreffend Verletzung von Privatgeheimnissen.[91]

Empfängerbenennung nach § 160 AO

Macht ein Steuerpflichtiger von seinem Auskunftsverweigerungsrecht Gebrauch und unterbleiben Kontrollmitteilungen, so hindert dies das Finanzamt nicht, § 160 AO anzuwenden, d. h. Schulden und andere Lasten, Betriebsausgaben, Werbungskosten und andere Ausgaben steuerlich nicht zu berücksichtigen, wenn der Steuerpflichtige dem Verlangen des Finanzamts nicht nachkommt, die Gläubiger oder die Empfänger genau zu benennen. Auf dieses Abzugsverbot beschränkt sich dann aber die Anwendung des § 160 AO; die Gläubiger und die Empfänger der Beträge bleiben aufgrund des Auskunftsverweigerungsrechts dennoch unbekannt. Oft kann der Sachverhalt auch so liegen, daß sich der Steuerpflichtige auf sein Auskunftsverweigerungsrecht nach § 101 AO und die Unzulässigkeit von Kontrollmitteilungen beruft, die Voraussetzungen zur Anwendung des § 160 AO aber nicht vorliegen.

Beispiel

Anläßlich einer Außenprüfung stellt der Prüfer den Abzug von Prämienzahlungen des Vaters V als Betriebsausgaben an seinen genau benannten Sohn S fest. Der Betriebsausgabenabzug bei V muß zugelassen werden; die Ausschreibung einer Kontrollmitteilung und deren Weitergabe an das für S zuständige Finanzamt ist m. E. gemäß § 101 AO unstatthaft,

90 FG Münster, rechtskr. Urt. vom 6. 11. 1987 (EFG 1988 S. 394).
91 Vgl. zu allem Bilsdorfer, NWB Fach 2 S. 5483 ff. (1990).

sofern V nicht auf sein Auskunftsverweigerungsrecht verzichtet.[92]

6 Kontrollmitteilungen und Bankgeheimnis

Schutz von Bankkunden nach § 30a AO

Die Guthabenkonten und Depots, bei deren Errichtung eine Legitimationsprüfung nach § 154 Abs. 2 AO vorgenommen worden ist, dürfen anläßlich der Außenprüfung bei einem Kreditinstitut nicht zwecks Nachprüfung der ordnungsmäßigen Versteuerung festgestellt oder abgeschrieben werden; die Ausschreibung von Kontrollmitteilungen soll insoweit unterbleiben (§ 30a Abs. 3 AO).[93] Aus in § 30a Abs. 3 AO nicht genannten Konten wie hauptsächlich CpD-Konten können dagegen Kontrollmitteilungen gezogen werden. Bei CpD-Konten entfällt nämlich die Legitimationsprüfung; sie stellen Sammelkonten dar, auf denen bestimmte Geschäftsvorfälle für andere Personen (und nicht für das Kreditinstitut) buchungsmäßig untergebracht werden.[94] Die einzelnen Vorgänge können trotz Vorhandenseins ansprechbarer Kundenkonten dabei so abgewickelt werden, daß sich aus den Kontoauszügen keine Hinweise auf den jeweiligen Geschäftsvorfall ergeben.

Nur Sollvorschrift

Die Vorschrift des § 30a Abs. 3 Satz 2 AO ist nicht als Verbotsnorm ausgestaltet worden; das Ermessen der Außenprüfer kann aber durch die Gerichte kontrolliert werden. Zufallserkenntnisse über den Verdacht von Steuerverkürzungen durch Bankkunden dürfen wie bisher durch Ausschreibung von Kontrollmitteilungen verwertet werden.[95]

§ 30a Abs. 3 AO schränkt nicht die der Finanzbehörde nach § 194 Abs. 3 AO zustehenden Rechte ein. Nach der zuletzt genannten Vorschrift ist es der Finanzbehörde ausdrücklich gestattet, im Außenprüfungsverfahren Kontrollmitteilungen anzufertigen. Von beiden Vorschriften wird derselbe Sachverhalt mit nur scheinbar gegensätzlichen Formulierungen gleich geregelt, nämlich dahin, daß die Finanzbehörde in atypischen Ausnahmefällen

92 A. A. Bilsdorfer, Die Informationsquellen und -wege der Finanzverwaltung, Bielefeld 1988, S. 38.

93 Eingefügt durch Steuerreformgesetz 1990, wörtlich übereinstimmend mit Nr. 3 des Bankenerlasses 1979.

94 Siehe auch Kapitel 11, Abschnitt 2.3.

95 Krabbe, DB 1988 S. 1673.

das Recht und die Pflicht hat, Kontrollmitteilungen bei Außenprüfungen der Kreditinstitute, welche die steuerlichen Verhältnisse ihrer Kunden betreffen, zu erstellen, sofern sich ein hinreichend begründeter Verdacht einer Steuerverfehlung ergibt.[96]

Auch Kreditkonten schutzbedürftig

Ob Kreditkonten, welche die Kreditinstitute für ihre Kreditkunden führen, dem Kontrollmitteilungsverbot unterliegen, ist strittig. Nach einer Auffassung[97] gilt für Kreditkonten das Kontrollmitteilungsverbot nicht. Nach einer anderen Meinung[98] sind Kreditkonten wie alle anderen Kundenkonten im Verhältnis zu Kontrollmitteilungen schutzbedürftig.

Im Todesfall Meldungen der Banken an Finanzämter

Der Schutz des Bankkunden vor Kontrollmitteilungen endet ohnehin mit seinem Tod. Auf diesen Zeitpunkt haben nicht nur die Gerichte, Behörden, Beamten und Notare dem zuständigen Erbschaftsteuer-Finanzamt die für die Erbschaftsteuer erheblichen Umstände anzuzeigen (§ 34 ErbStG), sondern auch die Banken und andere Kreditinstitute müssen dann insbesondere Guthabenkonten und Wertpapierdepots, wenn deren Wert insgesamt 2000 DM übersteigt, dem Erbschaftsteuer-Finanzamt anzeigen (§ 33 Abs. 1 ErbStG, § 5 Abs. 4 ErbStDV, Einführungserlaß zum ErbStG vom 20. 12. 1974/10. März 1976, BStBl 1975 I S. 42, 1976 I S. 145). Nicht genug damit hat nach dem koordinierten Ländererlaß vom 17. 2. 1986[99] das für die Erbschaftsteuer zuständige Finanzamt dem für die Besteuerung des Erblassers nach dem Einkommen und Vermögen zuständigen Finanzamt den ermittelten Nachlaß mitzuteilen, wenn der Reinwert mehr als 250 000 DM oder das zum Nachlaß gehörende Kapitalvermögen mehr als 50 000 DM beträgt. Dem für die Besteuerung des Erwerbers nach dem Einkommen und Vermögen zuständigen Finanzamt ist der Erwerb mitzuteilen, wenn dessen erbschaftsteuerlicher Wert mehr als 50 000 DM beträgt. Entsprechendes gilt für Schenkungen von Kapitalvermögen.[100]

96 Hübschmann/Hepp/Spitaler, Komm. zur AO/FGO, zu § 102 AO, Anm. 112; Müller-Brühl, Die Legitimationsprüfung und andere Steuerthemen für Banken, 7. Aufl., 1990, S. 223/224.
97 Muuss, NWB, Fach 2 S. 3619.
98 Müller-Brühl, a.a.O., S. 225.
99 BStBl 1986 I S. 82.
100 Vgl. zu allem ausführlich Kottke, NWB Fach 10 S. 601 ff.

Nach einem Erlaß der Finanzverwaltung[101] sollte bei Schenkungen von Kapitalvermögen im steuerlichen Wert von mehr als 50 000 DM auch das Wohnsitz-Finanzamt des Schenkers eine Kontrollmitteilung erhalten. Die Erfahrungen in der Praxis haben aber gezeigt, daß eine generelle Kontrolle in diesen Fällen nicht geboten ist. Der Bezugserlaß wurde deshalb aufgehoben. Es bleibt nach einem neuen Erlaß[102] dem für die Schenkungsteuer zuständigen Finanzamt bzw. Wohnsitz-Finanzamt des Beschenkten allerdings unbenommen, in Einzelfällen, wenn z. B. die Schenkung nicht angezeigt, sondern im Rahmen einer Außenprüfung oder Fahndung aufgedeckt worden ist, Kontrollmitteilungen für das Wohnsitz-Finanzamt des Schenkers zu fertigen.

Kontrollmitteilungen der Erbschaftsteuerstellen an die Einkommensteuerstellen der FÄ zulässig

Entgegen den im Schrifttum[103] geäußerten Bedenken zur Zulässigkeit der seitens der Erbschaftsteuerstellen für den Veranlagungsbezirk gefertigten Kontrollmitteilungen über vererbte Sparvermögen bestehen nach Meinung des FG Hessen[104] keine Zweifel an der Zulässigkeit derartiger Informationen. Begründung: Die Finanzämter sind im Rahmen ihrer Besteuerungsbefugnisse als Einheit anzusehen. Diese Auffassung vertritt nun auch unser höchstes deutsches Steuergericht: Das Bankgeheimnis steht Kontrollmitteilungen der Erbschaftsteuerstellen an die Einkommensteuerstellen der Finanzämter nicht entgegen.[105]

Kontostand zu Beginn des Todestags

Entsprechend dem BMF-Schreiben vom 11. 10. 1982 – IV C 3 – S 3844 – 956/82 kommen die Geldinstitute ihrer Anzeigepflicht nach § 33 ErbStG in der Weise nach, daß sie die Guthaben und Vermögensgegenstände anzeigen, die sich aufgrund ihres Buchungssystems für den Erblasser als Guthaben oder Wertpapiervermögen vom Todestag ergeben. Im Ergebnis ist dies regelmäßig der Stand beim „Buchungsschnitt" am jeweiligen Todestag. Bei diesem Verfahren erfolgt keine oder eine unzutreffende Anzeige, wenn sich für den Erblasser am Todestag deshalb kein Guthaben (mehr) oder ein zu niedriges Guthaben ergibt, weil ein über das Konto Verfügungsberechtigter noch am Todestag des Erblassers vor dem „Buchungsschnitt" dessen Guthaben teil-

101 FinMin. Saarland, Erlaß vom 29. 4. 1988 – B/V – 778/88 – S 3900 A (DStR 1988 S. 359).
102 FinMin. Saarland, Erlaß vom 21. 9. 1989 – B/V – 762/89 – S 3900 A (DStR 1989 S. 645).
103 Felix, BB 1988 S. 2011; Bilsdorfer, BB 1989 S. 1102.
104 FG Hessen, Urt. vom 18. 7. 1991 3 K 181/91.
105 BFH-Beschl. vom 2. 4. 1992 VIII B 129/91.

weise oder vollständig abgehoben und/oder dessen Konto aufgelöst hat. Dieser Mangel der derzeitigen von der Finanzverwaltung zugelassenen Anzeigenerstattung hat nunmehr eine Änderung des Verfahrens wie folgt erforderlich gemacht:[106]

106 BMF-Schreiben vom 2. 3. 1989 – IV C 3 – S 3844 – 1206/88 (DB 1989 S. 605).

Muster einer Anzeige nach § 33 ErbStG

Firmenbezeichnung - Stempel -

Ort, Datum

Anzeige
über die Verwahrung oder Verwaltung fremden Vermögens
(§ 33 Erbschaftsteuer- und Schenkungsteuer-Gesetz)

Finanzamt

- Erbschaftsteuerstelle -

Anschrift des/der Erben

Erblasser

Name und Vorname ____________________

Wohnort und Wohnung ____________________

Todestag __________ Sterbeort __________

Sehr geehrte

Alle Kreditinstitute sind gesetzlich verpflichtet, beim Tod eines ihrer Kunden diejenigen bei der Bank befindlichen Werte dem Finanzamt anzuzeigen, die zum Vermögen des Erblassers gehörten, oder über die ihm die Verfügungsgewalt zustand. Wir haben in Ausführung dieser Verpflichtung eine entsprechende Erklärung abgegeben. Eine Durchschrift befindet sich bei unseren Unterlagen. Auf Wunsch stellen wir sie dem Berechtigten gern zur Verfügung.

Mit freundlichen Grüßen

Muster einer Anzeige nach § 33 ErbStG

Firmenbezeichnung – Stempel –

Ort, Datum

Anzeige
über die Verwahrung oder Verwaltung fremden Vermögens (§ 33 Erbschaftsteuer- und Schenkungsteuer-Gesetz)

Finanzamt
– Erbschaftsteuerstelle –

Anschrift des/der Erben

1. Erblasser

Name und Vorname ______

Wohnort und Wohnung ______

Todestag ______ Sterbeort ______

2. Guthaben und andere Forderungen (auch Gemeinschaftskonten)

Konto-Nr.	Nennbetrag der Forderung am Todestag ohne Zinsen für das Jahr des Todes (volle DM)	Zinsen für das Jahr des Todes bis zum Todestag*) (volle DM)	Hat der Kontoinhaber mit dem Kreditinstitut vereinbart, daß die Guthaben oder eines derselben mit seinem Tode auf eine bestimmte Person übergehen? Wenn ja Name und genaue Anschrift dieser Person
1	2	3	4

3. Wertpapiere, Anteile, Genußscheine und dergleichen, auch solche im Gemeinschaftsdepot (Nicht ausfüllen, wenn ein Depotauszug beigefügt wird.)

Bezeichnung der Wertpapiere usw.	Nennbetrag (volle DM)	Kurswert bzw. Rückkaufswert am Todestag (volle DM)	Stückzinsen bis zum Todestag*) (volle DM)	Bemerkungen
1	2	3	4	5

4. Der Verstorbene hatte ein – kein – Schließfach

5. Bemerkungen ______

*) Zinsen und Stückzinsen müssen nur auf besondere Anforderung des Finanzamts angegeben werden.
Erb 10 (Ko 1177)

Unterschrift

Die Anzeigepflicht bezieht sich auf die Guthaben im Todeszeitpunkt des Erblassers. Da Angaben zu den Guthaben auf den jeweiligen *Todeszeitpunkt* von den Geldinstituten aus technischen Gründen allgemein nicht gemacht werden können, entsprechen dem Sinn und Zweck des § 33 ErbStG am ehesten solche Anzeigen, in denen das Guthaben vom Beginn des Todestags des Erblassers angegeben wird. Denn es besteht eine im Einzelfall widerlegbare Vermutung dafür, daß dieses Guthaben auch im Zeitpunkt des Todes des Erblassers bestanden hat. Anzeigenerstattung nach den Verhältnissen *vom Beginn* des Todestages bedeutet, daß die Anzeigen künftig nur noch dann nach dem Stand vom Buchungsschnitt am Todestag des Erblassers erstattet werden können, wenn dieser *zu Beginn* des Todestags erfolgt. Bei einem späteren Buchungsschnitt ist das Guthaben gemäß dem *Buchungsschnitt des Vortags* anzugeben.

Nachweis der Todeszeit des Erblassers

Da die vorstehende Regelung der Finanzverwaltung sich selbst nur die Bedeutung einer „widerlegbaren Vermutung" zuspricht, braucht sie nicht eingehalten zu werden, d. h. die Kreditinstitute haben das Guthaben eines Erblassers nicht gemäß dem Buchungsschnitt des Vortages des Todes des Erblassers anzuzeigen, wenn der Erbe gegenüber der kontoführenden Bank eine *nach* dem Buchungsschnitt des Vortages des Todes liegende Todeszeit nachweist.[107]

Beispiel

Erblasser E1 ist am 14. August 1992 um 15.30 Uhr gestorben, was aufgrund des amtlichen Todesscheins vom Erben E2 dem Kreditinstitut gegenüber nachgewiesen wird. Außerdem geht das aus dem Barabhebungsbeleg des Kreditinstituts eindeutig hervor, daß ein Bevollmächtigter V des E1 am 14. August 1992 um 14.20 Uhr das gesamte Guthaben vom Konto des E1 abgehoben hat. Zum Todeszeitpunkt des E1 befand sich demnach kein Guthaben mehr auf dessen Konto. Da dem Kreditinstitut dies bekannt war, darf es dem Erbschaftsteuer-Finanzamt nicht die Anzeige über das Guthaben des E1 nach dem Buchungsschnitt des 13. August 1992 erstatten. Die Meldung des Kreditinstituts gegenüber dem Finanzamt hat vielmehr ganz zu unterbleiben. Andernfalls würde das Kreditinstitut sich E2 gegenüber schadensersatzpflichtig machen.

107 Müller-Brühl, Die Legitimationsprüfung und andere Steuerthemen für Banken, 7. Aufl., 1990, S. 244.

Noch eine zugunsten eines Erben geartete Regelung ist im Zusammenhang mit dem Tod des Erblassers von den Kreditinstituten zu beachten. Haben nämlich die Kreditinstitute die Anzeige nach § 33 ErbStG in doppelter Ausfertigung dem Erbschaftsteuer-Finanzamt zugesendet, so brauchen sie die bis zum Todestag des Bankkunden aufgelaufenen Zinsen und Dividenden für Guthaben, Wertpapiere, Anteile und Genußscheine zunächst nicht zu errechnen. Erst wenn das Erbschaftsteuer-Finanzamt die Zweitausfertigung der Anzeige an das Kreditinstitut zurücksendet mit der Bitte, die bis zum Todestag des Kunden aufgelaufenen Zinsen und Dividenden nachzumelden, muß das Kreditinstitut dieser Aufforderung nachkommen.[108]

Haftung der Bank bei Erblasser-Schließfächern

Als Exkurs zur Haftung der Geldinstitute nach § 20 Abs. 6 ErbStG bei Erblasser-Schließfächern noch folgender Hinweis:[109] Die Auffassung, daß eine Haftung der Geldinstitute nach § 20 Abs. 6 Satz 2 ErbStG in Betracht kommt, wenn sie das in ihren Schließfächern befindliche Vermögen eines Erblassers vorsätzlich oder fahrlässig vor Entrichtung oder Sicherstellung der Steuern in das Ausland bringen oder außerhalb des Inlands wohnhaften Berechtigten zur Verfügung stellen, teilt die Finanzverwaltung. In den Fällen des § 20 Abs. 6 Satz 2 ErbStG sind die zur Entlassung aus dieser Haftung bestimmten Unbedenklichkeitsbescheinigungen – sie stellen ohnehin ein besonderes Entgegenkommen gegenüber den Geldinstituten dar, weil das Finanzamt zu ihrer Erteilung nicht verpflichtet ist – nur dann uneingeschränkt zu erteilen, wenn

1. dem Finanzamt mit der Erbschaftsteuer-Erklärung eine Bestätigung des Geldinstituts über den – bei der erstmaligen Öffnung des Schließfachs nach dem Tod des Erblassers festgestellten – Schließfachinhalt vorgelegt oder
2. zur erstmaligen Öffnung (Sichtung des Inhalts) des Erblasser-Schließfachs ein vom zuständigen Finanzamt beauftragter Beamter zugezogen – entsprechende Bitten der Geldinstitute und/oder der Schließfachberechtigten sind grundsätzlich zu erfüllen – worden ist.

---

108 BMF-Schreiben vom 9. 12. 1975.

109 FinMin. Bayern, Erlaß vom 20. 8. 1990 – 34 – S 3830 – 1/37 – 80/550 (DB 1990 S. 1843).

7 Kontrollmitteilungen anderer Behörden an Finanzbehörden

7.1 Rechtsgrundlagen

Entwurf einer Kontrollmitteilungsverordnung zu § 93a AO

Im Bundesfinanzministerium wurde bereits der Entwurf einer Rechtsverordnung erarbeitet, zu der die Vorschrift des § 93a AO schon mit dem Steuerbereinigungsgesetz 1986 eine Ermächtigungsgrundlage geschaffen hatte. Danach sind Behörden außerhalb der Finanzverwaltung und öffentlich-rechtliche Rundfunkanstalten verpflichtet, Kontrollmitteilungen über bestimmte Vorgänge an die Finanzbehörden zu verschicken. Anders als bei dem weitgehend bekannten Verfahren nach § 194 Abs. 3 AO, bei dem anläßlich einer Außenprüfung bzw. Betriebsprüfung vom Prüfer Kontrollmitteilungen geschrieben und von einem Finanzamt an ein anderes Finanzamt weitergeleitet werden, nimmt nach § 93a AO („Allgemeine Mitteilungspflichten“) die Kontrollmitteilung ihren Weg von einer Behörde, die nicht zur Finanzverwaltung gehört, zu einer Behörde der Finanzverwaltung, d. h. regelmäßig zu dem zuständigen Finanzamt, wobei in den meisten Fällen auch noch der betroffene Steuerzahler benachrichtigt wird.

Im folgenden werden der Inhalt des § 93a AO und die jeweils in sachlichem Zusammenhang damit stehenden Bestimmungen des Referentenentwurfs der Rechtsverordnung zu § 93a AO – Kontrollmitteilungsverordnung (KMV) – wiedergegeben.

7.2 Allgemeine Mitteilungspflichten anderer Behörden an Finanzbehörden

7.2.1 Mitteilung von Verwaltungsakten, Subventionen und unerlaubter Beschäftigung

Zur „Sicherung der Besteuerung“ darf die Bundesregierung durch Rechtsverordnung mit Zustimmung des Bundesrats Behörden verpflichten,

7.2.1.1 Verwaltungsakte, die die Versagung oder Einschränkung einer steuerlichen Vergünstigung zur Folge haben oder dem Betroffenen steuerpflichtige Einnahmen ermöglichen,

7.2.1.2 Subventionen und ähnliche Förderungsmaßnahmen sowie

7.2.1.3 Anhaltspunkte für Schwarzarbeit, unerlaubte Arbeitnehmerüberlassung oder unerlaubte Ausländerbeschäftigung

den Finanzbehörden mitzuteilen (§ 93a Abs. 1 Satz 1 AO).

Beispiele

Als Beispiele für solche mitzuteilenden Verwaltungsakte i. S. der Nummer 7.2.1.1 nennt der Entwurf der KMV die Erteilung von Reisegewerbekarten, Erlaubnisse oder Gestattungen nach dem Gaststättengesetz, wenn sie für mehr als einen Tag oder mehr als einmal im Kalenderjahr erteilt werden, Erlaubnisse zum Aufstellen von Spielgeräten gemäß Gewerbeordnung (§ 11 Entwurf KMV). Ferner wird man hierzu Anerkennungs- und Bewilligungsbescheide, z. B. auf dem Gebiet der Wohnungswirtschaft, zu rechnen haben.

Zu den mitteilungspflichtigen Subventionen und ähnlichen Förderungsmaßnahmen i. S. der Nummer 7.2.1.2 gehören Finanzhilfen, die erwerbswirtschaftlichen Unternehmen als nicht oder nur teilweise rückzahlbare Geldleistungen gewährt werden (Wirtschaftssubventionen) (§ 5 Entwurf KMV). Dagegen schweigt der Entwurf der KMV zur Vergabe von Bauaufträgen der öffentlichen Hand. Von Domann[110] wird darauf hingewiesen, daß Kontrollmitteilungen über Bauaufträge an Bedeutung verloren haben, seit die Mindest-Ist-Versteuerung eingeführt worden ist (vgl. § 13 Abs. 1 Nr. 1 Buchst. a UStG).

7.2.2 Zahlungsmitteilungen der Behörden und Rundfunkanstalten

Die Behörden haben ferner den Finanzbehörden per Kontrollmitteilung mitzuteilen (§ 2 Entwurf KMV)

7.2.2.1 Zahlungen für Lieferungen oder Leistungen an einen Vergütungsempfänger, es sei denn, sie werden erkennbar im Rahmen einer gewerblichen, land- und forstwirtschaftlichen oder freiberuflichen Haupttätigkeit erbracht,

110 DB 1986 S. 611, 613.

7.2.2.2 Zahlungen für Lieferungen oder Leistungen in bar, postbar, durch Scheck, Zahlungsanweisung zur Verrechnung oder Aufrechnung und

7.2.2.3 Zahlungen für Lieferungen oder Leistungen auf ein anderes als das Geschäftskonto des Zahlungsempfängers oder ein sonstiges Konto, das nicht auf dem Geschäftsbrief vorgedruckt ist, oder auf das Konto eines Dritten.

Die Mitteilungspflicht nach den vorstehenden Nummern 7.2.2.1 und 7.2.2.3 entfällt, wenn ein Steuerabzug durchzuführen ist. Das ist in erster Linie bei Gehalts- und Lohnzahlungen der Fall. In Betracht kommt hier auch der Steuerabzug bei beschränkt, d. h. nicht im Inland wohnenden oder sich nicht hier gewöhnlich aufhaltenden Steuerpflichtigen nach § 50a EStG, so z. B. die Aufsichtsratsteuer von 30 v. H. der Aufsichtsratvergütung oder der Steuerabzug von 25 bzw. 15 v. H. bei Künstlern, Sportlern usw.

Beispiele für die Mitteilungspflicht von Behördenzahlungen enthält der Entwurf der KMV wie folgt:

Weitere Beispiele

- Zahlungen der Wehrbereichsverwaltungen und der Ämter für Verteidigungslasten für Sachschäden, Personenschäden, sofern es sich um Kapital- und Rentenzahlungen wegen Minderung der Erwerbsfähigkeit, wegen Entziehung des Rechts auf Unterhalt oder wegen entgangener Dienste handelt, und Vermögensschäden, sofern es sich um Zahlungen wegen entgangener Einnahmen handelt,
- Zahlungen als Entschädigung für Verdienstausfall nach dem Gesetz über die Entschädigung für Strafverfolgungsmaßnahmen,
- Zahlungen als Entschädigung nach dem Tumultschädengesetz,
- Zahlungen und Schuldübernahmen nach dem Flurbereinigungsgesetz.

Auch die öffentlich-rechtlichen Rundfunkanstalten sind in das Kontrollmitteilungsverfahren einbezogen. Sie haben Zahlungen für Leistungen mitzuteilen, die im Zusammenhang mit der Vorbereitung, Herstellung oder Verbreitung von Rundfunk- und Fernsehsendungen erbracht werden und dem Steuerpflichtigen im Rahmen der Einkünfte aus selbständiger Arbeit, insbesondere freiberuflicher Tätigkeit (§ 2 Abs. 1 Nr. 3 EStG) zufließen. Auch hier sind Zahlungen ausgenommen, von denen ein Steuerabzug vorgenommen werden muß (§ 3 Entwurf KMV).

7.2.3 Ausnahmen von der Mitteilungspflicht

Die Liste der Ausnahmen von der Mitteilungspflicht ist beträchtlich.

7.2.3.1 Kontrollmitteilungen nach der KMV sind nicht auszuschreiben, wenn die Finanzbehörden bereits aufgrund anderer Vorschriften über diese Tatbestände Kontrollmitteilungen erhalten (§ 1 Abs. 1 Satz 2 Entwurf KMV). Als eine solche andere Vorschrift ist z. B. § 194 Abs. 3 AO anzusehen, wonach anläßlich von Außenprüfungen die Auswertung von Besteuerungsfeststellungen zulässig ist, die andere als den geprüften Steuerzahler betreffen.

7.2.3.2 Eine Verpflichtung zur Mitteilung besteht auch nicht, wenn die Gefahr droht, daß das Bekanntwerden des Inhalts der Mitteilung dem Wohl des Bundes oder eines deutschen Landes Nachteile bereiten würde (§ 1 Abs. 1 Satz 3 Entwurf KMV).

7.2.3.3 Schuldenverwaltungen, Postgiroämter, Postsparkassenämter, Kreditinstitute, Betriebe gewerblicher Art von juristischen Personen des öffentlichen Rechts i. S. des KStG, Berufskammern und Versicherungsunternehmen sind ebenfalls ausgenommen (§ 1 Abs. 2 Entwurf KMV).

7.2.3.4 Auch Sozialleistungen und personenbezogene Daten, die den Leistungsträger und sonstigen Behörden im Zusammenhang mit der Erfüllung von Aufgaben nach dem Sozialgesetzbuch bekannt sind, sind nicht mitzuteilen, auch nicht vergleichbare Leistungen nach Landesrecht (§ 1 Abs. 3 Entwurf KMV).

Beispiel

Die Zahlung von Renten der Angestelltenversicherung oder Arbeiterrentenversicherung darf von der Bundesversicherungsanstalt für Angestellte bzw. den Landesversicherungsanstalten nicht den zuständigen Finanzämtern der Rentenempfänger mitgeteilt werden.

7.2.3.5 Kontrollmitteilungen über Zahlungen an Behörden, juristische Personen des öffentlichen Rechts oder Körperschaften, die steuerbegünstigte Zwecke, z. B. gemeinnützige Zwecke verfolgen, können unterbleiben (§ 12 Abs. 1 Entwurf KMV).

7.2.3.6 Kontrollmitteilungen über Zahlungen, mit Ausnahme von wiederkehrenden Bezügen und Vorauszahlungen, können unterbleiben, wenn die an denselben Empfänger geleisteten Zahlungen im Kalenderjahr weniger als 1000 DM, in den Fällen von Wirtschaftssubventionen weniger als 10 000 DM betragen (§ 12 Abs. 2 Entwurf KMV).

7.2.3.7 Bei wiederkehrenden Bezügen braucht nur die erste, als solche ausgewiesene Zahlung mitgeteilt zu werden (§ 12 Abs. 3 Entwurf KMV).

7.2.3.8 Vorauszahlungen sind nur mitzuteilen, wenn Vorauszahlungen und abschließende Zahlung voraussichtlich den Betrag von 1000 DM übersteigen. Es muß aber angegeben werden, daß es sich um eine Vorauszahlung handelt. Kontrollmitteilungen über weitere oder abschließende Zahlungen können bei Entschädigungsleistungen der Wehrbereichsverwaltungen und der Ämter für Verteidigungslasten, Entschädigungen für Strafverfolgungsmaßnahmen und Leistungen nach dem Tumultschädengesetz unterbleiben (§ 12 Abs. 4 Entwurf KMV).

7.2.3.9 Schließlich besteht keine Mitteilungspflicht, soweit die Behörden das Brief-, Post- und Fernmeldegeheimnis wahren müssen (Art. 10 Abs. 1 GG).

7.2.4 Form, Inhalt, Adressaten der Kontrollmitteilungen

Wie bei Kontrollmitteilungen auch sonst üblich, ergehen die nach der KMV ohne Ersuchen, also spontan, schriftlich und für jeden Betroffenen getrennt. Sie können auch mit Zustimmung der obersten Landesfinanzbehörde auf maschinell verwertbaren Datenträgern oder durch Datenfernübertragung übermittelt werden (§ 13 Abs. 1 Entwurf KMV). Die Kontrollmitteilungen sind mindestens einmal jährlich, jedoch unverzüglich zu übersenden, wenn sie die Versagung oder Einschränkung einer steuerlichen Vergünstigung, die unerlaubte Beschäftigung oder gewerberechtliche Erlaubnisse und Gestattungen betreffen (§ 15 Entwurf KMV).

Unterrichtung des Betroffenen

Die Kontrollmitteilungen werden von der Behörde bzw. Rundfunkanstalt an dasjenige Finanzamt gesandt, in dessen Bezirk der Zahlungsempfänger oder derjenige, für den ein Verwaltungsakt bestimmt ist, oder der sonstige Betroffene wohnt. Außerdem – und das ist das Neue bei dieser Gattung von Kontrollmitteilungen – muß die Behörde oder Rundfunkanstalt den Betroffenen von der Erstellung der Kontrollmitteilungen sogleich unterrichten. Lediglich in Fällen von Schwarzarbeit, unerlaubter Arbeitnehmerüberlassung oder unerlaubter Ausländerbeschäftigung unterbleibt eine solche Unterrichtung. Während in den Kontrollmitteilungen über Zahlungen nur die anordnende Stelle, ihr Aktenzeichen, Name, Vorname, Firma sowie Anschrift des Zahlungsempfängers, möglichst seine Steuernummer, der Grund und der Tag der Zahlung anzugeben sind und nicht deren Höhe, erhält der zu unterrichtende Betroffene, d. h. der Steuerzahler, eine Aufstellung der im Kalenderjahr geleisteten Zahlungen und ihre Summe. Er ist ferner in allgemeiner Form auf seine steuerlichen Aufzeichnungs- und Erklärungspflichten hinzuweisen (§§ 13, 14, 16, 17 Entwurf KMV). Diese ganze Regelung macht den Eindruck eines Zugeständnisses an das Rechtsinstitut der sog. „informationellen Selbstbestimmung“, wie sie der frühere Präsident des Bundesverfassungsgerichts Benda in das Volkszählungsurteil[111] hineingeschrieben hat.

111 BVerfGE 65, 1.

7.3 Wann kommt die Kontrollmitteilungsverordnung?

Zeitpunkt noch völlig offen

Die Zeitpunkte, zu denen aus dem jetzigen Referentenentwurf der Kontrollmitteilungsverordnung ein Regierungsentwurf wird und zu der die Verordnung dann schließlich im Bundesgesetzblatt verkündet wird, sind noch völlig offen. Das hat zu einer wohl nicht beabsichtigten Situation geführt: Die bis zur Verkündung des § 93a AO Ende 1985 geübte viel intensivere Kontrollmitteilungspraxis der Behörden außerhalb der Finanzverwaltung ist mit Rücksicht auf die gemäßigtere Gesetzesvorschrift des § 93a AO zum Stillstand gekommen. Die Gesetzesvorschrift andererseits entfaltet keine Wirkung, weil die zu ihrer Durchführung notwendige Rechtsverordnung noch fehlt. Ein Vakuum, das den Verordnungsgeber sicher zu baldigem Tätigwerden anspornen könnte.

8 Wie werden die Kontrollmitteilungen ausgewertet?

Weitergabe an zuständiges Finanzamt

Die vom Außenprüfer ausgeschriebenen Kontrollmitteilungen werden zunächst an das für den geprüften Betrieb zuständige Finanzamt weitergeleitet und von ihm dann den Veranlagungsbezirken der für die Geschäftspartner zuständigen Finanzämter zur Auswertung weitergegeben. In Routine-Kontrollmitteilungsfällen erfolgt die Auswertung regelmäßig im Rahmen der nächsten anstehenden Veranlagung oder Außenprüfung, indem dann kontrolliert wird, ob der Vorgang sich entsprechend in Buchführung und Besteuerung des Geschäftspartners niedergeschlagen hat. Dagegen wird in verdächtigen Fällen eine Kontrollmitteilung die Einleitung eines Besteuerungsverfahrens des Finanzamts, einer Außenprüfung, einer Vorermittlung der Steuerfahndung (§ 208 Abs. 1 Nr. 3 AO) oder die Einleitung eines Steuerstraf- oder Steuerordnungswidrigkeitenverfahrens erst auslösen.[112] Frotscher[113] empfiehlt, ein Unternehmen auf den Prüfungsgeschäftsplan zu setzen, wenn eine Vielzahl von Kontrollmitteilungen nicht verdächtiger Art vorliegt und eine Prüfung des Unternehmens in nächster Zeit nicht geplant ist.

112 Schick, a.a.O., § 194 Anm. 420.
113 A.a.O., S. 15.

In vielen Finanzämtern ist es üblich, Rückmeldungen an das Erst-Finanzamt zu erstatten, wenn aufgrund von Kontrollmitteilungen Steuerverkürzungen festgestellt wurden.[114]

Rückmeldung

Kontrollmaterial über Auslandsbeziehungen ist auch dem Bundesamt für Finanzen zur Auswertung zu übersenden (§ 8 Abs. 3 BpO).

Bundesamt für Finanzen

Die Kontrollmitteilung ist regelmäßig als „neue Tatsache" i. S. des § 173 Abs. 1 Nr. 1 AO anzusehen, so daß sie auch bei endgültiger Veranlagung eine Berichtigung der Steuerfestsetzung rechtfertigt.

„Neue Tatsache"

9 Umgedrehte Kontrollmitteilungen

Die Kontrollmitteilungen der Finanzverwaltung haben im Laufe der Zeit eine Zusatzfunktion erhalten. Während regelmäßig mit diesem vom Steuerzahler so gefürchteten Instrument nur getestet wird, ob die Ausgabe des einen Steuerzahlers als Einnahme von einem anderen versteuert worden ist, kontrollieren Betriebsprüfer jetzt auch mal gern, ob von einem Geschäftsmann soviel Einkommen versteuert worden ist, daß es zu so hohem Privataufwand gereicht haben kann. Der Prüfer kann durchaus ein Interesse daran haben, der Höhe von Privatentnahmen des Steuerzahlers nachzugehen, nämlich wenn berechtigte Vermutung besteht, daß er am Finanzamt vorbei seinem Unternehmen Einnahmen vorenthalten hat, beispielsweise OR-Geschäfte getätigt worden sind.

Interesse des Prüfers an der Höhe der Privatentnahme

„Umgedrehte Kontrollmitteilungen" nennt der Ludwigshafener „Finanzbrief"[115] diese Papiere. Beispielsweise bei wertvollen Schmuckgegenständen, auserwählten Gemälden, teuren Teppichen werden sie vom Betriebsprüfer des Händlers emittiert und gelangen auf dem Dienstweg zum Betriebsprüfer des Erwerbers, der sich nun lästigen Fragen ausgesetzt sieht. „Wie haben Sie denn die 87 000 D-Mark für das Segelboot so einfach aufgebracht, das Sie im Frühjahr anschafften?" – formuliert der genannte Finanzbrief

Beispiele

114 Vgl. den Yachtmaklerfall, FG Hamburg, rechtskr. Urteil vom 4. 12. 1986 (EFG 1987 S. 275).

115 Nr. 18 vom 30. 4. 1991.

eine solche Frage und will außerdem festgestellt haben, daß seit einiger Zeit insbesondere bei Reisebüros umgedrehte Kontrollmitteilungen herausgeschrieben zu werden pflegen. Etwa alle Buchungen von 5000 oder 10 000 D-Mark aufwärts werden notiert, um zu prüfen, ob der Urlauber auch genügend freies Geld für die Reise steuerlich zur Verfügung gehabt hatte.

Zulässigkeit der umgedrehten Kontrollmitteilungen

Das Vorgehen der Betriebsprüfung in den vorerwähnten Fällen wird von vielen Steuerjuristen nicht als illegitim bewertet. Es besteht auch nur im Bankensektor ein – noch dazu nur als Sollvorschrift ausgestattetes – Verbot der Ausschreibung von Kontrollmaterial. „Die Guthabenkonten oder Depots, bei deren Errichtung eine Legitimationsprüfung nach § 154 Abs. 2 vorgenommen worden ist, dürfen anläßlich der Außenprüfung bei einem Kreditinstitut nicht zwecks Nachprüfung der ordnungsmäßigen Versteuerung festgestellt oder abgeschrieben werden. Die Ausschreibung von Kontrollmitteilungen soll insoweit unterbleiben" – heißt es in § 30a Abs. 3 AO in Übereinstimmung mit dem früheren Bankenerlaß. Für andere Wirtschaftszweige fehlt eine gleiche oder ähnliche Einschränkung der Tätigkeit der Betriebsprüfung. Im Gegenteil: Nach § 194 Abs. 3 AO ist es ausdrücklich gestattet, im Außenprüfungsverfahren Kontrollmitteilungen anzufertigen.

Merke:

Nur die Intimsphäre des Steuerzahlers ist tabu!

Privatsphäre des Steuerzahlers nicht vor Finanzverwaltung abgeschirmt

Auch wer kein Schwarzgeld besitzt und keine schwarzen Konten (im Ausland) unterhält und auch sonst steuerlich nichts zu verbergen hat, wird sich nicht gern vom Finanzamt in die Karten gucken lassen, noch dazu in die Finanzierung seiner privaten Ausgaben. Sensibilisiert durch Datenschutzbewußtsein und das vom Bundesverfassungsgericht eingeräumte Recht auf informationelle Selbstbestimmung wird er den behördlichen Einblick in seine finanziellen Verhältnisse weitgehend zu verhindern trachten. Es ist aber keineswegs so, daß die private Sphäre eines Steuerzahlers gegenüber Nachforschungen der Finanzverwaltung abgeschirmt ist. Zwar ist die Intimsphäre des Steuerbürgers auch für die Finanzverwaltung tabu. Und auch wenn im übrigen Bereich des Privatlebens feststeht, daß die Privatentnahmen eines Betriebsinhabers vollständig ermittelt sind, braucht er über die Verwendung der entnommenen Mittel nicht weiter Aufschluß zu geben. Selbst ein des Antifiskalismus so unverdächtiger Mann wie der Offenburger Finanzamtsvorsteher Hermann Dewein schreibt in seinem Betriebsprüfungshandbuch:[116] „Eine diesbezügliche Neugier des Prüfers, was mit den aus dem Betrieb stammenden (und versteuerten!) Geldern im einzelnen geschehen ist, sollten Sie nicht befriedigen!" Aber im Fall der „umgedrehten Kontrollmitteilung" soll ja gerade erst geprüft werden, ob die Privataufwendungen aus versteuerten Geldern stammen, und eine solche Kontrolle stellt sich nicht ohne weiteres als unzulässig dar. Außerdem hat der Bundesfinanzhof in einer neueren Entscheidung zur Frage der Zulässigkeit eines Auskunftsersuchens an eine Sparkasse bei hohen Entnahmen eines Konteninhabers die Befugnis der Finanzämter zur Überprüfung privater Kontenbewegungen ziemlich weit abgesteckt.[117] Gleiches muß meines Erachtens dann aber auch für die Zulässigkeit der Ausschreibung von Kontrollmitteilungen durch die Betriebsprüfung außerhalb des Bereichs der Kreditwirtschaft gelten. Leider! – möchte man hinzufügen.

Ratschlag:

Möglichst wenig Spuren legen!

So wie der beste Datenschutz darin zu sehen ist, keine Daten herauszugeben, sind Steuerzahler gut beraten, wenn sie bei privaten Geschäften möglichst wenig Spuren hinterlassen. Wird beispielsweise eine teure Uhr gekauft, sollte dies mit Rücksicht auf das Finanzamt nicht per Scheck, Kreditkarte usw. geschehen, sondern im Wege der Barzahlung. Der Käufer sollte aber auch auf eine auf seinen Namen ausgestellte Rechnung verzichten. Den Namen auf der Rechnung hält „Finanzbrief" Ludwigshafen[118] für völlig überflüssig, weil die Mehrwertsteuer wohl kaum als Vorsteuer geltend gemacht werden kann. Und was die Garantie anlangt, sei ausschließlich die Garantiekarte maßgebend. Auf der muß die

116 Erschienen im Rudolf Haufe Verlag, Freiburg
117 BFH-Urt. vom 23. 10. 1990 VIII R 1/86.
118 Nr. 22 vom 28. 5. 1991.

Verkaufsstelle, die Nummer der Uhr und das Kaufdatum stehen. Viele teure Artikel werden als Geschenk erworben. Der Käufer behält den Artikel meist nicht. Sein Name ist also unwichtig.

10 Rechtsbehelfe gegen Kontrollmitteilungen

Kontrollmitteilung kein Verwaltungsakt

Nach herrschender Auffassung ist die Anfertigung oder die Auswertung der Kontrollmitteilung i. S. des § 194 Abs. 3 AO kein Verwaltungsakt i. S. des § 118 AO, sondern schlichtes Verwaltungshandeln der Behörde. Hiergegen kann der Steuerpflichtige so gut wie nichts unternehmen. Denn regelmäßig berührt die Kontrollmitteilung nicht die wirtschaftlichen und rechtlichen Interessensphäre des geprüften Steuerpflichtigen und wird meist ohne Wissen des Steuerpflichtigen und des Dritten, den die Auswertung betrifft, gefertigt. Daher kann die Ausschreibung einer Kontrollmitteilung nicht mit der Beschwerde nach § 349 AO, sondern nur mit den nichtförmlichen Rechtsbehelfen der Gegenvorstellung und der Dienstaufsichtsbeschwerde angegriffen werden. Möglich ist auch eine Leistungsklage in Form der Unterlassungsklage (§§ 40, 114 FGO) mit dem Antrag, eine Auswertung der Feststellung in der Kontrollmitteilung zu verhindern. Nur ausnahmsweise stellt die Ausschreibung von Kontrollmitteilungen einen mit Beschwerde und folgender Anfechtungsklage anfechtbaren Verwaltungsakt dar, so, wenn dadurch eine Norm verletzt wird, durch die der Betroffene in seinen Rechten beeinträchtigt wird. Hierzu zählt die Verletzung eines Auskunftsverweigerungsrechts, das auch im Interesse des Betroffenen geschaffen ist, sowie die Nichtbeachtung eines Mitwirkungsverweigerungsrechts i. S. der §§ 101 bis 103 AO des Geprüften selbst.[119]

Darüber hinaus nimmt Giesberts[120] einen Verwaltungsakt auch dann an, wenn dem Außenprüfer bei Fertigung der Kontrollmitteilung ein Fehlverhalten vorzuwerfen ist.[121]

Es besteht m. E. auch kein klagbarer Anspruch des Geprüften auf Bekanntgabe, ob überhaupt und gegenüber welchem Dritten eine

---

119 So zu allem Meier, NWB-Wochenschau, Nr. 17/1988.
120 Die steuerliche Betriebs- und Außenprüfung, Rz. 84.
121 A. A. Meier, a.a.O.

Kontrollmitteilung gefertigt wurde. Kontrollmitteilungen sind wie schon erwähnt kein Verwaltungsakt; daher besteht auch kein Anspruch auf ihre Bekanntgabe an den Steuerpflichtigen.[122]

Kontrollmitteilungen sind Feststellungen tatsächlicher Art, die freier Beweiswürdigung unterliegen. Eine die Gerichte bindende Wirkung kommt ihnen nicht zu.[123] Das Kontrollmaterial des Finanzamts kann also widerlegt werden.

11 Einzelfragen

11.1 Kontrollmitteilungs-Vordruck USt 1 KM

Prüfung der Vorsteuerabzugsberechtigung

Die Berechtigung zum Vorsteuerabzug des Empfängers einer umsatzsteuerpflichtigen Leistung (§ 15 UStG) kann häufig nicht ohne Mitwirkung des Finanzamts geprüft werden, das für die Umsatzbesteuerung des Rechnungsausstellers/Gutschriftsempfängers zuständig ist. Für das Auskunftsersuchen und für die Auskunft ist durch BMF-Schreiben vom 12. 10. 1987[124] ein Kontrollmitteilungs-Vordruck USt 1 KM eingeführt worden. Auskunftsersuchen sollen sich regelmäßig auf Fälle beschränken, in denen sich bei der Prüfung von Vorsteuerbelegen Zweifel ergeben, z. B. betreffend umsatzsteuerliche Erfassung des Rechnungsstellers/Gutschriftsempfängers oder dessen Berechtigung zum gesonderten Ausweis der Umsatzsteuer. Ferner kann zweifelhaft sein, ob der Rechnungsaussteller einen zu hohen Steuerbetrag in Rechnung gestellt und die Rechnung nicht wirksam berichtigt hat. Die Verwendung des Vordrucks USt 1 KM soll auch die Feststellung von Scheinfirmen oder Personen erleichtern, die sich des Namens von bestehenden Unternehmen zur Verschleierung von Steuerbetrügereien bedienen.

Das um Auskunft ersuchte Finanzamt soll nach dem vorgenannten BMF-Schreiben auch prüfen, ob Steuerbeträge nach § 14 Abs. 2 (zu hoher Steuerbetrag in der Rechnung) oder 3 UStG (Ausweis der Umsatzsteuer in einer Rechnung, obwohl die Rechnung von einer privaten Person ausgestellt wurde) geschuldet werden.

122 Papperitz, INF 1989 S. 104.
123 FG Düsseldorf, Urteil vom 24. 6. 1964 – V 73 – 76/63 U (BBK Fach 27 S. 399).
124 UR 1987 S. 339.

Ist der im Auskunftsersuchen genannte Rechnungsaussteller/Gutschriftsempfänger nicht im Erhebungsgebiet ansässig und hat der Leistungsempfänger die Umsatzsteuer nicht im Abzugsverfahren (dieses Verfahren besagt, daß der Unternehmer, der eine Leistung erhält, von sich aus die Umsatzsteuer an das Finanzamt abführen muß) einzubehalten, so hat das Finanzamt des Leistungsempfängers vorweg beim Bundesamt für Finanzen zu erfragen, welches Finanzamt für den Rechnungsaussteller/Gutschriftsempfänger zuständig ist.

Uneinbringliche Entgelte

Per Kontrollmitteilung kann insbesondere die Pflicht zur Berichtigung der Umsatzsteuer und des Vorsteuerabzugs nach § 17 Abs. 1 UStG geprüft werden, wenn das Entgelt für eine steuerpflichtige Lieferung oder sonstige Leistung uneinbringlich geworden ist (§ 17 Abs. 2 Nr. 1 UStG). Nach Abschnitt 223 Abs. 5 UStR ist der Gläubiger, der eine Forderung als uneinbringlich behandelt, nicht verpflichtet, dem Schuldner hiervon Mitteilung zu machen. Das Finanzamt des Gläubigers soll jedoch berechtigt sein, das Finanzamt des Schuldners auf die Ausbuchung der Forderung hinzuweisen. Wird der Anspruch des Gläubigers später ganz oder teilweise befriedigt, müssen Umsatzsteuer und Vorsteuer erneut berichtigt werden (§ 17 Abs. 2 Nr. 1 Satz 2 UStG). M. E. ist diese in Abschnitt 223 Abs. 5 UStR geäußerte Auffassung der Finanzverwaltung bedenklich, weil die Auswertung von Kontrollmitteilungen über Forderungsausbuchungen des Gläubigers beim Finanzamt des Schuldners praktisch kaum durchführbar ist, ohne den Schuldner hierbei einzuschalten, was aber dann m. E. eine Verletzung des Steuergeheimnisses bedeuten würde.

11.2 Kontrollmitteilungen des Bundesamts für Finanzen in Fällen der Körperschaftsteuer-Vergütung und Kapitalertragsteuer-Erstattung

Einmal jährlich

Das Bundesamt für Finanzen wird bis auf weiteres einmal jährlich anhand der dort gesammelten Daten für die einzelnen NV-Bescheinigungs-Inhaber Kontrollmitteilungen über vergütete Körperschaftsteuer und erstattete Kapitalertragsteuer ausdrucken und an die Finanzämter versenden, wenn die Einnahmen aus Kapitalvermögen (einschließlich vergüteter Körperschaftsteuer) mindestens 2000 DM im Kalenderjahr betragen haben. Als Steuerungsmerkmal dient die Ordnungsnummer der NV-Bescheinigung. Außerdem wird das Bundesamt für Finanzen unverzüglich eine gesonderte Kontrollmitteilung übersenden, wenn ihm für einen NV-Bescheinigungs-Inhaber Kapitalerträge in einer Höhe bekannt werden, die zwingend zu einer Veranlagung führen müßte. Die Kontrollmitteilungen sind von den zuständigen Veranlagungsbezirken auszuwerten.[125]

11.3 Kontrollmitteilungen bei Dividenden, Einnahmen aus stillen Beteiligungen und partiarischen Darlehen

Kontrolle der Kapitalerträge

Werden Leistungen erbracht, die beim Empfänger zu Kapitalerträgen i. S. von § 20 Abs. 1 Nrn. 1, 2 und 4 EStG führen, so hat das Finanzamt des Schuldners der Kapitalerträge dem Finanzamt des Gläubigers eine Kontrollmitteilung zu übersenden, wenn es nach allg. Lebenserfahrung möglich erscheint, daß der Gläubiger die Kapitalerträge nicht oder nicht in der zutreffenden Höhe erklärt hat bzw. erklären wird. Ein solcher Ausnahmefall ist vor allem bei folgenden Sachverhalten anzunehmen:[126]

a) Die Kapitalgesellschaft hat einen den gesellschaftsrechtlichen Vorschriften entsprechenden Gewinnverteilungsbeschluß gefaßt, die Kapitalertragsteuer jedoch nicht gemäß § 45a Abs. 1 EStG angemeldet;

b) es bestehen begründete Zweifel, ob die ausschüttende Körperschaft die Steuerbescheinigung (§ 44 KStG, § 45a Abs. 2 EStG) zutreffend ausgestellt hat;

c) die Kapitalgesellschaft hat eine verdeckte Gewinnausschüttung (§ 8 Abs. 3 Satz 2 KStG) erbracht;

d) der Schuldner hat den Gewinnanteil eines stillen Gesellschafters oder Zinsen für ein partiarisches Darlehen als Betriebsausgabe abgezogen oder gemäß § 45a Abs. 1 EStG die Kapitalertragsteuer hierfür angemeldet.

11.4 Ausstellung von Kontrollmitteilungen durch die Kraftfahrzeugsteuerstellen bei Sammelbeförderungen von Arbeitnehmern

Hauptsächlich: Bauunternehmen

Nach § 3 Nr. 6 KraftStG sind Fahrzeuge, die ausschließlich oder überwiegend im Linienverkehr zur Beförderung von Arbeitnehmern von ihrem Wohnsitz, gewöhnlichen Aufenthaltsort oder

125 FinMin NW, Erlaß vom 10. 4. 1991 – S 2299 d – 1 – VC 1 (DStR 1991 S. 685), koordinierter Ländererlaß.

126 FinSen. Berlin, Erlaß vom 17. 7. 1987 (DB 1987 S. 1762).

von einer Sammelhaltestelle zum Arbeitsplatz eingesetzt sind, von der Kraftfahrzeugsteuer befreit. Die Fahrzeughalter haben den überwiegenden Einsatz der Fahrzeuge zur Arbeitnehmer-Sammelbeförderung für Zwecke der Kraftfahrzeugsteuer buchmäßig nachzuweisen. Die Kraftfahrzeugsteuerstellen sollen in diesen Fällen (hauptsächlich kommen Bauunternehmen in Betracht) für Umsatzsteuerzwecke zur Überprüfung der nach § 1 Abs. 1 Nr. 1 Satz 2b UStG steuerpflichtigen Umsätze der Arbeitgeber Kontrollmitteilungen nach bestimmtem Muster fertigen.[127]

11.5 Keine Straffreiheit durch Selbstanzeige wegen Kontrollmitteilung?

Kontrollmitteilung als Mittel der Entdeckung einer Straftat

Straffreiheit durch Selbstanzeige einer Steuerhinterziehung tritt u. a. nicht ein, wenn die Tat im Zeitpunkt der Berichtigung, Ergänzung oder Nachholung ganz oder zum Teil bereits entdeckt war und der Täter dies wußte oder bei verständiger Würdigung der Sachlage damit rechnen mußte (§ 371 Abs. 2 Nr. 2 AO). Auch eine Kontrollmitteilung kann ein Mittel der Entdeckung in diesem Sinn sein, so z. B., wenn sie zwei Rechnungen eines Geschäftspartners genau nach Datum, Betrag, Mehrwertsteuer und nach der Art der Leistung bezeichnet und damit offenliegt, daß der Rechnungsaussteller gewerblich eine Auslieferung übernommen hatte, seine Tätigkeit selbst als eine solche wertete und deshalb Mehrwertsteuer auf sein Entgelt gesondert auswies.[128]

12 Auswirkungen der Kontrollmitteilung in der Praxis

12.1 Funktionen der Kontrollmitteilung zwischen den Geschäftspartnern

Entsprechung Ausgabe/Einnahme

Kontrollmitteilungen werden zum einen ausgefertigt über Zahlungsausgänge in Form von Barzahlungen, Überweisungen, Verrechnungen usw. sowie über Eingangsrechnungen für erhaltene Lieferungen und sonstige Leistungen unter Angabe des Tages der Bezahlung bzw. Berechnung, des Betrags und des Gegenstands der Lieferung oder sonstigen Leistung. Andererseits werden sie ausgefertigt für die Inrechnungstellung sowie Bezahlung herausgegangener Lieferungen und sonstiger Leistungen. In erster Linie

127 OFD Freiburg, Verfügung vom 7. 6. 1991 (UR 1992 S. 126).
128 LG Koblenz, Urteil vom 13. 3. 1985 (DStR 1985 S. 668).

wird die Kontrollmitteilung gemäß dem Prinzip wirksam, daß jeder einkommensteuerlich abziehbaren oder sonst steuermindernden Aufwendung (Betriebsausgabe, Werbungskosten, Sonderausgabe, außergewöhnliche Belastung) bei einem anderen Steuerpflichtigen eine der Einkommensteuer unterliegende Einnahme gegenübersteht.

Beispiel

Hat der Eigentümer eines Geschäftshauses Aufwendungen für Dachreparaturen als Betriebsausgaben geltend gemacht, so läßt dieser Vorgang Rückschlüsse auf die Betriebseinnahmen des Bauunternehmens und anderer Handwerker zu. – Zieht ein Hypothekenschuldner Zinsen als Werbungskosten bei der Ermittlung der Einkünfte aus Vermietung und Verpachtung ab, so muß der abgesetzte Betrag bei seinem Gläubiger als Einnahme, z. B. aus Kapitalvermögen, erscheinen.

Nicht abziehbare Betriebsausgaben

Betriebsausgaben bestimmter Art sind nach § 4 Abs. 5 EStG vom Betriebsausgabenabzug ausgeschlossen. Sind sie aus der Buchführung oder aus sonstigen Aufzeichnungen ersichtlich und unterliegen sie beim Empfänger als Betriebseinnahmen der Einkommensteuer, so kann dies ebenfalls Gegenstand einer Kontrollmitteilung sein.

Beispiel

Aufwendungen für Geschenke an Geschäftspartner, deren Anschaffungs- und Herstellungskosten pro Empfänger im Wirtschaftsjahr 75 DM übersteigen, dürfen den Gewinn nicht mindern (§ 4 Abs. 5 Nr. 1 EStG). Schenkt daher ein Kaufmann einem Kunden bei Erreichung des 70. Lebensjahrs einen Pkw, so kann er die Aufwendungen für dieses betrieblich veranlaßte Geschenk zwar nicht als Betriebsausgaben in Abzug bringen. Der Zeitwert des Pkw gehört aber zu den Betriebseinnahmen des bedachten Kunden.[129] Auch Sachgeschenke, die ein Gastwirt in seiner Eigenschaft als bedeutender Bierabnehmer von seiner Brauerei erhält, sind bei ihm Betriebseinnahmen, selbst wenn die Brauerei ihre Aufwendungen nach § 4 Abs. 5 Nr. 1 EStG nicht gewinnmindernd geltend machen kann. Der Gastwirt hat die Ge-

129 BFH-Urt. vom 21. 11. 1963 IV 345/61 (BStBl 1964 III S. 183).

schenke nach § 7 Abs. 2 EStDV mit dem gemeinen Wert zu versteuern.[130] Durch Kontrollmitteilungen kann in diesen Fällen die Versteuerung beim Empfänger gesichert werden.

Inkongruenzen im Kontrollmitteilungssystem

Das Kontrollmitteilungssystem versagt allerdings dann, wenn einer von zwei Geschäftspartnern die Aufzeichnung oder Geltendmachung einer Aufwendung befugt unterläßt, weil es sich z. B. um Aufwendungen in der Privatsphäre handelt, die unter keinem Gesichtspunkt abziehbar wären, beim Empfänger aber einkünfteerhöhend wirken.

Auch ist zu beachten, daß sich aus buchungstechnischen Gründen zeitliche Verschiebungen der Verbuchung bei einem Geschäftspartner einerseits und beim anderen Geschäftspartner andererseits ergeben können. Ferner braucht der durch Kontrollmitteilung erfaßte Betrag für ein und denselben Geschäftsvorfall bei dem einen Geschäftspartner nicht unbedingt mit der Höhe des Betrags bei dem anderen Geschäftspartner übereinzustimmen.

Beispiele

X liefert an Y Waren im Wert von 6000 DM und bucht auch diesen Betrag. Y zahlt und bucht nur 5820 DM für diesen Warenposten, weil er den Rechnungsbetrag um 3 v. H. Skonto gekürzt hat. – A schlägt dem aufgrund der Inrechnungstellung des B zu buchenden Betrag noch Fracht- und Rollgelder hinzu.

Überhaupt ist es zweifelhaft, ob es einen allgemeinen einkommensteuerrechtlichen Grundsatz des Inhalts gibt, daß betriebliche Vorgänge bei den beteiligten Personen korrespondierend behandelt werden müssen und daß deshalb einer Betriebseinnahme bei einem Unternehmer eine gleich hohe Betriebsausgabe bei einem anderen Unternehmer entsprechen müßte.[131]

12.2 Funktionen der Kontrollmitteilung im Verhältnis zwischen einzelnen Steuerarten

Verknüpfung einzelner Steuerarten

Verfeinert wird das Kontrollsystem dadurch, daß verschiedene Steuerarten wechselseitig in Beziehung stehen. Der Prüfer kann

130 BFH-Urt. vom 13. 12. 1973 I R 135/72 (BStBl 1974 II S. 210).
131 Siehe Fußnote 130.

also vom Vorhandensein und von der Höhe einer bestimmten Steuerart, welcher der Steuerpflichtige unterliegt, auf die Steuerpflicht bezüglich einer anderen Steuerart schließen. Dabei kann es sich um verschiedene Steuerarten desselben Steuerpflichtigen handeln (Steuereigenkontrolle) oder um solche eines anderen Steuerpflichtigen (Steuerfremdkontrolle).

Beispiele für Steuereigenkontrolle:

Bei der Außenprüfung eines Unternehmens wird festgestellt, daß die Neuerrichtung eines Betriebsgebäudes aus Mitteln einer Erbschaft finanziert worden ist. Der Prüfer sendet dem zuständigen Erbschaftsteuerfinanzamt eine Kontrollmitteilung zwecks Überprüfung der Erbschaftsteuer des Unternehmens zu. – Überfakturierungen, die von einer Zolldienststelle bei der Eingangsabfertigung festgestellt wurden, werden dem zuständigen Finanzamt per Kontrollmitteilung angegeben. – Als Sonderausgaben im Rahmen bestimmter Höchstbeträge bei der Einkommensteuer abziehbar sind auch Prämien zu Lebensversicherungen (§ 10 EStG). Andererseits gehören für die Vermögensteuer zum sonstigen Vermögen noch nicht fällige Ansprüche aus Lebens- und Kapitalversicherungen oder Rentenversicherungen, soweit ihr Wert 10 000 DM übersteigt (§ 110 Abs. 1 Nr. 6 BewG). Aus dem Sonderausgabenabzug bei der Einkommensteuer kann also auf die Vermögensteuer desselben Steuerzahlers kurzgeschlossen werden. – Prämien für eine private Hausratversicherung können bei der Einkommensteuer weder als Betriebsausgaben noch als Sonderausgaben abgezogen werden. Wer Zahlungsbelege über solche Prämien aufbewahrt oder gar verbucht (wozu er steuerlich nicht verpflichtet ist), liefert sich gewissermaßen dem Finanzamt aus, wenn die hausratversicherten Gegenstände nicht mit der Vermögensteuererklärung übereinstimmen, beispielweise der Hausrat überversichert oder in der Vermögensteuererklärung zu niedrig deklariert ist. – Weitergabe von Informationen der Grunderwerbsteuerstellen des Finanzamts, welche diese Stellen aufgrund von Meldungen der Notare bei Grundstücksgeschäften erhalten haben (vgl. § 18 GrEStG), an die Finanzämter, die für die Besteuerung des Verkäufers einerseits und des Erwerbers andererseits zuständig sind. Dies ermöglicht Kontrollen, ob der Grundstücksveräußerer den Verkaufserlös versteuert und ob der Käufer unversteuertes Vermögen für den Erwerb verwendet hat.

Beispiele für Steuerfremdkontrolle:

Umsatzsteuer und Lohnsteuer

Sachzuwendungen des Arbeitgebers an seine Arbeitnehmer als umsatzsteuerbare Leistungen des Arbeitgebers einerseits und eventuelle lohnsteuerpflichtige Bezüge des Arbeitnehmers andererseits. – Der Außenprüfer richtet eine Kontrollmitteilung über Provisionszahlungen an Vermittler von Importgeschäften an die zuständige Zolldienststelle.

Erbschaftsteuer, Grunderwerbsteuer, Umsatzsteuer

Andererseits sind einige Steuerarten nicht zur Kontrolle geeignet, wie z. B. die Erbschaftsteuer im Verhältnis zur Grunderwerbsteuer desselben Steuerpflichtigen, weil unter das Erbschaftsteuergesetz fallende Erwerbe nicht der Grunderwerbsteuer unterliegen (§ 3 Nr. 2 GrEStG); auch auf die Grunderwerbsteuer eines anderen Steuerpflichtigen kann aus der Erbschaftsteuer nicht geschlossen werden. Ebenso ungeeignet als Kontrollsteuer ist die Grunderwerbsteuer im Verhältnis zur Umsatzsteuer eines anderen Steuerpflichtigen, weil Umsätze, die unter das Grunderwerbsteuergesetz fallen, von der Umsatzsteuer befreit sind (§ 4 Nr. 9 Buchst. a UStG); zu beachten ist hier allerdings die Rechtsprechung des BFH[132], derzufolge die aus Anlaß der Errichtung von Eigentumswohnungen im Bauherrenmodell der Besteuerung mit Grunderwerbsteuer und Umsatzsteuer unterfallenden Vorgänge nicht identisch sind.

12.3 Verkauf von Gold nicht kontrollmitteilungsdicht

Kontrolle der CpD-Konten der Scheideanstalt

Aus einem Steuerfahndungsbericht zitiert „Finanzbrief" Ludwigshafen[133] wie folgt: „Scheidegutabrechnung – im Prüfungszeitraum übergab der Steuerpflichtige Dentalstaub und Dentalfeilungen der Firma X zur Scheidung. Die Rücklieferung des Gegenwerts erfolgte in Feingold, das über das CpD-Konto veräußert wurde. Aus einer Scheidung im März 1985 erhielt am 16. 3. 1985 der Steuerpflichtige 215 g Feingoldband, das am 24. 3. 1985 über das CpD-Konto zurückgegeben und für das der Gegenwert bar ausgezahlt wurde. Im Prüfungszeitraum verkaufte der Steuerpflichtige Gold an die Firma X. Diese Geschäfte wurden nicht über das normale Kundenkonto, sondern über das CpD-Konto abgewickelt. Die Beträge wurden bar ausbezahlt." Alle diese Beträge ergaben sich aus den CpD-Konten der ankaufenden

132 BFH-Beschl. vom 30. 10. 1986 (BStBl 1987 II S. 145).
133 Nr. 39 vom 3. 10. 1989.

Scheideanstalt. Sämtliche Goldankäufe wurden dort bei einer normalen Betriebsprüfung systematisch aufgelistet. An die Wohnsitzfinanzämter der Goldverkäufer wurden Kontrollmitteilungen geschickt, um zu prüfen, wo das verkaufte Gold herkam, wann es von dem betreffenden Steuerzahler angeschafft wurde und wie es seinerzeit bezahlt worden war. Möglich war dies deshalb, weil sich alle Vorgänge im Inland abspielten. Da aber die Goldausfuhr aus Deutschland legal ist, liegt es nach Meinung von „Finanzbrief" Ludwigshafen am einzelnen Goldbesitzer, ob er sein Gold im Inland oder im Ausland verkaufen will. Wer auf Diskretion Wert legt, sollte das Gold ins Ausland verkaufen. Im übrigen kauft man es ja auch dort aus Umsatzsteuerersparnisgründen ein.

Kapitel 16: Spontanauskünfte der Finanzverwaltung (Kontrollmitteilungen über die Grenze)

Spontanauskünfte zur Aufdeckung von Schwarzgeld

Zu dem dichten Netz von Kontrollmitteilungen der Betriebsprüfung und der Finanzämter, das spinnengewebeartig die inländische Wirtschaft überzieht, immer effizienter werdend und daher auch immer mehr respektiert von den Unternehmen, haben sich in den letzten Jahren mit steigender Tendenz die Kontrollmitteilungen der deutschen Finanzverwaltung über die Grenze gesellt, aber auch solche, die den umgekehrten Weg vom Ausland ins Inland nehmen. Die internationale Verflechtung der deutschen Wirtschaft bildet den fruchtbaren Nährboden für die im zwischenstaatlichen Verkehr „Spontanauskünfte" genannten Kontrollmitteilungen; der Beitritt der neuen deutschen Länder wird für ihre weitere quantitative Vermehrung sorgen. Dem Schwarzgeld soll auch mit diesem Mittel die Hölle heiß gemacht werden.

Welche Rechtsgrundlagen bestehen für den zwischenstaatlichen Auskunftsaustausch der Finanzverwaltungen und für die Spontanauskünfte insbesondere? – fragt der deutsche Unternehmer. Welche Länder sind einbezogen? Wie wird dabei das – zumindest in Deutschland streng gehandhabte – Steuergeheimnis gewahrt? Ist eine Einbuße an Geschäftsgeheimnissen zu befürchten oder wird gar der internationalen Wirtschaftsspionage Vorschub geleistet? Das sind nur einige „spontane" Fragen, welche die Spontanauskunftspraxis der Steuerbehörden auslöst.

1 Rechtsgrundlagen

Doppelbesteuerungsabkommen

In der Generalnorm für die zwischenstaatliche Rechts- und Amtshilfe in Steuersachen, dem § 117 Abgabenordnung (AO), sucht man freilich vergeblich nach einer Aussage über Informationen ohne Ersuchen des anderen Staates, also über Spontanauskünfte. Diese Norm hält allerdings Bestimmungen bereit, die auch auf Spontanauskünfte angewandt werden müssen. Rechtsgrundlage für Spontanauskünfte wie überhaupt für die ganze zwischenstaatliche Amtshilfe in Steuersachen geben in erster Linie die Doppelbesteuerungsabkommen (gebräuchliches Kürzel: DBA) ab. Die Bundesrepublik Deutschland hat mit zahlreichen anderen Staaten völkerrechtliche Verträge zur Vermeidung der Doppelbesteuerung abgeschlossen. Diese Abkommen enthalten auch Bestimmungen über den gegenseitigen Informationsaustausch. Beispielsweise darf nach dem Doppelbesteuerungsabkommen mit den USA aus dem Jahre 1989, das grundsätzlich für die Steuern der Jahre ab 1990 gilt, das Bundesfinanzministerium den Finanzbehörden der USA Auskünfte über steuerlich relevante Sachverhalte auch ohne ausdrückliches Verlangen der USA, also Spontanauskünfte erteilen.

DBA BRD/USA

Erst kürzlich hat der Bundesfinanzhof (BFH) im Beschluß vom 29. 4. 1992 I B 12/92 entschieden, daß auch nach dem früheren Doppelbesteuerungsabkommen mit den USA (DBA-USA 1954/1965) Spontanauskünfte zulässig sind. Der Entscheidung liegt folgender Sachverhalt zugrunde: Ein deutscher Architekt war 1981 in den USA für einen dortigen Auftraggeber tätig und hatte dadurch einen Gewinn von über 100 000 DM erzielt. Dieser Gewinn war nach den Bestimmungen des DBA-USA 1954/1965 nicht in Deutschland, sondern nur in den USA zu versteuern. Da der Architekt dort aber keine Steuererklärung abgegeben hatte, war den USA ihr Besteuerungsrecht nicht bekannt. Das Bundesfinanzministerium wollte die USA deshalb durch eine Spontanauskunft über den Sachverhalt unterrichten. Der Architekt versuchte, dies zu verhindern. Er machte geltend, nach dem DBA-USA 1954/1965 seien Spontanauskünfte nicht zulässig und die beabsichtigte Auskunft verletze daher das Steuergeheimnis. Der BFH war anderer Ansicht, weil nach dem DBA-USA 1954/1965 Auskünfte unter anderem auch zur Verhütung von Steuerhinterziehungen ausgetauscht werden dürfen.

Wenn die relativ weite Auslegung, die der neue BFH-Beschluß der Zulässigkeit von Spontanauskünften aufgrund von Doppelbesteuerungsabkommen zuteil werden läßt, von der Finanzverwaltung als Signal zum Übergang auf eine ungehemmte Spontanauskunftspraxis angesehen würde, wäre dies bedenklich. Auch wenn die Bestrebungen zur Bekämpfung der oft mit Steuerhinterziehung verbundenen internationalen Steuerflucht anerkennenswert sind, sollte, um die deutsche Wirtschaft nicht zu verunsichern, von der Spontanauskunftsmöglichkeit möglichst restriktiv Gebrauch gemacht werden. Denn der Wirtschaft geht es darum, nicht durch Interventionen der Finanzverwaltung ihre Exporte gefährden zu lassen oder Auftragsverlust zu erleiden. Datenschutzrechtliche Mindestanforderungen in Form des Steuergeheimnisses und das Recht auf informationelle Selbstbestimmung sind weitere Gesichtspunkte, die im Zusammenhang mit Spontanauskünften immer wieder zur Sprache gebracht werden.

Auf Spontanauskünfte gemünzt, kommen ferner als Rechtsgrundlagen besondere Amts- und Rechtshilfe-Abkommen steuerlicher Art in Betracht.

EG-Amtshilfegesetz

Soweit es sich um die Mitgliedstaaten der Europäischen Gemeinschaft (EG) handelt, leisten sich deren Finanzbehörden Auskunft nach Maßgabe der EG-Richtlinie vom 19. 12. 1977/6. 12. 1979. Die Gewährung von Amtshilfe durch Informationen seitens der Bundesrepublik Deutschland richtet sich nach dem EG-Amtshilfegesetz (EG-AHG) vom 19. 12. 1985[134] und erstreckt sich auf die Steuern vom Einkommen, Ertrag und Vermögen sowie die Umsatzsteuer. Inwieweit Amtshilfe von anderen Mitgliedstaaten der EG in Deutschland beansprucht werden kann, ergibt sich aus der genannten Brüsseler Richtlinie.

2 Kleiner und großer Auskunftsverkehr

DBA mit Industriestaaten

Was den Umfang des zwischenstaatlichen Auskunftsaustauschs anlangt, wird der bedeutsame Unterschied zwischen großer und kleiner Auskunftsklausel gemacht. Nach einer Vielzahl von Abkommen, meistens mit Industriestaaten, können – wie ein Merkblatt des Bundesfinanzministeriums aus 1988 erläutert – entsprechend Artikel 26 des OECD-Musterabkommens zur Vermeidung der Doppelbesteuerung des Einkommens und des Vermögens alle Auskünfte übermittelt werden, die zur Anwendung der DBA oder zur Anwendung der innerstaatlichen Bestimmungen eines Ver-

134 BStBl 1985 I S. 740.

tragsstaats über die unter das Abkommen fallenden Steuern erforderlich sind. Auskünfte können beispielsweise über die Richtigkeit von Tatsachenbehauptungen oder über Beweismittel angefordert werden, die zur steuerlichen Beurteilung erforderlich sind.

Mit Finnland, Italien, Österreich und Schweden bestehen besondere Amts- und Rechtshilfeverträge, die den großen Auskunftsaustausch vorsehen. Besondere Verwaltungsvereinbarungen zur Durchführung der Auskunftsklauseln der DBA bestehen mit Dänemark und Norwegen.

Der große Auskunftsaustausch ist auch Gegenstand des EG-Amtshilfegesetzes.

Spontanauskünfte sind grundsätzlich nur bei Vereinbarung der großen Auskunftsklausel zulässig.

DBA mit Entwicklungsländern

Die meisten Doppelbesteuerungsabkommen mit Entwicklungs- und „Staatshandelsländern", aber auch mit Japan und der Schweiz, beschränken sich auf den kleinen Auskunftsaustausch. Im Rahmen dieser Abkommen können nur Auskünfte erbeten oder übermittelt werden, die zur Durchführung der DBA selbst notwendig sind. Dazu gehören

– Informationen über Tatsachen, deren Kenntnis für eine zutreffende Abgrenzung der Besteuerungsrechte der beiden Vertragsstaaten erforderlich ist;
– Informationen, die der Vermeidung einer dem Abkommen widersprechenden Doppelbesteuerung oder doppelten Steuerbefreiung dienen.

Dreiecksverhältnisse

Im Rahmen des großen Auskunftsaustauschs können auch Auskünfte über rechtliche und wirtschaftliche Vorgänge ausgetauscht werden, die in das Gebiet eines Drittstaats reichen. Ein solcher Fall ist beispielsweise gegeben, wenn ein inländischer Steuerzahler Geschäftsbeziehungen zu einem Steuerzahler des Staates A so gestaltet, daß sie über das Gebiet eines dritten Staates, insbesondere eines Steueroasenlandes, abgewickelt werden. Gerade dieser Fall gibt oft einen fetten Brocken für die Finanzverwaltung ab und wird gern Gegenstand eines Auskunftsaustauschs, auch in Form einer Spontanauskunft, zwischen der Bundesrepublik Deutschland und dem Staat A.

3 Anlässe für Spontanauskünfte

Wenig Streitstoff haben bislang die Spontanauskünfte ausländischer Finanzbehörden gegeben. Das Bundesamt für Finanzen prüft die eingehenden Auskünfte und leitet sie an die örtlich zuständigen Finanzbehörden weiter. Die Auskünfte sind zeitgerecht auszuwerten, wie in dem schon erwähnten Merkblatt des Bundesfinanzministeriums 1988 verlangt wird. Erweist sich dabei eine Auskunft als unzutreffend, so soll das Bundesamt für Finanzen unterrichtet werden.

Spontanauskünfte ausländischer Finanzbehörden

Probleme gibt es dagegen oft mit den Spontanauskünften aus Deutschland heraus. Den Finanzbehörden in Mitgliedstaaten der EG können Auskünfte gemäß § 2 Absatz 2 EG-Amtshilfegesetz erteilt werden, wenn die Finanzbehörden im Einzelfall Feststellungen treffen, so anläßlich einer Außenprüfung oder bei der Steuerfestsetzung, bei denen Gründe für die Vermutung bestehen, daß

Spontanauskünfte aus der BRD

1. Steuern im anderen Staat verkürzt worden sind oder werden können;
2. zum Zwecke der Steuerumgehung Geschäftsbeziehungen über Drittstaaten geleitet worden sind;
3. insgesamt eine niedrigere Steuerbelastung dadurch eintreten kann, daß Gewinne zwischen nahestehenden Personen nicht wie zwischen nicht nahestehenden Personen abgegrenzt werden;
4. ein Sachverhalt, aufgrund dessen eine Steuerermäßigung oder eine Steuerbefreiung gewährt worden ist, für den Steuerpflichtigen zu einer Besteuerung oder Steuererhöhung im anderen Staat führen könnte;
5. ein im Zusammenhang mit der Auskunftserteilung eines anderen Staates ermittelter Sachverhalt für die zutreffende Festsetzung der Steuern in diesem Staat erheblich ist.

Den unbestimmten Rechtsbegriff der „Gründe für die Vermutung einer Steuerverkürzung“, wie ihn diese Vorschrift verwendet, sehen Carl/Klos [135] sicher zutreffend nur dann als erfüllt an, wenn Erfahrungen der deutschen Finanzbehörden aus der Vergangen-

135 DStR 1992 S. 528 ff.

heit dafür sprechen, daß es im Ausland in konkreten Fällen zu einer Steuerverkürzung gekommen sein kann.

Beispiele

> Der deutsche Unternehmer leistet für einen Steuerausländer bestimmte Zahlungen nur auf ein Konto, das letzterer in einem Drittland wie Luxemburg unterhält. – Ein Steuerinländer überweist einem ausländischen Geschäftspartner erhebliche Provisionen. Die Zulässigkeitsschwelle für Spontanauskünfte (über die Grenze) liegt also höher als für Kontrollmitteilungen im nationalen Bereich.

Auch für Spontanauskünfte ins Ausland ist das Bundesfinanzministerium zuständig, das seine Befugnis an das schon erwähnte Bundesamt für Finanzen delegieren kann; nur mit Österreich und Schweden ist der unmittelbare Verkehr zwischen den Oberfinanzdirektionen und den entsprechenden ausländischen Behörden statthaft.

4 Gegenseitigkeitsgrundsatz: keine Einbahnstraße

Gegenseitigkeit in großer Auskunftsklausel verbürgt

Gegenüber Staaten, mit denen eine Auskunftsklausel entsprechend Artikel 26 des OECD-Musterabkommens besteht, also eine sogenannte große Auskunftsklausel vereinbart ist, sind Spontanauskünfte zulässig, wenn das Bundesfinanzministerium feststellt, daß Gegenseitigkeit gegeben ist. Im amtlichen Merkblatt 1988 sind hierfür die Staaten Finnland, Kanada, Norwegen, Österreich, Schweden und USA genannt. Das Gegenseitigkeitsprinzip bei Kontrollmitteilungen über die Grenze wird offenbar seitens der Bundesrepublik Deutschland ziemlich ernst genommen. Für den Fall, daß lediglich die Bundesrepublik laufend nur Informationen an einen anderen Staat gibt, ohne daß von dort aus einschlägiges Material geliefert wird („Einbahnstraße"), sagt der Vorsteher des Finanzamts Offenburg, Hermann Dewein, in seinem Betriebsprüfungs-Handbuch[136] ein Erlahmen des Interesses der deutschen Finanzverwaltung voraus, weiterhin an der Besteuerung im Ausland mitzuwirken. Die Verwaltungspraxis zeige übrigens, daß die Kontakte der Behörden mit der geographischen Entfernung abnehmen. Gute Verbindungen bestehen beispielsweise in Bayern nach Österreich und Italien, im Rheinland nach

---

136 Betriebsprüfung, Loseblatt-Zeitschrift, Rudolf Haufe Verlag, Freiburg, Gruppe 5.13 S. 10.

den Benelux-Staaten, im Saarland und in Baden nach Frankreich und im hanseatischen Raum nach Skandinavien – will im übrigen Dewein erkannt haben.

Keine Rechts- und Amtshilfe in Steuersachen, von offensichtlichen Steuerhinterziehungstatbeständen („Abgabenbetrug") abgesehen, leistet die Schweiz.

5 Verbot der Auskunftserteilung

Insbesondere Beachtung der Auskunftsverweigerungsrechte

Auskünfte einschließlich der Spontanauskünfte, die nach deutschem Recht nicht beschafft werden können oder deren Beschaffung der deutschen Verwaltungspraxis widerspricht, dürfen nicht erteilt werden. Danach sind insbesondere

- die Auskunfts- und Vorlageverweigerungsrechte nach §§ 101 ff. AO zu beachten (zum Beispiel, wenn Angehörige des Steuerzahlers über dessen Verhältnisse Auskunft geben sollen);
- Mitteilungen von Daten über einen Vergleichsbetrieb nur zulässig, wenn sie keine Rückschlüsse auf die Identität des Betroffenen zulassen, es sei denn, der Betroffene stimmt zu;
- Zwangsmittel unzulässig, wenn der Betroffene dadurch gezwungen würde, sich selbst wegen einer von ihm begangenen Straftat oder Ordnungswidrigkeit zu belasten.

Die Verwertung von Ermittlungsergebnissen von im Wege der zwischenstaatlichen Amtshilfe tätig gewordenen ausländischen Steuerfahndungsbehörden setzt voraus, daß diese Ermittlungsergebnisse unter Anwendung deutscher Rechtsgrundsätze (z. B. Belehrung über Zeugnisverweigerungsrecht) zustandegekommen sind. Die Verwertung von bei Angehörigen des Steuerzahlers gewonnenen Ermittlungsergebnissen setzt eine aktenkundige vorherige Belehrung dieser Personen voraus.[137]

6 Geheimhaltungsprinzip

Steuergeheimnis im ausländischen Staat

Ein besonders neuralgischer Punkt im Auskunftsaustausch über die Grenze ist das Geheimhaltungsprinzip. Egal, ob die Spontanauskunft auf Doppelbesteuerungsabkommen oder anderen völ-

---

137 FG Saarland, rechtskr. Urt. vom 26. 9. 1991 2 K 37/86 (NWB 1992, Fach 1 S. 181).

kerrechtlichen Vereinbarungen oder auf dem EG-Amtshilfegesetzt basiert: sie darf nur erteilt werden, wenn die Geheimhaltung im adressierten Staat gewährleistet ist. Im schon einigemal zitierten Merkblatt 1988 der Finanzverwaltung heißt es hierzu: „Alle Angaben, die die deutschen Finanzbehörden im Zusammenhang mit dem Auskunftsaustausch ausländischen Finanzbehörden machen, unterliegen den dort bestehenden Bestimmungen über die Geheimhaltung. Darüber hinaus unterliegen sie dem besonderen Geheimhaltungsschutz der völkerrechtlichen Vereinbarungen und der EG-Amtshilferichtlinie. Darauf wird in allen Äußerungen gegenüber ausländischen Finanzbehörden durch geeignete Aufdrucke hingewiesen. Der besondere Geheimhaltungsschutz ist im Ausland auch dann zu wahren, wenn nach dortigem nationalem Recht die Finanzbehörde Informationen an andere Stellen weitergeben könnte oder müßte. Befürchten inländische Beteiligte, daß die Geheimhaltung im Ausland aufgrund besonderer Umstände nicht gewährleistet ist, so ist dem Bundesminister der Finanzen darüber zu berichten." Unter Berufung auf diese für ihn günstige Rechtslage sollte der deutsche Unternehmer darauf dringen, daß Kontrollmitteilungen in einen Staat unterbleiben, der die Verpflichtung zur Wahrung des Steuergeheimnisses im Sinne des § 30 AO nicht kennt oder nicht so genau nimmt. Nicht steuergeheimnisdicht sind beispielsweise die Länder Frankreich und Italien, weil dort Kontrollmitteilungen auch zur Verwendung für Verstöße gegen Nicht-Steuergesetze, wie beispielsweise die Vorschriften über die Devisenbewirtschaftung, eingesetzt werden können. Dewein bringt hierzu das folgende instruktive Beispiel:

Beispiel

Gemüseimporteur G in Deutschland hat auf seinen Namen für seinen italienischen Lieferanten ein Sperrkonto in München eingerichtet, auf das er vereinbarungsgemäß stets einen Teil der von ihm geschuldeten Zahlungen überweist. Bei einer Betriebsprüfung wurde dies festgestellt. Über die Zurechnung der Gelder an den italienischen Geschäftspartner gibt es keine Zweifel. Dennoch darf der Prüfer keine entsprechend gehaltene Kontrollmitteilung den Steuerbehörden in Italien zukommen lassen, weil italienische Staatsangehörige nach den Devisenbestimmungen ihres Landes keine DM-Konten unterhalten dürfen und nicht sichergestellt ist, daß der italienische Fiskus eine solche Information nicht an die zuständigen Devisenbehörden weitergibt.

Eine Spontanauskunft darf ferner nicht erteilt werden, wenn ein Handels-, Industrie-, Gewerbe- oder Berufsgeheimnis oder ein Geschäftsverfahren (Geschäfts- oder Betriebsgeheimnis) auf dem Spiel steht und die Gefahr besteht, daß dem inländischen Beteiligten dadurch ein mit dem Zweck der Auskunft nicht zu vereinbarender Schaden entsteht (vgl. zum Beispiel § 3 Abs. 1 Nr. 4 EG-AHG). Die zutreffende Besteuerung eines Betroffenen wird von der Finanzverwaltung für sich allein aber nicht als Schaden in diesem Sinne gewertet. Auf jeden Fall muß bei der Übermittlung von Auskünften an ausländische Finanzbehörden der inländische Beteiligte grundsätzlich stets vorher angehört werden. Im Rahmen dieser Anhörung kann er vorbringen, daß ihm ein Schaden droht. Nach der Rechtsprechung liegt ein Geschäfts- oder Betriebsgeheimnis vor, wenn es sich um Tatsachen und Umstände handelt, die von erheblicher wirtschaftlicher Bedeutung und praktisch nutzbar sind und deren unbefugte Nutzung zu beträchtlichen Schäden führen kann.[138]

Geschäfts- und Betriebsgeheimnisse

7 Rechtsmittel

Inländische Beteiligte haben die Möglichkeit, sich gegen die beabsichtigte Erteilung einer Spontanauskunft durch vorbeugende Unterlassungsklage gegen die zuständige Finanzbehörde zu wenden. Gegebenenfalls kann eine einstweilige Anordnung nach § 114 Finanzgerichtsordnung beantragt werden. Dieses Recht steht bei Spontanauskünften auch dem betroffenen ausländischen Steuerzahler zu.[139] Rechtsschutzlos gegenüber Spontanauskünften an die ausländische Steuerbehörde ist der deutsche Unternehmer also keineswegs.

Vorbeugende Unterlassungsklage

138 BFH-Urt. vom 20. 2. 1979 (BStBl 1979 II S. 268).
139 BFH-Beschl. vom 20. 1. 1988 (BStBl 1988 II S. 412).

Kapitel 17: Der innere Betriebsvergleich

Konstanz der Betriebsverhältnisse

Beim inneren Betriebsvergleich – einem neben dem äußeren Betriebsvergleich[140] für den zutreffenden Ausweis des Betriebsergebnisses und damit zur Aufspürung von Schwarzgeldbildung besonders aussagekräftigen Verprobungsmittel – werden Zahlenverhältnisse vergleichbarer Merkmale in aufeinanderfolgenden Zeiträumen des gleichen Betriebs miteinander verglichen. Eine Stetigkeit der Kontierung und eine annäherende Konstanz der Betriebsverhältnisse über längere Zeiten hinweg sind allerdings zur einwandfreien Vergleichbarkeit notwendig.

Vergleich der Erträge und Aufwendungen desselben Betriebs

Anschaulich gemacht wird der innere Betriebsvergleich durch eine tabellarische Darstellung der Erträge sowie der Aufwendungen der Gewinn- und Verlustrechnung eines Betriebs, in absoluten und in prozentualen Zahlen. Ausgangspunkt hierbei ist der wirtschaftliche Umsatz. Der wirtschaftliche Umsatz wird aus dem Sollumsatz (der Sollumsatz wird aus dem Wareneinsatz hochgerechnet) unter Hinzuaddierung von Rabatten und anderen Zahlungsabzügen an Kunden sowie von ausgebuchten Forderungsverlusten abgeleitet. Ein Beispiel aus der Bp-Kartei der OFDen Düsseldorf/Köln/Münster,[141] in dem die Zahlen aus drei Zeiträumen nebeneinander gestellt sind, möge dies alles verdeutlichen.

Beispiel

Handelsbetrieb

	I	v. H.	II	v. H.	III	v. H.
Sollumsatz	500 000,–		480 000,–		500 000,–	
Wareneinsatz	300 000,–	60	300 000,–	62,5	310 000,–	62
Rohgewinn	200 000,–	40	180 000,–	37,5	190 000,–	38

Im Zeitraum II umd im Zeitraum III weichen die Rohgewinne um 2,5 v. H. bzw. 2 v. H. von dem Rohgewinn des Zeitraumes I ab. Im Zeitraum II ist die Minderung auf ein Sinken des Umsatzes und im Zeitraum III auf ein Ansteigen des Wareneinsatzes zurückzuführen. Wie sich aus nachfolgendem Beispiel ergibt, kann die Aufklärung dieser Schwankungen bereits durch Berücksichtigung des wirt-

140 Siehe Kapitel 18.
141 Abhandlung „Betriebsvergleich (I)“.

schaftlichen Umsatzes und durch Berücksichtigung des wirtschaftlichen Wareneinsatzes möglich sein.

	I	v. H.	II	v. H.	III	v. H.
Sollumsatz	500 000,–		480 000,–		500 000,–	
Zahlungsabzüge an Kunden	–		7 500,–		–	
ausgebuchte Forderungsverluste	–		12 500,–		–	
Wirtschaftlicher Umsatz	500 000,–		500 000,–		500 000,–	
Wareneinsatz	300 000,–		300 000,–		310 000,–	
Naturalentnahmen für Personal	–		–		./. 10 000,–	
Wirtschaftlicher Wareneinsatz	300 000,–	60	300 000,–	60	300 000,–	60
Wirtschaftlicher Rohgewinn	200 000,–	40	200 000,–	40	200 000,–	40

Schwankungen aufklären!

Der Sinn des inneren Betriebsvergleichs liegt darin, daß Schwankungen im Rohgewinn der zu vergleichenden Zeiträume sichtbar gemacht werden und auf ihre Ursache hin untersucht werden können. Solche Schwankungen können auf Veränderungen im wirtschaftlichen Umsatz oder in den Einsatzkosten zurückzuführen sein wie Steigen und Fallen der Verkaufs- oder Einkaufspreise, Absatzverlagerungen usw. (Überprüfung der Kalkulation!) In Fertigungsbetrieben lassen sich Schwankungen im wirtschaftlichen produktiven Lohneinsatz beispielsweise mit Lohnersparnissen durch Mehrarbeit des Meisters oder Lohnsteigerungen durch Meisterlohn in Witwenbetrieben oder durch Einsatz von Arbeitskräften des Betriebs zur Errichtung von Eigenbauten erklären. Lassen sich plausible Erklärungen nicht finden, spricht eine Vermutung für die Unrichtigkeit des wirtschaftlichen Umsatzes oder des wirtschaftlichen Einsatzes oder von beiden, woraus sich weiterhin der Verdacht von Schwarzgeldbildung schöpfen läßt. Der Prüfer wird dann die Einsatzkosten und den wirtschaftlichen Umsatz scharf unter die Lupe nehmen.

Rohgewinne/Reingewinne

Auch die aus den Rohgewinnen der einzelnen Zeiträume unter Abzug von weiteren Kosten abzuleitenden Reingewinne sind dem inneren Betriebsvergleich zugänglich. Dabei sind umsatzabhängige (typische) von umsatzunabhängigen (atypischen) Kosten zu unterscheiden. Zu den erstgenannten zählen Fertigungslöhne und Reparaturen, zu den letztgenannten Mieten, Zinsen, Abschreibungen, Rückstellungen. Auch hierzu ein Beispiel aus der Bp-Kartei der OFDen Düsseldorf/Köln/Münster.[142]

Beispiel

	I	v. H.	II	v. H.	III	v. H.
Wirtschaftlicher Umsatz	300 000,–		500 000,–		1 000 000,–	
Wirtschaftlicher Wareneinsatz	210 000,–	70	350 000,–	70	700 000,–	70
Rohgewinn	90 000,–	30	150 000,–	30	300 000,–	30
Miete	15 000,–	5	15 000,–	3	40 000,–	4
Sonstige Kosten	60 000,–	20	100 000,–	20	200 000,–	20
Gewinn	15 000,–	5	35 000,–	7	60 000,–	6

Atypische Kosten

Die Schwankungen im Reingewinn in vorstehendem Beispiel sind nur auf die Mietzahlungen zurückzuführen. Im Zeitabschnitt I war die Kapazität des Unternehmens noch nicht voll ausgenutzt. Das ist daraus zu ersehen, daß die Miete im Zeitabschnitt II trotz starken Ansteigens des Umsatzes nicht höher wurde. Die Folge davon war ein Ansteigen des Reingewinnes. Um den Umsatz des Zeitabschnitts III tätigen zu können, reichten die vorhandenen Betriebsräume nicht aus. Es mußten neue Räume gemietet werden, wodurch höhere Mietausgaben hervorgerufen wurden. Somit wird in vielen Fällen ein Ansteigen von atypischen Kosten auf eine Ausweitung der Kapazität des Unternehmens schließen lassen.

Typische Kosten

Aber auch die typischen Kosten sind beim inneren Betriebsvergleich besonders zu untersuchen. Denn gerade sie sind es, die vom Umsatz abhängig sind und somit auf eine bestimmte Umsatzentwicklung und gewöhnlich auch auf die Gewinnentwicklung schließen lassen.

Halbreingewinne

Der Reingewinnableitung kann gegebenenfalls ein Vergleich der Halbreingewinne (Rohgewinne minus allgemeine sachliche Betriebsaufwendungen) vorgeschaltet werden. Erst nach Abzug der

142 Siehe Fußnote 141.

besonderen sachlichen und personellen Betriebsaufwendungen ergibt sich der Reingewinn.

Der innere Betriebsvergleich kann mit der Verprobung der Vorsteuer derart verbunden werden, daß neben der Spalte für den Prozentsatz zum wirtschaftlichen Umsatz noch eine weitere Spalte für die Vorsteuer eingeschaltet wird, in der die Aufwendungen einzutragen sind, die mit Vorsteuer belastet sein können. In dieser Spalte sind anstelle der Abschreibungen die Nettobeträge der Anlagenzugänge einzutragen.[143]

Kombination mit Verprobung der Vorsteuer

Neben der tabellarischen Darstellungsform gehen immer mehr Prüfer im Zuge des inneren Betriebsvergleichs zu der moderneren Methode des grafischen Reihenvergleichs über oder erkennen ihr eine Komplementärfunktion zu. Die Vorteile dieser Methode, deren Darstellung in einem halblogarithmischen Netz erfolgt, sind wie folgt zu umreißen:[144]

Grafischer Reihenvergleich

- Die Abweichungen von der Proportionalität sind sofort sichtbar, wenn beide Kurven nicht mehr parallel zueinander verlaufen.
- Gegenüberstellungen der einschlägigen Gewinn- und Verlustposten und Rechenoperationen sind nicht mehr erforderlich. Die betrieblichen Kennzahlen werden einfach als Punkte in ein Koordinatensystem eingetragen und zu Kurven verbunden. Hilfsmittel hierzu sind lediglich ein logarithmisches Linienblatt (Maßstab 1 : 90) und ein Logarithmenlineal.

Zum Schluß dieses Kapitels sei auf eine Schwachstelle des inneren Betriebsvergleichs hingewiesen. Weisen alle Vergleichsjahre eines Betriebs Besonderheiten oder gar Unrichtigkeiten auf, so erschwert dies die Vergleichbarkeit erheblich. Dann wird die Methode des äußeren Betriebsvergleichs[145] eine zuverlässigere Erprobung ermöglichen.

Erschwerung der Vergleichbarkeit

143 HBP, Kza 3458 S. 6.
144 Dewein, a.a.O., Gruppe 5.4 S. 5.
145 Siehe Kapitel 18.

Kapitel 18: Der äußere Betriebsvergleich

Kennzahlen gleichartiger Betriebe

Anders als beim inneren Betriebsvergleich[146] werden beim äußeren Betriebsvergleich nicht Kennzahlen bestimmter Art desselben Betriebs gegenübergestellt, sondern die maßgebenden Kennzahlen des zu prüfenden Betriebs werden mit denjenigen nach Branche, Größe und Struktur gleichartiger Betriebe verglichen. Das kann in Form eines Einzelbetriebsvergleichs oder des Richtsatzvergleichs geschehen. Wie beim inneren Betriebsvergleich kommt auch beim äußeren die entscheidende Schlüsselfunktion den Positionen Wirtschaftlicher Umsatz, Rohgewinn und Reingewinn zu. Gewinnverkürzungen und Schwarzgeld können auch mit dieser Verprobungsmethode ins Visier geraten.

1 Einzelbetriebsvergleich

Vergleichbarkeit muß vorhanden sein

Der Einzelbetriebsvergleich beschränkt sich auf die Gegenüberstellung von Aufwendungen und Erträgen sowie von einschlägigen betriebswirtschaftlichen Kennzahlen des zu prüfenden Betriebs mit denen einzelner vergleichbarer Betriebe, wobei der Akzent auf dem Begriff „vergleichbar" liegen muß. Insbesondere Einkauf, Verkauf und Kostenverhältnisse müssen in den einzelnen einbezogenen Betrieben vergleichbar sein. Nach dem folgenden Schema ist der Vergleich anzustellen, wobei zwischen Handelsbetrieben und Herstellungsbetrieben bzw. Handwerk zu unterscheiden ist.[147]

---

146 Siehe Kapitel 17.

147 Aus Bp-Kartei der OFDen Düsseldorf/Köln/Münster, Abhandlung „Betriebsvergleich (A)".

Schema für den Einzelbetriebsvergleich

a) *Handel*

	Zu prüfender Betrieb 19___		Vergleichsbetrieb A 19___		Vergleichsbetrieb B 19___	
	DM	v. H.	DM	v. H.	DM	v. H.
Wirtschaftl. Umsatz	_____		_____		_____	
Wareneinsatz	_____	_____	_____	_____	_____	_____
Rohgewinn	_____	_____	_____	_____	_____	_____
Sonstige Betriebsausgaben*)	_____	_____	_____	_____	_____	_____
Reingewinn	_____	_____	_____	_____	_____	_____

a) *Handwerk*

	Zu prüfender Betrieb 19___		Vergleichsbetrieb A 19___		Vergleichsbetrieb B 19___	
	DM	v. H.	DM	v. H.	DM	v. H.
Wirtschaftl. Umsatz	_____		_____		_____	
Materialeinsatz	_____	_____	_____	_____	_____	_____
Produktiver Lohneinsatz	_____	_____	_____	_____	_____	_____
Rohgewinn	_____	_____	_____	_____	_____	_____
Sonstige Betriebsausgaben*)	_____	_____	_____	_____	_____	_____
Reingewinn	_____	_____	_____	_____	_____	_____

*) Es empfiehlt sich, auch die „Sonstigen Betriebsausgaben" in die hauptsächlichsten Betriebsausgaben-Gruppen aufzuteilen (z. B. AfA, Miete, Kraftfahrzeugkosten, ggf. Löhne und Gehälter) und in das Verhältnis zum wirtschaftlichen Umsatz zu setzen.

2 Richtsatzvergleich

Verprobung von Umsätzen und Gewinnen

Die Richtsätze sind ein Hilfsmittel bzw. Anhaltspunkt für die Finanzverwaltung, Umsätze und Gewinne der Gewerbetreibenden zu verproben und ggf. bei Fehlen anderer Unterlagen zu schätzen. Bei formell odrnungsgemäß ermittelten Buchführungsergebnissen darf eine Gewinn- oder Umsatzschätzung nach ständiger Rechtsprechung in der Regel nicht allein darauf gestützt werden, daß die erklärten Gewinne oder Umsätze von den Zahlen der Richtsatzsammlung abweichen. Es müssen vielmehr zusätzlich konkrete Hinweise auf die sachliche Unrichtigkeit des Buchführungsergebnisses vorliegen, oder der Betriebsinhaber selbst muß Unredlichkeiten, z. B. Nichtverbuchung von Betriebseinnahmen, zugestehen.[148]

Gewerbeklassen

Die Richtsätze sind für die einzelnen Gewerbeklassen auf der Grundlage von Betriebsergebnissen zahlreicher geprüfter Unternehmen ermittelt worden, die nach Art und Größe den Betrieben entsprechen, auf die sie angewendet werden sollen; das sind Betriebe mit einem wirtschaftlichen Umsatz bis zu 1,2 Mio. DM, sofern zu einzelnen Gewerbeklassen nicht ausnahmsweise andere Umsatzgrenzen in der Bemerkungsspalte der Richtsatzsammlung angegeben sind. Die Richtsatzsammlung können Sie als Sonderdruck Gt. 11.92 vom Rudolf Haufe Verlag beziehen.

Richtsatzsammlungen

Die Richtsätze werden alljährlich von den zu Richtsatzgruppen zusammengeschlossenen Oberfinanzdirektionen ermittelt und in Form der Richtsatzsammlung bekanntgegeben.

Richtbetriebe

Die Richtsätze stellen auf die Verhältnisse in einem Normalbetrieb (Richtbetrieb) ab. Bei der Richtsatzermittlung sind daher die Ergebnisse der geprüften Betriebe normalisiert, d. h. vergleichbar gemacht worden.

Prozentsätze

Richtsätze werden in Prozentsätzen des wirtschaftlichen Umsatzes für Rohgewinn, für den Halbreingewinn und den Reingewinn ermittelt. Bei Handelsbetrieben wird daneben der Rohgewinnaufschlagssatz angegeben.

Oberer und unterer Rahmensatz, Mittelsatz

Die Richtsätze bestehen aus einem oberen und einem unteren Rahmensatz sowie einem Mittelsatz. Die Rahmensätze tragen den unterschiedlichen Verhältnissen Rechnung. Der Mittelsatz ist das gewogene Mittel aus den Einzelergebnissen der geprüften Betriebe einer Gewerbeklasse.

Betriebsvergleichsbogen

Der Aufbau der Richtsätze ist in einem von der Finanzverwaltung strukturierten Schema dargestellt, dem sogenannten Betriebsvergleichsbogen (BVB).

148 BFH-Urt. vom 18. 10. 1983 (BStBl 1984 II S. 88).

Die Grundlage für die Schätzung des Umsatzes bilden beim Handelsbetrieb der normalisierte Wareneinsatz, beim Handwerks- und gemischten Betrieb der normalisierte Waren-, Material- und Fertigungslohneinsatz und beim Dienstleistungsbetrieb (z. B. Fuhrgewerbe) die Summe aller normalisierten Betriebsausgaben. Der Gewinn ist möglichst nach dem Halbreingewinnsatz zu schätzen, denn die vom Halbreingewinn abzusetzenden besonderen sachlichen und personellen Betriebsaufwendungen können im allgemeinen festgestellt werden.

Halbreingewinnsatz

Die Richtsatzsammlung des maßgebenden Jahres enthält für eine bestimmte Branche einen Rohgewinnrahmen von 35 v. H. bis 38 v. H. bis 41 v. H. Bei der Verprobung des zu prüfenden Betriebs kommt der Betriebsprüfer auf einen Rohgewinn von nur 20 v. H. Aufgrund dieser Abweichung schöpft der Prüfer Verdacht und geht der Abweichung nach. Dabei stellt er nach weiteren Ermittlungen fest, daß der Betriebsinhaber den Gewinn verkürzt und dem Betrieb Geld entnommen hat, um damit Schwarzgeld zu bilden.

Beispiel

Für einen repräsentativen äußeren Betriebsvergleich können u. a. Richtsätze sowie Kennzahlen des Instituts für Handelsforschung an der Universität Köln herangezogen werden. Zudem lassen sich die Durchschnittswerte des genannten Instituts als zusätzliches Erkenntnismaterial in ein Schätzungsverfahren einbringen.[149]

Zahlenmaterial des Instituts für Handelsforschung an der Uni Köln

3 Kostenstrukturstatistiken

Vom Statistischen Bundesamt werden in vierteljährlichem Abstand Kostenstrukturstatistiken auf freiwilliger und repräsentativer Grundlage durchgeführt, insbesondere auch bei freien Berufen. Interessant sind beispielsweise die im Juli 1990 nach der Basis 1987 ermittelten Kostenstrukturen für Ärzte der meisten Fachrichtungen und verschiedener Umsatzgruppen. Danach ergeben sich beispielsweise in der mittleren der bis zu zwölf Umsatzgruppen folgende Praxisgesamtkosten in v. H. des Umsatzes:
Allgemeinärzte 51 bis 56 v. H.
Internisten 52 bis 63 v. H.

Kostenstrukturen bei Ärzten

149 BFH-Urt. vom 18. 10. 1983 (BStBl 1984 II S. 88).

Frauenärzte 48 bis 60 v. H.
Chirurgen 59 bis 67 v. H.
Kinderärzte 52 bis 55 v. H.
Hautärzte 51 bis 54 v. H.
Augenärzte 43 bis 55 v. H.
Orthophäden 53 bis 65 v. H.
HNO-Ärzte 44 bis 53 v. H.
Neurologen 43 bis 50 v. H.
Urologen 51 bis 63 v. H.
Radiologen und Nuklearmediziner 63 bis 75 v. H.
Allgemeinärzte-Gemeinschaftspraxen 48 bis 52 v. H.
Internisten-Gemeinschaftspraxen 53 bis 57 v. H.
Zahnärzte-Einzelpraxen 64 bis 70 v. H.
Zahnärzte-Gemeinschaftspraxen 61 bis 68 v. H.
Tierärzte-Kleintierpraxen 67 bis 74 v. H.
Großtierpraxen 53 bis 68 v. H.
Groß- und Kleintierpraxen 63 bis 70 v. H.
Tierärzte-Gemeinschaftspraxen 54 bis 58 v. H.

Die Kosten sind entsprechend der steuerlichen Gewinnermittlung aufgegliedert und ermöglichen einen äußeren Praxisvergleich, der bei Außenprüfungen und für Praxisrationalisierungen dienlich sein kann.

Kapitel 19: Umsatzverprobung (Nachkalkulation)

Basis: Kalkulationsunterlagen des Stpfl.

Die Umsatzverprobung, auch Nachkalkulation genannt, vollzieht anhand der Kalkulationsunterlagen des Steuerpflichtigen nach, welche Umsätze erzielt worden sind, und ermöglicht dadurch auch Rückschlüsse auf die erzielten Gewinne; der nachkalkulierende Betriebsprüfer kann sich dabei auf die Angaben des Steuerpflichtigen stützen oder eigene Ermittlungen anstellen.[150] Eine Nachkalkulation kann den Nachweis erbringen, daß selbst ein formell ordnungsmäßig ermitteltes Buchführungsergebnis unrichtig ist. Oft ist dies der erste Anstoß zur Vermutung von Schwarzgeldbildung.

---

150 BFH-Urt. vom 31. 7. 1974 I R 216/72 (BStBl 1975 II S. 96).

Kaleidoskop der Extravaganzen

So nüchtern das ganze Gebiet auch von Hause aus sein mag, so intensiv hat es die Phantasie der Betriebsprüfer beim Aufspüren von Anhaltspunkten zur Entdeckung von Umsatz- und Gewinnverkürzungen zu beflügeln verstanden. Das Kaleidoskop der Extravaganzen reicht von der Zahl der Senfeimer, der Friseur-Halskrausen, der Schaschlikspieße, der Würfelzuckerstücke und der Teebeutel bis zum Verbrauch von Kräuterbutter und Bratwurstgewürz, von den amtlichen Unterlagen wie Anmeldungen zur Kurtaxe bis zu den Eintragungen in die Kehrbücher der Kaminfeger. Dabei handelt es sich bei solchen Verprobungsmethoden zwar nur um Klein-Klein; aber die Hochrechnung kann beträchtliche Beträge aufbringen.

In einem bekannten Wirtschaftsmagazin[151] wurden einige Kostproben solcher kriminalistischen Kleinarbeit der Betriebsprüfung dargereicht:

- Bei der Prüfung eines Herrenfriseursalons wurde vom eingekauften Kreppapier auf die Menge der hergestellten Halskrausen und damit auf die Anzahl der durchgeführten Haarschnitte geschlossen. Da sich der Verbrauch von Kreppkrausen höher darstellte als die Zahl der produktiven Stunden, welche die Mitarbeiter im Höchstfall erbringen konnten, kam die Vermutung auf, daß das Personal an einzelnen Tagen schwarz beschäftigt war.
- Die Menge des eingekauften Senfs gab in einer Imbißstube Aufschluß über die Zahl der verkauften Würstchen. Die Umsatzverprobung kann aber auch bei der Zahl der eingekauften Papptabletts, Plastikbestecke und Servietten ansetzen.
- Aus der eingekauften Menge an Zuckerstückchen, mehr aber noch aus dem als Einkauf verbuchten Röstkaffee errechnete der Betriebsprüfer die Zahl der verkauften Kännchen oder Tassen Kaffee in einer Konditorei. Auch bei Tee versagt diese Methode nicht: Aus der Menge der Teebeutel und der dazu gereichten Anzahl der Beutel mit Zitronensaft kann auf die Zahl der verkauften Tassen Tee geschlossen werden. Bei Eisdielen sollen schon Deko-Schirmchen gezählt worden sein.

151 „Impulse“, Heft 3/1990 S. 148.

- Die Menge an Bindematerial und sonstigem Verpackungsgut sowie der verkauften Pflanztöpfe eignet sich trefflich zur Umsatzverprobung der Blumengeschäfte.
- Sogar die Wurstpelle bei einer Metzgerei soll von der Betriebsprüfung zum Ausgangspunkt für die Schätzung der hergestellten Wurstsorten gewählt worden sein.
- Die Zahl der eingestellten Pensionspferde eines Reiterhofes läßt sich aus dem Bedarf an Heu, Stroh und Hafer ermitteln.
- Auch anhand der laufenden Bons lassen sich die Umsätze von Reinigungsbetrieben nachkalkulieren, anhand der eingekauften Rollen mit Eintrittskarten die von Kinobetrieben.

Von seinen Vorgesetzten – bemerkt ein Insider wie Dewein[152] – wird stets anerkennend vermerkt werden, wenn der Betriebsprüfer seine Arbeiten mit solchen originellen Einfällen und solcher guten Kombinationsgabe bewältigt.

Zu unterscheiden ist die Nachkalkulation bei Handelsbetrieben einerseits und bei Handwerks- und Fertigungsbetrieben andererseits.

1 Handelsbetriebe

Aufgliederung des Wareneinsatzes

Mit der Nachkalkulation von Handelsbetrieben befaßt sich ausführlich das BFH-Urteil von 17. 11. 1981 VIII R 174/77.[153] Danach ist bei Handelsbetrieben für eine Nachkalkulation eine ausreichende Aufgliederung des Wareneinsatzes und eine sorgfältige Ermittlung der Aufschlagsätze zu fordern. Der Nachweis ist ausschließlich mit Überlegungen aus den besonderen Verhältnissen des Betriebs zu führen. Im Urteilsfall ergaben sich Hinzuschätzungsbeträge aus folgender Nachkalkulation des Betriebsprüfers bei einem Kioskbetrieb für die Jahre 1971 und 1972:

152 Betriebsprüfung, Loseblatt-Zeitschrift, Rudolf Haufe Verlag, Freiburg i. Br., Gruppe 2 S. 445.

153 BStBl 1982 II S. 430.

Beispiel

Warenart	Rohgewinnaufschlag in %	1971 Wareneinkauf	1971 kalkulatorischer Umsatz	1972 Wareneinsatz	1972 kalkulatorischer Umsatz
		DM	DM	DM	DM
Tabakwaren	8	70 333,65	75 960,34	122 606,78	132 415,32
Flaschenbier	45	63 927,70	92 695,17	110 485,41	160 203,84
Spirituosen	39	50 301,39	69 918,93	103 317,57	143,611,42
alkoholfreie Getränke	64	18 292,34	29 999,44	30 045,49	49 274,60
Küchenwaren	90	25 411,23	48 281,34	27 726,63	52 680,50
Wurstwaren, Hähnchen	100	7 420,28	14 840,56	26 404,66	52 809,32
Eis	28	14 347,70	18 365,05	12 687,63	16 240,17
Süßwaren	33	10 862,62	14 447,28	12 320,22	16 385,89
Kaffee, Tee, Kakao	31	1 165,31	1 526,56	1 602,84	2 099,72
Wein, Sekt	18	2 477,58	2 923,54	258,49	305,02
Zutaten	–	2 754,14	2 754,14	1 760,27	1 760,27
Summe			371 712,35		627 786,17
abzüglich Ermäßigung Warenbestand 1971 nebst durchschnittlichem Aufschlag			618,91		
			371 093,44		
erklärter Umsatz			319 346,77		527 366,15
Differenz			51 746,67		100 420,02

Berechnungen des Betriebsprüfers müssen nachvollziehbar sein!

Hierzu führte der BFH u. a. aus: Der Steuerpflichtige ist nicht verpflichtet, selbst eine Nachkalkulation zu erstellen. Er ist jedoch gehalten, gezielte Fragen (z. B. nach den Einzelverkaufspreisen) zu beantworten und weitere sachdienliche Unterlagen vorzulegen. Erstellt das Finanzamt (der Betriebsprüfer) eine Nachkalkulation ohne Mitwirkung des Steuerpflichtigen, sind ihm auf Verlangen die Kalkulationsgrundlagen offenzulegen.

Ratschlag:

Wendet ein Betriebsprüfer bei der Prüfung Ihres Betriebes die Nachkalkulationsmethode an, so bitten Sie ihn unter Berufung auf das BFH-Urteil vom 17. 11. 1981 VIII R 174/77, das rechnerische Ergebnis der Nachkalkulation und die Ermittlungen, die zu diesem Ergebnis geführt haben, offenzulegen! Sie sind berechtigt, das Rechenwerk des Betriebsprüfers bis auf seine Ursprünge zu verfolgen.

Verzichtet der Betriebsprüfer auf eine Mitwirkung des Steuerpflichtigen, so können die erforderlichen Kalkulationsgrundlagen der vorgelegten Buchprüfung entnommen werden, führt der BFH weiter aus. Die Einkaufspreise können regelmäßig zuverlässig anhand des Wareneingangsbuchs (Wareneingangskonto) und der Wareneingangsrechnungen ermittelt werden. Einen Anhalt für die Verkaufspreise geben Registrierkassenstreifen, Inventuren, soweit sie nach Verkaufspreisen erstellt worden sind, oder Preislisten (bei vorgeschriebenen Verkaufspreisen).

Ermittlung des Wareneinsatzes

Maßgebliche Kalkulationsgrundlage ist gemäß BFH-Urteil vom 17. 11. 1981 VIII R 174/77 bei Handelsbetrieben der Wareneinsatz. Der Bundesfinanzhof wörtlich:

„Soweit der Betriebsprüfer für 1971 statt vom Wareneinsatz vom Wareneinkauf ausgegangen ist, hat er die Warenbestandsveränderung außerhalb seiner Rechnung berücksichtigt. Lieferantenskonti dürfen den Wareneinsatz nur in den Fällen mindern, daß sie durchweg in gleicher Höhe in Anspruch genommen werden und der Steuerpflichtige ein Kalkulationsschema entwickelt hat, das auf die tatsächlichen Warenaufwendungen abstellt. Im Streitfall sollen die Skonti nach der übereinstimmenden Auffassung der Beteiligten den Wareneinsatz nicht mindern. Ob der Betriebsprüfer die Skonti 1972 zu Unrecht dem bereits brutto ausgewiesenen Wareneinsatz nochmals hinzugerechnet hat, darf das Finanzamt nicht dahingestellt sein lassen. Eine Minderung des Wareneinsatzes führt auch zu einer Minderung des kalkulierten Umsatzes. Eine Aufteilung des Wareneinsatzes in zehn unterschiedlich preiskalkulierte Warengruppen enthält im allgemeinen eine ausreichende Aufgliederung. Grundsätzlich müßte der Wareneinsatz in so viel Warengruppen aufgeteilt werden, wie unterschiedliche Aufschlagsätze im Betrieb vorkommen. Eine Zusammenfassung zu Gruppen mit gleichartigen Waren ist jedoch zulässig, wenn in etwa gleichhohe Aufschlagsätze angewandt werden. Danach ist z. B. im Streitfall die Bildung eines Warengruppe Tabakwaren statthaft; selbst nach dem Vorbringen der Klägerin differieren hier die Aufschlagsätze lediglich von 7,14 v. H. bis 7,62 v. H. Die Aufgliederung findet ihre Begrenzung im einzelnen Warenartikel. Soweit die Klägerin Flaschenbier zu einem erheblichen Teil kastenweise als Einzelflaschen abgegeben haben sollte, wäre eine Aufgliederung nicht möglich. Die Nachkalkulation muß auf die Einkaufspreise des Artikels zurückgehen und kann nicht noch nach einzelnen Verkaufspreisgruppen unterscheiden. Dem Einwand der Klägerin könnte ggf. durch eine angemessene Wahl des Aufschlagsatzes Rechnung getragen werden."

Ermittlung der Warenaufschlagssätze

Instruktiv sind auch die folgenden Ausführungen des BFH aus dem schon erwähnten Urteil: „Besonders sorgfältig sind die Aufschlagssätze für die einzelnen Warengruppen zu ermitteln. Besteht die Gruppe aus mehreren Artikeln mit unterschiedlichen, aber beieinander liegenden Aufschlagssätzen, ist anhand des Mengenumsatzes und der einzelnen Aufschlagsätze ein gewogener mittlerer Aufschlagssatz zu bilden. Auch Preisänderungen innerhalb eines Jahres sind bei der Bildung des mittleren Aufschlagssatzes zu berücksichtigen. Sind solche Preisänderungen erheblich, kann Anlaß bestehen, einzelne oder sogar alle Warengruppen zeitlich aufzuteilen und für die einzelnen Zeitabschnitte unterschiedliche Aufschlagssätze zu bilden. Sofern der Betriebsprüfer nicht auf Angaben des Steuerpflichtigen zurückgreifen kann, muß er die Ermittlung der Aufschlagssätze belegbar festhalten und ggf. offenlegen."

Ableitung des Wareneinsatzes aus dem Wareneingang

Zur Ableitung des Wareneinsatzes aus dem Wareneingang finden sich in der Bp-Kartei der OFDen Düsseldorf/Köln/Münster[154] folgende Hinweise:

Der Wareneingang umfaßt die in das gewerbliche Unternehmen gelangten zur Weiterveräußerung bestimmten Güter. Sie sind anzusetzen mit dem reinen Warenpreis zuzüglich der Nebenkosten ihrer Beschaffung, jeweils ohne abziehbare Vorsteuern. Die bis zur Einlagerung der Waren anfallenden Nebenkosten (z. B. Frachten, Porto, Versicherungsgebühren, Kosten der Warenumschließung) sowie Verbrauchsteuern und Zölle erhöhen den Wareneingang. Die abziehbare Vorsteuer gehört bei der Besteuerung nach den allgemeinen Vorschriften des UStG nicht zu den Kosten der Warenbeschaffung. Bei Unternehmen mit niedrigem Gesamtumsatz, die ihre Umsätze nach § 19 Abs. 1 UStG versteuern, ist die offen ausgewiesene Umsatzsteuer aus Vorumsätzen (Vorsteuer) gemäß § 19 Abs. 1 Satz 2 UStG nicht abziehbar. Sie gehört somit zu den Kosten der Warenbeschaffung.

Wareneinsatz ist dagegen der veräußerte Teil der Waren aus dem Anfangsbestand und dem Wareneingang. Das im Vorabsatz zur Vorsteuer Ausgeführte gilt entsprechend.

Schemata

Zur Ermittlung des Wareneingangs und des Wareneinsatzes gibt die genannte Bp-Kartei folgende Schemata:

1.1 Ermittlung des Wareneingangs

a) *bei Gewinnermittlung nach § 4 Abs. 3 EStG und bei einfacher Buchführung*

Formel:

Zahlungen (Ausgaben) für Waren	______
+ Nebenkosten der Warenbeschaffung, soweit nicht in den Zahlungen für Waren erfaßt	______
+ Tausch und Gegenlieferungen	______
+ Einkaufsskonti, Umsatzprämien, Treuerabatte, Rabatte,	

154 Abhandlung „Umsatzverprobung Handel“.

Warenrückvergütungen usw., soweit diese die Zahlungen für Waren gemindert haben ______

\+ Schulden (einschl. Schuldwechsel) aus Waren am Ende des Jahres ______

\+ Anzahlungen an Warenlieferer am Anfang des Jahres ______

Zwischensumme ______

./. Schulden (einschl. Schuldwechsel) aus Waren am Anfang des Jahres ______

./. Anzahlungen an Warenlieferer am Ende des Jahres ______

______ ./. ______

Wareneingang lt. Aufzeichnung oder Buchführung ______

b) *bei doppelter Buchführung*

aa) mit gemischtem Warenkonto

Formel:

Sollsumme des Warenkontos ______

./. Warenanfangsbestand, wenn in Sollsumme enthalten ______

./. Zahlungsabzüge der Kunden, wenn in Sollsumme enthalten ______

./. Rücksendungen der Kunden und Storni Warenausgang ______

./. Forderungsverluste, wenn in Sollsumme enthalten ______

./. Rohgewinn, wenn in Sollsumme enthalten ______

______ ./. ______

Zwischensumme

./. Rücksendungen an Lieferer und Storni Wareneingang aus Warenkonto-Haben

Wareneingang lt. Buchführung

bb) mit reinem Wareneinkaufskonto

Formel:

Sollsumme des Wareneinkaufskontos

./. Warenanfangsbestand, wenn in Sollsumme enthalten

./. Habenbuchungen im Laufe des Jahres

./.

Zwischensumme

+ Skonti, Rabatte und sonstige Zahlungsabzüge, soweit im Wareneinkaufskonto-Haben enthalten

Wareneingang lt. Buchführung

Soweit ein Wareneingangsbuch (WEB) geführt wird, ist der nach Buchst. a) oder b) ermittelte Wareneingang mit dem im WEB aufgezeichneten zu vergleichen. Etwaige Unterschiede müssen aufgeklärt werden.

Den Abweichungen können z. B. folgende Ursachen zugrunde liegen:

(1) Nicht alle eingegangenen Waren sind in das WEB eingetragen worden.

(2) Ausgaben für Waren sind nicht oder doppelt gebucht worden.

(3) Ausgaben für Anlagegüter oder für betriebsfremde Zwecke sind als Warenausgaben behandelt worden.

(4) Die Warenausgaben sind durch Nichterfassung von Rücksendungen, Gutschriften und Skonti etc. zu hoch ausgewiesen.

(5) Die Warenschulden sind falsch ermittelt worden.

(6) Gegenrechnungsposten (z. B. Tausch und ähnliche Verrechnungsgeschäfte) sind nicht oder nur unvollständig verbucht worden.

(7) Es liegen Rechen- und Übertragungsfehler vor.

1.2 Ermittlung des Wareneinsatzes

Formel:

Wareneingang einschl. Nebenkosten und Skonti, Umsatzprämien, Rabatte, Warenrückvergütungen usw. der Lieferer			______
+ ggf. Sicherheitszuschlag			______
+ Warenbestand am Anfang des Jahres			══════
Zwischensumme			______
./. Warenbestand am Ende des Jahres	______		
./. unentgeltliche Warenabgaben an das Personal	______		
./. Warenverbrauch für eigenbetriebliche Zwecke	______		
./. Warenverluste durch Verderb, Bruch u. ä.	______		
./. Warenverbrauch für unberechnete Leistungen (z. B. Garantie, Kulanz- oder Schadenersatzleistungen)	______		
./. Eigenverbrauch (§ 1 Abs. 1 Nr. 2a UStG)	══════		
	______	./.	══════
Wareneinsatz			≡≡≡≡≡≡

1.3 Umsatzverprobung

Aus allem ergibt sich folgendes Schema für eine Umsatzverprobung:

Wareneinsatz (Abschn. 1.2)	______
+ Aufschlag (ggf.) gewogenes Mittel (________v. H.)	______
Wirtschaftlicher Umsatz (Betriebsleistung)	______

2 Handwerks- und Fertigungsbetriebe

Verprobungsgrundlagen

Bei der Umsatzverprobung bzw. Nachkalkulation eines Handwerks- bzw. Fertigungsbetriebs ist nicht nur wie bei Handelsbetrieben vom Wareneinsatz auszugehen, um nach Addition des Aufschlags zum wirtschaftlichen Umsatz zu gelangen. Als Verprobungsgrundlagen kommen vielmehr noch der Materialieneinsatz einschließlich der Fremdleistungen, der Einsatz an Fertigungslöhnen und der Einsatz an Maschinenstunden hinzu.

Im einzelnen ist hierbei zu beachten:[155]

Waren- und Materialeingang

Der Waren- und Materialeingang umfaßt die in das gewerbliche Unternehmen gelangten zur Bearbeitung, Verarbeitung oder Weiterveräußerung bestimmten Güter. Sie sind anzusetzen mit dem reinen Waren- oder Materialpreis zuzüglich der Nebenkosten ihrer Beschaffung, jeweils ohne abziehbare Vorsteuern. Die bis zur Einlagerung der Waren oder des Materials anfallenden Nebenkosten (z. B. Frachten, Porto, Versicherungsgebühren, Kosten der Waren- oder Materialumschließung) sowie die Verbrauchsteuern und Zölle erhöhen den Waren- und Materialieneingang. Auch hier rechnet die abziehbare Vorsteuer bei der Besteuerung nach den allgemeinen Vorschriften des Umsatzsteuer-

155 Bp-Kartei der OFDen Düsseldorf/Köln/Münster, Abhandlung „Umsatzverprobung Handwerk/Fertigungsbetriebe“.

gesetzes nicht zu den Kosten der Waren- und Materialbeschaffung. Bei Unternehmern mit niedrigem Gesamtumsatz, die ihre Umsätze nach § 19 Abs. 1 UStG versteuern, ist die offen ausgewiesene Umsatzsteuer aus Vorumsätzen (Vorsteuer) gemäß § 19 Abs. 1 Satz 2 UStG nicht abziehbar. Sie gehört somit zu den Kosten der Waren- und Materialbeschaffung.

Ferner ist der Wareneinsatz wie folgt zu definieren: Es ist der veräußerte Teil der Waren aus dem Anfangsbestand und dem Wareneingang. Unter Materialeinsatz versteht man den zum Zweck der Veräußerung bearbeiteten oder verarbeiteten Teil des Materials aus dem Anfangsbestand und dem Materialeingang einschließlich der Fremdleistungen. Zum Waren- und Materialeinsatz gehören somit auch die Werklieferungen und die (nicht in das Wareneingangsbuch einzutragenden) Werkleistungen fremder Unternehmer. Derartige Fremdleistungen sind solche von gewerblichen Unternehmen einschließlich etwaiger Zulieferungen, soweit sie zur Weiterveräußerung, ggf. nach Be- oder Verarbeitung, bestimmt sind. Dagegen zählen nicht zum Waren- oder Materialeinsatz Energie- und Brennstoffe für Herstellungszwecke; sie gehören zu den sonstigen Betriebsausgaben. Zu den Materialbeständen am Anfang und Ende des Jahres gehören nicht die unfertigen und fertigen Erzeugnisse. Das von dem zur Vorsteuer Ausgeführte gilt auch hier entsprechend. Wareneinsatz

Einsatz an Fertigungslöhnen ist der Wert der Dienstleistungen für die in der Fertigung eingesetzten Arbeitskräfte. Lohn ist das Entgelt für die Arbeitsleistung eines Arbeitnehmers. Der Jahresbruttolohn ist identisch mit der Summe der für das Wirtschaftsjahr in bar und in Sachwerten geleisteten Löhne vor Abzug der Lohnsteuer, der einzubehaltenden Sozialversicherungsbeiträge und der sonstigen Abzüge, ohne Arbeitgeberanteil zu den Sozialversicherungsbeträgen und ohne Erschwerniszuschläge u. dgl. Unter Fertigungslohn schließlich ist die Summe der Werte aller Dienstleistungen zu verstehen, die von betriebseigenen (entlohnten und nichtentlohnten) Arbeitskräften für die Fertigung geleistet worden sind, zuzüglich des Lohnwertes für die Arbeitsleistung des Unternehmers in der Fertigung. Einsatz an Fertigungslöhnen

Die Ermittlung der Maschinenstunden erfolgt regelmäßig nach dem Kraftstromverbrauch. Maschinenstunden

Ermittelt werden die Verprobungsgrundlagen bei Handwerks- und Fertigungsbetrieben nach folgenden Schemata, wobei sämt- Schemata liche Umsatzsteuer enthaltende Werte mit Nettobeträgen, d. h. ohne Umsatzsteuer anzusetzen sind, was auch für Forderungen, Schulden und Anzahlungen gilt:[156]

2.1 Ermittlung des Waren- und Materialeingangs

a) *bei Gewinnermittlung nach § 4 Abs. 3 EStG und bei einfacher Buchführung*

Formel:

Zahlungen (Ausgaben) für Waren und Material		______
+ Nebenkosten der Waren- und Materialbeschaffung, soweit nicht in den Zahlungen für Waren und Material erfaßt		______
+ Tausch und Gegenlieferungen		______
+ Einkaufsskonti, Umsatzprämien, Treuerabatte, Warenrückvergütungen usw., soweit diese die Zahlungen für Waren und Material gemindert haben		______
+ Schulden (einschl. Schuldwechsel) für Waren und Material am Ende des Jahres		______
+ Anzahlungen an Lieferer am Anfang des Jahres		══════
Zwischensumme		______
./. Schulden (einschl. Schuldwechsel) für Waren und Material am Anfang des Jahres	______	
./. Anzahlungen an Lieferer am Ende des Jahres	══════	
	______ ./.	══════

156 Siehe Fußnote 155.

Waren- und Materialeingang lt. Aufzeichnungen oder Buchführung ______

b) *bei doppelter Buchführung*

aa) mit gemischtem Waren- und Materialkonto

Formel:

Sollsumme des Waren- und Materialkontos ______

./. Waren- und Material-Anfangsbestand, wenn in Sollsumme enthalten ______

./. Zahlungsabzüge der Kunden, wenn in Sollsumme enthalten ______

./. Rücksendungen der Kunden und Storni Warenausgang ______

./. Forderungsverluste, wenn in Sollsumme enthalten ______

./. Rohgewinn, wenn in Sollsumme enthalten ______

______ ./. ______

Zwischensumme ______

./. Rücksendungen an Lieferer und Storni Waren- und Materialeingang aus Waren und Materialkonto-Haben ______

Waren- und Materialeingang lt. Buchführung ______

bb) mit reinem Waren- und Materialeinkaufskonto

Sollsumme des Waren- und Materialeinkaufskontos ______

./. Waren- und Material-Anfangsbestand, wenn in Sollsumme enthalten	______		
./. Habenbuchungen im Laufe des Jahres	______		
	______	./.	______
Zwischensumme			______
+ Skonti, Rabatte und sonstige Zahlungsabzüge, soweit im Waren- und Material-einkaufskonto-Haben enthalten			______
Waren- und Materialeingang lt. Buchführung			______

Soweit ein Wareneingangsbuch (WEB) geführt wird, ist der nach Buchst. a) oder b) ermittelte Wareneingang mit dem im WEB aufgezeichneten zu vergleichen. Etwaige Unterschiede müssen aufgeklärt werden.

2.2 Ermittlung des Waren- und Materialeinsatzes einschließlich Fremdleistungen

Formel:

Waren- und Materialeingang einschl. Nebenkosten und Skonti, Umsatzprämien, Rabatte, Warenrückvergütungen usw. der Lieferer		______
+ Waren- und Materialbestand am Anfang des Jahres		______
+ ggf. Sicherheitszuschlag		______
Zwischensumme		______
./. Waren- und Materialbestand am Ende des Jahres	______	
./. unentgeltliche Waren- und Materialabgaben an das Personal	______	

./. Waren- und Materialverbrauch für eigenbetriebliche Zwecke	______		
./. Waren- und Materialverluste durch Verderb, Bruch u. ä.	______		
./. Waren- und Materialverbrauch für unberechnete Leistungen (z. B. Garantie-, Kulanz- oder Schadenersatzleistungen)	______		
./. Eigenverbrauch (§ 1 Abs. 1 Nr. 2a UStG)	______		
	______	./.	______
Waren- und Materialeinsatz			______
+ Werklieferungen und Werkleistungen fremder Unternehmer			______
Waren- und Materialeinsatz einschl. Fremdleistungen			______

2.3 Ermittlung des Fertigungslohneinsatzes

Formel:

Jahresbruttolohn		______
+ Lohnwert für die Arbeit des Unternehmers in der Fertigung		______
+ Lohnwerte für die nicht entlohnten oder nicht voll entlohnten Arbeitskräfte in der Fertigung		______
+ Lohnwerte für die Arbeit der Lehrlinge in der Fertigung		______
Zwischensumme		______
./. Löhne für nicht in der Fertigung tätige Arbeitskräfte	______	

./. anteilige Löhne für zeitweise nicht in der Fertigung eingesetzte Arbeitskräfte (z. B. Urlaubs-, Feiertagslöhne, Lohnfortzahlung im Krankheitsfall) ______

./. Löhne (anteilige Löhne) für unberechnete Leistungen (Garantie-, Kulanz- oder Schadenersatzleistungen usw.) ______

./. Erziehungsbeihilfen für Lehrlinge ______

./. Löhne für Maschinenstunden ______

______ ./. ______

Einsatz an Fertigungslöhnen (produktiver Lohneinsatz einschl. Lohnwerte) ______

2.4 Ermittlung der Erlöse aus Maschinenstunden

1 PS = 0,75 Kilowattstunden (kWh)

Stromverbrauch des Betriebs im Jahr	______ kWh
./. unproduktiver Stromverbrauch	______ kWh
produktiver Stromverbrauch im Jahr	______ kWh

$$\frac{\text{Gesamt-PS-Zahl der vorhandenen Motoren}}{\text{Anzahl der vorhandenen Motoren}} = \text{durchschnittl. PS-Zahl je Motor} \quad \text{\_\_\_\_\_\_ PS}$$

$$\text{durchschnittl. PS-Zahl im Jahr} \times 0{,}75\ \text{kWh} = \text{kWh-Verbrauch je Stunde} \quad \text{\_\_\_\_\_\_ kWh}$$

$$\frac{\text{produktiver Stromverbrauch im Jahr}}{\text{Stromverbrauch je Stunde}} = \text{Anzahl der Maschinenstunden} \quad \text{\_\_\_\_\_\_ Std.}$$

a) *Löhne für Maschinenstunden*

Anzahl der Maschinen-stunden	x	Durchschnitts-bruttolohn je Stunde	=	Löhne für Maschinen-stunden	____	DM

b) *Erlös aus Maschinenstunden*

Anzahl der Maschinen-stunden	x	Durchschnitts-erlöse je Maschinen-stunde	=	Erlöse aus Maschinen-stunden	____	DM

2.5 Umsatzverprobung

Die Umsatzverprobung sieht endlich wie folgt aus:

Noch ein Schema

Waren- und Materialeinsatz einschl. Fremdleistungen (Abschn. 2.2)	____	
+ Aufschlag (______ v. H.)	____	____
Fertigungslohneinsatz (Abschn. 2.3)	____	
+ Aufschlag (______ v. H.)	____	+ ____
Wert der Maschinenstunden (Anzahl der Maschinenstunden x Erlös/Std.) (Abschn. 2.4)		+ ____
Zwischensumme		____
+ ggf. Zuschlag für Risiko und Gewinn (______ v. H.)		____
Wirtschaftlicher Umsatz (Betriebsleistung)		____

3 Schätzungsunschärfen

Abweichungen bis 3 v. H. vom erklärten Umsatz unerheblich

Auch eine Nachkalkulation ist nicht frei von Unsicherheiten.[157] Die Fehlermöglichkeiten sind indessen eingeengt. Wird die Nachkalkulation nach den strengen Anforderungen der BFH-Rechtsprechung durchgeführt,[158] sind mit dem IV. BFH-Senat bereits Abweichungen zum ausgewiesenen Umsatz von 3 v. H. als wesentlich anzusehen. Nach einer neueren Entscheidung des BFH[159] sind aber auch hier schematische Überlegungen unangebracht. Je genauer die Verprobung angelegt ist (Aufgliederung nach Warengruppen, Bemessung der Aufschlagsätze, Eingehen auf Besonderheiten des Betriebes und veränderte Preissituationen), um so eher ist die festgestellte Abweichung als wesentlich anzuerkennen. Ist die Verprobung oberflächlich, mögen auch Abweichungen von über 3 v. H. noch unwesentlich sein. Entgegen der Auffassung des IV. Senats hat das Verhältnis der Kalkulationsdifferenz zum Gewinn außer Betracht zu bleiben. Auch die Nachkalkulation ist lediglich auf eine Umsatzschätzung gerichtet; ihr Ergebnis ist ausschließlich mit dem ausgewiesenen Umsatz zu vergleichen.

Ratschlag:

Will ein Betriebsprüfer eine Zuschätzung vornehmen, weil bei der Umsatzverprobung bzw. Nachkalkulation das Verprobungsergebnis von dem erklärten Umsatz um nicht mehr als 3 v. H. abweicht, so machen Sie ihn darauf aufmerksam, daß diese Abweichung im Unschärfebereich liegt und daher nach dem BFH-Urteil vom 26. 4. 1983 VIII R 38/82 nicht geschätzt werden darf.

4 Einzelne Hinweise für die Praxis der Umsatznachkalkulation

Hochrechnung

Als Hochrechnung der den Umsatz bestimmenden Kostenpositionen Waren, Material- und Lohneinsatz zeigen gewissenhaft erstellte Umsatznachkalkulationen, ob die Höhe des ausgewiesenen

157 BFH-Urteil vom 25. 6. 1970 IV 17/65 (BStBl 1970 II S. 838).

158 BFH-Urteile vom 31. 7. 1974 I R 216/72 (BStBl 1975 II S. 96) und vom 17. 11. 1981 VIII R 174/77 (BStBl 1982 II S. 430).

159 BFH-Urteil vom 26. 4. 1983 VIII R 38/82 (BStBl 1983 II S. 618).

wirtschaftlichen Umsatzes von Handels- und Handwerksbetrieben plausibel ist. So Assmann[160], von dem auch die folgenden Einzelhinweise übernommen sind.

Nachkalkulationsdifferenzen sind, sofern die Schätzung berechtigt ist, zwar zuzuschätzen, was aber nicht zwangsläufig gleich hohe Gewinnerhöhungen auslöst. Das FA muß auch höhere, eventuell nicht gebuchte Betriebsausgaben berücksichtigen (Schwarzeinkäufe), wenn sie wahrscheinlich sind. Können zusätzlich Betriebsausgaben nicht ausgeschlossen, aber auch nicht belegt werden, so sind sie zu schätzen, falls glaubhaft gemacht. Nachkalkulationsdifferenzen sind also nicht automatisch auch Gewinnerhöhungen!

Schwarzeinkäufe berücksichtigen!

Voraussetzungen für die steuerliche Verwertbarkeit der Nachkalkulation sind ein vollständig gebuchter Wareneingang und die Kenntnis zutreffender Preise als systembedingte Ausgangsbedingungen. Verstöße gegen die Pflicht zur Aufzeichnung des Wareneingangs nach § 143 AO stellen die Verwertbarkeit der Nachkalkulation ebenso in Frage wie Unsicherheiten bei den tatsächlichen, dem richtigen Zeitabschnitt zugeordneten Abgabepreisen.

Vollständig gebuchter Wareneingang/zutreffende Preise

Seine Waren kauft der Gastwirt von Brauerei, Großhändler, C+C-Markt, immer öfter aber auch von Supermärkten, die eigentlich den Endverbraucher beliefern. Angebote dieser Märkte sind nicht selten günstiger als die Abgabepreise der Großhandelsebene. Nicht selten bleiben derartige Einkünfte ungebucht; Kassenbons sind für Zwecke der Nachkalkulation meist nicht verwertbar, weil Mengenangaben, Gewichte bzw. Volumina fehlen.

Irritation: Einkauf bei Supermärkten

Wegen der unterschiedlichen Spannen ist, soweit erforderlich, zwischen Groß- und Einzelhandel zu differenzieren.

Zahlen des jeweiligen Betriebs sind maßgebend!

Die Buchführung allein gibt meist keinen ausreichenden Aufschluß über alle betriebsspezifischen Besonderheiten. Der Steuerzahler kann sich seiner Mitwirkung nicht durch den Hinweis entziehen, er habe kein festes Kalkulationsschema, sondern richte sich in seiner Preisgestaltung ausschließlich nach der Konkurrenz. Die Betriebsprüfung geht davon aus, daß gerade wegen der Konkurrenz die Preise nicht von Tag zu Tag geändert werden.

Mitwirkung des Steuerzahlers unentbehrlich

Auf keinen Fall gilt die sogenannte „10-Prozent-Umsatzabweichung“. Für einen Kiosk ist eine Abweichung von nur 3 v. H.

Toleranzspielräume

160 Assmann, Umsatznachkalkulationen bei Außenprüfungen, StBp 1991 S. 97 ff.

vom erklärten Umsatz als zur Schätzungsrechtfertigung ausreichend beurteilt worden.[161] Keine Rolle spielt es, ob der hinzuzuschätzende Betrag im Verhältnis zum Rohgewinn oder zum Reingewinn wesentlich ist. Die Nachkalkulation ist auf Umsatzschätzung gerichtet. Daher ist ihr Ergebnis mit dem ausgewiesenen Umsatz zu vergleichen. Bei geringen Abweichungen von 1,5 bis 2,7 v. H. sieht der BFH Anlaß zur Prüfung, ob sie noch im Bereich der Unschärfen liegen.[162] Je genauer eine Nachkalkulation ist, um so eher ist die errechnete Abweichung als wesentlich anzusehen. Ist sie oberflächlich, können auch Differenzen von über 3 v. H. noch unwesentlich sein.

Dienstleistungsbetriebe

Für Dienstleistungsbetriebe hat der relativ verläßlich umzusetzende Waren- und Materialeinsatz meist nur untergeordnete Bedeutung. Auch der Lohneinsatz und die Größe „produktive Mitarbeit" des Unternehmers sind hier Kalkulationsgrundlagen von weniger verläßlichem Aussagewert. Es liegt beim Unternehmer, ob er bei drei Gesellen überhaupt, nur etwa 700 Stunden oder voll mitarbeitet und die kaufmännischen Arbeiten nach Feierabend verrichtet oder auf die Wochenenden verlegt. Im Dienstleistungsbereich enthält die Nachkalkulation also besonders große Unschärfen.

Handelsbetriebe

In Handelsbetrieben haben sich in den letzten Jahren die früher klaren Betriebsstrukturen und Sortimente verändert. So werden beispielsweise im Lebensmitteleinzelhandel gleiche Waren wie Wurst, Brot, Salate, Käse usw. abgepackt aus Kühlregalen zu anderen Preisen angeboten als an den Bedienungstheken der Schlachter-, Bäcker- und Käsestände. Auch Gaststätten bieten bereits Billigtage, machen Sonderpreise zu bestimmten Tageszeiten und für besondere Arrangements, um den Umsatz zu stimulieren.

Zusätzliche Geldverkehrsrechnung manchmal sinnvoll

Im Einzelfall kann eine zusätzliche Geldverkehrsrechnung[163] sinnvoll sein, um den Schätzungsrahmen auch nach unten zu markieren und die Wahrscheinlichkeit des Ergebnisses besser beurteilen zu können.

---

161 BFH-Urteil vom 18. 3. 1964 (BStBl 1964 III S. 381).
162 BFH-Urteil vom 26. 4. 1983 (BStBl 1983 II S. 618).
163 Siehe nachstehendes Kapitel 21.

Kapitel 20: Vermögenszuwachsrechnung

Besonders geeignet zur Aufdeckung von Schwarzgeldbildung

Die Vermögenszuwachsrechnung – auch Gesamtvermögensvergleich oder schlicht nur Vermögensvergleich genannt – eignet sich besonders gut dazu, bei einem Steuerpflichtigen die Bildung von Schwarzgeld zu entdecken. Denn bei dieser Verprobungsmethode wird der erklärte Gesamtbetrag der Einkünfte mit der tatsächlichen Vermögensentwicklung verglichen, wobei auch der private Bereich des Steuerpflichtigen mit einbezogen wird. Vorteilhaft ist, daß diese Methode losgelöst ist von Buchführung und Gewinnermittlung und davon unanbhängig eine Prüfung der erklärten Einkünfte auf ihre Vollständigkeit hin ermöglicht.

1 Die Philosophie der Vermögenszuwachsrechnung

Privater Verbrauch einbezogen

Zugrunde liegt der Vermögenszuwachsrechnung der Gedanke, daß der Steuerpflichtige in einem bestimmten Zeitraum einen Zuwachs an Vermögen nur aus versteuerten Einküften plus steuerfreien Einkünften plus einmaligen Vermögensanfällen erzielt haben kann, soweit sie nicht für die private Lebensführung und andere private Vermögensdispositionen (z. B. Schenkungen) verwendet worden sind. Wird bei einer solchen Rechnung festgestellt, daß der Vermögenszuwachs plus privatem Verbrauch und unter Berücksichtigung bestimmter (noch zu erörternder) Zu- und Abrechnungen höher ist als die versteuerten Einkünfte, so ist daraus zu folgern, daß der Vermögensüberschuß aus nicht versteuerten Einkünften stammt und Schwarzgeldcharakter haben kann.

Von der Rechtsprechung wurde die Zulässigkeit dieser Verprobungsmethode längst gebilligt. Wenn sich die Einkommens- und Vermögensverhältnisse eines Steuerpflichtigen nicht übersehen lassen – führt der BFH[164] aus – und die Annahme verschwiegener Einkünfte naheliegt, ist zur Sachverhaltsaufkärung grundsätzlich eine das gesamte Vermögen des Steuerpflichtigen umfassende Vermögenszuwachsrechnung erforderlich. Die Beschränkung der Prüfung auf einen Teil der Vermögensbewegungen genüge nicht. Aus einem ungeklärten Vermögenszuwachs könne in freier

164 BFH-Urt. vom 3. 8. 1966 (BStBl 1966 III S. 650).

Beweiswürdigung der Schluß gezogen werden, er stamme aus verschwiegenen steuerpflichtigen Einkünften.

In ihrer einfachsten Lesart funktioniert die Vermögenszuwachsrechnung nach Art des nachstehenden Beispiels:

Beispiel

> Erklärtes Jahreseinkommen rd. 200 000 DM. Bei der Außenprüfung wird anhand des Bankkontos festgestellt, daß das Dachgeschoß im Einfamilienhaus zu einer Art Penthouse für den Sohn ausgebaut worden ist. Der Aufwand hierfür beläuft sich in dem betreffenden Jahr auf 185 000 DM. Von den verbleibenden 15 000 DM kann die Familie wohl nicht gelebt und Einkommensteuer, Versicherungen, Strom, Heizung, Auto usw. bezahlt haben. Das Finanzamt wird dann wie folgt fragen: „Bei Verprobung der vorgelegten betrieblichen und privaten Konten wurde festgestellt, daß die Gesamtsumme der freien Geldmittel für die Lebenshaltung in den Jahren 01 und 02 nicht ausreicht, um die üblichen Kosten der Lebenshaltung laut statistischer Vergleichswerte abzudecken. Im Rahmen Ihrer Mitwirkungspflicht bitte ich, dies entsprechend zu erläutern."

Kosten der Lebenshaltung

Was die Lebenshaltung kostet, entnehmen die Außenprüfer regelmäßig den vom Statistischen Bundesamt in Wiesbaden ermittelten Tabellen über die durchschnittlichen Ausgaben privater Haushalte. So lag für das Jahr 1984 das monatliche Bruttoeinkommen für den sogenannten Haushaltstyp 3 bei 4850 DM bis 6650 DM, die privaten Ausgaben lagen bei 4935 DM; für 1985 und 1986 sind es jeweils 500 DM mehr.

Begleichung mit Bargeld

Ein Hauptaugenmerk richten die Außenprüfer natürlich auf Ausgaben für kostspielige Hobbys, luxuriöse Anschaffungen und andere aufwendige Dinge.

Weiteres Beispiel

> Ein 4-Personen-Haushalt hatte im Jahr 01 einen Geldbedarf von 60 000 DM jährlich für Lebensmittel, Kleidung und persönlichen Bedarf. Aufwendungen für die eigene Wohnung entstanden in Höhe von 7000 DM. Auf Sparkonten und Vermögensanlagen wurden 10 000 DM einbezahlt, für die Anschaffung eines Motorbootes 30 000 DM aufgebracht. Die Familie hat somit im Jahr 01 über 107 000 DM verfügt,

die aus steuerpflichtigen Einkünften (Arbeitslohn, Mieten) oder aus anderen Vermögenseingängen (Entnahmen aus einem Betrieb, Auflösung von Sparguthaben usw.) stammen müssen.

Folgerungen aus den beiden vorstehenden Beispielen:

Gebundene Ausgaben

Derjenige Geldbetrag, der nun einmal erfahrungsgemäß zum Leben gebraucht wird, muß seinen Weg als Privatentnahme oder in Form von Gehalt/Lohn aus dem Betrieb heraus gemacht haben. Wenn Gehalt/Lohn auf ein Privatkonto überwiesen werden, beispielsweise auf das Konto der Ehefrau, muß das Geld zur Vermeidung eines Hungertodes dort in entsprechender Höhe abgehoben worden sein. Andernfalls drängt sich der Verdacht auf, daß Schwarzgeld gebildet und das Leben aus diesem Schwarzgeld bestritten wurde. Der Betriebsprüfer geht diesen Zusammenhängen nach. Er richtet sein Augenmerk auch immer auf die sogenannten „gebundenen Ausgaben" wie Krankenkassenbeiträge, Lebensversicherungsprämien, Mietausgaben, Ausgaben für Boot, Liegeplatz oder andere Hobbys. Übersteigen diese gebundenen Privatausgaben die gesamten Privataufwendungen, so läßt sich vom Prüfer leicht vorrechnen, daß das Geld für Nahrung, Kleidung, Unterhaltung, Urlaub, Kosmetik usw. aus nicht angegebenen Quellen stammen muß. Damit ist der Ärger mit der Betriebsprüfung vorprogrammiert. Ist vom Steuerzahler gar ein Haus gebaut worden, so muß die Finanzierung dieses Hausbaus absolut betriebsprüfungsdicht sein.[165]

Es drängt sich in diesem Zusammenhang die Frage auf, ob der Steuerpflichtige nicht überhaupt besser beraten ist, wenn er Ausgaben für private Zwecke nicht per Scheck, Kreditkarte oder Überweisung zahlt, sondern bar begleicht. Hierzu „Finanzbrief", Ludwigshafen, Nr. 34/1988:

> *„Sollten sich bei dieser Vermögenszuwachsrechnung keine Aufschlüsse über die Herkunft der Mittel ergeben, wäre der Betriebsprüfer gar gezwungen, die Fehlbeträge hinzuzuschätzen. Merkt der betreffende Steuerzahler, daß aus dieser Hochrechnung enorme Steuernachzahlungen (Umsatz-, Gewerbe-, Einkommensteuer) auf ihn zukommen, beginnt die fieberhafte Suche nach der Herkunft der Gelder. Manchmal helfen Darlehensbeträge von Familienangehörigen (Opa/*

165 Siehe Kapitel 10 „Das in Immobilien gelenkte Schwarzgeld".

Oma, Onkel/Tante) aus der Klemme, manchmal niedrigstverzinste Sparguthaben. Auf jeden Fall macht das Aufspüren, Nachrechnen, Zusammenstellen und Abgleichen dem Betriebsprüfer, dem Steuerberater und dem betroffenen Steuerzahler viel Arbeit. Der Berater: Diesen erheblichen Aufwand könnten viele Steuerzahler einem Betriebsprüfer ersparen, wenn sie möglichst wenig Privatausgaben übers Konto (sei es übers Privatkonto innerhalb der Firmenbuchhaltung, sei es über ein persönliches Konto) laufen lassen."

Ratschlag:

Begleichen Sie zur Ersparnis an Arbeit für Steuerzahler, Steuerberater und Außenprüfer Privatausgaben nicht per Scheck, Kreditkarte oder Überweisung, sondern nach BAT-Tarif: BAT = Bar auf Tatze.

Dubiose Treuhandverhältnisse

Wer sich gegenüber der Betriebsprüfung oder der Steuerfahndung auf Treuhandverhältnisse, noch dazu mit Auslandsbezug, beruft, und damit einer Hinzuschätzung zu seinen Einkünften, insbesondere im Rahmen einer Vermögenszuwachsrechnung, entgehen zu können glaubt, trägt hierfür die Beweislast. Das mußte ein Steuerzahler erfahren, als er mit Wertpapieren und Sparkassenbüchern ausländischer Banken nach Deutschland einreiste und die Zollfahndungsstelle diese Unterlagen bei der Einreise entdeckte. Der Einwand, die Wertpapiere und Sparkassenbücher würden lediglich für einen ausländischen Treugeber gehalten, kann nur dann erfolgversprechend erhoben werden, wenn sämtliche Einzelheiten des Treuhandverhältnisses dargelegt und nachgewiesen werden. Da dem Steuerzahler dieser Nachweis nicht gelang, wurden von der eingeschalteten Steuerfahndung die genannten Unterlagen in eine Schätzung durch Vermögenszuwachsrechnung einbezogen.[166]

166 BFH-Beschl. vom 2. 10. 1989 X B 20/89 (BFH/NV 1990 S. 616).

2 Schema einer Vermögenszuwachsrechnung

Ein sehr detailliertes und auch sonst mustergültiges Schema für eine Vermögenszuwachsrechnung findet sich in der Bp-Kartei der OFDen Düsseldorf/Köln/Münster[167] und wird nachstehend wiedergegeben:

Schema

A. Anfangs- und Endvermögen am	1.1.19__	31.12.19__
1. Grundvermögen	______	______
2. + Betriebsvermögen	______	______
3. + Kapitalvermögen (ohne Lebensversicherungen und Bausparkassenguthaben)	______	
4. + ______________	______	______
5. = Rohvermögen	______	______
6. – Schulden (außer Betriebsschulden)	______	______
7. = Reinvermögen	______	______
8. = Vermögenszuwachs/ Vermögensminderung*)		
Summe I	______	______
B. Aufwendungen in der Vergleichszeit		______
1. Gezahlte Einkommen-, Vermögen-, Kirchensteuer, Lastenausgleichsabgaben (soweit nicht als Betriebsausgaben abgesetzt)		______
2. Beiträge zu Kranken-, Unfall-, Lebensversicherungen, sonstigen Versicherungen und Sterbekassen		______
3. Beiträge zu Bausparkassen und Sparratenverträgen		______

167 Abhandlung „Vermögenszuwachsrechnung".

4. Krankheitskosten, soweit nicht von dritter Seite erstattet	______
5. Vereinsbeiträge und Ausgaben für Liebhabereien	______
6. Aufwendungen für Reisen privater Art	______
7. Ausgaben für Erziehung und Ausbildung der Kinder, Aussteuer, Mitgift, Geschäftserrichtung usw., Unterhaltszuschüsse und Zuwendungen an Kinder oder sonstige Verwandte, Schenkungen an Dritte	______
8. Beschaffung von Hausrat, Möbeln, Kleidung, Wäsche, Bücher, Schmuck usw.	______
9. Anschaffung und Unterhalt von privaten Kraftfahrzeugen	______
10. Private Prozeßkosten, Strafen, Spenden	______
11. Aufwendungen für Umbauten und Verbesserungen an privaten Grundstücken (Herstellungsaufwand) – wegen der AfA vgl. Abschn. C 5 –	______
12. Mietzahlung oder Mietwert der eigenen Wohnung	______
13. Aufwendungen für Hausgehilfin (Barvergütung und soz. Abgaben)	______
14. Schuldzinsen und Renten (nicht betrieblich)	______
15. Mindererlöse aus Veräußerungen von Vermögensteilen, soweit im Anfangsvermögen enthalten, sowie sonstige tatsächliche (nicht buchmäßige) Vermögensverluste z. B. aus Bürgschaften, aus Kursverlusten (nicht betrieblicher Art)	______
16. Haushaltsverbrauch und sonstiger Lebensunterhalt (____ Personen)	______
17. ______________________________	______

18. = Gesamtbetrag der Aufwendungen (B 1–17) Summe II ______

19. + Vermögens-zuwachs *) (vgl. A 8)
   – Vermögens-minderung Summe I ______

20. = Zuwachs/Minderung*) zuzüglich Aufwendungen Summe III ______

C. Steuerfreie bzw. nicht steuerpflichtige Einkünfte

1. Erwerb durch Erbschaft oder Schenkung von Dritten (abzüglich Erbschaftsteuer) ______
2. Ausgezahlte Kursgewinne ______
3. Auszahlung von Lebensversicherungen, Bausparbeträgen und Sparratenbeträgen ______
4. Steuerfreie Einkünfte und Pauschbeträge für Werbungskosten ______
5. AfA aus Privat-Grundbesitz (einschl. AfA für Umbauten, vgl. Abschn. B 11) ______
6. Mehrerlös aus Verkauf von Teilen des sonstigen Vermögens und von Privatgrundbesitz, falls diese im Anfangsvermögen aufgeführt sind ______
7. Gesamterlös aus Verkauf von Privatgrundbesitz usw., falls dieser nicht im Anfangsvermögen aufgeführt ist ______
8. ______________________ ______
9. Gesamtbetrag (C 1–8) Summe IV ______

*) Nichtzutreffendes streichen.

D. Einkünfte

1. Summe III (vgl. Abschn. B 20)			______
2. – Summe IV (vgl. Abschn. C 9)			______
3. = Gesamtbetrag der zu versteuernden Einkünfte			______
4. – Bisher versteuerte Einkünfte	19___	______	
	19___	______	
	19___	______	
	19___	______	
	19___	______	= ______
5. = Nicht versteuerte Einkünfte			______

E. Nunmehr zu versteuernde Einkünfte

Es entfallen auf	19_	19_	19_	19_	19_
a) Land- und Forstwirtschaft					
b) Gewerbebetrieb					
c) Selbständige Arbeit					
d) Nichtselbständige Arbeit					
e) Kapitalvermögen					
f) Vermietung und Verpachtung					
g) Sonstige Einkünfte					
Gesamtbetrag der zu versteuernden Einkünfte (vgl. Abschn. D 3)					

Anmerkungen zu dem vorstehenden Schema:

Der Zeitraum, über den eine Vermögenszuwachsrechnung angestellt wird, sollte zweckmäßigerweise übereinstimmen mit dem dreijährigen Turnus der Hauptveranlagung zur Vermögensteuer. Dann können nämlich die Vermögensteuer-Erklärungen und Vermögensaufstellungen als Grundlage für die Verprobung verwendet werden.

Übereinstimmung mit Vermögensteuer-Hauptveranlagungszeitraum

Außerbetriebliche Wirtschaftsgüter, die am Anfang und am Ende des Vergleichszeitraums vorhanden waren, sind an beiden Stichtagen mit dem gleichen Wert anzusetzen, also keine Abrundungen und keine Freibeträge! Wertschwankungen (z. B. Änderung des Einheitswerts für den Grundbesitz, Änderung des Kurswerts von Wertpapieren) dürfen im Anfangs- und Endvermögen nicht berücksichtigt werden. Wenn also im Privatvermögen am Anfang des Vergleichszeitraums Wertpapiere zum Kurswert von 30 000 DM vorhanden waren und inzwischen auf einen Kurs von 38 000 DM gestiegen sind, so muß für Zwecke der Vermögenszuwachsrechnung ein Betrag von 8000 DM wieder abgesetzt werden. Andernfalls würden die Einkünfte aus Kapitalvermögen um 8000 DM zu hoch veranschlagt werden.

Außerbetriebliche Wirtschaftsgüter

Die Absetzungen für Abnutzung (AfA) von außerbetrieblichen Wirtschaftsgütern sind gesondert auszuweisen (vgl. Abschnitt C 5 des Schemas).

Im Vergleichszeitraum erworbene außerbetriebliche Wirtschaftsgüter müssen im Endvermögen mit den Anschaffungs- oder Herstellungskosten angesetzt werden, wenn diese Wirtschaftsgüter am Schluß des Vergleichszeitraums noch vorhanden waren. Die AfA ist auch hier gesondert auszuweisen. Wirtschaftsgüter, die nicht im Anfangs- und Endvermögen enthalten sind, aber im Vergleichszeitraum angeschafft oder hergestellt und im gleichen Zeitraum veräußert worden sind, müssen mit ihrem Gesamterlös unter Abschnitt C 7 des Schemas ausgewiesen werden. Wenn an außerbetrieblichen Gebäuden Um- oder Anbauten (Herstellungsaufwand) vorgenommen worden sind, so sind die Gebäude in der Vermögensaufstellung gleichwohl mit den anfänglichen Anschaffungs- oder Herstellungskosten auszuweisen. Die Um- und Anbaukosten sind in Abschnitt B 11 des Schemas einzusetzen. Die hierauf entfallenden AfA sind gesondert auszuweisen (vgl. Abschnitt C 5 des Schemas).

Wirtschaftsgüter des Betriebsvermögens

Wirtschaftsgüter des Betriebsvermögens sind nach den Vorschriften des § 6 EStG zu bewerten, also in erster Linie mit den Anschaffungs- oder Herstellungskosten oder dem niedrigeren Teilwert. Statt der steuerlichen Einheitswerte sind bei der Vermögenszuwachsrechnung die Verkehrswerte maßgebend.

Aufgliederung der Lebenshaltungskosten

Die Lebenshaltungskosten sind mindestens so aufzugliedern wie in Abschnitt B des Schemas. Vielfach wird dann schon bei der Außenprüfung festgestellt, daß die übrigbleibenden reinen Lebenshaltungskosten (vgl. Abschnitt B 16 des Schemas) unverhältnismäßig gering sind, so daß sie von vornherein unglaubhaft erscheinen.

Abstimmung mit Vermögensaufstellung

Ausgaben für Wirtschaftsgüter, die in der Vermögensaufstellung (Abschnitt A der Anlage) enthalten sind (z. B. Erwerb von Grund und Boden), dürfen nicht unter Abschnitt B Nrn. 1 bis 17 des Schemas aufgeführt werden. Im übrigen ist es belanglos, ob die Aufwendungen aus dem Privat- oder Betriebsvermögen (Entnahmen) bestritten wurden.

Einmalige Vermögenszugänge

Als einmalige Vermögenszugänge kommen außer den im Abschnitt C Nrn. 1 bis 3 des Schemas angeführten Sachverhalten noch in Betracht: Entschädigungen, Abfindungen, Beihilfen, Weihnachtsgelder, Versorgungsbezüge, Zuwendungen von Dritten, insbesondere von Verwandten, die mit im Haushalt leben, Darlehensaufnahmen bei Freunden, Toto-, Lotto-, Spielbankgewinne.

Bilanzierung

Bilanziert der Steuerpflichtige, so liegt insoweit bereits ein in sich geschlossener Vermögensvergleich vor; die darin enthaltenen Vermögensanfangs- und Vermögensendwerte des Vergleichszeitraums können dann unmittelbar mit den Werten des steuerlichen Eigenkapitals angesetzt werden.

Überschußrechnung

Wurde im Vergleichszeitraum der Gewinn nach § 4 Abs. 3 EStG durch Betriebseinnahmen-Betriebsausgaben-Rechnung ermittelt, so ist der Vermögenszuwachs um die im Vergleichszeitraum eingetretene Bestandsmehrung oder -minderung an Waren, Forderungen und Schulden des Betriebsvermögens zu erhöhen oder zu vermindern.

3 Korrekturen der Vermögenszuwachsrechnung

Zu- und Abrechnungen

Insbesondere folgende Korrekturen müssen bei der Vermögenszuwachsrechnung im Verhältnis zur steuerrechtlichen Regelung angebracht werden:[168]

- Kürzungsbeträge bei der Ermittlung von Einkünften, die steuerlich als Ausgaben unterstellt werden, aber als solche tatsächlich nicht angefallen sind, müssen bei der Vermögenszuwachsrechnung abgerechnet werden, z. B. Werbungskosten-Pauschbeträge, Sparerfreibeträge, AfA auf Privatgebäude.
- Zurechnungen bei der Ermittlung der Einkünfte, die steuerlich als Einnahmen unterstellt wurden, tatsächlich aber nicht angefallen sind, müssen bei der Vermögenszuwachsrechnung zugerechnet werden. Beispiel: früher Mietwert der eigenen Wohnung.
- Einnahmen, die, obwohl zu einer bestimmten Einkunftsart gehörend, nicht oder nicht voll steuerpflichtig sind, müssen insoweit bei der Vermögenszuwachsrechnung abgerechnet werden, z. B. Spekulationsgewinne innerhalb der Freigrenze des § 23 Abs. 4 Nr. 2 EStG, Differenz zwischen Rentenbezug und Ertragsanteil der Rente.
- Ausgaben, die zwar zu einer bestimmten Einkunftsart gehören, dort aber steuerlich nicht oder teilweise nicht abzugsfähig sind, müssen bei der Vermögenszuwachsrechnung zugerechnet werden. z. B. früher Reparaturarbeiten für eigengenutztes Einfamilienhaus.

4 Bei der Vermögenszuwachsrechnung ist die private Sphäre des Steuerzahlers nicht tabu!

Einige bohrende Fragen zum Eindringen in die private Sphäre des Steuerzahlers

Was geht den Betriebsprüfer die private Sphäre an? Es darf den Staat doch nicht interessieren, was der Steuerzahler mit seinem versteuerten Geld macht! Darf der Prüfer im Rahmen der Prüfungsanordnung auch intensive Ausforschungen zur privaten Sphäre vornehmen? Wenn er dazu berechtigt ist, muß der Steuerzahler dabei auch gegen sich selbst mitwirken? Kann es für private Unterlagen Vorlagepflichten geben, wenn es dafür keine

---

168 Blumers/Frick/Müller, Betriebsprüfungshandbuch, München 1988, Abschnitt D, Rz. 87.

Aufbewahrungspflichten gibt? Diese Fragen legt Assmann[169] dem von der Betriebsprüfung heimgesuchten Steuerzahler fiktiv in den Mund.

Und in der Tat harren diese Fragen auf eine Antwort. Assmann[170] gibt sie dahin, daß die private Sphäre steuerlich keinesfalls tabu ist. Er listet beispielhaft die Fälle auf, in denen die Privatsphäre des Steuerzahlers steuerlich von Bedeutung sein kann:

- Wenn es darum geht, ob und in welchem Umfang Vorgänge, Wirtschaftsgüter, Beteiligungen usw. zum betrieblichen oder privaten Bereich gehören (Betriebsvermögen, Betriebsausgaben) oder ihm wahlweise zugeordnet werden dürfen.
- Für Kontrollrechnungen und Schätzungen erklärt der BFH das Heranziehen des privaten Bereichs im Einzelfall für erforderlich.[171]
- Wenn und soweit das materielle Steuerrecht die Steuerpflicht an Einkünfte knüpft, die im privaten Bereich erzielt werden, wie Miet- und Kapitaleinkünfte nach §§ 21 und 20 EStG.
- Wenn und soweit der Gesetzgeber auch privat veranlaßte Aufwendungen zum Abzug zuläßt wie Sonderausgaben und außergewöhnliche Belastungen.
- Wenn der Steuerzahler in Buchführung bzw. Aufzeichnungen betriebliche und private Vorgänge vermengt und deshalb steuerpflichtige Vorgänge auf privaten Konten vermutet werden können.
- Auch für die Anerkennung von Betriebsausgaben sind Einzelheiten der privaten Sphäre entscheidungsrelevant. Für die steuerliche Anerkennung von Ehegattenarbeitsverhältnissen beispielsweise ist u. a. Voraussetzung, daß die Vergütung in die eigene Vermögenssphäre des Arbeitnehmerehegatten gelangt ist. Bei Überweisungen sind seine privaten Konten einzusehen, um festzustellen, wer Konteninhaber ist.

---

169 „Rechte und Mitwirkungspflichten beim Erstellen von Geldverkehrs- bzw. Vermögenszuwachsrechnungen", DB 1989 S. 851 ff.

170 A.a.O.

171 BFH-Urteile vom 5. 11. 1981 IV R 179/79 (BStBl 1982 II S. 208) und vom 28. 11. 1985 IV R 323/84 (BStBl 1986 II S. 437).

Andererseits ist der Steuerzahler sicher nicht zu Angaben verpflichtet, wie die private Lebensführung gestaltet und finanziert wurde. Detaillierte Angaben zum Privatverbrauch können auch nicht im Rahmen gesetzlicher Mitwirkungspflicht verlangt werden. Ergeben sich jedoch aus Vermögenszuwachs- bzw. Geldverkehrsrechnungen Verwendungsüberhänge, so trifft den Steuerzahler für die Differenzen eine Aufklärungspflicht, wenn er ihre Zuschätzung vermeiden will. „Spätestens in dieser Situation kann sich für den Stpfl. die Notwendigkeit zur Mitarbeit auch insoweit ergeben, als er rechtliche Pflichten zum privaten Bereich nicht hat.“[172]

172 Assmann, a.a.O.

Kapitel 21: Verprobung des Geldverkehrs

Bezüglich des Geldverkehrs sind zwei Verprobungsmethoden praktikabel: die Kassenfehlbetragsrechnung und die Geldverkehrsrechnung.

1 Kassenfehlbetragsrechnung

Prinzip: Nicht höhere Auszahlungen als in Kasse vorhanden

Diese Verprobungsmethode ist geeignet bei kleineren und mittleren Betrieben mit größerer Bareinnahmenfrequenz und Aufzeichnung des baren Zahlungsverkehrs in einem Kassenbuch, wobei der Soll-Kassenbestand meist nur am Monatsende festgestellt wird. Sie geht von der Erkenntnis aus, daß der Betriebsinhaber nicht mehr Geld ausgeben kann, als in der Kasse vorhanden ist. Übersteigen die Ausgaben eines bestimmten Zeitraums den Anfangsbestand und die Einnahmen des gleichen Zeitraums, so ergibt sich ein Kassenfehlbetrag, und hier hakt der Betriebsprüfer ein. Nur Bargeld ist maßgebend, nicht z. B. auch Schecks.

Beispiel[173]

	DM
Kassenbestand 1. 3.	5 000
+ Einnahmen 1. 3.–20. 3.	10 000
	15 000
./. Ausgaben 1. 3.–20. 3.	17 000
Kassenfehlbetrag am 20. 3.	2 000
+ Einnahmen 21. 3.–28. 3.	5 000
	3 000
./. Ausgaben 21. 3.–28. 3.	6 000
Kassenfehlbetrag am 28. 3.	3 000
+ Einnahmen 29. 3.–31. 3.	6 000
	3 000
./. Ausgaben 29. 3.–31. 3.	2 000
Kassenbestand 31. 3.	1 000

173 Aus Bp-Kartei der OFDen Düsseldorf/Köln/Münster, Abhandlung „Verprobung (Geldverkehr)“.

+ Einnahmen 1. 4.–10. 4.	7 000
	8 000
./. Ausgaben 1. 4.–10. 4.	12 000
Kassenfehlbetrag am 10. 4.	4 000
+ Einnahmen 11. 4.–24. 4.	13 000
	9 000
./. Ausgaben 11. 4.–24. 4.	7 000
Kassenbestand 24. 4.	2 000

Ursachen für Kassenfehlbeträge

Die Kassenfehlbeträge im vorstehenden Beispiel können entstanden sein infolge

- unrichtiger Buchung des Kassenanfangsbestands,
- nicht gebuchter Betriebseinnahmen,
- privater Bargeldeinlagen,
- nicht zeitnaher Buchung von Kasseneingängen,
- nicht zeitnaher Buchung von Kassenausgängen,
- doppelter Buchung von Betriebsausgaben,
- doppelter Buchung von Privatentnahmen.

Kann der Betriebsinhaber für einen Kassenfehlbetrag keine plausible Erklärung geben, so macht er sich einnahmenverkürzungsverdächtig und muß sich eine Hinzuschätzung gefallen lassen. Dabei ist der jeweils höchste Kassenfehlbetrag (zuzüglich eines normalen Kassenbestands = Unsicherheitszuschlag) maßgebend, nicht aber die Summe der Kassenfehlbeträge.

Ratschlag:

Der Steuerzahler sollte beachten, daß es auf Manipulationen hindeutet, wenn Einlagen oder Darlehen immer gerade dann auftauchen, wenn ohne sie Fehlbeträge entstanden wären.[174]

Kassensturzfähigkeit

Zu beachten ist, daß nach der Rechtsprechung[175] Kassenaufzeichnungen so beschaffen sein müssen, daß der Sollbestand jederzeit mit dem Istbestand der Geschäftskasse verglichen wer-

174 Dewein, Betriebsprüfung, Loseblattzeitschrift, Freiburg, Gruppe 5.9 S. 3.
175 BFH-Urt. vom 17. 11. 1981 VIII R 174/77 (BStBl 1982 II S. 430).

den kann (Kassensturzfähigkeit). Auch Geldverschiebungen zwischen mehreren Geschäftskassen eines Steuerzahlers sind buchmäßig festzuhalten.

Schätzung: höchster Kassenfehlbetrag plus Sicherheitszuschlag

Die nachträgliche Einbuchung von Einlagen zum Ausgleich von sonst vorliegenden Kassenfehlbeträgen verstößt gegen die Prinzipien einer ordnungsmäßigen Kassenführung, wonach Einlagen und Entnahmen zeitgerecht und geordnet eingetragen werden müssen. Die Nichtordnungsmäßigkeit der Kassenführung hat bei einem Betrieb, der vornehmlich Bargeschäfte tätigt, die Nichtordnungsmäßigkeit der gesamten Buchführung zur Folge. Hat die Buchführung nicht die Vermutung sachlicher Richtigkeit für sich, ist das Finanzamt zur Schätzung von Betriebseinnahmen berechtigt, wenn deren vollständige Erklärung durch die nicht ordnungsmäßigen Kassenaufzeichnungen in Zweifel steht. Der Schätzung kann dann der höchste Kassenfehlbetrag zuzüglich eines Sicherheitszuschlags zugrundegelegt werden.[176]

2 Geldverkehrsrechnung

Verkleinerte Vermögenszuwachsrechnung

Diese Verprobungs- und Schätzungsmethode ist eine Abwandlung der Vermögenszuwachsrechnung.[177] Im Gegensatz zu der umfassenderen Vermögenszuwachsrechnung beschränkt sich die Geldverkehrsrechnung auf die Einnahmen- und Ausgabenvorgänge. Dies bietet sich an bei fehlender Vermögensbildung oder überschaubaren Verhältnissen. Die Geldverkehrsrechnung kann durchgeführt werden als Gesamtrechnung, die sich auf den betrieblichen und außerbetrieblichen Bereich erstreckt (Gesamtgeldverkehrsrechnung), oder als Teilrechnung, die sich auf den betrieblichen oder außerbetrieblichen Bereich beschränkt (Teilgeldverkehrsrechnung). Ein Vorteil der Geldverkehrsrechnungen – in eingeschränkter oder uneingeschränkter Form – liegt darin, daß, falls sie bei einer Gewinnermittlung durch Betriebseinnahmen-Betriebsausgaben-Rechnung nach § 4 Abs. 3 EStG zu Fehlbeträgen und Gewinnzuschätzungen führen, für den Beginn des ersten Schätzungsjahres kein Wechsel der Gewinnermittlungsart (also zur Bilanzierung) anzunehmen ist und eine Gewinnkorrektur unterbleibt. Die Hinzuschätzungsbeträge sind Istbeträge.

176 BFH-Urt. vom 20. 9. 1989 X R 39/87.
177 Siehe Kapitel 20.

Der Grundgedanke der Geldverkehrsrechnung ist, daß ein Steuerpflichtiger während des Vergleichszeitraums nicht mehr Geld ausgeben oder anlegen kann, als ihm aus Einkünften oder sonstigen Quellen zufließt.

Anforderungen des BFH an Gesamtgeldverkehrsrechnung

Welche Anforderungen an eine Gesamtgeldverkehrsrechnung zu stellen sind, kann man in dem BFH-Urteil vom 21. 2. 1974 I R 65/72[178] in aller Ausführlichkeit wie folgt lesen:

„Die Gesamtgeldverkehrsrechnung muß den gesamten Geldverkehr des Steuerpflichtigen während des Vergleichszeitraums erfassen. Unter Geldverkehr sind nicht nur die Bargeldbewegungen zu verstehen, sondern auch die Bewegungen auf den Bank- und Postscheckkonten (Giroverkehr). Nicht hierher gehören aber Wechsel- und Scheckbegebungen, die noch keinen Zu- oder Abfluß bewirken. Vermögensveränderungen sind nur zu berücksichtigen, sofern sie mit einer Geldbewegung verbunden sind (Auszahlung oder Rückzahlung eines Darlehens, nicht hingegen der Erlaß eines Darlehens oder die Kursveränderung eines Wertpapiers). Die erklärten Einkünfte sind für Zwecke der Geldrechnung um Vermögensänderungen und steuerliche Ansätze zu bereinigen, die nicht die Geldrechnung beeinflussen. So sind der Eigenverbrauch und ein Mietwert der eigenen Wohnung wieder abzusetzen; andererseits sind AfA-Beträge und Steuerfreibeträge wieder hinzuzurechnen. Anschaffungs- oder Herstellungskosten sind im Ausmaß und im Zeitpunkt der Zahlung als Geldbedarf anzusetzen. Die betrieblichen und außerbetrieblichen Geldbestände und Guthaben zu Beginn und am Ende des Vergleichszeitraums müssen in die Rechnung einbezogen werden. Die Bestände zu Beginn des Vergleichszeitraums sind verfügbare Mittel. Die Bestände am Ende des Vergleichszeitraums sind hingegen wie Mittel anzusehen, die zur Vermögensbildung verwandt werden (Geldbedarf). Steuerfreie Einnahmen und Einnahmen außerhalb der Einkunftsarten sind zusätzlich verfügbare Mittel. Entnahmen und Einlagen bleiben – auch soweit es sich um Barentnahmen und Bareinlagen handelt – bei der Gesamtgeldverkehrsrechnung außer Ansatz. Im Zweifel muß auf den eingangs hervorgehobenen Grundgedanken dieser Rechnung zurückgegangen werden.

178 BStBl 1974 II S. 591.

Aufbau einer Gesamtgeldverkehrsrechnung

In vereinfachter Form ergibt sich hiernach folgender Aufbau der Gesamtgeldverkehrsrechnung:

I. Verfügbare Mittel:

a) Betriebliche und außerbetriebliche Geldbestände und Guthaben zu Beginn des Vergleichszeitraums,

b) erklärte Einkünfte (in Geldrechnung, d. h. bereinigt um Eigenverbrauch, Mietwert der eigenen Wohnung, AfA, Freibeträge usw., jeweils in der vom Steuerpflichtigen angesetzten oder geltend gemachten Höhe),

c) Gelder aus Schuldaufnahmen und Rückzahlungen von ausgeliehenen Geldern,

d) steuerfreie Einnahmen und Einnahmen außerhalb der Einkunftsarten (Renten, Erlöse aus dem Verkauf von nichtbetrieblichem Vermögen, Gelderbschaften und Geldschenkungen, Erstattungen nichtabzugsfähiger Steuern usw.).

II. Mittelverwendung (Geldbedarf) und Schlußbestände:

a) Privater Geldverbrauch (Lebenshaltung, tatsächlich gezahlte Sonderausgaben, Mietzinsen, nichtabzugsfähige Steuern, Aussteuern usw.),

b) Zahlungen auf nur verteilt oder gar nicht abzugsfähige Anschaffungs- oder Herstellungskosten (z. B. für die Anschaffung von betrieblichen und privaten Kraftfahrzeugen, nicht hingegen für die Anschaffung von Waren und geringwertigen Wirtschaftsgütern),

c) Ausleihungen und Rückzahlungen auf Schulden,

d) betriebliche und außerbetriebliche Geldbestände und Guthaben am Ende des Vergleichszeitraums.

Die Summe I a) bis d) muß bei zutreffenden Ansätzen gleich der Summe II a) bis d) sein. Übersteigt bei sonst zutreffenden Ansätzen die Summe II a) bis d) die Summe I a) bis d), so kann davon ausgegangen werden, daß die Einkünfte (Posten I b) zu niedrig erklärt worden sind.

Die Zusammenfassung mehrerer Jahre zu einem Vergleichszeitraum ist unbedenklich. Geldverkehrsrechnungen müssen sich – wie Vermögenszuwachsrechnungen – sowohl über kürzere als auch über längere Zeiträume ausgleichen.“

Nichtbuchung von Betriebseinnahmen oder Privatentnahmen

Mit der Funktion einer Geldverkehrsrechnung befaßt sich auch das neuere BFH-Urteil vom 21. 1. 1986 VIII R 10/84[179]. Werden danach bei einer Betriebsprüfung bisher nicht bekannte Sparkonten entdeckt und vermag der Steuerzahler weder ausreichende Auskunft über die Herkunft dieser Gelder zu geben noch eine private Vermögensumschichtung darlegen, so liegt die Annahme nahe, daß es sich um betriebliche Gelder handelt, die nicht als Betriebseinnahmen oder Privatentnahmen gebucht worden sind. Dabei kann insbesondere bei undurchsichtigen betrieblichen Verhältnissen und mangelhafter Buchführung auf eine der Einzahlung auf die Sparkonten zeitlich unmittelbar vorhergehende Betriebseinnahmenverkürzung geschlossen werden. Wird geltend gemacht – so der BFH –, daß die Einlagen aus einem der deutschen Besteuerung nicht unterliegenden ausländischen Betrieb stammen, trifft den Steuerzahler eine erhöhte Aufklärungs- und Nachweispflicht (§ 90 Abs. 2 AO). Er hat dann nachzuweisen, in welcher Höhe die ausländischen Einkünfte entstanden und wie sie in die Bundesrepublik transferiert worden sind. Kann er dies nicht, so ist eine Schätzung unumgänglich (§ 162 Abs. 2 AO). Dabei ist das Finanzamt in der Wahl der Schätzungsmethode frei.

Teilgeldverkehrsrechnung

Soll der unaufgeklärte Vermögenszuwachs – führt der BFH weiter aus – durch eine Geldverkehrsrechnung nachgewiesen werden, müssen innerhalb eines überschaubaren Zeitraums alle Geldbewegungen, auch die aus privaten Einkünften, sowie die Anfangs- und Endbestände erfaßt werden. In einer auf den privaten Bereich beschränkten (Teil-)Geldverkehrsrechnung müssen alle Geldanlagen und der Privatverbrauch berücksichtigt werden. Wenn dabei die Bankeinzahlungen als verwendete Mittel behandelt werden, müssen umgekehrt die Bankabhebungen als verfügbare Mittel angesehen werden.

Bargeldverkehrsrechnung

Wie eine Bargeldverkehrsrechnung im privaten Bereich des Steuerzahlers funktioniert, schildert das Urteil des FG Hamburg vom 3./9. 6. 1986.[180] Anders als bei einer allgemeinen Geldverkehrsrechnung spielen betriebliche Finanzierungsvorgänge ebenso wie unbare Vorgänge auf den Privatkonten und der jeweilige Bestand dieser Konten bei der auf den Privatbereich beschränkten Bargeldverkehrsrechnung keine Rolle.

---

179 BFH/NV 9/86 S. 515.

180 EFG 1987 S. 50. – Revision eingelegt.

Vermögenszuwachsrechnung und Geldverkehrsrechnung lassen sich voneinander ableiten und ineinander überführen, sind also in ihren Elementen austauschbar. Die Vermögenszuwachsrechnung erweitert die Darstellung der Mittelverwendung für Vermögensanlagen, die Geldverkehrsrechnung behandelt demgegenüber diese Mittelverwendung als Verbrauch.[181]

Variante: Ausgabendeckungsrechnung

3 Ausgabendeckungsrechnung

Im Unterschied zu einer umfassenden Geldverkehrsrechnung bedienen sich Betriebsprüfung und Steuerfahndung auch der sogenannten Ausgabendeckungsrechnung.

Beispiel

Fliesenleger F erzielt in den Jahren 01 bis 03 zeitweise Einkünfte aus nichtselbständiger Arbeit. In der beschäftigungslosen Zeit bezieht er Arbeitslosengeld bzw. Arbeitslosenhilfe. Im Jahr 03 erwirbt er ein Grundstück und errichtet im Jahr 04 ein Einfamilienhaus. In seiner Steuererklärung macht F Herstellungskosten geltend, die das FA nur z. T. berücksichtigt, weil F die Herkunft der für den Bau verwendeten Mittel nur z. T. aufklären kann. Wegen der Unklarheiten schaltet das FA die Steuerfahndung ein. Aufgrund einer Ausgabendeckungsrechnung stellt der Fahnder fest, daß für das Jahr 04 Ausgaben in Höhe von 33 000 DM und für das Jahr 05 Ausgaben in Höhe von 14 800 DM nicht durch entsprechende Geldmittel gedeckt sind. Der Fahnder geht davon aus, daß die ungeklärten Vermögenszuwächse aus selbständiger Schwarzarbeit stammen und erfaßt entsprechende Gewinne aus Gewerbebetrieb. Außerdem schätzt das FA darüber hinaus Einnahmen aus nichtselbständiger Arbeit hinzu.

Die Besteuerung im vorstehenden Beispiel ist grundsätzlich nicht zu beanstanden.[182] Im vorstehenden Fall hatte die Steuerfahndung die tatsächlich geleisteten Barausgaben den Beträgen gegenübergestellt, die dem Fliesenleger durch Barabhebungen zur Begleichung dieser Ausgaben zur Verfügung standen. Auch diese

181 BFH-Urt. vom 8. 11. 1989 X R 178/87 (BStBl 1990 II S. 268); vgl. hierzu Dewein, Betriebsprüfung, Freiburg i. Br., Gruppe 10.2 S. 23.

182 BFH-Urt. vom 25. 7. 1991 XI R 27/89 (BFH/NV 1991 S. 796).

Methode ist generell geeignet, ungeklärte Einnahmen aufzudekken. Sie kommt insbesondere dann in Betracht, wenn hinreichend Kenntnisse über Vermögen und Schulden nicht vorhanden sind. Leistet der Steuerzahler höhere Barausgaben, als er dazu nach den vorhandenen Mitteln in der Lage ist, muß er die Differenz zwangsläufig aus anderen Quellen bezogen haben. Der Sache nach handelt es sich um eine vereinfachte Geldverkehrsrechnung, die auf die Differenz zwischen getätigten Ausgaben und den zu ihrer Bezahlung zur Verfügung stehenden Mittel abstellt. Bei der Art der vom FA vorgenommenen Gewinnermittlung mußten aber auch die Einnahmen aus nichtselbständiger Arbeit bei der Ausgabendeckungsrechnung berücksichtigt werden. Wurden jedoch höhere Aufwendungen für die Herstellung des Gebäudes festgestellt, sind die Aufwendungen gegebenenfalls bei der Ermittlung der Abschreibungsgrundlagen zu berücksichtigen.

Kapitel 22: Mengenverprobung

Vergleich mit Verkaufsrechnungen oder Lieferscheinen

Eine grundbiedere Überlegung liegt dieser Umsatzverprobungsmethode zugrunde: Die Menge der Bestände einer Ware zu Beginn eines Wirtschaftsjahres zuzüglich Zukäufen abzüglich der Bestände am Ende des gleichen Wirtschaftsjahres muß veräußert worden sein. Verglichen wird diese Menge mit den Verkaufsrechnungen oder Lieferscheinen über die verkauften Waren. Der Unterschiedsbetrag multipliziert mit dem Verkaufspreis kann auf Manipulationen im Zusammenhang mit Schwarzgeldern oder Schwarzbeständen hindeuten und ist, sofern keine anderweite Aufklärung möglich ist, den Erlösen hinzuzurechnen.

Beispiel[183]

> Eine Tankbaufirma stellt Öltanks ab 5000 l Fassungsvermögen selbst her. Zur Abrundung des Lieferprogramms kauft sie Haushaltstanks mit einem Fassungsvermögen von 1000 und 2000 Litern hinzu.

183 Aus Preiß in: Handbuch der steuerlichen Betriebsprüfung, Bielefeld, Kza 3458 (1979).

	19__		19__		19__	
	1000 l Stck.	2000 l Stck.	1000 l Stck.	2000 l Stck.	1000 l Stck.	2000 l Stck.
Bestand am Anfang des Wj lt. Inventur	39	28	28	31	29	15
+ Zukäufe lt. Einkaufs-rechnungen	144	89	164	102	154	149
	183	117	192	133	183	164
– Bestand am Ende des Wj lt. Inventur	–28	–31	–29	–15	–22	–19
Sollverkäufe	155	86	163	118	161	145
Istverkäufe lt. Ausgangs-rechnungen	151	83	163	112	159	122
Differenzen	4	3	–	6	2	23
	DM	DM		DM	DM	DM
Verkaufspreis pro Stück	800	900		945	861	988
	3 200	2 700		5 670	1 722	22 724
nicht verbuchte Einnahmen	5 900		5 670		24 446	

Mengenmanko

Daß solche Mengenmankos auch andere Ursachen als unverbuchte Einnahmen haben können, zeigt folgender Fall.[184] Bei der Betriebsprüfung eines kleinen Fußbodenverlegeunternehmens war man auf zwei Posten teuren Teppichbodens gestoßen, die für 18 000 DM und 13 000 DM als Wareneinkauf verbucht waren, aber weder verlegt noch verkauft noch im Warenbestand erfaßt worden waren. Verarbeitet konnte dieses Teppichbodenmaterial nicht sein, weil das Unternehmen auf glatte Böden spezialisiert war. Auch Eigenverbrauch konnte nicht festgestellt werden, war zumindest jedenfalls nicht verbucht. Barverkauf war ebenfalls ausgeschlossen. Des Rätsels Lösung schließlich: Um an größere Aufträge für glatte Böden zu kommen, hatte der Unternehmens-

184 Finanzbrief, Ludwigshafen, Nr. 3/1989.

inhaber zwei Bungalows mit dem hochwertigen Material im Wert von 31 000 DM ohne besondere Berechnung ausgelegt. Das hätte allerdings buchmäßig dokumentiert werden sollen! Die Mengenverprobung hatte es an den Tag gebracht. Ausnahmsweise mal kein krimineller Fall und kein Schwarzgeld- oder Schwarzwarenbestand!

Kapitel 23: Beweislast für Schwarzgeldgeschäfte

Sollen einem Steuerzahler im Besteuerungsverfahren Schwarzgeldgeschäfte zur Last gelegt werden oder wird er gar im Steuerstrafverfahren solcher Geschäfte bezichtigt, so bedarf es hierzu der Beweise. Sie beizubringen ist oft schwierig. Mancher Schwarzgeldbildner rechnet daher sogar mit der Beweisnot der Behörden und Gerichte.

Dabei gelten im Besteuerungsverfahren, auch im eventuell folgenden Finanzgerichtsprozeß, andere Spielregeln als im Steuerstrafverfahren, sei es vor den Finanzbehörden, sei es vor den Strafgerichten.

1 Beweislast im Steuerstraf- und Steuerordnungswidrigkeitenverfahren

Strafrichter nicht an finanzbehördliche Schätzung gebunden

Nicht der Steuerzahler muß beweisen, daß er eine Straftat oder Ordnungswidrigkeit nicht begangen hat, sondern die Beweislast für eine solche Verfehlung obliegt der Finanzbehörde oder dem Strafgericht. Im übrigen dominiert im Steuerstrafverfahren ebenso wie im Strafverfahren auch sonst der Grundsatz „In dubio pro reo" – „Im Zweifel für den Angeklagten". [185] Er bedeutet, daß bei nicht behebbaren Zweifeln hinsichtlich einer Tatfrage die Feststellung eines Sachverhalts mittels reduzierten Beweismaßes – mithin im Schätzungsweg – nicht zulässig ist. Das Strafgericht darf eine Straftat, so auch eine Steuerhinterziehung, nur feststellen, wenn es von ihrem Vorliegen überzeugt ist. Ebensowenig darf der Strafrichter einem wegen Steuerhinterziehung Angeklagten zur Last legen, daß er eine Mitwirkung unterläßt. Nach

185 BFH-Urt. vom 26. 1. 1973 VIII R 52/69 (BStBl 1973 II S. 273).

ständiger Rechtsprechung des BGH ist der Strafrichter bei einer Verurteilung wegen Steuerhinterziehung an eine finanzamtliche Schätzung der Höhe nach in keiner Weise gebunden. Soweit er tatsächliche Zweifel nicht überwinden kann, ist zugunsten des Angeklagten zu entscheiden.[186]

Das gleiche gilt für Steuerordnungswidrigkeiten.

Vgl. auch nachstehendes Kapitel 24 Abschn. 6.

2 Beweislast im Besteuerungsverfahren

2.1 Grundsätzliches

Subjektive und objektive Beweislast

Lassen sich im Rahmen der Sachverhaltsfeststellung bestimmte Umstände nicht mit der gebotenen Sicherheit klären, so greifen die Regeln der Beweislast ein. Im Zivilprozeß gilt dann das Prinzip der subjektiven Beweislast (Beweisführungslast), demzufolge es einer Partei obliegt, bei Meidung des Prozeßverlustes durch eigene Tätigkeit den Beweis einer streitigen Tatsache zu führen. Anders als im Zivilprozeß hat sich dagegen im Besteuerungsverfahren und auch im eventuell folgenden Steuerprozeß vor dem Finanzgericht die Regel einer objektiven Beweislast (Feststellungslast) herausgebildet. Denn nach herrschender Meinung vertragen sich Verfahren mit Untersuchungsmaxime wie das Besteuerungsverfahren nicht mit einer Darlegungs- und subjektiven Beweislast. Die objektive Beweislast (Feststellungslast) läßt eine Partei dafür einstehen, daß eine ihr günstige Tatsachenbehauptung nicht als wahr festgestellt werden kann, wobei es gleichgültig ist, aus welchem Grund die Ungewißheit eingetreten ist, etwa deshalb, weil die Partei untätig geblieben oder ohne Erfolg tätig geworden ist oder weil die dem Finanzgericht obliegende Aufklärung zu keinem positiven Ergebnis geführt hat.[187] Aber auch die objektive Beweislast hat m. E. letztlich zum Inhalt, daß mangels Beweises derjenige Beteiligte – Finanzamt oder Steuerzahler – die nachteiligen Folgen zu tragen hat, welcher der ihn treffenden Feststellungslast nicht nachgekommen ist. Unrichtig wäre die Annahme, die Finanzbehörde oder das Finanzgericht allein sei für die Sachverhaltsermittlung verantwortlich.

186 BGHSt 3 S. 377, UR 1978 S. 151; BVerfG-Beschl. vom 15. 10. 1990, HFR 1991 S. 45; BFH-Urt. vom 14. 8. 1991 X R 86/88 (BStBl 1992 II S. 128).

187 BFH-Urt. vom 5. 11. 1970 (BStBl 1971 II S. 220).

Nur wenig steuergesetzliche Beweislastregeln

Nur in Ausnahmefällen enthält das Steuergesetz selbst konkrete Beweislastbestimmungen. So hat beispielsweise die Nichtbenennung von Gläubigern, Empfängern oder Treugebern zur Folge, daß Schulden, Lasten, Betriebsausgaben, Werbungskosten, Vermögenszurechnungen nicht zugunsten des Steuerzahlers berücksichtigt werden (§§ 160, 159 AO). Vgl. ferner zur Beweismittelbeschaffungspflicht bei Sachverhalten mit Auslandsbeziehungen § 90 Abs. 2 AO und hierzu nachstehenden Abschnitt 2.8.

Wer trägt Feststellungslast?

Mangels einer gesetzlichen Regelung ist im übrigen im Besteuerungsverfahren und im eventuell folgenden Steuerprozeß von Fall zu Fall unter Würdigung der einschlägigen Vorschriften des materiellen Rechts zu entscheiden, wer die Beweislast trägt. Regelmäßig trägt der Steuergläubiger, so insbesondere also das Finanzamt, die Beweislast für die den Steueranspruch begründenden Tatsachen, während der Steuerzahler die Beweislast für die Tatsachen trägt, welche die Steuerbefreiung oder Steuerermäßigung begründen oder den Steueranspruch aufheben oder einschränken.[188] Der Finanzbehörde obliegt die Beweislast ferner für die Voraussetzungen für den Widerruf einer Steuervergünstigung oder für die Anwendung einer belastenden Berichtigungsvorschrift wie beispielsweise nach § 173 Abs. 1 Nr. 1 AO. Umgekehrt muß der Steuerzahler die Tatsachen beweisen, auf die er einen Erstattungs- oder Vergütungsanspruch oder das Erlöschen eines gegen ihn gerichteten Anspruchs stützen will.[189]

Damit erweist sich die Beweislastregel des Steuerrechts als nichts anderes als das von Rosenberg[190] entwickelte und im Zivilrecht heute allgemein anerkannte Beweislastprinzip, wonach jede Partei, die den Eintritt einer Rechtsfolge geltend macht, die Voraussetzungen des ihr günstigen Rechtssatzes zu beweisen hat. Das heißt, den Anspruchsteller trifft die Beweislast für die rechtsbegründenden Tatsachen, der Gegner muß den Beweis für rechtshindernde, rechtsvernichtende oder rechtshemmende Tatsachen erbringen.[191] Unter der Voraussetzung, daß man zwischen Beweiswürdigung, Beweismaßregeln und Beweislastverteilung

188 BFH-Urteile vom 5. 11. 1970 (BStBl 1971 II S. 220) und vom 20. 3. 1987 (BStBl 1987 II S. 679).

189 Tipke/Lang, Steuerrecht, 13. Aufl., 1991, S. 696.

190 Rosenberg, Die Beweislast, 5. Aufl., 1965, S. 98 ff.

191 BGH, DB 1991 S. 545, NJW 1991 S. 1052.

wirklich unterscheidet, hat sich die Beweislastregel auch für das Steuerrecht als angemessen bewährt.[192]

2.2 Umkehrung der Beweislast

Umkehrung bei Vorliegen bestimmter Erfahrungssätze

Allerdings gilt die wiedergegebene Beweislastregel nicht uneingeschränkt. Die objektive Beweis- und Feststellungslast wird vielmehr bei Vorliegen bestimmter Erfahrungssätze umgekehrt. Das heißt, der nach einem Erfahrungssatz wahrscheinliche Sachverhalt wird bis zum Beweis des Gegenteils berücksichtigt. Dadurch ist der andere Beteiligte genötigt, den Gegenbeweis zu führen oder jedenfalls eine von der Typizität abweichende Besonderheit darzutun.[193]

Hierfür im folgenden einige markante Beispiele!

2.2.1 Beweislastumkehr für Vorsteuerabzugsberechtigung bei gewerblicher Zwischenvermietung

Gewerbliche Zwischenvermietung als mißbräuchliche Steuerumgehung

Nachdem mit dem 2. Haushaltsstrukturgesetz vom 22. 12. 1981[194] § 9 UStG derart geändert worden war, daß der Verzicht auf die Umsatzsteuerbefreiung der grundsätzlich nach § 4 Nr. 12 UStG steuerfreien Vermietungsumsätze nur noch zulässig sein sollte, soweit der Unternehmer nachwies, daß das Grundstück nicht Wohnzwecken diente oder zu dienen bestimmt war, gingen viele Wohnungsvermieter zur Erreichung des Vorsteuerabzugs dazu über, gewerbliche Zwischenvermieter einzuschalten. Diese Praxis war dem BFH ein Dorn im Auge. Um die nicht gewünschte materielle Folge des Vorsteuerabzugs zu stoppen, bediente er sich des verfahrensrechtlichen Mittels einer Umkehr der Beweislast: Ergebe sich bei der den Finanzbehörden und den Finanzgerichten obliegenden Ermittlung des Sachverhalts, insbesondere aus dem Vertragswerk, kein Anhaltspunkt dafür, daß wirtschaftliche oder sonst beachtliche Gründe gegeben sind, so obliege es dem Steuerpflichtigen im Rahmen seiner Mitwirkungspflicht, beachtliche Gründe substantiiert vorzutragen. Sind sie nicht feststellbar oder erweisen sich die geltendgemachten Gründe der vom Finanzamt bzw. von dem Finanzgericht nach §§ 88, 89 AO, § 76 FGO vor-

192 Tipke/Kruse, Komm. zur FGO, zu § 96, Tz. 17.

193 Vgl. List, in Hübschmann/Hepp/Spitaler, Komm. zur AO/FGO, zu § 96 FGO, Anm. 48; Ziemer/Haarmann/Lohse/Beermann, Rechtsschutz in Steuersachen, Tz. 3258.

194 BStBl 1982 I S. 235, 248.

zunehmenden Prüfung als nicht bedeutsam, so gereiche dies dem Steuerpflichtigen nach den Grundsätzen über die objektive Beweislast (Feststellungslast) zum Nachteil.[195] In ständiger bis auf den heutigen Tag dauernder Rechtsprechung wurde unter solchen Umständen die Mehrwertsteueroption als Gestaltungsmißbrauch (§ 42 AO) abgestempelt. Zwar beließ der BFH den Bauherren jeweils die Beweislast dafür, sachgerechte Gründe nachzuweisen, die eine gewerbliche Zwischenvermietung rechtfertigten; was aber auch immer vorgetragen wurde, es hat bis heute keinen entschiedenen Fall gegeben, bei dem die Mehrwertsteueroption im Bauherrenmodell durch den BFH anerkannt worden wäre.[196]

2.2.2 Bei Verlustzuweisungsgesellschaften Vermutung einer fehlenden Gewinnerzielungsabsicht

Totalgewinnprognose eventuell erst später

Bei Personengesellschaften, die nach Art ihrer Betriebsführung keinen Totalgewinn erreichen können und deren Tätigkeit nach der Gestaltung des Gesellschaftsvertrags allein darauf angelegt ist, ihren Gesellschaftern Steuervorteile dergestalt zu vermitteln, daß durch Verlustzuweisungen andere Einkünfte nicht und die Verlustanteile letztlich nur in Form buchmäßiger Veräußerungsgewinne versteuert werden müssen, hat der BFH[197] die Beweislast im Wege des Anscheinsbeweises umgekehrt: Verlustzuweisungsgesellschaften begründen die Vermutung, daß sie zunächst keine Gewinnerzielungsabsicht haben, sondern lediglich die Möglichkeit einer späteren Gewinnerzielung in Kauf nehmen. Deshalb könne bei ihnen regelmäßig eine Gewinnerzielungsabsicht erst von dem Zeitpunkt an angenommen werden, in dem sich die in Kauf genommene Möglichkeit der Erzielung eines Totalgewinns in einer solchen Weise konkretisiert hat, daß nach der Prognose eines ordentlichen Kaufmanns mit großer Wahrscheinlichkeit ein solcher Totalgewinn erzielt werden kann. Die beiden BFH-Entscheidungen haben für einen regelrechten Aufruhr im Fachschrifttum gesorgt. Insbesondere Loritz[198] meint, daß

195 BFH-Urt. vom 29. 10. 1987 (BStBl 1988 II S. 45).

196 Vgl. auch Wagner, Zur Verfassungsmäßigkeit der Rechtsprechung des BFH zur Mehrwertsteueroption beim Bauherrenmodell, DStZ 1992 S. 295 ff.

197 BFH-Urteile vom 21. 8. 1990 VIII R 25/86 (BStBl 1991 II S. 564) und vom 10. 9. 1991 VIII R 39/86 (BStBl 1992 II S. 328).

198 Loritz, Die angeblich erst später einsetzende Gewinnerzielungsabsicht der Personengesellschaft und die steuerorientierten Kapitalanlagen, DB 1992 S. 1156 ff. – Die Finanzverwaltung hat mit BMF-Schreiben vom 23. 7. 1992 – IV B 3 – S 2253 – 29/92 (DB 1992 S. 1755) die Anwendung des BFH-Urteils vom 21. 8. 1990 etwas abzumildern versucht.

jeder Rechtsprechung, die mit „Vermutungen", „Anscheinsbeweisen" und Möglichkeiten zur „Widerlegung einer Vermutung" arbeitet, mit größter Vorsicht zu begegnen sei. Wo, fragt der Autor, liegt die Legitimation des BFH, hier derartige Vermutungen, Anscheinsbeweisgrundsätze und Umkehrungen der Feststellungslast aufzustellen? Im Rechtsstaat sei es prinzipiell Aufgabe der Finanzbehörden, also des Steuergläubigers, den Nachweis zu erbringen, daß ein bestimmter Steuertatbestand erfüllt ist, und nicht Aufgabe des Steuerzahlers, nachzuweisen, daß dies nicht der Fall ist.

2.3 Besonderheit: Anscheinsbeweis

Innere Tatsachen und äußere Umstände

Innere Tatsachen, die für die Besteuerung von Bedeutung sind (z. B. Gewinnerzielungsabsicht, Grundstückserwerb in Abbruchabsicht) sind eines direkten Beweises nicht zugänglich. Ihr Vorhandensein oder Fehlen kann daher im allgemeinen nur indirekt aufgrund äußerer Umstände festgestellt werden, die einen entsprechenden Rückschluß auf die innere Tatsache zulassen. Man spricht hier von einem „Anscheinsbeweis". Die äußeren Umstände ihrerseits sind objektive Tatsachen, für die die Grundsätze der Glaubhaftmachung oder der sonstigen Beweisführung gelten.[199]

Bei Anwendung des Anscheinsbeweises sind folgende Grundsätze von Bedeutung:[200]

Auch hier muß den Beweis grundsätzlich derjenige führen, der aus der zu beweisenden Tatsache günstige Rechtsfolgen für sich herleiten will. Im Zweifel ist daher für steuerbegründende Tatsachen (z. B. steuerpflichtige Einnahmen) das Finanzamt, für steuermindernde oder -befreiende Tatsachen (z. B. Betriebsausgaben, Werbungskosten, Voraussetzungen für Freibeträge oder Steuerbefreiungen) der Steuerzahler beweisbelastet.

Der Anscheinsbeweis kann bereits dadurch entkräftet werden, daß Umstände glaubhaft gemacht werden, die einen anderen Rückschluß zulassen.

---

199 Vgl. BFH-Urteile vom 25. 6. 1984 (BStBl 1984 II S. 751, 767), vom 13. 11. 1979 (BStBl 1980 II S. 69) und vom 12. 6. 1978 (BStBl 1978 II S. 620).

200 OFD Hamburg, Verfügung vom 3. 8. 1989 – S 0223 – 3/89 – St 22 (DStR 1989 S. 713).

Ist der Anscheinsbeweis nicht erbracht oder wieder entkräftet, gelten die Grundsätze der objektiven Beweislast.

2.4 Beweislast für Steuerumgehungen

Finanzamt trägt objektive Beweislast für Steuerumgehung

Auch für vom Finanzamt oder Finanzgericht behauptete Steuerumgehungen ist diese Regelung maßgebend, weil sie ja ebenfalls auf den Steueranspruch begründenden oder erhöhenden Tatsachen beruhen.[201] Also nicht der Steuerzahler muß die Angemessenheit seiner Gestaltung und den Nichtmißbrauch von Gestaltungsmöglichkeiten dem Finanzamt nachweisen. Vielmehr trägt das Finanzamt die objektive Beweislast für das Vorliegen der Voraussetzungen eines solchen Mißbrauchs.[202] Es besteht auch keine Vermutung für einen Rechtsmißbrauch[203], mit Ausnahme bei sogenannten Zwischenvermietungsfällen.[204]

Nur scheinbar hat das Bundesverfassungsgericht die Beweislastregelung zugunsten des Steuerzahlers bei Steuerumgehungen eingeschränkt. Auch wenn die Gefahr des Mißbrauchs zivilrechtlicher Gestaltungsmöglichkeiten bei Verträgen unter nahen Angehörigen nicht überbewertet werden darf – entschied es[205] –, sei es verfassungsrechtlich grundsätzlich nicht zu beanstanden, daß an den Nachweis der Ernsthaftigkeit des Vertragsabschlusses strenge Anforderungen gestellt werden. Art. 6 Abs. 1 und Art. 3 Abs. 1 GG würden daher nicht verletzt, wenn die Finanzgerichte im Einzelfall prüfen, ob klare und eindeutige Regelungen, wie zwischen Fremden üblich, getroffen und die Vereinbarungen auch tatsächlich durchgeführt worden sind. Abgesehen davon, daß diese Entscheidung lediglich zum sogenannten Fremdvergleich bei Verträgen zwischen nahen Angehörigen ergangen ist, enthält sie keine Aussage zur Beweislast, sondern zur Beweiswürdigung.

---

201 BFH-Urt. vom 9. 5. 1979 (BStBl 1979 II S. 586).

202 BVerfG-Urt. vom 10. 6. 1963 I BvR 345/61, BVerfG 16, 204; BFH-Urteile vom 2. 3. 1966 II 113/61 (BStBl 1966 III S. 509), vom 29. 1. 1975 I R 135/70 (BStBl 1975 II S. 553) und vom 31. 1. 1976 I R 234/73 (BStBl 1976 II S. 513).

203 BFH-Urt. vom 21. 1. 1976 I R 234/73 (BStBl 1976 II S. 513).

204 BFH-Urt. vom 29. 10. 1987 V B 109/86 (BStBl 1988 II S. 45).

205 BVerfG-Beschl. vom 16. 7. 1991 – 2 BvR 769/90 (HFR 1992 S. 23).

2.5 Verhältnis der Beweislastregeln zur Schätzung, insbesondere bei ungeklärtem Vermögenszuwachs

2.5.1 Festhalten an den Regeln zur objektiven Beweislast

Insbesondere bei ungeklärter Herkunft von Bankguthaben

Wen die objektive Beweislast trifft, ist oft umstritten, wenn das Finanzamt beim Steuerzahler Geldvermögen feststellt oder vermutet, aber die Deklarierung der verzinslichen Anlage dieses Geldvermögens vermißt, kurz: ein ungeklärter Vermögenszuwachs vorliegt. So war in einer Entscheidung des BFH im Jahr 1986[206] strittig, ob das Finanzamt aufgrund der Feststellung, daß der Steuerzahler bei verschiedenen Geldinstituten größere Sparkonten unterhielt oder über die Herkunft der Gelder keine ausreichende Aufklärung geben konnte, trotz ordnungsmäßiger Buchführung Zuschätzungen vornehmen durfte. Der BFH entschied zugunsten des Steuerzahlers: Bleibe die Herkunft eines bestimmten Vermögens trotz Ausschöpfens aller Erkenntnismittel ungeklärt, so sei nach den Grundsätzen der objektiven Beweislast zu befinden, wer den Nachteil der Unaufgeklärtheit des Sachverhalts zu tragen habe. Auf der gleichen Linie liegt der folgende Fall.

Beispiel

> Geschäftsmann G behauptet dem Finanzamt gegenüber, einen Betrag von 762 000 DM bei Silberspekulationen im Ausland verloren zu haben, ohne dies beweisen zu können. Dieser Behauptung schenkte das Finanzamt keinen Glauben. Es war vielmehr der Auffassung, die Besteuerung des G sei so vorzunehmen, wie es dem typischen Geschehensablauf entspreche. Es sei von einem hinzuzuschätzenden Vermögenszuwachs von 762 000 DM auszugehen, und nach dem Anlageverhalten des G sei der durchschnittliche Zinssatz für Festgelder zugrundezulegen, der in den betreffenden Jahren bis zu 9,25 v. H., in einem dieser Jahre sogar 12 v. H. betragen habe.

Ein für den Steuerzahler günstiges Urteil des FG Rheinland-Pfalz

Das Finanzgericht Rheinland-Pfalz, das von G angerufen worden war, lehnte mit Urteil vom 14. 12. 1988 – 1 K 61/87 die Auffassung des Finanzamts ab: „Der Senat kann nicht feststellen, daß der Kläger im Streitjahr 1980 ein bisher verschwiegenes Kapital-

206 BFH-Urt. vom 28. 5. 1986 (BStBl 1986 II S. 732).

vermögen im Wert von 762 000 DM besessen und hieraus Einkünfte erzielt hat. Die insoweit bestehende Ungewißheit, die nicht zu beheben ist, geht zu Lasten des Beklagten (Finanzamt). ... Der Bevollmächtigte des Beklagten hat in der mündlichen Verhandlung eingeräumt, daß es für die Annahme von Festgeldern oder von anderen Geldanlagen keine greifbaren Anhaltspunkte gebe. ... Der Senat ist nicht gehalten, die Verwendung der Geldbeträge weiter aufzuklären. ... Der Senat kann nur im Wege der Ermittlung mit dem Erfordernis einer Überzeugung, die aus dem Gesamtergebnis des Verfahrens gewonnen ist, und nicht mit Hilfe einer Schätzung feststellen, daß der Kläger ein zinsbringendes Kapitalvermögen besessen hat. Die Unaufklärbarkeit des Geschehensablaufs gereicht dem Beklagten zum Nachteil, weil diesen die objektive Feststellungslast für den Zufluß von Kapitalerträgen trifft. ... Eine abweichende Beurteilung würde zu dem nur schwer erträglichen Ergebnis führen, daß es der Beklagte in der Hand hätte, durch das Behaupten von Kapitalerträgen in unterschiedlicher Höhe den Kläger für den Nichtzufluß von Einnahmen aus einem Vermögen von 753 000 DM oder mehr – es könnte auch 1 Mio DM sein – beweispflichtig zu machen."

2.5.2 Schätzung kann Beweislastregelung verdrängen

Relativierung der Regeln der objektiven Beweislast durch BFH

Relativiert werden die Regeln der objektiven Beweislast in neuerer Zeit durch eine stärkere Hinwendung des BFH zur Vorschrift der Schätzung (§ 162 AO). Danach hat die Finanzbehörde die Besteuerungsgrundlagen zu schätzen, soweit sie sie nicht ermitteln oder berechnen kann. Dabei sind alle Umstände zu berücksichtigen, die für die Schätzung von Bedeutung sind. Nach sicher zutreffender Meinung von Tipke/Lang[207] dürfen nur die Besteuerungsgrundlagen geschätzt werden; das seien Quantitäten wie beispielsweise Gewinn, Umsatz, Vermögen, Gewerbeertrag. Nicht zu den Besteuerungsgrundlagen in diesem Sinn gehöre der Grundsachverhalt, auch nicht die Steuer selbst. Demgegenüber mißt der BFH[208] der Vorschrift des § 162 Abs. 2 Satz 1 AO eine auch die Schätzung dem Grunde nach umfassende und die Regeln der objektiven Beweislast verdrängende Bedeutung zu. Nach dieser Vorschrift ist insbesondere dann zu schätzen, wenn der Steuerzahler über seine Angaben keine ausreichenden Aufklä-

207 Steuerrecht, 13. Aufl., 1991, S. 695.
208 BFH-Urt. vom 15. 2. 1989 X R 16/86 (BStBl 1986 II S. 462, HFR 1989 S. 350).

rungen zu geben vermag oder weitere Auskunft oder eine Versicherung an Eides Statt verweigert oder seine Mitwirkungspflicht nach § 90 Abs. 2 AO (Auslandsbeziehungen!) verletzt.

Beispiel

Bei einer Außenprüfung wird festgestellt, daß ein Einzelunternehmer mit Gewinnermittlung nach Bilanzierung auf sein betriebliches Bankkonto im Jahr 01 30 000 DM und im Jahr 02 50 000 DM eingezahlt und die Vorgänge in der Buchführung als Einlagen behandelt hat. Der eine Betrag ist bar eingezahlt, der andere von einem Festgeldkonto aus überwiesen worden, das nur zehn Tage bestanden hat. Die Frage nach der Herkunft der Mittel hat der Unternehmer zunächst nur ausweichend und unzureichend beantwortet und dann behauptet, ein Teil des Geldes stamme aus Darlehen. Die von ihm als Zeugen benannten „Darlehensgeber" machen widersprüchliche Aussagen. Das Finanzamt nimmt in Höhe der Einzahlungen Betriebseinnahmen an.

Der BFH hielt im vorstehenden Beispiel die Hinzurechnungen nach § 162 Abs. 2 Satz 1 AO für rechtens, wie aus seinem nachstehend wiedergegebenen Urteil[209] hervorgeht.

2.5.3 Voraussetzung für die Schätzung

Eine Schätzung setze voraus, daß die Besteuerungsgrundlagen nicht ermittelt oder nicht berechnet werden können. Das sei hier der Fall. Die Frage, woher die Mittel für die Einlagen stammten, könne letztlich nur der Kläger beantworten. Seine Mitwirkung habe keine Aufklärung gebracht.

2.5.4 Endgültige Ungewißheit im Sachverhalt

Mitverantwortung des Steuerzahlers an Sachaufklärung

Die Ungewißheit im Sachverhalt sei aus tatsächlichen wie aus rechtlichen Gründen als endgültig anzusehen. Das führe jedoch nicht zu einer Entscheidung nach den Regeln der objektiven Beweislast. Diese Regeln knüpften ausschließlich an die allgemeine verfahrensrechtliche Rollenverteilung unter den Beteiligten (als Kläger oder Beklagter) an und seien allein an deren (materiell-rechtlich) normiertem Interesse am Ausgang des Pro-

209 Siehe Fußnote 208.

zesses ausgerichtet. Ein solches starres Verteilungsschema[210] passe als ultima ratio nur, wenn ein entscheidungserheblicher Sachverhalt trotz Ausschöpfung aller zugänglichen und zumutbaren Ermittlungsmöglichkeiten nicht oder nicht vollständig aufgeklärt werden könne, nicht aber dann, wenn die mangelhafte Sachaufklärung nur darauf beruhe, daß der Rechtsuchende abgabenrechtliche Mitwirkungspflichten verletzt habe, die ihm gerade zu dem Zweck auferlegt seien, derartige Mängel zu vermeiden. Besonders deutlich werde die Mitverantwortung des Steuerzahlers in der Regelung des § 162 Abs. 2 Satz 1 AO[211], welche die Finanzbehörden und auch die Finanzgerichte bei Verletzung bestimmter Mitwirkungspflichten zur Schätzung verpflichte und es ihnen somit erlaube, sich mit einem geringeren Grad an Überzeugung zu begnügen, als dies regelmäßig geboten sei.

Schätzung keine Beweislastumkehr?

Wenn das Finanzamt eine Buchführung verwirft und nach § 162 AO schätzt, tritt nach Auffassung von Assmann[212] keine Beweislastumkehr ein. Der Stpfl. müsse nicht nachweisen, daß er in Wirklichkeit einen niedrigeren Umsatz erzielt hat. Es genüge vielmehr, die Schätzungsberechtigung in Frage zu stellen und die Indizienkette des Finanzamts zu erschüttern. Habe die Annahme, die Ausgangspunkt für die Schätzung war, nicht einen hohen Grad der Wahrscheinlichkeit für sich, breche auch die darauf errichtete Schätzung zusammen. Es muß nicht nachgewiesen werden, daß die Annahmen des Außenprüfers falsch waren.

2.5.5 Der Gesichtspunkt der Beweisnähe

Ermittlungspflicht der Finanzbehörde oder des Finanzgerichts kann sich mindern

Aus der gemeinsamen Verantwortung von Steuerzahler einerseits und Finanzbehörde sowie Finanzgericht andererseits für die vollständige Sachaufklärung folge, daß sich dann, wenn ein Steuerzahler ihm auferlegte allgemeine oder besondere Mitwirkungs-, Informations- oder Nachweispflichten verletze, grundsätzlich die Ermittlungspflicht der Finanzbehörde (§ 88 Abs. 1 AO) oder des Finanzgerichts (§ 76 Abs. 1 Sätze 2 bis 4 und § 96 Abs. 1 Satz 1 FGO) entsprechend mindere. Dabei könnten bedeutsam werden der Grad der Pflichtverletzung, der Grundsatz der Verhältnismäßigkeit, der Gedanke der Zumutbarkeit und die gesteigerte Mitverantwortung aus vorangegangenem Tun.

210 Hinweis auf J. Martens, StuW 1981 S. 322, und Suse Martin, BB 1986 S. 1021.
211 Siehe weiter vorstehend.
212 StBp 1991 S. 97, 105.

Besondere Bedeutung kommt in diesem Zusammenhang dem Gedanken der Beweisnähe zu: Die Verantwortung des Steuerzahlers für die Aufklärung des Sachverhalts sei um so größer, je mehr Tatsachen oder Beweismittel der von ihm beherrschten Informations- und/oder Tätigkeitssphäre angehörten.

2.5.6 Verletzung abgabenrechtlicher Mitwirkungspflichten des Steuerzahlers

Ziehung von nachteiligen Schlüssen gegen den Steuerzahler

Die Verletzung abgabenrechtlicher Mitwirkungspflichten könne dann, wenn sie Tatsachen oder Beweismittel aus dem alleinigen Verantwortungsbereich des Steuerzahlers betreffe, sogar dazu führen, daß aus seinem Verhalten für ihn nachteilige Schlüsse gezogen würden. Solche Schlußfolgerungen könnten auch nicht bezifferbare Besteuerungsgrundlagen betreffen. Die Befugnis hierzu – so schließlich der BFH – ergebe sich aus § 162 Abs. 2 Satz 1 AO in Verb. mit § 96 Abs. 1 Satz 1 FGO unmittelbar, wenn man unter „Schätzen" im Sinne dieser Regelung jede Art des Schlußfolgerns mit vermindertem Überzeugungsgrad verstehe.

2.5.7 Eindringen in die Privatsphäre des Steuerzahlers?

Insbesondere bei Wertbewegungen aus dem Privat- in das Betriebsvermögen als Einlage

Das BFH-Urteil vom 15. 2. 1989 enthält auch interessante Ausführungen zur Frage des Eindringens in die Privatsphäre des Steuerzahlers. Dessen Erklärungspflichten seien nach Auffassung des Gerichts nicht etwa von vornherein deshalb gegenstandslos, weil es sich bei den Kapitalzufuhren um rein private Vorgänge gehandelt hätte. Es könne dahingestellt bleiben, ob sich im Abgabenrecht zum Schutz der Privatsphäre des Steuerzahlers generelle Grenzen der Sachaufklärung und damit auch der Mitwirkung hieran festlegen ließen und nach welchen Kriterien das zu geschehen hätte. Diese Frage stelle sich hier deshalb nicht, weil es sich nach der buchmäßigen Behandlung der Ereignisse durch den fachkundig beratenen Kläger selbst um Wertbewegungen handele, die zwar von seinem Privatvermögen ausgegangen seien, aber in seinem Betriebsvermögen geendet hätten und als Einlagen gemäß § 4 Abs. 1 Satz 3 EStG bei der Gewinnermittlung unberücksichtigt geblieben seien. Ob die Voraussetzungen hierfür tatsächlich bestanden hätten, habe grundsätzlich uneingeschränkt der Sachaufklärungspflicht von Finanzamt und Finanzgericht sowie der Mitwirkungspflicht des Klägers unterlegen.[213]

2.6 Die eidesstattliche Versicherung

Auf Ausnahmen beschränkt

Die Beweiserhebung durch Versicherung an Eides Statt kommt in steuerlich wichtigeren Fällen in Betracht. Bleiben im Rahmen einer Sachverhaltsermittlung einzelne Tatsachen letztlich ohne ausreichenden Nachweis (Nachweisdefizit), ist insoweit ggf. von der Möglichkeit der eidesstattlichen Versicherung Gebrauch zu machen (vgl. § 95 AO).

Nachweisdefizit

Die Beweiserhebung durch die eidesstattliche Versicherung dient insbesondere der Herstellung des Rechtsfriedens und damit der Vermeidung streitiger Verfahren. Vor einer beabsichtigten Ablehnung von Anträgen, Nichtberücksichtigung von Sachverhalten u. ä. soll daher stets geprüft werden, ob in den in Betracht kommenden Fällen ein Nachweisdefizit durch Abnahme der eidesstattlichen Versicherung beseitigt werden kann. Von der Abnahme ist abzusehen, wenn beispielsweise Verfahrenshindernisse bestehen, Tatsachen bekannt sind, die zu dem zu versichernden Sachverhalt im Widerspruch stehen können, der Steuerzahler sich weigert, die Versicherung abzugeben. Bei der Anwendung der eidesstattlichen Versicherung als Beweismittel empfiehlt die Finanzverwaltung[214] Zurückhaltung, wenn als Nachweis für vollständige Sachverhalte global die Abnahme einer eidesstattlichen Versicherung angeboten wird.

2.7 Verhältnis von Beweislast und Glaubhaftmachung

Oft genügt Glaubhaftmachung anstelle des Beweises

Sofern in Gesetzen oder Verwaltungsanweisungen nicht eine andere Form des Nachweises objektiver Tatsachen vorgesehen ist, genügt die Glaubhaftmachung. Eine Tatsache ist glaubhaft, wenn eine überwiegende Wahrscheinlichkeit für ihre Richtigkeit spricht. Es ist daher nicht erforderlich, etwaige Restzweifel stets auszuräumen. Erfüllt der Steuerzahler seine Mitwirkungspflicht i. S. des § 90 Abs. 1 Satz 2 AO (Tatsachenvortrag und Beweis-

213 In dieser Ausgangslage unterscheide sich der Streitfall auch von der den BFH-Urteilen vom 28. 5. 1986 I R 265/83 (BStBl 1986 II S. 732) und vom 1. 7. 1987 I R 284 – 286/83 (BFH/NV 1988 S. 12) zugrundeliegenden Sachverhaltsgestaltung.

214 OFD Hamburg, Verfügung vom 3. 8. 1989 – S 0223 – 3/89 – St 22 (DStR 1989 S. 713).

mittelangabe), spricht im Regelfall eine überwiegende Wahrscheinlichkeit für die Richtigkeit des Vortrags. Von den angebotenen Beweismitteln kann Gebrauch gemacht werden, wenn ein zusätzlicher konkreter Anlaß dafür besteht oder die Beweiserhebung aus sonstigen Gründen (z. B. Stichprobe) zweckmäßig erscheint.[215]

2.8 Beweislast und Beweisvorsorge

Besonderheit bei Sachverhalten mit Auslandsbeziehung

Bei Sachverhalten mit Auslandsbeziehung ist noch eine Besonderheit zu beachten. Zum teilweisen Ausgleich für die erschwerten Prüfungsmöglichkeiten hat hier der Gesetzgeber die Sachaufklärung den inländischen Beteiligten auferlegt (§ 90 Abs. 2 AO). Sie können sich danach nicht darauf berufen, daß sie Sachverhalte nicht aufklären oder Beweismittel nicht beschaffen können, wenn sie angesichts der Gestaltung ihrer Verhältnisse dazu die Möglichkeit haben bzw. sich diese hätten einräumen lassen können („Beweisvorsorge"). Bloße Benennung der Beweismittel genügt nicht; sie müssen vom Steuerzahler beschafft werden. Im Konzernverbund über die Grenzen wird diese erhöhte Mitwirkungspflicht ohne weiteres zugemutet. Das Hauptanwendungsgebiet dieser Vorschrift liegt aber in der Beweismittelbeschaffungspflicht von Gastarbeitern und anderen Ausländern, wenn sie geltend machen, ihren Angehörigen im Ausland Unterhalt zu zahlen, Aufwendungen für Berufsausbildung, Aufsicht und Betreuung von Kindern im Ausland gehabt zu haben oder einen Haupthaushalt im Ausland zu führen.[216]

Keine Überspannung der Anforderungen an Beweismittelbeschaffung

Daß die Anforderungen an die Pflicht des Steuerzahlers zur Beweismittelbeschaffung bei Auslandsbeziehungen nicht überspannt werden dürfen, konstatiert neuerdings der BFH.

Beispiel

K betreibt einen Handel mit gebrauchten Werkzeugmaschinen. Bei einer Betriebsprüfung im Jahr 01 wurde aufgedeckt, daß K Einnahmen aus Warenlieferungen an die Firma M in Italien nicht verbucht hatte. K hatte mit M mehrfach höhere Verkaufspreise vereinbart als auf der Rechnung angegeben. Aufgrund der Ergebnisse der Betriebsprüfung kam es zu

215 Siehe Fußnote 214.

216 Vgl. BMF-Schreiben vom 16. 1. 1979, vom 26. 11. 1981 (BStBl 1981 I S. 744) und vom 10. 3. 1986 (BStBl 1986 I S. 117).

einer Bestrafung des K wegen Steuerhinterziehung. Nach einer weiteren Betriebsprüfung im Jahr 05 kam es zwischen K und dem Finanzamt zu Meinungsverschiedenheiten bei der Beurteilung bestimmter Verkaufsvorgänge. Das FA bezweifelte, ob die von K in Rechnung gestellten Beträge den wirklichen Verkaufspreisen entsprachen. Es schätzte deshalb den von K erklärten Gewinnen 8000 DM (Jahr 01) und 100 000 DM (Jahr 02) hinzu und erließ entsprechende Gewerbesteuerbescheide.

Hierzu der BFH[217]: Eine Umkehr der Beweislast, wie sie das FA im Streitfall für geboten erachtet, findet in den von der Rechtsprechung des BFH vertretenen Beweislastregeln keine Grundlage. Eine solche Umkehrung kann insbesondere nicht aus § 90 Abs. 2 AO hergeleitet werden. Nach dieser Vorschrift besteht zwar für die Beteiligten bei Auslandsbeziehungen eine erweiterte Mitwirkungspflicht. Verletzt jedoch jemand die ihm obliegende Mitwirkungspflicht, so ist dies zusammen mit den anderen Umständen des Einzelfalls frei zu würdigen. Aus einer Verletzung der Mitwirkungspflicht können im Wege der Beweiswürdigung negative Schlüsse gezogen werden; dabei bleibt häufig für die Anwendung der Regeln der objektiven Beweislast wenig Raum.[218] Der Streitfall bietet indessen keine Anhaltspunkte für die Annahme, K könnte seine Mitwirkungspflicht nach § 90 Abs. 2 AO verletzt haben. Das FA hat die italienischen Steuerbehörden bereits im Jahr 02 im Weg der Amtshilfe um Auskunft zu den hier strittigen Verkäufen ersucht; die italienischen Steuerbehörden konnten indessen nicht feststellen, daß M dem K für die von ihm verkauften Maschinen höhere als die in Rechnung gestellten Beträge gezahlt habe. K hat daraufhin im finanzgerichtlichen Verfahren durch entsprechende Beweisangebote sowie durch die Einreichung der die strittigen Vorgänge betreffenden Unterlagen die Sachaufklärung zu fördern versucht. Es ist nicht erkennbar, wie K unter den gegebenen Umständen die Aufklärung des Sachverhalts noch mehr hätte fördern können. Bei dieser Sachlage kann von einer Verletzung der Mitwirkungspflicht nicht gesprochen werden. Deshalb bleibt es auch dabei, daß das FA für

217 BFH-Urt. vom 9. 8. 1991 III R 129/85 (HFR 1992 S. 41).

218 BFH-Urt. vom 15. 2. 1989 X R 16/86 (BStBl 1989 II S. 462, HFR 1989 S. 350), siehe vorstehenden Abschn. 2.5.2.

die hier entscheidungserheblichen Tatsachen die Beweislast trägt.

Kapitel 23a: Aufhebung des Steuergeheimnisses in Fällen der Geldwäsche beabsichtigt

Hände weg vom Steuergeheimnis!

Das Steuergeheimnis – rechtlich in § 30 AO institutionalisiert –[219] soll, wie vor Druckbeginn der fünften Auflage dieses Buches bekannt wurde, in Fällen der Geldwäsche durchbrochen werden. Nach dem Referentenentwurf eines Änderungsgesetzes zur Abgabenordnung soll die Durchbrechung des Steuergeheimnisses gerechtfertigt sein, wenn ein zwingendes öffentliches Interesse besteht, Erkenntnisse über ein Vergehen der Geldwäsche weiterzugeben und zu verfolgen. Ob und in welcher Formulierung dieser Referentenentwurf Gesetz werden wird, bleibt abzuwarten.

219 Siehe hierzu Kapitel 15 Abschn. 3.

Teil V: Die Steuerhinterziehung als Voraussetzung zur Bildung von Schwarzgeld

Nach der hier vertretenen Auffassung und zugrundegelegten Definition ist Schwarzgeld das Geld, mit dem Steuern vorsätzlich verkürzt, d. h. hinterzogen werden.[1] Die Steuerhinterziehung ist also Voraussetzung zur Bildung von Schwarzgeld. Daher sind die folgenden Kapitel dem Tatbestand der Steuerhinterziehung im Sinne des § 370 AO gewidmet. Fragen des Steuerstrafverfahrens werden, soweit praktisch bedeutsam, einbezogen.

Verfolgung von Steuerstraftaten durch Finanzverwaltung oder Staatsanwaltschaft

Schon in diesem Zusammenhang erhebt sich die zum Verfahrensrecht gehörende, aber wegen ihrer großen praktischen Bedeutung hier einer Klärung zuzuführende Frage, wann die Finanzverwaltung und wann die Staatsanwaltschaft die Verfolgung von Steuerstraftaten aufzunehmen hat. Selbständig darf das Finanzamt steuerstrafrechtlich ermitteln, wenn es sich um ausschließlich oder in Tatmehrheit (Realkonkurrenz)[2] begangene Steuerstraftaten handelt. Es hat dabei die gleichen Rechte wie die Staatsanwaltschaft (§ 399 Abs. 1 AO). Zwar ist in den einzelnen Bundesländern in Steuerstrafsachen die Zuständigkeit auf zentral eingerichtete Bußgeld- und Strafsachenstellen (»Bustra«) übertragen worden. Das einzelne Finanzamt darf aber wie gesagt ebenfalls die Strafverfolgung in Steuersachen betreiben (§ 399 Abs. 2 AO). Auch im Rahmen der Außenprüfung darf der Prüfer dies tun. Meist wird aber hier die Steuerfahndung eingreifen.[3] Die Steufa-Beamten sind Hilfsbeamte der Staatsanwaltschaft (§ 404 AO).

Abgabe der Strafsache an Staatsanwaltschaft

Die Finanzbehörde kann die Strafsache jederzeit an die Staatsanwaltschaft abgeben; letztere kann die Strafsache jederzeit an sich ziehen (§ 386 Abs. 4 AO). Aufgrund innerdienstlicher Regelungen werden diejenigen Fälle, bei denen der verkürzte Steuerbetrag 300 000 DM übersteigt, an die sogenannte Schwerpunktstaatsanwaltschaft (mit Sitz bei dem Landgericht, bei dem Wirtschaftsstrafkammern eingerichtet sind) abgegeben. Wenn der verkürzte Betrag über 100 000 DM liegt, wird der Fall regelmä-

---

1 Siehe Kapitel 1 Abschn. 2.
2 Siehe Kapitel 29 Abschn. 2.
3 Siehe Kapitel 14.

ßig der örtlich zuständigen Staatsanwaltschaft übertragen. Oft werden die Verfahren jedoch zwecks weiterer Behandlung an die fachlich kompetenteren Finanzämter zurücküberwiesen. Die Ermittlung des Finanzamts ist ausgeschlossen, wenn die Tat zugleich nichtsteuerliche Straftaten wie Urkundenfälschung, Konkursdelikte, Betrug usw. betrifft („Idealkonkurrenz").[4]

Kapitel 24: Das objektive Tatbestandsmerkmal der Steuerverkürzung

Steuerhinterziehungstatbestand (§ 370 Abs. 1 AO)

Mit Freiheitsstrafe bis zu fünf Jahren oder mit Geldstrafe wird wegen Steuerhinterziehung bestraft, wer:

1. den Finanzbehörden oder anderen Behörden über steuerlich erhebliche Tatsachen unrichtige oder unvollständige Angaben macht,
2. die Finanzbehörden pflichtwidrig über steuerlich erhebliche Tatsachen in Unkenntnis läßt oder
3. pflichtwidrig die Verwendung von Steuerzeichen oder Steuerstemplern unterläßt

und dadurch Steuern verkürzt oder für sich oder einen anderen nicht gerechtfertigte Steuervorteile erlangt.

Der vorstehende Steuerhinterziehungstatbestand mutet zwar dürr und abstrakt an, hat es aber in sich.

1 Wer oder was soll mit dieser Strafbestimmung geschützt werden?

Öffentliches Interesse am Steueraufkommen

Geschütztes Rechtsgut des § 370 AO ist das öffentliche Interesse am vollständigen und rechtzeitigen Aufkommen der einzelnen Steuern.[5] Die Steuerhinterziehung ist zwar Spezialdelikt gegenüber dem Betrug nach § 263 StGB, hat aber mit ihm gemeinsam, daß zur Tatbestandserfüllung der Eintritt eines Vermögensscha-

4 Siehe hierzu Kapitel 29 Abschn. 2.

5 RGSt 59 S. 258 (262); RG, RStBl 1942 S. 938, RGSt 65 S. 165 (174); OLG Köln, MDR 1952 S. 121; OLG Hamburg, NJW 1966 S. 843 (845).

dens gehört. Der Steuerhinterziehungstatbestand ist also Erfolgsdelikt, nicht Gefährdungsdelikt. Bleibt der Taterfolg – die Verkürzung – aus, kann aber unter Umständen wegen versuchter Steuerhinterziehung bestraft werden (vgl. § 370 Abs. 2 AO).

Vier Beispiele

Steuern sind nach § 370 Abs. 4 AO namentlich dann verkürzt, wenn sie nicht, nicht in voller Höhe oder nicht rechtzeitig festgesetzt werden. Dies gilt auch dann, wenn die Steuer vorläufig oder unter Vorbehalt der Nachprüfung festgesetzt wird oder eine Steueranmeldung einer Steuerfestsetzung unter Vorbehalt der Nachprüfung gleichsteht. Hierzu vier Beispiele.[6]

Beispiel Nr. 1

Der Steuerpflichtige A gibt seine Einkommensteuer-Erklärung für den Veranlagungszeitraum nicht ab. Wie sich später herausstellt, ergibt sich bei A für für den Veranlagungszeitraum ein Einkommensteuerguthaben in Höhe von 4500 DM.

Sieht man als geschütztes Rechtsgut in § 370 AO das öffentliche Interesse am vollständigen und rechtzeitigen Aufkommen der einzelnen Steuern, so ist im vorstehenden Beispiel dem Staat kein Vermögensschaden entstanden. Eine Steuerverkürzung ist zu verneinen. Keine Steuerhinterziehung! Das gleiche würde gelten, wenn A seine Einkommensteuer-Erklärung für den Veranlagungszeitraum verspätet abgegeben hat und ein Steuerguthaben vorliegt.

Beispiel Nr. 2

Der Steuerpflichtige B reicht dem Finanzamt keine Umsatzsteuer-Voranmeldungen für den Veranlagungszeitraum ein. Er entrichtet aber pünktlich und in richtiger Höhe die monatlich voranzumeldenden Umsatzsteuerbeträge.

Auch hier wird wie im Fall A das öffentliche Interesse am vollständigen und rechtzeitigen Aufkommen der Steuer nicht verletzt. Keine Verkürzung der Umsatzsteuer. Keine Steuerhinter-

---

6 Nach Göggerle, Zur Frage des geschützten Rechtsguts im Tatbestand der Steuerhinterziehung, BB 1982 S. 1851.

ziehung![7] Göggerle[8] weist zutreffend darauf hin, daß hier der Steuerpflichtige die Zahlungen später nicht wieder zurückfordern kann, weil das Finanzamt die Steuerschuld gegebenenfalls im Schätzungsweg zumindest in der geleisteten Höhe festsetzen würde; das Risiko zu geringer Vorauszahlungen verbliebe allerdings beim Steuerpflichtigen.

Beispiel Nr. 3

GmbH C meldet im Juli 1988 wegen Zahlungsunfähigkeit Konkurs an. In den Monaten zuvor sind für C weder Umsatzsteuer-Voranmeldungen noch Lohnsteuer-Anmeldungen dem Finanzamt eingereicht worden.

Steuerverkürzung im Sinn der Hinterziehung ist bei Nichtabgabe der Umsatzsteuer-Voranmeldung einer konkursreifen und zahlungsunfähigen Kapitalgesellschaft nur soweit anzunehmen, als der Steueranspruch bei rechtzeitiger Voranmeldung hätte durchgesetzt werden können. Durch die Nichtabgabe der Lohnsteuer-Anmeldungen ist eine Verkürzung soweit zu verneinen, als an die Arbeitnehmer keine Arbeitsvergütungen gezahlt worden sind. Anders als im Fall der Umsatzsteuer kann bei pflichtgemäßem Verhalten hinsichtlich der Lohnsteuer eine Zahlungsunfähigkeit des Arbeitgebers nicht eintreten. Denn wenn der vom Arbeitgeber geschuldete Barlohn zur Deckung der Lohnsteuer nicht ausreicht, hat der Arbeitnehmer nach § 38 Abs. 4 EStG dem Arbeitgeber den Fehlbetrag zur Verfügung zu stellen oder der Arbeitgeber einen entsprechenden Teil der anderen Bezüge des Arbeitnehmers zurückzubehalten.

Die Grenze zur Steuerhinterziehung wird aber im folgenden Sachverhalt überschritten:

Beispiel Nr. 4

Steuerpflichtiger D erklärt für den Veranlagungszeitraum bewußt sein zu versteuerndes Einkommen zu niedrig. Dementsprechend wird die Einkommensteuer mit 10 000 DM festgesetzt. Die Einkommensteuer-Vorauszahlungen für den Veranlagungszeitraum beliefen sich auf 20 000 DM. Auf-

7 Demgegenüber nimmt Kohlmann, Steuerstrafrecht, Köln, zu § 370 AO, Rdnr. 84 hier einen Verkürzungserfolg an.

8 A.a.O., siehe Fußnote 6.

grund einer Außenprüfung wird die Einkommensteuer für den Veranlagungszeitraum mit 14 000 DM ermittelt.

Hier liegt eine Verkürzung im Sinn des § 370 AO in Höhe von 4000 DM vor. Daran ändert sich nichts dadurch, daß die Vorauszahlungen in Höhe von 20 000 DM einen Vermögensschaden des Fiskus reichlich decken würden. Entscheidend ist vielmehr die um 4000 DM zu geringe Festsetzung der Einkommensteuer für den Veranlagungszeitraum.

2 Steuerhinterziehung durch Handeln oder durch Unterlassen

Ähnlichkeit mit Betrugstatbestand

Ähnlich wie beim Betrugstatbestand kann die Steuerhinterziehung, genauer gesagt die der Steuerhinterziehung immanente Täuschung, entweder durch Handeln oder durch Unterlassen verwirklicht werden. Die Nummer 1 in § 370 Abs. 1 AO erfaßt das Handeln, die Nummern 2 und 3 erfassen das Unterlassen.

Abgabe unrichtiger Steuererklärungen

Das (aktive) Handeln durch Abgabe unrichtiger Steuererklärungen führt zu einer Steuerverkürzung insbesondere, wenn der Steuerpflichtige einzelne steuerbegründende oder steuererhöhende Tatsachen weggelassen oder nicht berücksichtigt hat, z. B. durch Nichtangabe bestimmter Einkünfte oder zu niedrige Angabe der erzielten Einkünfte, namentlich nach mangelnder Berücksichtigung von Bareinnahmen, oder wenn der Steuerpflichtige steuerbefreiende oder steuermindernde Tatsachen vorgetäuscht hat, z. B. durch Absetzen fingierter Betriebsausgaben oder durch Erklären von Sonderausgaben oder Aufwendungen als außergewöhnliche Belastung, die er überhaupt nicht oder nicht in der erklärten Höhe oder nicht zu dem angegebenen Zweck oder nicht in dem jeweiligen Veranlagungszeitraum geleistet hat.[9]

Ablauf des Handelns

Der Zeitfolge nach kann das Weglassen steuererhöhender Tatsachen oder das Vortäuschen steuermindernder Tatsachen – von der Abgabe der Steuererklärung aus rückwärts betrachtet – entweder erst durch fehlerhaftes Ausfüllen der Erklärungsvordrucke vollzogen werden oder schon durch fehlerhafte oder unterlassene Buchungen und/oder eine entsprechend unrichtige Gewinn-

9 Samson in Franzen/Gast-de Haan/Samson/Joecks, Steuerstrafrecht, 3. Aufl., München 1985, zu § 370 AO, Rdnr. 98.

ermittlung vorbereitet oder noch früher bereits dadurch angebahnt worden sein, daß zum Zweck der Steuerminderung bestimmte Rechtsgeschäfte nur zum Schein vorgenommen waren oder ein wirklicher rechtsgeschäftlicher Wille zur Tarnung gegenüber dem Finanzamt durch Mißbrauch von Formen und Gestaltungsmöglichkeiten des bürgerlichen Rechts verwirklicht wurde.[10]

Unterlassen

Steuern werden mittels (passiven) Unterlassens hinterzogen insbesondere durch Nichterfüllung von Erfassungspflichten (vgl. §§ 134 ff. AO), durch Nichtabgabe von Steuervoranmeldungen, durch Nichtabgabe von Steuererklärungen oder Steueranmeldungen.

Unterlassene Berichtigung von Erklärungen nach § 153 AO

Auch die unterlassene Berichtigung von Erklärungen nach § 153 AO gehört hierher. Erkennt nach dieser Vorschrift ein Steuerpflichtiger nachträglich vor Ablauf der Festsetzungsfrist,

1. daß eine von ihm oder für ihn abgegebene Erklärung unrichtig oder unvollständig ist und daß es dadurch zu einer Verkürzung von Steuern kommen kann oder bereits gekommen ist oder
2. daß eine durch Verwendung von Steuerzeichen oder Steuerstemplern zu entrichtende Steuer nicht in der richtigen Höhe entrichtet worden ist,

so ist er verpflichtet, dies unverzüglich anzuzeigen und die erforderliche Richtigstellung vorzunehmen. Von der Korrekturvorschrift des § 153 AO werden alle Erklärungen, die nach den Bestimmungen der Steuergesetze von Bedeutung sind, erfaßt, nicht nur Steuererklärungen.

Bei zusammenveranlagten Ehegatten ist nur derjenige aus § 153 AO verpflichtet, der die betreffenden Einnahmen erzielt hat, nicht der andere Ehegatte.

Die Verpflichtung trifft auch den Gesamtrechtsnachfolger eines Steuerpflichtigen und die nach den §§ 34 und 35 AO für den Gesamtrechtsnachfolger oder den Steuerpflichtigen handelnden Personen.

Gesamtrechtsnachfolger sind in erster Linie Erben und Nacherben. Sie müssen beispielsweise im Erbfall dem Finanzamt bisher unbekannte Einkunftsquellen, wie z. B. oft Kapitalvermögen, das

10 Samson, siehe Fußnote 9, zu § 370 AO, Rdnr. 99.

vor dem Tod des Erblassers steuerlich nicht erfaßt worden war, melden. Konkursverwalter müssen berichtigen, wenn sie Fehler in den Steuererklärungen entdecken, welche in die Konkursmasse fallende Steueransprüche betreffen.

Wenn dem steuerlichen Berater oder einem seiner Mitarbeiter bei der Bearbeitung der vollständigen und korrekten Unterlagen und Auskünfte seines Mandanten selbst ein Fehler unterlaufen ist, so muß er, nicht jedoch der Mandant, die Korrektur nach § 153 AO vornehmen. Ist dagegen der Steuerberater aufgrund von Unterlagen tätig geworden, die ihm in der berücksichtigten Form der Mandant übergeben hatte, und entdeckt der Berater später in diesen Unterlagen eine Unrichtigkeit, so genügt es, wenn er seinen Mandanten auf die Korrekturbedürftigkeit der Erklärung hinweist.[11]

Die Korrektur nach § 153 AO muß vor Ablauf der Festsetzungsfrist gemäß §§ 169 bis 171 AO der Finanzbehörde angezeigt werden; danach ist eine Korrektur nicht mehr möglich.

Nachträgliche Erkenntnis der Unrichtigkeit

Diese Anzeigepflicht nach § 153 Abs. 1 AO kommt aber nur bei nachträglicher Erkenntnis der Unrichtigkeit zum Zuge. Wußte der Steuerpflichtige schon bei Abgabe der Erklärung, daß sie fehlerhaft war, bildet bereits die Abgabe der unrichtigen oder unvollständigen Erklärung den Tatbestand einer vorsätzlichen Steuerverkürzung. Gleiches gilt, wenn der Steuerpflichtige die Fehlerhaftigkeit seiner Erklärung im Zeitpunkt ihrer Abgabe zwar noch nicht positiv kannte, jedoch diese Möglichkeit und ihre Folgen von vornherein billigend in Kauf genommen hatte.[12]

Leichtfertigkeit

Wenn die Unrichtigkeit der ursprünglichen Erklärung auf Leichtfertigkeit beruht, so begründet § 153 Abs. 1 AO die Anzeigepflicht bei nachträglicher Erkenntnis der Unrichtigkeit auch dann, wenn die Steuer schon zu niedrig festgesetzt worden ist und das hierfür ursächliche Verhalten des Steuerpflichtigen als leichtfertige Steuerverkürzung gemäß § 378 AO mit Geldbuße geahndet werden könnte.[13] Wer die Anzeigepflicht nach § 153 Abs. 1 AO nicht erfüllt, nachdem er die Unrichtigkeit seiner vorausgegangenen (unverschuldet, fahrlässig oder leichtfertig unrichtigen) Erklärung erkannt hat, macht sich der Steuerhinterziehung

---

11 Weyand, NWB Fach 2 S. 5259 ff. (Heft 23/1989).
12 OLG Hamm, Urt. vom 12. 1. 1959 (NJW 1959 S. 1504).
13 Samson, a.a.O., zu § 370 AO, Rdnr. 150.

schuldig, falls das Unterlassen mit dem Vorsatz erfolgt, dadurch weiterhin Steuereinnahmen zu verkürzen.[14]

Anzeige unverzüglich

Die Anzeige nach § 153 AO muß unverzüglich, d. h. ohne schuldhaftes Zögern, erstattet werden. Nimmt sich der Steuerpflichtige unangemessen lange Zeit, kann die verspätete Nacherklärung unter den Voraussetzungen des § 371 Abs. 2 AO noch als rechtzeitige Selbstanzeige wirken[15] und bei bereits eingetretener Steuerverkürzung unter den Voraussetzungen des § 371 Abs. 3 AO zur Straffreiheit führen.

Dispositionsänderung

Anzeigepflicht nach § 153 Abs. 2 AO besteht ferner, wenn die Voraussetzungen für eine Steuerbefreiung, Steuerermäßigung oder sonstige Steuervergünstigung nachträglich ganz oder teilweise wegfallen.

Beispiel

Grundbesitzer G hat ein Grundstück, auf dem ein Krankenhaus von G unterhalten wird. Dieser Grundbesitz ist nach § 4 Nr. 6 GrStG von der Grundsteuer befreit. G stellt den Betrieb des Krankenhauses ein und betreibt fortan in dem Gebäude ein Fremdenheim. Er unterläßt es, diese Änderung des Verwendungszwecks dem Finanzamt anzuzeigen, und zwar um weiterhin im Genuß der Grundsteuerbefreiung zu bleiben, von der er jedoch weiß, daß sie ihm nicht mehr zusteht.

Zölle und Verbrauchsteuern

Wer schließlich Waren, für die eine Steuervergünstigung unter einer Bedingung gewährt worden ist, in einer Weise verwenden will, die der Bedingung nicht entspricht, hat dies vorher der Finanzbehörde anzuzeigen (§ 153 Abs. 3 AO). Diese Konstellation liegt im Bereich der Zölle und Verbrauchsteuern.

Steuerzeichen/ Steuerstempler

Auch die pflichtwidrig unterlassene Verwendung von Steuerzeichen oder Steuerstemplern (§ 370 Abs. 1 Nr. 3 AO), so z. B. von Wechselsteuermarken oder Tabaksteuerbanderolen, gehört zu der Begehungsweise der Unterlassung.

14 BayObLG – RReg. 4 St 205/61 – vom 24. 8. 1961.
15 Siehe Kapitel 30.

3 Zu welchem Zeitpunkt ist der Steueranspruch verkürzt?

Veranlagungssteuern

Bei den Steuern, die durch Veranlagung festgesetzt werden, so namentlich bei der Einkommensteuer, der Körperschaftsteuer, der Umsatzsteuer, der Vermögensteuer, der Erbschaftsteuer, ist der Steueranspruch in dem Augenblick verkürzt, in dem zufolge der Tat ein geringerer Steuerbetrag festgesetzt wurde. Wird durch Unterlassen ein Steueranspruch verkürzt, so ist die Verkürzung eingetreten, wenn nach dem normalen finanzamtlichen Geschäftsgang entweder die Einzelveranlagung durchgeführt worden wäre (z. B. bei der Erbschaftsteuer) oder (z. B. bei der Einkommensteuer, Vermögensteuer) die gesamte Veranlagung des betreffenden Finanzamtsbezirks beendet worden wäre.[16] Zugunsten des Steuerpflichtigen wird dabei unterstellt, daß sein Fall zuletzt bearbeitet worden wäre. Auch bei der verspäteten Abgabe der Steuererklärung wird dies für die Beurteilung der Frage angenommen, ob die Feststellung verspätet ist.[17]

Abzugssteuern

Bei der Lohnsteuer, Umsatzsteuer und anderen sogenannten Selbstveranlagungssteuern oder Abzugssteuern ist der Augenblick maßgebend, in dem trotz Fristablaufs eine zu geringe oder überhaupt keine Steuerzahlung geleistet wurde.

Beispiel

Die Inhaberin eines Lebensmitteleinzelhandelsgeschäfts L gab wiederholt ihre Umsatzsteuer-Voranmeldungen, die zum 10. jeden Monats für den vorangegangenen Monat einzureichen waren, verspätet ab. Die von L geschuldeten Umsatzsteuer-Vorauszahlungen, die zum gleichen Termin zu entrichten waren, mußten vom Finanzamt regelmäßig beigetrieben werden. Im Mai betreffenden Jahres reichte L erstmals keine Voranmeldung mehr ein und leistete auch keine Vorauszahlung. Dieses Verhalten setzte L bis zum 10. September des betreffenden Jahres fort. Für die Monate April bis August wurde vom Finanzamt ein durchschnittlicher Monatsumsatz von 5465 DM ermittelt. Die für diesen Zeitraum zu zahlende Umsatzsteuer wurde auf insgesamt 865,75 DM festgesetzt.

---

16 RGSt 60, 307, 309; BGH-Urt. vom 25. 9. 1953 – 4 StR 249/53 (NJW 1953 S. 1841).

17 OLG Hamm, DStZ/B 1963 S. 162, BB 1963 S. 459 und 1964 S. 871.

Steuerunehrlichkeit

L wurde wegen fortgesetzter Steuerhinterziehung bestraft. Der Bundesgerichtshof[18] wies darauf hin, daß der Tatbestand der Steuerhinterziehung (in der Begehungsform der Verkürzung von Steuereinnahmen) nicht schon dadurch erfüllt wird, daß der Steuerpflichtige die Zahlung fälliger Steuerbeträge mit dem Bewußtsein unterläßt, hierdurch den rechtzeitigen Eingang der Steuer zu verhindern und demgemäß eine, wenn auch nur zeitweilige Steuerverkürzung herbeizuführen, sondern daß eine Steuerunehrlichkeit hinzukommen muß. Eine solche sah der BGH im vorliegenden Falle darin, daß L keine Umsatzsteuervoranmeldung abgegeben und dadurch das Finanzamt über das Bestehen und die Höhe ihrer Steuerpflicht in den Monaten April bis August des betreffenden Jahres in Unkenntnis gehalten hat.

4 Das sogenannte Kompensationsverbot

Steuerermäßigung aus anderen Gründen unerheblich

Für die Verkürzung von Steuern ist es ohne Bedeutung, ob der Steuerbetrag, der sonst festgesetzt wäre, aus anderen Gründen hätte ermäßigt oder der Vorteil aus anderen Gründen hätte beansprucht werden können (§ 370 Abs. 4 Satz 3 AO).

Beispiel

Steuerpflichtiger S hat Waren im Wert von 9000 DM im Wege des OR-Geschäfts an Käufer K verkauft. Der Gewinn in der Einkommensteuererklärung des S wurde infolgedessen um 9000 DM zu niedrig angegeben. Als dieses OR-Geschäft vom Finanzamt aufgedeckt wurde, berief sich S darauf, daß er für 9000 DM Benzin für seinen Betrieb von B gekauft, jedoch diesen Betrag nicht als sofort abziehbare Betriebsausgabe gebucht habe. Per Saldo wäre sein Gewinn daher nicht zu niedrig angegeben worden.

Keine nachträglichen vergessenen Betriebsausgaben!

Im vorstehenden Beispiel nutzt S der Hinweis auf die nicht gebuchte Betriebsausgabe wegen des sogenannten Kompensationsverbots in § 370 Abs. 4 Satz 3 AO nichts. Er hat sich vielmehr einer Steuerhinterziehung schuldig gemacht. Sinn dieser Regelung ist nach Ansicht von Tipke/Lang[19] der Verwaltungsvereinfachungseffekt; es braucht nicht der gesamte Steuerfall

18 BGH-Urt. vom 24. 9. 1953 – 4 StR 249/53 (NJW 1953 S. 1841).
19 Steuerrecht, 13. Aufl., 1991, Köln, S. 777.

noch einmal aufgerollt zu werden. Tipke/Lang halten dies allerdings rechtsstaatlich für bedenklich, weil es eine falsche Güterabwägung sei, wenn Verfahrensbequemlichkeit über Gerechtigkeit gestellt wird. Demgegenüber bringt nach Auffassung von Göggerle[20] das Kompensationsverbot einen im allgemeinen Strafrecht selbstverständlichen Grundsatz zum Ausdruck, daß ein Schadenseintritt durch eine vollendete Straftat nicht durch etwaige zugleich gegen das Opfer bestehende Ansprüche wertmäßig saldiert werden kann mit der Konsequenz, daß ein Schaden zu verneinen wäre.[21] Der Steuerpflichtige darf daher nach § 370 Abs. 4 Satz 3 AO auch im Steuerstrafrecht nicht den durch seine unrichtigen oder unvollständigen Angaben hinterzogenen Steuerbetrag mit solchen steuermindernden Tatsachen verrechnen, die ihm nach Entdeckung der Tat zur Kenntnis gelangen und im Besteuerungsverfahren zulässigerweise nachgeschoben werden könnten. So kann er z. B. verschwiegene Betriebseinnahmen, die zu einer Verkürzung der Einkommensteuer führten, nicht dadurch mit strafrechtlicher Wirkung ausgleichen, daß er vergessene Betriebsausgaben nachträglich geltend macht.

Weiteres Beispiel

Angeklagter A hatte durch Verschweigen zusätzlicher Einnahmen Steuerverkürzungen begangen. A hatte jedoch die Hälfte der Schwarzeinnahmen seinen Arbeitnehmern zum Ausgleich für deren harten Schichtdienst gezahlt.

Nach Auffassung des Bundesgerichtshofs[22] steht das Kompensationsverbot einer Berücksichtigung bei der Bemessung des Schuldumfangs jedenfalls dann nicht entgegen, wenn der Täter einen Teil seiner schwarzen Einnahmen zur Zahlung zusätzlicher Löhne verwendet hat, die Steuerminderung sich also wegen des engen wirtschaftlichen Zusammenhangs bei wahrheitsgemäßer Erklärung dieser Einkünfte ohne weiteres von Rechts wegen ergeben hätte.

Kein nachträglicher Abzug von Vorsteuern

Wurde Umsatzsteuer hinterzogen, so kann daher auch die Höhe des hinterzogenen Betrags nicht deshalb niedriger festgestellt werden, weil der Steuerpflichtige Vorsteuern hätte abziehen können.[23] Im Entscheidungsfall hatte das Landgericht den Steuer-

20 Siehe Fußnote 6.
21 Vgl. auch Samson, a.a.O., zu § 370 AO, Rdnr. 47.
22 BGH-Urt. vom 4. 5. 1990 (wistra 1991 S. 27, StBp 1991 S. 92).
23 BGH-Urt. vom 18. 4. 1978 – 5 StR 692/77 (BB 1979 S. 142).

pflichtigen wegen fortgesetzter Hinterziehung der Umsatz-, Einkommen- und Gewerbesteuer verurteilt. Die Höhe der hinterzogenen Beträge ermittelte es durch Schätzung der Besteuerungsgrundlagen, was vom BGH als rechtlich einwandfrei hingestellt wurde, weil Aufzeichnungen fehlten und die Steuererklärungen nachweislich unrichtig waren. Zur Berechnung der verkürzten Umsatzsteuer zog das Landgericht die Vorsteuern ab, die der Steuerpflichtige bei der Betriebsprüfung durch Unterlagen nachgewiesen hatte, ließ jedoch die Vorsteuern aus den Einkaufsbelegen, die er erst in der Hauptverhandlung vorlegte, wegen des Verbots des Vorteilsausgleichs unberücksichtigt. Die schädigenden Folgen eines steuerunehrlichen Verhaltens dürften nur bei den durch die unrichtigen Angaben des Steuerpflichtigen geschaffenen Besteuerungsgrundlagen geprüft werden. Auf neue Tatsachen, die der Steuerpflichtige dem Finanzamt nicht vorgetragen hatte und die eine Ermäßigung des Steueranspruchs hätten begründen können, kann er sich im Strafverfahren nicht berufen.

Steuervorteile, die dem Täter ohne weiteres von Rechts wegen zugestanden hätten, wenn er anstelle der unrichtigen die der Wahrheit entsprechenden Angaben gemacht hätte, sind ihm nur dann nicht vorzuenthalten, wenn sie mit den verschleierten steuererheblichen Tatsachen in einem unmittelbaren Zusammenhang stehen.[24] Im Streitfall unterlag auch der gemäß § 10d EStG n.F. nicht mehr nur auf Antrag vorzunehmende Abzug der Konkursverluste früherer Jahre dem Kompensationsverbot.

Nichtanwendung des Kompensationsverbots

Mit anderen Worten: Das Kompensationsverbot wird nicht angewendet, wenn die Steuer bereits aufgrund der ursprünglichen Angaben rechtlich zu ermäßigen gewesen wäre, so wenn beispielsweise ein Freibetrag nicht angesetzt worden ist, der Verlustabzug unterlassen worden ist, die Tabelle falsch angewendet worden ist.[25]

Hinterziehungszinsen

Das Kompensations- oder Vorteilsausgleichsverbot findet nach Auffassung des Finanzgerichts Köln[26] bei der Festsetzung von Hinterziehungszinsen im Falle einer Steuerverkürzung keine Anwendung. Denn Voraussetzung für eine Zinsverpflichtung nach § 235 AO ist, daß als Folge des gesetzwidrigen Verhaltens des

24 BGH-Urt. vom 26. 6. 1984 – 5 StR 332/84.
25 Tipke/Lang, Steuerrecht, 13. Aufl., 1991, S. 777 f.
26 FG Köln, Urt. vom 25. 5. 1988 (wistra 1988 S. 316).

Steuerhinterziehers das Steueraufkommen – zumindest zeitweise – gemindert wird. Das aber sei nicht der Fall, wenn sich die durch die Aufdeckung der Steuerhinterziehung erhöhende Steuer aus anderen Gründen tatsächlich wieder ermäßigt oder gar ganz entfällt. Eine wirkliche Hinterziehung von Steuern läge in diesen Fällen nicht vor.

5 Das Tatbestandsmerkmal der „steuerlich erheblichen Tatsachen“

Weiteres Tatbestandsmerkmal

Zum Verkürzungstatbestand gehört nach § 370 Abs. 1 AO, daß entweder über „steuerlich erhebliche Tatsachen“ unrichtige oder unvollständige Angaben gemacht werden (§ 370 Abs. 1 Nr. 1 AO) oder die Finanzbehörde pflichtwidrig über „steuerlich erhebliche Tatsachen“ in Unkenntnis gelassen wird (§ 370 Abs. 1 Nr. 2 AO). „Steuerlich erheblich“ können nur Tatsachen sein, die den Tatbestand einer auf den konkreten Steuerfall anzuwendenden Steuerrechtsnorm ausfüllen.[27] Der Steuerpflichtige ist jedoch nicht verpflichtet, sich der einschlägigen höchstrichterlichen Rechtsprechung oder den einschlägigen Verwaltungsanordnungen anzuschließen.[28] Der Begriff der „steuerlich erheblichen“ Tatsache dürfte im Beitreibungsverfahren Schwierigkeiten bereiten, soweit, was der Gesetzeswortlaut nicht ausschließt, eine Steuerhinterziehung auch in diesem Verfahrensabschnitt begangen werden kann.[29]

6 Präzisierung des verkürzten Steuerbetrags

Eigene Schätzungspflicht des Gerichts

Zur Bestrafung wegen Steuerhinterziehung muß die Höhe des verkürzten Steuerbetrags genau festgestellt und angegeben werden. „Es ist Pflicht des Tatrichters, die Höhe der Abgabenverkürzung so genau wie möglich festzustellen, da hiervon im wesentlichen auch das Ausmaß der Schuld abhängt. Verstöße gegen diese Pflicht begründen einen revisionsfähigen Sachmangel.“[30] Es besteht auch keine Bindung des Tatrichters an die von den Finanzbehörden ermittelten verkürzten Beträge, er darf sie auch nicht etwa unbesehen übernehmen. Selbst wenn das Finanzamt ge-

27 Kohlmann, Steuerstrafrecht, Köln, zu § 370 AO, Rdnr. 40.
28 Dazu Tipke, StbJb. 1972/73, S. 527.
29 Kohlmann, a.a.O., zu § 370 AO, Rdnr. 8.
30 BGH, Goltdammers Archiv 1964, 129.

schätzt hat, darf der Strafrichter nicht die Schätzungsergebnisse des Finanzamts ohne jede eigene Prüfung übenehmen und sie der Verurteilung zugrunde legen. „Das Schätzungsverfahren der Abgabenordnung ist weitgehend auf Vermutungen und Wahrscheinlichkeiten angewiesen. Es unterscheidet sich erheblich von der Schätzung, mit deren Hilfe auch der Strafrichter eine sichere Überzeugung gewinnen kann. Deshalb haben das Reichsgericht, der Bundesgerichtshof und der Bundesfinanzhof schon mehrfach ausgesprochen, daß der Strafrichter in solchen Fällen die Frage, ob und in welcher Höhe Steuern verkürzt worden sind, selbständig zu prüfen hat . . . Die Ermittlung des Gewinns, den der Angeklagte aus seinem Gewerbebetrieb erzielte, sowie die Feststellung des Gewerbekapitals und des Gewerbeertrags und die Feststellung der Umsätze können allerdings Schwierigkeiten bereiten, wenn der Angeklagte keinerlei Bücher geführt hat. In solchen Fällen kann der Tatrichter die volle Überzeugung vom Bestehen der Steueransprüche und ihre Höhe auch aufgrund eigener Schätzungen gewinnen, die unter Verwertung von Erfahrungssätzen, z. B. mit Hilfe der Ergebnisse vergleichbarer Betriebe,[31] diese Besteuerungsgrundlage mit einer zur Verurteilung hinreichenden Sicherheit finden lassen.“[32]

Bei der Hinterziehung von Körperschaftsteuer gehört zur Steuerverkürzung auch die auf die Barausschüttung entfallende anrechenbare Körperschaftsteuer in Höhe von $^9/_{16}$. Die Verkürzung umfaßt damit nicht nur die verdeckte Gewinnausschüttung, sondern auch die darauf entfallende anrechenbare Körperschaftsteuer (§ 20 Abs. 1 Nr. 1, Nr. 3, Abs. 3 EStG).[33] Selbstverständlich darf durch diese Berechnung keine Doppelbelastung eines Steuerzahlers durch Körperschaftsteuer einerseits und Einkommensteuer andererseits eintreten![34]

7 Das Tatbestandsmerkmal der Pflichtwidrigkeit

Steuerunehrlichkeit

Voraussetzung für die strafbare Steuerhinterziehung ist ferner eine in § 370 Abs. 1 Nrn. 2 und 3 AO ausdrücklich genannte, sich m.E. sinngemäß aber auch aus § 370 Abs. 1 Nr. 1 AO ergebende Pflichtwidrigkeit. Pflichtwidrig in diesem Sinne handelt der

31 Siehe Kapitel 18.
32 BGH-Urt. vom 1. 3. 1956 – 3 StR 462/55 (BStBl 1956 I S. 441).
33 BGH-Urt. vom 24. 1. 1990 (wistra 1990 S. 193 und StBp 1990 S. 284).
34 Bilsdorfer, StBp 1990 S. 284.

Steuerpflichtige allerdings nicht schon, wenn er die Entrichtung fälliger Steuerbeträge lediglich unterläßt, auch wenn es mit dem Vorsatz geschieht, dadurch den Eingang der Steuern weiter zu verzögern. Die Pflichtwidrigkeit i.S. des § 370 AO kann auch nicht durch gewaltsame Widerstandsleistung gegen die Beitreibung begründet werden. Hinzutreten muß vielmehr eine Steuerunehrlichkeit, die im Beitreibungsverfahren dann vorliegen kann, wenn der Täter durch Täuschungshandlungen und Irrtumserregung den Willen bestätigt, Vermögenswerte dem Zugriff der Steuerbehörde zu entziehen und dadurch unter Eingriff in den regelmäßigen Verlauf die Beitreibung zu vereiteln.[35]

8 Steuerverkürzung auf Zeit

Zins- oder Liquiditätsgewinn für den Steuerverkürzer

Will ein Steuerzahler nicht das Finanzamt durch Täuschung oder Unterlassung um die geschuldete Steuer auf Dauer bringen, sondern nur durch verzögerte oder überhaupt unterlassene Anmeldung und Zahlung von Steuern einen wirtschaftlichen Vorteil in Form eines Zins- oder Liquiditätsgewinns erlangen, so spricht man von Steuerverkürzung auf Zeit. Selbstverständlich ist die Unrechtsintensität dieses Sachverhalts nicht so gravierend wie bei der klassischen Steuerhinterziehung. Daher wurde von einigen Sachverständigen, Strafrechtslehrern und Angehörigen der beratenden Berufe gefordert, die bloße Zeitverkürzung in Form der Nichtabgabe von Steuererklärungen vom kriminellen Unrecht herabzustufen zur schlichten Ordnungswidrigkeit oder sogar nur mit den Mitteln des Verwaltungszwangs zu bekämpfen.

Einwendungen

Hiergegen wendet Bilsdorfer[36] ein, daß dann auch derjenige straffrei gestellt werden müßte, der einen bloßen Stundungseffekt durch konstante Abgabe unrichtiger Steueranmeldungen erreicht, was aber zu einer Aufweichung des Steuerhinterziehungsparagraphen führen würde. Ferner macht er auf die Schwierigkeiten aufmerksam, im einzelnen Fall ermitteln zu müssen, ob nun der Steuerzahler Steuern auf Zeit oder auf Dauer verkürzen wollte. Schließlich würden sich mehr oder weniger alle Steuerzahler, die wegen Hinterziehung belangt werden, darauf einlassen, sie hätten nur zeitweise die Steuerbeträge der Staatskasse vorenthalten wollen.

35 RG-Urt. vom 12. 12. 1935 – 5 D 567/35 (RStBl 1935 S. 1539).

36 Aktuelle Tendenzen des Steuerstrafrechts, DStZ 1985 S. 184 (189).

Es ist heute noch nicht erkennbar, ob der Gesetzgeber die Steuerverkürzung auf Zeit milder behandeln wird als die Steuerverkürzung auf Dauer. Im übrigen stehen in der Flexibilität des Strafrahmens gemäß § 370 AO sowie in den verschiedenen Möglichkeiten, den Fall wegen geringen Unrechtsgehalts oder geringen Schadens (§§ 153, 153a StPO, § 398 AO) einzustellen, den Strafverfolgungsbehörden und den Gerichten genügend Mittel zur Verfügung, eine angemessene Strafe zu finden oder von ihr ganz abzusehen.

9 Verhältnis des Gestaltungsmißbrauchs zur Steuerhinterziehung

Gestaltungsmißbrauch nicht ohne weiteres strafbar

Die Annahme eines steuerlichen Gestaltungsmißbrauchs im Sinne des § 42 AO (Steuerumgehung) bedingt noch nicht die Strafbarkeit der Initiatoren der zugrundeliegenden Gestaltung. Hinzukommen muß vielmehr die Relevanz im Sinne der Strafvorschriften, also insbesondere eine unvollständige Information des Finanzamts. Eine Steuerumgehung kann auch erfüllt sein, wenn das Finanzamt genau über den Sachverhalt informiert worden ist; dann liegt eben keine Steuerhinterziehung vor.

Die Einschaltung einer ausländischen Kapitalgesellschaft (Basisgesellschaft) ist – ungeachtet ihrer zivilrechtlich zu beurteilenden Rechtsfähigkeit – steuerrechtlich noch nicht ohne weiteres ein Rechtsmißbrauch im Sinne von § 42 AO. Nach ständiger Rechtsprechung des BFH[37] erfüllt die Zwischenschaltung von Basisgesellschaften im niedrig besteuernden Ausland den Tatbestand des Gestaltungsmißbrauchs nur, wenn für die Einschaltung wirtschaftliche oder sonst beachtliche Gründe fehlen und wenn die Gesellschaften keine eigene wirtschaftliche Tätigkeit entfalten. Erfolgte die Zwischenschaltung allein vor dem Hintergrund der Steuerersparnis, so scheidet eine steuerliche Anerkennung von vornherein aus.[38]

37 Vgl. etwa BFH in BStBl 1986 II S. 496.

38 Vgl. auch BGH in wistra 1990 S. 307 und StBp 1991 S. 11.

Kapitel 25: Das alternative objektive Tatbestandsmerkmal des Erlangens nicht gerechtfertigter Steuervorteile

Dieser Tatbestand ist überflüssig!

Steuerhinterziehung kann auch durch „Erlangen eines nicht gerechtfertigten Steuervorteils für sich oder einen anderen" (§ 370 Abs. 1 AO) verwirklicht werden. Da aber auch das Erlangen jedes ungerechtfertigten Steuervorteils in eine Verkürzung der geschuldeten Steuer einmündet, ist dieser zweite Tatbestand in § 370 Abs. 1 AO schlicht überflüssig.

„Luftgeschäfte"

Steuervorteile im Sinne dieser Tatbestandsalternative sind auch Steuervergütungen, wie § 370 Abs. 4 Satz 2 Halbsatz 1 AO besagt. Hierunter fällt auch die Vortäuschung von Warenbezügen und ihrer Weiterlieferung im Wege der nach § 4 Nr. 1 UStG steuerfreien Ausfuhrlieferungen, die zum Zweck der mißbräuchlichen Erlangung von Vorsteuerabzugsbeträgen erfolgt, sog. Luftgeschäfte. So wenn z. B. ein Steuerpflichtiger die ungerechtfertigte Erstattung von Vorsteuern im Rahmen von Steueranmeldungen beantragt, die sowohl wirkliche als auch erdachte Steuervorgänge zum Gegenstand haben: hier ist der Tatbestand des Betrugs deshalb nicht anzuwenden.[39]

Aber welche anderen Steuervorteile außer den Steuervergütungen meint der Gesetzgeber sonst noch?

Kohlmann[40] grenzt überzeugend dahin ab, daß Steuervorteil im Sinn des § 370 AO jeder Vorteil ist, der sich nicht als Kehrseite der zu niedrigen oder verspäteten Festsetzung oder der Nichtentrichtung der geschuldeten Steuer bei Fälligkeit ergibt und der dem Steuerpflichtigen von der Finanzbehörde eingeräumt wird.

Hierunter fallen:

- Verbindliche Zusagen aufgrund einer Außenprüfung;
- Gewährung von Stundungen und von Zahlungsaufschub;
- Abweichende Festsetzung und Erlaß einer Steuerschuld aus Billigkeitserwägungen;

---

39 BGH-Urteile vom 22. 4. 1975 – 1 StR 592/74 (MDR 1975 S. 947) und vom 9. 10. 1979 – 5 StR 586/79 (UStR 1980 S. 114).

40 A.a.O., zu § 370 AO, Rdnr. 167.

- Aussetzung der Vollziehung;
- Erstattung von Steuern;
- Gewährung von Nachsicht;
- Zurücknahme einer Verfügung;
- Rücknahme und Änderungen von Bescheiden;
- Vergünstigungen im Vollstreckungsverfahren wie einstweilige Einstellung der Zwangsvollstreckung;
- Eintragung von Freibeträgen auf der Lohnsteuerkarte;
- Anerkennung förderungswürdiger Zwecke nach § 10b EStG;
- Verlängerung einer Steuererklärungsfrist;
- Ermäßigung des Steuersatzes.

Kompensationsverbot auch hier

Das im Kapitel 24 ausführlich behandelte Kompensationsverbot des § 370 Abs. 4 Satz 3 AO, wonach es dem Steuerhinterzieher nichts nutzt, daß der Steuervorteil auch aus anderen Gründen hätte beansprucht werden können, gilt auch hier. So hat der Bundesgerichtshof[41] entschieden, daß ein Steuervorteil auch dann ungerechtfertigt ist, wenn er zwar aufgrund unrichtiger Angaben gewährt worden ist, bei zutreffender Sachverhaltsermittlung aber ebenfalls hätte gewährt werden können oder müssen.

Beispiel

X beantragt bei seinem Finanzamt Stundung seiner Einkommensteuerzahlung. Das Finanzamt will die Stundung gegen Sicherheit gewähren und nimmt dafür einen Wechsel von X an. Der hingegebene Wechsel ist jedoch wertlos, wie sich später herausstellt. Die Wertlosigkeit des Wechsels war X bei Hingabe an das Finanzamt bekannt. Die Stundung wäre dem X auch ohne Sicherheit gewährt worden, weil er vermögend ist.

Erschlichene Steuerstundung

Hier ist ein nicht gerechtfertigter Steuervorteil erschlichen. Es liegt vollendete Steuerhinterziehung vor. Daß die Stundung dem X auch ohne Wechselhingabe gewährt worden wäre, ändert

41 BGH-Urt. in NJW 1962 S. 2311.

nichts an der Strafbarkeit.[42] Eine Steuerhinterziehung wäre auch gegeben, wenn X durch bewußt falsche Angaben einen Steuerbetrag erlassen erhält oder Einstellung der Zwangsvollstreckung erreicht dadurch, daß er einen fingierten Vertrag über die Sicherungsübereignung seiner gesamten Wohnungseinrichtung vorlegt.[43] Eine Steuerhinterziehung liegt aber nicht vor, wenn der Steuerschuldner einen Gegenstand, den er dem Finanzamt sicherungshalber wegen Steuerschulden übereignet hat, an gutgläubige Dritte weiterveräußert.[44]

Ratschlag:

Einen Zahlungsaufschub erreichen Sie durch einen Antrag auf Stundung der Steuern nach § 222 AO reibungsloser als im Wege der Zahlung der Steuer mit ungedeckten Schecks. Denn im letzteren Falle droht Strafbarkeit wegen Steuerhinterziehung. Die Stundung kostet allerdings ihren Preis. Für die Dauer einer gewährten Stundung von Ansprüchen aus dem Steuerschuldverhältnis werden Zinsen erhoben. Die Zinsen betragen für jeden Monat ½ v. H. (§ 238 AO). Aber das ist immer noch weniger als womöglich eine saftige Geldstrafe. Selbstverständlich muß der Stundungsantrag seinerseits auf wahren Angaben beruhen.

Steuerunehrlichkeit im Beitreibungsverfahren

In Form der Vorteilserschleichung werden Steuern ferner hinterzogen, und zwar in Tateinheit mit Meineid, wenn ein Steuerschuldner beim Leisten des Offenbarungseids eine Forderung, die zur Befriedigung des Finanzamts hätte führen können, verschwiegen hat. Eine Steuerunehrlichkeit kann nämlich auch noch im Beitreibungsverfahren begangen werden, wenn der Täter durch Täuschungshandlungen Vermögenswerte dem Zugriff der Steuerbehörde entziehen und dadurch unter Eingriff in den regelmäßigen Verlauf eine Beitreibung praktisch vereiteln will.[45]

Abgrenzung gegenüber Betrug und Subventionsbetrug

Die nicht gerechtfertigte Steuervorteilserlangung ist vom Tatbestand des Betrugs (§ 263 StGB) einerseits und von dem des

42 RG 60/98; RG in RStBl 1937 S. 387.
43 RG in RStBl 1936 S. 1060 und 1938 S. 889.
44 AG Mannheim, rechtskr. Urt. vom 2. 1. 1964 (BB 1965 S. 233).
45 RG-Urt. vom 29. 8. 1938 (RStBl 1938 S. 889).

Subventionsbetrugs (§ 264 StGB) andererseits abzugrenzen, weil die Strafandrohungen dieser Vorschriften, aber auch die Möglichkeiten, Strafbefreiung durch Rücktritt bzw. Selbstanzeige zu erlangen, unterschiedlich sind. Im Fall einer Investitionszulage nach § 19 BerlinFG wird die Vergünstigung ohne Rücksicht auf das Steuerschuldverhältnis und die individuelle Steuerschuld gewährt. Deshalb handelt es sich hier nicht um einen Steuervorteil, und § 370 AO ist bei unberechtigter Inanspruchnahme solcher Zulagen nicht anwendbar.[46]

In der nicht gerechtfertigten Erhöhung des Kürzungsanspruchs nach § 1 BerlinFG sieht die herrschende Meinung eine Steuerverkürzung nach § 370 AO, während Fuhrhop[47] diesen Anspruch für unabhängig von der Steuerschuld und daher hier nur § 263 StGB (Betrug) oder § 264 StGB (Subventionsbetrug) für anwendbar hält.

Vortäuschung der Vorsteuerabzugsberechtigung

Keine Steuerstraftat, sondern Betrug liegt vor, wenn der gesamte steuerliche Vorgang nur erfunden wurde, so insbesondere auf dem Gebiet der Umsatzsteuer, wenn überhaupt kein Unternehmen besteht, aber Vorsteuerabzugsberechtigung vorgetäuscht wird. Täuscht aber ein (tatsächlich existierender) Unternehmer gegenüber der Finanzbehörde steuerlich erhebliche Tatsachen vor, die zu einer Vorsteuererstattung führen sollen, so ist eine Steuerhinterziehung (und nicht Betrug) auch dann zu bejahen, wenn der Unternehmer keine Umsätze getätigt hat und der steuerliche Vorgang insgesamt erfunden ist.[48]

Schließlich muß der Täter den nicht gerechtfertigten Steuervorteil „für sich oder einen anderen“ erlangt haben.

46 Fuhrhop, NJW 1980 S. 1261.
47 Siehe Fußnote 46.
48 BGH-Urt. vom 1. 2. 1989 – 3 StR 179/88.

Kapitel 26: Vorsatz als subjektive Seite der Steuerhinterziehung

Soll ein Steuerpflichtiger wegen Steuerhinterziehung bestraft werden, muß er vorsätzlich gehandelt haben und der Vorsatz ihm bewiesen werden.

1 Was umfaßt der Vorsatz beim Delikt der Steuerhinterziehung?

Wissen und Wollen aller Tatbestandsmerkmale

Vorsatz, neben der Fahrlässigkeit die wichtigste Schuldform, bedeutet Wissen und Wollen aller Tatbestandsmerkmale und ihrer Verwirklichung. Der Täter muß sich seines Tuns und dessen Folgen bewußt gewesen sein. Er muß auch sein Verhalten und die dadurch verursachte Steuerverkürzung[49] gewollt haben. Der Nachweis des vorsätzlichen Handelns ist unerläßlich für eine Verurteilung wegen Steuerhinterziehung. Kann dem Beschuldigten Vorsatz nicht nachgewiesen werden, so kann er nicht wegen Steuerhinterziehung bestraft werden. Das Gericht darf dann aber auch nicht ohne weiteres Fahrlässigkeit annehmen und wegen leichtfertiger Steuerverkürzung nach § 378 AO eine Geldbuße verhängen. Die Verneinung des Vorsatzes enthebt nicht der Notwendigkeit, das Vorliegen der Fahrlässigkeit oder Leichtfertigkeit besonders zu prüfen.

Auch bedingter Vorsatz

Vorsätzlich handelt nicht nur, wer absichtlich handelt, vorsätzlich handelt auch, wer die Folgen seiner Handlung nur als möglich voraussieht, die Tat als solche jedoch trotzdem will, die Folgen also billigt oder in Kauf nimmt. Man spricht in diesem Fall von bedingtem Vorsatz („dolus eventualis“ im Gegensatz zum „dolus directus"). Bei der Steuerhinterziehung genügt der bedingte Vorsatz. Dabei ist die Grenze zur bewußten Fahrlässigkeit manchmal schwer zu ziehen.

Beispiel

Kleingewerbetreibender K, der seinen Betrieb gerade erst aufgemacht hat und in geschäftlichen Dingen noch sehr unerfahren ist, nimmt an, sein Lehrling führe die Lohnsteuer für die zwei Arbeitnehmer des K vorschriftsmäßig an das

---

49 Siehe Kapitel 24.

Finanzamt ab. Bei einer späteren Lohnsteueraußenprüfung stellt sich heraus, daß die Lohnsteuer nicht vorschriftsmäßig einbehalten, angemeldet und abgeführt worden ist. Hat K von vornherein an diese Möglichkeit gedacht, sie aber für ausgeschlossen gehalten und innerlich abgelehnt, so hat er bewußt leichtfertig gehandelt und kann wegen leichtfertiger Steuerverkürzung belangt werden. Hat K dagegen die Möglichkeit der unvorschriftsmäßigen Einbehaltung und Abführung der Lohnsteuer von vornherein in Kauf genommen, so liegt bedingter Vorsatz vor und K kann wegen Steuerhinterziehung bestraft werden.

Eigene abweichende Rechtsauffassung kenntlich machen!

Ratschlag:

Bedingter Vorsatz liegt nicht schon deshalb vor, weil der Steuerpflichtige weiß und in Kauf nimmt, daß ein Finanzgericht die Steuerpflicht eines Sachverhalts möglicherweise anders beurteilen wird, als in der Steuererklärung zum Ausdruck kommt. Der Steuerpflichtige braucht sich auch nicht der Verwaltungsauffassung oder der höchstrichterlichen Rechtsprechung zu fügen, ist aber zur sicheren Vermeidung von steuerstrafrechtlichen Konsequenzen gut beraten, seine eigene Rechtsauffassung in der Steuererklärung oder in den der Steuererklärung beigefügten Unterlagen kenntlich zu machen.[50]

Vorsatzmerkmale

Der Vorsatz beim Delikt der Steuerhinterziehung muß ziemlich viel umfassen:

- Die Kenntnis des steuerlich wirkungsvollen Sachverhalts und das Wissen, daß durch diesen Sachverhalt ein Steueranspruch entstanden ist.
- Das Wissen und Wollen einer Verletzung der dem Betreffenden nach den Steuergesetzen obliegenden Pflichten. Dazu gehört auch das Bewußtsein, für die Erfüllung der Steuerpflichten verantwortlich zu sein, z. B. auch als Bevollmächtigter.[51]

---

50 Vgl. Irrgang, DB 1988 S. 781: Steuerhinterziehung durch Abweichung von der Auffassung der Finanzverwaltung oder höchstrichterlicher Rechtsprechung?

51 RG-Urt. vom 22. 9. 1930 (JW 1931 S. 313 Nr. 12).

- Das Wissen und Wollen, daß infolgedessen der Steueranspruch zu niedrig oder zu spät festgesetzt wird.
- Das Bewußtsein der Rechtswidrigkeit als eine neben dem Vorsatz stehende Schuldvoraussetzung.

Parallelwertung der Tat in der Laiensphäre des Täters

Zum Vorsatz und damit zur Kenntnis aller Tatumstände ist aber nicht etwa erforderlich, daß der Täter genaue Rechtskenntnisse – auch Steuerrechtskenntnisse – hat und sein Verhalten unter den gesetzlichen Tatbestand subsumiert hat. Würde dies verlangt, so könnten nur Juristen, Steuerberater und ähnliche Personen wegen Steuerhinterziehung bestraft werden. Es genügt vielmehr, daß sich der Täter im Rahmen seiner Lebenserfahrung bewußt wird, etwas Unerlaubtes zu tun („Parallelwertung der Tat in der Laiensphäre des Täters").

2 Strafverfahrensrechtliche Besonderheiten

Überzeugungsbildung des Strafrichters

Der Strafrichter muß sich vor der Verurteilung eines Steuerhinterziehers selbst die volle Überzeugung von der Schuld des Angeklagten gebildet haben. Er muß also unter eigener Verantwortung einen Sachverhalt festgestellt haben, aus dem sich die schuldhafte Verletzung der Steuervorschriften ergibt (§ 261 StPO).[52] Daher darf der Strafrichter die vom Finanzamt zum Zweck der Steuerermittlung vorgenommene Schätzung nicht unbesehen übernehmen.[53]

Aussetzung des Strafverfahrens

Hängt die Beurteilung der Tat als Steuerhinterziehung davon ab, ob ein Steueranspruch besteht, ob Steuern verkürzt oder nicht gerechtfertigte Steuervorteile erlangt sind, so kann das Strafverfahren ausgesetzt werden, bis das Besteuerungsverfahren rechtskräftig abgeschlossen ist (§ 396 Abs. 1 AO). Insbesondere im Zusammenhang mit den Parteispendenverfahren ist in den letzten Jahren heftig kritisiert worden, daß die Strafgerichte § 396 AO zu ignorieren pflegen, weil sie meinen, steuerliche Fragen unter Anwendung anerkannter Auslegungsmethoden des allgemeinen Rechts ebensogut beurteilen zu können wie Finanzrichter. Hierin sehen manche[54] eine offenbare Selbstüberschätzung der Strafrichter.

---

52 BGH-Urt. in NJW 1953 S. 872 Nr. 14 a. E.; RGSt 1968, 45, 57.
53 BGH-Urt. vom 30. 5. 1967 – 1 StR 150/67 (BB 1967 S. 948).
54 Z. B. Blumers, DB 1983 S. 1571; Meilicke, BB 1984 S. 1885.

Beweislast

Ein wichtiges Detail aus dem Steuerstrafverfahrensrecht! Wie im allgemeinen Strafprozeß muß auch im Steuerstrafprozeß nicht der Angeklagte oder Beschuldigte seine Unschuld beweisen, sondern das Gericht muß beweisen, daß der Angeklagte oder Beschuldigte die Steuer verkürzt hat und dies schuldhaft getan hat.

Keine Schwarzgeldvermutung

Ratschlag: [55]

Möchte die Bustra (Bußgeld- und Strafsachenstelle des Finanzamts) Sie in die Enge treiben, indem sie behauptet, der von Ihnen am Tage X in das Unternehmen eingelegte Betrag in Höhe von 35 000 DM stamme aus Schwarzgeld, so brauchen Sie wegen der Herkunft des eingelegten Betrags keinen Beweis dahin zu führen, daß es sich hierbei nicht um unverbuchte Betriebseinnahmen gehandelt hat. Vielmehr ist es Sache der Bustra, in unangreifbarer Weise nachzuweisen, daß der Betrag von 35 000 DM unversteuert am Betrieb vorbeigeflossen ist, bevor er in Eigenkapital umgemünzt wurde. Gelingt es der Bustra nicht, diese Kausalkette anhand von in der Buchführung nicht erfaßten Ausgangsrechnungen, der Gutschrift von Kundenschecks auf einem Privatkonto usw. sichtbar zu machen bzw. einwandfrei darzustellen, so können Sie steuerstrafrechtlich nicht belangt werden. Dann müssen Sie nicht erst auf die Spielbankgewinne hinweisen, die in der Praxis so oft dafür herhalten müssen, wenn für die Besteuerung die Herkunft von Einlagen geklärt werden muß.

3 Tatbestandsirrtum und Verbotsirrtum

Nichtkenntnis der Tatumstände

Wer bei Begehung der Tat einen Umstand nicht kennt, der zum gesetzlichen Tatbestand gehört, handelt nicht vorsätzlich; die Strafbarkeit wegen fahrlässiger Begehung bleibt unberührt (§ 16 Abs. 1 StGB). Da § 16 StGB auch für das Steuerstrafrecht gilt (§ 369 Abs. 2 AO), dürfen dem Steuersünder und dem vermeintlichen Steuersünder die Tatumstände nicht zugerechnet werden, die er bei Begehung einer Steuerverkürzung nicht kannte. Er handelte insoweit nicht vorsätzlich. Dabei sind unter „Tatumstän-

55 So Dewein, Betriebsprüfung, Loseblattzeitschrift, Rudolf Haufe Verlag, Freiburg, Gruppe 3.6 S. 35.

de“, die der Steuersünder nicht kennt, nicht nur die Merkmale zu verstehen, an die das Gesetz die Steuerpflicht knüpft. Er muß darüber hinaus auch wissen oder doch für möglich halten, daß sich an einen ihm bekannten Tatbestand eine Steuerpflicht knüpft. Kennt also jemand zwar alle Merkmale des gesetzlichen Tatbestandes – einschließlich derjenigen, an die das Gesetz im konkreten Fall eine Steuerpflicht knüpft –, weiß er aber nicht, daß sich an die Tatbestandsmerkmale eine Steuerpflicht knüpft, so liegt ein Tatbestandsirrtum vor, nicht ein Verbotsirrtum. Er kann dann nicht wegen Steuerhinterziehung bestraft werden, auch dann nicht, wenn die Unkenntnis schuldhaft verursacht ist. Es käme aber eine Bestrafung wegen fahrlässiger Steuerverkürzung (§ 378 Abs. 1 AO) in Frage.

Beispiel

Privatmann P hat einen Pkw am 15. September 1987 für 10 000 DM gekauft und am 3. Februar 1988 für 20 000 DM weiterverkauft. P weiß nicht, daß Gewinne aus der Anschaffung und Weiterveräußerung von beweglichen Sachen innerhalb einer Frist von sechs Monaten als sog. Spekulationsgewinne der Einkommensteuer unterliegen (§ 23 EStG), und versteuert daher die 10 000 DM Gewinn aus dem Verkauf des Pkw nicht. P ist hier einem Tatbestandsirrtum unterlegen. Dieser Irrtum kann ihm strafrechtlich nicht zur Last gelegt werden. Welcher Privatmann weiß heutzutage schon, daß der Kauf und der Verkauf eines Autos ein Spekulationsgeschäft sein kann, das der Einkommensteuer unterliegt? Bei der Vielzahl der steuerrechtlichen Vorschriften, ihrer Kompliziertheit und ihren dauernden Änderungen können an die Kenntnisse eines Privatmanns nicht dieselben Anforderungen gestellt werden wie an die Kenntnisse eines Steuerfachmanns oder Unternehmers. P kann nach allem weder wegen Steuerhinterziehung noch wegen fahrlässiger Steuerverkürzung bestraft werden, zumal eine Ahndung wegen fahrlässiger Steuerverkürzung Leichtfertigkeit erfordert. P geht straffrei und bußgeldfrei aus; selbstverständlich muß er die Steuern auf diesen Sachverhalt bezahlen.

Weiteres Beispiel

Auch bei der irrigen Annahme eines Steuerzahlers, die Bundesrepublik Deutschland habe in einem Doppelbesteuerungsabkommen auf ihr Recht, bestimmte Einkünfte zu besteuern, verzichtet, handelt es sich um einen Tatbestandsirrtum hinsichtlich des inländischen Steueranspruchs, der den Vorsatz der Steuerhinterziehung ausschließt.[56]

Für Verbotsirrtum im Steuerstrafrecht wenig Raum

Faßt man den Begriff der „Tatumstände“ im Sinne des § 16 StGB, des Irrtumsparagraphen, so weit auf, wie es die Rechtsprechung tut, und sieht man auch den Irrtum über das Bestehen eines Steueranspruchs als Tatbestandsirrtum im Sinne des § 16 StGB an, so bleibt für den sogenannten Verbotsirrtum im Steuerstrafrecht nur noch wenig Raum. Er hat seinen Niederschlag in § 17 StGB gefunden: „Fehlt dem Täter bei Begehung der Tat die Einsicht, Unrecht zu tun, so handelt er ohne Schuld, wenn er diesen Irrtum nicht vermeiden konnte. Konnte der Täter den Irrtum vermeiden, so kann die Strafe nach § 49 Abs. 1 StGB gemildert werden.“

Der Steuerrechtsirrtum ist immer Tatbestandsirrtum und schließt damit nach § 16 Abs. 1 StGB eine Bestrafung wegen Steuerhinterziehung aus. War der Steuerrechtsirrtum verschuldet, so kommt nach § 16 Abs. 2 StGB eine Ahndung wegen fahrlässiger Steuerverkürzung nach § 378 Abs. 1 AO in Betracht. Da die grob fahrlässige (leichtfertige) Steuerverkürzung ab 1. Oktober 1968 von einem Vergehen in eine Ordnungswidrigkeit herabgestuft worden ist, kann bei derartigem fahrlässigen Tatbestandsirrtum keine Strafe mehr verhängt, sondern nur eine Geldbuße festgesetzt werden.

Irrtum über Rechtssätze außerhalb des Steuerrechts

Es gibt aber Rechtssätze außerhalb des Steuerrechts, über deren Bestehen oder Anwendbarkeit der Steuersünder geirrt haben könnte. Dann liegt ein Verbotsirrtum vor. Ist er entschuldbar, so schließt er die Schuld des vermeintlichen Steuersünders überhaupt aus. Er bleibt straffrei. War die Unkenntnis des Verbotenseins dagegen verschuldet, so ist der Täter aus dem Strafrahmen des vorsätzlichen Delikts zu bestrafen. Da jedoch durch den Verbotsirrtum die Schuld gemindert ist, soll auch die Strafe gemildert werden können.

---

56 BayObLG in wistra 1990 S. 202 und StBp 1990, S. 284.

Beispiel

Angestellter A bei Firma F hat Erlöse aus nicht verbuchten Verkäufen für sich verwendet. Er hat die durch Untreue gegen ihn entstandene Schadensersatzforderung in der Bilanz der F nicht aktiviert. Darin ist eine Steuerverkürzung zu sehen. Die Aktivierung war dem A zuzumuten. Eine straflose Nachtat hinsichtlich des Steuervergehens der nicht verbuchten Verkäufe liegt nicht vor. Hatte sich A über die Rechtspflicht zur Aktivierung geirrt, so ist das ein steuerrechtlicher Tatbestandsirrtum. War A dagegen der Meinung, die Aktivierung sei ihm nicht zuzumuten gewesen, so unterlag er einem Verbotsirrtum nichtsteuerlicher Natur.

Garantenstellung

Aber nur wer selbst aufgrund seines zum Steuerpflichtigen begründeten Vertragsverhältnisses, z. B. als Buchhalter oder die Buchführung besorgender Steuerberater, eine besondere Beziehung zu dem durch die Steuerhinterziehungsvorschrift geschützten Rechtsgut besitzt, also eine Stellung als „Garant" innehat, ist aus Anlaß seines pflichtwidrigen Vorverhaltens zum Handeln verpflichtet. Ist daher z. B. ein Angestellter ausschließlich im Einkauf tätig gewesen und ist er also kein „Garant" im vorgenannten Sinne, so trifft ihn aufgrund seines strafbaren Vorverhaltens (Untreue gegenüber dem Arbeitgeber) nicht die Pflicht, durch die Einschaltung dritter Personen für die Aktivierung des ihm gegenüber bestehenden Schadensersatzanspruchs zu sorgen, weil er sich damit selbst hätte bezichtigen müssen und sich der Gefahr strafrechtlicher Verfolgung wegen seines Vorverhaltens ausgesetzt hätte.[57]

Im Zweifelsfall Auskunft bei sachverständiger Stelle

Vom potentiellen Steuerzahler wird seitens der Rechtsprechung verlangt, daß er im Zweifelsfall Auskunft bei sachverständiger Stelle einholt. Regelmäßig wird daher die Berufung auf einen Verbotsirrtum nicht viel nutzen. Er wird in den meisten Fällen für vermeidbar gehalten. Aber nicht immer! Kennt ein Steuerpflichtiger zu einer umstrittenen Steuerrechtsfrage nur die Entscheidungen eines OLG und anderer Unterinstanzen, die im Sinne seiner – unrichtigen – Rechtsauffassung ergangen sind, so könnte darin ein unvermeidbarer Verbotsirrtum liegen. Anders aber, wenn dem Steuerzahler zwar eine andere Entscheidung eines oberen Gerichts mit entgegengesetzter Meinung bekannt ist, er

57 BGH-Urt. vom 7. 11. 1973 I R 92/72 (BStBl 1974 II S. 125).

aber dennoch im Sinne seiner – unrichtigen – Auffassung handelt; hier ist die Möglichkeit eines vermeidbaren Irrtums über die Rechtswidrigkeit der Handlung in die Nähe gerückt.[58]

Allerdings schreibt die Abgabenordnung nicht vor, daß steuerrechtliche Laien sich eines Steuerberaters bedienen müssen (vgl. § 80 Abs. 1 Satz 1 AO: „kann"). Folglich kann nach früherer, aber inzwischen wohl aufgegebener Meinung von Tipke[59] ein Steuerpflichtiger keine leichtfertige Steuerverkürzung begehen, weil er keinen Steuerberater zugezogen hat. Wären alle Laien erkundigungspflichtig, so müßten nach Meinung von Tipke die Finanzbehörden fast alle Steuererklärungen, bei denen steuerberatende Berufe nicht mitgewirkt haben, an die Strafsachenstellen weitergeben und auch im Besteuerungsverfahren von der Unrichtigkeit der Laienerklärungen ausgehen.

Kapitel 27: Die Stadien der Steuerhinterziehung

So wie im allgemeinen Strafrecht ist auch für die Steuerhinterziehung zu unterscheiden zwischen der Vollendung der Tat, dem Versuch der Tat und den Vorbereitungshandlungen zur Tat.

1 Vollendung der Steuerhinterziehung

Veranlagungssteuern

Bei den Steuern, die durch Veranlagung festgesetzt werden, also den sogenannten Veranlagungssteuern (z. B. Einkommensteuer, Körperschaftsteuer, Vemögensteuer, Umsatzsteuer, Grunderwerbsteuer, Erbschaftsteuer), ist die Steuerhinterziehung vollendet, wenn nach den aufgrund des Verhaltens des Steuerpflichtigen geschaffenen Besteuerungsgrundlagen ein geringerer Steuerbetrag festgesetzt oder ein Vorteil zu Unrecht gewährt oder belassen worden ist.[60] Dabei kommt es nicht darauf an, ob der Steuerbescheid schon rechtskräftig ist oder nicht. Will der Täter den Steueranspruch durch Unterlassen verkürzen, so ist für den Eintritt der Verkürzung der Augenblick maßgebend, zu dem nach

58 OLG Bremen, NJW 1960 S. 163 f.

59 Steuerrecht, 11. Aufl., 1987 S. 686; anders wohl Tipke/Lang, Steuerrecht, 13. Aufl., 1991, S. 783.

60 BGH-Urt. vom 3. 6. 1954 3 StR 302/53 (BStBl 1955 I S. 359).

dem normalen finanzamtlichen Geschäftsgang entweder die Veranlagung durchgeführt worden wäre (z. B. bei der Erbschaftsteuer, der Grunderwerbsteuer usw.) oder – so bei der Einkommensteuer, Körperschaftsteuer, Vermögensteuer usw.– die gesamte Veranlagung des betreffenden Finanzamtsbezirks beendet worden wäre. Bei der Lohnsteuer, den Umsatzsteuervorauszahlungen und anderen sog. Fälligkeitssteuern kommt es auf den Moment an, in dem trotz Fristablaufs eine zu geringe oder überhaupt keine Steuerzahlung geleistet wurde.

Fälligkeitssteuern

In diesen Zeitpunkten ist die Verkürzung eingetreten, die Steuerhinterziehung vollendet.

2 Versuch der Steuerhinterziehung

Was zeitlich vor der Vollendung einer Steuerhinterziehung liegt, kann versuchte Steuerhinterziehung sein.

Beispiel

Unternehmer U hat einen an ihn gelieferten Schreibtisch, dessen Anschaffungskosten 950 DM betragen, und ein an ihn geliefertes Regal, dessen Anschaffungskosten 530 DM betragen, mit 760 DM (Schreibtisch) und rnit 720 DM (Regal) als sofort abzugsfähige Betriebsausgaben (vgl. § 6 Abs. 2 EStG) gebucht, seinen steuerlichen Gewinn für den betreffenden Veranlagungszeitraum entsprechend gemindert, diesen Gewinn in sein Einkommensteuer-Erklärungsformular eingesetzt und den Einkommensteuer-Erklärungsvordruck an das Finanzamt eingesandt. Der zuständige Finanzbeamte bekommt wegen der Beträge von 760 DM und 720 DM, die unter der berühmten 800-DM-Grenze liegen und aus einer Anlage zum Einkommensteuer-Erklärungsvordruck hervorgehen, Zweifel und bestellt U deswegen auf das Amt.

Mildere Bestrafung des Versuchs

Zu einer Verkürzung des Steueranspruchs ist es hier nicht gekommen. Es liegt nur der Versuch einer Steuerhinterziehung vor. Aber auch der Versuch der Steuerhinterziehung ist strafbar (§ 370 Abs. 2 AO). Der Versuch kann milder bestraft werden als die vollendete Tat (§ 23 Abs. 2 StGB). Nähere Einzelheiten über die Strafbemessung ergeben sich aus § 49 Abs. 1 StGB.

Rücktritt vom Versuch/ Tätige Reue

Außerdem bleibt nach § 24 Abs. 1 Satz 1 StGB wegen Versuchs straflos, wer entweder (1) freiwillig die weitere Ausführung der

Tat aufgibt oder (2) deren Vollendung verhindert – sog. „Rücktritt vom Versuch“ oder „tätige Reue“. Wird die Tat ohne Zutun des Zurücktretenden nicht vollendet, so wird er straflos, wenn er sich freiwillig und ernsthaft bemüht hat, die Vollendung zu verhindern (§ 24 Abs. 1 Satz 2 StGB).

Beispiel

Sachverhalt wie im vorstehenden Beispiel, aber mit der Abweichung, daß U seine unrichtige Einkommensteuer-Erklärung zwar in den Postbriefkasten gesteckt hat, die Sendung aber noch nicht beim Finanzamt eingegangen ist. Läßt sich U den Brief von der Post zurückgeben, so liegt ein Rücktritt vom unbeendeten Versuch vor und U bleibt straflos. Ist der Brief mit der Steuererklärung schon beim Finanzamt eingegangen und läßt U ihn sich vom Amt unter irgendeinem Vorwand zurückgeben, so liegt ein Rücktritt vom beendeten Versuch vor, der ebenfalls zur Straffreiheit führt.

Unbeendeter Versuch

Der unbeendete Versuch dürfte im Strafrecht jedoch nur sehr selten sein. In den meisten Fällen sind es die Beamten der Veranlagungsstellen, die den abgeschlossenen Täterhandlungen den Erfolg, mithin die Vollendung der Steuerhinterziehung, versagen, indem sie den unvollständigen oder unrichtigen bzw. pflichtwidrig unterlassenen Angaben des Steuerpflichtigen auf die Spur kommen.[61]

Selbstanzeige bei beendetem Versuch der Steuerhinterziehung

Bezüglich des beendeten Versuchs der Steuerhinterziehung soll nach herrschender Auffassung[62] nur § 371 AO, also die Regelung für die Selbstanzeige bei Steuerhinterziehung, und nicht § 24 StGB zur Anwendung kommen können, und zwar selbst dann, wenn zwar die Voraussetzungen des § 24 StGB erfüllt sind, nicht jedoch die des § 371 AO. Letztere Vorschrift wäre die Spezialnorm, und beim beendeten Versuch könnte Straffreiheit nur unter den Voraussetzungen der Selbstanzeige erlangt werden.[63] Nach m.E. zutreffender Auffassung von Kohlmann[64] verdrängt jedoch

61 Seckel, Die Steuerhinterziehung – Eine strafrechtliche, kriminologische und kriminalistische Untersuchung unter besonderer Berücksichtigung von Vermögens- und Einnahmesteuerhinterziehungen, Lübeck, 1979, S. 76/77.

62 Hübschmann/Hepp/Spitaler, Komm. zur AO, zu § 371, Rdnr. 124 f.; Samson, a.a.O., zu § 371 AO, Rdnr. 173.

63 So auch BGH-Urt. vom 18. 10. 1956 – 4 StR 166/56 (BStBl 1957 I S. 123).

64 A.a.O., zu § 371 AO, Rdnr. 197.

§ 371 AO den § 24 StGB nur insoweit, als sich dies zugunsten des Steuerdelinquenten auswirkt.

Beispiel

A gibt beim Finanzamt seine bewußt unrichtig zu seinen Gunsten ausgefüllte Einkommensteuer-Erklärung ab. Bevor das Finanzamt mit der Veranlagung fertig ist, entschließt sich A, die Einkommensteuer-Erkärung zurückzuziehen und eine richtige nachzureichen. Während er im Korridor des Finanzamts darauf wartet, deswegen bei dem zuständigen Veranlagungssachbearbeiter vorsprechen zu können, erscheint in seinen Geschäftsräumen ein Außenprüfer, der damit die Sperrwirkung des § 371 Abs. 1 Nr. 1a AO auslöst.

Nach herrschender Auffassung hätte A damit auch dann die Straffreiheit verwirkt, wenn er seine Absicht, freiwillig zurückzutreten, kurz darauf verwirklicht hätte. Dies ist aber weder mit dem Grundgedanken des § 24 StGB noch mit dem Zweck des § 371 AO zu vereinbaren.[65]

Es ist deshalb zu begrüßen, daß nach neuerer Auffassung des BGH[66] die Selbstanzeigemöglichkeit nach § 371 AO die Anwendung der Vorschriften des Allgemeinen Teils des Strafgesetzbuchs über den Rücktritt vom Versuch nicht ausschließt. Weder die Fassung der Vorschrift noch ihr Zweck erfordern das Ergebnis, daß § 371 AO den § 24 StGB verdrängt. Sinn des § 371 AO sei es vielmehr, unabhängig von dem Maß der Strafwürdigkeit und Gefährlichkeit des Täters aus steuerpolitischen Gründen die Möglichkeit des Abstandnehmens von Steuerstraftaten über die allgemein geltenden Rücktrittsvorschriften des Allgemeinen Teils des Strafgesetzbuchs hinaus zu erweitern.

3 Vorbereitungshandlungen zur Steuerhinterziehung

Straflose Vorbereitungshandlungen

Ist eine Steuerhinterziehung noch nicht einmal versucht worden, so kann nicht wegen Steuerhinterziehung bestraft werden. Auch die Vorbereitungshandlungen sind straflos, soweit sie nicht als solche durch eine spezielle Norm mit Strafe bedroht sind. So

65 So Kohlmann, siehe Fußnote 64.
66 BGH-Urt. vom 19. 3. 1991 – 5 StR 516/90 (HFR 1992 S. 311).

kann eine bloße Vorbereitungshandlung zur Steuerhinterziehung nicht als Steuerhinterziehung, auch nicht als versuchte Steuerhinterziehung bestraft werden.

Beispiel

Der Bankkunde B erwirbt mittels Tafelgeschäfts Wertpapiere, deren Zinsen er später nicht in seine Einkommensteuererklärung aufzunehmen gedenkt. Auch beim Inkasso der Zinsen über den Banktresen handelt B in der Absicht, die Zinsen nicht zu versteuern. Alle diese Vorgänge sind im Verhältnis zur Steuerhinterziehung nur straflose Vorbereitungshandlungen, also noch nicht einmal der Versuch einer Steuerhinterziehung. In den (schon strafbaren) Versuch einer Steuerhinterziehung münden diese Handlungen erst ein, wenn die mit Wissen und Wollen des B unrichtige oder unvollständige Steuererklärung an das Finanzamt auf den Weg gebracht wird.

Beginn des Versuchs einer Straftat

Wann beginnt nun, auf eine abstrakte, aber daher in jedem Fall anwendbare Formel gebracht, der Versuch einer Straftat? § 22 StGB definiert wie folgt: „Eine Straftat versucht, wer nach seiner Vorstellung von der Tat zur Verwirklichung des Tatbestands unmittelbar ansetzt.“ Nach der sogenannten Frankschen Formel muß, wenn der Beginn eines Versuchs angenommen werden soll, der Täter in einer Art und Weise tätig geworden sein, die vermöge ihrer notwendigen Zusammengehörigkeit mit der Tatbestandshandlung für die natürliche Auffassung als deren Bestandteil erscheint. Dagegen stellt die Rechtsprechung darauf ab, daß das angegriffene Rechtsgut nach dem Gesamtplan des Täters bereits unmittelbar gefährdet wird.[67] Auszugehen ist in jedem Fall von der subjektiven Vorstellung des Täters von der Tat. Regelmäßig wird sich dies alles auch hier in einem aktiven Tun manifestieren, kann aber auch als Unterlassen in Erscheinung treten, und zwar dann, wenn ein Handeln geboten wäre.

Anfang der Ausführung der Steuerhinterziehung

Der Anfang der Ausführung darf nicht zu weit vorverlegt werden. In unrichtiger Buchführung oder in der Nichtverbuchung eines Geschäftsvorfalls oder im unrichtigen Ausfüllen einer Steuererklärung allein ist noch kein solcher „Anfang der Ausführung“ des Vergehens der Steuerhinterziehung zu sehen. Die Ausführung

67 BGH, NJW 1952 S. 514.

beginnt aber und ein Versuch der Steuerhinterziehung liegt vor, wenn die unrichtige Buchführung in steuerunehrlicher Weise dem Betriebsprüfer vorgelegt wird. Oder auch im folgenden Fall.

Beispiel

V und K schließen einen Kaufvertrag über ein Grundstück ab und geben dabei den Kaufpreis niedriger an, als er tatsächlich gezahlt werden soll, um auf diese Art und Weise Grunderwerbsteuer zu „sparen". Im dem Abschluß des Vertrags ist noch nicht der Anfang einer Steuerhinterziehung zu sehen. Erst wenn der Kaufvertrag mit Wissen und Wollen des Täters der Steuerbehörde vorgelegt wird, beginnt der Versuch einer Steuerhinterziehung.

Tatbestand der Steuergefährdung

Kann jedoch eine Vorbereitungshandlung nicht wegen Steuerhinterziehung bestraft werden, so ist zu prüfen, ob eine Tat vorliegt, die wegen des Tatbestands der Steuergefährdung geahndet werden kann. Nach § 379 Abs. 1 Nr. 2 AO handelt ordnungswidrig, wer vorsätzlich oder leichtfertig nach Gesetz buchungs- oder aufzeichnungspflichtige Geschäftsvorfälle oder Betriebsvorgänge nicht oder in tatsächlicher Hinsicht unrichtig verbucht oder verbuchen läßt und dadurch ermöglicht, Steuern zu verkürzen. Gleiches gilt für die Ausstellung unrichtiger Belege.

Vorlage von Scheinrechnungen

Ob bei Vorlage von Scheinrechnungen eine vollendete oder versuchte Einkommen- und Gewerbesteuerhinterziehung oder nur eine Vorbereitungshandlung vorliegt, hat der Bundesgerichtshof[68] im Sinne der letztgenannten Alternative entschieden.

Beispiel

Die OHG O tätigte auf Wunsch einiger ihrer Schrottlieferanten Schwarzgeschäfte. Sie wurden in der Buchführung der OHG erfaßt, weil der Weiterverkauf an die Hüttenwerke ordnungsmäßig abgewickelt werden mußte. Um die Wareneingänge bei der Buchung mit den Warenabgängen in Einklang zu bringen, wurden als Lieferanten fingierte Firmen angegeben und Konten eingerichtet, auf denen jede einzelne der betreffenden Schrottlieferungen aufgeführt wurde. In der Gewerbe- und Einkommensteuererklärung machte der zuständige Mitgesellschafter der O die für die jeweiligen

68 BGH-Urt. vom 22. 11. 1985 – 2 StR 64/85 (BB 1986 S. 1499; UR 1986 S. 327).

Lieferungen gezahlten Nettoeinkaufspreise (Bruttopreis abzüglich Umsatzsteuer) als Betriebsausgaben geltend.

Ertragsteuern/ Umsatzsteuer

Der Bundesgerichtshof verneinte hinsichtlich der Ertragsteuern nicht nur eine vollendete, sondern auch eine versuchte Steuerhinterziehung. Durch die Angabe fingierter Firmen habe der Angeklagte noch nicht die Schwelle vom Vorbereitungs- zum Versuchsstadium überschritten. Auch begründet die Vorlage fingierter Rechnungen zur Verhinderung eines Verfahrens nach § 160 AO, wonach der Steuerzahler bei der Geltendmachung von Betriebsausgaben usw. auf Verlangen des Finanzamts den Empfänger genau benennen muß, für sich genommen noch keine Strafbarkeit als Steuerhinterziehung. Dagegen wertet der BGH den Vorsteuerabzug durch den Steuerzahler aufgrund selbst angefertigter Rechnungen mit fingierten Lieferanten ungeachtet des Umstandes, daß die Lieferungen an den Steuerzahler durch andere Unternehmer tatsächlich erfolgt sind, als Steuerhinterziehung, weil die Berechtigung zum Vorsteuerabzug an inhaltlich unwahre Angaben über den wirklichen Lieferanten geknüpft ist.

Belege mit falscher Empfängerbezeichnung

Werden dem steuerlichen Außenprüfer Belege mit falscher Empfängerbezeichnung vorgelegt, so liegt darin allerdings der Versuch einer Steuerhinterziehung in Form der Erlangung eines nicht gerechtfertigten Steuervorteils durch erstrebte Verhinderung der Anwendung des § 160 AO. Voraussetzung ist dabei, daß die Anerkennung der Betriebsausgabe mit Sicherheit versagt worden wäre. Die falsche Empfängerbezeichnung in der Buchfuhrung ist eine Ordnungswidrigkeit gemäß § 379 Abs. 1 Nr. 1 AO.[69]

4 Der untaugliche Versuch

Versuch am untauglichen Objekt

Auch der untaugliche Versuch ist nach ständiger Rechtsprechung strafbarer Versuch. Das gilt zunächst für den Versuch am untauglichen Objekt. Davon zu unterscheiden, aber ebenfalls strafbar, ist der sogenannte Versuch mit untauglichen Mitteln. Sogar der Versuch mit untauglichen Mitteln am untauglichen Objekt wird von der Rechtsprechung – allerdings mit gewissen Einschränkungen – für strafbar gehalten. Die innere Einstellung des Täters

69 So auch Bublitz, BB 1987 S. 167 ff.

sei beim untauglichen Versuch genauso verwerflich wie beim tauglichen Versuch oder bei der Tat, die zur Vollendung gelangt ist. Wenn beim untauglichen Versuch oder überhaupt beim Versuch die Vollendung nicht erreicht wurde, so sei dies nicht dem Täter zugute zu halten, weil er darauf keinen Einfluß gehabt hätte. Auch im Steuerstrafrecht ist ein Versuch am untauglichen Objekt möglich.

Beispiel

O, der aus dem Ausland einreist, versteckt beim Grenzübertritt einen Gegenstand, den er irrig für zollpflichtig hält, während dieser Gegenstand in Wirklichkeit zollfrei eingeführt werden darf.

Versuch mit untauglichen Mitteln

Und ein steuer- bzw. zollrechtliches Beispiel für einen Versuch mit untauglichen Mitteln.

Beispiel

Y, der aus dem Ausland einreist, nimmt beim Grenzübertritt irrig an, daß sich in seinem Koffer zollpflichtiger Cognac befindet und er diesen Cognac über die Grenze schmuggelt. Y stellt später fest, daß er den Cognac bei seiner Abreise in Frankreich vergessen hat.

5 Abgrenzung gegenüber dem Wahndelikt

Irrige Annahme einer Strafbarkeit

Im vorletzten Beispiel im vorstehenden Abschnitt taucht die Frage auf, ob in der Tat des O ein untauglicher Versuch oder nicht vielmehr ein sog. Wahndelikt zu erblicken ist. Es wäre nicht strafbar. Der Unterschied zwischen untauglichem Versuch und Wahndelikt: Beim untauglichen Versuch stimmt die Vorstellung des Täters nicht mit der tatsächlichen Lage überein, der Täter sieht vielmehr einen nicht vorhandenen Tatbestand irrig als existent an. Demgegenüber stimmen beim Wahndelikt die Vorstellung des Täters und die tatsächliche Lage überein; die tatsächliche Lage erfüllt nicht einen strafbaren Tatbestand, der Täter nimmt aber irrig eine solche Strafbarkeit an.

Beispiel

Kleinhandwerker K zahlt die vom Finanzamt auf dem Einkommensteuer-Bescheid angeforderte Einkommensteuer-Abschlußzahlung nicht. K glaubt, eine solche Nichtzahlung sei strafbar.

Grenzen zwischen untauglichem Versuch und Wahndelikt

Im vorangegangenen Beispiel liegt ein Wahndelikt vor. Es ist nicht strafbar. In vorletzten Beispiel im vorstehenden Abschnitt dagegen hat O einen strafbaren Versuch der Zollhinterziehung begangen. O nimmt nämlich hier ein nicht vorhandenes Tatbestandsmerkmal irrig als existent an, nämlich das Tatbestandsmerkmal der Steuerpflicht oder Zollpflicht. Das Wissen um die Steuerpflicht gehört zum strafbaren Tatbestand der Steuerhinterziehung. „Irrtum über das Bestehen und den Umfang der Steuerpflicht begründet bei entsprechender Betätigung des verbrecherischen Entschlusses kein Wahnverbrechen, sondern untauglichen Versuch (RG, HRR 1938, 131). Daß dieser Erfolg in Wirklichkeit nicht eintreten kann, ist ohne Bedeutung.“[70] Allerdings sind die Grenzen zwischen untauglichem Versuch und Wahndelikt auf steuerstrafrechtlichem Gebiet äußerst fließend.

Kapitel 28: Täterschaft und Teilnahme

Bei Straftaten ist zu unterscheiden

die Täterschaft, und zwar als
- unmittelbare Täterschaft,
- mittelbare Täterschaft,
- Mittäterschaft,

und

die Teilnahme, und zwar als

- Anstiftung,
- Beihilfe.

70 BayObLG, Urt. vom 9. 8. 1955 (NJW 1955 S. 1567).

1 Täterschaft

Täter einer Straftat ist, wer mit Täterwillen in tatbestandsmäßiger Form die Tat begeht und deren etwaigen Erfolg verursacht. Täter

Fabrikant F, Großhändler G und Einzelhändler E verkaufen ein und denselben Posten Ware ohne Rechnung in Steuerverkürzungsabsicht. Man spricht in diesem Fall auch von vertikaler Komplizenschaft. Im rechtlichen Sinne liegt aber keine Komplizenschaft vor. Sowohl F als auch G als auch E wollen die Tat, d. h. die Steuerhinterziehung, als ihre eigene. Es liegen drei Straftaten vor. Beispiel

Mittelbarer Täter – im Gegensatz zum unmittelbaren – ist, wer den Tatbestand einer Straftat ganz oder teilweise durch eine andere Person als Werkzeug für sich ausführen läßt. § 25 Abs. 1 StGB: Als Täter wird bestraft, wer die Straftat selbst oder durch einen anderen begeht. Mittelbarer Täter

Kaufmann K hat unwissentlich in seiner Umsatzsteuer-Voranmeldung nur einen Teil der umsatzsteuerpflichtigen Entgelte angezeigt, weil sein untreuer Angestellter A den anderen Teil verschwiegen hat. Hier ist A wegen Umsatzsteuerhinterziehung in mittelbarer Täterschaft zu bestrafen. K bleibt straffrei, sofern sein Unwissen über die nicht angegebenen umsatzsteuerpflichtigen Entgelte schuldlos ist. Ist dagegen das Unwissen des K nicht entschuldbar, so kann K wegen fahrlässiger Steuerverkürzung mit Bußgeld belegt werden. Er ist dann Nebentäter. Beispiel

Mittäter ist, wer als unmittelbarer oder mittelbarer Täter gemeinschaftlich, d. h. in bewußtem und gewolltem Zusammenwirken mit anderen Tätern, eine Straftat begeht. Nach § 25 Abs. 2 StGB wird jeder als Täter bestraft, wenn mehrere eine Straftat gemeinschaftlich begehen. Mittäter

Beispiel

Die Gesellschafter-Geschäftsführer X und Y der GmbH G haben nach einem gemeinsam festgelegten Plan (Komplott) Körperschaftsteuer für die G hinterzogen. Beide werden wegen Steuerhinterziehung bestraft.

Wirken Geschäftsführer und Gesellschafter einer Abschreibungsgesellschaft als Mittäter zwecks Hinterziehung von Einkommensteuer der Gesellschafter zusammen und haben die Gesellschafter ihre Steuererklärungen planmäßig bei ihrem Wohnsitzfinanzamt eingereicht, so ist der Tatversuch im Sinne der Vorschriften über die Verfolgungsverjährung nicht vor der Abgabe der letzten Einkommensteuererklärung beendet.[71]

Nebentäter

Fehlt bei mehreren Tätern ein gemeinsamer Entschluß und Plan, so handeln sie als sogenannte Nebentäter. Jeder Mitwirkende ist hier rechtlich Alleintäter, § 25 Abs. 2 StGB findet keine Anwendung.

Beispiel

Im vorstehenden Beispiel hat X in Steuerverkürzungsabsicht die Bücher der G so geführt, daß das Einkommen der G zu niedrig erscheint. Y weiß davon nichts, hat aber ebenfalls in Steuerverkürzungsabsicht die Bücher der G in anderer Beziehung frisiert. Das von X und Y unabhängig voneinander frisierte Einkommen der G wird der Körperschaftsteuererklärung zugrunde gelegt. Die Erklärung wird an das Finanzamt abgegeben. X und Y haben als Nebentäter gehandelt. Jeder wird so bestraft, als ob der andere nicht auch Steuerhinterziehung begangen hätte.

Fahrlässige Delikte

Bei fahrlässigen Delikten ist Mittäterschaft nicht, wohl aber Nebentäterschaft möglich, wobei jeder Nebentäter fahrlässig gehandelt haben muß.

Mittäterschaft im Unterlassen

Mittäterschaft kann auch im Unterlassen liegen, nämlich dann, wenn eine Pflicht zur Abwendung des Erfolgs bestand.

71 BGH-Urt. vom 1. 2. 1989 – 3 StR 450/88.

2 Teilnehmer

Anstiftung

Anstifter ist, wer vorsätzlich einen anderen zu dessen vorsätzlich begangener rechtswidriger Tat bestimmt hat; er wird gleich einem Täter bestraft (§ 26 StGB).

Beispiel

Kunde K klagt gegenüber dem Bankangestellten B, daß ihn die Steuerlast erdrücke. B rät dem K, er soll einige seiner Warenabnehmer bitten, die von K ausgestellten Rechnungen per Verrechnungsscheck zu begleichen. K soll dann anschließend die Verrechnungsschecks der Bank hereinreichen und sich den Gegenwert in bar auszahlen lassen. Auf diese Weise sei es für das Finanzamt schwierig, seine Einkünfte exakt festzustellen. K verfährt entsprechend diesem Vorschlag und gibt in seiner nächsten Steuererklärung seine Einkünfte niedriger an, als sie wirklich waren. Das Finanzamt setzt im Steuerbescheid die zu entrichtende Steuer entsprechend niedriger fest.

Vorstehend hat der Bankangestellte den Kunden zu dessen Straftat einer Steuerhinterziehung vorsätzlich bestimmt. Der Bankangestellte wird als Anstifter ebenso wegen Steuerhinterziehung bestraft wie der Täter selbst.[72]

Beispiel

Unternehmer U und Lieferant L verhandeln über den Kauf einer Maschine, an dem U zwar interessiert ist, zu dem er sich aber nicht entschließen kann, weil ihm der Kaufpreis zu hoch erscheint. Um U für den Kauf gefügiger zu machen, schlägt L dem U vor, daß L den Kaufpreis der Wahrheit zuwider auf der Rechnung unter der 800-DM-Grenze angibt, so daß U in den Genuß der sofortigen Abschreibung für geringwertige Anlagegüter nach § 6 Abs. 2 EStG kommt. Unter diesen Umständen kommt der Kauf zustande. U wird entsprechend niedriger zur Einkommensteuer veranlagt. Hier ist L wegen Anstiftung zur Steuerhinterziehung des U strafbar. U hat nicht unaufgefordert, nicht aus freien Stücken die Steuerhinterziehung begangen. Die Anregung dazu ging

72 Müller-Brühl, Die Legitimationsprüfung und andere Steuerthemen für Banken, 7. Aufl., 1990, S. 292.

von L aus. L hat sich außerdem der Steuergefährdung nach § 379 Abs. 1 Nr. 1 AO schuldig gemacht, indem er einen Beleg ausstellte, der in tatsächlicher Hinsicht unrichtig war. Die darin liegende Ordnungswidrigkeit wird aber konsumiert durch die weitergehende Straftat der Anstiftung zur Steuerhinterziehung nach § 370 AO. Eine Ahndung wegen Steuergefährdung nach § 379 AO kommt also in diesem Fall nicht in Betracht.

Es gibt nur vorsätzliche Anstiftung. Es kann aber auch zu einem Fahrlässigkeitsdelikt angestiftet werden, z. B. zur leichtfertigen Steuerverkürzung.

Lockspitzel

Wer die Tat nur bis zum Versuch gedeihen lassen will, begeht keine Anstiftung, so nicht der agent provocateur, der Lockspitzel. Fallen Vollendung und Beendigung der Tat auseinander, so ist der Lockspitzel auch dann straflos, wenn er die Beendigung verhindern will.

Aufforderung zur Steuerhinterziehung

Eine Aufforderung zur Steuerhinterziehung muß sich in einer Kundgebung manifestieren, die den Willen des Auffordernden erkennbar macht, daß von dem anderen ein bestimmt bezeichnetes Tun oder Unterlassen gefordert wird. Sie wird also nicht nur einen Reiz zum Handeln erwecken, in dem anderen nur Stimmung für ein bestimmtes Verhalten machen, sondern fordert ein Tun oder Unterlassen und wendet sich deshalb an den Verstand, der von der Richtigkeit und Zweckmäßigkeit des geforderten Verhaltens überzeugt werden soll.[73] Ratschläge, Empfehlungen, Hinweise, Tips usw. können nichtstrafbare bloße Anreizungen bedeuten. Sie können sich aber auch bereits als Aufforderung darstellen; denn diese sind in jeder, insbesondere auch in versteckter Form möglich.[74]

Strafrechtlicher Gehilfe

Gehilfe ist, wer vorsätzlich einem anderen zu dessen vorsätzlich begangener rechtswidriger Tat Hilfe geleistet hat (§ 27 Abs. 1 StGB).

---

73 RGSt 47, 411; 50, 146, 149; 63, 170, 173.
74 BGH-Urt. vom 18. 4. 1962 – 2 StR 644/61 (BB 1964 S. 161).

Beispiel

> Kaufmann K gibt in Steuerverkürzungsabsicht in seiner Einkommensteuererklärung das Einkommen zu niedrig an. Sein Angestellter A weiß davon. A trägt die Einkommensteuererklärung zum Finanzamt. Damit leistet er Beihilfe zur versuchten Einkommensteuerhinterziehung.

Nach § 27 Abs. 2 StGB richtet sich die Strafe für den Gehilfen nach der Strafdrohung für den Täter; sie ist aber nach § 49 Abs. 1 StGB zu mildern.

Keine fahrlässige Beihilfe

Es gibt keine fahrlässige Beihilfe. Im vorstehenden Beispiel könnte dem A, wenn er nichts von der Handlung des K wüßte, also nicht vorgeworfen werden, er hätte die Unrichtigkeit der Steuererklärung erkennen müssen.

Limitierte Akzessorietät

Sind mehrere an einer Tat beteiligt gewesen (z. B. außer dem Täter noch ein Anstifter oder ein Gehilfe), so wird jeder von ihnen ohne Rücksicht auf die Schuld des anderen nach seiner eigenen Schuld bestraft (§ 29 StGB). Ist also beispielsweise der Haupttäter unschuldig, weil er in einem entschuldbaren Verbotsirrtum handelte, so ändert dies nichts an der Strafbarkeit des Anstifters oder Gehilfen. Man spricht hier von sog. limitierter Akzessorietät: die Strafbarkeit des Teilnehmers ist zwar davon abhängig, daß eine rechtswidrige Handlung des Haupttäters vorliegt; auf die Schuld des Haupttäters kommt es aber für den Teilnehmer nicht an.

3 Begünstigung, Hehlerei, Steuerhehlerei

Nach beendeter Tat

Ist die Tat beendet, so ist eine Beteiligung von diesem Augenblick an begrifflich ausgeschlossen. In Beziehung auf die beendigte Tat können aber gewisse selbständige strafbare Handlungen begangen werden, wie z. B. Begünstigung, Hehlerei und Steuerhehlerei (wegen letzterer vgl. § 374 AO).

Beispiel

> Steuerpflichtiger S hat einen Posten Geld vereinnahmt, den er der Besteuerung entziehen will, um daraus Schwarzgeld zu machen. Er bringt das Geld zu seiner Bank und informiert den mit ihm befreundeten Bankvorsteher B über die Herkunft des Geldes. B sorgt dafür, daß das Konto des S gegenüber dem Finanzamt abgeschirmt ist. Hat B in der Absicht gehandelt, dem S die Vorteile einer bereits begangenen Steu-

erhinterziehung zu sichern, so hat er sich nach § 369 Abs. 1 Nr. 4 AO in Verb. mit § 257 StGB wegen sachlicher Begünstigung strafbar gemacht. Sofern die Haupttat, d. h. die Steuerhinterziehung des S, noch nicht vollendet war, stellt sich der Beistand des B als Beihilfe dar (§ 257 Abs. 3 StGB), wenn er mit Gehilfenvorsatz (siehe vorstehend) gehandelt hat.

Steuerhehlerei

Steuerhehlerei begeht, wer Erzeugnisse oder Waren, hinsichtlich deren Verbrauchsteuern oder Zoll, hinterzogen hat oder Bannbruch begangen worden ist, ankauft oder sonst sich oder einem Dritten verschafft, sie absetzt oder abzusetzen hilft, um sich oder einen Dritten zu bereichern; dies gilt auch, wenn Eingangsabgaben hinterzogen worden sind, die von einem anderen Mitgliedstaat der EG verwaltet werden oder die einem Mitgliedstaat der Europäischen Freihandelsassoziation oder einem mit diesem assoziierten Staat zustehen (§ 374 AO).

Beispiele

Ankauf geschmuggelter Ware wie Gold aus Luxemburg, Verkauf von Heizöl als Diesel, Verschaffung von illegal eingeführten Rausch- und Betäubungsmitteln.

Die Steuerhehlerei nach § 374 AO setzt eine Hinterziehung von Verbrauchsteuern im strafrechtlichen Sinn voraus. Es müssen aber nicht auch alle subjektiven Merkmale des Steuerhinterziehungstatbestandes erfüllt sein. Nach einhelliger Auffassung ist es nicht erforderlich, daß der Vortäter bei der Begehung der Vortat schuldfähig war. Für eine Steuerhehlerei ist es auch ohne Bedeutung, ob der Vortäter in einem Verbotsirrtum gehandelt hat oder ob hinsichtlich der Steuerhinterziehung als Vortat ein anderer Schuldausschließungsgrund vorliegt. Danach reicht es für eine Steuerhehlerei aus, daß die Steuerhinterziehung als Vortat vorsätzlich begangen worden ist und ein den Vorsatz ausschließender Tatbestandsirrtum nicht vorliegt.[75]

75 BGH-Urt. vom 8. 11. 1988 VII R 78/85 (BB 1989 S. 835).

4 Täter der Steuerhinterziehung kann jeder sein

Auch Angehörige der steuerberatenden Berufe

Eine Steuerhinterziehung kann nicht nur der Steuerpflichtige selbst begehen. Täter kann bei diesem Delikt vielmehr jedermann sein. Als Täter oder Teilnehmer kommen insbesondere vor: der gesetzliche Vertreter des Steuerschuldners sowie Bevollmächtigte und Hilfspersonen, insbesondere Angehörige der steuerberatenden Berufe.

Organe

Hat das vertretungsberechtigte Organ oder das Mitglied des Organs einer juristischen Person, der Vorstand eines nicht rechtsfähigen Vereins oder der vertretungsberechtigte Gesellschafter einer Personengesellschaft (Prokuristen ausgeschlossen) eine Straftat oder Steuerordnungswidrigkeit zugunsten der juristischen Person oder Personenvereinigung begangen, so kann auch gegen die letztgenannte als Nebenfolge der Straftat oder Ordnungswidrigkeit eine Geldbuße festgesetzt werden (§ 30 Abs. 1 OWiG). Kriminalstrafen gegen juristische Personen sind dagegen nicht möglich.

Mandatsniederlegung

Natürlich kann der Steuerberater auch in eigener Sache hinterziehen oder leichtfertig verkürzen oder auch nur steuergefährden. Eher liegt der Sachverhalt aber so, daß der Steuerberater sich an der Steuerhinterziehung des Mandanten als Mittäter, Gehilfe oder Anstifter beteiligt oder bei der Beratung des Mandanten leichtfertige Steuerverkürzung begeht. Streck[76] weist zutreffend darauf hin, daß die Grenzziehung zwischen Steuerberatung und Beteiligung am Vorsatz des Mandanten einerseits, zwischen Beteiligung an der vorsätzlichen Tat und der leichtfertigen Steuerverkürzung andererseits rnit hinreichender Bestimmtheit nur schwer auszumachen ist. Oft kann der Steuerberater sich vor dem Hineinschlittern in eine steuerstrafrechtliche Verwicklung nur durch Mandatsniederlegung schützen. Zu diesem Schritt sollte er sich aber nicht zu schnell entschließen. Nur dann, wenn der Mandant von ihm verlangt, in konkreter Weise Gehilfe oder Mittäter zu werden, sollte er das Mandat nicht weiterführen.

Berichtigungspflicht des Steuerberaters

Muß der Steuerberater die Steuerverkürzung berichtigen, wenn er zugunsten seines Mandanten Steuern verkürzt hat?

76 „Der Steuerhinterzieher als Mandant", BB 1984 S. 2205, 2206.

Beispiel

> Steuerberater St reicht dem Finanzamt für Mandanten M die Umsatzsteuererklärung mit irrtümlich zu niedrigen Umsätzen ein. Nach einiger Zeit wird in der Kanzlei des St der Fehler bemerkt. St will sich aber keine Blöße geben und vertuscht seinen Fehler. Die Sache kommt später auf, und St gerät in ein Steuerstrafverfahren. St läßt sich dahin ein, daß er der Kommentarliteratur vertraut habe, derzufolge § 153 AO nicht für Steuerberater gelte.

Berichtigung von Erklärungen

Nach § 153 Abs. 1 Nr. 1 AO muß ein Steuerpflichtiger, wenn er nachträglich, aber vor Ablauf der Festsetzungsfrist, erkennt, daß eine von ihm oder für ihn abgegebene Erklärung unrichtig oder unvollständig ist und daß es dadurch zu einer Verkürzung von Steuern kommen kann oder bereits gekommen ist, dies unverzüglich anzeigen und die erforderliche Richtigstellung vornehmen.[77] Obwohl in dieser Vorschrift nur der Steuerpflichtige selbst genannt ist, nicht aber sein Steuerberater, gilt sie nach Auffassung des Bundesgerichtshofs[78] nicht nur für den dort genannten Personenkreis, sondern auch für Steuerberater, die für ihre Mandanten eine mangelhafte Erklärung abgegeben haben.

5 Kriminologische Differenzierung der Hinterzieher

Zu wenig Geld/zu viel Verdienst

Soziologisch und kriminologisch kann in Anlehnung an Terstegen[79] unterschieden werden zwischen Hinterziehern mit zu wenig Geld (Das Geschäft geht schlecht oder geht zwar gut, aber die Außenstände kommen schlecht herein.) und solchen mit zu viel Verdienst (Hohe Einkünfte wegen ungewöhnlicher Umstände, das schöne Geld soll nicht zum Finanzamt getragen werden.)

Verwendung der hinterzogenen Gelder

Weiterhin kann man die Täter nach der Verwendung der hinterzogenen Gelder unterscheiden in

- aus Not hinterziehende Geschäftsleute, die sich z. B. mit den hinterzogenen Geldern erst einmal ein Startkapital schaffen wollen;

77 Siehe Kapitel 24 Abschn. 2.

78 BGH-Urt. vom 1. 11. 1966 – 5 StR 479/66 (DStZ/B 1967 S. 32).

79 StbJb 1953/54 S. 26 ff.

- Genießer, die sich mit den hinterzogenen Geldern ein aufwendiges Leben, besonders Nachtleben, leisten;
- Unternehmer, die mit dem hinterzogenen Geld etwas volkswirtschaftlich Nützliches schaffen wollen und das Geld in ihren Betrieb stecken.

Auch bei den an der Steuerhinterziehung beteiligten Angestellten will Terstegen zwei Tätertypen erkannt haben:

Tätertypen

- den Typ des aus Not handelnden kaufmännischen Angestellten einerseits und
- den des leitenden Angestellten oder Managers andererseits, der sein Unternehmen, besonders eine Kapitalgesellschaft, in der Hand hat und an sich verdeckte Gewinne versteckt ausschüttet.

Die Steuerhinterziehungstäter lassen sich auch einteilen in Rückfalltäter, wiederum untergliedert in den antisozialen Rückfalltäter und den sozial hilflosen Rückfalltäter, und Durchschnittstäter; letztere können Konflikttäter und „eigentliche" Durchschnittstäter sein.[80]

Rückfalltäter/ Durchschnittstäter

Bei der Strafzumessung können diese Unterschiede sicher eine ganz gute Rolle spielen. Denn der Gesetzgeber hat dem Richter einen ziemlich weitgesteckten Strafrahmen gezogen, der zu solchen Differenzierungen Raum läßt.

Strafzumessung

Merke:

Ohne das Delikt der Steuerhinterziehung beschönigen zu wollen, darf man aber vor der Tatsache nicht die Augen verschließen, daß die Neigung zur Steuerhinterziehung nicht auf den eigentlichen Hinterziehertyp beschränkt ist. Sie steckt vielmehr als latente Kriminalität mehr oder weniger in jedem Menschen. Im übrigen liegen die Verhältnisse so, daß mancher Staat durch seine übermäßig hohe Besteuerung zur Steuerhinterziehung geradezu provoziert. Das ohnehin geringe Reservoir an Steuermoral wird ferner untergraben, wenn ein Steuerstaat wie die Bundesrepublik

80 Diese Tätertypologie stammt aus Seckel, Die Steuerhinterziehung, Lübeck, 1979, S. 186.

Hinter-
ziehungs-
privileg

Deutschland mit seinem seinerzeitigen Amnestiegesetz[81] die Bankzinsensünder von Steuerstrafe und sogar Steuernachzahlungen freistellt, den ehrlichen Steuerzahlern aber, die ihre Bankzinsen versteuert haben, die Steuerbeträge nicht erstattet.[82]

Kapitel 29: Die Steuerstrafe

1 Art und Höhe der Strafe

Freiheitsstrafe oder Geldstrafe bis zu 3,6 Mio DM

Wegen Steuerhinterziehung wird Freiheitsstrafe bis zu fünf Jahren oder Geldstrafe verhängt (§ 370 Abs. 1 AO). Anders als früher kann auch auf Freiheitsstrafe allein erkannt werden. Beträgt sie nicht mehr als ein Jahr, höchstens aber zwei Jahre, so kann sie zur Bewährung ausgesetzt werden (§§ 56 ff. StGB). Eine Freiheitsstrafe unter sechs Monaten wird regelmäßig nicht verhängt. Eine statt dessen ausgesprochene Geldstrafe wird meist im Strafbefehlsverfahren unter Zugrundelegung von Tagessätzen ausgesprochen (§ 40 StGB). Untersuchungshaft kann auf die Strafe angerechnet werden. Geldstrafe wird in Tagessätzen zwischen mindestens fünf und höchstens 360 DM verhängt, wobei die persönlichen und wirtschaftlichen Verhältnisse des Täters zu berücksichtigen sind (§ 40 StGB). Mindestsatz: 2 DM. Höchstsatz: 10 000 DM. Steuerhinterzieher können demnach mit einer Höchstgeldstrafe von 360 × 10 000 DM = 3,6 Mio DM bestraft werden. Hat der Täter sich durch die Tat bereichert oder zu bereichern versucht, so kann neben einer Freiheitsstrafe eine sonst nicht oder nur wahlweise angedrohte Geldstrafe verhängt werden, wenn dies auch unter Berücksichtigung der persönlichen und wirtschaftlichen Verhältnisse des Täters angebracht ist (§ 41 StGB).

Strafzumessungsgründe

Innerhalb des vom Gesetzgeber gezogenen Strafrahmens muß der Richter die Strafe für den konkreten Fall bestimmen. Es gelten die Strafzumessungsgründe des § 46 StGB. Die Höhe der

81 Artikel 17 des Steuerreformgesetzes 1990 vom 25. 7. 1988 (BGBl 1988 S. 1093, 1128, BStBl 1988 I S. 224, 259).

82 Siehe Kapitel 27 der Vorauflagen dieses Buches.

verkürzten Steuer wird hierbei eine Rolle spielen; der mit der Steuerhinterziehung erstrebte Vorteil kann aber nicht einfach mit der Höhe der verkürzten Steuer gleichgesetzt werden. Die Strafe kann ferner nicht einfach durch Regelsätze, die 50 bis 100 v. H. der verkürzten Steuer betragen, bestimmt werden. Es kommt auch darauf an, ob die Steuer auf Dauer oder nur auf Zeit verkürzt wurde.

Besonders schwere Fälle

Für besonders schwere Fälle sieht § 370 AO eine Freiheitsstrafe von sechs Monaten bis zu zehn Jahren vor, insbesondere dann, wenn der Täter aus grobem Eigennutz in großem Ausmaß Steuern verkürzt oder nicht gerechtfertigt Steuervorteile erlangt oder wenn er unter Verwendung nachgemachter oder verfälschter Belege fortgesetzt Steuern verkürzt oder nicht gerechtfertigte Steuervorteile erlangt.

Nebenfolgen

Bei Freiheitsstrafe von mindestens einem Jahr kann die Fähigkeit, öffentliche Ämter zu bekleiden, und die Wählbarkeit aberkannt werden. Ferner können Waren, Erzeugnisse und andere Sachen, auf die sich die hinterzogene Steuer bezieht, und Beförderungsmittel, die zur Tat benutzt werden, eingezogen werden (§ 375 AO). Auch der Beruf kann verboten werden (§ 70 StGB). Schließlich kann ein Fahrverbot erlassen werden (§ 44 StGB) und die Fahrerlaubnis entzogen werden (§ 69 StGB).

Mildere Bestrafung des Versuches

Der Versuch der Steuerhinterziehung kann milder bestraft werden als die vollendete Tat (23 Abs. 2 StGB). Wegen der Milderungsgründe siehe § 49 StGB.

2 Tateinheit, Tatmehrheit, Gesetzeskonkurrenz, fortgesetzte Handlung

Tateinheit

Strafvorschriften können mehrfach durch dieselbe Handlung verletzt werden (sogenannte Tateinheit oder Idealkonkurrenz, § 52 StGB, § 19 OWiG). So ist auf dem Gebiet des Steuerstrafrechts beispielsweise Tateinheit zwischen Steuerhinterziehung und Meineid oder zwischen Steuerhinterziehung und Betrug oder zwischen Steuerhinterziehung und Urkundenfälschung möglich.

Beispiel

Arbeitnehmer AN bewirkt durch Täuschung, daß auf seiner Lohnsteuerkarte ein Kind mehr eingetragen wird, als er wirklich hat. Er beabsichtigt damit, eine Kinderzulage von seinem Arbeitgeber AG zu bekommen. Außerdem will er mit dieser unrichtigen Eintragung einen zusätzlichen lohnsteuerlichen Freibetrag, also Lohnsteuer sparen. Tateinheit zwischen Betrug und Steuerhinterziehung.[83] Dagegen tritt der Tatbestand des Betrugs zurück, und es wird nur wegen Steuerhinterziehung bestraft, wenn durch die Täuschung lediglich der Steueranspruch beeinträchtigt wird. Man spricht hier von Gesetzeskonkurrenz: Es treffen auf die Straftat zwar dem Wortlaut nach mehrere Strafgesetze zu, aus dem Verhältnis der Vorschriften untereinander ergibt sich aber, daß in Wirklichkeit nur eine anwendbar ist.

Nur eine Strafe

Verletzt dieselbe Handlung mehrere Strafgesetze oder dasselbe Strafgesetz mehrmals, liegt also Idealkonkurrenz vor, so wird nur auf eine Strafe erkannt (§ 52 Abs. 1 StGB). Sind mehrere Strafgesetze verletzt, so wird die Strafe nach dem Gesetz bestimmt, das die schwerste Strafe androht – sog. Absorptionsprinzip (§ 52 Abs. 2 Satz 1 StGB). Allerdings darf dann die Strafe nicht milder sein, als die anderen anwendbaren Gesetze es zulassen (§ 52 Abs. 2 Satz 2 StGB); die Mindeststrafe der milderen Strafbestimmung darf also nicht unterschritten werden. Geldstrafe kann das Gericht unter den Voraussetzungen des § 41 StGB neben Freiheitsstrafe gesondert verhängen (§ 52 Abs. 3 StGB). Auf Nebenstrafen, Nebenfolgen und Maßnahmen muß oder kann erkannt werden, wenn eines der anwendbaren Gesetze sie vorschreibt oder zuläßt (§ 52 Abs. 4 StGB).

Tatmehrheit

Anders als bei der Tateinheit liegen die Dinge bei Tatmehrheit (sogenannte Realkonkurrenz): Hier begeht jemand durch mehrere selbständige Handlungen mehrere Delikte. So stehen z. B. Hehlerei und Steuerhinterziehung, begangen durch Verschweigen der Einnahmen aus der Hehlerei, im Verhältnis der Tatmehrheit.[84] Zwischen Untreue (§ 266 StGB) oder Unterschlagung (§ 246 StGB) einerseits und Steuerhinterziehung (§ 370 AO) andererseits ist Tatmehrheit sowie Tateinheit möglich.

83 RG 60/161.
84 OLG Hamburg, Urt. vom 20. 12. 1961 (NJW 1962 S. 754).

Steuerbevollmächtigter S hatte den Auftrag, die fällige Umsatzsteuer monatlich für seinen Mandanten M bei der Finanzkasse einzuzahlen. S unterläßt dies nicht nur, sondern veruntreut die ihm für diesen Zweck zur Verfügung gestellten Gelder. Strafrechtliche Beurteilung: Untreue (oder Unterschlagung) in Tateinheit mit Steuerhinterziehung.[85]

Beispiel

Steuerhinterziehungen bezüglich verschiedener Steuern stehen meist im Verhältnis der Tatmehrheit. Die Gleichzeitigkeit des Handelns oder Unterlassens kann nicht zur Tateinheit verbinden, weil als Schutzobjekt der Bestimmungen des Steuerstrafrechts nicht die Steuerhoheit insgesamt, sondern das öffentliche Interesse am Aufkommen der einzelnen Steuerarten anzusehen ist.[86]

Hinterziehung verschiedener Steuern

A gibt den Umsatz in seiner Umsatzsteuer-Erklärung und den Gewinn aufgrund unzutreffender Gewinnermittlung in seiner Einkommensteuer-Erklärung vorsätzlich zu gering an. Beide Steuererklärungen werden gleichzeitig dem Finanzamt eingereicht. Versuchte Einkommensteuerhinterziehung und Umsatzsteuerhinterziehung in Tatmehrheit.

Tatmehrheit

Werden jedoch die einzelnen Steuern – beispielsweise Einkommen- und Gewerbesteuer – mit einheitlichem Vorsatz und mit derselben einheitlichen Handlung (also z. B. unrichtige Buchführung sowie dieselbe Steuererklärung für Einkommen- und Gewerbesteuer) verkürzt, so liegt Tateinheit vor.[87]

Tateinheit

Bei Tatmehrheit wird auf eine Gesamtstrafe erkannt; sie wird durch Erhöhung der verwirkten höchsten Strafe, bei Strafen verschiedener Art durch Erhöhung der ihrer Art nach schwersten Strafe gebildet – sog. Asperationsprinzip (§§ 53, 54 StGB).

Gesamtstrafe

Der Täter kann auch eine Reihe von Handlungen derart begehen, daß sie jeweils den vollen Tatbestand ein und desselben Strafgesetzes erfüllen, also zueinander in Tatmehrheit stehen, aber doch so miteinander zusammenhängen, daß ihnen bei natürlicher Be-

Fortsetzungszusammenhang

---

85 OLG Hamm, Urt. vom 20. 9. 1960 – 1 Ss 853/60.
86 OLG Hamm, Urt. vom 6. 12. 1962 – 2 Ss 935/62 (DStZ/B 1964 S. 178).
87 BGH-Urt. vom 30. 5. 1967 – 1 StR 150/67 (BB 1967 S. 948).

trachtungsweise die Selbständigkeit i.S. des § 53 StGB (Tatmehrheit) fehlt. Man spricht dann von fortgesetzter Handlung oder Fortsetzungszusammenhang, einer Erscheinung, die im Gesetz bisher nicht geregelt ist. Ein Fortsetzungszusammenhang ist grundsätzlich nur bei Steuerhinterziehungen möglich, die sich auf dieselbe Steuerart beziehen.

Beispiel

Schrotthändler X hat Monat für Monat für 10 000 DM Schrott eingekauft, jedoch nur einen monatlichen Wareneingang von 5000 DM gebucht. X hat die andere Hälfte des Schrotts schwarz verkauft und im Kassenbuch als monatliches Entgelt nur 6000 DM statt 12 000 DM eingetragen. In den monatlichen Umsatzsteuer-Voranmeldungen werden auch nur die 6000 DM als umsatzsteuerbare Entgelte angegeben. Entsprechend wird bei Abgabe der Umsatzsteuerjahreserklärung verfahren. Die Umsatzsteuer wird entsprechend niedriger vom Finanzamt veranlagt. X hat sich einer fortgesetzten Umsatzsteuerhinterziehung schuldig gemacht. Denn aus der Gleichartigkeit der begangenen Handlungen ist zu schließen, daß X aus einem einheitlich gefaßten Gesamtvorsatz heraus gehandelt hat.

Vorteile und Nachteile der Annahme eines Fortsetzungszusammenhangs

Bei fortgesetzter Handlung wird nur auf eine Strafe erkannt, weil auch nur eine strafbare Handlung vorliegt. Es darf nicht etwa eine Gesamtstrafe aus den für die einzelnen Teilakte vorgesehenen Strafen gebildet werden wie bei Tatmehrheit (vgl. oben). Dies ist ein Vorteil für den Steuersünder. Zugunsten des Täters kann sich bei der Annahme von Fortsetzungszusammenhang auswirken, daß eine Verurteilung wegen fortgesetzter Tat Rechtskraft auch hinsichtlich der noch nicht entdeckten Einzelakte hat, die vor Verkündung des rechtskräftig gewordenen Urteils liegen. Bei später entdeckten Einzelakten steht einer erneuten Aburteilung der Grundsatz des Strafklageverbrauchs entgegen. Nachteilig war früher, daß die Selbstanzeige für noch nicht entdeckte Teilakte bei Entdeckung einzelncr Teilakte zu einem Ausschluß der strafbefreienden Selbstanzeige führte; diese nachteilige Folge des Fortsetzungszusammenhangs ist aber inzwischen weggefallen (vgl. Kapitel 30). Als nachteilig für den Steuerhinterzieher bei Annahme des Fortsetzungszusammenhangs ist vor allem zu werten, daß für den Beginn der Verjährung der gesamten fortgesetzten Handlung die Beendigung des letzten Teilakts maßgebend ist.

Damit kann die Strafverfolgung weit in die Vergangenheit zurückgreifen. So ist es oft genug vorgekommen, daß wegen des späten Verjährungsbeginns der fortgesetzten Steuerhinterziehung die Steuern einschließlich der Hinterziehungszinsen über Jahrzehnte und für das gesamte bisherige Erwerbsleben des Steuerzahlers nachgefordert wurden.

Einschränkung der Annahme der fortgesetzten Einkommensteuerhinterziehung

Insbesondere wegen der zuletzt genannten nachteiligen Auswirkung ist es zu begrüßen, daß die Rechtsprechung der Strafgerichte in den letzten Jahren zu einer Einschränkung der Annahme von fortgesetzter Steuerhinterziehung bei der Einkommensteuer gelangt ist. Das OLG Hamburg[88] hatte bereits 1988 ausgesprochen, auch im Bereich der Steuerhinterziehung liege ein Gesamtvorsatz grundsätzlich nur dann vor, wenn sich der Tatentschluß nicht allgemein darauf bezieht, eine Reihe gleichartiger Straftaten zu begehen, sondern die geplante Handlungsreihe in ihrer künftigen Gestaltung, Ort, Zeit, ungefähren Begehungsart sowie das verletzte Rechtsgut und dessen Träger mit umfaßt. Dabei gibt das Gericht insbesondere zu bedenken, daß der Stpfl. nur einmal jährlich für den vorangegangenen Veranlagungszeitraum eine Einkommensteuer-Erklärung abzugeben hat und er möglicherweise nicht in der Lage ist, die Entwicklung seines Einkommens und die sich daraus ergebenden Hinterziehungsmöglichkeiten von vornherein über Jahre hinweg zu überblicken. Der Paukenschlag kam dann von dem allein nur noch für Steuerstrafsachen zuständigen dritten Senat des Bundesgerichtshofs in einer vielbeachteten Entscheidung.[89] Danach gilt der Grundsatz, daß der für die Annahme einer fortgesetzten Tat erforderliche Gesamtvorsatz bis zur Beendigung des ersten Teilstücks der Handlungsreihe gefaßt oder bis zur Beendigung des letzten von mehreren vorgeplanten Handlungsteilen auf zusätzliche Einzelhandlungen erweitert werden kann, nicht, wenn sich der Täter bei der Hinterziehung von Einkommensteuer als Gesellschafter einer Abschreibungsgesellschaft vor vollständigem Eintritt der zunächst gewollten Steuerverkürzung entschließt, die für ein bestimmtes Kalenderjahr geplante Tat für ein weiteres Kalenderjahr fortzusetzen. Ein Gesamtvorsatz liegt grundsätzlich nur noch vor, wenn der auf einen Gesamterfolg gerichtete Tatentschluß sämtliche

88 OLG Hamburg, Urt. vom 4. 10. 1988 – 1 Ss 140/88 (wistra 1989 S. 70).

89 BGH-Urt. vom 1. 2. 1989 – 3 StR 450/88 (wistra 1989 S. 184). Vgl. ferner BGH-Urteile vom 12. 5. 1989 (wistra 1989 S. 264), vom 25. 1. 1991 (HFR 1992 S. 81) und vom 23. 5. 1991 (DB 1992 S. 866, Stbg 1992 S. 132).

Teile der geplanten Handlungsreihe in den wesentlichen Grundzügen ihrer künftigen Gestaltung umfaßt. Der spätere Ablauf der einzelnen Akte muß zwar nicht in allen Einzelheiten, aber zumindest insoweit vorweg begriffen sein, als das zu verletzende Rechtsgut und sein Träger, ferner Ort, Zeit und ungefähre Art der Tatbegehung in Betracht kommen. Der allgemeine Entschluß oder eine Bereitschaft, fortan eine Reihe gleichartiger Straftaten zu begehen, genügt nicht. Im Fachschrifttum[90] ist die neue Rechtsprechung zum Fortsetzungszusammenhang im Steuerstrafrecht auch begrüßt worden, weil damit Tendenzen entgegengewirkt wird, die strafrechtliche Verjährung über zehn Jahre nach Tatbeendigung auszudehnen, und es ermöglicht wird, auch einen Gleichklang zwischen steuerlicher Festsetzungsverjährung und strafrechtlicher Verfolgungsverjährung bei Steuerhinterziehung herzustellen.

Anders: Umsatzsteuer

Durch die Einschränkung der Annahme eines Fortsetzungszusammenhangs durch die neue Rechtsprechung des BGH wird verhindert, daß die Einkommensteuerhinterziehung zu einem Vergehen wird, das bei Fortführung der Tätigkeit praktisch nicht mehr verjähren kann. Sie würde also hinsichtlich der Frage der Strafverfolgungsverjährung dem Völkermord gleichgestellt.[91] Bei der Umsatzsteuer ist die Rechtslage allerdings anders. Hier ist die nachträgliche Erweiterung des Gesamtvorsatzes bei der Hinterziehung von Umsatzsteuer möglich.[92] Dies begegnet – wie der BGH ausführt – anders als bei der Einkommensteuer als einer jährlichen Veranlagungssteuer bei der Umsatzsteuer als regelmäßig anzumeldender Fälligkeitssteuer jedenfalls keinen grundsätzlichen Bedenken. Denn der Hinterziehungserfolg tritt unabhängig von der Begehungsweise mit dem gesetzlich vorgesehenen zehnten Tag nach Ablauf des Voranmeldungszeitraums ein, der mit einem Kalendermonat oder mit einem Kalendervierteljahr bestimmt ist (vgl. § 18 UStG). Die Teilakte seien insoweit überschaubar, so daß die Gefahr einer ungerechtfertigten Ausdehnung des Fortsetzungszusammenhangs über lange, vom Steuerzahler nicht zu übersehende und von seinem Willen unabhängige

90 Z. B. Klos, Naht das Ende der fortgesetzten Steuerhinterziehung?, DStZ 1990 S. 275 ff.; Dörn, Fortsetzungszusammenhang im Steuerstrafrecht, INF 1991 S. 57 ff.

91 Lüttger, NWB Fach 13 S. 779 ff. (Nr. 29/1991).

92 BGH-Urt. vom 12. 5. 1989 (wistra 1989 S. 301).

Zeiträume durch nachträgliche Bildung oder Erweiterung des Gesamtvorsatzes nicht besteht.

Körperschaft-, Gewerbe-, Vermögensteuer

Ob der Fortsetzungszusammenhang auch bei der Hinterziehung von anderen Steuern wie beispielsweise Körperschaftsteuer, Gewerbesteuer und Vermögensteuer einzuschränken ist, ist noch nicht abzusehen. Da die letztgenannten Steuerarten aber in bezug auf das Veranlagungsverfahren der Einkommensteuer sehr ähnlich sind, liegt eine entsprechende Einschränkung des Fortsetzungszusammenhangs nahe.[93]

Unterschiede zwischen Tun und Unterlassen

Die neue Rechtsprechung zum Fortsetzungszusammenhang im Steuerstrafrecht wird es auch nicht mehr so ohne weiteres zulassen, die Unterschiede zwischen Tun und Unterlassen als unterschiedliche Begehungsweisen einer Tat zu verwischen. Schon früher wurde entschieden, daß eine fortgesetzte Handlung nicht anzunehmen ist, wenn z. B. jemand seine Einkommensteuer jährlich um einen bestimmten Betrag verkürzen will und es in einem Jahr durch zu niedrige Gewinnangabe, im Jahr darauf durch Nichtabgabe der Steuererklärung mit dem Ziel, zu niedrig geschätzt zu werden, verwirklicht. Hier liegt echte Tatmehrheit vor, nicht *eine* Tat.[94]

Strafrechtlich relevantes Verhältnis von USt-Voranmeldungen zur USt-Jahreserklärung

Falsche Umsatzsteuervoranmeldungen können gegenüber der falschen Umsatzsteuererklärung als straflose Vortat anzusehen sein.[95] Unter einer straflosen Vortat versteht man ein den Tatbestand eines Strafgesetzes erfüllendes Verhalten, das nicht bestraft wird, weil die Auslegung des Gesetzes ergibt, daß der Gesamtkomplex der Handlung des Täters nur unter dem Gesichtspunkt einer nachfolgenden anderen Tat bewertet werden soll.[96]

Nach neuerer Auffassung ist die Verkürzung der Umsatzsteuer bereits vollendet, wenn sie bei Eintritt der Fälligkeit nach Ablauf des betreffenden Voranmeldungszeitraums nicht richtig angemeldet und gezahlt wurde. Deshalb sei es nur folgerichtig, im Einreichen der gleichfalls unrichtigen Jahreserklärung, die keine neuen Unrichtigkeiten enthält, lediglich eine mitbestrafte Nachtat zu sehen.[97] Die Auffassung, wonach Voranmeldungen straf-

---

93 Lüttger, a.a.O.

94 BGH, Goltdammers Archiv 1955 S. 211.

95 Kühn-Kutter-Hofmann, Komm. zur AO, 16. Aufl., 1990, zu § 370 Bem. 11d; Luther in BB 1962 S. 94.

96 Schönke, Komm. zum StGB, 8. Aufl., S. 389 und 391.

97 So auch Meine, BB 1978 S. 1309.

lose Vortaten und das Einreichen der Jahreserklärung Haupttat seien, wäre durch die AO 1977 widerlegt, welche die Steueranmeldungen zu Steuererklärungen (§ 150 Abs. 1 Satz 2) mit der Wirkung von Steuerfestsetzungen unter Vorbehalt der Nachprüfung (§ 168 AO) erhoben hat. Zusätzlich hätte § 370 Abs. 4 Satz 1 AO 1977 klargestellt, daß auch bei einer Festsetzung unter Vorbehalt der Nachprüfung eine vollendete Hinterziehung gegeben sein könne.

Mitbestrafte Vor- und Nachtaten sind Fälle der sog. Gesetzeskonkurrenz. Bei ihr schließt das Vorliegen eines Gesetzes die Anwendung des anderen Gesetzes aus.

Fahrlässige Dauerstraftat bzw. Dauerordnungswidrigkeit

Fortsetzungszusammenhang kommt nur für vorsätzliche Taten in Betracht, denn er setzt einen Gesamtvorsatz des Täters voraus; so z. B. für Steuerhinterziehung nach § 370 AO oder für Steuergefährdung nach § 379 AO. Aber auch fahrlässige Unterlassungen können zu *einer* Tat zusammengefaßt werden, wenn eine erstmalige Nachlässigkeit die weiteren Nachlässigkeiten als selbstverständliche Folgen nach sich zieht, z. B. ein Steuerpflichtiger bei jeder Einkommensteuererklärung aus *einem* unentschuldbaren Irrtum heraus seine Einkünfte aus nebenberuflicher Schriftstellerei nicht angibt. Man spricht hier von *fahrlässiger Dauerstraftat*, oder richtiger: *fahrlässiger Dauerordnungswidrigkeit*, die nur durch Unterlassung, nie durch aktives Tun verwirklicht werden kann. So wird eine fahrlässige Dauerstraftat nicht angenommen, wenn der Stpfl. mehrere unrichtige Steuererklärungen leichtfertig abgibt.[98] Dauerstraftaten sind mit der Realisierung des rechtswidrigen Zustandes bereits vollendet, aber erst mit seiner Aufhebung beendet; erst mit dieser Beendigung beginnt die Strafverfolgungsverjährung.

Was vorstehend über fortgesetzte Handlungen und fahrlässige Dauervergehen gesagt worden ist, gilt entsprechend für Ordnungswidrigkeiten, also z. B. auch für leichtfertige Steuerverkürzungen, die in Form von fahrlässigen Dauertaten begangen werden können.[99]

98 RGSt 76, 283 zu § 402 AO a. F.

99 So auch Kühn-Kutter-Hofmann, Komm. zur AO, 16. Aufl., 1990, zu § 370 Bem. 11c.

Beispiel

X hat es versäumt, sich die nötige Kenntnis darüber zu verschaffen, ob ein bestimmter in seinem Unternehmen laufend vorkommender Vorgang der Umsatzsteuer unterliegt. Er schließt dies leichtfertig aus und gibt demzufolge für vier Jahre 48 unzutreffende Umsatzsteuer-Voranmeldungen ab. Ein einheitliches Verschulden mit mehreren (48) rechtswidrigen Teilerfolgen! X kann nur wegen einer Tat belangt werden.

Weiteres Beispiel

Ehefrau E, die in der Rechtsanwaltskanzlei ihres Mannes M die Buchhaltung führte, hatte 1974, 1975 und 1976 versehentlich Kanzleieinnahmen nicht gebucht, so daß in den ESt- und USt-Erklärungen für diese Jahre zu geringe Beträge angegeben wurden, was entsprechende Steuerverkürzungen zur Folge hatte. Eine 1970 durchgeführte Betriebsprüfung hatte bereits gleichgelagerte Fälle beanstandet. Die ESt für 1976 wurde auch dadurch verkürzt, daß M Honorareinnahmen in Höhe von 13 336 DM, die ihm auf seinem Bankkonto mit Wertstellung 24. 12. 1976 gutgeschrieben waren, erst dem Jahr 1977 zurechnete, in dem ihm am 5. 1. die Mitteilung der Bank zugegangen war. Das Landgericht hat M wegen einer Dauerordnungswidrigkeit der leichtfertigen Steuerverkürzung in Tatmehrheit mit einem Vergehen der Steuerhinterziehung verurteilt. Es erachtete die von M im Anschluß an die Betriebsprüfung 1970 ergriffenen Maßnahmen zur vollständigen Erfassung der Einnahmen nicht als ausreichend und wertete sein Verhalten, soweit fehlende Einnahmebuchungen zu unrichtigen Steuererklärungen führten, als leichtfertig. – Nach dem Beschluß des BayObLG vom 2. 12. 1980 – 4 St 168/80[100] setzt eine Dauerordnungswidrigkeit der leichtfertigen Steuerverkürzung ein in dauernder Unachtsamkeit bestehendes Gesamtverhalten voraus. Dagegen hatte hier der M nicht deswegen Handlungen unterlassen, weil er ein für allemal versäumt hatte, sich die Kenntnis über seine Steuerpflicht zu verschaffen. Ihn trifft vielmehr eine Verantwortung für ein aktives Tun. M hatte jedesmal aufgrund neuer Sachlagen die Frage der Vollständigkeit und Richtigkeit seiner Erklärungen von neuem

100 DB 1981 S. 874.

zu prüfen und einen neuen Entschluß zu fassen. Es liegt deswegen kein einheitliches Verschulden mit mehreren ordnungswidrigen Teilerfolgen vor, sondern eine Kette einzelner Zuwiderhandlungen mit gleichartigem Verschulden.

Teil VI: Die Legalisierung von Schwarzgeld

Strafbefreiende Selbstanzeige nach § 371 AO

Im Bereich der Steuerillegalität kann Schwarzgeld, das heißt nach der in diesem Buch vertretenen Auffassung und gegebenen Definition des Schwarzgeldes als Geld, mit dem Steuern hinterzogen worden sind, in wirksamer Weise legalisiert werden. Das ist möglich unter Zuhilfenahme des im Steuerstrafrecht installierten Dauerinstituts der strafbefreienden Selbstanzeige bei Steuerhinterziehung nach § 371 AO. Hier handelt es sich sozusagen um eine permanente Strafamnestie für Steuersünder, wobei „Amnestie" im Rechtssinne eigentlich gar nicht vorliegt. Aber jedenfalls wird durch diese Vorschrift Straffreiheit gewährt.

Amnestiegesetz 1988/1990

Bis zum 31. 12. 1990 war eine Legalisierung ferner möglich durch das Gesetz über die strafbefreiende Erklärung von Einkünften aus Kapitalvermögen und von Kapitalvermögen.[1] Es hatte die amtliche Abkürzung „Strafbefreiungserklärungsgesetz" = StrbEG erhalten.[2] Eingebürgert hat sich für dieses Gesetz allerdings die Bezeichnung „Amnestiegesetz".

Unterschiede

Die hauptsächlichsten Unterschiede zwischen beiden gesetzlichen Regelungen bestanden in folgendem:

- Die Vorschrift des § 371 AO gilt für die Selbstanzeige bei Hinterziehung aller Steuerarten. Demgegenüber war der Inhalt des Amnestiegesetzes beschränkt auf die Straffreiheit bei bisheriger Nicht- oder Falscherklärung von Einkünften aus Kapitalvermögen und des Kapitalvermögens selbst.
- Im Gegensatz zu § 371 AO war die Strafbefreiung nach dem Amnestiegesetz gekoppelt mit einer Steuerfreistellung für die Einkünfte aus Kapitalvermögen und für das Kapitalvermögen für Zeiträume vor 1986. Die strafbefreiende Selbstanzeige nach § 371 AO wird dagegen nur gewährt, wenn alle hinterzogenen Steuern innerhalb bestimmter Fristen nachgezahlt werden.

---

1 Artikel 17 des Steuerreformgesetzes 1990 vom 25. 7. 1988 (BGBl 1988 I S. 1093, 1128, BStBl 1988 I S. 224, 259).

2 BStBl 1988 I S. 524.

- Die Möglichkeit der Selbstanzeige bei Steuerhinterziehung nach § 371 AO besteht, wie schon erwähnt, in zeitlicher Permanenz. Dagegen entfaltet das Amnestiegesetz Wirkung nur in der Zeit nach dem 13. 10. 1987 und bis zum 31. 12. 1990.
- Im Falle der Selbstanzeige bei Steuerhinterziehung nach § 371 AO müssen Hinterziehungszinsen gezahlt werden; sie entfallen bei Anwendung des Amnestiegesetzes für die Zeit vor 1986.

Da das Amnestiegesetz[3] mit dem 30. 12. 1990 ausgelaufen ist, wird es hier nicht mehr behandelt.

Kapitel 30: Strafbefreiende Selbstanzeige nach § 371 Abgabenordnung

Wer in den Fällen des § 370 AO (Steuerhinterziehung!) unrichtige oder unvollständige Angaben bei der Finanzbehörde berichtigt oder ergänzt oder unterlassene Angaben nachholt, wird insoweit straffrei (§ 371 Abs. 1 AO).

1 Gesetzgeberischer Zweck und Wirkung der Selbstanzeige-Vorschrift

Erschließung bisher verheimlichter Steuerquellen

Die Selbstanzeige-Vorschrift des § 371 AO zielt ganz und gar fiskalisch auf die „Erschließung bisher verheimlichter Steuerquellen" ab.[4] Mit Ausnahme der im nachstehenden Abschnitt 7 behandelten Sperren genügt es zum Eintritt der Straffreiheit nach Steuerhinterziehung, daß der Täter seine Berichtigungserklärung abgibt und die hinterzogenen Steuern nachzahlt. Ein Stück strafrechtlicher Gerechtigkeit wird dabei freilich geopfert.[5]

Innere Einstellung unerheblich

Viel weitergehend als der Rücktritt vom Versuch nach § 24 StGB, der nach nunmehriger Rspr. auch für Steuerhinterzieher gilt,[6] gewährt die Selbstanzeige nach § 371 AO Straffreiheit sogar schon bei vollendetem Delikt, also wenn die Steuerhinterzie-

3 Siehe Fußnote 2.
4 Ständige Rechtsprechung, z. B. BGHSt 12, 100.
5 Tipke/Lang, Steuerrecht, 13. Aufl., 1991, S. 779.
6 Siehe Kapitel 27.

hung schon perfekt ist. Der hierfür auch verwendete Ausdruck „Tätige Reue“ ist irreführend. Auf die innere Einstellung des sich selbst anzeigenden Steuerhinterziehers kommt es nicht an. Er geht unter den Voraussetzungen des § 371 AO auch dann straffrei aus, wenn er nicht reuig, sondern aus Angst die Selbstanzeige erstattet, beispielsweise aus Angst vor einem Mitwisser oder vor an der Hinterziehung Beteiligten, die ihn „hochgehen“ lassen wollen. Der Täter braucht nicht freiwillig zu handeln. Die irrige Annahme, seine Tat sei bereits entdeckt, und der psychologische Zwang, unter dem er sich dann selbst anzeigt, schließen nach Ansicht des OLG Frankfurt die Strafbefreiung nicht aus.[7] Selbst die Finanzverwaltung bringt dies im Einführungserlaß zur AO 1977[8] klar zum Ausdruck: „Die irrige Annahme der Entdeckung allein hindert die Wirksamkeit der Selbstanzeige nicht.“ Meist wird sogar unfreiwillig Selbstanzeige erstattet. Eine Häufung von Selbstanzeigen ist nämlich festzustellen auf den Zeitpunkt, in dem dem Steuerpflichtigen die Prüfungsanordnung bekanntgegeben wird, was nach § 197 AO angemessene Zeit vor Beginn einer Außenprüfung geschehen soll, wenn der Prüfungszweck dadurch nicht gefährdet ist. Der zu Prüfende fürchtet dann oft die Aufdeckung seiner Steuerhinterziehung und zeigt sich selbst an. Von Freiwilligkeit also keine Spur!

Merke:

Selbst bei von vornherein kältester Berechnung eines Schwarzgeldschiebers kommt die Straffreiheit nach § 371 AO zum Zuge.

Beispiel

Der Industriemagnat M fängt mit einem neuen Artikel an und will sich das Anfangskapital, das er hierfür braucht, möglichst billig beschaffen. Er hinterzieht für drei Jahre Steuern in Höhe von je 100 000 DM. Dies bringt ihm in den drei Jahren einen Zinsgewinn von etwa 27 000 DM. Mit dem Kapital in Gestalt der hinterzogenen Steuern erzielt er außerdem auch eine beträchtliche Gewinnsteigerung. Es ist ihm gelungen, mit dieser Transaktion seinen Artikel be-

7 OLG Frankfurt a. M., Urt. vom 18. 10. 1961.
8 Zu § 371 AO Nr. 1.

kanntzumachen. Die mit Hilfe der Steuerhinterziehung erreichte Gewinnsteigerung erlaubt M, wegen der Steuerhinterziehung Selbstanzeige zu erstatten und die hinterzogene Summe nachzuzahlen. Weil der Betriebsprüfer noch nicht bei M erschienen war, kam diese Selbstanzeige rechtzeitig. M geht straffrei aus. Außer dem hinterzogenen Steuerbetrag von (3 x 100 000 DM =) 300 000 DM, den er ohnehin hätte entrichten müssen, bleiben ihm alle sonstigen Vorteile, die er durch die Hinterziehungstransaktion erreicht hat.

Kavaliersdelikt?

Die Möglichkeit der strafbefreienden Selbstanzeige reizt oft sogar erst zur Steuerhinterziehung an. Es kann eigentlich auch nicht verwundern, wenn der Steuerhinterzieher seine Tat nicht für so verwerflich hält wie etwa einen Betrug, einen Diebstahl, eine Erpressung. Sie ist und bleibt in vielen Augen eben nur ein Kavaliersdelikt.

2 Strafbefreiende Selbstanzeige auf Steuerhinterziehung beschränkt

Auch bei Versuch und Teilnahme

Unter den Straftaten ist die Rechtswohltat der Selbstanzeige auf das Delikt der Steuerhinterziehung beschränkt. Es fällt darunter aber auch der Versuch einer Steuerhinterziehung (§ 370 Abs. 2 AO), die Teilnahme (Anstiftung, Beihilfe) an einer Steuerhinterziehung, die Monopolhinterziehung, die Erschleichung von Spar-, Wohnungsbau- und Bergmannsprämien, von Arbeitnehmer-Sparzulagen. Selbstanzeigen im Zusammenhang mit Steuerhehlerei (§ 374 AO) und mit gewerbsmäßigem, gewaltsamen und bandenmäßigem Schmuggel (§ 373 AO) gehen dagegen fehl. Auch hinsichtlich der Investitionszulage nach dem Investitionszulagengesetz war keine wirksame Selbstanzeige möglich.

Steuergefährdung nach § 379 AO ausgeschlossen

Auch für die Steuergefährdung nach § 379 AO durch Ausstellen unrichtiger Belege oder durch unrichtige Buchungen ist keine Selbstanzeigemöglichkeit geschaffen worden. Dies ist unverständlich und hat dem Gesetzgeber auch schon herbe Kritik eingetragen. Denn unbestritten sind diese Delikte nur Vorbereitungshandlungen zur Steuerhinterziehung, und ein Delinquent, der über diese Vorbereitungshandlungen hinausgeht und sich eine versuchte oder vollendete Steuerverkürzung zuschulden kommen läßt, ist besser gestellt als derjenige, dessen Verhalten im Vorbereitungsstadium, nämlich im Stadium der unrichtigen

Belegausstellung oder Buchung, steckengeblieben ist. Tritt der Täter von einer versuchten Steuerhinterziehung freiwillig zurück oder übt er Selbstanzeige, so verdient er sich Straf- bzw. bei § 378 Abs. 3 AO Bußgeldfreiheit, ohne daß dann die Tat noch nach § 379 AO geahndet werden könnte. Wenn sogar die Verletzung des Rechtsguts straflos bleiben soll, kann die bloße Vorbereitung der Rechtsgutverletzung nicht mit Bußgeld belegt werden. Daher kann, wenn der Delinquent z. B. die unrichtige Buchung berichtigt und dadurch den Eintritt einer Steuerverkürzung verhindert, analog § 24 Abs. 1 StGB kein Bußgeld festgesetzt werden.[9]

Selbstanzeige auch bei leichtfertiger Steuerverkürzung

Dagegen sieht § 378 Abs. 3 AO auch für die leichtfertige Steuerverkürzung eine Bußgeldfreiheit bei Selbstanzeige vor.

Bei Begehung der Steuerhinterziehung in Tateinheit oder in Tatmehrheit mit anderen Steuervergehen oder nicht steuerlichen Taten[10] wirkt sich die strafbefreiende Selbstanzeige lediglich auf die Steuerhinterziehung aus. So z. B. bei Steuerhinterziehungen mit gefälschten Rechnungen, die als Urkundenfälschung nicht von der Selbstanzeige erfaßt werden.[11]

3 Wer kann wirksame Selbstanzeige abgeben?

Auch über Bevollmächtigten

Wirksame Selbstanzeige kann jeder abgeben, der die Steuerhinterziehung als Täter oder als Teilnehmer begangen hat. Er kann sie auch über einen Bevollmächtigten abgeben. Der Absicht des Gesetzes gegenüber muß es dabei gleichgültig sein, ob die Berichtigungserklärung auch nach außen als im Namen des Täters abgegeben erscheint.[12]

Selbstanzeige des Steuerberaters

> **Ratschlag:**
>
> Stößt ein Steuerberater in den Unterlagen seines Mandanten auf Steuerhinterziehungen oder weiß er bereits einige Zeit davon, so gebietet es der Grundsatz der Mandantentreue, sein Wissen für sich zu behalten. Rät der Berater seinem

9 So in der Argumentation m.E. zwingend Kohlmann, a.a.O., zu § 379 AO, Rdnr. 74.
10 Siehe Kapitel 29 Abschn. 2.
11 BGHSt 12, 100.
12 BayObLG, NJW 1954 S. 244, BB 1954 S. 152.

Mandanten, bezüglich der Steuerhinterziehung Selbstanzeige zu erstatten, vergeblich, so wird er am besten das Mandat niederlegen.[13] Der Steuerberater kann auch für seine Person dem Finanzamt Selbstanzeige erstatten, wenn er an der Steuerhinterziehung beteiligt war.[14]

4 Form und Inhalt der Selbstanzeige

Für die Abgabe der Selbstanzeige ist keine Form vorgeschrieben.

Schriftform empfehlenswert

Zu Beweiszwecken sollte für die Selbstanzeige die Schriftform gewählt werden. Das Wort „Selbstanzeige" braucht in der Erklärung nicht vorzukommen. Überhaupt kann die Selbstanzeige ziemlich neutral abgefaßt sein. Es genügt beispielsweise, unterbliebene Steuervoranmeldungen später einfach nachzuholen.[15] Keinesfalls reicht aber eine bloße Nachzahlung der verkürzten Steuer aus.

Auch lediglich die Stellung eines Antrags auf Durchführung einer Außenprüfung stellt keine wirksame Selbstanzeigeerklärung dar.[16]

Alle Einzelheiten brauchen nicht aufgetischt zu werden

Nicht notwendig ist, daß der Täter dem Finanzamt alle Einzelheiten auf den Tisch legt; unschädlich ist z. B., wenn die zahlenmäßige Berechnung der Steuerschuld noch eine gewisse eigene Aufklärung durch das Finanzamt erfordert, sei es durch Heranziehung früherer bei ihm geführter Steuervorgänge, sei es durch Anfragen an Stellen, die ihm gegenüber zur Auskunft verpflichtet oder bereit sind.[17] Werden Steuerhinterziehungen mittels OR-Geschäften selbst angezeigt, so braucht der Anzeigende nur bezüglich seiner eigenen Steuerhinterziehungshandlungen berichtigende Erklärungen zu machen. Seinen Geschäftspartner braucht er hierbei nicht anzugeben, es sei denn, der Anzeigende war an der Steuerstraftat des Partners selbst als Mittäter oder Teilnehmer beteiligt.[18]

13 Klein/Orlopp, Abgabenordnung 1977, 2. Aufl., München 1979, Anm. 4.
14 Samson, a.a.O., zu § 371 AO, Rdnr. 61.
15 BayObLG, Urt. vom 24. 2. 1972 (BB 1972 S. 524).
16 Henke, DStZ/A 1960 S. 188.
17 BGH, DStR 1966 S. 150, BB 1966 S. 107.
18 Samson, a.a.O., zu § 371 AO, Rdnr. 41.

Der Täter braucht auch nicht „neues Material" zu liefern – sog. Materiallieferungstheorie. Es kommt nicht darauf an, ob das Material, das die Berichtigungserklärung enthält, für das Finanzamt neu ist oder der Täter dies zumindest annehmen konnte.

Materiallieferungstheorie

Auch eine strafbefreiende Selbstanzeige nach § 371 AO durch Einreichung der Umsatzsteuerjahreserklärung ist möglich, wenn der Unternehmer die gesetzlich vorgeschriebenen Umsatzsteuer-Voranmeldungen vorsätzlich nicht oder unter Angabe von zu niedrigen Umsätzen abgegeben hat.[19]

USt-Jahreserklärung

Noch einen Schritt weiter kann man gehen, indem man die für das Verhältnis von Umsatzsteuer-Voranmeldungen zur Umsatzsteuerjahreserklärung gewonnene Erkenntnis auf das Gebiet der Einkommensteuer überträgt. Bewirkt also ein Steuerzahler durch wahrheitswidrige Angaben, daß seine Einkommensteuervorauszahlungen zu niedrig festgesetzt werden, so kann er durch berichtigende Angaben in seiner Einkommensteuererklärung Selbstanzeige erstatten. Hierzu reichen vollständige Angaben in den Steuererklärungsvordrucken und den Erläuterungen zum Jahresabschluß aus. Ein Hinweis auf die vorangegangene Steuerhinterziehung, die durch die zu niedrige Festsetzung der Vorauszahlungen bewirkt wurde, ist nicht erforderlich. Ebenso ist es unschädlich, daß durch die berichtigenden Angaben die Vorauszahlungsbescheide nicht mehr korrigiert werden können.[20]

ESt-Jahreserklärung

5 Teilweise Berichtigung?

Auch eine teilweise Berichtigung ist möglich; die Straffreiheit tritt dann nur „insoweit" ein. Bei fortgesetzten Taten gebietet der steuerpolitische Zweck des § 371 AO, die aus anderen Gründen geschaffene Rechtseinheit der fortgesetzten Tat[21] und die selbständige Bewertung jedes einzelnen Teilakts derart aufzulösen, daß eine Selbstanzeige hinsichtlich der bis zu ihrer Erstattung begangenen Steuerhinterziehung auch dann strafbefreiend wirkt, wenn der Täter danach seine Tat fortsetzt.[22]

Teilweise Berichtigung möglich

19 Hanseatisches OLG, Beschl. vom 12. 2. 1985 (BB 1985 S. 1779); vgl. hierzu auch Koops, BB 1985 S. 1779.
20 So Neck, DStR 1985 S. 505 ff.
21 Siehe Kapitel 29 Abschnitt 2.
22 BGH-Urt. v. 12. 8. 1987 – 3 StR 10/87 (DStR 1987 S. 633).

Beispiel

Unternehmer B hatte zwischen 1977 und 1984 falsche Jahreserklärungen abgegeben und auf diese Weise bewirkt, für die Jahre 1975 bis 1982 Steuern im Betrag von rund 860 000 DM zu verkürzen. Nachdem die Schweizer Polizei aufgrund eines Durchsuchungsbeschlusses am 16. April 1984 Kontoauszüge, Rechnungskopien und andere Unterlagen beschlagnahmt hatte, erstattete B am 18. April 1984 Selbstanzeige, in der er unrichtige Verbuchungen für die Jahre 1981 und 1982 einräumte. Eine derart beschränkte Selbstanzeige ist bei fortgesetzter Tat grundsätzlich möglich. Zwar tritt nach § 371 Abs. 2 Nr. 2 AO Straffreiheit nicht ein, wenn im Zeitpunkt der Berichtigung", Ergänzung oder Nachholung von Angaben „die Tat" bereits „ganz oder zum Teil" entdeckt war. Der Gesetzeswortlaut schließt es nach Sinn und Zweck der Vorschrift aber nicht aus, aufgrund einer Selbstanzeige bisher unentdeckte Einzelakte einer teilweise entdeckten fortgesetzten Steuerhinterziehung straffrei zu lassen.

Dolose Teilberichtigung

Ganz schlaue Täter berichtigen ihre falschen Angaben nur teilweise, um damit die tatsächlich weitergehenden Verfehlungen zu verdecken – sog. dolose Teilberichtigung. Wovor die Selbstanzeige allerdings nicht schützt, ist eine Steuerfahndung, die nun durch die Selbstanzeige erst ausgelöst wird. Eine dolose Teilberichtigung stellt für den Fahnder dann erst die Spitze des Eisbergs dar, der nun in Gänze entdeckt wird.

Beispiel

Bankkunde B hat seit 1980 in seinen Einkommensteuer- und Vermögensteuer-Erklärungen sein privates Kapitalvermögen und seine Erträge hieraus nicht angegeben. Um keinen Verdacht aufkommen zu lassen, zeigt B dies Anfang 1989 bezüglich des Kontos bei einer seiner Banken dem Finanzamt an. Für die restlichen Konten und die hieraus ihm zugeflossenen Erträge bewahrt er weiterhin Stillschweigen.

Abgrenzung gegenüber Amnestiegesetz

Nach dem inzwischen ausgelaufenen Amnestiegesetz[23] konnte

23 Gesetz über die strafbefreiende Erklärung von Einkünften aus Kapitalvermögen und von Kapitalvermögen (Artikel 17 des Steuerreformgesetzes 1990).

im vorstehenden Beispiel B keine Straffreiheit und keine Steuerfreistellung für die Zeit vor 1986 beanspruchen, weil nur zum Teil richtige oder unvollständige Angaben für die Anwendung des Amnestiegesetzes nicht genügten.[24] Dennoch war die Teilselbstanzeige des B nicht wirkungslos. Denn nach § 371 Abs. 1 AO ist auch eine strafbefreiende Teilselbstanzeige möglich. B muß aber die bisher vorenthaltenen Steuern auch für die Zeit vor 1986 nachentrichten.

Zwar hat der Bundesgerichtshof[25] entschieden, daß eine Selbstanzeige insgesamt nicht vorliegt, wenn der nachträglich erklärte Betrag erheblich hinter dem tatsächlich geschuldeten Betrag zurückbleibt. Dieser Auffassung tritt Wrenger[26] entgegen mit dem Hinweis, daß eine solche Einschränkung des Anwendungsbereichs der Selbstanzeige in krassem Widerspruch zum eindeutigen Gesetzeswortlaut („wird insoweit straffrei") steht.

6 Hinterzogene Steuern müssen nachgezahlt werden

Steuernachentrichtung binnen angemessener Frist

Sehr wichtige Voraussetzung zur Straffreiheit nach § 371 AO ist die Nachzahlungspflicht. Für einen an der Tat Beteiligten tritt Straffreiheit nur ein, soweit er die zu seinen Gunsten hinterzogenen Steuern innerhalb der ihm bestimmten angemessenen Frist entrichtet (§ 371 Abs. 3 AO). Auch dem offensichtlich zahlungsunfähigen Täter sollte eine angemessene Frist gesetzt werden; denn er kann sich innerhalb dieser Frist ja eventuell einen Kredit beschaffen, um seine Steuern nachzuzahlen.[27]

Auch eine Frist von wenigen Tagen im Einzelfall hält das LG Hamburg[28] für eine durchaus angemessene Frist. Es sei keinesfalls so, daß die Frist im Sinne von § 371 Abs. 3 AO im allgemeinen einen Zeitraum von sechs Monaten umfasse. Diese pauschale Betrachtungsweise berücksichtige zu wenig den Einzelfall. Der Täter soll sich danach auf die Steuernachzahlung einstellen können. Dies bedeute nicht, daß er abwarten dürfe, bis die Fristsetzung kommt, um sich dann darüber zu beklagen, daß sie zu knapp

24 Tz. 2.6 des BMF-Schreibens vom 9. 12. 1988 (BStBl 1988 I S. 524).
25 BGH-Urt. vom 24. 12. 1976 (BB 1978 S. 698, DB 1978 S. 2155).
26 DB 1987 S. 2325 ff.
27 OLG Karlsruhe, Urt. vom 18. 4. 1974 (NJW 1974 S. 1577).
28 Urt. vom 4. 3. 1987 (wistra 1988 S. 317, StBp 1989 S. 40).

sei. Vielmehr müsse der Steuerzahler auch bereits die Zeit vor der Fristsetzung nutzen, um die Steuernachzahlung zu ermöglichen.

Auch das Amnestiegesetz[29] arbeitete mit dem Begriff der angemessenen Frist. Hier galt nichts anderes als zur strafbefreienden Selbstanzeige nach § 371 Abs. 3 AO.[30]

7 Sperren für wirksame Selbstanzeige

Drei Sperren

Der Steuerhinterzieher kommt mit seiner Selbstanzeige in drei in § 371 Abs. 2 AO genannten Fällen – sog. negative Wirksamkeitsvoraussetzungen der Strafanzeige – zu spät. Diese Fälle werden nachstehend behandelt.

7.1 Ausschluß der Straffreiheit durch Erscheinen eines Amtsträgers

Vor allem Außenprüfer und Steuerfahnder

Prüfungsanordnung

Wenn ein Amtsträger der Finanzbehörde zur steuerlichen Prüfung oder zur Ermittlung einer Steuerstraftat oder einer Steuerordnungswidrigkeit „erschienen ist", kommt der Steuerhinterzieher mit der Selbstanzeige zu spät (§ 371 Abs. 2 Nr. 1a AO). Finanzbehördliche Amtsträger sind vor allem Außenprüfer und Steuerfahnder. Die Prüfungsanordnung und ihre Ankündigung (vgl. § 197 AO) nimmt der strafbefreienden Selbstanzeige aber noch nicht die Wirkung. Die Sperrwirkung ist im übrigen begrenzt durch die Kompetenz der Behörde und des Prüfers im allgemeinen und durch den Umfang der Prüfungsanordnung.[31] Ist also z. B. der Außenprüfer nur zur Prüfung der gewerbebetrieblichen Einkünfte erschienen, so kann wirksam Selbstanzeige über eine grunderwerbsteuerliche Steuerverfehlung erstattet werden. Auch die Ehefrau kann dann z. B. noch Selbstanzeige bezüglich der hinterzogenen Steuern auf ihre eigenen Einkünfte erstatten. Sind in der Prüfungsanordnung nur die Veranlagungszeiträume 01 bis 03 als zu prüfen aufgeführt, so kann für den VZ 04 strafbefreiende Selbstanzeige wirksam erstattet werden Zur steuerlichen Prüfung im Sinne von § 371 Abs. 2 Nr. 1a AO erscheint ein Amtsträger der Finanzbehörde auch dann, wenn er an Ort und

29 Siehe Fußnote 2.

30 Bildsdorfer, StBp 1989 S. 40.

31 BayObLG, Beschl. vom 23. 1. 1985 – RReg 4 St 309/84 (BB 1985 S. 856, DStR 1985 S. 668); im wesentlichen so jetzt auch BGH-Beschl. vom 15. 1. 1988 – 3 StR 465/87 (NWB Fach 1 S. 132).

Stelle einzelne Maßnahmen zur Aufklärung eines bestimmten Sachverhalts durchführen, insbesondere gemäß § 97 AO Einsicht in Unterlagen über ein Bankkonto nehmen will.[32]

Nach Beendigung der Prüfung

Nach Beendigung der Prüfung lebt das Recht zur Selbstanzeige wieder auf, wenn durch die Prüfung die Tat nicht entdeckt wurde.[33] Es wäre auch nicht einzusehen, warum nach erfolglosem Abschluß einer Außenprüfung nicht derselbe Zustand angenommen werden sollte, wie er vor dem Erscheinen des Prüfers bestand; im Gegenteil ist die Gefahr der Tatentdeckung nun sogar noch geringer als vorher. Eine andere Frage ist es, zu welchem Zeitpunkt die Möglichkeit der Selbstanzeige wieder aufleben soll. Nach Wrenger[34] ist hier nicht der Zeitpunkt der Schlußbesprechung oder des Weggangs des Prüfers maßgebend, sondern der Zeitpunkt des Erlasses des Bescheids, daß der Steuerfall abschließend geprüft ist.

Verunglückte Selbstanzeige

Eine wegen Verspätung verunglückte Selbstanzeige bringt zwar keine Strafbefreiung, kann aber strafmildernd wirken, noch dazu, wenn der Täter die hinterzogenen Steuern prompt nachzahlt. Da im übrigen bei leichtfertiger Steuerverkürzung i.S. des § 378 AO Selbstanzeige auch noch während der Prüfung bis zum Zeitpunkt möglich ist, in dem dem Täter die Einleitung eines Strafverfahrens mitgeteilt wird (§ 378 Abs. 3 AO), und da sich der Vorwurf des Vorsatzes im Laufe des Verfahrens oft in denjenigen der Leichtfertigkeit zurückstufen läßt, kann eine verspätete Selbstanzeige doch noch dazu führen, daß ein Vorsatztäter, dem vorsätzliches Verhalten nicht mit Sicherheit nachgewiesen werden kann, Straffreiheit erlangt.[35]

7.2 Ausschluß der Straffreiheit durch Bekanntgabe der Einleitung eines Straf- oder Bußgeldverfahrens

Auf „Bekanntgabe" kommt es an

Straffreiheit tritt ferner nicht ein, wenn vor Abgabe der Selbstanzeige dem Täter oder seinem Vertreter die Einleitung eines Straf- oder Bußgeldverfahrens wegen der Tat bekanntgegeben worden ist (§ 371 Abs. 2 Nr. 1b AO). Die Einleitung des genannten Verfahrens allein genügt nicht zur Sperre; die Einleitung muß auch dem Täter oder seinem Vertreter bekanntgegeben worden

32 BayObLG, Beschl. vom 17. 9. 1986 – RReg 4 St 155/86 (DStR 1987 S. 161).
33 Klein/Orlopp, AO 1977, 2. Aufl., München 1979; Samson, a.a.O., Rz. 112.
34 DB 1987 S. 2325 ff.
35 Kohlmann, a.a.O., zu § 371 AO, Rdnr. 141.

sein. „Vertreter" des Täters sind insbesondere Personen, die nach Gesetz, Auftrag oder Vollmacht zu seiner Vertretung verpflichtet sind. Es nutzt also dem Täter nichts, wenn er sich, wie im Geschäftsleben bei unangenehmen Angelegenheiten üblich, verleugnen läßt oder ganz untertaucht. Auch volljährige Familienangehörige wird man zu den „Vertretern" zählen können, die zur Entgegennahme von schriftlichen Mitteilungen befugt sind.[36]

Die Einleitung des Strafverfahrens kann auch durch schlüssiges Handeln wie Beschlagnahme oder Durchsuchung bekanntgegeben sein.

Nichterklärung einzelner Einkunftsarten

Nach Auffassung des LG Hamburg[37] kann eine strafbefreiende Selbstanzeige wegen der Nichterklärung von Einkünften aus einer Einkunftsart nicht erfolgen, wenn wegen Nichterklärung von Einkünften aus einer anderen Einkunftsart in derselben Steuererklärung bereits das Steuerstrafverfahren eingeleitet worden ist. Denn die Einleitung des Strafverfahrens betreffe alle im Zusammenhang mit der Einkommensteuererklärung unterbliebenen Angaben, gleichgültig, welcher Steuersachverhalt ihnen zugrunde liegt. Der Begriff der „Tat" in § 371 Abs. 2 AO sei im Sinne des materiellen Strafrechts, vielleicht sogar im Sinne des Strafprozeßrechts, zu verstehen.

Wie schon im Fall von vorstehend 7.1 lebt auch hier das Recht zur Selbstanzeige wieder auf, sobald die Einstellungsverfügung bei den Akten ist.[38]

7.3 Ausschluß der Straffreiheit durch Tatentdeckung

Tatentdeckung

Auch wenn die Tat im Zeitpunkt der Berichtigung, Ergänzung oder Nachholung ganz oder zum Teil bereits entdeckt war und der Täter dies wußte oder bei verständiger Würdigung der Sachlage damit rechnen mußte, kommt eine wirksame Selbstanzeige zu spät (§ 371 Abs. 2 Nr. 2 AO).

Verdachtschöpfen genügt nicht

Zunächst einmal ist „Entdecken" mehr als nur Verdachtschöpfen. Wo aber hier abzugrenzen ist, bewegt schon seit längerer Zeit Gerichte und Fachschrifttum.

36 Theil, BB 1983 S. 1274, 1278.
37 Urt. vom 4. 3. 1987 (wistra 1988 S. 317).
38 Samson, a.a.O., zu § 371 AO, Rz. 116.

Beispiel

Prokurist P der deutschen Firma F importierte laufend von einer niederländischen Lieferfirma Mehlpulver. Aufgrund von fingierten Kaufverträgen beantragte P beim Hauptzollamt, daß auf zu entrichtende Mehrbeträge einer Ausgleichsabgabe aus Billigkeitsgründen verzichtet wird. Auf Ersuchen des Zollkriminalinstituts Köln nahm die niederländische Zollfahndung bei der niederländischen Lieferfirma Ermittlungen wegen des Verdachts auf, daß u. a. auch F rückdatierte Kaufverträge zur Erstattung des Ausgleichsmehrbetrags beim Hauptzollamt vorgelegt hätte. Als P hiervon erfuhr, erstattete F auch für ihn Selbstanzeige.

Nach dem BGH-Urteil vom 13. 5. 1983 – 3 StR 82/83[39] kam die Selbstanzeige nicht zu spät, weil der bis dahin bei den Finanzbehörden vorhandene bloße Anfangsverdacht nicht genügte. Es sei für § 371 Abs. 2 Nr. 2 AO mehr erforderlich als die Kenntnis von Anhaltspunkten, die zur Einleitung eines Ermittlungsverfahrens Anlaß geben können, selbst wenn die Wahrscheinlichkeit späterer Aufklärung gegeben ist. Tatentdeckung dürfe weder mit dem Zeitpunkt gleichgesetzt werden, in dem die Finanzbehörde das Strafverfahren einleiten muß und somit ein einfacher Tatverdacht zu bejahen ist, noch mit einem davor liegenden Zeitraum. Der Entdecker müsse das wirkliche Tatgeschehen oder die Tatfolgen ganz oder zum Teil selbst unmittelbar wahrgenommen haben; er müsse selbst festgestellt haben, daß der Täter unrichtige oder unvollständige Angaben gegenüber der Finanzbehörde gemacht hat. Im vorstehenden Beispiel hatte keiner der Beteiligten zum Zeitpunkt der Selbstanzeige den Vergleich des tatsächlichen Geschehensablaufs mit den steuerlichen Angaben vorgenommen und festgestellt, daß die rückdatierten Verträge dem Finanzamt vorgelegt würden, was selbst für die niederländische Exportfirma galt. Letztere war auch kein tauglicher Tatentdecker. Als solcher kommt nur in Betracht, wer seine Kenntnisse an die Finanzbehörde weiterleitet und dadurch den Steueranspruch ermitteln und ggf. im Vollstreckungswege durchsetzen läßt. Die niederländische Zollfahndung hätte im vorstehenden Beispiel diese Voraussetzung erfüllen können, was aber im konkreten Fall nicht zutraf.

39 Wistra 1983 S. 197, wiedergegeben auch von Göggerle/Frank, BB 1984 S. 398; vgl. ferner Henneberg, Die Entdeckung der Tat im Steuerstrafrecht, BB 1984 S. 1679.

Angehörige und Vertrauenspersonen keine Tatentdecker

Angehörige und Vertrauenspersonen, die keine Anzeige zu erstatten pflegen, gehören im übrigen nicht zu den Tatentdeckern. Als Tatentdecker auszuscheiden haben nach Auffassung des BGH[40] jedenfalls solche Personen, die zum Vertrauenskreis des Täters gehören oder die bevollmächtigt sind, für ihn tätig zu werden. Dies erhelle schon der Umstand, daß ein Steuerpflichtiger die Selbstanzeige nicht persönlich erstatten müsse, sondern sie auch von Dritten, die er vom Sachverhalt in Kenntnis gesetzt habe, erstatten lassen könne. Offenbaren Mitgesellschafter einer Personengesellschaft unbeschadet ihrer Verpflichtung nach § 153 AO auch mit Willen und auf Veranlassung des Täters dessen steuerliche Verfehlungen dem Finanzamt gegenüber, so muß ihre Anzeige damit ebenso angesehen werden, als ob der Täter einen Rechtsanwalt, Steuerberater oder eine sonstige Person seines Vertrauens beauftragt hätte, für ihn tätig zu werden.

Ratschlag:

Bei Feststellung einer Unterschlagung oder Veruntreuung im Betrieb bzw. in der freiberuflichen Praxis durch einen Mitarbeiter, die gleichzeitig zu Steuerverkürzungen geführt hat, sollte der Unternehmer bzw. Arbeitgeber prüfen, ob er diesem Mitarbeiter noch Gelegenheit zur Selbstanzeige gegenüber dem Finanzamt gibt. Dadurch könnten arbeitsrechtliche Auseinandersetzungen um Schadensersatz oder Kündigung entschärft werden. Das Finanzamt darf die Kenntnis über die anderen Delikte nicht an die allgemeinen Strafverfolgungsbehörden weitergeben (§ 30 Abs. 4 Nr. 4a AO).[41]

Eine Selbstanzeige geht schließlich nicht etwa deshalb fehl, weil der Täter irrtümlich die Entdeckung seiner Tat angenommen hat. Ist andererseits die Tat entdeckt, behauptet der Täter aber, von der Entdeckung der Tat nichts gewußt zu haben, so nutzt ihm diese Einlassung nichts, wenn er die Entdeckung der Tat hätte wissen müssen. Der Steuerhinterzieher kommt also mit seiner Selbstanzeige zu spät, wenn er etwa behauptet, er habe wegen der raffi-

40 Urt. vom 27. 4. 1988 (wistra 1988 S. 308).

41 Dewein, Betriebsprüfungshandbuch, Freiburg, Gruppe 2 S. 555 f. (Lfg. 1/92).

nierten Begehungsweise seiner Hinterziehungshandlung eine Entdeckung nicht zu befürchten brauchen.

Bei leichtfertiger Steuerverkürzung nur eine Sperre

Der Vollständigkeit halber sei noch erwähnt, daß auch nach der leichtfertigen Steuerverkürzung im Sinne des § 378 AO der Täter bußgeldfrei bleibt, soweit er unrichtige oder unvollständige Angaben bei der Finanzbehörde berichtigt oder ergänzt oder unterlassene Angaben nachholt. Hier tritt nur in einem Fall eine Sperre ein: Er kommt zu spät, wenn ihm oder seinem Vertreter die Einleitung eines Straf- oder Bußgeldverfahrens wegen der Tat bekanntgegeben worden ist (§ 378 Abs. 3 AO). Die anderen beiden Sperren, die bei Steuerhinterziehung in Betracht kommen, gibt es bei der leichtfertigen Steuerverkürzung nicht.

Teil VII: Anhang: Anweisungen für das Straf- und Bußgeldverfahren (Steuer) 1991

Erlaß Hessen S 0700 – 1 – II A 1a v. 3. 4. 91;
StEK AO 1977 § 385 Nr. 3.

Inhaltsübersicht

Einführung

(1) Die nachfolgenden Anweisungen sollen der einheitlichen Handhabung des Gesetzes dienen und die reibungslose Zusammenarbeit der zur Verfolgung von Steuerstraftaten und Steuerordnungswidrigkeiten berufenen Stellen der Finanzbehörden untereinander, mit anderen Stellen der Finanzbehörden sowie mit den Gerichten und Staatsanwaltschaften gewährleisten.
(2) Die Anweisungen enthalten zur Erleichterung der Amtsgeschäfte eine Zusammenfassung von hierfür maßgeblichen Grundsätzen sowie Hinweise für deren praktische Anwendung. Zum besseren Verständnis und aus Gründen der Übersichtlichkeit wird zum Teil der Gesetzeswortlaut wiederholt. Bei streitigen Rechtsfragen ist im Interesse einer einheitlichen Verfahrensweise die Auffassung der Verwaltung wiedergegeben.
(3) Die Anweisungen können wegen der Vielfalt der Lebensvorgänge, auf die sie sich beziehen, nur Anleitungen für den Regelfall geben. Soweit sie daher die Besonderheiten eines Falles nicht erfassen, ist stets zu prüfen, welche Maßnahmen im Rahmen des Gesetzes und der Rechtsprechung der Gerichte geboten sind.

Teil 1: Anwendungsbereich, gemeinsame Verfahrensgrundsätze

Abschnitt 1: Anwendungsbereich

[1] Die Anweisungen sind in allen Straf- und Bußgeldverfahren anzuwenden, in denen die Finanzbehörde ermittelt oder zur Mitwirkung berufen ist. Sie sind von allen Bediensteten der Steuerfahndung (Steufa) und der Bußgeld- und Strafsachenstellen (BuStra) zu beachten, ferner von Bediensteten anderer Stellen der Finanzbehörden, soweit es sich um die Zusammenarbeit mit jenen Stellen handelt oder wenn sie Maßnahmen im Straf- oder Bußgeldverfahren treffen.

Abschnitt 2: Gemeinsame Verfahrensgrundsätze

[2] *Rechtliches Gehör*

Anspruch auf rechtliches Gehör hat jeder an einem Ermittlungsverfahren Beteiligte. Insbesondere muß dem Beschuldigten Gelegenheit gegeben werden, tatsächliche und rechtliche Ausführungen zu machen und Beweisanträge zu stellen. Bei Maßnahmen, die nur den Gang des Verfahrens betreffen, bedarf es keiner Anhörung, z. B. vor der Bestimmung eines Termins. Bei anderen Maßnahmen kann die vorherige Anhörung unterbleiben, wenn anderenfalls der Zweck der Anordnung gefährdet würde, so namentlich bei Beschlagnahmen und Durchsuchungen, § 33 Abs. 4 StPO; dem von der Maßnahme Betroffenen muß jedoch dann nachträglich Gelegenheit zur Äußerung gegeben werden, wenn und soweit nach der Vollziehung der Anordnung noch ein Nachteil für ihn fortbesteht, BVerfG-Beschl. 2 BvR 176/63 v. 9. 3. 65, BVerfGE 18, 404 = StRK GG Art. 103 Abs. 1 R. 73.

[3] *Verhältnismäßigkeit*

Der Grundsatz der Verhältnismäßigkeit verlangt, daß die jeweilige Maßnahme unter Würdigung aller persönlichen und tatsächlichen Umstände des Einzelfalles zur Erreichung des angestrebten Zwecks geeignet und erforderlich ist und daß der mit ihr verbundene Eingriff nicht außer Verhältnis zur Bedeutung der Sache und zur Stärke des Tatverdachts steht (Verbot des Übermaßes). Dies gilt vor allem bei Maßnahmen, von denen Unverdächtige betroffen werden (z. B. Durchsuchung von Gebäuden).

[4] *Faires Verfahren*

(1) Das Recht auf faires Verfahren gehört zu den wesentlichen Grundsätzen des rechtsstaatlichen Strafverfahrens. Es wird verwirklicht u. a. durch die Gewährung des rechtlichen Gehörs (Nr. 2), das Recht auf Verteidigung (Nrn. 31 ff.), das Recht des Beschuldigten, zur Sache zu schweigen (§ 136 Abs. 1 Satz 2; § 243 Abs. 4 Satz 1 StPO), die Einräumung von Rechtsbehelfen und die Rechtsbehelfsbelehrung. Der Anspruch auf faires Verfahren verbietet es, Druck oder sonstige unerlaubte Mittel in Richtung eines Geständnisses oder sonstiger Einlassung auszuüben (Nr. 49 Abs. 3); vgl. Nr. 11 Abs. 2 bis 4. Verweigert der Beschuldigte jede Aussage zur Sache, so dürfen hieraus für ihn bei der Beweiswürdigung keine nachteiligen Folgerungen gezogen werden. Dies gilt auch, wenn ihm mehrere Taten (§ 264 StPO) vorgeworfen werden und er nur zu einer oder mehreren dieser Taten die Aussage verweigert. Anders kann es sein, wenn er nur zu einzelnen Punkten einer Tat (§ 264 StPO) schweigt.

(2) Bis zur rechtskräftigen Verurteilung wird die Unschuld vermutet, Art. 6 Abs. 2 Menschenrechtskonvention (MRK). Die Unschuldsvermutung verbietet voreingenommene Behandlung des Beschuldigten im Verfahren. Es ist daher alles zu vermeiden, was zu einer nicht durch den Zweck des Ermittlungsverfahrens bedingten Bloßstellung des Beschuldigten führen könnte. Dies gilt insbesondere im Schriftverkehr mit anderen Behörden und Personen. Sollte es nicht entbehrlich sein, den Beschuldigten anzugeben oder die ihm zur Last gelegte Tat zu bezeichnen, ist deutlich zu machen, daß gegen den Beschuldigten lediglich der Verdacht einer Straftat besteht.

[5] *Wahrheitsfindung*

Die Finanzbehörde hat auch Umstände, die sich zugunsten des Beschuldigten auswirken können, von Amts wegen zu ermitteln und zu berücksichtigen, § 160 Abs. 2 StPO. Bei tatsächlichen Zweifeln über die Schuld- und Straffrage gilt für die abschließenden Entscheidungen der Finanzbehörden (Nrn. 74 ff.) der Grundsatz „im Zweifel für den Angeklagten". Werden strafbegründende oder straferhöhende Umstände nicht zur Überzeugung der Finanzbehörde festgestellt, muß dies bei der Prüfung, ob ein Verfahren einzustellen ist und auch beim Antrag auf Erlaß eines Strafbefehls sowie beim Antrag auf Anordnung von Nebenfolgen berücksichtigt werden.

[6] *Beschleunigung des Verfahrens*

(1) Im Interesse sowohl des Beschuldigten als auch der Strafverfolgung haben alle Amtsträger dafür zu sorgen, daß über die erforderlichen Maßnahmen bei Verdacht von Steuerstraftaten so bald wie möglich entschieden wird. Es sind insbesondere die für die Verfolgung zuständigen Stellen unverzüglich zu unterrichten, wenn hierzu Anlaß besteht, vgl. Nrn. 37 Abs. 1,113 bis 117, Art. 6 MRK.
(2) Führt die Staatsanwaltschaft die Ermittlungen oder ist ein Verfahren vor Gericht anhängig, ist Gericht und Staatsanwaltschaft die gebotene Unterstützung so schnell wie möglich zu gewähren.

[7] *Geltung für das Bußgeldverfahren*

Die Nrn. 2 bis 6 gelten für das Bußgeldverfahren entsprechend.

Teil 2: Strafverfahren

Abschnitt 1: Allgemeine Grundsätze

[8] *Anzuwendendes Recht*

Für das Steuerstrafverfahren gelten die Vorschriften der AO, §§ 208, 386 ff. Die allgemeinen Gesetze über das Strafverfahren, insbesondere die Strafprozeßordnung, das Gerichtsverfassungsgesetz, die Menschenrechtskonvention, das Gesetz über die internationale Rechtshilfe in Strafsachen, sowie Rechtshilfe- und Doppelbesteuerungsabkommen gelten, soweit die AO keine abweichende Regelung enthält.

[9] *Legalitätsprinzip*

Die Finanzbehörde ist gemäß § 152 Abs. 2 StPO verpflichtet, im Rahmen ihrer Zuständigkeit (Nrn. 21 und wegen aller verfolgbaren Straftaten (Nrn. 13 bis 15) ohne Ansehen der Person einzuschreiten, sofern zureichende tatsächliche Anhaltspunkte vorliegen. Das Legalitätsprinzip ist Ausprägung des Rechtsstaatsgedankens und gewährleistet den auch im Strafverfahren geltenden Grundsatz der Gleichheit aller vor dem Gesetz, Art. 3 GG. Die Finanzbehörde hat auf die Rechtmäßigkeit und Ordnungsmäßigkeit, die Beschleunigung des Verfahrens sowie auf die Zweckmäßigkeit und die Zuverlässigkeit der Ermittlungen zu achten, siehe auch Nr. 6.

[10] *Ausnahmen vom Verfolgungszwang*

Von der Verfolgung einer Straftat kann, wenn die Verfolgungsvoraussetzungen an sich gegeben sind, nur in den gesetzlich bestimmten Fällen (Nr. 38; Nrn. 77 und 78) abgesehen werden.

[11] *Verhältnis des Strafverfahrens zum Besteuerungsverfahren*

(1) Die Rechte und Pflichten der Steuerpflichtigen und der Finanzbehörden im Besteuerungsverfahren und im Strafverfahren richten sich nach den für das

jeweilige Verfahren geltenden Vorschriften, § 393 Abs. 1 Satz 1 AO. Werden die Besteuerungsgrundlagen im Rahmen des Strafverfahrens ermittelt, so richten sich die Rechte und Pflichten grundsätzlich nach den strafprozessualen Vorschriften.

(2) Nach Einleitung des Strafverfahrens bleibt der Steuerpflichtige zwar zur Mitwirkung verpflichtet, soweit für Zwecke der Besteuerung ermittelt wird; seine Mitwirkung darf aber nicht mehr mit Hilfe von Zwangsmitteln (§ 328 AO) durchgesetzt werden, § 393 Abs. 1 Satz 3 iVm. Satz 2 AO. Auch schon vor Einleitung eines Strafverfahrens sind im Besteuerungsverfahren Zwangsmittel unzulässig, sofern der Steuerpflichtige dadurch gezwungen wurde, sich wegen einer von ihm begangenen Steuerstraftat oder Steuerordnungswidrigkeit zu belasten, § 393 Abs. 1 Satz 2 AO. Das Recht zur Schätzung (162 AO) bleibt unberührt.

(3) Ergeben sich Anhaltspunkte dafür, daß nach Abs. 2 Sätze 1, 2 die Anwendung von Zwangsmitteln unzulässig sein könnte, ist der Steuerpflichtige über die Rechtslage zu belehren, § 393 Abs. 1 Satz 4 AO. Die Belehrung hat spätestens zu erfolgen, wenn der Steuerpflichtige zur Mitwirkung aufgefordert wird oder, wenn er schon zur Mitwirkung aufgefordert worden war, seine Mitwirkung fortsetzt. Im übrigen wird auf Nr. 28 verwiesen.

(4) Im Strafverfahren kann der Steuerpflichtige (Beschuldigte) seine Mitwirkung verweigern, ohne daß daraus für ihn nachteilige strafrechtliche Folgen entstehen, 136 Abs. 1 Satz 2 iVm. 163a Abs. 3,4 StPO. Im übrigen wird auf Nr. 4 verwiesen.

Abschnitt 2: Zuständigkeit

Unterabschnitt 1: Abgrenzung der Zuständigkeit zwischen Staatsanwaltschaft und Finanzamt

[12] *Selbständiges Ermittlungsverfahren*

(1) Das Finanzamt führt das Ermittlungsverfahren unbeschadet des Rechts der Staatsanwaltschaft gemäß § 386 Abs. 4 Satz 2 AO selbständig durch, wenn die Tat

1. ausschließlich eine Steuerstraftat (§ 386 Abs. 2 Nr. 1 AO; Nr. 13) oder eine dieser gleichgestellte Tat (Nr. 14) darstellt,
2. zugleich andere Strafgesetze verletzt und deren Verletzung Kirchensteuern oder andere öffentlich-rechtliche Abgaben betrifft, die an Besteuerungsgrundlagen, Steuermeßbeträge oder Steuerbeträge anknüpfen (§ 386 Abs. 2 Nr. 2 AO), z. B. Beiträge an Industrie- und Handelskammern, deren Höhe sich nach dem Gewerbesteuermeßbetrag richtet.

(2) Der Begriff der Tat ist nicht iS der Tateinheit nach § 52 StGB, sondern im prozessualen Sinne des § 264 Abs. 1 StPO zu verstehen, BGH-Urt. 4 StR 519/68 v. 5. 11. 69, BGHSt. 23, 141. Für die Annahme einer Tat in diesem Sinne kann es z. B. ausreichen, wenn die einzelnen Tathandlungen so miteinander verknüpft sind, daß ihre getrennte Aburteilung in verschiedenen erstinstanzlichen Verfahren einen einheitlichen Lebensvorgang unnatürlich aufspalten würde.

[13] *Steuerstraftaten*

Steuerstraftaten (§ 369 AO) sind

1. Taten, die nach den Steuergesetzen (AO und Einzelsteuergesetze, z. B. § 23 Rennwett- und Lotteriegesetz) strafbar sind, also insbesondere Steuerhinterziehung nach § 370 AO und versuchte Steuerhinterziehung (§ 370 Abs. 2 AO);
2. die Wertzeichenfälschung (§ 148 StGB) und deren Vorbereitung (§ 149 StGB), soweit die Tat Steuerzeichen betrifft (z. B. Börsenumsatzsteuermarken § 21 Nr. 2, § 27 KVStDV und Wechselsteuermarken § 4 Abs. 1 Nr. 1, §§ 6 ff. WStDV);
3. die Begünstigung (§ 257 StGB) einer Person, die eine der vorstehend genannten Taten begangen hat. Unter den Begriff der Begünstigung fällt nur die sachliche Begünstigung, die darin besteht, dem Täter die Vorteile aus der Tat sichern zu helfen, nicht dagegen die persönliche Begünstigung, die den Zweck hat, den Täter der Strafverfolgung zu entziehen (Strafvereitelung nach § 258 StGB);
4. die Anstiftung (§ 26 StGB) und die Beihilfe (§ 27 StGB) zu einer Tat iS der Ziff. 1 bis 3.

[14] *Gleichgestellte Straftaten*

Den Steuerstraftaten gleichgestellte Straftaten sind

1. die ungerechtfertigte Erlangung von Wohnungsbau-, Spar- und Bergmannsprämien, von Zulagen für Arbeitnehmer in Berlin und von Arbeitnehmersparzulagen durch Taten iS des § 370 AO (§ 8 Abs. 2 WoPG; § 5b Abs. 2 SparPG; § 5a Abs. 2 BergPG; § 29a BerlinFG; § 14 Abs. 3 VermBG) sowie der Versuch dazu;
2. der Subventionsbetrug (§ 264 StGB) in bezug auf Investitionszulagen nach dem Berlinförderungsgesetz, dem Investitionszulagengesetz und dem Gesetz über eine Investitionszulage für Investitionen in der Eisen- und Stahlindustrie (§ 20 BerlinFG; § 5a InvZulG; § 6 StahlInvZulG);
3. die Begünstigung einer Person, die eine der vorstehend genannten Taten begangen hat (§ 257 StGB);
4. die Anstiftung (§ 26 StGB) und die Beihilfe (§ 2 StGB) zu einer der vorstehend genannten Taten.

[15] *Straftaten durch Vorspiegelung eines steuerlich erheblichen Sachverhalts*

Die Finanzbehörden können auch Straftaten erforschen, die unter Vorspiegelung eines steuerlich erheblichen Sachverhalts auf die Erlangung von Vermögensvorteilen gerichtet sind und die kein Steuerstrafgesetz verletzen, § 385 Abs. 2 AO. Es handelt sich hierbei um solche Fälle, in denen der gesamte steuerliche Sachverhalt zum Zwecke insbesondere der Erlangung nicht gerechtfertigter Steuervorteile fingiert wurde, d. h. in denen das Vorhandensein eines Steuerschuldverhältnisses lediglich vorgetäuscht worden war, vgl. BGH-Urt. 1 StR 592/74 v. 22. 4. 75, DB 75, 1588; z. B. Anträge auf Lohnsteuerjahresausgleich für nicht existente Personen. Die Finanzbehörden führen jedoch die Ermittlungen nicht selbständig durch, Nr. 20.

[16] *Zuständigkeit nach Erlaß eines Haft- oder Unterbringungsbefehls*

Die selbständige Ermittlungsbefugnis der Finanzbehörde entfällt, sobald gegen einen Beschuldigten wegen der Tat ein Haftbefehl oder ein Unterbringungsbefehl erlassen ist, § 386 Abs. 3 AO. Die Finanzbehörde hat in diesen Fällen nur die Rechte und die Pflichten der Behörden des Polizeidienstes sowie die Befugnis zu Maßnahmen nach § 399 Abs. 2 Satz 2 AO, vgl. Nr. 84.

[17] *Andere Straftaten*

Ergibt sich in einem Strafverfahren der Verdacht, daß innerhalb des einheitlichen Lebensvorgangs, der den Gegenstand der Untersuchung bildet (§ 264 StPO), Straftaten begangen wurden, auf die sich die selbständige Ermittlungsbefunis der Finanzbehörden nicht erstreckt, so sind die Vorgänge der Staatsanwaltschaft vorzulegen.

[18] *Abgabe der Strafsache an die Staatsanwaltschaft*

(1) Die Entscheidung über die Abgabe (§ 386 Abs. 4 Satz 1 AO) ist nach pflichtgemäßem Ermessen zu treffen. Die unverzügliche Abgabe kommt in Betracht, wenn besondere Umstände es angezeigt erscheinen lassen, daß das Ermittlungsverfahren unter der Verantwortung der Staatsanwaltschaft fortgeführt wird. Dies wird insbesondere der Fall sein, wenn
a) die Anordnung der Untersuchungshaft (§§ 112,113 StPO) geboten erscheint;
b) die Strafsache besondere verfahrensrechtliche Schwierigkeiten aufweist;
c) der Beschuldigte außer einer Tat iS der Nrn. 13 bis 15 noch eine andere – prozessual selbständige – Straftat begangen hat und die Taten in einem einheitlichen Ermittlungsverfahren verfolgt werden sollen (s. auch Nr. 72 Abs. 3);
d) Freiheitsstrafe zu erwarten ist;
e) gegen die in Nrn. 136 bis 139 genannten Personen ermittelt wird;
f) ein Amtsträger der Finanzverwaltung der Beteiligung verdächtig ist.
In den Fällen der Buchst. e und f ist in der Regel eine sofortige Abgabe geboten, siehe auch Nr. 136 Abs. 1, Nr. 137 Abs. 4 Satz 2, Nr. 138 Satz 3 und Nr. 139.
(2) In den Fällen, die wegen der Größenordnung oder aus anderen Gründen, namentlich wegen der Persönlichkeit oder der Stellung des Beschuldigten oder wegen des Sachzusammenhangs mit anderen strafrechtlichen Ermittlungsverfahren, von besonderer Bedeutung sind, hat die Finanzbehörde, sofern sie nicht die Vorgänge gemäß Absatz 1 abgegeben hat, die Staatsanwaltschaft unverzüglich zu verständigen, siehe auch Nr. 72.

Unterabschnitt 2: Stellung der Finanzbehörde im selbständigen Ermittlungsverfahren

[19] (1) Soweit die Finanzbehörde das Strafverfahren selbständig durchführt (Nr. 12), nimmt sie die Rechte und Pflichten wahr, die der Staatsanwaltschaft im Ermittlungsverfahren zustehen (§ 399 Abs. 1 AO), z. B. Befugnis für Anträge auf

richterliche Untersuchungshandlungen (162 StPO), Anordnung von Beschlagnahmen und Durchsuchungen bei Gefahr im Verzuge (§ 98 Abs. 1, § 105 Abs. 1 StPO); Durchsicht von Papieren (110 Abs. 1 StPO); Durchsetzung der Pflicht zum Erscheinen von Beschuldigten (§ 163a Abs. 3 StPO) sowie von Zeugen und Sachverständigen (§ 161a Abs. 1 und 2 StPO); Verlangen auf Vorlage und Auslieferung von Beweisgegenständen (§ 95 StPO); abschließende Entscheidung, Nrn. 74 ff.
(2) Aufgaben, welche sich aus der Ausübung staatsanwaltschaftlicher Rechte und Pflichten ergeben (Absatz 1), werden von der BuStra wahrgenommen; Nr. 144 Abs. 3 Buchst. c bleibt unberührt. Ihr obliegt stets die abschließende Entscheidung, insbesondere die Entscheidung über die Einstellung von Verfahren.

Unterabschnitt 3: Stellung der Finanzbehörde bei der Verfolgung von Straftaten i. S. der Nummer 15

[20] (1) Bei Straftaten iS der Nr. 15 führt die Finanzbehörde das Ermittlungsverfahren nicht selbständig durch. Wegen der Rechte und Pflichten von BuStra und Steufa s. Nr. 84. Der Staatsanwaltschaft ist die Einleitung des Strafverfahrens unverzüglich mitzuteilen.
(2) Andere Stellen der Finanzverwaltung haben die zuständigen Stellen (Nr. 113) über Straftaten iS der Nr. 15 zu unterrichten, sind aber zu Maßnahmen und Entscheidungen im Strafverfahren nicht befugt.
(3) Nach Abschluß der Ermittlungen ist von der ermittelnden Stelle ein abschließender Vermerk entsprechend Nr. 81 Abs. 1 Satz 1 zu erstellen. Die Vorgänge sind sodann unter Beachtung der Nr. 112 der Staatsanwaltschaft vorzulegen, § 163 Abs. 2 Satz 1 StPO.
(4) Unberührt bleiben nach Maßgabe des § 393 Abs. 1 AO die Rechte und Pflichten der Finanzbehörden betr. die Rückforderung von zu Unrecht erlangten Erstattungen und Vergütungen.

Unterabschnitt 4: Zuständiges Finanzamt

[21] *Sachliche Zuständigkeit*

Das Ermittlungsverfahren führt die Finanzbehörde durch, der die Zuständigkeit nach § 387 Abs. 2 AO übertragen wurde. Daneben kann auch die Finanzbehörde, die die betroffene Steuer verwaltet (§ 387 Abs. 1 AO), im ersten Zugriff den Sachverhalt erforschen und Anordnungen und Maßnahmen nach § 399 Abs. 2 AO treffen.

[22] *Örtliche Zuständigkeit*

(1) Die örtliche Zuständigkeit ergibt sich aus § 388 AO; wegen des Begriffes des Tatortes wird auf § 9 StGB verwiesen.
(2) Die örtliche Zuständigkeit bleibt bestehen, wenn die Verwaltungszuständigkeit auf eine andere Finanzbehörde übergeht. Bei Wohnsitzwechsel wird auch die

für die Besteuerung neu zuständig werdende Finanzbehörde örtlich zuständig, § 388 Abs. 2 AO.
(3) Bei zusammenhängenden Strafsachen (§ 3 StPO) iS der Nr. 12, für die einzeln verschiedene Finanzbehörden örtlich zuständig wären, ist jede dieser Finanzbehörden für jede der zusammenhängenden Strafsachen zuständig, § 389 AO. Dies gilt nicht, wenn eine der Straftaten zur Zuständigkeit des Hauptzollamtes und eine andere zur Zuständigkeit des Finanzamtes gehört.

[23] *Mehrfache Zuständigkeit*

(1) Die Regelung über die mehrfache Zuständigkeit (§ 390 AO) gilt sowohl für die örtliche als auch für die sachliche Zuständigkeit. Zu einer mehrfachen sachlichen Zuständigkeit kann es namentlich kommen, wenn sich die Steuerstraftat auf mehrere Steuerarten, die von verschiedenen Finanzbehörden verwaltet werden, bezieht und es sich um eine Tat iS des § 264 StPO handelt. Eine mehrfache örtliche Zuständigkeit kann sich insbesondere aus der Regelung des § 388 AO ergeben.
(2) Vorrangig zuständig ist die Finanzbehörde, die wegen der Tat zuerst ein Strafverfahren eingeleitet hat (§ 390 Abs. 1 AO).
(3) Die andere Finanzbehörde ist zur Übernahme verpflichtet, sofern dies für die Ermittlung sachdienlich erscheint, § 390 Abs. 2 AO. Es entscheidet zunächst die Behörde, die abgeben will, z. B. weil das Schwergewicht der Tat nicht in ihrem Bezirk liegt oder weil dadurch die Ermittlungen erleichtert werden. In Zweifelsfällen sollte vor der Abgabe eine Verständigung zwischen den beteiligten Finanzbehörden angestrebt werden. Kommt eine Einigung nicht zustande, entscheidet die Aufsichtsbehörde der ersuchten Finanzbehörde, § 390 Abs. 2 Satz 2 AO.

Abschnitt 3: Einleitung des Strafverfahrens

[24] *Verdacht; Legalitätsprinzip*

(1) Ergibt sich der Verdacht einer verfolgbaren Steuerstraftat, so ist ein Strafverfahren einzuleiten (152 Abs. 2 StPO; sog. Legalitätsprinzip, siehe auch Nr. 9).
(2) Ein Verdacht besteht, wenn zureichende tatsächliche Anhaltspunkte für eine Steuerstraftat vorliegen. Die bloße Möglichkeit einer schuldhaften Steuerverkürzung (vgl. Nrn. 114 Abs. 2, 121, 146) begründet noch keinen Verdacht.

[25] *Einleitungsmaßnahmen*

(1) Ein Strafverfahren wird mit jeder Maßnahme eingeleitet, die erkennbar darauf abzielt, gegen jemanden wegen einer Straftat iS der Nrn. 13 bis 15 vorzugehen, § 397 AO. Dient eine Maßnahme nur der Prüfung, ob ein Verdacht vorliegt (Nrn. 121, 146), so stellt sie noch keine Einleitung dar.
(2) Spätestens wird ein Strafverfahren eingeleitet durch die Vernehmung eines Beschuldigten oder Zeugen, durch eine Durchsuchung oder Beschlagnahme.

Werden diese Maßnahmen aufgrund richterlicher Anordnung durchgeführt, so liegt die Einleitung bereits in der Antragstellung.

[26] *Mitteilung*

(1) Die Einleitung des Strafverfahrens ist dem Beschuldigten spätestens mitzuteilen, wenn er aufgefordert wird, Auskünfte zu geben oder Unterlagen vorzulegen, die mit der Straftat zusammenhängen, auf die sich der Verdacht erstreckt, § 397 Abs. 3 AO. Erfordert es der Untersuchungszweck, vor der Vernehmung des Beschuldigten zunächst andere Ermittlungen vorzunehmen, z. B. Vernehmungen von Zeugen, so braucht ihm die Einleitung erst bekanntgegeben zu werden, wenn er um Mitwirkung gebeten wird.
(2) Bei der Bekanntgabe der Einleitung ist der Beschuldigte nach § 136 Abs. 1 StPO zu belehren, siehe auch Nr. 49 Abs. 1. Es sind ihm nach Möglichkeit Steuerart und Steuerjahr, auf die sich die Tat bezieht, sowie die Handlung, durch welche sie, und der Zeitpunkt, zu dem sie begangen wurde, unter Angabe der gesetzlichen Bestimmungen mitzuteilen.
(3) Abs. 1 und Abs. 2 gelten entsprechend bei Erweiterung des Tatverdachts.

[27] *Rechtsstellung des Steuerpflichtigen nach der Einleitung*

Wegen der Rechtsstellung des Steuerpflichtigen wird auf Nr. 11 verwiesen.

[28] *Belehrung*

Sofern nicht schon vorher ein Anlaß besteht, den Steuerpflichtigen gemäß § 393 Abs. 1 Satz 4 AO zu belehren, hat diese Belehrung (siehe Nr. 11) spätestens mit der Bekanntgabe der Einleitung des Strafverfahrens zu erfolgen. Weigert sich der Steuerpflichtige, bei der Durchführung der Besteuerung mitzuwirken, ist er darauf hinzuweisen, daß dies im Besteuerungsverfahren berücksichtigt werden kann und die Besteuerungsgrundlagen ggf. geschätzt werden können. Der Eindruck, daß dadurch ein Druck zur Mitwirkung auf ihn ausgeübt werden soll, ist zu vermeiden. Wegen der Belehrung zu Beginn der ersten Vernehmung vgl. Nr. 49 Abs. 1.

[29] *Vermerk*

Die Maßnahme, durch die ein Strafverfahren eingeleitet wird, ist unverzüglich unter Angabe des Zeitpunkts in den Akten zu vermerken (§ 397 Abs. 2 AO), die Bekanntgabe der Einleitung unter Angabe von Datum und – wenn möglich – Uhrzeit. Außerdem sind Beschuldigter, Steuerart und Steuerjahr, auf die sich die Tat bezieht, sowie die Handlung, durch welche sie, und der Zeitpunkt, zu dem sie begangen wurde, so vollständig und genau wie möglich anzugeben.

[30] *Mitteilung über die Einleitung des Verfahrens*

(1) Die Einleitung des Verfahrens durch andere Stellen ist der BuStra unter Übersendung einer Zweitschrift des Aktenvermerks nach Nr. 29 mitzuteilen.

(2) Die BuStra teilt die Einleitung des Verfahrens der für die Steuerfestsetzung zuständigen Stelle mit.

Abschnitt 4: Verteidigung

[31] *Wahl und Bestellung eines Verteidigers*

(1) Der Beschuldigte kann sich des Beistandes eines Verteidigers bedienen, § 137 Abs. 1 StPO; wegen der Belehrung des Beschuldigten siehe Nr. 49 Abs. 1. Solange die Finanzbehörde aufgrund des § 386 Abs. 2 AO das Ermittlungsverfahren selbständig durchführt (vgl. Nr. 19), kommen als Verteidiger außer Rechtsanwälten und Rechtslehrern (§ 138 Abs. 1 StPO) auch Steuerberater, Steuerbevollmächtigte, Wirtschaftsprüfer und vereidigte Buchprüfer in Betracht, § 392 Abs. 1 AO. Andere Personen bedürfen als Verteidiger der Genehmigung durch das Gericht, § 138 Abs. 2 StPO.
(2) Wird die Finanzbehörde nach einem geeigneten Verteidiger befragt, hat sie die gesetzlich vorgesehenen Möglichkeiten aufzuzeigen. Der Beschuldigte kann auch auf die beim zuständigen Amtsgericht und Landgericht geführten Listen der zugelassenen Rechtsanwälte hingewiesen sowie an die Steuerberaterkammer und an die Wirtschaftsprüferkammer verwiesen werden. Die Empfehlung eines bestimmten Verteidigers hat jedoch zu unterbleiben. Nicht zulässig ist die Verteidigung mehrerer Beschuldigter durch einen gemeinschaftlichen Vertreter, § 146 StPO.
(3) Liegt ein Fall der notwendigen Verteidigung vor (§ 140 Abs. 1 und 2 StPO), so soll die Finanzbehörde den Beschuldigten befragen, ob er selbst einen Verteidiger beauftragen wird. Beauftragt der Beschuldigte keinen Verteidiger, so beantragt die BuStra, sofern sie die Ermittlungen selbständig durchführt (Nr. 19), selbst die Bestellung eines Verteidigers, wenn erkennbar ist, daß im gerichtlichen Verfahren die Mitwirkung eines Verteidigers notwendig sein wird, § 141 Abs. 3 Satz 2 StPO.

[32] *Nachweis und Dauer der Bevollmächtigung des Verteidigers*

Der gewählte Verteidiger hat sich auf Verlangen durch schriftliche Vollmacht auszuweisen, sofern der Beschuldigte die Bevollmächtigung nicht angezeigt hat oder er nicht zusammen mit dem Verteidiger erscheint. Die Bevollmächtigung endet vor Abschluß des Verfahrens der Finanzbehörde nur mit der Anzeige des Beschuldigten über die Beendigung oder mit der Niederlegung des Mandats durch den Verteidiger.

[33] *Stellung des Verteidigers in Ermittlungsverfahren der BuStra und der Steufa*

(1) Bei der Vernehmung des Beschuldigten durch die BuStra hat der Verteidiger ein Recht auf Anwesenheit; er ist rechtzeitig von dem Vernehmungstermin zu benachrichtigen, § 163a Abs. 3 Satz 2, § 168c Abs. 1 und 5 StPO.
(2) Bei der Vernehmung des Beschuldigten durch die Steufa hat der Verteidiger

kein Anwesenheitsrecht, Umkehrschluß aus § 163a Abs. 3 Satz 2, 168c Abs. 1 StPO. Ihm kann jedoch die Anwesenheit gestattet werden.
(3) Für sonstige Ermittlungshandlungen von BuStra und Steufa (z. B. Zeugenvernehmung) gilt Abs. 2 entsprechend.
(4) Der anwesende Verteidiger (Abs. 1 bis 3) hat ein Hinweis- und Fragerecht. Ungeeignete oder nicht zur Sache gehörende Fragen können jedoch zurückgewiesen werden.
(5) Wegen der Teilnahme des Beistandes eines Zeugen bei dessen Vernehmung vgl. Nr. 49 Abs. 5.

[34] *Akteneinsicht*

(1) Vor Abschluß der Ermittlungen (§ 169a StPO) ist dem Verteidiger auf Antrag Einsicht in die Niederschriften über Vernehmungen des Beschuldigten, über richterliche Untersuchungshandlungen, bei denen der Verteidiger anwesend sein darf, sowie in Sachverständigengutachten zu gewähren, § 147 Abs. 3 StPO. Die Einsichtnahme in die übrigen Vorgänge sowie die Besichtigung von Beweisstükken kann verwehrt werden, wenn dies den Untersuchungszweck gefährden könnte, § 147 Abs. 2 StPO. Dies ist z. B. anzunehmen, wenn Untersuchungshandlungen vorbereitet sind, deren vorzeitiges Bekanntwerden verhindert werden soll.
(2) Mit Abschluß der Ermittlungen ist dem Verteidiger uneingeschränkt Akteneinsicht zu gewähren und die Besichtigung von Beweisstücken zu gestatten, § 147 Abs. 1, 2 StPO. Dies gilt auch für Steuerakten, die für das Strafverfahren herangezogen werden.
(3) Handakten sowie andere dienstliche Vorgänge (z. B. verwaltungsinterne Vermerke), die dem Gericht nicht vorgelegt werden, sind von der Akteneinsicht auszuschließen, vgl. Nr. 187 Abs. 2 RiStBV.
(4) Vor der Einsichtnahme oder der Besichtigung von Beweisstücken ist zu prüfen, ob sich aus ihnen Verhältnisse Dritter ergeben, die dem Steuergeheimnis unterliegen, Nr. 112. Hat der Dritte die Finanzbehörde nicht von der Wahrung des Steuergeheimnisses entbunden, ist eine Offenbarung und somit eine Einsichtnahme nur zulässig, soweit die Beweisstücke der Staatsanwaltschaft oder dem Gericht vorgelegt werden, § 30 Abs. 4 Nr. 1; auf Nr. 112 Abs. 3 und 2 Satz 2 erster Halbsatz wird hingewiesen.
(5) Wegen der Überlassung von Akten an den Verteidiger zur Einsichtnahme in seinen Geschäftsräumen oder in seiner Wohnung siehe § 147 Abs. 4 StPO.
(6) Das Recht der Akteneinsicht umfaßt auch das Recht, Abschriften oder Ablichtungen zu fertigen.
(7) Der Beschuldigte bzw. frühere Beschuldigte selbst kann keine Einsicht in die Akten der Finanzbehörde (Ermittlungsakten, Steuerakten) verlangen. Dies gilt auch dann, wenn er als Verteidiger auftreten könnte. Den Sachverständigen kann die Finanzbehörde Akteneinsicht und Besichtigung der Beweismittel nach pflichtgemäßem Ermessen gewähren, § 80 Abs. 2 StPO. Zeugen und deren Bei-

stände, der Anzeigeerstatter und sein Bevollmächtigter haben kein Recht auf Akteneinsicht.

[35] *Ausschluß eines Verteidigers*

(1) Besteht der begründete Verdacht, daß der Verteidiger an der Tat beteiligt war, und soll das Verfahren nicht an die Staatsanwaltschaft abgegeben werden, prüft die Finanzbehörde die Frage der Ausschließung, §§ 138a, 138c StPO; die Unterrichtung der Staatsanwaltschaft (Nr. 72) wird in der Regel angebracht sein. Ergibt die Prüfung, daß der Verdacht dringend ist oder die Eröffnung des Hauptverfahrens rechtfertigen würde, ist ein Antrag auf Ausschluß mit Begründung über die OFD an das OLG zu stellen.
(2) Bis zur Entscheidung des OLG können die Vernehmung des Beschuldigten sowie die Gewährung von Akteneinsicht zurückgestellt werden. Ob gegen den Verteidiger wegen der Teilnahme an der Tat das Verfahren einzuleiten ist, hat die Finanzbehörde nach Nr. 24 zu entscheiden.

Abschnitt 5: Allgemeine Ermittlungsgrundsätze

[36] *Ziel und Umfang der Ermittlungen*

(1) Ziel der Ermittlungen ist es, eine Entscheidung darüber zu treffen, ob und in bezug auf welchen Sachverhalt sowie nach welcher Strafbestimmung die öffentliche Klage, ggf. durch Stellung eines Antrages auf Erlaß eines Strafbefehls, oder ein Antrag nach § 406 AO geboten erscheint (§ 160 StPO) oder ob das Verfahren einzustellen ist. Hierbei ist darauf zu achten, daß die Ermittlungen auf das Wesentliche gerichtet werden.
(2) Art und Umfang der Ermittlungen richten sich nach den Umständen des einzelnen Falles. Es gilt der Grundsatz der freien Gestaltung des Ermittlungsverfahrens, wobei das Übermaßverbot (Nr. 3) besonders zu beachten ist.

[37] *Verbinden und Abtrennen von Verfahren*

(1) Sind mehrere prozessual selbständige Straftaten iS der Nrn. 13 und 14 zu verfolgen, und hängen diese Straftaten persönlich oder sachlich zusammen (§ 3 StPO), hat die Finanzbehörde in der Regel die Verfahren zu verbinden. Die Verbindung unterbleibt, wenn dies im Interesse der Beschleunigung der Strafverfolgung liegt. Unter diesem Gesichtspunkt ist auch zu prüfen, ob und inwieweit nach erfolgter Verbindung wieder Teile abzutrennen und als Verfahren gesondert zu führen sind.
(2) Hängen Straftaten iS der Nrn. 13 und 14 mit einer Straftat iS der Nr. 15 zusammen, entscheidet die Staatsanwaltschaft über eine Verbindung der Verfahren, hängen sie mit einer anderen Straftat zusammen, ist nach Nr. 18 Abs. 1 Buchst. c und Nr. 72 Abs. 3 zu verfahren.

[38] *Absehen von der Verfolgung und Beschränkung der Strafverfolgung*

(1) Wird gegen denselben Beschuldigten wegen mehrerer Taten iS der Nrn. 13 und 14 ermittelt, kann die BuStra unter den Voraussetzungen des § 154 Abs. 1 Nr. 1 StPO von der Verfolgung einer oder mehrerer der Taten absehen; vgl. Abs. 5. Der Zustimmung des Gerichts bedarf es dazu nicht.

(2) Abs. 1 gilt auch, wenn wegen der anderen Taten von einer anderen Finanzbehörde ermittelt wird sowie dann, wenn die Staatsanwaltschaft wegen anderer Straftaten ermittelt, andere Straftaten bei einem Gericht anhängig sind oder bereits aufgrund solcher Verfahren eine Strafe oder Maßregel der Besserung und Sicherung rechtskräftig verhängt worden ist. Die Entscheidung ist im Benehmen mit der anderen Finanzbehörde oder der Staatsanwaltschaft zu treffen.

(3) Besteht Anlaß zu der Annahme, daß die Sache nicht im Strafbefehlsverfahren erledigt werden kann (Nr. 80), ist aber ein Urteil in angemessener Zeit nicht zu erwarten, soll die BuStra im Benehmen mit der Staatsanwaltschaft frühzeitig klären, ob von der Verfolgung abzusehen ist, § 154 Abs. 1 Nr. 2 StPO.

(4) Erstreckt sich das Verfahren auf eine Tat mit mehreren abtrennbaren Teilen (z. B. bei Fortsetzungszusammenhang) oder sind durch dieselbe Tat mehrere Gesetzesverletzungen begangen worden, kann die BuStra die Strafverfolgung nach Maßgabe des § 154a StPO beschränken. Abs. 1 Satz 2 sowie Abs. 2 gelten entsprechend.

(5) Die §§ 154 und 154a StPO sind namentlich in Verfahren mit einer für das Steuerstrafverfahren ungewöhnlich großen Anzahl von Einzeltaten oder von aufklärungsbedürftigen Vorgängen anzuwenden. Falls die Bildung einer Gesamtstrafe in Betracht kommt, ist auf die Auswirkung der auszuscheidenden Tat auf die zu erwartende Gesamtstrafe abzustellen. Bei der Prüfung, ob bei Verkürzungsdelikten die zu erwartende Strafe usw. neben einer anderen Strafe „nicht beträchtlich" ins Gewicht fällt, kann im Regelfall auf das Verhältnis der verkürzten Beträge abgestellt werden. Nach § 154 StPO soll hier nicht von der Verfolgung einer Tat abgesehen werden, auf die von den insgesamt verkürzten Steuern mehr als ein Drittel entfällt. Entsprechendes gilt für § 154a StPO.

(6) Solange die Besteuerungsgrundlagen noch nicht ermittelt sind, ist von §§ 154, 154a StPO nur in Ausnahmefällen Gebrauch zu machen, z. B. wenn die Steuerfestsetzung nach § 156 Abs. 2 AO nach Auffassung der zuständigen Stellen unterbleiben kann.

[39] *Beweissicherung*

(1) Die Finanzbehörde hat, auch zugunsten des Beschuldigten, für die Erhebung und Sicherung der Beweise Sorge zu tragen, deren Verlust zu befürchten ist, §§ 399, 402 AO, § 160 Abs. 2, § 163 Abs. 1 StPO. Hierzu gehört z. B. ferner die Sicherstellung von Gegenständen, die als Beweismittel für die Untersuchung von Bedeutung sein können sowie ggf. die Veranlassung einer richterlichen Vernehmung. Auf die rechtzeitige Erhebung und Sicherung der Beweise ist auch in den Fällen zu achten, in denen das Strafverfahren nach § 396 AO ausgesetzt worden ist oder seine alsbaldige Durchführung nicht zweckmäßig erscheint.

(2) Wegen der Verwahrung beschlagnahmter Gegenstände vgl. Nr. 74 RiStBV.

[40] *Ermittlung von Umständen, die für die Bemessung der Strafe und für die Nebenfolgen von Bedeutung sind*

Zu den Rechtsfolgeumständen, auf die sich die Ermittlungen erstrecken sollen (vgl. § 160 Abs. 3 Satz 1 StPO), gehören insbesondere Umstände, die für die Bemessung der Strafe von Bedeutung sind, vgl. §§ 46 ff. StGB. Grenzen für die Ermittlung der Rechtsfolgeumstände können sich aus dem Verwertungsverbot nach § 51 BZRG und ggf. aus dem Verhältnismäßigkeitsgrundsatz ergeben, insbesondere, soweit die Ermittlungen nicht ohne Eindringen in die Privatsphäre des Beschuldigten durchgeführt werden können. Auf Nrn. 13, 14 und 15 Abs. 1 RiStBV wird hingewiesen.

[41] *Unterstützung durch andere Behörden und Stellen*

(1) Die BuStra kann zur Durchführung ihrer Ermittlungen von allen öffentlichen Behörden Auskunft verlangen und Ermittlungen jeder Art, z. B. Einsichtnahme in Akten, entweder selbst vornehmen oder durch die Steufa, ggf. auch durch die Behörden und Beamten des Polizeidienstes vornehmen lassen, § 161 StPO. Die Ermittlungsbefugnisse der Steufa nach §§ 208 und 404 AO bleiben unberührt.
(2) Bei Auskunftsersuchen an Behörden sind einschlägige Geheimhaltungsbestimmungen zu beachten, vgl. z. B. § 35 SGB Erstes Buch, § 5 PostG).

[42] *Antrag auf Vornahme richterlicher Untersuchungshandlungen*

(1) Die BuStra kann die Vornahme richterlicher Untersuchungshandlungen, z. B. die eidliche Vernehmung von Zeugen, beim Amtsgericht beantragen, § 162 StPO.
(2) Der Antrag auf Vornahme einer richterlichen Untersuchungshandlung soll regelmäßig nur dann gestellt werden, wenn diese aus besonderen Gründen für erforderlich erachtet wird, z. B. weil der Verlust eines Beweismittels droht oder ein Geständnis festzuhalten ist (§ 254 StPO) oder, wenn eine Straftat nur durch Personen bewiesen werden kann, die zur Verweigerung des Zeugnisses berechtigt sind, Nr. 10 RiStBV. Im Hinblick auf die Regelung des § 161a Abs. 1 Satz 1 StPO, § 399 Abs. 1 AO, wonach ein Zeuge verpflichtet ist, vor der BuStra zu erscheinen und auszusagen, ist ein Antrag auf richterliche Vernehmung regelmäßig nur zu stellen, wenn der Zeuge vereidigt (§ 65 StPO) oder eine verlesbare Vernehmungsniederschrift beschafft werden soll, § 251 StPO.
(3) Die einzelnen Untersuchungshandlungen müssen im Antrag angegeben werden, ggf. unter Beschränkung auf einzelne Beweisthemen.
(4) Zum Antrag auf Anordnung der Durchsuchung oder Beschlagnahme vgl. Nr. 60.

[43] *Ausweispflicht*

Vor der Vornahme von Amtshandlungen außerhalb der Diensträume haben sich die Amtsträger auszuweisen.

[44] *Schlußbericht der Steufa*

(1) Hat die Steufa die Ermittlungen durchgeführt, so hat sie die für die Besteuerung erheblichen Prüfungsfeststellungen sowie die Änderungen der Besteuerungsgrundlagen in einem Prüfungsbericht entsprechend § 202 Abs. 1 AO darzustellen. Dieser ist der für die steuerliche Auswertung zuständigen Stelle zu übersenden § 202 Abs. 2 AO gilt entsprechend. Haben die Feststellungen keine steuerlichen Auswirkungen, so genügt ggf. die Übersendung eines Vermerks; eine Übersendung an die zuständige Stelle kann unterbleiben, wenn diese die Prüfung nicht angeregt hatte.
(2) Der strafrechtlich bedeutsame Sachverhalt ist in einem gesonderten Bericht festzuhalten. Die für den objektiven und subjektiven Tatbestand bedeutsamen Ermittlungsergebnisse sind aufzuführen. Es kann auf den Prüfungsbericht Bezug genommen werden. Hierbei ist zu beachten, daß der Strafrichter die Höhe der Steuerverkürzung nach dem Grundsatz „im Zweifel für den Angeklagten" prüfen muß und Ergebnisse einer Schätzung wegen Verletzung der steuerlichen Mitwirkungspflichten (§ 162 AO) aber nicht ohne weiteres vom Besteuerungsverfahren in das Strafverfahren übernommen werden können. Der gesonderte Bericht ist der BuStra unter Beifügung des Prüfungsberichts zu übersenden. War bereits ein Strafverfahren eingeleitet worden, hat sich der Verdacht jedoch nicht bestätigt, so ist dies der BuStra bei der Übersendung des Prüfungsberichts oder Vermerks mitzuteilen.

Abschnitt 6: Vernehmung

[45] *Ladung*

Wegen der Ladung des Beschuldigten durch BuStra oder Steufa vgl. Nr. 44 RiStBV, wegen der Ladung des Zeugen vgl. Nr. 64 RiStBV, Nr. 54 Abs. 2 Satz 1.

[46] *Rechtsstellung des Beschuldigten*

(1) Auf Ladung der BuStra ist der Beschuldigte verpflichtet, vor dieser zu erscheinen (§ 163a Abs. 3 Satz 1 StPO), wenn sie das Ermittlungsverfahren selbständig durchführt, vgl. Nr. 19. Der Beschuldigte ist nicht verpflichtet, vor der Steufa zur Vernehmung zu erscheinen.
(2) Der Beschuldigte ist nicht verpflichtet, zur Sache auszusagen, vgl. Nr. 11. Dieses Aussageverweigerungsrecht bezieht sich nicht auf die Angaben zur Person.

[47] *Rechtsstellung des Zeugen*

(1) Zeugen sind verpflichtet, auf Ladung der BuStra vor dieser zu erscheinen und zur Sache auszusagen, § 161a Abs. 1 Satz 1 StPO, wenn sie das Ermittlungsverfahren selbständig durchführt. Zeugen sind nicht verpflichtet, vor der Steufa zur Vernehmung zu erscheinen.
(2) Zur Verweigerung des Zeugnisses sind insbesondere nahe Angehörige und

Angehörige bestimmter Berufsgruppen einschließlich ihrer Berufshelfer berechtigt, §§ 52 bis 53a, 56 StPO. Nahe Angehörige sind Verlobte, Ehegatten und die in § 52 Abs. 1 Nr. 3 StPO bezeichneten Verwandten und Verschwägerten. Wegen der Verwandtschaft und Schwägerschaft wird auf die §§ 1589, 1590 BGB verwiesen.
(3) Ein Zeuge braucht Fragen, deren Beantwortung ihn oder nahe Angehörige der Gefahr der Verfolgung wegen einer Straftat oder Ordnungswidrigkeit aussetzen würden, nicht zu beantworten, § 55, 56 StPO. Zur Belehrung des Zeugen vgl. Nr. 49 Abs. 4.

[48] *Besonderheiten für Angehörige des öffentlichen Dienstes*

Angehörige des öffentlichen Dienstes bedürfen für ihre Aussagen in dienstlicher Angelegenheit einer Genehmigung ihres Dienstvorgesetzten (§ 54 StPO). Auf Nrn. 66, 44 Abs. 3 RiStBV und Nr. 112 Abs. 2 letzter Satz wird hingewiesen.

[49] *Durchführung der Vernehmung*

(1) Zu Beginn der ersten Vernehmung ist dem Beschuldigten zu eröffnen, welche Tat ihm zur Last gelegt wird, bei Vernehmung durch die BuStra auch, welche Strafvorschriften in Betracht kommen. Weiterhin ist der Beschuldigte darüber zu belehren, daß es ihm freistehe, sich zu der Beschuldigung zu äußern oder nicht zur Sache auszusagen und jederzeit auch schon vor der Vernehmung, einen von ihm zu wählenden Verteidiger zu befragen, und daß er zu seiner Entlastung einzelne Beweiserhebungen beantragen kann (§ 163a Abs. 4 iVm. § 136 Abs. 1 StPO). Nr. 28 bleibt unberührt.
(2) Die Vernehmung zur Sache soll dem Beschuldigten Gelegenheit geben, sich gegen den strafrechtlichen Vorwurf zu verteidigen (§ 136 Abs. 2 StPO). Hierzu sind ihm die Verdachtsgründe mitzuteilen, soweit es für seine Verteidigung angezeigt erscheint.
(3) Den Willen beeinträchtigende Vernehmungsmethoden und -mittel, wie z. B. Ermüdung und Täuschung, sind unzulässig (§ 136a StPO) und haben ein Verwertungsverbot zur Folge (vgl. Nr. 134).
(4) Der Zeuge ist über sein Zeugnisverweigerungsrecht zu belehren, wenn Anhaltspunkte für ein solches Recht erkennbar sind (§ 52 Abs. 3 StPO), obwohl davon ausgegangen werden kann, daß jeder die mit seinem Beruf zusammenhängenden Rechte und Pflichten kennt, soll auch auf das Zeugnisverweigerungsrecht nach §§ 53, 53a StPO hingewiesen werden. Eine Belehrung nach § 55 Abs. 2 StPO muß spätestens erfolgen, sobald Anhaltspunkte dafür erkennbar werden, daß der Zeuge durch seine Aussage sich selbst oder einen nahen Angehörigen in die Gefahr der Verfolgung wegen einer Straftat oder Ordnungswidrigkeit bringen würde.
(5) Der Zeuge darf zu seiner Vernehmung mit einem Rechtsanwalt (BVerfG-Beschl. 2 BvR 747, 748, 749, 750, 751, 752, 753/73 v. 8. 10. 74, BVerfGE 38, 105) oder einem Angehörigen der steuerberatenden Berufe (Nr. 31 Abs. 1) als Beistand

erscheinen. Der Beistand hat nicht mehr Befugnisse als der Zeuge selbst. Gefährdet seine Anwesenheit den Ermittlungszweck, kann er zurückgewiesen werden.

[50] *Anfertigung von Notizen*

Die Anfertigung von Notizen durch Beschuldigte, Zeugen, Verteidiger und Beistände ist zulässig.

[51] *Vernehmungsniederschrift*

(1) Über die Vernehmung soll eine Niederschrift nach Maßgabe der Abs. 2 bis 5 aufgenommen werden, soweit dies ohne erhebliche Verzögerung der Ermittlungen geschehen kann. Andernfalls ist das Ergebnis der Vernehmung auf andere Weise aktenkundig zu machen, § 168b StPO.
(2) Beginn und Ende der Vernehmung sowie die Belehrung des Vernommenen sind in der Niederschrift festzuhalten. Auf Nr. 45 Abs. 2 RiStBV wird hingewiesen.
(3) Die Niederschrift ist dem Vernommenen zur Genehmigung vorzulesen oder zur Durchsicht vorzulegen. Berichtigungen, die den Sinn der Vernehmung berühren, soll der Vernommene mit seinem Handzeichen versehen.
(4) Der Vernommene unterschreibt die Niederschrift mit seinem Vor- und Zunamen unter der Genehmigungsformel „Vorgelesen, genehmigt und unterschrieben“ oder „Selbst gelesen, genehmigt und unterschrieben“ oder „nach Diktat genehmigt“. Verzichtet der Vernommene auf das Vorlesen oder die Vorlage zur Durchsicht, so ist dies in der Niederschrift zu vermerken. Der Vernehmende und ein etwaiger Protokollführer unterzeichnen sodann mit Namen und Dienstbezeichnung.
(5) Verweigert der Vernommene seine Aussage oder seine Unterschrift, so ist dies unter Angabe der Gründe in der Niederschrift zu vermerken.
(6) Beschuldigter und Zeuge haben keinen Anspruch auf Aushändigung von Vernehmungsniederschriften. Dem Beschuldigten soll jedoch eine Durchschrift der Vernehmungsniederschrift ausgehändigt werden, wenn eine Gefährdung des Untersuchungszweckes nicht zu befürchten ist. Wegen des Rechts des Verteidigers, die Vernehmungsniederschriften einzusehen und Abschriften zu fertigen, s. Nr. 34.
(7) Die Aushändigung von Abschriften der Vernehmungsniederschrift ist in den Akten zu vermerken.

[52] *Schriftliche Aussagen*

In geeigneten Fällen kann es ausreichen, daß sich Beschuldigte und Zeugen schriftlich äußern. Dies kommt insbesondere in Betracht, wenn der Beschuldigte oder Zeuge für seine Aussage Akten, Geschäftsbücher oder andere umfangreiche Schriftstücke braucht, vgl. Nr. 67 RiStBV.

[53] *Nichterscheinen des Beschuldigten*

(1) Erscheint der Beschuldigte auf Ladung der BuStra nicht (siehe Nr. 46 Abs. 1), ist darüber zu entscheiden, ob

- die Ladung zu wiederholen ist;
- er darauf hingewiesen werden soll, die BuStra gehe davon aus, daß er keinen Wert darauf lege, sich zu der erhobenen Beschuldigung zu äußern, und daß das Verfahren nunmehr zur Erhebung der öffentlichen Klage an die Staatsanwaltschaft abgegeben (vgl. Nr. 83) oder Strafbefehl beantragt werde (vgl. Nrn. 80 ff.),
- ihm nochmals Gelegenheit zu geben ist, sich schriftlich zu äußern (§ 163a Abs. 1 Satz 2 StPO),
- richterliche Vernehmung beantragt (§ 162 Abs. 1 Satz 1 StPO),
- nach ihm gefahndet (vgl. Nrn. 39 ff. RiStBV) oder
- Vorführung angeordnet werden soll (siehe Abs. 2).

(2) Eine Vorführung (§ 163a Abs. 3 Satz 2; §§ 134, 135 StPO) wird nur in Ausnahmefällen in Betracht kommen. Leistet der Beschuldigte Widerstand oder ist mit Widerstand zu rechnen, ist Amtshilfe der polizeilichen Vollzugsorgane in Anspruch zu nehmen.(3) Erscheint der Beschuldigte auf Ladung der Steufa nicht (siehe Nr. 46 Abs. 1 Satz 2), soll eine Ladung durch die BuStra zum Erscheinen vor der BuStra herbeigeführt werden, wenn diese das Verfahren selbständig durchführt (Nr. 19), sofern nicht die Ladung zu wiederholen, ihm Gelegenheit zur schriftlichen Äußerung zu geben oder durch die BuStra richterliche Vernehmung (siehe Nr. 42) zu beantragen ist. Führt die Staatsanwaltschaft das Verfahren durch, ist sie zu unterrichten.

[54] *Nichterscheinen des Zeugen*

(1) Erscheint der Zeuge auf Ladung der BuStra nicht, ist darüber zu entscheiden, ob bei ungenügend entschuldigtem Ausbleiben

- ihm die durch sein Ausbleiben verursachten Kosten auferlegt und gegen ihn ein Ordnungsgeld festgesetzt werden sollen (§ 161a Abs. 2 Satz 1, § 51 Abs. 1 Sätze 1 und 2 StPO),
- seine Vorführung angeordnet (§ 161a Abs. 2 Satz 1, § 51 Abs. 1 Satz 3 StPO) oder
- gemäß § 162 Abs. 1 Satz 1 StPO richterliche Vernehmung beantragt werden soll.

(2) Festsetzung eines Ordnungsgeldes, Auferlegung der Kosten und zwangsweise Vorführung dürfen nur angeordnet werden, wenn in der Ladung auf sie hingewiesen wurde, § 48 StPO. Wird der Zeuge nachträglich genügend entschuldigt, werden die Anordnungen wieder aufgehoben, § 161a Abs. 2 Satz 1, § 51 Abs. 2 Satz 3 StPO. Bei wiederholtem Ausbleiben kann Ordnungsgeld noch einmal festgesetzt werden. Für die Anordnung und Ausführung der zwangsweisen Vorführung gilt Nr. 53 Abs. 2 sinngemäß.

(3) Bei unberechtigter Zeugnisverweigerung ist der Zeuge darauf hinzuweisen, daß ihm die durch seine Weigerung verursachten Kosten auferlegt und zugleich

gegen ihn ein Ordnungsgeld festgesetzt werden können, § 161a Abs. 2 Satz 1, § 70 StPO; ggf. ist darüber zu befinden, ob gemäß § 162 Abs. 1 Satz 1 StPO richterliche Vernehmung beantragt werden soll. Ordnungsgeld darf in demselben Verfahren oder in einem gegen einen anderen Beschuldigten gerichteten Verfahren, das dieselbe Tat zum Gegenstand hat, gegen den Zeugen nur einmal festgesetzt werden, § 161a Abs. 2 Satz 1, § 70 Abs. 4 StPO. Zur Erhebung des Ordnungsgeldes s. Nr. 110.
(4) Erscheint ein Zeuge auf Ladung vor der Steufa nicht, gilt Nr. 53 Abs. 3 sinngemäß.

[55] *Entschädigung*

Zeugen, Sachverständige und Dolmetscher werden nach dem Gesetz über die Entschädigung von Zeugen und Sachverständigen entschädigt, § 405 AO.

Abschnitt 7: Durchsuchung und Beschlagnahme

[56] *Zulässigkeit der Durchsuchung*

(1) Die Durchsuchung der Wohnung und anderer Räume, der Person und der ihr gehörenden Sachen ist zulässig
a) bei dem, welcher als Täter oder Teilnehmer einer Straftat oder der Begünstigung, Strafvereitelung oder Hehlerei verdächtig ist, zum Zwecke der Ergreifung des Verdächtigen oder der Auffindung von Beweismitteln, wenn zu vermuten ist, daß die Durchsuchung zur Auffindung von Beweismitteln führen werde, § 102 StPO; die erwarteten Beweismittel brauchen dabei noch nicht genau bestimmbar zu sein, vgl. Nr. 60 Abs. 3 Satz 4;
b) bei anderen Personen, die nicht Verdächtige sind, nur zum Zwecke der Ergreifung des Beschuldigten oder zur Verfolgung von Spuren einer Straftat oder zur Beschlagnahme bestimmter Gegenstände, falls Tatsachen den Schluß rechtfertigen, daß die gesuchte Person, Spur oder Sache sich in den zu durchsuchenden Räumen befindet; diese Beschränkung gilt nicht für Räume, die der Beschuldigte während der Verfolgung betreten hat oder in denen er ergriffen worden ist, § 103 StPO. Ein Zeugnisverweigerungsrecht dieser Personen steht der Durchsuchung nicht entgegen, es sei denn, die Durchsuchung hätte nur den Zweck, einen Gegenstand zu finden, der einem Beschlagnahmeverbot unterliegt, Nrn. 58, 59.
(2) Zu den anderen Räumen iS des Abs. 1 gehören die Geschäftsräume, nur vorübergehend benutzte oder mitbenutzte Räumlichkeiten, z. B. Hotelzimmer, Schließfachräume, sowie die sonstigen Räumlichkeiten des befriedeten Besitztums, z. B. umzäunte Gärten.
(3) Zu den Sachen, auf die sich die Durchsuchung erstrecken kann, gehören Schränke, Koffer und Fahrzeuge sowie Bankbehältnisse, z. B. Schließfächer, vgl. im einzelnen Nr. 68.

[57] *Zulässigkeit der Beschlagnahme*

(1) Beschlagnahmt werden können
a) Gegenstände, die als Beweismittel für die Untersuchung von Bedeutung sein können (vgl. § 94 StPO),
b) Briefe, Sendungen und Telegramme auf der Post und den Telegrafenanstalten, die an den Beschuldigten gerichtet sind oder bei denen aus bestimmten Tatsachen zu schließen ist, daß sie für ihn bestimmt sind oder von ihm herrühren und beweiserheblich sein können, § 99 StPO.
(2) Werden gelegentlich einer Durchsuchung Gegenstände gefunden, die zwar in keiner Beziehung zu der Straftat stehen, wegen der die Durchsuchung stattfindet, die aber auf eine andere – auch nichtsteuerliche – Straftat hindeuten (sog. Zufallsfunde), sind sie einstweilen in Beschlag zu nehmen, § 108 StPO. Eine planmäßige Suche nach solchen Gegenständen ist nicht erlaubt.
(3) Gegenstände können durch Beschlagnahme sichergestellt werden, wenn aus dringenden Gründen anzunehmen ist, daß die Voraussetzungen für ihren Verfall oder ihre Einziehung vorliegen, § 111b StPO.
(4) Der Beschlagnahme bedarf es nicht, soweit die Gegenstände freiwillig herausgegeben werden, § 94 Abs. 2 StPO.
(5) Bei Beweisgegenständen, die sich im Gewahrsam von Angehörigen (§ 52 StPO), Berufsgeheimnisträgern (§ 53 StPO) und deren Berufshelfern (§ 53a StPO) befinden, ist das Beschlagnahmeverbot nach § 97 StPO zu beachten, vgl. Nr. 58; wegen der Postbeschlagnahme siehe Nr. 61.

[58] *Beschlagnahme bei Angehörigen der rechts- und steuerberatenden Berufe*

(1) Die Zulässigkeit der Beschlagnahme von Gegenständen, die sich im Gewahrsam von Rechtsanwälten, Steuerberatern, Steuerbevollmächtigten, Wirtschaftsprüfern und vereidigten Buchprüfern sowie deren Berufshelfern befinden, wird durch § 97 Abs. 1 und 4 StPO im Hinblick auf das diesen Personen zustehende Zeugnisverweigerungsrecht eingeschränkt, vgl. Nr. 57 Abs. 5. Nicht beschlagnahmefähig sind die Akten des Berufsgeheimnisträgers mit dem zwischen ihm und dem Beschuldigten geführten Schriftwechsel, seine Aufzeichnungen über Mitteilungen des Beschuldigten und andere Umstände, auf die sich das Zeugnisverweigerungsrecht erstreckt, sowie sonstige Gegenstände, auf die sich das Zeugnisverweigerungsrecht des Berufsgeheimnisträgers erstreckt (sog. beschlagnahmefreie Gegenstände). Sind Gegenstände lediglich zum Zwecke der Aufbewahrung übergeben worden, sind sie stets beschlagnahmefähig, Buchführungsunterlagen, Belege und Aufzeichnungen des Beschuldigten sind beschlagnahmefähig (keine einheitliche Rechtsprechung).
(2) Soweit die Gegenstände nicht beschlagnahmefähig sind, ist auch die Anordnung oder Durchführung einer Durchsuchung unzulässig, siehe auch Nr. 134 Abs. 4.
(3) Das Beschlagnahmeverbot entfällt, wenn der Gewahrsamsinhaber nicht mehr zur Verweigerung des Zeugnisses berechtigt ist, weil er von der Verpflichtung zur Verschwiegenheit entbunden wurde, vgl. §§ 53 Abs. 2, 53a Abs. 2 StPO.

(4) Das Beschlagnahmeverbot gilt nicht (§ 97 Abs. 2 Satz 3 StPO), wenn
a) die zur Verweigerung des Zeugnisses Berechtigten einer Teilnahme (Mittäterschaft, Anstiftung, Beihilfe), Begünstigung (§ 257 StGB), Strafvereitelung (§ 258 StGB) oder Hehlerei (§ 259,260 StGB) verdächtig sind oder
b) es sich um Gegenstände handelt, die durch eine Straftat hervorgebracht oder zur Begehung einer Straftat gebraucht oder bestimmt sind oder die aus einer Straftat herrühren.
(5) Soweit Gegenstände zum Zwecke der Besteuerung vorzulegen sind, können die in Abs. 1 genannten Personen auch bei einem gleichzeitig durchgeführten Strafverfahren die Vorlage von Urkunden, Wertsachen, Geschäftsbüchern und sonstigen Aufzeichnungen, die sie für den Beteiligten aufbewahren, nicht verweigern (§ 104 Abs. 2 Satz 1 AO; § 97 StPO gilt für das Besteuerungsverfahren nicht). Dabei steht die Führung von Geschäftsbüchern und sonstigen Aufzeichnungen der Aufbewahrung gleich, § 104 Abs. 2 Satz 2 AO. Die Vorlage kann nach § 328 AO erzwungen werden. Für Zwecke des Strafverfahrens darf eine Vorlage aufgrund der für das Besteuerungsverfahren geltenden Vorschriften nicht verlangt werden.

[59] *Beschlagnahme der Patientenkartei eines Arztes*

Im Strafverfahren gegen Patienten eines Arztes unterliegt die Patientenkartei des Arztes dem Beschlagnahmeverbot nach § 97 Abs. 1 StPO. Wird der Arzt selbst einer Straftat beschuldigt oder ist er der Teilnahme an einer Straftat des beschuldigten Patienten verdächtig, so gilt das Beschlagnahmeverbot nicht, wenn es zur Aufklärung der Straftat des Einblicks in die Patientenkartei bedarf und die Abwägung zwischen den Interessen der Allgemeinheit an der Aufklärung von Straftaten und dem grundrechtlich geschützten Anspruch des Bürgers auf Schutz seiner Privatsphäre diesen Eingriff als nicht unverhältnismäßig erscheinen läßt, BVerfG-Beschl. 2 BvR 28/71 v. 8. 3. 72, BVerfGE 32, 373.

[60] *Anordnung der Durchsuchung/Beschlagnahme*

(1) Durchsuchungen und Beschlagnahmen dürfen grundsätzlich nur durch den Richter angeordnet werden, §§ 98 Abs. 1, 105 Abs. 1 StPO.
(2) Der Antrag auf Erlaß eines Durchsuchungsbeschlusses bzw. auf Anordnung der Beschlagnahme ist bei dem Amtsgericht zu stellen, in dessen Bezirk die Amtshandlung vorzunehmen ist. Werden richterliche Anordnungen für die Vornahme von Untersuchungshandlungen in mehr als einem Bezirk für erforderlich gehalten, so sind die Anträge bei dem Amtsgericht zu stellen, in dessen Bezirk die beantragende Stelle ihren Sitz hat, § 162 Abs. 1 Satz 2 StPO.
(3) Der Antrag ist zu begründen. Die Begründung muß tatsächliche Angaben über den Inhalt des Tatvorwurfs enthalten. Außerdem sind die Art oder der denkbare Inhalt der Beweismittel, denen die Durchsuchung gilt, anzugeben. Soweit eine genaue Bezeichnung des gesuchten Beweismaterials nicht möglich ist, sind die erwarteten Beweismittel annäherungsweise – ggf. in Form beispielhafter Anga-

ben – zu beschreiben, vgl. BVerfG-Beschl. 2 BvR 294/76 v. 26. 5. 76, BVerfGE 42, 212. In dem Antrag ist außerdem die Stelle anzugeben, deren Beamte mit der Durchsuchung beauftragt werden sollen. Dies ist in der Regel die Steuerfahndungsstelle.

(4) In dem Antrag auf Beschlagnahmeanordnung sind die Gegenstände, die beschlagnahmt werden sollen, so konkret anzugeben, daß Zweifel nicht entstehen. Läßt sich erst aufgrund der Durchsuchung bestimmen, welche Gegenstände zu beschlagnahmen sind und ist aus diesem Grunde eine Beschlagnahme nicht angeordnet worden, kann ggf. eine Beschlagnahme wegen Gefahr im Verzug in Betracht kommen, vgl. Abs. 5 und 6.

(5) Nur bei Gefahr im Verzug können auch das Finanzamt (§ 399 AO) oder der Steuerfahndungsbeamte (§ 404 AO, § 152 GVG) eine Durchsuchung oder Beschlagnahme anordnen, §§ 98 Abs. 1, 105 Abs. 1 StPO. Keiner Durchsuchungsanordnung bedarf es, wenn die Einsicht gestattet wird, Nr. 65.

(6) „Gefahr im Verzug" besteht, wenn eine richterliche Anordnung nicht eingeholt werden kann, ohne daß der Zweck der Maßnahme gefährdet würde. Ob dies der Fall ist, entscheidet der zuständige Amtsträger nach seiner Überzeugung. Die Frage, ob eine Durchsuchung wegen Gefahr im Verzug angeordnet werden darf, ist besonders sorgfältig zu prüfen. Eine Durchsuchung stellt einen schwerwiegenden Eingriff dar. Von der Einholung einer richterlichen Anordnung darf deshalb nur ausnahmsweise abgesehen werden.

(7) Die Gründe, aus denen Gefahr im Verzug angenommen worden ist, sind in der Niederschrift über die Durchsuchung oder Beschlagnahme festzuhalten.

(8) Ist ein Gegenstand ohne richterliche Anordnung beschlagnahmt worden, soll innerhalb von drei Tagen die richterliche Bestätigung beantragt werden, wenn bei der Beschlagnahme weder der davon Betroffene noch ein erwachsener Angehöriger anwesend waren oder wenn der Betroffene und im Falle seiner Abwesenheit ein erwachsener Angehöriger des Betroffenen gegen die Beschlagnahme ausdrücklichen Widerspruch erhoben haben, § 98 Abs. 2 Satz 1 StPO. Die Frist beginnt mit dem Ablauf des Tages der Beschlagnahme, § 42StPO. Zuständig ist das Amtsgericht, in dessen Bezirk die Beschlagnahme stattgefunden hat, § 98 Abs. 2 Satz 5 StPO. War bereits vorher eine Beschlagnahme im Bezirk eines anderen Amtsgerichts erfolgt, ist das Amtsgericht zuständig, in dessen Bezirk die Finanzbehörde, die das Ermittlungsverfahren führt, ihren Sitz hat, § 98 Abs. 2 Satz 4 StPO. Dem Vorgang ist ein Verzeichnis der beschlagnahmten Gegenstände, die als Beweismittel für die Untersuchung von Bedeutung sind, und erforderlichenfalls auch eine Stellungnahme beizufügen. Wird die Bestätigung nicht erteilt, sind die beschlagnahmten Gegenstände sofort gegen Quittung freizugeben.

(9) Der Betroffene ist darüber zu belehren, daß er jederzeit richterliche Entscheidung beantragen kann (§ 98 Abs. 2 Satz 7 StPO) und den Antrag im Falle des Absatzes 8 Satz 4 auch bei dem Amtsgericht einreichen kann, in dessen Bezirk die

Beschlagnahme stattgefunden hat. Beantragt der Betroffene richterliche Entscheidung, kann von dem Antrag auf Bestätigung einer Beschlagnahme (Abs. 8 Satz 1) abgesehen werden.

[61] *Postbeschlagnahme*

(1) Zur Anordnung der Postbeschlagnahme (§ 99 StPO) ist nur der Richter, bei Gefahr im Verzug (vgl. Nr. 60 Abs. 6) auch die BuStra (§ 399 Abs. 1 AO iVm. § 100 StPO) befugt.
(2) Ist die Beschlagnahme von der BuStra angeordnet worden, so ist binnen dreier Tage die Bestätigung des Richters einzuholen, § 100 Abs. 2 StPO.
(3) Die Öffnung der ausgelieferten Gegenstände steht dem Richter zu, solange die Öffnungsbefugnis nicht auf die BuStra übertragen worden ist, § 100 Abs. 3 StPO.
(4) Zur Postbeschlagnahme vgl. auch Nrn. 77 ff. RiStBV.

[62] *Zeit der Durchsuchung*

(1) Hausdurchsuchungen haben grundsätzlich bei Tage zu beginnen.
(2) Eine Hausdurchsuchung liegt vor, wenn eine Wohnung, Geschäftsräume oder ein befriedetes Besitztum, z. B. ein umzäunter Garten, durchsucht werden.
(3) Ein Beginn der Hausdurchsuchung zur Nachtzeit ist nur unter den in § 104 Abs. 1 StPO genannten Voraussetzungen, z. B. bei Gefahr im Verzug, zulässig. Dies gilt nicht, wenn der Inhaber mit dem Beginn der Durchsuchung zur Nachtzeit einverstanden ist. Die Nachtzeit beginnt um 21.00 Uhr. Sie endet in der Zeit vom 1. 4. bis 30. 9. um 4.00 Uhr und vom 1. 10. bis 31. 3. um 6.00 Uhr. Eine vor 21.00 Uhr beginnende, jedoch bis zu diesem Zeitpunkt noch nicht beendete Durchsuchung darf fortgesetzt werden.
(4) Die Beschränkung des § 104 Abs. 1 StPO gilt nicht für die in § 104 Abs. 2 StPO genannten Räumlichkeiten, z. B. Barbetriebe.
(5) Personen und die ihnen gehörenden Sachen können auch bei Nacht durchsucht werden, wenn damit keine Hausdurchsuchung verbunden ist.

[63] *Ablauf der Durchsuchung*

(1) Liegt ein richterlicher Beschluß vor, so ist dieser dem Anwesenden, von der Durchsuchung Betroffenen vor Beginn der Durchsuchung vorzuzeigen. Ist er nicht anwesend, so ist einem anwesenden Angestellten, Angehörigen, Nachbarn oder sonstigen Dritten regelmäßig nur die Anordnung, nicht aber die Begründung bekanntzugeben.
(2) Bei Hausdurchsuchungen sind, wenn dies möglich ist, ein Gemeindebeamter oder zwei Mitglieder der Gemeinde, in deren Bezirk die Durchsuchung erfolgt, als Zeugen zuzuziehen. Die als Gemeindemitglieder zugezogenen Personen dürfen nicht Polizeibeamte oder Hilfsbeamte der Staatsanwaltschaft sein, § 105 Abs. 2 StPO.
(3) Wünscht der Inhaber der zu durchsuchenden Räumlichkeiten ausdrücklich

nicht die Zuziehung von Zeugen, so kann dem entsprochen werden; dies ist zu protokollieren.
(4) Der Inhaber der zu durchsuchenden Räume oder Gegenstände darf bei der Durchsuchung zugegen sein. Ist er abwesend, so ist, wenn möglich, sein Vertreter oder ein erwachsener Angehöriger, Hausgenosse oder Nachbar zuzuziehen, § 106 Abs. 1 StPO. Auf den Inhaber und auf seinen Verteidiger (vgl. Nr. 33) braucht nicht gewartet zu werden. Inhaber ist derjenige, in dessen Gewahrsam sich die Räume oder Gegenstände befinden.
(5) Leistet der Betroffene Widerstand oder ist solcher zu befürchten, so ist ein Beamter der örtlichen Polizeibehörde zuzuziehen.
(6) Stört jemand die Durchsuchung vorsätzlich oder widersetzt er sich den getroffenen Anordnungen, so kann der Beamte, der die Durchsuchung leitet, den Störer festnehmen (§ 164 StPO), wenn die Störung oder Widersetzlichkeit nicht auf weniger einschneidende Weise beseitigt werden kann, Nr. 3.
(7) Personen, die sich zur Zeit des Beginns der Durchsuchung in den betreffenden Räumen befinden, können am Verlassen der Räume gehindert werden, wenn anzunehmen ist, daß sonst der Durchsuchungszweck gefährdet wird, wie z. B. dadurch, daß Beweismittel beiseite geschafft oder z. B. bei mehreren gleichzeitig oder hintereinander vorzunehmenden Durchsuchungen, die Beteiligten vorzeitig benachrichtigt werden könnten. Anderen Personen als dem Inhaber und zugezogenen Zeugen (Abs. 4) ist während der Amtshandlung der Zutritt zu den von der Durchsuchung betroffenen Räumen möglichst zu untersagen.
(8) Fernsprecher, insbesondere Fernsprechzentralen, sind zu beaufsichtigen. Dem Betroffenen und in den durchsuchten Räumen anwesenden Dritten können Telefongespräche während der Durchsuchungshandlung untersagt werden, wenn durch sie der Zweck der Durchsuchung gefährdet würde. Gespräche mit dem Verteidiger oder Steuerberater sind stets zulässig. Bei Zuwiderhandlungen gilt Abs. 6.
(9) Auf Verlangen des Betroffenen, seines gesetzlichen Vertreters oder Verteidigers ist nach Beendigung der Durchsuchung dem Betroffenen eine schriftliche Mitteilung zu machen, die den Grund der Durchsuchung sowie im Falle des § 102 StPO (Durchsuchung beim Verdächtigen, siehe Nr. 56 Abs. 1 Buchst. a) die strafbare Handlung bezeichnen muß, § 107 StPO. Ggf. kann eine Ausfertigung des Durchsuchungsbeschlusses ausgehändigt werden.
(10) Der Ablauf der Durchsuchung ist unter Angabe der Zeitpunkte des Beginns und des Endes schriftlich festzuhalten.

[64] *Körperliche Durchsuchung*

Die körperliche Durchsuchung dient insbesondere dem Auffinden von Beweismitteln, die sich in Kleidungsstücken (auch Brieftaschen) befinden oder in die Kleidung eingenäht sind (z. B. Schriftstücke und Schlüssel zu Schließfächern). Bei der körperlichen Durchsuchung einer Frau sind die Grundsätze des § 81d StPO zu beachten.

[65] *Einsichtnahme in Räume und Behältnisse mit Einverständnis des Betroffenen*

Ohne eine richterliche Durchsuchungsanordnung darf Einsicht in Räume und Behältnisse genommen werden, wenn sich der Betroffene ausdrücklich damit einverstanden erklärt hat. Das Einverständnis muß vor der Einsichtnahme aus freiem Willen und in Kenntnis der Freiwilligkeit erklärt worden sein. Sind unbeteiligte Dritte als Zeugen für die Erklärung des Einverständnisses nicht anwesend, ist es zweckmäßig, die Einverständniserklärung vom Betroffenen schriftlich bestätigen zu lassen.

[66] *Durchsuchung von Geschäftsräumen im Verfahren gegen geschäftsführende Gesellschafter*

In einem Verfahren gegen einen geschäftsführenden Gesellschafter einer Kapital- oder Personengesellschaft ist zur Durchsuchung der Geschäftsräume ein Beschluß nach § 102 StPO (Durchsuchung beim Verdächtigen) zu erwirken. Ist damit zu rechnen, daß einzelne Geschäftsräume von unverdächtigen Personen allein genutzt werden, kann es sich empfehlen, zusätzlich einen Beschluß nach § 103 StPO zu erwirken. Es ist jedoch darauf zu achten, daß die Durchsuchung der Geschäftsräume der Gesellschaft ausdrücklich beantragt und angeordnet wird.

[67] *Durchsuchung der Wohnung in besonderen Fällen*

(1) Lebt ein Verdächtiger in einem eheähnlichen Verhältnis und gehört die von ihm und seinem Partner benutzte Wohnung dem Partner, so ist die ganze Wohnung auch eine Wohnung des Verdächtigen. Entsprechendes gilt, wenn der Verdächtige in einer Wohngemeinschaft lebt.
(2) Ein Untermietvertrag ist bei einer Hausdurchsuchung ohne Bedeutung, wenn der Untermieter tatsächlich im Haushalt des Wohnungsinhabers lebt.

[68] *Von Dritten genutzte Behältnisse*

Werden in einem Safe, Schließfach, einem Schreibtisch oder einem Schrank Beweismittel vermutet, behauptet der Betroffene aber, das Behältnis werde von einem Dritten genutzt, der auch den Schlüssel besitze, so kann zunächst eine Sicherstellung durch Anbringung eines Siegels vorgenommen werden (§ 94 StPO). Zur Durchsuchung und Beschlagnahme ist ein Beschluß nach § 103 StPO erforderlich, wenn nicht Gefahr im Verzug vorliegt.

[69] *Durchsicht, Nachweis und Rückgabe der Beweismittel*

(1) Eine Durchsicht der Papiere des von der Durchsuchung Betroffenen stehen der BuStra (§ 399 Abs. 1 AO, § 110 Abs. 1 StPO) und der Steufa (§ 404 Satz 2 erster Halbsatz AO) zu. Zu den Papieren gehört das gesamte private und geschäftliche Schriftgut, z. B. Briefe, Aufzeichnungen, Werkzeichnungen, Bilanzen, Geschäftsbücher, Belege; aufgrund der Analogie sind auch Tonträger, Filme und Datenträger, z. B. Magnetbänder, Disketten, Festplatten und Lochkarten, hierzu

zu rechnen. Verschlossene Briefe dürfen geöffnet und gelesen werden, soweit dies für den Untersuchungszweck erforderlich erscheint.
(2) Dem von der Durchsuchung Betroffenen ist nach deren Beendigung auf Verlangen ein Verzeichnis der in Verwahrung oder in Beschlag genommenen Gegenstände, falls aber nichts Verdächtiges gefunden wird, eine Bescheinigung hierüber zu geben (§ 107 StPO). Insbesondere dann, wenn eine Vielzahl von Einzelbelegen im Verzeichnis aufzuführen wäre, können Sammelbezeichnungen verwandt werden, wie z. B. „ein Karton Schriftverkehr mit den Lieferanten Januar bis Juni 1982“ oder „Ordner mit Ausgangsrechnungen v. 1. 1. 82 bis 30. 9. 82“.
(3) Die Beschlagnahme ist aufzuheben, wenn ihr Grund weggefallen ist. Die Gegenstände sind dem Empfangsberechtigten gegen Empfangsbestätigung zurückzugeben, Hinweis auf Nr. 75 RiStBV.

Abschnitt 8: Vorläufige Festnahme

[70] *Zulässigkeit*

(1) Ist ein einer Straftat iS der Nrn. 13 und 14 dringend verdächtiger Beschuldigter flüchtig (§ 112 Abs. 2 Nr. 1 StPO) oder besteht Flucht- oder Verdunklungsgefahr (§ 112 Abs. 2 Nrn. 2 und 3 StPO)und steht die Anordnung der Haft zur Bedeutung der Sache in einem angemessenen Verhältnis, wird das Verfahren an die Staatsanwaltschaft abzugeben sein (Nr. 18). Unverhältnismäßigkeit ist auch gegeben, wenn die vollständige Aufklärung der Tat und die rasche Durchführung des Verfahrens auf weniger einschneidende Weise gesichert werden können.
(2) Besteht Gefahr im Verzug, können Steuerfahndungsbeamte und Beamte der BuStra unter den Voraussetzungen des Abs. 1 die vorläufige Festnahme anordnen und durchführen, § 127 Abs. 2 StPO.
(3) Gefahr im Verzug besteht, wenn die richterliche Anordnung nicht rechtzeitig eingeholt werden kann und dadurch die Ergreifung des Beschuldigten gefährdet würde oder die Gefahr fortbesteht, daß der Beschuldigte bis zum Vollzug der richterlichen Anordnung noch fliehen oder die Ermittlung der Wahrheit erschweren wird (Nr. 60 Abs. 6 Sätze 2 und 3 gilt entsprechend). Hatte der Richter den Erlaß eines Haftbefehls vorher abgelehnt, müssen neue erhebliche Verdachtsmomente oder Haftgründe bekanntgeworden sein.
(4) Verdunklungsabsicht ist kein Haftgrund, wenn die Beweise so gesichert sind, daß der Beschuldigte die Ermittlung der Wahrheit nicht mehr erschweren kann.
(5) Dringender Tatverdacht liegt vor, wenn nach dem Stand der Ermittlungen die Wahrscheinlichkeit groß ist, daß der Verfolgte Täter oder Teilnehmer ist.

[71] *Verfahren*

(1) Der für vorläufig festgenommen erklärte Beschuldigte kann, soweit erforderlich und angemessen, auch unter Anwendung physischer Gewalt auf der Dienststelle festgehalten oder dorthin verbracht werden.

(2) Besteht noch die Möglichkeit, Polizei hinzuzuziehen, sollte dies geschehen.
(3) Der Festgenommene soll alsbald vernommen werden. Er ist unverzüglich, spätestens am Tag nach der Festnahme, dem Richter vorzuführen, § 128 Abs. 1 StPO. Zuständig ist der Richter bei dem Amtsgericht, in dessen Bezirk die Festnahme erfolgte. Das kann auch ein Amtsgericht sein, dessen örtlicher Zuständigkeitsbereich in Haftsachen gemäß § 58 GVG erweitert worden ist. Die den Fall betreffenden Vorgänge sind umgehend dem Richter vorzulegen. Kann die Vorführung nicht sofort erfolgen, ist der Festgenommene in den Gewahrsam des zuständigen Amtsgerichts oder in Polizeigewahrsam zu übergeben. Stellt sich vor der Vorführung heraus, daß die Voraussetzungen für den Erlaß eines Haftbefehls nicht oder nicht mehr gegeben sind, ist der Festgenommene unverzüglich freizulassen.
(4) Über die vorläufige Festnahme ist ein Vermerk zu fertigen und zu den Akten zu nehmen. Der Vermerk muß die Voraussetzungen für die vorläufige Festnahme (Nr. 70) und den genauen Zeitpunkt der Festnahme im einzelnen ausweisen.

Abschnitt 9: Zusammenarbeit mit Staatsanwaltschaft und Polizei

[72] *Staatsanwaltschaft*

(1) Zur Förderung der Zusammenarbeit mit den Staatsanwaltschaften empfehlen sich regelmäßige Kontaktgespräche. Diese Kontaktgespräche sollen auch der Unterrichtung der Staatsanwaltschaft über an sie abzugebende oder von ihr zu übernehmende Strafsachen dienen (Nr. 18), außerdem der Erörterung allgemeiner Fragen der Strafzumessung bei Strafbefehlsanträgen, vgl. Nr. 267 Abs. 2 RiStBV.
(2) Soweit Kenntnisse über nichtsteuerliche Straftaten der Staatsanwaltschaft mitgeteilt werden dürfen (Nr. 112 Abs. 4 bis 7), veranlaßt die BuStra die Mitteilung. Die Steufa kann ihre Kenntnisse selbst mitteilen.
(3) Wenn in den Fällen der Nr. 18 Abs. 1 Buchst. c die Steuerstrafsache nicht an die Staatsanwaltschaft abgegeben wird, ist diese im Benehmen mit der Staatsanwaltschaft zu bearbeiten.
(4) Im Rahmen ihrer Befugnisse und Möglichkeiten sollen die Finanzbehörden aufgrund ihrer besonderen fachlichen Kenntnisse die Staatsanwaltschaft auch in anderen Fällen der Verfolgung nichtsteuerlicher Skaftaten unterstützen, z. B. durch allgemeine Auskünfte.

[73] *Polizei*

(1) Bei Zusammentreffen einer Steuerstraftat mit anderen Delikten, z. B. Untreue, Betrug oder Urkundenfälschung, kann ein gemeinsames Vorgehen der Steufa mit der Kriminalpolizei angebracht sein. Dies gilt namentlich für Durchsuchungen und Vernehmungen. Kommt es bei Ermittlungsmaßnahmen auf die Kenntnis der örtlichen Verhältnisse an, so kann sich die Steufa im Wege der Amtshilfe an die zuständigen Polizeidienststellen wenden. Wegen der Heranziehung der Polizei

zur Hilfeleistung bei Widerstand im Rahmen einer Durchsuchung wird auf Nr. 63 Abs. 5 verwiesen.
(2) Führt die Kriminalpolizei im Verfahren der Staatsanwaltschaft Ermittlungen durch, für die auch die Finanzbehörden zuständig sind, so kann die Steufa an den Ermittlungen teilnehmen, § 403 Abs. 1 Satz 1 AO.

Abschnitt 10: Abschließende Entscheidung im Verfahren der Finanzbehörde

[74] *Überblick*

(1) Die BuStra kann das selbständig durchgeführte Ermittlungsverfahren durch folgende Maßnahmen abschließen:
- Einstellung, vgl. Nrn. 76 bis 78;
- Antrag auf Anordnung von Nebenfolgen im selbständigen Verfahren, vgl. Nr. 79;
- Antrag auf Erlaß eines Strafbefehls, vgl. Nrn. 80 ff.;
- Vorlage an die Staatsanwaltschaft, vgl. Nr. 83.

(2) Soll das Verfahren nicht eingestellt werden, ist der Beschuldigte spätestens vor dem Abschluß der Ermittlungen zu vernehmen. In einfachen Sachen genügt es, daß ihm Gelegenheit zur schriftlichen Äußerung gegeben wird (§ 163a Abs. 1 StPO). Der Abschluß der Ermittlungen ist in den Akten zu vermerken, sofern das Verfahren nicht eingestellt wird (§ 169a StPO); vgl. im übrigen Nr. 20 Abs. 3, Nr. 79 letzter Satz, Nr. 81 Abs. 1, Nr. 83 Abs. 2.
(3) Wegen des Absehens von der Strafverfolgung bei unwesentlichen Nebenstraftaten vgl. Nr. 38 Abs. 1. Wegen des Ausscheidens von Unwesentlichem vgl. Nr. 38 Abs. 4.
(4) Wegen des Abschlusses von nicht selbständig durchgeführten Ermittlungen siehe Nr. 20 Abs. 3.

[75] *Allgemeines zur Einstellung des Verfahrens*

(1) Eine Einstellungsverfügung ist ausreichend zu begründen.
(2) Der Beschuldigte ist von der Einstellung des steuerstrafrechtlichen Ermittlungsverfahrens zu unterrichten, wenn ihm zuvor die Einleitung eines solchen Verfahrens eröffnet worden war; siehe auch § 170 Abs. 2 StPO. Hat sich herausgestellt, daß der Beschuldigte unschuldig ist oder daß gegen ihn kein begründeter Verdacht mehr besteht, so ist dies in der Mitteilung auszusprechen. Im übrigen sind die Gründe für die Einstellung nur auf Antrag und dann auch nur insoweit bekanntzugeben, als kein schutzwürdiges Interesse entgegensteht.
(3) Dem Anzeigeerstatter darf über die Einstellung keine Mitteilung gemacht werden, weil § 171 StPO eine Offenbarung nicht ausdrücklich zuläßt, vgl. § 30 Abs. 4 Nr. 2 AO.
(4) Ist im Ermittlungsverfahren eine nach § 2 StrEG entschädigungsfähige Strafverfolgungsmaßnahme vorausgegangen, so hat die Finanzbehörde in die Mitteilung von der Einstellung des Verfahrens die Belehrung aufzunehmen, daß der

Beschuldigte innerhalb eines Monats seit der Zustellung der Einstellungsnachricht bei dem zuständigen Gericht den Antrag stellen kann, die Entschädigungspflicht der Staatskasse auszusprechen. Das zuständige Gericht ist anzugeben. Die Einstellungsmitteilung mit dieser Belehrung ist zuzustellen. Auf § 9 StrEG sowie auf Anlage C, Teil I, Abschnitt A II der RiStBV wird hingewiesen.

[76] *Einstellung nach § 170 Abs. 2 StPO*

(1) Geben die Ermittlungen keinen genügenden Anlaß zur Erhebung der öffentlichen Klage, weil z. B. eine Verurteilung des Beschuldigten nicht mit Wahrscheinlichkeit zu erwarten ist oder sich der Verdacht als unbegründet erweist, so stellt die BuStra das Verfahren ein. Das gleiche gilt, wenn der Verurteilung ein Verfahrenshindernis entgegensteht, z. B. weil die Tat verjährt ist, §§ 78 bis 78c StGB, der Täter vom Versuch zurückgetreten ist (§ 24 StGB) oder wenn dem Täter ein Rechtfertigungs- oder Schuldausschließungsgrund zur Seite steht.
(2) Das Steuerstrafverfahren ist auch einzustellen, wenn dem Beschuldigten nach dem Ermittlungsergebnis nur eine Steuerordnungswidrigkeit anzulasten ist.
(3) Das Steuerstrafverfahren kann wieder aufgenommen werden, wenn hierzu Anlaß besteht.

[77] *Einstellung nach § 153 Abs. 1 Satz 1 StPO, § 398 AO*

(1) Die BuStra kann mit Zustimmung des für die Eröffnung des Hauptverfahrens zuständigen Gerichts von der Verfolgung einer Straftat absehen, wenn die Schuld des Täters als gering anzusehen wäre und kein öffentliches Interesse an der Verfolgung besteht, § 153 Abs. 1 Satz 1 StPO.
(2) Nach § 398 AO kann die BuStra das Verfahren unter den Voraussetzungen des Abs. 1 ohne Zustimmung des Gerichts einstellen, wenn im übrigen bei einer Steuerhinterziehung nur eine geringwertige Steuerverkürzung eingetreten ist oder nur geringwertige Steuervorteile erlangt wurden. Entsprechendes gilt in einem Verfahren wegen Begünstigung einer Person, die eine der in § 375 Abs. 1 Nrn. 1 bis 3 genannten Taten begangen hat, § 398 Satz 2 AO.
(3) Die Schuld ist als gering anzusehen, wenn sie bei einem Vergleich mit Steuerstraftaten gleicher Art nicht unerheblich unter dem Durchschnitt liegt. Im Rahmen der Berücksichtigung des öffentlichen Interesses sind jedoch Gründe der Spezial- oder Generalprävention mit zu erwägen. Die Gesamtwürdigung muß, auch unter Berücksichtigung der im Falle einer Bestrafung für die Strafzumessung maßgebenden Umstände nach § 46 Abs. 2 StGB ergeben, daß eine Bestrafung unter Abwägung aller Strafzwecke nicht notwendig erscheint. Eine Feststellung der Schuld ist nicht erforderlich; es genügt, daß für sie eine gewisse Wahrscheinlichkeit besteht. Die Strafsache braucht nicht weiter als bis zu der Feststellung aufgeklärt zu werden, daß die Schuld des Täters voraussichtlich als gering anzusehen wäre.
(4) Wann eine Steuerverkürzung als geringwertig anzusehen ist, richtet sich nach

den Verhältnissen des Einzelfalles. Zu berücksichtigen ist in erster Linie die Höhe des verkürzten Betrages.
(5) Das Verfahren kann wieder aufgenommen werden, wenn hierzu Anlaß besteht.

[78] *Einstellung nach § 153a StPO*

(1) Nach § 153a StPO kann die BuStra im Bereich der kleineren Kriminalität die Einstellung des Verfahrens von der Erfüllung bestimmter Auflagen und Weisungen durch den Beschuldigten abhängig machen. Dies gilt jedoch nur dann, wenn trotz geringer Schuld ein öffentliches Interesse an der Strafverfolgung nicht verneint werden kann (s. Nr. 77), jedoch die Auflagen und Weisungen geeignet sind, das öffentliche Interesse an der Strafverfolgung zu beseitigen. Die Verfahrenseinstellung nach § 153a StPO ist nur mit Zustimmung des Gerichts und des Beschuldigten zulässig.
(2) Im Steuerstrafverfahren kommen namentlich folgende Auflagen und Weisungen – ggf. nebeneinander in Betracht:

- Entrichtung der verkürzten Beträge einschließlich der Nebenleistungen innerhalb einer zu bestimmenden Frist;
- Zahlung eines Geldbetrages an die Staatskasse oder an eine gemeinnützige Einrichtung. Die Auflage muß nach Art und Umfang geeignet sein, das öffentliche Interesse an der Strafverfolgung zu beseitigen. Es empfiehlt sich, vor der Befragung des Beschuldigten regelmäßig die Zustimmung des Gerichts einzuholen. Anderenfalls ist der Beschuldigte darauf hinzuweisen, daß eine Einstellung nur mit richterlicher Zustimmung möglich ist.

(3) In der Verfügung über die vorläufige Einstellung sind die Auflagen/Weisungen genau zu bezeichnen und eine Frist von höchstens sechs Monaten (§ 153a Abs. 1 Satz 2 StPO) zu deren Erfüllung festzusetzen. Ferner ist anzuordnen, daß die vorläufige Einstellung entfällt, wenn eine Auflage/Weisung nicht oder nicht fristgerecht erfüllt wird. Dem Beschuldigten soll auch anheim gegeben werden, Umstände, welche die Verlängerung der Frist oder die nachträgliche Änderung der Auflagen/Weisungen rechtfertigen könnten (§ 153a Abs. 1 Satz 3 StPO) rechtzeitig mitzuteilen. Die Verfügung ist dem Beschuldigten zuzustellen. Besteht die Auflage in der Zahlung eines Geldbetrages, hat der Beschuldigte der BuStra die Zahlung nachzuweisen; die für die Steuerfestsetzung zuständige Stelle des Finanzamts erhält eine Kontrollmitteilung. Die Stelle, der gegenüber die Weisungen zu erfüllen oder an die Zahlungen zu leisten sind, wird unterrichtet und um Mitteilung über die Erfüllung oder nicht rechtzeitige Erfüllung gebeten. Wegen der Unterrichtung der Finanzkasse für den Fall, daß eine Zahlung an diese auferlegt wird, vgl. § 116 Abs. 5 BuchO-ADV.
(4) Erfüllt der Beschuldigte die Auflagen/Weisungen, wird das Verfahren endgültig eingestellt, § 153a Abs. 1 Satz 4 StPO. Erfüllt der Beschuldigte sie nicht, hat die BuStra in eigener Zuständigkeit zu entscheiden, ob eine Fristverlängerung oder Änderung der Auflage in Betracht kommt, § 153a Abs. 1 Satz 3 StPO. Ist das

nicht der Fall und bleibt auch eine Erinnerung durch die BuStra ohne Erfolg oder erklärt der Beschuldigte, daß er den Auflagen/Weisungen nicht nachkommen will, ist dem Beschuldigten mitzuteilen, daß die vorläufige Einstellung entfallen ist. Das Verfahren wird dann, in der Regel durch Antrag auf Erlaß eines Strafbefehls, fortgeführt. Auf Zahlungen, welche zur Erfüllung einer Auflage geleistet worden waren, ist das Gericht bzw. die Staatsanwaltschaft hinzuweisen. Auch wenn die Zahlungen vom Gericht bei der Strafzumessung berücksichtigt werden, verbleibt der gezahlte Betrag der Stelle, welche ihn vereinnahmt hatte.

[79] *Antrag auf Anordnung von Nebenfolgen im selbständigen Verfahren*

Die BuStra kann nach pflichtgemäßem Ermessen beantragen, den Verfall oder die Einziehung (§§ 73 bis 75 StGB, § 29a OWiG) selbständig anzuordnen oder eine Geldbuße gegen eine juristische Person oder eine Personenvereinigung (§ 30 OWiG) selbständig festzusetzen, § 401 AO. Das Verfahren richtet sich nach den §§ 440, 442 Abs. 1, 444 Abs. 3 StPO. Wer von der Einziehung bzw. dem Verfall betroffen würde, ist zuvor zu hören, wenn dies ausführbar erscheint, § 440 Abs. 3, § 442 Abs. 1, § 432 Abs. 1 Satz 1 StPO. Im Falle des § 30 OWiG gilt gleiches hinsichtlich der juristischen Person oder der Personenvereinigung, §§ 444 Abs. 3, § 440 Abs. 3, § 432 Abs. 1 Satz 1 StPO. Wegen des abschließenden Vermerks vgl. Nr. 81 Abs. 1 Satz 1.

[80] *Voraussetzungen für den Antrag auf Erlaß eines Strafbefehls*

(1) Die BuStra stellt Antrag auf Erlaß eines Strafbefehls (§ 400 AO), wenn

a) die Ermittlungen genügenden Anlaß zur Erhebung der öffentlichen Klage bieten (Abs. 2) und

b) die Strafsache zur Behandlung im Strafbefehlsverfahren geeignet erscheint, Abs. 3.

(2) Die Ermittlungen bieten genügenden Anlaß zur Erhebung der öffentlichen Klage, wenn kein Verfahrenshindernis besteht und der Beschuldigte der Straftat so verdächtig erscheint, daß im Falle der Durchführung einer Hauptverhandlung eine Verurteilung mit Wahrscheinlichkeit zu erwarten wäre (hinreichender Tatverdacht iS des § 203 StPO).

(3) Eine Erledigung im Strafbefehlsverfahren ist nicht möglich, wenn die Verhängung einer Freiheitsstrafe erforderlich erscheint, § 407 Abs. 2 Nr. 1 StPO. Dies gilt stets, wenn ein besonders schwerer Fall der Steuerhinterziehung vorliegt, § 370 Abs. 3 AO. Im übrigen soll von dem Antrag auf Erlaß eines Strafbefehls nur abgesehen werden, wenn die vollständige Aufklärung aller für die Rechtsfolgenbestimmung wesentlichen Umstände oder Gründe der Spezial- oder Generalprävention die Durchführung einer Hauptverhandlung geboten erscheinen lassen. Auf einen Strafbefehlsantrag ist nicht schon deswegen zu verzichten, weil ein Einspruch des Angeschuldigten zu erwarten ist.

(4) Der Antrag auf Erlaß eines Strafbefehls darf erst gestellt werden, wenn dem

Beschuldigten rechtliches Gehör gewährt worden ist und er Gelegenheit hatte, sich zu dem Ermittlungsergebnis zu äußern, s. auch Nr. 74 Abs. 2.
(5) Einem Begehren des Beschuldigten, das Verfahren nicht an die Staatsanwaltschaft abzugeben, sondern Antrag auf Erlaß eines Strafbefehls zu stellen, braucht die BuStra nicht zu entsprechen.

[81] *Antragstellung*

(1) Die getroffenen steuerlichen und strafrechtlichen Ermittlungsergebnisse sowie deren Würdigung hat die BuStra in einem abschließenden Vermerk aktenkundig zu machen. Der Antrag muß die für den Erlaß des Strafbefehls erforderlichen Angaben (§ 409 Abs. 1 StPO) enthalten. Er ist als Strafbefehlsentwurf zu fassen, Nrn. 176 und 177 Abs. 1 RiStBV.
(2) Dem Antrag sind vorbehaltlich Nr. 34 Abs. 4 alle Vorgänge beizufügen, die für die Schuld und die Strafzumessung von Bedeutung sind. Dazu gehören verwaltungsinterne Vermerke nicht.
(3) Der Antrag ist an das zuständige Amtsgericht zu übersenden. Dabei ist je nach Bedeutung des Falles die Entscheidung durch den Strafrichter oder den Vorsitzenden des Schöffengerichts zu beantragen.

[82] *Rechtsmittel*

(1) Teilt der Richter der BuStra mit, daß er eine andere als die beantragte Rechtsfolge für angemessen oder eine weitere Aufklärung für notwendig hält, ist nach dem Abs. 2 der Nr. 178 RiStBV zu verfahren. Gegen die Anberaumung der Hauptverhandlung (§ 408 Abs. 2 Satz 1 StPO) ist kein Rechtsmittel gegeben.
(2) Gibt der Vorsitzende des Schöffengerichts die Sache an den Strafrichter ab (§ 408 Abs. 1 Satz 3 erster Halbsatz StPO) oder weist der Richter den Antrag auf Erlaß eines Strafbefehls zurück, kann die BuStra dagegen sofortige Beschwerde (§ 311 StPO) einlegen, § 408 Abs. 1 Satz 3 letzter Halbsatz; § 210 Abs. 2 StPO.

[83] *Vorlage an die Staatsanwaltschaft*

(1) Bieten die durchgeführten Ermittlungen genügenden Anlaß zur Erhebung der öffentlichen Klage (Nr. 80 Abs. 2), ist aber die Strafsache für das Strafbefehlsverfahren nicht geeignet, so legt die BuStra die Akten der Staatsanwaltschaft vor, § 400 zweiter Halbsatz AO.
(2) Bei der Vorlage hat die BuStra das wesentliche Ermittlungsergebnis übersichtlich zusammenfassend darzustellen und in der Regel auch rechtlich zu würdigen. Die Darstellung soll der Gewichtigkeit des Falles entsprechen. Die Abgabeschrift ist vom Sachgebietsleiter zu unterzeichnen.

Abschnitt 11: Stellung der Finanzbehörde im Verfahren der Staatsanwaltschaft

[84] *Rechte und Pflichten im Ermittlungsverfahren*

(1) Führt die Staatsanwaltschaft das Ermittlungsverfahren in Strafsachen durch, so hat die BuStra nach § 402 Abs. 1 AO nur dieselben Rechte und Pflichten wie

die Behörden des Polizeidienstes nach der Strafprozeßordnung, insbesondere nach § 161 und § 163 StPO sowie die Befugnisse nach § 399 Abs. 2 Satz 2 AO, Abs. 3. Beschuldigte, Zeugen und Sachverständige sind nicht verpflichtet, auf Ladung vor ihr zu erscheinen. Die Vorgänge sind ohne Verzug der Staatsanwaltschaft zu übersenden, § 163 Abs. 2 StPO.
(2) Wegen der Rechte und Pflichten der Steuerfahndungsstellen und ihrer Beamten wird auf Nr. 144 verwiesen.
(3) Beschlagnahmen, Durchsuchungen und körperliche Untersuchungen dürfen von BuStra und Steufa nur bei Gefahr im Verzug angeordnet werden, § 399 Abs. 2 Satz 2 AO, § 98 Abs. 1, § 105 Abs. 1, § 81a Abs. 2 StPO. Die Befugnis zur Durchsicht der Papiere hat im Verfahren der Staatsanwaltschaft neben dieser nur die Steufa (Nr. 144 Abs. 3c), nicht aber auch die BuStra.
(4) Finanzämter, auf die keine Zuständigkeit nach § 387 Abs. 2 AO übertragen worden ist, haben im Verfahren der Staatsanwaltschaft dieselben Rechte und Pflichten wie die BuStra nach den Absätzen 1 und 3, § 402 Abs. 2 AO.
(5) Die vorgenannten Stellen und Ämter sind verpflichtet, einem Ersuchen der Staatsanwaltschaft um Durchführung von Ermittlungen im Rahmen ihrer Aufgaben (§§ 17 Abs. 2 FVG; Nr. 143 Abs. 1), und ihrer Zuständigkeit (Nrn. 21 bis 23, 144 Abs. 3) nachzukommen.

[85] *Anwesenheitsrecht*

(1) Führt die Staatsanwaltschaft oder die Polizei Ermittlungen in Strafsachen der Nrn. 13 bis 15 durch, so ist die BuStra befugt, daran teilzunehmen, § 403 Abs. 1 Satz 1 AO. Zu diesem Zweck sollen ihr Ort und Zeit der Ermittlungshandlungen rechtzeitig mitgeteilt werden, § 403 Abs. 1 Satz 2 AO. Von dieser Teilnahmebefugnis soll in Fällen von Gewicht oder auf Antrag des Beschuldigten in der Regel Gebrauch gemacht werden. Der Vertreter der BuStra ist berechtigt, Fragen an Beschuldigte, Zeugen und Sachverständige zu stellen, § 403 Abs. 1 Satz 3 AO.
(2) Das Anwesenheitsrecht gilt auch für solche richterlichen Verhandlungen während des staatsanwaltschaftlichen Ermittlungsverfahrens in Strafsachen der Nrn. 13 bis 15, bei denen auch der Staatsanwaltschaft die Anwesenheit gestattet ist, § 403 Abs. 2 AO. Das ist insbesondere bei der richterlichen Vernehmung des Beschuldigten sowie eines Zeugen oder Sachverständigen der Fall, § 168c StPO.
(3) Das Recht zur Akteneinsicht und zur Besichtigung sichergestellter Gegenstände nach § 395 AO hat die BuStra auch im steuerlichen Interesse.
(4) Teilt die Staatsanwaltschaft der BuStra mit, daß sie beabsichtige, das Verfahren einzustellen, von der Erhebung einer Klage abzusehen oder die Strafverfolgung zu beschränken (§§ 153ff. StPO, § 398 AO), hat die BuStra in ihrer Stellungnahme (§ 403 Abs. 4 AO) die Belange der Finanzverwaltung gegebenenfalls auch aus steuerlicher Sicht darzutun.

[86] *Unterstützung der Staatsanwaltschaft bei der Überwachung von Auflagen*

Werden Auflagen angeordnet, deren Erfüllung die Staatsanwaltschaft zu überwachen hat, z. B. § 153a Abs. 1 StPO, soll die BuStra, soweit es sich bei den Auflagen um Steuerzahlungen handelt, die Staatsanwaltschaft bei der Überwachung unterstützen und gegebenenfalls den Zahlungseingang durch die Finanzkasse überwachen lassen.

Abschnitt 12: Stellung der Finanzbehörde im gerichtlichen Verfahren

[87] *Teilnahme an der Hauptverhandlung*

(1) Die BuStra hat grundsätzlich den Termin der Hauptverhandlung wahrzunehmen. Sie kann nur in einfach gelagerten Fällen und nur im Einvernehmen mit der Staatsanwaltschaft von einer Teilnahme absehen.

(2) Vor dem Termin zur Hauptverhandlung soll der Vertreter der BuStra sich mit dem Sitzungsvertreter der Staatsanwaltschaft absprechen und gegebenenfalls Einblick in die Gerichtsakten nehmen, um auch von Verfahrensumständen Kenntnis zu bekommen, die der BuStra bisher nicht bekannt sind (z. B. Begründung des Einspruchs). Während der Hauptverhandlung soll der Vertreter der BuStra nach Möglichkeit sich sofort mit dem Sitzungsvertreter der Staatsanwaltschaft zu Äußerungen, Vorfällen, Anträgen des Angeklagten oder dessen Verteidigers oder Fragen des Gerichts beraten. Ist er mit Anträgen der Staatsanwaltschaft nicht einverstanden, soll er eine Sitzungspause anregen, um mit dem Staatsanwalt in der Pause das Für und Wider abzuwägen.

(3) Der Vertreter der BuStra hat sein Mitwirkungsrecht auch als Mitwirkungspflicht aufzufassen, § 407 Abs. 1 Sätze 4 und 5 AO, Nr. 127 RiStBV. Insbesondere durch sachdienliche Fragen an den Angeklagten und die Zeugen kann er die Aufklärung des Sachverhalts unterstützen. Er kann zu dem Schlußvortrag des Staatsanwalts (Nr. 138 RiStBV) noch ergänzende Ausführungen machen, nicht aber selbst Anträge stellen.

[88] *Rechtsmittel*

Hat die BuStra gegen einen Beschluß oder ein Urteil Bedenken, so regt sie unter Beachtung der Nr. 147 RiStBV bei der Staatsanwaltschaft an, daß diese Rechtsmittel einlegt.

[89] *Unterstützung des Gerichts bei der Überwachung von Auflagen*

Werden vom Gericht Auflagen angeordnet, deren Erfüllung das Gericht zu überwachen hat (z. B. § 153a Abs. 2 StPO), gilt Nr. 86 entsprechend.

Abschnitt 13: Behandlung von Einwendungen

[90] *Gegenvorstellungen, Dienst- und Sachaufsichtsbeschwerden*

(1) Einwendungen gegen Anordnungen, Maßnahmen, Unterlassungen sowie gegen das Verhalten von Amtsträgern sind vorbehaltlich der Nr. 91 als Gegenvorstellung oder, falls dies ausdrücklich begehrt wird oder aus den Umständen des

Falles ersichtlich ist, daß die Entscheidung eines Vorgesetzten herbeigeführt werden soll, als Dienstaufsichts- oder als Sachaufsichtsbeschwerde zu behandeln.
(2) Über Gegenvorstellungen ist alsbald zu entscheiden. Aufsichtsbeschwerden sind unverzüglich der Oberfinanzdirektion vorzulegen, wenn ihnen nicht abgeholfen wird. Sachaufsichtsbeschwerden bei Maßnahmen, die Beamte der Steuerfahndungsstellen in ihrer Eigenschaft als Hilfsbeamte der Staatsanwaltschaft (§ 404 AO) und Beamte der BuStra (§ 402 AO) auf Anordnung der Staatsanwaltschaft treffen, sind, wenn ihnen nicht abgeholfen wird, der Staatsanwaltschaft vorzulegen.
(3) Soweit mit Einwendungen ein Verwertungsverbot (Nr. 134) geltend gemacht wird, ist über dieses bei der abschließenden Entscheidung im Strafverfahren zu befinden.
(4) Wird ein Schadensersatzanspruch geltend gemacht, ist die für die Vertretung des Landes in solchen Prozessen zuständige Behörde zu unterrichten.

[91] *Rechtsbehelfe*

(1) Einwendungen gegen eine richterliche Durchsuchungs- oder Beschlagnahmeanordnung sind dem Gericht zuzuleiten (§ 306 StPO). Dies gilt auch dann, wenn die Durchsuchung bereits abgeschlossen ist.
(2) Einwendungen gegen eine durch die Steuerfahndungsbeamten, die BuStra oder nach § 399 Abs. 2 Satz 2 AO angeordnete Durchsuchung oder Beschlagnahme sind als Antrag auf gerichtliche Entscheidung (vgl. § 98 Abs. 2 Satz 2 StPO) dem Gericht vorzulegen. Dies gilt auch dann, wenn die Durchsuchungsanordnung bereits vollzogen ist. Zuständig ist das Amtsgericht, in dessen Bezirk die Durchsuchung oder Beschlagnahme stattgefunden hat. Wurde eine solche Maßnahme bereits in einem anderen Bezirk durchgeführt, so entscheidet das Amtsgericht, in dessen Bezirk die Finanzbehörde, die das Ermittlungsverfahren führt, ihren Sitz hat.
(3) Einwendungen gegen die Anordnung der Vorführung nach § 161a Abs. 2 Satz 1 iVm. § 51 Abs. 1 Satz 3, § 163a Abs. 3 Satz 2, § 134 Abs. 1 StPO sind als Antrag auf gerichtliche Entscheidung (§ 163a Abs. 3 Satz 3, § 161a Abs. 3 Satz 1 StPO) dem Gericht vorzulegen. Zuständig ist das Landgericht, in dessen Bezirk die Finanzbehörde, die die Vorführung angeordnet hat, ihren Sitz hat, § 161a Abs. 3 Satz 2 StPO.
(4) Wird ein Antrag auf gerichtliche Entscheidung nach den §§ 23 ff. EGGVG gestellt, ist der Vorgang mit einer Stellungnahme dem zuständigen Oberlandesgericht (§ 25 Abs. 1 EGGVG) unmittelbar vorzulegen. Die Staatsanwaltschaft beim Landgericht ist zu unterrichten.

[92] *Wirkung von Einwendungen*

Aufschiebende Wirkung kommt den in Nrn. 90 und 91 genannten Einwendungen nicht zu, auch nicht in bezug auf die Auswertung von Unterlagen. Unbeschadet der Aussetzungsbefugnis des Richters nach § 307 Abs. 2 StPO ist jedoch zu prüfen, ob und ggf. wie weit im Einzelfall von der Durchführung von Maßnahmen usw. abgesehen werden soll; Voraussetzung ist stets, daß weder Verdunklungs- noch Fluchtgefahr besteht und daß auch die Ermittlungen sonst nicht wesentlich erschwert werden.

Teil 3: Bußgeldverfahren

Abschnitt 1: Anzuwendende Vorschriften

[93] *Gesetzliche Bestimmungen*

(1) Im Bußgeldverfahren wegen Ordnungswidrigkeiten iS der Nrn. 98 und 99 gelten, soweit die §§ 409 bis 412 AO und die in § 410 Abs. 1 Nrn. 1 bis 12 AO aufgeführten und entsprechend anwendbaren Vorschriften der AO über das Strafverfahren keine speziellere Regelung treffen, die verfahrensrechtlichen Vorschriften des OWiG (§ 401 Abs. 1 AO) und nach Maßgabe des § 46 Abs. 1 OWiG sinngemäß die allgemeinen Gesetze über das Strafverfahren.

(2) Bei Ordnungswidrigkeiten nach dem Steuerberatungsgesetz (Nr. 100) ist §164 StBerG zu beachten.

[94] *Anwendung der Regelungen des Zweiten Teils*

Im Bußgeldverfahren wegen Ordnungswidrigkeiten iS der Nrn. 98 und 99 sind folgende Regelungen des Zweiten Teils sinngemäß anzuwenden:

Nr. 11 (Verhältnis des Strafverfahrens zum Besteuerungsverfahren);

Abschnitt 3	(Einleitung des Strafverfahrens) mit Ausnahme der Nr. 24 Abs. 1 (sog. Legalitätsprinzip);
Abschnitt 4	(Verteidigung);
Abschnitt 5	(allgemeine Ermittlungsgrundsätze) mit Ausnahme der Nr. 38;
Abschnitt 6	(Vernehmung) mit Ausnahme der Nr. 53 Abs. 1 und Nr. 54 Abs. 1, soweit es um die Anordnung der Vorführung geht (s. Nr. 95 Abs. 2);
Abschnitt 7	(Durchsuchung und Beschlagnahme) mit Ausnahme der Nr. 57 Abs. 1 Buchst. b, der Nr. 61 sowie der Nr. 56 insoweit, als im Hinblick auf § 46 Abs. 3 OWiG eine Durchsuchung zum Zwecke der Ergreifung des Verdächtigen nicht zulässig ist (s. auch Nr. 95 Abs. 1);
Abschnitt 11	(Stellung der Finanzbehörde im Verfahren der Staatsanwaltschaft) mit Ausnahme der Nr. 85 Abs. 3, da insoweit § 49 OWiG gilt, sowie der Nr. 86;
Abschnitt 12	(Stellung des Finanzamts im gerichtlichen Verfahren) mit Ausnahme der Nr. 89;
Abschnitt 13	(Behandlung von Einwendungen) mit Ausnahme der Nr. 91 Abs. 3, 4 (s. Nr. 95 Abs. 2, Nr. 107).

[95] *Abweichungen vom Strafverfahren*

(1) Verhaftung, vorläufige Festnahme (Nr. 70), Postbeschlagnahme (Nr. 61) sowie Auskunftsersuchen (Nrn. 122 ff.) über Umstände, die dem Post- und Fernmeldegeheimnis unterliegen, sind nicht zulässig, § 46 Abs. 3 Satz 1 OWiG.
(2) Kommen der Betroffene oder Zeugen einer Ladung der BuStra nicht nach, kann deren Vorführung nur vom Richter angeordnet werden, § 46 Abs. 5 OWiG.
(3) Anders als im Strafverfahren (vgl. Nr. 74 Abs. 2 Satz 1, Nr. 80 Abs. 4) braucht der Betroffene vor Abschluß der Ermittlungen nicht vernommen zu werden, sondern es genügt, wenn ihm Gelegenheit gegeben wird, sich zu der Beschuldigung zu äußern, § 55 Abs. 1 OWiG.
(4) Der Betroffene braucht auf sein Recht, auch schon vor seiner Vernehmung einen Verteidiger zu befragen oder einzelne Beweiserhebungen zu beantragen (vgl. Nr. 49 Abs. 1 Satz 2), nicht hingewiesen zu werden (§ 55 Abs. 2 OWiG), doch soll bei schwieriger Sach- und/oder Rechtslage ein entsprechender Hinweis gegeben werden.

[96] *Ermittlungsbefugnisse*

(1) Die BuStra hat im Bußgeldverfahren dieselben Rechte und Pflichten wie die Staatsanwaltschaft bei der Verfolgung von Straftaten, soweit das OWiG nichts anderes bestimmt (§ 46 Abs. 2 OWiG), und somit grundsätzlich die gleichen Ermittlungsbefugnisse wie bei der Verfolgung von Steuerstraftaten im selbständigen Verfahren. Zu den Einschränkungen s. Nr. 95.
(2) Verfolgt die Staatsanwaltschaft die Ordnungswidrigkeit (vgl. Nr. 102), bleiben das Recht des ersten Zugriffs und die Pflicht zur unverzüglichen Aktenübersendung (Nr. 84 Abs. 1 Satz 3) bestehen, § 53 Abs. 1 Satz 1 und 3 OWiG.

[97] *Opportunitätsprinzip*

(1) Die Finanzbehörde hat im Rahmen ihrer Zuständigkeit nach § 47 Abs. 1 OWiG Ordnungswidrigkeiten nach pflichtgemäßem Ermessen zu verfolgen (Opportunitätsprinzip). Das Opportunitätsprinzip ermöglicht es der Finanzbehörde, von der Verfolgung einer Ordnungswidrigkeit auch dann abzusehen, wenn die Verfolgungsvoraussetzungen an sich vorliegen. Auch bei Verdacht einer Ordnungswidrigkeit iS der Nrn. 98 bis 100 braucht sie daher ein Bußgeldverfahren nicht einzuleiten oder kann die Verfolgung, ggf. auch erst im späteren Verlauf des Verfahrens, in tatsächlicher und/oder rechtlicher Hinsicht begrenzen oder ganz von ihr absehen; die Verfolgungsbegrenzung soll in den Akten vermerkt werden.
(2) Die Ermessensentscheidung hat sie unter Berücksichtigung aller Umstände des Einzelfalles nach sachlichen Gesichtspunkten zu treffen und dabei vor allem den Gleichheitsgrundsatz, den Grundsatz der Verhältnismäßigkeit und das Übermaßverbot (Nr. 3), die Bedeutung der Tat, den Grad der Vorwerfbarkeit und das öffentliche Interesse an der Verfolgung, das z. B. von der Häufigkeit derartiger Verstöße und der Wiederholungsgefahr abhängen kann, zu beachten, vgl. Nr. 77 Abs. 3.
(3) Trotz Verdachts kann von der Verfolgung einer Ordnungswidrigkeit nach den

vorstehenden Absätzen in der Regel abgesehen werden, wenn der verkürzte Betrag oder der gefährdete Abzugsbetrag (§ 380 AO) insgesamt weniger als 3000 DM beträgt, sofern nicht ein besonders vorwerfbares Verhalten für die Durchführung eines Bußgeldverfahrens spricht. Das gleiche gilt, wenn in den Fällen des § 380 AO der insgesamt gefährdete Abzugsbetrag unter 5000 DM liegt und der gefährdete Zeitraum drei Monate nicht übersteigt.

Abschnitt 2: Ordnungswidrigkeiten

[98] *Steuerordnungswidrigkeiten*

Steuerordnungswidrigkeiten sind namentlich
1. die leichtfertige Steuerverkürzung (§ 378 AO),
2. die Steuergefährdung (§ 379 AO),
3. die Gefährdung der Abzugsteuern (§ 380 AO) und
4. der unzulässige Erwerb von Steuererstattungs- und Vergütungsansprüchen, § 383 AO.

[99] *Gleichgestellte Ordnungswidrigkeiten*

Den Steuerordnungswidrigkeiten stehen Handlungen iS der Nr. 98, die sich auf Prämien und Zulagen beziehen, gleich, soweit in den entsprechenden Gesetzen auf die in Nr. 98 genannten Vorschriften verwiesen wird, § 8 Abs. 2 WoPG; § 5b Abs. 2 SparPG; § 5a Abs. 2 BergPG; § 29a BerlinFG; § 14 Abs. 3 VermBG.

[100] *Ordnungswidrigkeiten nach anderen Gesetzen*

(1) Nach dem Steuerberatungsgesetz werden als Ordnungswidrigkeiten geahndet
1. die unbefugte Hilfeleistung in Steuersachen (§ 160 Abs. 1 Nr. 1 StBerG) und die unzulässige Werbung (§ 160 Abs. 1 Nr. 2 StBerG);
2. die unbefugte Benutzung der Bezeichnung Steuerberatungsgesellschaft usw. (§ 161 StBerG);
3. die Verletzung der den Lohnsteuerhilfevereinen obliegenden Pflichten (§ 162 StBerG) nach § 15 Abs. 3 StBerG (Mitteilung von Satzungsänderungen), § 22 Abs. 1 StBerG (Jahresprüfung der Aufzeichnung usw.), § 22 Abs. 7 Nrn. 1 und 2 StBerG (Vorlage des Prüfungsberichts und Unterrichtung der Mitglieder über den Inhalt der Prüfungsfeststellungen), § 23 Abs. 3 Satz 1 und 4 StBerG (Bestellung der Leiter von Beratungsstellen und Mitteilungen über Veränderungen bei Beratungsstellen), § 29 Abs. 1 StBerG (Nicht- oder nicht rechtzeitige Unterrichtung der Aufsichtsbehörde von Mitgliederversammlungen oder Vertreterversammlungen) und
4. die Ausübung einer wirtschaftlichen Tätigkeit iVm. einer Hilfeleistung in Lohnsteuersachen, § 163 StBerG .

(2) Nach dem Ordnungswidrigkeitengesetz (§ 130 OWiG) kann die Verletzung der Aufsichtspflicht in Betrieben und Unternehmen geahndet werden, sofern die

nicht verhinderte Zuwiderhandlung eine Steuerstraftat oder Steuerordnungswidrigkeit ist, §§ 131 Abs. 3, 36 Abs. 1 OWiG, § 409 iVm. § 387 AO.
Eine Geldbuße gegen juristische Personen oder Personenvereinigungen kann unter den Voraussetzungen des § 30 OWiG verhängt werden.

Abschnitt 3: Zuständigkeit

[101] *Zuständigkeit für die Verfolgung und Ahndung von Ordnungswidrigkeiten*
Die Finanzbehörde ist zuständig für die Verfolgung und Ahndung von
- Steuerordnungswidrigkeiten (Nr. 98),
- Ordnungswidrigkeiten, welche einer Steuerordnungswidrigkeit gleichgestellt sind (Nr. 99), und von
- Ordnungswidrigkeiten nach dem Steuerberatungsgesetz (Nr. 100).

[102] *Zuständigkeit bei Zusammentreffen oder Zusammenhang der Ordnungswidrigkeit mit einer Straftat*
(1) Die Finanzbehörde hat die Vorgänge unter Beachtung der Nr. 112 der Staatsanwaltschaft vorzulegen, sobald sie davon erfährt, daß die Staatsanwaltschaft wegen derselben Tat (Nr. 12 Abs. 2) bereits im Strafverfahren ermittelt, vgl. § 40 OWiG.
(2) Besteht ein Zusammenhang zwischen einer Ordnungswidrigkeit und einer Straftat, ohne daß eine Tat iS der Nr. 12 Abs. 2 vorliegt (§ 42 Abs. 1 Satz 2 OWiG), so kann die Staatsanwaltschaft die Verfolgung der Ordnungswidrigkeit übernehmen, solange nicht ein Bußgeldbescheid vom Zeichnungsberechtigten unterschrieben und in den Geschäftsgang gegeben wurde, § 42 Abs. 1 Satz 1 OWiG. Bei der Vorlage der Vorgänge an die Staatsanwaltschaft ist Nr. 112 zu beachten.
(3) Ermittelt die Finanzbehörde wegen einer Tat (Nr. 12 Abs. 2) im Strafverfahren, so ist sie in diesem Verfahren auch für die Verfolgung der Tat unter dem rechtlichen Gesichtspunkt einer Ordnungswidrigkeit iS der Nrn. 98 bis 100 zuständig (entsprechend § 40 OWiG); auf § 21 OWiG wird hingewiesen. Bei einer Abgabe nach Nr. 18 oder Vorlage nach Nr. 83 geht die Verfolgungskompetenz der Finanzbehörde auch hinsichtlich der Tat als Ordnungswidrigkeit auf die Staatsanwaltschaft über.
(4) Ergibt sich bei der Verfolgung einer Ordnungswidrigkeit der Verdacht (Nr. 24), daß dieselbe Tat (Nr. 12 Abs. 2) gleichzeitig eine Straftat ist, so ermittelt die Finanzbehörde im Strafverfahren weiter, wenn ihr auch für die Straftat die Ermittlungsbefugnis zusteht; anderenfalls legt sie die Vorgänge unter Beachtung der Nr. 112 der Staatsanwaltschaft vor.

[103] *Zuständigkeit bei Zusammentreffen oder Zusammenhang mit einer anderen Ordnungswidrigkeit*
(1) Sind für die Verfolgung einer Tat (Nr. 12 Abs. 2) oder bei Zusammenhang

(§ 38 OWiG) zwischen mehreren Ordnungswidrigkeiten nach Nrn. 98 bis 100 verschiedene Finanzbehörden zuständig, ist nach § 39 OWiG zu verfahren. Kommt eine Vereinbarung nach § 39 Abs. 2 OWiG nicht zustande, ist vor der Stellung eines Antrags auf gerichtliche Entscheidung (§ 39 Abs. 3 Nrn. 2 und 3 OWiG) den vorgesetzten Behörden zu berichten.

(2) Besteht Tateinheit zwischen einer Ordnungswidrigkeit nach Nrn. 98 bis 100 und einer anderen Ordnungswidrigkeit oder hängen solche Ordnungswidrigkeiten zusammen, hat sich die Finanzbehörde mit der anderen Behörde alsbald ins Benehmen zu setzen. Wird eine Vereinbarung nach § 39 Abs. 2 OWiG in Erwägung gezogen, ist zu berücksichtigen, daß in der Regel auch steuerliche Ermittlungen geführt werden müssen.

Abschnitt 4: Besonderheiten bei Verfahren gegen Angehörige der rechts- und steuerberatenden Berufe

[104] (1) Soll gegen einen Angehörigen der rechts- und steuerberatenden Berufe wegen einer Steuerordnungswidrigkeit, die er nicht in eigenen Steuerangelegenheiten, sondern in Ausübung seines Berufes bei der Steuerberatung begangen hat, ein Bußgeldbescheid erlassen werden und ist deshalb zuvor der zuständigen Berufskammer Gelegenheit zur Stellungnahme zu geben (§ 411 AO), so sind dieser die Bußgeldakten (Hauptakten) zur Einsicht vorzulegen. Dies gilt auch für die Teile der Akten, die den Steuerpflichtigen oder einen sonst Beteiligten betreffen, wenn sie für die Beurteilung des Falles von Bedeutung sind. Nr. 83 Abs. 2 gilt entsprechend.

(2) Der Kammer ist von der BuStra eine angemessene Frist für die Abgabe der Stellungnahme einzuräumen. Die BuStra hat die Stellungnahme bei ihrer Entscheidung zu berücksichtigen; sie ist jedoch an sie nicht gebunden. Gibt die Kammer keine Stellungnahme ab, so hindert dies den Erlaß des Bußgeldbescheids nicht.

(3) Auf die Anhörung der zuständigen Kammer kann auch dann nicht verzichtet werden, wenn der Betroffene dies beantragt.

Abschnitt 5: Abschließende Entscheidung

[105] *Abschließende Entscheidung*

(1) Hält die BuStra aufgrund der Ermittlungen eine Ordnungswidrigkeit nicht für erwiesen oder besteht ein endgültiges Verfahrenshindernis, stellt sie das Verfahren nach § 46 Abs. 1 OWiG iVm. § 170 Abs. 2 StPO ein; erscheint die Verfolgung nicht geboten, stellt sie das Verfahren nach § 47 Abs. 1 OWiG ein. Nr. 75 Abs. 1 bis 3 gilt entsprechend. In den Fällen des Satzes 1 entscheidet die BuStra auch über eine evtl. Entschädigungspflicht nach dem StrEG; s. im einzelnen zu den Besonderheiten § 110 OWiG.

(2) Hält die BuStra nach Abschluß der Ermittlungen die Ordnungswidrigkeit für

erwiesen und die Ahndung mit einer Geldbuße für geboten, vermerkt sie den Abschluß der Ermittlungen in den Akten (§ 61 OWiG) und erläßt einen Bußgeldbescheid, §§ 65, 66 OWiG.

[106] *Bekanntgabe des Bußgeldbescheids*

Dem Betroffenen ist eine vom Sachgebietsleiter der BuStra oder von dessen Vertreter unterzeichnete und mit Dienstsiegel versehene Ausfertigung des Bußgeldbescheids zuzustellen, § 412 Abs. 1 AO, § 51 Abs. 2 OWiG. Die Zustellung erfolgt durch die Post mit Zustellungsurkunde (§ 3 VwZG), sofern nicht im Einzelfall eine andere Zustellungsart (z. B. die Zustellung durch die Behörde gegen Empfangsbekenntnis, § 5 VwZG) zweckmäßig erscheint.

Abschnitt 6: Rechtsbehelfe

[107] *Behandlung eines Antrages auf gerichtliche Entscheidung*

Hilft die BuStra einem Antrag auf gerichtliche Entscheidung gegen Anordnungen, Verfügungen und sonstige Maßnahmen, die nicht nur der Vorbereitung der Entscheidung, ob ein Bußgeldbescheid erlassen wird, dienen (z. B. die Beschlagnahme, nicht dagegen die Einleitung des Bußgeldverfahrens), nicht ab, hat sie den Antrag spätestens innerhalb von drei Tagen unmittelbar dem nach § 68 OWiG zuständigen Gericht (Amtsgericht, in dessen Bezirk die BuStra ihren Sitz hat) vorzulegen, § 62 Abs. 2 Satz 2 OWiG; § 306 Abs. 2 StPO.

[108] *Einspruch gegen Bußgeldbescheid*

(1) Wird gegen den Bußgeldbescheid Einspruch eingelegt und hält ihn die BuStra für zulässig, so hat sie den Bescheid zu überprüfen. Sie kann den Bußgeldbescheid zurücknehmen, § 69 Abs. 2 Satz 1 OWiG; eine teilweise Rücknahme ist nicht zulässig. Es kann aber nach Rücknahme des Bußgeldbescheids ein neuer, auch verbösernder Bescheid erlassen werden. Die BuStra leitet die Akten an die Staatsanwaltschaft weiter (§ 69 Abs. 3 Satz 1 OWiG), wenn sie den Bußgeldbescheid nicht zurücknimmt und nicht nach § 69 Abs. 1 OWiG verfährt.
(2) Wird bei einem verspäteten Einspruch wegen der Fristversäumung Wiedereinsetzung beantragt, so entscheidet die BuStra auch über diesen Antrag, § 52 Abs. 2 Satz 1 OWiG. Wird der Wiedereinsetzungsantrag erst mit dem Antrag auf gerichtliche Entscheidung nach § 62 OWiG gestellt, ist zunächst über den Wiedereinsetzungsantrag zu entscheiden und bei Stattgabe weiter nach § 69 Abs. 2 und Abs. 3 OWiG zu verfahren.

Abschnitt 7: Kosten, Erhebung und Vollstreckung

[109] *Kosten des Verfahrens*

(1) Der Bußgeldbescheid ist mit einer Kostenentscheidung zu versehen, § 105 Abs. 1 OWiG iVm. § 464 Abs. 1 StPO. Hierbei ist ggf. auch eine Entscheidung darüber zu treffen, wer die notwendigen Auslagen zu tragen hat. Dies gilt auch für

den selbständigen Bußgeldbescheid gegen eine juristische Person oder Personenvereinigung, § 88 Abs. 2 Satz 1 OWiG.

(2) Stellt die BuStra das Verfahren ein, hat sie eine Kostenentscheidung nur dann zu treffen, wenn sie zuvor den Bußgeldbescheid nach Einlegung eines Einspruchs zurückgenommen hat. In diesem Fall ist ein selbständiger Kostenbescheid zu erlassen, in dem auch darüber zu entscheiden ist, wem die dem Betroffenen oder einem Nebenbeteiligten erwachsenen notwendigen Auslagen aufzuerlegen sind. Dies gilt auch für die Auferlegung von Kosten bei Kostenpflicht des Anzeigenden nach § 469 StPO iVm. § 105 Abs. 1 OWiG.

(3) Selbständige Bescheide über die Anordnung einer Nebenfolge (z. B. Bußgeldbescheide gegen juristische Personen und Personenvereinigungen gemäß § 30 OWiG) ergehen gebührenfrei. Soweit dem Nebenbeteiligten die durch seine Beteiligung erwachsenen besonderen Kosten auferlegt werden, können Auslagen nach Maßgabe des § 107 Abs. 3 OWiG erhoben werden.

(4) War dem Bußgeldverfahren wegen derselben Tat ein Strafverfahren vorausgegangen, so sind Auslagen insoweit nicht zu erheben, als sie in dem eingestellten Strafverfahren entstanden und nicht zugleich durch die Verfolgung der Tat als Ordnungswidrigkeit erwachsen sind.

(5) Das Verfahren nicht abschließende Bescheide enthalten keine Entscheidung darüber, wer die Kosten trägt, § 105 Abs. 1 OWiG, § 464 Abs. 2 StPO.

(6) Die von dem Betroffenen oder einem anderen Beteiligten an die Staatskasse zu zahlenden Kosten sind, sofern die Kostenrechnung nicht auf dem Bußgeldbescheid vorgenommen worden ist, in einer besonderen Kostenrechnung anzusetzen.

(7) Hat nach der Kostenentscheidung ein Beteiligter Kosten oder Auslagen zu erstatten, so hat die BuStra auf Antrag des Erstattungsberechtigten nach Rechtskraft der Kostenentscheidung die Höhe der Kosten und Auslagen festzusetzen, § 106 OWiG.

(8) Wegen der Rechtsbehelfe gegen einen mit einem Bußgeldbescheid verbundenen Kostenbescheid, gegen einen selbständigen Kostenbescheid oder gegen einen Kostenansatz, vgl. § 108 Abs. 1 OWiG.

[110] *Zuständigkeit für die Erhebung*

Die Erhebung von Geldbußen, Ordnungsgeldern und Kosten obliegt der Finanzkasse; sie teilt der BuStra Zahlungen, nachträgliche Zahlungen und Nichtzahlungen bei Fälligkeit mit. Wegen der Verbuchung von Teilbeträgen s. § 94 OWiG.

[111] *Vollstreckung*

(1) Vollstreckbar sind

a) Entscheidungen über die Festsetzung einer Geldbuße oder die Anordnung einer Nebenfolge sowie über die Kosten des Bußgeldverfahrens, soweit diese Entscheidungen rechtskräftig sind;

b) sonstige Bescheide, z. B. über die Verhängung von Ordnungsgeld gegen Zeu-

gen und Sachverständige, nach Bekanntgabe (§ 50 Abs. 1 Satz 1 OWiG) des Bescheids, sofern nicht die BuStra oder das Amtsgericht nach Antrag auf gerichtliche Entscheidung die Vollziehung ausgesetzt hat, § 62 Abs. 2 Satz 2 OWiG; § 307 Abs. 2 StPO.
(2) Entscheidungen im Vollstreckungsverfahren obliegen der BuStra (Vollstrekkungsbehörde iS des § 92 OWiG). Für die Ausführung der Vollstreckung ist die Vollstreckungsstelle zuständig (Vollstreckungsbehörde iS der §§ 249 ff. AO). Erkennt die Vollstreckungsstelle, daß eine Entscheidung nach § 95 Abs. 2 OWiG zu treffen ist, weil dem Betroffenen nach seinen wirtschaftlichen Verhältnissen die Zahlung in absehbarer Zeit nicht möglich ist, so hat sie eine Entscheidung der BuStra herbeizuführen, ob die Vollstreckung fortgesetzt wird oder unterbleibt.
(3) Wird der BuStra von der Finanzkasse die Nichteinhaltung von Raten (§ 93 Abs. 4 Satz 1 OWiG) mitgeteilt, vermerkt sie in den Akten, wenn nach § 18 Satz 2 OWiG die Vergünstigung der Ratenzahlung entfällt. Entscheidungen, mit denen Zahlungserleichterungen (§ 18 Satz 1 OWiG) bewilligt oder abgelehnt wurden, können nachträglich geändert oder aufgehoben werden, zum Nachteil des Betroffenen jedoch nur aufgrund neuer Tatsachen oder Beweismittel, § 93 Abs. 2 OWiG.
(4) Zahlt der Betroffene nicht, so soll die BuStra nach Ablauf der in § 95 Abs. 1 OWiG bestimmten Frist bei Gericht die Anordnung der Erzwingungshaft beantragen (§ 96 Abs. 1 OWiG), sofern nicht anzunehmen ist, daß die Geldbuße in angemessener Zeit beigetrieben werden kann. Der Antrag ist nicht zu stellen, wenn die Zahlungsunfähigkeit vom Betroffenen dargelegt oder sonst bekannt wurde, § 96 Abs. 1 Nrn. 2 und 4 OWiG.
(5) Wird nach Rechtskraft eines Bußgeldbescheides wegen derselben Handlung die öffentliche Klage erhoben, so hat die BuStra die Vollstreckung insoweit auszusetzen, § 102 Abs. 1 OWiG.

Teil 4: Ergänzende gemeinsame Regelungen für das Straf- und Bußgeldverfahren

Abschnitt 1: Steuergeheimnis

[112] (1) Das Steuergeheimnis erstreckt sich nicht nur auf die Verhältnisse des Steuerpflichtigen, sondern auch auf die Verhältnisse von Auskunftspflichtigen und anderen Personen; geschützt sind auch Name und Inhalt der Angaben einer Gewährsperson (z. B. Anzeigeerstatter).
(2) § 30 Abs. 4 und 5 AO enthält eine Aufzählung der Voraussetzungen, unter denen die Offenbarung fremder Verhältnisse zulässig ist. Ist die Befugnis der Offenbarung danach gegeben und besteht gleichzeitig, z. B. aufgrund des § 161 StPO, eine Verpflichtung zur Auskunft, ist die Finanzbehörde zur Auskunftserteilung verpflichtet; ein Amtsträger kann insoweit die Aussage nicht unter Berufung auf das Steuergeheimnis verweigern. Mit der nach dienst- und arbeitsrechtlichen

Vorschriften erteilten Aussagegenehmigung (s. Nr. 48) ist nicht über die Befugnis zur Offenbarung nach § 30 AO entschieden.
(3) Nach § 30 Abs. 4 Nr. 1 AO ist die Offenbarung u. a. zulässig, soweit die der Durchführung eines Steuerstrafverfahrens, eines Verfahrens wegen einer Steuerordnungswidrigkeit oder eines Verfahrens nach § 385 Abs. 2 AO dient, z. B. bei Vernehmungen von Zeugen und Sachverständigen, bei Durchsuchungen oder Beschlagnahmen, bei Hinzuziehung der Polizei und bei Abgabe der Sache an die Staatsanwaltschaft. Zur Durchführung eines Steuerstrafverfahrens können der Staatsanwaltschaft und dem Gericht auf deren Ersuchen die für die Festsetzung des Tagessatzes erforderlichen Angaben über die Einkommens- und Vermögensverhältnisse mitgeteilt werden.
(4) Kenntnisse über nichtsteuerliche Straftaten (insbesondere sog. Zufallsfunde) dürfen unbeschadet der Nr. 17 für Zwecke der Strafverfolgung an die Strafverfolgungsbehörden und Gerichte weitergeleitet werden, wenn sie in einem Strafverfahren wegen einer Tat iS der Nrn. 13 und 14 oder in einem Bußgeldverfahren wegen einer Ordnungswidrigkeit iS der Nrn. 98 und 99 erlangt worden sind, § 30 Abs. 4 Nr. 4a, 1. Halbsatz AO; Nr. 103 Abs. 2. Tatsachen, die bereits vor Einleitung eines steuerlichen Straf- oder Bußgeldverfahrens im Besteuerungsverfahren bekanntgeworden sind, z. B. im Rahmen von Vorfeldermittlungen, sowie Tatsachen, die der Steuerpflichtige der Finanzbehörde zu einem Zeitpunkt mitgeteilt hat, als ihm die Einleitung des Straf- oder Bußgeldverfahrens noch nicht bekannt war, dürfen indessen vorbehaltlich der Abs. 5 bis 8 nicht offenbart werden.
(5) Kenntnisse über nichtsteuerliche Straftaten dürfen den Strafverfolgungsbehörden stets mitgeteilt werden, soweit sie ohne Bestehen einer steuerlichen Verpflichtung erlangt worden sind, z. B. Angaben von Steuerpflichtigen und Auskunftspersonen, die diese gemacht haben, ohne hierzu verpflichtet gewesen zu sein. Eine Mitteilung nichtsteuerlicher Straftaten ist im übrigen immer dann zulässig, wenn diese unter Verzicht auf ein Auskunftsverweigerungsrecht bekanntgeworden sind, § 30 Abs. 4 Nr. 4b 2. Alt. AO. Ein solcher Verzicht kann nur angenommen werden, wenn der Berechtigte sein Auskunftsverweigerungsrecht kannte; in Betracht kommen die Auskunftsverweigerungsrechte des § 101 AO (Angehörige), des § 102 AO (Angehörige bestimmter Berufe) und des § 103 AO (Dritte bei Gefahr der Strafverfolgung).
(6) Vorsätzlich falsche Angaben, z. B. eines Anzeigeerstatters oder eines Steuerpflichtigen, dürfen den Strafverfolgungsbehörden offenbart werden, wenn durch sie nach Auffassung der Finanzbehörde ein Straftatbestand, z. B. falsche Verdächtigung (§ 164 StGB) oder ein Subventionsbetrug (§ 264 StGB), verwirklicht worden ist (§ 30 Abs. 5 AO). Im übrigen wird auf das BdF-Schreiben IV A 7 – S 0130 – 19/81 v. 19. 3. 81 verwiesen, s. AO-Kartei § 30 Karte 9 = StEK AO 1977 § 30 Nr. 19.
(7) Nach § 30 Abs. 4 Nr. 5 AO ist die Offenbarung ferner zulässig, soweit für sie ein zwingendes öffentliches Interesse besteht. Bei anderen als den in den Buchst.

a bis c aufgezählten Sachverhalten ist ein zwingendes öffentliches Interesse nur gegeben, wenn sie in ihrer Bedeutung einer der in § 30 Abs. 4 Nr. 5 AO erwähnten Fallgestaltungen vergleichbar sind. Regelmäßig dürfen nur die Strafverfolgungsbehörden unterrichtet werden.

Eine Unterrichtung anderer Behörden kommt in Betracht, wenn deren Belange, wie z. B. bei Bestechung und Subventionsbetrug, durch die Straftat berührt werden. Will das Finanzamt offenbaren, ist der Oberfinanzdirektion zuvor zu berichten.

(8) Verbrechen iS von § 30 Abs. 4 Nr. 5 Buchst. a AO sind alle Straftaten, die im Mindestmaß mit einer Freiheitsstrafe von einem Jahr oder darüber bedroht sind, § 12 Abs. 1 StGB. Als vorsätzliche schwere Vergehen gegen Leib und Leben oder gegen den Staat und seine Einrichtungen kommen nur solche Vergehen in Betracht, die im konkreten Fall eine schwerwiegende Rechtsverletzung darstellen. Straftaten im Amt sowie Erkenntnisse über die in § 138 StGB aufgeführten Kapitalverbrechen und Vergehen, zu deren Anzeige jedermann verpflichtet ist, sind stets zu offenbaren. Wirtschaftsstraftaten iS von § 30 Abs. 4 Nr. 5 Buchst. b AO sind die in § 74c Abs. 1 Nrn. 1 bis 6 des Gerichtsverfassungsgesetzes genannten Straftaten, bei denen zusätzlich die besonderen Voraussetzungen des § 30 Abs. 4 Nr. 5 Buchst. b AO gegeben sind; das ist z. B. anzunehmen bei größeren Fällen von Konkursen, Firmenzusammenbrüchen und betrügerischen Abschreibungs- und Anlagegesellschaften.

(9) Wegen einer Offenbarung zur Bekämpfung der illegalen Beschäftigung siehe § 31a AO.

Abschnitt 2: Unterrichtungspflicht gegenüber BuStra oder Steufa

[113] *Allgemeines*

(1) Ergibt sich der Verdacht (vgl. Nr. 24) einer Straftat iS der Nrn. 13 bis 15, ist die BuStra oder – sofern noch weitere Ermittlungen erforderlich sind – die Steufa unverzüglich zu unterrichten. Bei einer nur vagen Vermutung schuldhaften Verhaltens ist nur in Ausnahmefällen eine Unterrichtung geboten.

(2) Abs. 1 gilt bei Verdacht einer Ordnungswidrigkeit iS der Nrn. 98 und 99 entsprechend, sofern nicht von der Durchführung eines Bußgeldverfahrens nach § 47 Abs. 1 OWiG abgesehen werden kann (Nr. 97). Danach kann trotz Verdachts einer Ordnungswidrigkeit bei einem steuerlichen Mehrergebnis von insgesamt unter 3000 DM in der Regel eine Unterrichtung unterbleiben, wenn nicht besondere Umstände hinsichtlich des vorwerfbaren Verhaltens für die Durchführung eines Bußgeldverfahrens sprechen.

(3) Eine Unterrichtung der BuStra ist regelmäßig auch dann angezeigt, wenn sich die Möglichkeit ergibt, daß ein Straf- oder Bußgeldverfahren iS der Abs. 1 und 2 durchgeführt werden muß. Diese Möglichkeit besteht dann, wenn für eine Straftat oder Ordnungswidrigkeit Anhaltspunkte sprechen, die zwar noch nicht zurei-

chend sind, um einen Verdacht zu begründen, die jedoch eine Untersuchung des Falles durch die BuStra geboten erscheinen lassen.
(4) In Zweifelsfällen empfiehlt sich eine ggf. formlose Kontaktaufnahme zur BuStra oder Steufa.

[114] *Außenprüfung*

(1) Nummer 113 gilt auch für die Außenprüfung, vgl. § 9 Satz 1 BpO [St].
(2) Erscheint es nach dem Erkenntnisstand zum Zeitpunkt der Schlußbesprechung möglich, daß ein Strafverfahren wegen einer Straftat iS der Nrn. 13 bis 15 oder ein Bußgeldverfahren wegen einer Ordnungswidrigkeit iS der Nrn. 98 bis 99 durchgeführt werden muß (Nr. 113 Abs. 3), ist gemäß § 201 Abs. 2 AO ein entsprechender Hinweis zu erteilen. Ein Hinweis ist nicht zu erteilen, wenn eine Straftat oder Ordnungswidrigkeit deshalb nicht in Betracht kommt, weil kein schuldhaftes oder vorwerfbares Verhalten vorliegt oder offensichtlich ist, daß objektive oder subjektive Tatbestandsmerkmale mit der im Straf- oder Bußgeldverfahren erforderlichen Gewißheit nicht nachzuweisen sind.
(3) Der Prüfungsbericht ist der BuStra zuzuleiten,
- wenn im Zusammenhang mit der Außenprüfung ein Straf- oder Bußgeldverfahren eingeleitet worden ist,
- wenn der Steuerpflichtige in der Schlußbesprechung gemäß § 201 Abs. 2 AO (Abs. 2 dieser Nummer) darauf hingewiesen worden ist, daß die straf- oder bußgeldrechtliche Würdigung einem besonderen Verfahren vorbehalten bleibt,
- ausnahmsweise in sonstigen Fällen, in denen sich aus den Prüfungsfeststellungen die Möglichkeit ergibt, daß ein Straf- oder Bußgeldverfahren durchgeführt werden muß, insbesondere wenn sich erst nach der Schlußbesprechung entsprechende Anhaltspunkte ergeben.

[115] *Selbstanzeigen*

(1) Selbstanzeigen (§ 371, § 378 Abs. 3 AO), die als solche bezeichnet oder erkennbar sind, sind der BuStra zuzuleiten. Das gleiche gilt für andere Erklärungen, wenn Anhaltspunkte vorliegen, daß zuvor durch unrichtige, unvollständige oder unterlassene Angaben gegenüber der Finanzbehörde vorsätzlich oder leichtfertig Steuern verkürzt wurden. Keine Vorlagepflicht besteht für Erklärungen, die auf nachträglichen Erkenntnissen des Steuerpflichtigen beruhen, vgl. § 153 AO. Von der Vorlage verspäteter Steueranmeldungen kann ebenfalls abgesehen werden.
(2) Umstände, welche der Straf- oder Bußgeldfreiheit entgegenstehen könnten (§ 371 Abs. 2, § 378 Abs. 3 Satz 1 AO), und in Fällen des § 371 Abs. 3 und des § 378 Abs. 3 Satz 2 AO nachzuentrichtende oder zurückzuzahlende Beträge sind jeweils mitzuteilen.

[116] *Unaufschiebbare Anordnungen*

In den Fällen der Nrn. 113 bis 115 bleiben die Rechte und Pflichten der beteiligten

Amtsträger unberührt, alle unaufschiebbaren Anordnungen zu treffen und Maßnahmen zu ergreifen, um die Verdunklung der Sache zu verhindern (§§ 385, 399 Abs. 2 AO, § 163 Abs. 1 StPO, § 410 Abs. 1 Nr. 7 AO, § 46 Abs. 1, 2 OWiG), insbesondere Beschlagnahmen und Durchsuchungen bei Gefahr im Verzug anzuordnen und durchzuführen.

Abschnitt 3: Behandlung der Eingänge bei BuStra und Steufa

[117] *Beschleunigte Bearbeitung*

(1) Über die Einleitung oder Nichteinleitung von Verfahren soll, sofern keine besonderen Umstände vorliegen, innerhalb von sechs Monaten nach Eingang des Vorgangs entschieden werden, s. auch Nr. 6. Dies gilt insbesondere dann, wenn eine Außenprüfung vorausgegangen und in der Schlußbesprechung gemäß § 201 Abs. 2 AO ein Hinweis auf die straf- oder bußgeldrechtliche Prüfung gegeben worden war.
(2) Wird in den Fällen des § 201 Abs. 2 AO von der Einleitung eines Straf- oder Bußgeldverfahrens abgesehen, so ist dies dem Steuerpflichtigen mitzuteilen.

[118] *Anzeigen*

Besteht kein Anlaß einer Anzeige nachzugehen, so sind die Gründe dafür aktenkundig zu machen. Bei Sachverhalten, für deren Ermittlung die Finanzbehörde nicht zuständig ist, soll der Anzeigeerstatter an die zuständige Strafverfolgungsbehörde oder Verwaltungsbehörde in Bußgeldsachen verwiesen werden, sofern nicht deren Unterrichtung durch die Finanzbehörde angezeigt erscheint. Wegen des Schutzes des Anzeigenerstatters vgl. Nr. 112 Abs. 1 und 6.

[119] *Behandlung der Eingänge*

(1) Die Eingänge sind darauf zu prüfen, ob
- die Finanzbehörde das Verfahren selbständig durchzuführen befugt (Nr. 12) und sachlich und örtlich zuständig ist (Nrn. 21 bis 23), Vorermittlungen (Nr. 121) oder Vorfeldermittlungen (Nr. 146) anzustellen sind,
- die Voraussetzungen für die Einleitung eines Verfahrens zu verneinen sind oder von der Einleitung abzusehen oder diese zurückzustellen ist (Abs. 2 und 3),
- das Strafverfahren oder das Bußgeldverfahren einzuleiten ist (Nrn. 24,97),
- die Staatsanwaltschaft zu unterrichten ist (Nr. 72) oder
- die Sache sogleich an die Staatsanwaltschaft abzugeben (Nr. 18) oder dieser vorzulegen ist (Nr. 102 Abs. 1).

(2) Ist die Finanzbehörde nicht zuständig, gibt sie die Vorgänge unter Beachtung der Nr. 112 an die zuständige Stelle ab. Fehlt ihr als Finanzbehörde die Befugnis zur selbständigen Sachverhaltsermittlung, sind die Vorgänge unter Beachtung der Nr. 112 der zuständigen Staatsanwaltschaft zuzuleiten.
(3) Ergibt sich sogleich, daß kein Tatverdacht (Nr. 24) besteht oder daß ein

Verfahrenshindernis vorliegt (Nr. 76 Abs. 1 Satz 2), unterbleibt die Einleitung eines Verfahrens; dies ist aktenkundig zu machen.

[120] *Behandlung der Selbstanzeigen*
(1) Die BuStra prüft, ob die Angaben für eine wirksame Selbstanzeige ausreichen, ggf. ob dem Täter Gelegenheit zu geben ist, die Angaben zu vervollständigen. Bleibt der Sachverhalt weiter aufklärungsbedürftig, hat die BuStra die Ermittlungen selbst durchzuführen oder zu veranlassen.
(2) Hängt die Straf- oder Bußgeldfreiheit von der Nachentrichtung der Steuer ab, veranlaßt die BuStra, daß dafür eine angemessene Frist gesetzt und dabei auf die Bedeutung der Einhaltung der Frist hingewiesen wird. Fristverlängerung, Stundung, Vollstreckungsaufschub sowie Erlaß dürfen nur im Benehmen mit der BuStra gewährt werden.

Abschnitt 4: Vorermittlungen

[121] (1) Liegen Anhaltspunkte für eine Straftat oder Ordnungswidrigkeit iS der Nrn. 13 bis 15 und 98 bis 100 vor, reichen die Erkenntnisse jedoch nicht aus, um den erforderlichen Verdacht (Nr. 24) zu begründen, sind ggf. Vorermittlungen durchzuführen. Vorermittlungen sind allgemeine und informatorische Maßnahmen zur Gewinnung von Erkenntnissen, ob ein Verdacht gegeben und ein Ermittlungsverfahren durchzuführen ist.
(2) Mit den Vorermittlungen darf nicht bis zur Festsetzung der verkürzten Steuer oder der Festsetzung des Rückforderungsanspruchs oder bis zum Eintritt der Bestandskraft der Festsetzung gewartet werden, es sei denn, die Verkürzung scheint abweichend von der im Besteuerungsverfahren vom Finanzamt vertretenen Auffassung dem Grunde nach zweifelhaft.

Abschnitt 5: Auskunftsersuchen

[122] *Allgemeines*
(1) Die Auskunfts- und Vorlagepflicht Dritter nach den §§ 93, 97, 100 AO und nach § 208 Abs. 1 Sätze 2 und 3 AO sowie die Möglichkeit der Durchsetzung dieser Pflicht mit Zwangsmitteln nach § 328 AO bestehen unabhängig von der Befugnis zur Einholung von Auskünften aufgrund von Vorschriften des Strafverfahrensrechts, vgl. z. B. Nr. 11.
(2) Im Besteuerungsverfahren sind zur Durchsetzung der Auskunfts- und Vorlagepflicht Zwangsmittel gegenüber Behörden des Bundes oder eines Landes, z. B. Postgiroämtern und Postsparkassenämtern, nicht zulässig, § 255 Abs. 1 S. 1 AO.
(3) Werden im Besteuerungsverfahren Auskünfte bei Angehörigen eines Beteiligten eingeholt, sind diese über ihr Auskunftsverweigerungsrecht zu belehren, § 101 AO. Das gleiche gilt für Personen, die nicht Beteiligte und nicht für einen Beteiligten auskunftspflichtig sind, hinsichtlich solcher Fragen, deren Beantwor-

tung sie selbst oder einen ihrer Angehörigen der Gefahr der Verfolgung wegen einer Straftat oder Ordnungswidrigkeit aussetzen würde, § 103 AO.

(4) Im Straf- oder Bußgeldverfahren kann an Stelle eines Auskunftsersuchens eine Zeugenvernehmung (Nr. 47), die Forderung auf Vorlage und Auslieferung von Beweisgegenständen oder eine Durchsuchung und Beschlagnahme (Nrn. 56 ff.) geboten sein.

[123] *Auskunftsersuchen an Kreditinstitute im Besteuerungsverfahren*

(1) Auch Kreditinstitute sind verpflichtet, im Besteuerungsverfahren gestellte Auskunftsersuchen zu beantworten, § 93 AO. Bei der Einholung von Auskünften ist § 30a AO zu berücksichtigen.

(2) Die Verpflichtung zur Auskunft gilt auch für Behörden und sonstige öffentliche Stellen, die Bankgeschäfte betreiben, einschließlich der Deutschen Bundesbank, der Landeszentralbanken, der Postgiro- und Postsparkassenämter sowie der Organe und Bediensteten dieser Stellen (§§ 105 Abs. 1, 93 AO). Ihre Verpflichtung zur Verschwiegenheit, z. B. aufgrund des Postgiro- und Postsparkassengeheimnisses (vgl. § 6 PostG), besteht nicht gegenüber Finanzbehörden. Postgiro- und Postsparkassenämter können jedoch die Auskunft über solche Vorgänge verweigern, die dem Postgeheimnis nach § 5 PostG unterliegen, § 105 Abs. 2 AO. Nr. 122 Abs. 2 ist zu beachten.

(3) Die vorstehende Regelung gilt entsprechend für Ersuchen auf Vorlage von Urkunden und Wertsachen, §§ 97, 100 AO.

[124] *Auskunftsersuchen an Kreditinstitute im Straf- und Bußgeldverfahren*

(1) Wegen der Befugnis zur Einholung von Auskünften im Strafverfahren wird auf die Nrn. 19 und 144, wegen dieser Befugnis im Bußgeldverfahren wird auf Nrn. 96 und 144 verwiesen.

(2) Vor Stellung eines Antrags auf richterliche Anordnung einer Durchsuchung oder Beschlagnahme (vgl. Nr. 60) ist zu prüfen, ob sich mit weniger einschneidenden Maßnahmen derselbe Erfolg erreichen läßt, vgl. Nr. 3. In geeigneten Fällen ist ein Durchsuchungs- oder Beschlagnahmebeschluß mit der Maßgabe zu beantragen, daß dem Kreditinstitut nachgelassen wird, die Durchsuchung oder Beschlagnahme durch eine Auskunft, durch Gewährung von Einsicht in Belege oder durch Anfertigung und Herausgabe von Fotokopien abzuwenden. Zur Aufklärung des Sachverhalts kann auch eine Vernehmung von Inhabern, Geschäftsleitern oder Bediensteten der Kreditinstitute als Zeugen in Betracht kommen.

(3) Abs. 1 und 2 gelten für Auskünfte über Vorgänge im Postgiro- und Postsparkassenverkehr entsprechend.

[125] *Erstattung von Kosten*

(1) Eine Entschädigung der Kreditinstitute, Postgiro- und Postsparkassenämter im Straf- oder Bußgeldverfahren richtet sich nach § 17a ZSEG. Gemäß § 2 Abs. 2 Satz 1 ZSEG beträgt die Entschädigung für jede Stunde der versäumten Arbeits-

zeit 3 DM bis 20 DM. Die Entschädigung wird für höchstens zehn Stunden je Tag gewährt, § 2 Abs. 5 ZSEG.
(2) Für das Besteuerungsverfahren gelten § 107 AO und die Verwaltungsanweisung AO Kartei § 107 Karte 1 = StEK AO 1977 Vor § 1 Nr. 10 zu § 107.

[126] *Auskunftsersuchen wegen Chiffreanzeigen*

Zur Feststellung der Auftraggeber von Chiffreanzeigen sind Auskunftsersuchen an die Presse in Besteuerungsverfahren sowie in Straf- und Bußgeldverfahren zulässig. Das Auskunfts- und Zeugnisverweigerungsrecht der Mitarbeiter der Presse nach § 102 Abs. 1 Nr. 4 AO und § 53 Abs. 1 Nr. 5 StPO erstreckt sich nur auf den redaktionellen Teil von Druckwerken, nicht auf Anzeigen.

Abschnitt 6: Unterrichtung der vorgesetzten Behörden

[127] Über Angelegenheiten von allgemeiner oder grundsätzlicher Bedeutung sowie dann, wenn Ermittlungen in Fällen von besonderer Bedeutung (siehe z. B. Nrn. 136, 137) durchgeführt werden sollen oder durchgeführt wurden, ist zu berichten. Dies gilt auch, wenn die Finanzbehörde das Verfahren nicht selbständig durchführt.

Abschnitt 7: Zusammenarbeit innerhalb der Finanzverwaltung

[128] *Außenprüfung*

(1) Soll im Rahmen einer Außenprüfung die Steufa zugezogen werden, so hat dies zu einem möglichst frühen Zeitpunkt zu geschehen. Hierbei ist zu berücksichtigen, daß strafprozessuale Maßnahmen möglichst von der Steufa durchzuführen sind. Dies gilt insbesondere für Vernehmungen, Durchsuchungen und Beschlagnahmen.
(2) Wird die Steufa mit einem Fall befaßt, der neben den straf- oder bußgeldrechtlichen Ermittlungen umfangreiche Feststellungen in steuerlicher Hinsicht erfordert, so ist ggf. eine Teilnahme der Betriebsprüfung zu veranlassen. Die Betriebs- und Branchenkenntnisse der Betriebsprüfer sollen möglichst genutzt werden.
(3) Bei gemeinsamen Prüfungen mit der Betriebsprüfung fertigt die Steufa den gesonderten Bericht (Nr. 44 Abs. 3) über die straf- oder bußgeldrechtlichen Feststellungen. Über die steuerlichen Feststellungen in der Regel die Stelle, bei der das Schwergewicht der Prüfung liegt.
(4) Für die Zusammenarbeit mit anderen Prüfungsdiensten gelten die Abs. 1 bis 3 entsprechend.

[129] *Bundesamt für Finanzen*

Wegen der zentralen Sammlung und Auswertung von Unterlagen über steuerliche Auslandsbeziehungen beim Bundesamt für Finanzen (BfF) – Informationszentrale Ausland (IZA) – wird auf das BdF-Schreiben IV C 5 – S 1300 – 312/75 v. 15. 9. 75 (BStBl. I 1975, 1018 ff. = StEK AStG vor § 1 Nr. 8) hingewiesen.

[130] *Informationszentrale Steufa*

Für den Verkehr mit der Informationszentrale Steufa wird auf die entsprechenden Weisungen verwiesen.

[131] *Zollverwaltung*

Das Merkblatt über die Zusammenarbeit zwischen den Dienststellen Steuer und Zoll ist zu beachten (Anlage zum BdF-Erlaß III A 6 – S 1513 – 3/81 v. 28.12. 81).

[132] *Zollkriminalinstitut und Landeskriminalamt*

(1) Die Finanzbehörde kann das Zollkriminalinstitut (ZKI) Köln zur Sicherung und Auswertung von Beweismitteln für kriminaltechnische Untersuchungen in Anspruch nehmen, vgl. BdF-Erlaß III A 7 – O 3102 – 8/86 v. 24. 9. 86. Dies gilt namentlich, wenn die Echtheit von Urkunden oder Stempelabdrucken geprüft, das Alter von Schriftstücken bestimmt, übermalte, radierte oder Reliefschriften lesbar gemacht oder ein Handschriften- oder Maschinenvergleich angestellt werden sollen. Wird das Zollkriminalinstitut gebeten, einen Schriftvergleich vorzunehmen, ist dem Ersuchen möglichst umfangreiches Vergleichsmaterial beizufügen. Es sollen dabei nur im Original vorhandene Schriftstücke vorgelegt werden, weil Durchschriften oder Reproduktionen jeder Art für eindeutige Untersuchungsergebnisse nicht geeignet sind. In Einzelfällen kann es zweckmäßig sein, daß sich die Finanzbehörde möglichst frühzeitig mit dem jeweils zuständigen Sachverständigen des Zollkriminalinstituts in Verbindung setzt, damit dieser Hinweis für die Beschaffung von Schriftproben für die Untersuchung geben kann. Auf die Richtlinien für die Beschaffung von Handschriftproben, die Richtlinien für die Beschaffung von Beweismaterial zur kriminaltechnischen Untersuchung von Schreibmaschinenschriften und die Prüfliste zur Erkennung von Fälschungsmerkmalen auf Urkunden im grenzüberschreitenden Verkehr wird hingewiesen.
(2) Für kriminaltechnische Begutachtungen kann auch das Landeskriminalamt um Hilfe ersucht werden.

[133] *Gewerbezentralregister*

Anfragen über gewerbebezogene Verurteilungen sollen an das Gewerbezentralregister (1000 Berlin 11, Postfach 1106 29) gerichtet werden.

Abschnitt 8: Verwertungsverbote

[134] (1) Aussagen, die mittels verbotener Vernehmungsmethoden (§ 136a Abs. 1 und 2 StPO, z. B. Täuschung) zustande gekommen sind, dürfen nicht verwertet werden (§ 136a Abs. 3, § 69 Abs. 3, § 72 StPO). Liegt ein Verstoß gegen § 136a StPO vor, so ist die Vernehmung – soweit erforderlich – neu durchzuführen.
(2) Sind Angehörige des Beschuldigten vor ihrer Vernehmung als Zeugen (§ 52 Abs. 3 StPO) oder Sachverständige (§ 72 StPO) nicht über ihr Zeugnisverweigerungsrecht belehrt worden, so kann die Aussage nicht verwertet werden. Das gleiche gilt, wenn der Angehörige nach der Belehrung von seinem Aussagever-

weigerungsrecht zunächst keinen Gebrauch macht, diesen Verzicht aber noch im Laufe der Vernehmung widerruft.
(3) Sagt ein Berufsgeheimnisträger oder seine Hilfsperson zunächst aus, so ist eine Verwertung der Aussage unzulässig, wenn er oder die Hilfsperson sich noch im Laufe der Vernehmung auf das Zeugnisverweigerungsrecht beruft.
(4) Die Verwertung von Beweismitteln, die entgegen § 97 StPO beschlagnahmt wurden, ist unzulässig, vgl. Nr. 58.
(5) Ist die Belehrung des Beschuldigten über sein Recht, nicht zur Sache auszusagen, unterblieben (§ 136 Abs. 1 Satz 2 iVm. § 163a Abs. 3 und 4 StPO), erkennt der Vernehmende jedoch nachträglich, daß der Beschuldigte eine Aussagepflicht annimmt, so muß er ihn noch belehren. Unterläßt er dies, liegt eine Täuschung iS des § 136a Abs. 1 StPO vor mit der Folge, daß die Aussage nicht verwertet werden darf.

[135] *Fälle, die nicht zu einem Verwertungsverbot führen*

(1) Verstöße gegen Ordnungs- und Formvorschriften bei der Anordnung und Ausführung einer strafprozessualen Maßnahme machen die Beweismittel, die sich aufgrund der Maßnahme ergeben, nicht unverwertbar. Dies gilt z. B. bei irrtümlicher Annahme von Gefahr im Verzug in den Fällen des § 98 Abs. 1 und des § 105 Abs. 1 StPO.
(2) Ein Verwertungsverbot besteht auch dann nicht, wenn Vorschriften verletzt werden, die nicht im Interesse und zum Schutz des Beschuldigten erlassen worden sind. So kann die ohne Aussagegenehmigung gemachte Aussage eines Angehörigen des öffentlichen Dienstes (vgl. § 54 StPO) verwertet werden. Das gleiche gilt für die Aussage eines Zeugen, der auf sein Auskunftsverweigerungsrecht nach § 55 Abs. 1 StPO nicht hingewiesen worden ist.

Abschnitt 9: Besonderheiten im Hinblick auf die Person des Beschuldigten/ Betroffenen

[136] *Mitglieder des Deutschen Bundestages und der gesetzgebenden Körperschaften der Länder*

(1) Entsteht der Verdacht (Nr. 24), daß ein Mitglied des Europäischen Parlaments, des Deutschen Bundestages oder einer gesetzgebenden Körperschaft eines Landes eine Straftat iS der Nrn. 13 bis 15 begangen hat, gibt die BuStra die Sache ohne weitere Ermittlungen sogleich an die Staatsanwaltschaft ab, Nr. 18 Abs. 1 Satz 3 Buchst. e, Satz 4.
(2) Die Immunität hindert nicht, ein Bußgeldverfahren durchzuführen, Nr. 298 RiStBV.
(3) In einem Verfahren gegen Dritte kann auch bei einem Abgeordneten ermittelt, insbesondere von ihm die Herausgabe von Gegenständen oder deren Vorlage verlangt (§ 95 StPO) oder bei ihm durchsucht werden, § 103 StPO. Hierbei sind das Zeugnisverweigerungsrecht des Abgeordneten sowie das Beschlagnahmever-

bot zu beachten, § 53 Abs. 1 Nr. 4, § 97 Abs. 3 StPO; § 6 Europaabgeordnetengesetz.
(4) In den Fällen der Abs. 1 bis 3 ist unverzüglich, ggf. vorab fernmündlich, der vorgesetzten Behörde zu berichten. Verfahren zur Durchführung der Besteuerung können ungeachtet der Immunität eingeleitet und fortgeführt werden.

[137] *Diplomaten und andere bevorrechtigte Personen*

(1) Gegen Mitglieder diplomatischer Vertretungen und andere von der inländischen Gerichtsbarkeit befreite Personen (§§ 18, 20 GVG) dürfen keine Strafverfahren eingeleitet und ohne deren ausdrückliche Zustimmung keine sonstigen Maßnahmen im Strafverfahren ergriffen werden (Nrn. 193 ff. RiStBV). Wegen des Personenkreises, der Vorrechte und Befreiungen genießt, vgl. Abschnitt II der Bestimmungen über Diplomaten und an dere bevorrechtigte Personen.[1] In Besteuerungsverfahren sind nur solche Ermittlungen unzulässig, die auch nach Abs. 2 Satz 1 als Maßnahmen im Strafverfahren nicht statthaft wären.
(2) Maßnahmen, welche in die Rechtssphäre eines Diplomaten oder einer gleichbehandelten Person einschließlich deren Diensträume und Wohnungen eingreifen, sind auch in einem Verfahren gegen eine andere Person unzulässig, wenn der Betroffene nicht ausdrücklich zustimmt. Bei nach Satz 1 zulässigen Feststellungen sind Nrn. 193 ff. RiStBV entsprechend sowie Abschnitt III der Bestimmungen über Diplomaten und andere bevorrechtigte Personen anzuwenden.
(3) Die Mitglieder konsularischer Vertretungen unterliegen der Strafverfolgung, soweit sie nicht nach Maßgabe des Völkerrechts, insbesondere des Wiener Übereinkommens über konsularische Beziehungen vom 24. 4. 63 (BGBl. II 1969, 1585 ff.) von der deutschen Gerichtsbarkeit befreit sind (§ 19 GVG; Abschnitt IV der Bestimmungen über Diplomaten und andere bevorrechtigte Personen).
(4) Der vorgesetzten Behörde ist unverzüglich zu berichten. Die Sache ist in der Regel sogleich an die Staatsanwaltschaft abzugeben, Nr. 18 Abs. 1 Satz 3 Buchst. e, Satz 4.
(5) Für den Verkehr mit ausländischen diplomatischen und konsularischen Vertretungen gelten die Nrn. 133 bis 137 der Richtlinien für den Verkehr mit dem Ausland in strafrechtlichen Angelegenheiten v. 18. 9. 84 (RiVASt). Soll ein Diplomat oder eine andere von der inländischen Gerichtsbarkeit befreite Person als Zeuge vernommen werden, sind die Nrn. 196 bis 198 RiStBV entsprechend anzuwenden.
(6) Die Abs. 1 bis 4 gelten für das Bußgeldverfahren entsprechend, vgl. Nr. 299 RiStBV.

1 Veröffentlicht durch Rundschreiben des Bundesministers des Innern v. 14. 3. 1975, GMBl. des Bundes 1975, 337 ff.

[138] *Streitkräfte anderer Staaten*

(1) Gegen Mitglieder einer Truppe oder eines zivilen Gefolges eines NATO-Staates oder deren Angehörige können Strafverfahren und Bußgeldverfahren durchgeführt werden. Es müssen aber das NATO-Truppenstatut v. 19. 6. 51 sowie das Zusatzabkommen zum NATO-Truppenstatut mit dem Unterzeichnungsprotokoll zum Zusatzabkommen v. 3. 8. 59 (BGBl. II 1961 1183 ff.) sowie die Verordnung zu dem Notenwechsel v. 25. 9. 90 (BGBl. II, 250) beachtet werden. Ein Strafverfahren soll möglichst frühzeitig an die Staatsanwaltschaft abgegeben werden, Nr. 18 Abs. 1 Satz 3 Buchst. e, Satz 4.

(2) Gegen Mitglieder der sowjetischen Truppe oder deren Familienangehörige können Strafverfahren und Bußgeldverfahren durchgeführt werden. Es muß aber der Vertrag über die Bedingungen des befristeten Aufenthalts und die Modalitäten des planmäßigen Abzugs der sowjetischen Truppen aus dem Gebiet der Bundesrepublik Deutschland zwischen der Bundesrepublik Deutschland und der Union der Sozialistischen Sowjetrepubliken, BGBl. II 1991, 256, beachtet werden.

[139] *Jugendliche, Heranwachsende, vermindert Schuldfähige*

Strafverfahren gegen Jugendliche und Heranwachsende (§ 1 Abs. 2 JGG) sind in der Regel sogleich an die Staatsanwaltschaft abzugeben, Nr. 18 Abs. 1 Satz 3 Buchst. e, Satz 4. Dies gilt auch, sobald sich Anhaltspunkte dafür ergeben, daß der Beschuldigte vermindert schuldfähig (§ 21 StGB) oder aus psychischen Gründen in seiner Verteidigung behindert ist.

Abschnitt 10: Mitteilungen im Straf- und Bußgeldverfahren

[140] *Mitteilungen an Behörden und Stellen der Finanzverwaltung*

(1) Die Einleitung eines Straf- oder Bußgeldverfahrens sowie der Abschluß des Verfahrens und das Ergebnis sind der für die Durchführung der Besteuerung zuständigen Finanzbehörde oder Stelle von der BuStra mitzuteilen.

(2) Soweit sonstige Behörden oder Stellen der Finanzverwaltung ein Straf- oder Bußgeldverfahren eingeleitet oder die Einleitung durch die BuStra oder Steufa veranlaßt haben, gilt für die Unterrichtung dieser Behörden und Stellen durch die BuStra Abs. 1 sinngemäß.

(3) Mitteilungen aus dem Bundeszentralregister (§ 41 Abs. 1 Nr. 4 BZRG) dürfen nur für Zwecke der Strafverfolgung ausgewertet werden; es ist daher darauf zu achten, daß diese Mitteilungen bei den Strafakten verbleiben.

[141] *Mitteilungen an andere Behörden und Stellen*

(1) Mitzuteilen sind

a) den zuständigen Gewerbebehörden im Benehmen mit der für die Besteuerung zuständigen Finanzbehörde rechtskräftige Verurteilungen wegen einer Straftat iS der Nrn. 13 bis 15 und Bußgeldentscheidungen wegen einer Ordnungswidrigkeit iS der Nrn. 98 bis 100, wenn sie so schwerwiegend sind, daß sich aus ihnen alleine eine gewerberechtliche Unzuverlässigkeit ergibt, vgl. § 35 GewO.

b) dem Bundesaufsichtsamt für das Kreditwesen die Einleitung und der Ausgang von Steuerstrafverfahren gegen Inhaber oder Geschäftsleiter von Kreditinstituten, § 8 Abs. 2 erster Halbsatz KWG. Das gleiche gilt für Steuerstrafverfahren gegen Bedienstete eines Kreditinstituts, wenn der Verdacht besteht, daß sie die Steuerstraftat im Zusammenhang mit ihrer beruflichen Tätigkeit bei dem Kreditinstitut begangen haben. Die Mitteilung soll erfolgen, sobald die Einleitung des Verfahrens dem Beschuldigten eröffnet worden ist (§ 397 Abs. 3 AO) und der Sachverhalt hinreichend geklärt erscheint; die Mitteilung ist spätestens zu veranlassen, wenn die Ermittlungen abgeschlossen sind und eine Einstellung des Verfahrens nicht beabsichtigt ist. Eine Mitteilung ist auch dann vorzunehmen, wenn von der Erhebung der öffentlichen Klage nach § 153a Abs. 1 StPO vorläufig abgesehen worden ist und die Auflagen nicht erfüllt worden sind. Der Ausgang eines Steuerstrafverfahrens braucht nicht mitgeteilt zu werden, wenn eine Mitteilung hierüber von den Justizbehörden vorgenommen wird (bei Inhabern und Geschäftsleitern von Kreditinstituten siehe Nr. 25 Abs. 1 Buchst. b MiStra);
c) den Ausländerbehörden, wenn ein Ausländer gegen eine Vorschrift des Steuerrechts verstoßen hat und wegen dieses Verstoßes ein strafrechtliches Ermittlungsverfahren eingeleitet oder eine Geldbuße von mindestens 1000 DM verhängt worden ist, §§ 76 Abs. 4, 77 Abs. 3 Ausländergesetz.
(2) Hat eine Behörde oder Körperschaft des öffentlichen Rechts eine Anzeige wegen einer Ordnungswidrigkeit nach dem Steuerberatungsgesetz erstattet (§§ 160 bis 163 StBerG), so ist sie über den Ausgang des Verfahrens zu unterrichten. Erkenntnisse, die im Besteuerungsverfahren erlangt worden sind, dürfen dabei nicht mitgeteilt werden, vgl. Nr. 112.
(3) Die Mitteilungen nach den Abs. 1 und 2 hat die BuStra vorzunehmen.

[142] *Mitteilungen in sonstigen Fällen*

(1) Bei Vorliegen eines zwingenden öffentlichen Interesses kann eine Mitteilung auch dann in Betracht kommen, wenn sie nicht ausdrücklich vorgeschrieben ist.
(2) Die aufgrund besonderer Vorschriften und Weisungen bestehenden sonstigen Unterrichtungspflichten (vgl. z. B. §§ 10, 27 Abs. 3 StBerG; Nr. 127) bleiben unberührt (siehe auch gleichlautende Erlasse der Obersten Finanzbehörden der Länder, AO-Kartei § 30 Karte 14 = StEK StBerG 1975 § 10 Nr. 4).

Teil 5: Steuerfahndung

[143] *Aufgaben*

(1) Die Steufa hat Straftaten iS der Nrn. 13 bis 15 und Ordnungswidrigkeiten iS der Nrn. 98 bis 100 zu erforschen (§ 208 Abs. 1 Satz 1 Nr. 1 AO) und insoweit auch die Besteuerungsgrundlagen zu ermitteln, Nr. 2 aaO. Zu den Aufgaben der Steufa gehören ferner die Aufdeckung und Ermittlung unbekannter Steuerfälle, § 208 Abs. 1 Satz 1 Nr. 3 AO – sog. Vorfeldermittlungen iS der Nr. 146.
(2) In Ausnahmefällen hat die Steufa auf Ersuchen der zuständigen Finanzbe-

hörde Außenprüfungen vorzunehmen sowie Ermittlungen im Besteuerungs- und Vollstreckungsverfahren durchzuführen, auch wenn keine Anhaltspunkte für eine Steuerstraftat oder -ordnungswidrigkeit vorliegen (§ 208 Abs. 2 Nr. 1 AO; z. B. bei überörtlichen oder schwierigen Ermittlungen und Auskunftsersuchen in besonderen Fällen); auf Nr. 144 Abs. 5 wird hingewiesen. Entsprechende Ersuchen können bei Vorliegen gewichtiger Gründe zurückgewiesen werden, vgl. § 112 Abs. 3 bis 5 AO.

[144] *Rechte und Pflichten*

(1) Soweit ein Sachverhalt zu ermitteln ist, der sowohl für die Besteuerung, als auch für die strafrechtliche/bußgeldrechtliche Würdigung Bedeutung besitzt, hat die Steufa die Rechte und Pflichten aufgrund der für die Durchführung der Besteuerung und der für das Straf- und Bußgeldverfahren maßgebenden Vorschriften.

(2) Die für das Besteuerungsverfahren maßgebenden Vorschriften ergeben sich aus den Teilen 1 bis 4 der Abgabenordnung, § 208 Abs. 1 Satz 2 AO. Die Steufa ist jedoch nach § 208 Abs. 1 Satz 3 AO berechtigt,

a) andere Personen als die Beteiligten sofort um Auskunft anzuhalten,
b) Auskunftsersuchen ohne Einschränkung mündlich zu stellen,
c) die Vorlage von Urkunden ohne vorherige Befragung des Vorlagepflichtigen zu verlangen,
d) die Einsicht dieser Urkunden beim Vorlagepflichtigen unabhängig von dessen Einverständnis zu erwirken. Wegen der Bereitstellung eines Arbeitsplatzes usw. vgl. § 200 AO.

(3) Zur Erforschung von Straftaten hat die Steufa

a) dieselben Rechte und Pflichten wie die Behörden und Beamten des Polizeidienstes nach den Vorschriften der Strafprozeßordnung (§ 404 Satz 1 AO), insbesondere das Recht des ersten Zugriffs (§ 163 Abs. 1 StPO), der vorläufigen Festnahme (§ 127 Abs. 2 StPO), der Vernehmung des Beschuldigten (§ 163a Abs. 4 StPO), der Anhörung von Zeugen (§ 163a Abs. 5 StPO), sowie der Durchführung von Durchsuchungen und Beschlagnahmen,
b) die Befugnisse nach § 399 Abs. 2 Satz 2 AO (§ 404 Satz 2 AO), vor allem zur Anordnung einer Durchsuchung oder Beschlagnahme bei Gefahr im Verzug (§ 105 Abs. 1, § 98 Abs. 1 StPO),
c) die Befugnis zur Durchsicht der Papiere des von der Durchsuchung Betroffenen, § 404 Satz 2 AO, § 110 Abs. 1 StPO. Bei der Erforschung von Ordnungswidrigkeiten gilt Satz 1 nach Maßgabe der Nrn. 93 bis 97.

(4) Zielen die Ermittlungen allein auf die Durchführung der Besteuerung ab, gilt Abs. 2, besitzen sie ausschließlich strafrechtlichen Charakter, gilt Abs. 3, § 393 Abs. 1 Satz 1 AO.

(5) Führt die Steufa Ermittlungen iS der Nr. 143 Abs. 2 durch, so gelten ausschließlich die für das betreffende Verfahren maßgebenden Vorschriften des 1. bis 5. Teils der AO; § 208 Abs. 1 Sätze 2 und 3 gelten nicht. Wird eine Außenprüfung

durchgeführt, gelten insbesondere die Vorschriften der §§ 193 bis 207 AO sowie die BpO (St); namentlich bedarf es vor Beginn der Prüfung einer Prüfungsanordnung, § 196 AO, und ihrer Bekanntgabe, § 197 AO.
(6) Ersuchen, Aufträgen und Anordnungen der Staatsanwaltschaft haben die Dienststellen der Steufa und ihre Beamten im Rahmen ihrer Aufgaben nach Nr. 143 Abs. 1 und ihrer Zuständigkeit Folge zu leisten, § 404 AO; § 161 Satz 2 StPO; § 152 GVG.

[145] *Zuständigkeit*

Die Beamten der Steufa sind bei der Vornahme von Amtshandlungen im Rahmen ihrer Zuständigkeit nicht an den Bezirk ihrer Dienststelle gebunden. Bei Amtshandlungen in einem anderen Bezirk ist jedoch die für den Bezirk zuständige Steuerfahndungsstelle oder die sonst zuständige Stelle um Amtshilfe zu ersuchen oder vorher zu unterrichten; Anträge auf gerichtliche Untersuchungshandlungen, insbesondere Anträge auf Durchsuchung und Beschlagnahme, hat die ersuchende Stelle zu veranlassen; auf Nr. 42 Abs. 1 und Nr. 60 Abs. 2 Satz 1 wird hingewiesen. Durchsuchungen, Beschlagnahmen und Vernehmungen in einem anderen Bundesland dürfen, außer bei Gefahr im Verzuge, nur im Benehmen mit der örtlich zuständigen Steuerfahndungsstelle vorgenommen werden. Werden die Steuerfahndungsbeamten im staatsanwaltschaftlichen Ermittlungsverfahren tätig, gelten die Sätze 2 und 3 nicht; jedoch soll die zuständige Steuerfahndungsstelle unterrichtet werden.

[146] *Vorfeldermittlungen*

(1) Vorfeldermittlungen (§ 208 Abs. 1 Satz 1 Nr. 3 AO) sind geboten, wenn noch keine konkreten Anhaltspunkte für eine Straftat oder Ordnungswidrigkeit gegeben sind, jedoch die Möglichkeit einer Steuerverkürzung in Betracht kommt. Die Ermittlungen können sich sowohl auf unbekannte Steuerpflichtige als auch auf unbekannte Sachverhalte beziehen.
(2) Ergibt sich aufgrund der Ermittlungen der Verdacht einer Straftat oder Ordnungswidrigkeit iS der Nrn. 13 bis 15 und 98 bis 100, führt die Steufa weitere Ermittlungen im Rahmen ihrer Aufgaben nach § 208 Abs. 1 Satz 1 Nrn. 1 und 2 AO durch.
(3) Ergeben die Ermittlungen, daß ein Verdacht nicht besteht, sind aber weitere Ermittlungen bezüglich der Besteuerungsgrundlagen angezeigt, so führt die Steufa die Ermittlungen selbst durch oder regt deren Durchführung durch andere Stellen an.

Teil 6: Strafzumessung

[147] *Allgemeines zur Strafzumessung*

(1) Bei einem Antrag auf Erlaß eines Strafbefehls (§ 400 erster Halbsatz AO) hat das Finanzamt (BuStra) Art und Höhe der gegen den Beschuldigten zu verhän-

genden Strafe anzugeben. Im Hinblick auf § 267 Abs. 3 StPO ist im Abschlußvermerk (§ 69a StPO) darzulegen, welche Gesichtspunkte die Strafzumessung beeinflussen. Hierbei genügen nicht allgemeine Bemerkungen; vielmehr sind alle wesentlichen Tatsachen und Erwägungen anzugeben, aus denen die Strafzumessung gefunden wird. Das Finanzamt soll auch in solchen Strafsachen, die zur Behandlung im Strafbefehlsverfahren nicht geeignet sind (§ 400 zweiter Halbsatz AO), bei Abgabe der Sache an die Staatsanwaltschaft (§ 386 Abs. 4 AO) und bei der Anhörung durch das Gericht (§ 407 AO) zur Strafzumessung Stellung nehmen.
(2) Grundlage für die Strafzumessung ist die Schuld des Täters. Die Wirkungen der Strafe für das künftige Leben des Täters in der Gesellschaft sind zu berücksichtigen, § 46 Abs. 1 StGB. Die für und gegen den Täter sprechenden Umstände sind gegeneinander abzuwägen, § 46 Abs. 2 StGB. Die Strafe muß dem Unrechtsgehalt der Tat entsprechen und den Täter wegen des begangenen Unrechts fühlbar treffen. Bei Taten mit geringem Unrechtsgehalt gibt § 398 AO die Möglichkeit, ganz von Strafe abzusehen, vgl. auch Nrn. 77 und 78.

[148] *Besonderheiten der Bemessung von Geldstrafen*

(1) Die Geldstrafe ist in Tagessätzen zu verhängen, und zwar mit mindestens 5 und höchstens 360 vollen Tagessätzen, § 40 Abs. 1 StGB. Wird bei Tatmehrheit eine Gesamtstrafe gebildet, darf sie 720 Tagessätze nicht übersteigen, § 54 Abs. 2 Satz 2 StGB. Bei der Bestimmung der Zahl der Tagessätze ist davon auszugehen, daß eine nach Unrecht und Schuld gleichschwere Straftat bei Tätern mit unterschiedlichen Einkommensverhältnissen gleichschwer, d. h. mit der gleichen Anzahl von Tagessätzen, bestraft werden muß.
(2) Die persönlichen und wirtschaftlichen Verhältnisse des Täters zur Zeit der Bestrafung werden bei der Geldstrafenbemessung durch die Höhe des Tagessatzes berücksichtigt, der mindestens auf 2 DM und höchstens 10 000 DM festzusetzen ist. In der Regel ist ein Tagessatz nach dem Nettoeinkommen (vgl. Nr. 151) zu bemessen, das der Täter durchschnittlich an einem Tag hat oder haben könnte, § 40 Abs. 2 StGB. Dieses kann – insbesondere bei Gewerbetreibenden und Angehörigen der freien Berufe – erforderlichenfalls geschätzt werden, § 40 Abs. 3 StGB.

[149] *Bedeutung des verkürzten Steuerbetrages für die Strafzumessung*

(1) Nach § 46 Abs. 1 StGB ist die Schuld des Täters die Grundlage für die Bemessung der Strafe. Das Maß der Schuld ergibt sich bei der Steuerhinterziehung insbesondere auch aus der Höhe der schuldhaft verkürzten Steuern. Der Verstoß gegen die dem Täter im Interesse der Besteuerung auferlegten besonderen Rechtspflichten wiegen in der Regel um so schwerer, je höher die hinterzogenen Steuern sind. Für die zutreffende Strafzumessung bei der Steuerhinterziehung ist deshalb zu berechnen, in welcher Höhe Steuern verkürzt sind und festzustel-

len, inwieweit die Verkürzung vom Vorsatz des Täters umfaßt ist. Das Ergebnis dieser Prüfung ist im Abschlußvermerk (§ 169a StPO) festzuhalten.
(2) Bei Verkürzung auf Zeit, die sich im Ergebnis als Hinausschieben der Fälligkeiten ausgewirkt hat (wie bei verspäteter Abgabe von Steueranmeldungen oder bei Nichtabgabe dieser Anmeldung mit darauffolgender, nicht zu niedriger Festsetzung der Steuer), ist der Unrechtsgehalt der Tat wesentlich geringer. Obwohl auch in diesen Fällen der gesamte Betrag verkürzt ist, ist von dem beim Fiskus eingetretenen Verspätungsschaden auszugehen. Der jeweilige Kapitalmarktzinssatz kann als Anhaltspunkt für die Berechnung des Verspätungsschadens herangezogen werden. Der Einwand, daß bei einer auf Dauer gewollten Verkürzung die Steuern nachgezahlt worden seien und daher kein Dauerschaden eingetreten sei, rechtfertigt nicht die Annahme einer Steuerverkürzung auf Zeit.
(3) In den Fällen des § 153a StPO soll der Geldbetrag der Auflage nach den Grundsätzen der Abs. 1 und 2 bestimmt werden.

[150] *Besondere Strafzumessungsgründe*

Strafschärfend oder strafmildernd sind insbesondere zu berücksichtigen (vgl. § 46 Abs. 2 Satz 2 StGB):

1. Beweggründe, Ziele und Tatausführung
   a) Strafmildernd
   Handeln aus nicht selbst verschuldeter Zwangs- oder Notlage heraus oder zum fremden Vorteil
   b) Strafschärfend
   Handeln aus Gewinnsucht, grobem Eigennutz oder Habgier; gewissenloses und rücksichtsloses Vorgehen; Hartnäckigkeit, mit der das Ziel verfolgt wird; Steuerverkürzung über einen längeren Zeitraum; vorausgegangene Einstellungen unter Auflagen und einschlägige Vorstrafen (siehe aber § 51 BZRG); besonders verwerfliche Ausführung (z. B. Urkundenfälschung, falsche eidesstattliche Versicherung nach § 95 AO, Verleitung Dritter – insbesondere abhängiger Personen – zur Teilnahme, Buch- oder Belegmanipulationen, Konten auf falschen oder erdichteten Namen).
2. Maß der Pflichtwidrigkeit
   a) Strafmildernd
   Verletzung von Pflichten, die vornehmlich andere wahrzunehmen hatten
   b) Strafschärfend
   Verletzung von besonderen Erklärungs- und Zahlungspflichten, wie z. B. bei Lohn- und Umsatzsteuer.
3. Verhalten nach der Tat
   a) Strafmildernd
   Aktive Mithilfe bei der Tataufklärung; „verunglückte" Selbstanzeige; geständige Einlassung; Wiedergutmachung (Zahlung der verkürzten Steuern)
   b) Strafschärfend
   Behinderung der Tataufklärung, z. B. Vernichten oder Beiseiteschaffen von

Beweismitteln, Beeinflussung von Zeugen, bewußte Irreführung der Ermittlungsbehörden (dagegen nicht: Schweigen oder bloßes Leugnen); aktives Verhalten, um den Steueranspruch zu vereiteln, z. B. Verbringen des Vermögens in das Ausland.

4. Persönliche Verhältnisse
   a) Strafmildernd
   Krankheit, Alter, steuerliche Unerfahrenheit, geringer Bildungsgrad, soweit diese Umstände die Tat beeinflußt haben. Besondere wirtschaftliche oder sonstige (nichtsteuerliche) Nachteile, z. B. berufs- oder ehrengerichtliche Strafen
   b) Strafschärfend
   Berufliche und soziale Stellung des Täters, die besondere steuerliche Pflichten begründet.

[151] *Höhe des Tagessatzes, Ermittlung des Nettoeinkommens*

(1) Die Höhe des Tagessatzes richtet sich gemäß § 40 Abs. 2 Satz 2 StGB nach dem „Nettoeinkommen", das der Täter täglich hat bzw. haben könnte. Einkommen iS des § 40 Abs. 2 Satz 2 StGB sind nicht nur die Einkünfte aus den Einkunftsarten des Steuerrechts, sondern jegliche Vermögenszuflüsse und alle regelmäßigen geldwerten Zuwendungen (z. B. Unterhaltszahlungen) einschließlich der Sachbezüge, die der Täter von dritter Seite erhält, gleich welcher Art sie sind oder auf welchem Rechtsgrund sie beruhen.
(2) Nettoeinkommen ist der dem Täter nach Abzug der gesetzlich vorgeschriebenen Leistungen (Steuer und Sozialversicherungsbeiträge), der außergewöhnlichen Belastungen und bei nicht sozialversicherungspflichtigen Tätern der Aufwendungen für eine Lebens- und Krankenversicherung verbleibende Betrag. Weitere Abzüge kommen nicht in Betracht, z. B. Zins- und Tilgungsleistungen für ein Eigenheim. Wenn der Täter vorhandene Erwerbsmöglichkeiten nicht oder nicht ausreichend nutzt, oder ein geringeres als das übliche Arbeitsentgelt für seine Arbeit vereinbart, darf er dadurch bei der Bemessung der Geldstrafe nicht bessergestellt werden. Unterhaltsleistungen des Täters sind angemessen zu berücksichtigen, auch wenn sie nicht nachgewiesen werden.
(3) Kann das Einkommen nicht zeitnah ermittelt werden, ist unter Berücksichtigung aller ins Gewicht fallender Umstände, die die wirtschaftliche Leistungsfähigkeit des Täters beeinflussen, zu schätzen.
(4) Verfügt der Täter über ein erhebliches Vermögen, so ist der Tagessatz dann angemessen zu erhöhen, wenn sich sonst keine fühlbare Strafe erreichen ließe.

[152] *Bemessung der Geldbuße bei Steuerordnungswidrigkeiten*

Grundlage für die Zumessung der Geldbuße gemäß § 17 Abs. 3 OWiG sind die Bedeutung der Ordnungswidrigkeit und der Vorwurf, der den Täter trifft. Auch die wirtschaftlichen Verhältnisse des Täters kommen in Betracht. Die Geldbuße soll ferner gemäß § 17 Abs. 4 OWiG den wirtschaftlichen Vorteil des Täters aus der Ordnungswidrigkeit übersteigen. Wirtschaftlicher Vorteil ist nicht der verkürzte Steuerbetrag, sondern der Zinsvorteil im Verkürzungszeitraum. Als Zinssatz ist mindestens von 0,5 vH pro vollen Monat auszugehen. Auf den Beschluß des BVerfG 1 BvL 4, 5, 6, 7/87 v. 23. 1. 90 (BStBl. II 1990, 483 = StRK EStG 1975 § 4 Abs. 5 R. 28) wird hingewiesen.

Stichwortverzeichnis

(Die Zahlen bezeichnen die Seiten)

T

U